GROSSE FRAUEN DER BIBEL
IN BILD UND TEXT

GROSSE FRAUEN

VORWORT
HERBERT HAAG

MEDITATIONEN
DOROTHEE SÖLLE

WAS NICHT IN DER BIBEL STEHT
JOE H. KIRCHBERGER

BILDLEGENDEN
ANNE-MARIE SCHNIEPER

KONZEPTION
EMIL M. BÜHRER

DER BIBEL

IN BILD UND TEXT

FREIBURG · BASEL · WIEN

Eine Produktion von:
EMB-Service für Verleger,
Luzern, Schweiz

© 1993 by EMB-Service für Verleger
Luzern, Schweiz

© der deutschsprachigen Ausgabe:
Verlag Herder, Freiburg · Basel · Wien 1993

Sonderausgabe 1997

ISBN 3-451-26351-3

1a

1b

2

3

4

5

6

7

Gestaltung:
Emil M. Bührer und
Franz Gisler

Satzherstellung:
F. X. Stückle, Ettenheim

Photolithos:
La Cromolito, Mailand

Druck und Einband:
Rotolito Lombarda, Mailand

Printed in Italy

Umschlagmotiv:
Michelangelo, Die Erschaffung des
Menschen (Detail), Sixtinische Kapelle, Rom

Erläuterungen zum Buch:

Die Meditationen zu jedem Kapitel von Dorothee Sölle sind jeweils mit einem beigen Ton hinterlegt, während die Beiträge von Joe Kirchberger, unterteilt in „Antike und mittelalterliche Quellen" und „Neuere Literatur", übertitelt sind mit „Was nicht in der Bibel steht".

1a *Eva.* Hans Memling
1b *Lilit.* Amulett, persisch
2   *Sara und Hagar.* Weltchronik Rudolf von Ems
3   *Lot und seine Töchter.* Jan Massys
4   *Rebekka.* Francesco Solimena
5   *Rachel und Lea.* Dante Gabriel Rossetti
6   *Tamar und Juda.* Jacopo Bassano
7   *Die Frau des Potiphar.* Marc Chagall
8   *Die Dirne Rachab.* Gustave Staal
9   *Debora.* Frau aus Lagasch, sumerisch
10 *Die Tochter des Jiphtach.* Weltchronik Rudolf von Ems
11 *Delila und Simson.* Lukas Cranach

12

13

14

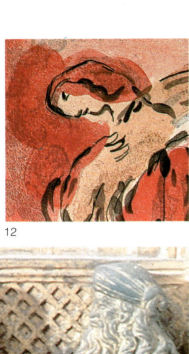
15

17

22

23

19

INHALTSVERZEICHNIS

8 Vorwort

10 Eva und Lilit

32 Sara und Hagar

48 Lot's Frau und Töchter

58 Rebekka
Tochter des Betuel

74 Rachel und Lea

158 Hanna
ihr Gelübde an Jahwe

166 Abigail
Triumph der Klugheit

176 Die Hexe von Endor

184 Batscheba
Die schöne Frau des Urija

194 Die Königin von Saba

206 Judit
Retterin ihres Volkes

220 Ester
Die Bitte einer Königin

234 Susanna
und die beiden Älteren

244 Elisabet
Mutter von Johannes dem Täufer

252 Herodias und Salome

262 Die Frau der Salbung

268 Maria und Martha

276 Maria von Magdala

288 Maria, die Mutter Jesu

292 Bibliographie

294 Bildnachweis

12 *Rut.* Marc Chagall
13 *Hanna und Samuel.* Frank W. W. Topham
14 *Abigail.* David Tenier d. Ältere
15 *Die Hexe von Endor.* Anonym
16 *Batscheba.* Peter Paul Rubens
17 *Königin von Saba und Salomo.* Lorenzo Ghiberti
18 *Judit mit dem Haupt des Holofernes.* Jan Massys
19 *Königin Ester.* Andrea del Castagno
20 *Susanna und die beiden Alten.* Guido Reni
21 *Elisabet und Maria.* Codex Egberti
22 *Salome mit dem Haupt Johannes' des Täufers.* Jacob Cornelisz. van Oostsanen
23 *Die Frau der Salbung.* Lucas Moser
24 *Maria und Martha.* Jacob Jordaens
25 *Maria von Magdala.* Meister von Moulin

88 Tamar
List gegen Macht

94 Die Frau des Potiphar

104 Die Dirne Rachab

114 Die Richterin Debora

122 Die Tochter des Jiphtach

134 Delila
und Simsons Geheimnis

148 Rut
die Moabiterin

VORWORT
Prof. Herbert Haag

Ein Buch über Frauen, aber nicht nur für Frauen geschrieben, wird in Ihre Hand gelegt. Nahezu zweitausend Jahre hat es gedauert, bis die christliche Welt die Frauen in der Bibel entdeckt hat. Obwohl sich die Kirchen auf die Bibel verpflichtet wissen, hat sich das christliche Bild der Frau nur sehr begrenzt an der Vielfalt biblischer Frauengestalten orientiert. Vor allem wurde der Frau nicht die Freiheit zugestanden, die – trotz kulturell bedingter Einschränkungen – Frauen der Bibel an den Tag legen. Zwar haben schließlich Aufklärung und Französische Revolution die Gleichheit aller Menschen proklamiert und die Menschenrechte eingefordert. Aber erst die Frauenbewegung unserer Zeit führte eine nicht mehr widerrufbare Wende herbei. In den Vollversammlungen des Ökumenischen Rates meldeten sich nun Frauen mit der Forderung einer Frauenordination zu Wort. Und seit Beginn der achtziger Jahre gibt es erste Versuche, Theologie von Frauen (für Frauen) als universitäre Fachdisziplin einzurichten. Seitdem versteht sich theologische Frauenforschung nicht nur als Theologie-, sondern ebenso als Kultur- und Wissenschaftskritik. Von nun an sind Frauen nicht mehr nur Objekt, sondern Subjekt der Forschung.

Die Durchforstung der Bibel stand am Anfang der feministischen Theologie. Die Bedeutung der männlichen Gottesbilder wurde diskutiert, die Sprache (Brüder, Söhne) untersucht und Symbole neu entdeckt. Schließlich kam eine ganzheitliche Anthropologie ins Blickfeld. Vor allem wurden die verschwiegenen und „vergessenen" Frauentraditionen ans Licht geholt.

Immerhin waren zwei Frauen immer en vogue: Eva und Maria. Eva als Urmutter allen Lebens, vor allem aber als die Verführerin des Mannes, Maria als die Mutter Jesu, die allem Irdischen entrückt zur Himmelskönigin erhoben wurde. Und damit war die Bestimmung der Frau vorgezeichnet: sie sollte so rein, so erhaben und jungfräulich sein wie Maria, in Wirklichkeit aber galt sie als triebhaft, dumpf, naturhaft, verführerisch, unintelligent und böse und gefährlich für den Mann.

Zugleich aber inspirierten beide, Eva und Maria, die Kunst in höchstem Maße. Von einer Schlange verführt und selbst zu einer Schlange geworden, so stellt sie zum Beispiel das Kapitell von Autun dar. Zugleich bot Eva die Gelegenheit, die gefährliche nackte Frau in die leib- und sexualfeindliche Kirche zu holen. Und unzählig sind die Mariendarstellungen, die dem Mann und besonders dem zölibaten Priester ermöglichten, seine sexuellen Bedürfnisse zu sublimieren.

Aber auch andere Frauengestalten fanden vielfältigen Ausdruck in der Kunst, freilich immer in einer Schwarz-Weiß-Malerei: hier Delila, Maria Magdalena, Batseba, dort Rebekka, Anna, Elisabet. Pro oder contra – die wirklichen Menschen waren weniger gefragt.

Wer und wie die biblischen Frauen wirklich waren, ist oft nur noch mühsam zu erheben, wenn überhaupt. Nachdem Israel sich zur Vorstellung eines einzigen – und zwar in männlichen Bildern und Begriffen verstandenen – Gottes durchgerungen hatte, wurde die Frau von den biblischen Schriftstellern immer mehr abgewertet und umgedeutet. – Debora, die große Prophetin und Richterin, die durch ihre Inspiration und ihren Mut die israelitischen Stämme in einer großartigen Aktion gegen die kanaaitischen Könige zu einer Nation geeint hat (Ri 4f), verschwindet aus dem Bewußtsein, während ihr kleinmütiger Feldherr Barak noch zweimal in der Bibel lobend erwähnt wird. – Ein ähnlicher Fall ist Junia. In Röm 16,7 grüßt Paulus Andronikus und Junia, die schon vor ihm Apostel waren. Bis zum Mittelalter bestand unter führenden Theologen kein Zweifel, daß Junia eine Frau war. Dann aber, spätestens seit Luther, wurde aus Junia ein Mann namens Junias. Eine Frau durfte keine Apostolin sein.

Andere Frauen wurden schlichtweg vergessen. So jene Frau, die in der Stunde der Verzagtheit Jesus mit kostbarem Nardenöl salbt. Die Jünger finden diese Zuwendung deplaziert und murren. Jesus aber weist sie zurecht: „Wahrlich, ich sage euch: Wo immer auf der ganzen Welt die Heilsbotschaft verkündet wird, da wird auch zu ihrem Gedächtnis erzählt werden, was sie getan hat" (Mk 14,3–9). Aber diese Verheißung hat sich nicht erfüllt, wir wissen nicht einmal den Namen der Frau (Joh 12,3 macht sie zur Schwester des Lazarus).

Wenn wir freilich zu den wirklichen Frauen vorstoßen, ergibt sich aus der Bibel ein vielfältiges Bild. In der tausendjährigen Geschichte Israels gab es keine Phase, in der Frauen nicht führend, entscheidend, die Geschichte bestimmend, das Leben gestaltend, aufgetreten wären, angefangen mit Debora um 1100 vor Christus bis zur Hasmonäerkönigin Alexandra (76–67) und bis zu Salome, der Tochter der Herodias, die das Haupt Johannes des Täufers fordert (Mk 6,25; Mt 14,8). Sie zeigt, daß auch Frauen grausam sein konnten.

Vielfältig ist aber auch ihr Stand, ihre Herkunft, ihre Stellung in der Gesellschaft. Hagar ist eine Dienstmagd, Rachab eine Herbergswirtin und Bordelldame. Es gibt die Totenbefragerin von Endor, die Königin von Saba und, einmal mehr, die Richterin und Prophetin Debora. Es gibt freilich auch die beiden Dirnen, die sich vor Salomo um ein Kind zanken und die schließlich nur eingeführt werden, um die Weisheit Salomos zu verherrlichen. Auffallend ist dennoch, wie viele dieser Frauen der Geschichte Israels eine Wende gaben und damit deren Antlitz prägten. Selbst wenn wir die Erzählung von der „Dirne" Rachab, die den Kundschaftern Josuas Unterschlupf gewährt und ihnen zur Flucht verhilft, nicht geschichtlich verstehen dürfen, so will sie doch zeigen, für wie unerschrocken, klug und einfallsreich eine Frau gehalten werden konnte. Daß sie eine Prostituierte war, hat die altisraelitischen Erzähler keineswegs angefochten, und daß sie eigentlich nicht „dazu" gehörte, sprach in den Augen der frühen Kirche nur zu ihren Gunsten (Mt 1,5; Hebr 11,31; Jak 2,25).

Ähnliches gilt für Batscheba, die David durch seinen Ehebruch gewann. Die Geschichte Israels wäre völlig anders verlaufen, hätte sie es vor dem Tod Davids nicht geschickt eingefädelt, daß sein Thron ihrem Sohn Salomo zufiel.

Frauen können erfolgreich und triumphal sein. Mehr als heute jedoch war ihr Leben von Tragik und Leid überschattet. Das lag zum einen an der conditio humana, die damals wie heute galt. Die schöne, temperamentvolle Rachel, um die Jakob frohen Herzens sieben Jahre dient („Sie waren in seinen Augen wie ein Tag, so lieb hatte er sie", Gen 29,20) und die ihre Rivalin Lea spielend ausbootet, stirbt bei der Geburt des zweiten Kindes am Straßenrand (Gen 35,16ff). Langes Warten und kurzes Glück war ihr Schicksal. Und so glücklich Batscheba mit David ist, so muß sie ihn doch mit einem halben Dutzend anderer Frauen teilen.

Schwierig war überhaupt die Position der Frauen innerhalb einer patriarchalen Gesellschaft. Soll es uns da wundern, daß sie zu einer List ihre Zuflucht nehmen, um sich durchzusetzen? Das Verhalten der Rut, die, während ihr begehrter Mann Boa bei den Garbenhaufen nächtigt, unter seine Decke schlüpft und die ganze Nacht „zu seinen Füßen" schläft – wie es mit verhüllender Offenheit heißt –, bereitet selbst unseren modernen Moralvorstellungen gewisse Schwierigkeiten. Es gab schon damals Frauen und wird sie immer geben, auf die die Äußerung Teilhard de Chardins zutrifft: „Um voranzukommen, muß man sich nach vorn werfen, beinah auf gut Glück alles ausloten ... Man muß allein marschieren, häufig etwas Verbotenes, Abgeratenes, Verdächtiges tun."

Auch die Geschichte mit Abigail entbehrt nicht der Tragik (1 Sam 25). Mit entwaffnender Beredtsamkeit bewahrt die schöne Frau ihren bösartigen Mann vor der Rache Davids, und dieser ist so fasziniert von ihrem Charme und ihrer Klugheit, daß er ihretwegen nicht nur dem geizigen und ungerechten Nabal vergibt, sondern sie nach seinem Tod eilends in sein Haus holen läßt. Damit scheinen nun beide ihr vollkommenes Glück gefunden zu haben. Und doch: der Name Abigail fällt hernach zwar noch zweimal. Dann aber hören wir nichts mehr von ihr. Sie geht unter im Harem Davids.

Wenn wir so die Frauenschicksale in der alten Bibel durchgehen, so mag es zwar Ausnahmen geben, aber insgesamt ziehen die Frauen doch den kürzeren, und so ist es auch im Christentum weitgehend geblieben. Am Ende ist der Mann der Stärkere. Dafür gibt es viele Beispiele: etwa, daß der Mann ein Gelübde, das seine Frau gemacht hat, für ungültig erklären kann (Num 30), oder daß ihm in der Partnerschaft ein viel größerer Freiraum zusteht als der Frau. Der Mann kann legal gleichzeitig mehrere Frauen haben und außerdem mit weiteren Frauen Beziehungen unterhalten, sofern diese nicht verheiratet sind. Außerdem kann der Mann die Frau recht unkompliziert entlassen. Zur Zeit Jesu hatten sich auf diesem Gebiet so viele Mißstände breitgemacht, daß Jesus sich veranlaßt sah, dagegen einzuschreiten. Es ging Jesus darum, der Frau Bedrängnisse zu ersparen, die Gott ihr nie auferlegen wollte, und ihr ihre Würde zurückzugeben.

Dennoch sind wir bei näherem Zusehen erstaunt darüber, wie selbstbewußt und frei israelitische Frauen auftreten. Da ist die schöne Rebekka, die am Brunnen von einem für sie wildfremden Mann einen goldenen Nasenring und zwei goldene Armspangen entgegennimmt (Gen 24,22). Ebenso läßt sich Rachel – wiederum am Brunnen – von Jakob küssen, ohne zu wissen, wer er ist, wobei Jakob vor Glück weint (Gen 29,11). Mit einer kecken List verhilft Rebekka später ihrem Lieblingssohn Jakob zum Erstgeburtsrecht (Gen 27).

Trauer und Freude, Liebe und Leidenschaft, Diskriminierung und Lob, Selbständigkeit und Abhängigkeit, Klugheit und Ergebenheit in ihr Schicksal – rechnet man die sozialen, kulturellen und religiösen Bedingtheiten ab, so sind die Frauen der Bibel wie Frauen von heute. Aber sie kamen in Theologie und Verkündigung nicht vor. Frauen selbst haben sie wieder entdeckt. Durch die Erforschung biblischer Frauenbiographien konnten sie auch Eigenes in der Bibel wiederfinden.

> „BEIDE WAREN NACKT, DER MENSCH UND SEIN WEIB,
> ABER SIE SCHÄMTEN SICH NICHT VOREINANDER."
> Genesis 2, 25

Das Buch Genesis

Kapitel 1, Vers 26 – 29
Kapitel 2, Vers   1 – 25
Kapitel 3, Vers   1 – 24
Kapitel 4, Vers   1 – 2

Im 1. Kapitel des ersten Buches Mose (Genesis) wird geschildert, wie Gott die Welt in fünf Tagen schuf. Er ließ das Licht entstehen, trennte Wasser und Land, schuf Pflanzen und Bäume, Sonne, Mond und Sterne und schließlich Tiere aller Art. Dann heißt es weiter:

EVA UND LILIT

Nun sprach Gott: „Laßt uns den Menschen machen nach unserem Bilde, uns ähnlich. Sie sollen herrschen über die Fische des Meeres und über die Vögel des Himmels, über das Vieh und über alles Wild des Feldes und über alles Gewürm, das auf dem Erdboden kriecht!" ²⁷ Und Gott schuf den Menschen nach seinem Bilde, nach dem Bilde Gottes schuf er ihn, als Mann und Frau schuf er sie. ²⁸ Gott segnete sie, und Gott sprach zu ihnen: „Seid fruchtbar und mehret euch und erfüllet die Erde und macht sie euch untertan! Herrschet über die Fische des Meeres und über die Vögel des Himmels und über alles Getier, das sich auf Erden regt!" ²⁹ Dann sprach Gott: „Seht, ich übergebe euch alles Kraut, das Samen hervorbringt auf der ganzen Erde, und alle Bäume, die samentragende Früchte hervorbringen; sie sollen euch zur Speise dienen."

2 ¹ So wurden Himmel und Erde mit ihrem ganzen Heer vollendet. ² Gott vollendete am sechsten Tag sein Werk, das er gemacht hatte, und ruhte am siebten Tag von seinem ganzen Werk, das er gemacht hatte. ³ Und Gott segnete den siebten Tag und heiligte ihn, denn an ihm ruhte er von seinem ganzen Schöpfungswerk.

⁴ᴬ Dies ist die Entstehungsgeschichte des Himmels und der Erde, als sie erschaffen wurden.

⁴ᴮ Am Tage, da Jahwe Gott Erde und Himmel machte, ⁵ gab es auf der Erde noch kein Gesträuch des Feldes und wuchs noch keinerlei Kraut des Feldes. Denn Jahwe Gott hatte noch nicht auf die Erde regnen lassen, und der Mensch war noch nicht da, um den Erdboden zu bebauen. ⁶ Da stieg eine Flut von der Erde auf und tränkte die ganze Fläche des Erdbodens. ⁷ Dann bildete Jahwe Gott den Menschen aus Staub von dem Erdboden und blies in seine Nase einen Lebenshauch. So wurde der Mensch ein lebendes Wesen.

⁸ Jahwe Gott pflanzte einen Garten in Eden, im Osten, und setzte dahinein den Menschen, den er gebildet hatte. ⁹ Und Jahwe Gott ließ aus dem Erdboden allerlei Bäume hervorwachsen, lieblich anzusehen und gut zu essen, den Baum des Lebens mitten im Garten und den Baum der Erkenntnis des Guten und Bösen. ¹⁰ Ein Strom ging von Eden aus, um den Garten zu bewässern, und von dort teilte er sich in vier Arme. ¹¹ Der Name des einen ist Pischon: er umfließt das ganze Land Hawila, wo Gold vorkommt. ¹² Das Gold dieses Landes ist vorzüglich; dort gibt es auch Bdelliumharz und den Schoham-Edelstein. ¹³ Der Name des zweiten Flusses ist Gichon; er umfließt das ganze Land Kusch. ¹⁴ Der Name des dritten Flusses ist Tigris: er fließt östlich von Assur. Der vierte Fluß ist der Euphrat. ¹⁵ Jahwe Gott nahm den Menschen und setzte ihn in den Garten Eden, damit er ihn bebaue und bewache. ¹⁶ Und Jahwe Gott gab dem Menschen dieses Gebot: „Von allen Bäumen des Gartens darfst du essen. ¹⁷ Von dem Baum der Erkenntnis des Guten und Bösen aber darfst du nicht essen. Denn am Tage, da du davon issest, mußt du sicher sterben."

Seite 10: Lilit, geflügelte sumerische Göttin, mit angewinkelt erhobenen Armen, spitzer Kopfbedeckung und gehörnten Tieren zu ihren Füßen. Symmetrisch gestaltetes Terrakottarelief, circa 2000 vor Chr. Talmudischer Überlieferung nach soll Lilit Adams erste Frau gewesen sein, die ihm nach einem Streit für immer davonflog und seither als nächtlicher Dämon den Menschen zu schaden sucht. In der Bibel heißt es bei Jesaja, daß Lilit zusammen mit Bocksgeistern im zerstörten Edom hause.

Seite 11: Das erste Menschenpaar in unschuldig-paradiesischer Nacktheit im Garten Eden. Mit Eva an der Hand unterhält sich Adam mit Gott, der hier gleich zweimal abgebildet ist: in der Wolke oben als Gottvater und unten im Garten als Gottsohn, der einst als Christus die sündig gewordenen Menschen erlösen wird. Stark vergrößerte Miniatur von Jean de Courcy, Seigneur de Bourgachard.

¹⁸ Dann sprach Jahwe Gott: „Es ist nicht gut, daß der Mensch allein sei. Ich will ihm eine Hilfe machen, die ihm entspricht." ¹⁹ Jahwe Gott bildete noch aus dem Erdboden alle Tiere des Feldes und alle Vögel des Himmels, und er führte sie zum Menschen, um zu sehen, wie er sie benennen würde: so, wie der Mensch sie benennen würde, sollte ihr Name sein. ²⁰ Da gab der Mensch allem Vieh und den Vögeln des Himmels und allem Wild des Feldes Namen. Aber für einen Menschen fand er nicht die Hilfe, die ihm entsprochen hätte. ²¹ Nun ließ Jahwe Gott einen Tiefschlaf über den Menschen fallen, daß dieser einschlief, und er nahm eine von seinen Rippen und schloß das Fleisch an ihrer Stelle zu. ²² Dann baute Jahwe Gott die Rippe, die er vom Menschen genommen hatte, zu einem Weibe und führte es zum Menschen. ²³ Da sprach der Mensch: „Das ist endlich Bein von meinem Bein und Fleisch von meinem Fleisch! Diese soll Weib heißen, weil sie vom Mann genommen ist."

²⁴ Darum wird der Mann seinen Vater und seine Mutter verlassen und seinem Weibe anhangen, und sie werden zu einem Fleisch. ²⁵ Beide waren nackt, der Mensch und sein Weib. Aber sie schämten sich nicht voreinander.

1 2 3 4

Die große Steinfigur *(zweites Bild von links)* der schöngestaltigen Eva ist ein Werk von Tilman Riemenschneider, entstanden 1491/93. Diese Eva steht als Gegenstück zur Figur Adams am Portal der Marienkapelle in Würzburg.

Drei Detailbilder, Eva darstellend *(erstes, drittes und viertes Bild von links),* aus Gemälden von Albrecht Dürer (1471 – 1528), Hans Memling (1433 – 1494) und Lukas Cranach dem Älteren (1472 – 1553). Alle drei Künstler haben Eva in der gleichen Pose gemalt, mit dem Apfel in der Hand und mit geradezu zierlich bedeckter Scham. Dem Geschmack der Zeit entsprechend gilt noch immer der Lobpreis des weiblichen Körpers, wie es in einem Vers des 14. Jahrhunderts hieß: „Ze mâssen lanc (lang) enmitten klein (in der Mitte zierlich fein), sinwel mit swanc (überall abgerundet)." Und doch ist bei diesen Evabildern hier bereits ein neues Element zu spüren: verfeinerte Sensualität und leichte Dekadenz.

Gegenüber: Auf vier Horizontalstreifen eines Blattes der Grandval-Bibel, Tours (um 840), ist die Geschichte von der Erschaffung der Menschen bis zur Vertreibung aus dem Paradies dargestellt. In der oberen Reihe sehen Engel zu, wie Gott die Körper von Adam und Eva einzeln formt, Eva also nicht aus der Rippe des Adam geschaffen wird. In der zweiten Reihe segnet und belehrt Gott das Menschenpaar. In der dritten Reihe wird Eva von der Schlange verführt; Adam und Eva beißen in die verbotenen Früchte und stehen schuldbewußt und sich ihrer Nacktheit schämend, vor Gott. Zuunterst werden sie von einem Erzengel aus dem Paradies vertrieben. Adam bearbeitet nun „im Schweiße seines Angesichts" den steinigen Boden, und Eva stillt ihr Kind.

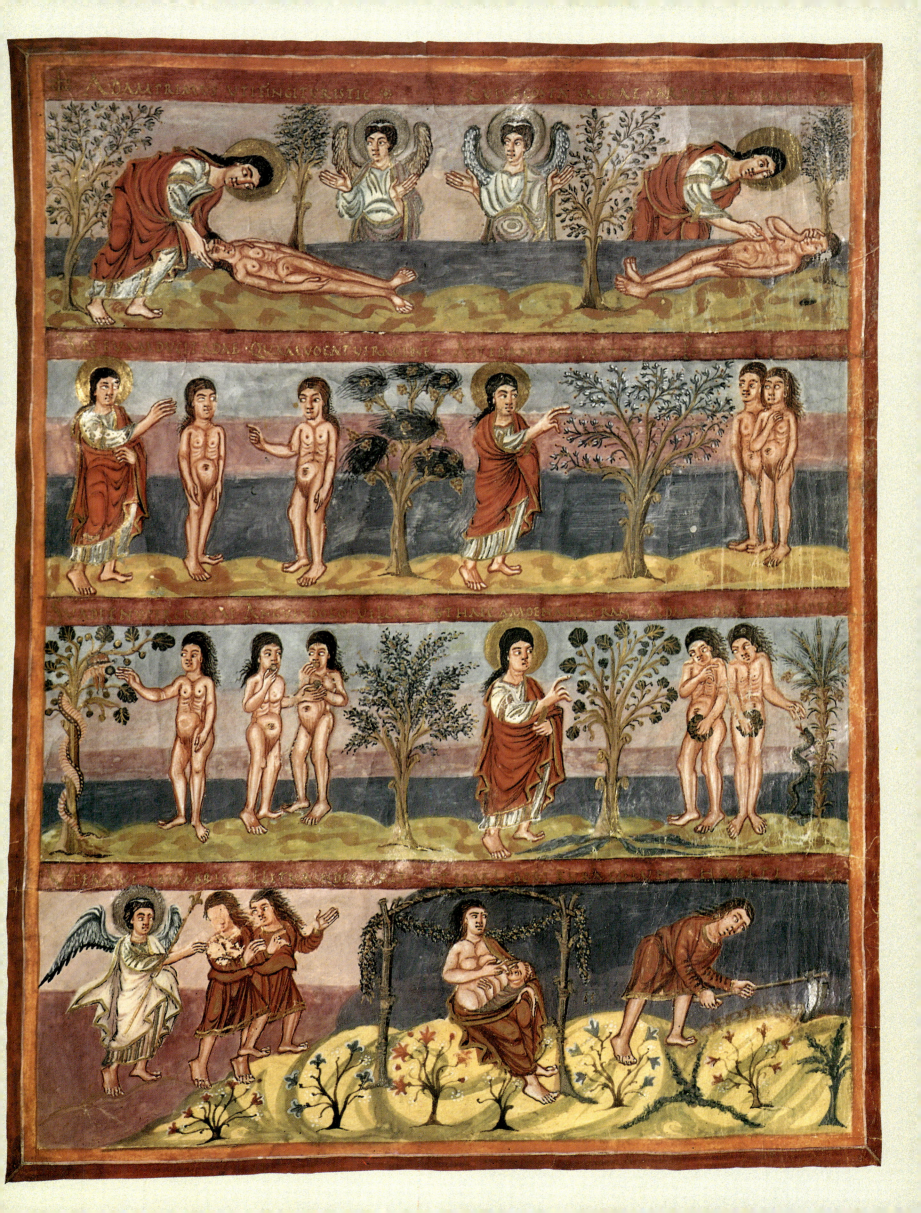

MUTTER ALLER LEBENDIGEN

Eva ist die „Mutter aller Lebendigen". Ihr Name wird auf das Wort „Leben" zurückgeführt und ist vermutlich älter als die biblische Erzählung. „Mutter aller Lebendigen" ist ein im Vorderen Orient gebräuchlicher Titel für die Urmutter; die Sumerer nannten sie „Inanna", die Babylonier „Tiamat", und in Ägypten wurde sie als „Isis" verehrt. Sie ist stark, sie ist schön, sie wird von Adam mit überschwenglichem Jubel begrüßt, sie bringt das Leben hervor; auch nach dem Mord an Abel will sie sich nicht von ihrem Sohn Kain trennen lassen, sie vertritt das lebensfreundliche Ethos.

Gott hat zwei Menschen geschaffen, die zusammen Gottes Ebenbild sind. Gott ist nur in zwei unterschiedenen Wesen gespiegelt.

Die Ur-Geschichte bringt einen frauenfeindlichen Beigeschmack mit, der aber erst später, in der patriarchalen Auslegung zur Hauptsache avancierte. Es gibt, in der Christentumsgeschichte stärker ausgeprägt als im Judentum, eine Beleidigungstradition gegen Frauen, deren wichtigste Symbole die Rippe und der Apfel sind. Sie sind benutzt worden, um die physische, intellektuelle und sittliche Minderwertigkeit der Frau zu begründen. Von der Rippe – zur Hexe – zur „Emanze", das ist eine Entwicklungslinie: Frauen sind nur ein Teil, nicht ein Ganzes, das „zweite Geschlecht", nicht das erste, also „nach und unter dem Mann", wie es selbst ein Theologe wie Karl Barth in diesem Jahrhundert noch ausgedrückt hat. Adam

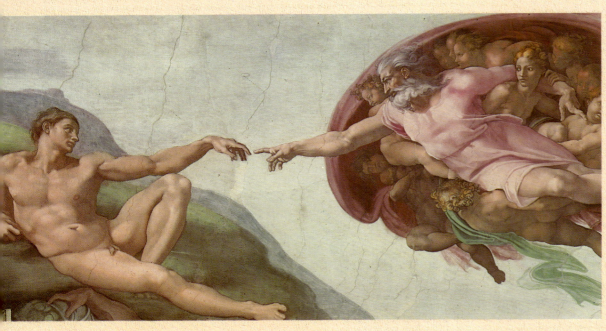

Links: „Die Erschaffung Adams", Fresko an der Decke der Sixtinischen Kapelle, Rom, von Michelangelo Buonarroti (1475 – 1564). Die Hand des schönen Jünglings hebt sich wie von Gottes Kraft angezogen der Hand entgegen, die sich ihm aus der Wolke entgegenstreckt. In seinem Wolkenmantel führt Gott nicht nur Engel mit, sondern auch Eva, die er in seinem linken Arm hält. Auf dem Detailbild (oben) ist Eva zu sehen, wie sie mit großen Augen voll Neugier zu dem zukünftigen Gefährten hinüberschaut.

Rechts: Um Eva zu erschaffen, hat Gott die Erde betreten und Adam in tiefen Schlaf fallen lassen. Auf sein göttliches Geheiß hin wächst aus Adams Rippe dessen zukünftige Gefährtin, ein neuer Mensch mit weichgerundetem Körper, eine Frau. Eva, noch nicht ganz gelöst von Adams Seite, erhebt bittend die Hände zu ihrem Schöpfer, der sie gütig betrachtet.

gelt. Differenz, Andersheit, Polarität der beiden Geschlechter waren „im Anfang" da, nicht eine androgyne Einheit, von der manche Kulturen träumen. Der erste Schöpfungsbericht feiert die Zweiheit der Menschen.

In Genesis 2 und 3, von einem anderen Verfasser geschrieben, wird die Geschichte vom Anfang anders erzählt: Gott formt und haucht, statt nur durch sein Wort zu schaffen, die Frau wird vom Mann abgeleitet, aus der Rippe ist sie entstanden, als gelte der Satz vom gleichen Ursprung – „Als Mann und Frau schuf er sie" – nicht mehr. In dieser zweiten Erzählung ist es die Frau, die Erkenntnis will, statt in der Unschuld des Paradieses zu bleiben. Eva, vom Mann erst benannt, darin ganz wie die Tiere, denen Adam den Namen gibt, ist als die andere die treibende Kraft der Veränderung.

spricht, die Frau schweigt und wird bejubelt. Ihre Identität gewinnt sie vom und durch den Mann, so wie Frauen in vielen Kulturen den Namen des Mannes annehmen müssen und selber keinen Namen haben.

Eva ist nicht nur zweitrangig, weil sie erst später aus der Rippe des Mannes entstanden sein soll, sondern auch, weil sie mit der Schlange im Bunde war, vom Baum der Erkenntnis des Guten und Bösen gegessen hat und so Ursache der Vertreibung aus dem Paradies wurde. In diesem Teil der Urgeschichte ist Eva nicht mehr stummer Teil des Mannes, ein Objekt seiner Bewunderung, vielmehr geht alles Entscheidende von ihr aus. Eva agiert, sie disputiert (zum gesammelten Ärger aller männlichen Theologen!) mit der Schlange, sie lernt etwas aus diesem Disput, nämlich, daß Menschen nicht durch Erkenntnis sterben. In ihrer ungebrochenen

Neugier entdeckt Eva Dinge, die das Leben verändern. „Das Weib sah, daß der Baum gut war zum Essen", daß er eine Wollust für die Augen war und begehrenswert, um Einsicht zu gewinnen. Essen, Ästhetik und Erkenntnis im intellektuellen wie im sexuellen Sinn des Wortes gehören zusammen. Jetzt erst, nachdem das Paar von der Frucht gekostet hat, gehen ihnen die Augen auf.

Friedrich Schiller hat den Sündenfall als den glücklichsten Moment der Weltgeschichte verstanden. Die Wörter „Sünde" und „Fall" erscheinen im biblischen Text nicht, wohl aber das Wort „vertreiben". Austreibung ist eine Phase des Gebärens: die Frucht wird ausgetrieben aus dem Mutterleib, in dem alles mühelos da war, Atmung und Nahrung von selbst gegeben waren. Aber jetzt beginnt das Leben, die Arbeit, die Mühe und die Sexualität.

Adam und Eva verlassen den Garten und kommen heraus in die Kälte und Härte des Lebens. Sie entdecken sich selber, sie finden die Freude des Lernens, das Glück des Schönen und die Erkenntnis. Ohne Eva säßen wir alle noch immer in träumender Unschuld unter den Bäumen. Unsere Situation ist, daß wir vom Baum der Erkenntnis gegessen haben, den Baum des Lebens aber nicht erreichen können. Das schildert der biblische Mythos durch die Verfluchungen, die das erste Paar treffen. Sie erklären, warum das Leben so mühselig und schmerzlich ist: Fluch, Feindschaft, Schmerzen, Herrschaft, Kummer, Schweiß sind die wichtigsten Wörter. Adam wird lebenslänglich bestraft, weil er auf die Initiative Evas einging. Eva wird doppelt bestraft, einmal durch die Arbeit, sodann durch die Schmerzen beim Gebären und die Unterwerfung unter den Mann.

Arbeit und Sexualität, die wichtigsten Lebensäußerungen des erwachsenen Menschen, werden als Fluch beschrieben und negativ besetzt. Innerhalb einer christlichen Tradition, die eher die unterdrückenden Elemente hervorgehoben hat, sind diese Flüche dann zum ewigen Schicksal hochstilisiert worden, als seien die Disteln auf dem Acker, die Schmerzen beim Kinderkriegen und die Unterwerfung des einen Teils der Menschheit unter den anderen notwendig und unabänderlich. Aber es sind nicht „Schöpfungsordnungen", von denen der strafende Gott spricht, eher ihr Gegenteil, Verfluchungen, die gerade den Abstand zur guten Schöpfung deutlich machen und ein realistisches Bild der bäuerlichen Realität Palästinas zeigen. „Im Anfang" war nicht die Feindschaft zwischen Natur und den Menschen und nicht die sinnlose Plackerei der Arbeit ohne

Glück. Eva und Adam sollten den Garten „hüten und bewahren", sie sollten miteinander die Ikone Gottes sein und nicht herrschen, unterwerfen und zwingen. Eva war, von der Erschaffung her gedacht, nicht das „Gefäß der Sünde", zu dem die Kirchenväter sie machten, sondern die Mutter der Lebendigen. Das Christentum hat Eva und Maria einander zugeordnet, die eine durch die andere ergänzt. Es hat sein Unrecht an Eva durch Maria wiedergutzumachen versucht. Es gibt Frauen, die den Doppelnamen „Evamaria" tragen, vielleicht um uns zu erinnern, daß Lust an der Erkenntnis und der Wunsch, ein eigener Mensch zu werden, die Fähigkeit zur Hingabe des Ich nicht zerstören. Wir müssen wählen zwischen dem sanften Mädchen Maria und der Grenzen nicht anerkennenden Frau vom Anfang, Eva. Wir können beide sein.

Ach, sie hätte gern
in jenem Land
noch ein wenig weilen mögen,
achtend auf
der Tiere Eintracht und
Verstand.

Rainer Maria Rilke

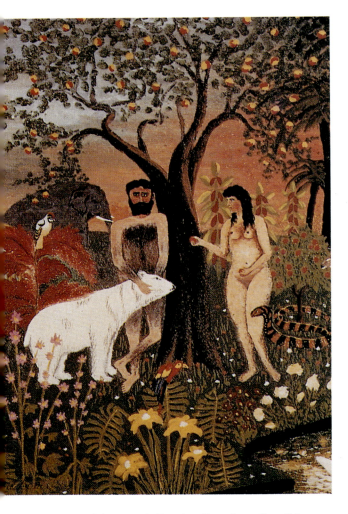

Adam und Eva im Paradies, Gemälde von Alois Beneš (1903 – 1985), Offenbach. Das erste Menschenpaar lebt im Garten Eden in Eintracht mit der Natur. Der bärtige Adam krault einen Bären, und an Evas Bein schmiegt sich der Kopf einer Schlange. Sorge und Not sind hier unbekannt. Bäume spenden Früchte zur Nahrung, und Blumen erfüllen die Luft mit Düften.

3 [1] Die Schlange war listiger als alle Tiere des Feldes, die Jahwe Gott gemacht hatte. Sie sprach zu dem Weibe: „Hat Gott wirklich gesagt: Ihr dürft nicht von allen Bäumen des Gartens essen?" [2] Das Weib antwortete der Schlange: „Von den Früchten der Bäume des Gartens dürfen wir essen. [3] Nur von den Früchten des Baumes, der mitten im Garten steht, hat Gott gesagt: Ihr sollt nicht davon essen und nicht daran rühren, damit ihr nicht sterbet." [4] Darauf sprach die Schlange zu dem Weibe: „Keineswegs, ihr werdet nicht sterben. [5] Vielmehr weiß Gott, daß an dem Tage, da ihr davon esset, euch die Augen aufgehen und ihr sein werdet wie Götter, die Gutes und Böses erkennen." [6] Das Weib sah, daß der Baum gut zu essen wäre und lieblich anzusehen und begehrenswert, um Einsicht zu gewinnen. Und sie nahm von seiner Frucht und aß und gab davon auch ihrem Manne, der bei ihr war, und er aß. [7] Nun gingen beiden die Augen auf, und sie erkannten, daß sie nackt waren. Deshalb flochten sie Feigenblätter zusammen und machten sich Schurze.

[8] Da vernahmen sie den Schritt Jahwes Gottes, der sich beim Tagwind im Garten erging, und der Mensch und sein Weib verbargen sich vor Jahwe Gott unter den Bäumen des Gartens. [9] Jahwe Gott aber rief dem Menschen zu und sprach zu ihm: „Wo bist du?" [10] Er antwortete: „Ich vernahm deinen Schritt im Garten; da fürchtete ich mich, weil ich nackt bin, und verbarg mich." [11] Darauf sprach er: „Wer hat dir kundgetan, daß du nackt bist? Hast du von dem Baum gegessen, von dem zu essen ich dir verboten habe?" [12] Der Mensch erwiderte: „Das Weib, das du mir beigesellt hast, gab mir von dem Baum, und ich aß." [13] Da sprach Jahwe Gott zu dem Weibe: „Was hast du da getan?" Das Weib antwortete: „Die Schlange hat mich verführt, und ich aß."

[14] Nun sprach Jahwe Gott zur Schlange: „Weil du das getan hast, verflucht seist du unter allem Vieh und unter allen Tieren des Feldes. Auf deinem Bauche sollst du kriechen und Staub fressen alle Tage deines Lebens. [15] Feindschaft will ich setzen zwischen dir und dem Weibe, zwischen deinem Sproß und ihrem Sproß. Er wird dir den Kopf zermalmen, und du wirst ihn an der Ferse treffen."

[16] Zum Weibe aber sprach er: „Überaus zahlreich werde ich die Beschwerden deiner Schwangerschaft machen. Unter Schmerzen sollst du Kinder gebären. Nach deinem Mann wird dein Verlangen sein, er aber wird über dich herrschen."

[17] Zu dem Menschen aber sagte er: „Weil du auf die Stimme deines Weibes gehört und von dem Baume gegessen hast, obwohl ich dir geboten hatte: Du sollst nicht von ihm essen, verflucht sei der Erdboden um deinetwillen. Unter Mühsal sollst du dich von ihm ernähren alle Tage deines Lebens. [18] Dornen und Disteln soll er dir wachsen lassen. Das Kraut des Feldes mußt du essen. [19] Im Schweiße deines Angesichtes sollst du dein Brot essen, bis du zum Erdboden zurückkehrst, von dem du genommen bist. Denn Staub bist du, und zum Staub mußt du zurückkehren."

[20] Der Mensch gab seinem Weibe den Namen Eva; denn sie wurde die Mutter aller Lebendigen. [21] Jahwe Gott aber machte dem Menschen und seinem Weibe Kleider aus Fellen und bekleidete sie damit. [22] Dann sprach Jahwe Gott: „Siehe, der Mensch ist geworden wie einer von uns, so daß er Gutes und Böses erkennt. Daß er nun aber nicht seine Hand ausstrecke und auch

Links: Adam und Eva unter dem Feigenbaum, ein Blatt aus dem sich in Madrid befindenden Codex Vigilanus. Die Schlange ringelt sich an dem hohen Stamm hoch, ihr Kopf ist Eva, mit der sie spricht, zugewandt. Adam hält die Hand ans Ohr, um mithören zu können. Da Adam wie Eva ihre Blöße mit großen Feigenblättern bedecken, haben sie offensichtlich von der verbotenen Frucht bereits gegessen.

Oben: Die zwischen den Vögeln vom Ast herabhängende Schlange hat Eva dazu verleitet, vom verbotenen Baum einen Apfel abzupflücken. Sie hält diese schöne rote Frucht über den noch wohlig schlafenden Adam, damit er beim Erwachen gleich danach greife. „In naiver Manier" gemaltes Bild von Beryl Cook.

von dem Baum des Lebens nehme und esse und ewig lebe!" 23 Darum entfernte ihn Jahwe Gott aus dem Garten Eden, damit er den Erdboden bebaue, von dem er genommen ist. 24 Und als er den Menschen vertrieben hatte, stellte er östlich von dem Garten Eden die Kerube auf und das zuckende Flammenschwert, damit sie den Weg zum Baum des Lebens bewachen.

4 ¹ Der Mensch erkannte sein Weib Eva. Sie empfing und gebar Kain. Da sprach sie: „Einen Mann habe ich durch Jahwe erhalten." ² Und sie gebar nochmals, seinen Bruder Abel. Abel wurde ein Schafhirt, Kain aber wurde ein Ackerbauer.

WAS NICHT IN DER BIBEL STEHT

ANTIKE UND MITTELALTERLICHE QUELLEN

Eva, die Stamm-Mutter der Menschheit, ist schon in vorchristlicher Zeit von der Legende umsponnen worden, zunächst natürlich im jüdischen Schrifttum. Allerdings wird sie nicht in den Mittelpunkt der Legenden gestellt, sondern wird stets im Zusammenhang mit anderen Gestalten genannt: vor allem mit Adam, dann auch mit der Schlange, die oft mit Satan identifiziert wird, und ferner mit der mysteriösen Lilit, die Adams erste Frau gewesen sein soll.

IN DER JÜDISCHEN Legende ist Adam der ideale Mensch, die Welt wurde für ihn geschaffen. Ihn hat Gott mit seinen eigenen

Gegenüber: Auf dem 1530 entstandenen Tafelbild „Das Paradies" hat Lukas Cranach d. Ä. (1472–1553) in mehreren Szenen die Ereignisse um das erste Menschenpaar dargestellt. Im Vordergrund stehen Adam und Eva innig verbunden vor Gott, der sie segnet und belehrt. Mit der rechten Hand vor dem Herzen scheint Adam für sich und die sorglos glücklich dreinschauende Eva Gottvater zu beteuern, daß sie sein Gebot, keine Früchte vom Baum der Erkenntnis zu essen, befolgen werden. Im Hintergrund erkennt man, wie Eva aus der Rippe Adams geschaffen wird; die Verführung durch die Schlange zum Essen der verbotenen Frucht; wie sich das sündig gewordene Menschenpaar schuldbewußt vor Gott im Gebüsch versteckt.

Rechts: Gottvater stellt dem Adam die für ihn soeben erschaffene Eva vor, Fresko von Raffael Santi (1483–1520) aus den Loggien des Vatikans. Lässig unter einem Baum sitzend, wendet sich Adam, noch halb benommen vom Schlaf, der ihn liebevoll anblickenden Frau zu, die Gott ihm zuführt.

Händen hervorgebracht, nicht, wie alle anderen Wesen, durch das Wort. Sein Körper ist Spiegel der ganzen Welt: Sein Haar gleicht den Wäldern, seine Tränen einem Fluß, sein Mund dem Ozean, und wie der Ozean die Erde umfließt, so umgibt das Weiße seiner Augen die Iris. Gott nahm Staub von allen vier Enden der Welt, um Adam zu schaffen. Daher wird er, wenn er stirbt, immer in die Erde zurückkehren, aus der er entsprang. Nur einzelne seiner Eigenschaften wurden auf einige seiner Nachkommen weitervererbt: Simson hatte seine Stärke, Absalom sein Haar, Saul seinen Nacken – aber gerade diese Eigenschaften gerieten ihren Trägern zum Unheil.

Er ist irdisch, denn er ißt und trinkt. Er scheidet seinen Unrat ab und vermehrt sich wie die Tiere. Er ist aber auch ein Engel, denn er kann sprechen, denken, aufrecht gehen, und er schaut hinauf zum Himmel. Die Engel der Liebe befürworteten seine Erschaffung, aber die Engel der Wahrheit sprachen dagegen: denn er würde voller Lügen und streitsüchtig sein. Diese widerspenstigen Engelsgruppen vernichtete Gott, mit Ausnahme ihrer Führer Michael und Gabriel. Eine dritte Gruppe, unter Labbiel, fügte sich, und darum wurde Labbiel von nun an von Gott Raphael, der Retter, genannt.

Satan, der größte und schönste Engel – er hat zwölf Flügel, die andern Engel nur sechs –, wurde eifersüchtig auf Adam, aber da er nicht, wie Adam, die Tiere bei ihrem rechten Namen nennen konnte, schleuderte ihn Gott hinunter auf die Erde. Seitdem ist Feindschaft zwischen ihm und den Menschen.

Als die Engel Adam sahen, waren sie bereit, ihn anzubeten, bis Gott ihn in Schlaf versenkte und sie sahen, daß er nur ein Mensch war. Zuerst gab er ihm Lilit zur Frau – so wurde die Erzählung im ersten Kapitel der Genesis interpretiert. Sie war aus Staub gemacht wie er und hielt sich deshalb für ebenbürtig. Aber Adam betrachtete sich als ihr Herr, da er zuerst geschaffen worden war. So entstand Zank zwischen ihnen, und nach kurzer Zeit verschwand Lilit in den Lüften. Als Adam sich beschwerte, sandte Gott drei Engel aus, sie zurückzuholen; schließlich fanden sie sie im Roten Meer. Doch weigerte Lilit sich, zurückzukehren. Sie wurde deshalb von Gott bestraft: hundert ihrer Dämonen-Kinder wird sie nun täglich verlieren. Seitdem rächt sie sich an Kindern, die aber durch ein Amulett geschützt werden können, auf denen die Namen der drei Engel angegeben sind, die sie einfingen. Lilit lebt ebenfalls weiter als ein Dämon, der Männer durch ihre schönen Haare verführt. So die Legende.

DIE GESTALT der Lilit geht auf babylonisch-assyrische, vielleicht noch ältere, sumerische Quellen zurück. Erst im Talmud, der zwischen dem 2. und 5. Jahr-

19

Oben: „Die Erbsünde", Gemälde des venezianischen Meisters Jacopo Tintoretto (1518 bis 1594). Eva ist durch die uns zugekehrte Vorderseite ihres Körpers, der in hellem, warmem Licht aufleuchtet, sogleich als die Aktivere der Verführungsszene zu erkennen. Mit sanftem, leicht melancholischem Gesichtsausdruck hält sie dem zurückweichenden Adam die verbotene Frucht hin.

Rechts: Die mit einem gekrönten Frauenhaupt versehene Schlange hat Adam und Eva verführt, Früchte vom Baum der Erkenntnis zu essen. Detail einer Illustration aus dem 1459/62 entstandenen Bibelkommentar des Nikolaus von Lyra.

Rechts außen: „Der Sündenfall", eine der vier rechteckigen Fresken Raffaels (1483 – 1520) an der Decke der „Stanza della Segnatura" im Vatikan. Adam und Eva befinden sich links und rechts vom Stamm des Baumes der Erkenntnis, an dem sich die Schlange hinaufwindet. Adam streckt Eva die Hand entgegen, um die Frucht von ihr zu empfangen, die sie bereits gepflückt hat.

Oben: „Adam und Eva" von Jacopo Tintoretto (1518–1594). Dieses Bild entstand einige Jahre später als das gegenüberliegend abgebildete Gemälde. Auch hier ist der schöne Körper der Eva in sattem Licht und Adam mit gebogenem Rücken zu sehen, da wie dort vom Betrachter abgewendet. Aber die Situation ist jetzt eine völlig andere. Adam hält geradezu gierig Evas Handgelenk umspannt, damit sie ihm die Frucht freigibt. Und nun ist es Eva, die zurückweicht, erschreckt von dem Ungestüm des Mannes.

Ganz links: „Adam und Eva" des niederländischen Malers Michiel van Coxie (1499–1592). Dieses Bild zeigt die Situation kurz vor dem Sündenfall: Eva befühlt die glatte Haut des Apfels, scheinbar ohne Absicht, die Frucht abzubrechen. Adam sitzt gelöst ruhend an den Stamm gelehnt, noch nicht interessiert an der verbotenen Frucht. Doch schon windet sich die Schlange am Baum der Erkenntnis hinauf, um Eva zu betören.

Links: Bildausschnitt des Gemäldes „Adam und Eva" von Tizian (1477–1576). Eva ist offensichtlich im Begriff, den Apfel vom Baum der Erkenntnis zu pflücken, während Adam sie mit der Hand zurückzuhalten sucht.

Rechts: Der Originaltitel dieses Gemäldes von George Frederick Watts (1817–1904) lautet „She shall be called woman" (Sie soll Frau genannt werden). Es handelt sich um Eva, die Urfrau, die der Künstler mit goldenem Haar darstellt, umgeben von Blumen und schöngefiederten Vögeln, als Quelle aller Lebensfreuden. Er selbst äußerte sich zu dieser Darstellung: „In der erhabenen Majestät der Unschuld vertritt Eva den Typus alles dessen, was für die gesamte Menschheit erhofft werden kann."

Oben: Wie das Bild nebenan gehört auch dieses Gemälde (betitelt als „Eve tempted") zu einer Eva-Trilogie von Watts. Sie endet mit Evas Reue. Hier zeigt Watts, wie Eva, einen Panther zu Füßen, sich am Duft eines Blütenstrauches berauscht und, vor der Schlange angesprochen, den Kopf nach oben wendet, um den sie betörenden Einflüsterungen zu lauschen.

hundert nach Chr. entstand, wird sie als Adams erste Frau bezeichnet. In der Bibel selbst wird sie nur einmal erwähnt, in Jesaja 34, 14, als eine der Kreaturen, die das verwüstete Land Edom bewohnen werden. Luther übersetzt ungenau mit „Kobold", in der englischen King-James-Übersetzung heißt sie screech-owl (Schleiereule), die neuere amerikanische Übersetzung von 1901 nennt sie ein night-monster. Die talmudische Idee, sie zu Adams erster Frau zu machen, beruft sich darauf, daß die Erschaffung des ersten Menschenpaares in den beiden ersten Kapiteln der Bibel etwas widersprüchlich dargestellt wird: Im ersten Kapitel werden Mann und Frau von Gott gleichzeitig in derselben Weise erschaffen, im zweiten ist Adam, nach dem Ruhetage Gottes zuerst allein, dann wird Eva aus seiner Rippe geschaffen, damit er eine Gefährtin habe.

Nach der jüdischen Tradition ist Eva dem Adam nicht ebenbürtig, denn sie wurde aus seinem Körper geschaffen: Nicht aus seinem Kopf, damit sie nicht stolz werde, nicht aus seinem Auge, damit sie nicht lüsterne Blicke um sich werfe; nicht aus seinem Ohr, damit sie keine Horcherin würde; nicht von seinem Mund, damit sie keine Schwätzerin würde, und nicht von seinem Fuß, damit sie nicht umherschweife. Sondern von einem keuschen Teil seines Leibes; und da Gott sie formte, sprach er zu jedem Glied: Sei keusch, sei keusch! Trotz dieser Vorsicht hat die Frau viele der Eigenschaften erhalten, die Gott ihr nicht geben wollte: Manche Frau ist stolz, Sara lauschte, Rachel beneidete die Lea, und Eva griff nach der verbotenen Frucht.

Gott ließ Adam in Schlaf verfallen, denn sonst hätte er Eva nicht lieben können: Männer lieben keine Frauen, die sie von Jugend an kennen. Als aber Adam erwachte und Eva sah, sagte er: „Sie ist es, die mein Herz in vielen Nächten klopfen machte." Weil sie aus seinem Fleisch geschaffen wurde, bedarf sie des Parfüms, so wie das Fleisch zu seiner Erhaltung Salz benötigt. Andrerseits ist die Frau nicht so schnell besänftigt wie der Mann, denn ein paar Tropfen Wasser genügen, die Erde aufzuweichen, während ein Knochen, in Wasser getaucht, viele Tage lang hart bleibt.

Eva nannte Adam ihren Herrn. Ihre Hochzeit wurde mit einmaligem Pomp gefeiert. Gott selbst führte Eva im Tanze zu Adam, schmückte sie und segnete das Paar, während die Engel tanzten. Adam nannte sie Ishah und sich selbst Ish. Und von nun an brachten die Engel dem Paar Speise und Trank.

Sobald Eva die verbotene Frucht – von einem Apfel ist in der Bibel nicht die Rede – gegessen hatte, sah sie den Todesengel vor sich und erwartete ihr Ende. Da überredete sie Adam, ebenfalls von der Frucht zu essen, denn sie befürchtete, er werde nach ihrem Tod eine andere Frau zum Weibe nehmen. Danach gab sie die Frucht auch allen Tieren und machte sie auf diese Weise sterblich. Nur der Vogel Malham weigerte sich und lebt daher auf Ewigkeit im Paradies.

Anfangs waren Adams und Evas Körper mit einer Hornhaut bedeckt, die fiel nun von ihnen ab, und der Glorienschein, der sie umgeben hatte, verschwand. Und da sie sich ihrer Nacktheit schämten, suchten sie ihre Blößen mit Zweigen zu decken, aber alle Bäume verweigerten ihnen ihre Zweige, nur der Feigenbaum nicht – denn die verbotene Frucht war eine Feige gewesen.

Die Engel erwarteten, daß das Menschenpaar nach dem Sündenfall sterben werde, aber Gott erklärte ihnen: „Ich habe gesagt, daß sie an dem Tage sterben werden, an dem sie die verbotene Frucht essen würden. Aber ich meinte meine Art von Tag, und der währt tausend Jahre." – Darum wurden in den ersten Generationen einige Menschen über 900, aber niemand über tausend Jahre alt.

Als Gott Adam nach dem Sündenfall zur Rede stellte, beschuldigte Adam Eva. Nur weil sich beide nicht schuldig bekannten, wurden sie bestraft, sonst hätte Gott ihnen verziehen. Die Schlange dagegen wurde ohne Verhör bestraft: Ihr wurden Hände und Füße abgehackt, so daß sie von Stund an auf dem Bauche kriechen mußte. Denn Gott wußte, daß sie Eva nur deshalb verführt hatte, damit auch Adam sterben sollte: Sie wollte nach dem Tod Adams Eva heiraten. Auch die Erde wurde bestraft, indem Gott sie vom Regen abhängig machte. Und schließlich wurde auch der Mond bestraft, denn als alle Engel und die Sonne mit Adam und Eva über ihre Bestrafung weinten, hatte er gelacht. Nun wurde sein Licht geschwächt, und er muß monatlich abnehmen und verschwinden, ehe er sich erneuern kann.

Nach ihrer Vertreibung bauten Adam und Eva eine Hütte und saßen darin, weinend und klagend, sieben Tage lang. Dann gingen sie, nach Nahrung zu suchen, und fanden keine. Darauf taten sie Buße: Adam hieß Eva, 37 Tage lang im Tigris zu stehen, und er selbst stellte sich in den

Brustbild Evas von Duncan Grant. Als diese archaisch wirkende Darstellung Evas 1913 entstand, durchlebte der Künstler eine Periode, in der er mittelalterliche und allermodernste Stilelemente verknüpfte. Der Kopf dieser Eva mit den riesigen, frontal auf den Betrachter gerichteten Augen und den erhobenen Armen läßt an Ikonenmalerei denken. Der überlang gestreckte Hals erinnert an Modiglianis Malweise. Die Bekleidung Evas lediglich mit einem von der Stirne den Rücken herabhängenden Schleier geht auf Picassos Bild „Die Nackte mit Schleier" zurück, das Grant als sein Lieblingsbild von Picasso erklärte. Trotz dieses Stilgemischs ist Duncan Grant ein großartiges, überzeugendes Bild der Eva gelungen.

Deckengemälde in der Sixtinischen Kapelle von Michelangelo (1475–1564), den „Sündenfall und die Vertreibung aus dem Paradies" darstellend. Links vom Baum der Erkenntnis wird Adam nicht von Eva zum Essen der verbotenen Frucht verführt, sondern er greift selber begierig in den Feigenbaum. Eva liegt lässig am Boden und wendet sich nur der mit einem Frauenkörper ausgestatteten Schlange zu, als diese ihr von oben eine Feige in die ausgestreckte Hand fallen läßt. Rechts vom Baum der Erkenntnis ist dargestellt, wie das sündig gewordene erste Menschenpaar vom Engel mit dem Schwert aus dem Paradies gewiesen wird. Adam hebt beim eiligen Fortgehen abwehrend den Arm gegen den zürnenden Engel, während Eva sich angstvoll duckt und scheu zurückblickt.

Gegenüber: Bildausschnitt aus dem auf Holz mit Temperafarben gemalten Tafelbild des Sieneser Meisters Giovanni di Paolo (1400 bis 1482). Der zartblaue Hintergrund, von dem sich die fruchtbehangenen Bäume und die Blumen des Wiesengrundes zierlich abheben, bringt die paradiesische Schönheit des Gartens Eden augenfällig zum Ausdruck. Der Engel, der Adam und Eva zu gehen drängt, scheint dem Menschenpaar freundlich gesinnt und gibt Adam wohl noch Ratschläge mit auf den Weg.

Hand in Hand verlassen Adam und Eva den mit Blumen und Goldbäumen geschmückten Paradiesgarten, aus dem der Engel sie hinausgewiesen hat. Ihre Blöße haben sie mit dichtem Blätterschutz bedeckt. Die hinter ihnen kriechende Schlange trägt ihnen noch ein Feigenblatt nach. Diese Darstellung des 17. Jahrhunderts stammt aus dem Topkapi-Serail-Museum in Istanbul.

Jordan. Aber nach 18 Tagen überredete Satan die Eva, ihre Buße aufzugeben, gestand ihr auch, daß seine Eifersucht auf Adam Evas Fall verursacht hatte.

Als Adam 930 Jahre alt war, wurde er krank, und Eva bat ihn unter Tränen, ihr die Hälfte seiner Krankheit abzugeben. Sie und ihr dritter Sohn, Set, wanderten dann zu den Pforten des Paradieses und baten Gott um das Öl der Barmherzigkeit, das ihnen aber verweigert wurde. Gott versprach ihnen aber, daß in Zukunft das Öl den Frommen – aber nur ihnen – nach ihrer Auferstehung zuteil werden würde.

Nach Adams Tod weinte Eva und bat Gott, sie nicht von Adams Leib zu trennen, aus dem sie entstanden war. Er erhörte sie und ließ sie ebenfalls sterben. Ein Erzengel stieg hernieder und wies Set an, wie er Eva zu begraben hätte.

Sie starb sechs Tage nach Adam. Vor ihrem Tod riet sie ihren Kindern, die Geschichte der ersten Menschen auf Stein aufzuzeichnen.

ALLE DIESE Ausschmückungen des Bibeltextes gehen noch auf das vorchristliche, jüdische Schrifttum zurück. Das jüdische Adamsbuch aus dieser Zeit wurde in viele orientalische Sprachen übersetzt und weiterverarbeitet. In einigen dieser Versionen ist der ursprüngliche Adam riesig, er reichte von der Erde bis zum Himmel, und sein Kopf war riesengroß. Erst nach dem Sündenfall wurde er klein. Überhaupt wird die Geschichte der Menschheit seit Adam und Eva als Abstieg dargestellt. Nach dem Midrasch, der jüdischen Auslegung der heiligen Schriften, hatte Adam ursprünglich einen Schwanz; den nahm Gott ihm ab, um ihn zu ehren. Adam galt auch als zauberkundig und soll bei Noachs Geburt das Horoskop gestellt haben. Die jüdische Sage schreibt ihm ein „Buch der Zeiten", ein „Buch der Sternkunde" und andere Schriften zu, die er seinem Sohn Set vermachte. Nach einer jüngeren jüdischen Sage wurden Adam und Eva nach ihrem Tode in den Mond versetzt. Noch jetzt schreien alle neugeborenen Knaben, wenn sie auf die Welt kommen „A" für Adam, die Mädchen dagegen „E" für Eva.

Im Talmud findet sich auch die Vorstellung, daß der erste Mensch androgyn, zweigeschlechtlich, war, zwei Gesichter hatte und dann von Gott auseinandergesägt wurde, eine Idee, die sich auch in anderen Kulturen findet und z.B. in Platos „Gastmahl" erwähnt wird. Auch soll sich Adam nach dem Sündenfall 130 Jahre lang von seinem Weib ferngehalten haben. In dieser Zeit nahm er als Buße von seinem Leibe den Gurt von Feigenblättern nicht ab. Aus seinen Reuetränen entstanden die Flüsse Euphrat und Tigris, aus denen der Eva wurden Perlen.

DIE FRÜHMITTELALTERLICHE christliche Legende zeigt ebenfalls sehr widersprüchliche Tendenzen. Einerseits wird Eva, die Sünderin, die das Elend der Menschheit verschuldet hat, verächtlich gemacht: Sie soll aus einem Hunde- oder Affenschwanz geschaffen worden sein – so noch in einem Gedicht von Hans Sachs aus dem Jahre 1557. Andrerseits wird die Geschichte des Sündenfalls immer mehr mit dem Motiv der Erlösung durch Christus verknüpft: So schon im sogenannten „Ezzolied", geschrieben um 1065 von einem Bamberger Priester. In der vielgelesenen Legenda Aurea (Goldene Legende) des Jacobus de Voragine, Erzbischof von Genua (um 1290), die die mittelalterliche Literatur stark beeinflußte, wie auch in der „Legende vom Heiligen Kreuz" des Heinrich von Freiberg und im „Kreuzleich" des Minnesängers Frauenlob (Heinrich von Meißen) stammt das Holz des Kreuzes Christi vom Baum der Erkenntnis. Adam wird zum Gegenspieler von Jesus, Eva die Gegenspielerin Marias. Die widersprüchlichen Tendenzen zeigen sich besonders klar in der anglo-normannischen „Representation Adae" des 12. Jahrhunderts, in der Adam und Abel selbst das Kommen des Erlösers ankündigen, zum Schluß aber von Teufeln in die Hölle geschleppt werden. Nach der Goldenen Legende fand der Sündenfall an einem Freitag in der sechsten Stunde statt, also der Stunde der Kreuzigung Christi. Durch diese Verknüpfung mit der Erlösungsgeschichte werden Adam und Eva mehr und mehr entlastet, die Schuld am Elend der Menschheit statt dessen dem Teufel zugeschrieben.

Im Koran, dem heiligen Buch des Islam, das kurz nach dem Tode seines Gründers Mohammed (632 A.D.) zusammengestellt wurde, wird in der zweiten Sure die Geschichte des Paradieses kurz wiedererzählt, Eva aber kaum erwähnt. Gott (Allah) lehrt Adam die Namen der Tiere und gebietet den Engeln, vor Adam niederzufallen. Sie tun es, mit Ausnahme von Iblis – wohl eine Korruption von Diabolus –, der ein Ungläubiger ist. Und Iblis – Satan – ist es, der das Paar aus dem Paradies vertreibt.

Mephisto zu Faust in der Walpurgisnacht: „Lilith ist das, Adams erste Frau.
Nimm dich in acht vor ihren schönen Haaren. Wenn sie damit den jungen Mann erlangt,
so läßt sie ihn sobald nicht wieder fahren."

Goethe, Faust I

NEUERE LITERATUR

Mit dem ausgehenden Mittelalter tritt ein neues Element in der Ausdeutung der Adam-und-Eva-Sage auf: Das soziale. Die beiden aus dem Paradies Vertriebenen werden zum Symbol des zwar mühseligen, aber doch wenigstens sozial gerechten Urzustandes der Menschheit. Adam und Eva arbeiten im Schweiße ihres Angesichts, aber sie sind niemandem untergeordnet. Am prägnantesten hat das der englische Priester und Sozialreformer John Ball ausgedrückt, der am großen Bauernaufstand von 1381 teilnahm und nach dessen Scheitern hingerichtet wurde. Von ihm stammt das Wort: „When Adam delft and Eve span, who was there gentleman?" Dies Wort wurde in der deutschen Fassung „Als Adam grub und Eva spann,/ Wo war denn da der Edelmann?" zum Motto im großen deutschen Bauernkrieg von 1525 und in vielen Flugschriften zitiert. So werden die beiden ersten Menschen zum Sinnbild eines vergangenen goldenen Zeitalters. Das „Paradies" ist nun nicht mehr so sehr das biblische, aus dem die beiden vertrieben wurden, sondern der Urzustand des arbeitenden, aber freien Menschen, nach dem man sich zurücksehnt – freilich vergebens. Immanuel Kant hat in einer seiner frühen Schriften einen ähnlichen Gedanken zum Ausdruck gebracht: im „Mutmaßlichen Anfang der Menschheitsgeschichte" führt er aus, daß die Vertreibung aus dem Paradies für den Menschen als der Übergang von der Vorherrschaft der Natur zum Stand der Freiheit aufzufassen sei.

IM BÜRGERLICHEN Drama des 16. Jahrhunderts werden Adam und Eva wie ein Bürger- oder Bauernpaar der Zeit porträtiert, so in Hans Sachs' „Tragedia von Schoepfung fal und Ausstreibung" (1548), oder im Mysterium des Schweizers Jakob Rueff „Adam und Heva", in dem über 100 Personen auftreten, oder in dem lateinischen Epos des Christoph Stymmel „Adam und Eva". Oft wird der Sündenfall auch als Komödie gestaltet, so bei dem Holsteiner Johannes Stricker in seiner „Geistlichen Comoedie vom erbaermlichen Falle Adams und Evae" (1570).

IN DEN BAROCKDRAMEN des 17. Jahrhunderts wird die Erzählung von der Erschaffung der Welt und vom Sündenfall allegorisch untermalt: Teufel treten auf, Engelschöre und der Erzengel Michael stellen sich ihnen entgegen. Der spanische Dichter Lope Felix de Vega, von dem etwa 500 Dramen erhalten sind, bezieht in seinem Schöpfungsdrama („La creación del mundo y primera culpa del hombre") das Kains-Drama mit ein und endet mit der Tötung des Brudermörders durch seinen Nachkommen Lamech. Die Verwendung von Engels- und anderen Chören legte die Verwendung des Stoffes für die Barock-Oper nahe, und C. Ch. Dedekind („Versündigte und begnadigte Eltern", 1676) und Ch. Richter („Der erschaffene, gefallene und aufgerichtete Mensch", 1678) haben solche Texte geschaffen, bei denen bei der Vertreibung bereits die künftige Erlösung durch den Heiland angekündigt wird, während beim letzten Vertreter des Barockdramas, Heinrich Anshelm Zigler und Kliphausen („Helden-Liebe", 1690) sich neben allen hochbarocken Festzügen, Schlachten-Schilderungen und verwirrenden Intrigen schon galante Rokoko-Elemente einschleichen.

Die bedeutendste Gestaltung des Stoffes im 17. Jahrhundert kam von John Milton, dessen „Paradise lost" (Das verlorene Paradies, 1667) noch Joseph Haydns „Die Schöpfung" (1798) und selbst noch Anton Rubinsteins Oper „Das verlorene Paradies" (1872) stark beeinflußten. Milton betont die Willensfreiheit, aber auch die Würde des Menschen, und entsprechend heißt es in der bekanntesten Arie von Haydns „Schöpfung" (Worte von dem englischen Dichter Linley – oder auch Lindley, der sich eng an Milton anlehnt):
Mit Würd und Hoheit angetan,
Mit Schönheit, Stärk und Mut begabt,
Gen Himmel aufgerichte steht der Mensch,
Ein Mann und König der Natur ...
An seinem Busen schmiegt sich
Für ihn aus ihm geformt, die Gattin
Hold und anmutsvoll. In froher Unschuld lächelt sie ...
Bei Milton ist Satan keineswegs die Verkörperung reinen Übels, er weist vielmehr so viele positive Seiten auf, daß der englische Dichter Shelley meinte, bei Milton sei Satan Gott moralisch überlegen. Satan erkennt die Schönheit und Harmonie von Gottes Schöpfung an, meint aber, die Erde sei dem Himmel vorzuziehen. Evas große Schönheit preist Milton immer wieder, sie wird aber von Adam belehrt, daß Weisheit höher steht als Schönheit. Zur Sünde verleitet wird sie durch ihren Wunsch, ihre Kenntnisse zu erweitern, und Adam vergißt im kritischen Moment seine höhere Einsicht, weil er Eva liebt, und damit gewinnt Satan die Oberhand. Nach dem Fall beschuldigen die beiden sich gegenseitig, bis Eva vor Adam kniet und ihn um Vergebung bittet. Als beide Gott um Verzeihung bitten, wird ihnen verkündet, daß sie, solange sie von nun an Gott gehorchen, höher erhoben werden als vor dem Fall, daß sie nämlich, mit Christus vereint, zur Seite Gottes sitzen werden.

Friedrich Gottlieb Klopstock, der als Bahnbrecher der neueren deutschen Literatur gilt, war ein großer Verehrer Miltons. In seinem „Messias", dessen erste drei Gesänge 1748 erschienen, begleiten Adam und Eva den Leidensweg Christi mit Jubel und Klage, und in seinem Drama „Der Tod Adams" (1757) befaßt er sich mit dem Problem des Todes, den der erste Mensch zu erfassen sucht. Das Drama des Schweizer Schriftstellers Johann Jacob Bodmer „Der Tod des ersten Menschen" (1776) und das Gedicht „Adam" seines Landsmanns Johann Kaspar Lavater (1779) behandeln dasselbe Thema, und auch die Idylle „Adams erstes Erwachen" des „Malers" Müller (1778) steht noch im Banne Klopstocks und damit Miltons.

ERST WENN WIR uns dem 19. Jahrhundert nähern, wirken sich die Ideen der Aufklärung auf das Adam-und-Eva-Problem aus. Goethe steht da etwa auf der Grenze: Einmal in einem Gespräch mit Eckermann (am 16. März 1830) beschreibt er Adam als den „schönsten Mann, so vollkommen, wie man ihn sich nur zu denken fähig ist. Er mag die eine Hand auf einen Spaten legen, als ein Symbol, daß der Mensch berufen sei, die Erde zu bebauen." Dann aber heißt es wieder, im „West-östlichen Diwan":
Hans Adam war ein Erdenkloß,
Den Gott zum Menschen machte;
Doch bracht er aus der Mutter Schoß
Noch vieles Ungeschlachte.
Bei den jüngeren Schriftstellern wird der Sündenfall nicht mehr als Sturz des Menschen, sondern, etwa im Sinne Kants, als Übergang in einen freien, vernünftigen Zustand angesehen. Nun kommen eine Reihe von humoristischen Gestaltungen des Themas auf, wie etwa bei dem dänischen Satiriker Jens Baggesen, in dessen Epos „Adam og Eva" (1826) die beiden sich das Paradies aus Langeweile verscherzen; oder in der Erzählung von A. G. Eberhard „Der erste Mensch und die Erde" (1830), in der Adam sich unter die antiken Götter begibt und sich in Venus verliebt. Auch Richard Wagner nimmt

> Jenes Apfels leichtsinnig augenblicklicher Genuß
> hat aller Welt unendlich Weh verschuldet.
>
> Goethe

> *Eva:* „Wenn einer von uns als erster gehen muß,
> bitte ich den Himmel, daß ich es sei.
> Er ist stark, ich bin schwach; er ist mir notwendiger als ich ihm;
> ohne ihn wäre das Leben kein Leben mehr;
> wie würde ich es ertragen können?
> Dieses Gebet hat Ewigkeitsbestand:
> solange meine weibliche Nachkommenschaft leben wird,
> so lange wird es nicht aufhören, Geltung zu haben.
> Ich bin die erste Ehefrau;
> und bis zur letzten wird man mich in ihr finden."
> *Adam:* letzte Eintragung nach Evas Tod
> „Überall wo sie war, befand sich das Paradies."
>
> Aus „Tagebücher von Adam und Eva", Mark Twain

Seite 28: Der englische Maler Dante Gabriel Rossetti (1828–1882) malte viele Frauenporträts, denen er in Erinnerung an seine geliebte Frau, die er nach nur zwei Ehejahren verloren hatte, eine sinnlich-mystische Note verlieh. Das „Lady Lilith" betitelte Bild der Dame mit dem herrlichen Haar ist eine Neudeutung der vor-biblischen Lilit. Für Rossetti ist Lilit kein böser Dämon, sondern die Urfrau, in der sich irdische und himmlische Liebe vereint hat.

Oben: Jacopo Bassano (1510–1592), ein Meister der venezianischen Spätrenaissance, liebte bäuerliche Genreszenen. Dieses Bild zeigt Adam und Eva als Bauersleute. Das Menschenpaar hat sich im irdischen Dasein eingerichtet und schaut ganz zufrieden drein. Einzig der Totenkopf rechts unten im Bild erinnert an ihren Sündenfall, durch den sie sterblich geworden sind.

Eva von der gemütlich-humoristischen Seite in den „Meistersingern" (gedichtet 1862), denn dort singt Hans Sachs in seinem „Schusterlied":
Als Eva aus dem Paradies
Von Gott dem Herrn verstoßen,
Gar schuf ihr Schmerz der harte Kies
An ihrem Fuß, dem bloßen.
Das jammerte den Herrn,
Ihr Füßchen hatt' er gern ...

Das Thema Adam und Eva hat Dichter und Schriftsteller bis in unsere Tage immer wieder beschäftigt. Neuere Behandlungen, wie die Szene des in Auschwitz umgekommenen Arno Nadel „Der Sündenfall", Josef Weinhebers „Eva-Gedichte" (1919ff.), Franz Karl Ginzkeys Epos „Die Erschaffung der Eva" (1941) und der Roman des amerikanischen Schriftstellers John Erskine „Adam and Eve, though he knew better" (1927), und viele andere Bearbeitungen betonen das erotische Element. Auf die Bühne gebracht hat G. B. Shaw das Thema in seinem Drama „Back to Methuselah" (Zurück zu Methusalem, 1922), und dann wieder der amerikanische Dramatiker Arthur Miller in „The Creation of the World and other Business" (1972). Auch Thornton Wilders Drama „By the Skin of our Teeth" („Wir sind noch einmal davongekommen", 1942) behandelt das Adam-und-Eva-Thema.

ERST IN DER neueren Literatur beginnt die Ehrenrettung Lilits. Im Grunde ist sie eine vor-biblische Gestalt, und ihre Einbeziehung in den biblischen Text durch die Talmudisten ist recht künstlich. Zudem wurde Eva die Stamm-Mutter der Menschheit, und ihre Nachkommen verdrängten die geheimnisvolle Vorgängerin und Rivalin vollständig. So wurde Lilit zum Nachtgespenst degradiert, das sich an Männer klammert, die allein schlafen, aus Eifersucht auf Eva neugeborene Kinder stiehlt und verschlingt und Frauen bei der Niederkunft gefährlich wird. Im klassischen Altertum wurde sie oft mit der Lamia, einem weiblichen Vampir, einer Geliebten Jupiters und Mutter der Scylla, eines Meeresungeheuers, das einst Odysseus und seine Gefährten bedrohte, gleichgesetzt. Ihre Gestalt war die eines Schlangenkörpers, doch sie hatte den Kopf einer Frau. Auch wenn sie als Ausbund allen Übels dargestellt wird, wird jedoch ihre verführerische Schönheit gerühmt, vor allem ihre schönen Haare. So sieht sie noch Goethe im ersten Teil des „Faust", wo sie in der Walpurgisnacht-Szene Mephisto und Faust begegnet:

Sinnend betrachtet Eva den Apfel, den sie mit drei Fingern wie ein zerbrechliches Objekt vor sich hält. Ausschnitt aus dem in Grisaille gemalten rechten Außenflügel eines Triptychonaltares von Hans Memling (1433 – 1494).

Faust: Wer ist denn das?
Mephisto: Betrachte sie genau!
Lilith ist das.
Faust: Wer?
Mephisto: Adams erste Frau.
Nimm dich in acht vor ihren schönen Haaren,
Vor diesem Schmuck, mit dem sie einzig prangt.
Wenn sie damit den jungen Mann erlangt,
So läßt sie ihn so bald nicht wieder fahren.

Thomas Mann zitiert den ersten Teil des Dialogs in seinem „Zauberberg" wörtlich in einer Szene, die er „Walpurgisnacht" betitelt hat. Victor Hugo identifizierte Lilit mit der ägyptischen Isis und stellte sie als Mutter von unzähligen bösen Geistern dar (1886), und der französische Kritiker und Schriftsteller Remy de Gourmont zeichnete sie als eine unvollkommene Schöpfung Gottes, die dieser dann zu Satan hinabstieß (1892).

Der englische Maler und Dichter Dante Gabriel Rossetti, der Mitbegründer der präraffaelitischen Schule, pries Lilits Reize in einem schönen Sonett (1864) und der Ballade „Eden Bower" (1869). In der letzteren bittet Lilit, die lange vor Adams Erschaffung die Geliebte des Schlangengottes war, diesen, ihr seine Schlangengestalt zu leihen, um sich an Adam zu rächen, der sie verlassen hat, und an Eva, ihrer Rivalin. – In Anatole France' Novelle „La Fille de Lilith" (1889) sind Lilit und ihre Tochter unsterblich, da sie am Sündenfall nicht beteiligt waren. Sie sehnen sich aber danach, wie die Töchter Evas zu werden, die bereuen und sterben können. Wenige Jahre später beschrieb der schottische Schriftsteller George Macdonald ein Traumland, in dem Lilit als teuflischer Vampir regiert, aber dann durch die Liebe ihrer Tochter von ihrer Abhängigkeit vom Bösen erlöst wird. Auch in Joseph Victor Widmanns Spiel „Der Heilige und die Tiere" (1905) wird Lilit schließlich durch einen Heiligen dem Bösen entrissen.

Lilits Bild verschiebt sich also immer mehr zu ihren Gunsten, ähnlich wie auch Kain in der neueren Dichtung in immer hellerem Licht erscheint, auf Kosten seines Bruders Abel. – Den entscheidenden Schritt zur Rehabilitierung Lilits hat wohl die deutsche Erzählerin Isolde Kurz in ihrer Versdichtung „Die Kinder der Lilith" (1908) vollzogen, in der sie die herkömmliche Vorstellung von Lilit als einem geflügelten Dämon, der Adam böswillig verließ, als absurd ablehnt. Warum sollte Gott ihr Flügel verliehen haben, Adam aber nicht? Daher war – so Isolde Kurz – sie wohl ursprünglich einem Engel gleich und zur tieferen Einsicht fähig. Gott, dem das ewige Einerlei und die absolute Vollkommenheit der Engelchöre langweilig wurden, schuf Adam, den „Erdenkloß", und gab ihm zur Gesellin Lilit, die reizende, elfenhafte Kreatur, in der Hoffnung, daß aus dem Gegensatz der beiden Naturen etwas Neues, Unordnung, die nach Ordnung strebt, entstehen werde. Aber der große Erzengel Luzifer fürchtete den Aufstieg seines Rivalen, und er war es, der aus Adams Rippe Eva erschuf, die nur Körper war und ihren Gefährten zu bloßer Sinnlichkeit und Trägheit verführte. Da verzweifelte Lilit und floh. Doch auch sie gebar ein Kind, das dereinst die anderen Kinder Adams zu geistiger Vollkommenheit führen wird, so wie es Gott anfangs geplant hatte.

Den größten Beitrag zur Rehabilitation Lilits hat George Bernard Shaw in seinem „Back to Methuselah" geleistet. Hier verkörpert Lilit die schöpferische Entwicklung. Sie ist die Mutter Adams und Evas und somit der gesamten Menschheit. In den ersten beiden Akten, die „in the beginning" spielen, treten nur Adam, Eva, die Schlange und Kain auf. Die Schlange berichtet von Lilit, die vor den beiden im Paradies lebte und verstanden hatte, daß man den Tod nur durch eine ständige Wieder-Erneuerung bekämpfen konnte. So gebar sie, nach furchtbaren Krämpfen, Adam und Eva, und der Eva gab sie die größte Gabe mit auf den Weg: Neugier. Im letzten Akt, der im Jahre 31 920 spielt, hat Lilit das letzte Wort. Sie zieht die Summe der menschlichen Entwicklung und kommt zu dem Ergebnis, daß das Experiment sich gelohnt hat, daß, trotz aller Rückschläge, die Menschheit Fortschritte gemacht hat und auf dem Wege ist, Grausamkeit, Heuchelei und schließlich auch die tote Materie zu überwinden, so daß zum Schluß nur das sich immer wieder erneuernde Leben den Kosmos erfüllen wird. Dann wird auch Lilit überflüssig sein und kann verschwinden. „Denn was dahinter liegt, kann selbst Lilit nicht sehen. Aber es genügt, daß es ein Dahinter gibt."

Diese vorsichtig optimistische Haltung, die eine Läuterung der Menschheit in Aussicht stellt – wenn auch in unvorstellbar fernen Zeiten –, überrascht bei dem Skeptiker Shaw, zumal das Stück kurz nach der Katastrophe des Ersten Weltkrieges geschrieben wurde. Shaw erlebte aber auch noch den Zweiten Weltkrieg, und es ist zweifelhaft, ob er seinem Drama denselben tröstlichen Ausgang gegeben hätte, hätte er es zu dieser Zeit geschrieben.

* * *

Nach Kains Brudermord berichtet die Bibel weiter, wie Kain bereut, aber von Gott mit dem „Kainszeichen" versehen wird. Kain flüchtet ins Land Nod, nimmt dort ein Weib und zeugt viele Nachkommen. Diese und die Nachkommen von Adams anderem überlebenden Sohn, Set, werden im 4. und 5. Kapitel genannt. Unter ihnen ist Metuschelach, der ein Alter von 969 Jahren erreichte, und ein Enkel Metuschelachs, Noach, der ein gottesfürchtiges Leben führte. Die übrige Menschheit aber kehrte sich von Gott ab und lebt in Bosheit und Sünde. Da beschließt Gott ein großes Strafgericht, die Sintflut, in der alle Menschen zugrunde gehen mit Ausnahme Noachs und der Seinen, für die dieser, auf Gottes Geheiß, eine Arche gebaut hat, in der auch je ein Paar aller auf Erden lebenden Tiere aufgenommen und so gerettet werden. Nachdem die Wasser sich schließlich verlaufen haben, schließt Gott mit Noach einen Bund. Er sagt ihm zu, daß solche Heimsuchungen die Menschheit nie wieder befallen werden. Das Zeichen dieses Bundes ist der Regenbogen, und ein weiteres Zeichen von Gottes Gnade ist der Rebstock, so daß Noach der erste Weinbauer wird. Von seinen drei Söhnen Sem, Cham und Japhet stammen alle Menschen ab, und sie alle sprachen in derselben Sprache. Aber wiederum wurden die Menschen übermütig und wollten einen Turm bauen, dessen Spitze bis in den Himmel reichen sollte. Aber der Herr ließ diesen „Turmbau zu Babel" nicht zu, er fuhr hernieder und zerstreute die Menschen in alle Länder und verwirrte sie, so daß sie nun in verschiedenen Sprachen sprachen und einander nicht mehr verstanden.

31

ALS NUN ABRAM NACH ÄGYPTEN KAM, SAHEN DIE ÄGYPTER,
DASS DIE FRAU SEHR SCHÖN WAR.

Genesis 12, 14

Das Buch Genesis

Kapitel 12, Vers   1– 3. 10–20
Kapitel 15, Vers   1– 6
Kapitel 16, Vers   1–16
Kapitel 17, Vers 15–22
Kapitel 18, Vers   1–16
Kapitel 20, Vers   1–18
Kapitel 21, Vers   1–21
Kapitel 23, Vers   1– 2. 12–20

SARA UND HAGAR

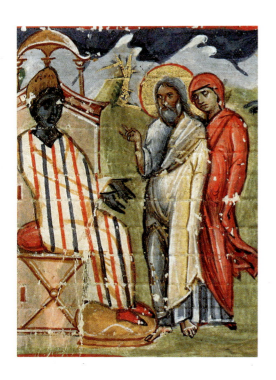

Erst mit Abraham, ursprünglich Abram geheißen, beginnt die eigentliche Geschichte des Volkes Israel. Er ist, wie im 11. Kapitel des ersten Buches Mose (Genesis) erklärt wird, ein Nachkomme Sems, in der siebenten Generation, ein Sohn Terachs. Seine Brüder heißen Nachor und Haran. Lot, Sohn Harans und Neffe Abrams, wird zu dessen Gefährten, als sie auf Gottes Geheiß Ur in Chaldäa verlassen und in das Land Kanaan ziehen.

Jahwe sprach zu Abram: „Ziehe fort aus deinem Land, aus deiner Verwandtschaft und aus deinem Vaterhaus in das Land, das ich dir zeigen werde! ² Ich will dich zu einem großen Volke machen. Ich will dich segnen und deinen Namen groß machen, und du sollst ein Segen sein. ³ Ich werde segnen, die dich segnen, und die dich verwünschen, werde ich verfluchen! Durch dich sollen gesegnet sein alle Geschlechter der Erde."

¹⁰ Als eine Hungersnot im Lande ausbrach, zog Abram nach Ägypten hinab, um dort (als Fremdling) zu weilen. Denn die Hungersnot lastete schwer auf dem Lande. ¹¹ Da er sich Ägypten näherte, sprach er zu seiner Frau Sarai: „Ich weiß wohl, daß du eine schöne Frau bist. ¹² Wenn nun die Ägypter dich sehen, werden sie denken: ‚Das ist seine Frau.' Sie werden mich töten, dich aber am Leben lassen. ¹³ Sag doch, du seist meine Schwester, damit es mir um deinetwillen gut gehe und ich um deinetwillen am Leben bleibe." ¹⁴ Als nun Abram nach Ägypten kam, sahen die Ägypter, daß die Frau sehr schön war. ¹⁵ Es sahen sie auch hohe Hofbeamte des Pharao und rühmten sie dem Pharao. Da wurde die Frau in den Palast des Pharao gebracht. ¹⁶ Abram aber tat er um ihretwillen Gutes. Es wurden ihm Schafe und Rinder, Esel, Knechte und Mägde, Eselinnen und Kamele geschenkt. ¹⁷ Jahwe aber schlug den Pharao und auch sein Haus wegen Sarai, der Frau Abrams, mit schweren Plagen. ¹⁸ Da ließ der Pharao Abram rufen und sprach: „Was hast du mir angetan? Warum hast du mir nicht mitgeteilt, daß sie deine Frau ist? ¹⁹ Warum hast du gesagt: ‚Sie ist meine Schwester', so daß ich sie mir zur Frau nahm? Nun, da hast du deine Frau, nimm sie und geh!" ²⁰ Darauf beauftragte der Pharao Männer, die ihn und seine Frau und alle seine Habe zurückbrachten.

15 ¹ Nach diesen Ereignissen erging in einem Gesicht das Wort Jahwes an Abram: „Fürchte dich nicht, Abram! Ich bin dein Schild; dein Lohn soll sehr groß sein."

² Da sprach Abram: „Mein Herr, Jahwe, was kannst du mir geben, da ich kinderlos dahingehe …" ³ Und Abram sprach: „Siehe, du hast mir keinen Nachkommen gegeben; so wird nun mein leibeigener Knecht mein Erbe sein." ⁴ Da erging das Wort Jahwes an ihn: „Nicht dieser wird dein Erbe sein, sondern der deinem Leibe entstammt, der wird dein Erbe sein." ⁵ Und er führte ihn hinaus und sprach: „Schaue hinauf zum Himmel und zähle die Sterne, wenn du sie zählen kannst!" Dann sagte er zu ihm: „So wird deine Nachkommenschaft sein." ⁶ Er glaubte Jahwe, und der rechnete es ihm zur Gerechtigkeit an.

16 ¹ Sarai, die Frau Abrams, hatte ihm kein Kind geboren; sie besaß aber eine ägyptische Magd mit Namen Hagar. ² Da sprach Sarai zu Abram: „Siehe, Jahwe hat mir Kinder versagt. Wohne meiner Magd bei! Vielleicht werde ich durch sie zu Kindern kommen." Abram hörte auf den Vorschlag Sarais.

Rechts: „Abraham und die drei Engel". Prudentiushandschrift, karolingisch, 2. Hälfte des 12. Jahrhunderts. Abraham tritt vor sein Zelt und lädt die Engel ein, bei ihm Rast zu machen.

Unten: „Abrahams Gastfreundschaft", aus der vatikanischen Oktateuch-Handschrift. Die drei Engel sitzen an einem vor das Haus gestellten Tisch, wie an den Bäumen zu erkennen ist. Der Engel links unterhält sich mit dem seitwärts von ihm knienden Abraham. Sara schaut vom Fenster aus auf die Gruppe der himmlischen Gäste.

Seite 32: Der ägyptische Pharao hatte durch Grenzzöllner von der Schönheit Saras vernommen und sie vor seinen Thron bringen lassen. Sie steht hinter Abraham, ihrem Mann, der sich aber für ihren Bruder ausgibt. Er befürchtete, erschlagen zu werden, wenn bekannt werde, daß er Saras Mann sei, um dann frei über sie verfügen zu können. Als ihr Bruder aber wurde er vom Pharao freundlich behandelt und sogar beschenkt. Bildausschnitt aus dem Oktateuch, byzantinisch, 12. Jahrhundert, Tempera auf Pergament, jetzt in der Biblioteca Vaticana.

Seite 33: Bei diesem Mosaik aus dem 5. Jahrhundert „Abrahams Bewirtung der drei Engel" handelt es sich um eines der 35 Mosaikfelder über dem Architrav des Langhauses in S. Maria Maggiore, Rom. Vorne links befiehlt Abraham seiner Frau Sara, das Mahl zu bereiten. Hinter dem Tisch rechts sitzen die Engel, denen Abraham dann die Speisen aufstischt.

³ So nahm denn Sarai, die Frau Abrams, ihre ägyptische Magd Hagar, nachdem Abram schon zehn Jahre in Kanaan gewohnt hatte, und gab sie ihrem Manne Abram zur Frau. ⁴ Er wohnte Hagar bei, und sie empfing. Als diese aber merkte, daß sie empfangen hatte, da wurde ihre Herrin gering in ihren Augen. ⁵ Und es sagte Sarai zu Abram: „Das mir zugefügte Unrecht fällt auf dich zurück. Ich habe dir meine Magd übergeben. Nun aber, da sie merkt, daß sie empfangen hat, bin ich in ihren Augen gering geworden. Jahwe möge Richter sein zwischen dir und mir." ⁶ Darauf sagte Abram zu Sarai: „Deine Magd ist in deiner Hand. Tue mit ihr, was dir gefällt!" Nun behandelte Sarai sie hart, so daß sie ihr entfloh.

⁷ Der Engel Jahwes fand sie an einer Wasserquelle in der Wüste, an der Quelle auf dem Wege nach Schur. ⁸ Er sprach: „Hagar, Magd Sarais, woher kommst du und wohin gehst du?" Sie antwortete: „Vor Sarai, meiner Herrin, bin ich auf der Flucht." ⁹ Da sprach der Engel Jahwes zu ihr: „Kehre wieder zu deiner Herrin zurück und beuge dich unter ihre Gewalt." ¹⁰ Der Engel Jahwes sprach zu ihr: „Ich will deine Nachkommen so zahlreich machen, daß man sie vor Menge nicht wird zählen können." ¹¹ Ferner sprach der Engel Jahwes zu ihr: „Siehe, du hast empfangen und wirst einen Sohn gebären; ihn sollst du Ismael nennen, denn Jahwe hat auf deine Not gehört.

¹² Er wird ein Wildeselmensch sein. Seine Hand wird gegen alle sein, und die Hand aller gegen ihn; vor aller seiner Brüder Angesicht wird er sich niederlassen."

¹³ Da nannte sie den Namen Jahwes, der mit ihr geredet hatte: „Du bist El Roi"; denn sie sagte: „Habe ich hier nach dem geschaut, der nach mir schaut?" ¹⁴ Darum nannte man diesen Brunnen den Brunnen von Lachai-Roi. Er liegt zwischen Kadesch und Bared. ¹⁵ Hagar gebar Abram einen Sohn, und Abram nannte seinen Sohn, den ihm Hagar geboren hatte, Ismael. ¹⁶ Abram war sechsundachtzig Jahre alt, als Hagar dem Abram Ismael gebar.

17 ¹⁵ Weiter sprach Gott zu Abraham: „Deine Frau Sarai sollst du nicht mehr Sarai heißen, sondern Sara soll ihr Name sein. ¹⁶ Ich will sie segnen und dir aus ihr einen Sohn schenken. Segnen will ich sie, daß sie zu Völkern werde; Könige von Völkern werden von ihr abstammen." ¹⁷ Da fiel Abraham auf sein Angesicht und lachte. Denn er dachte bei sich: „Einem Hundertjährigen soll noch geboren werden? Und Sara, die Neunzigjährige, soll noch gebären?" ¹⁸ Darum sagte Abraham zu Gott: „Möchte doch Ismael vor dir leben!" ¹⁹ Gott aber sprach: „Nicht so! Sara, deine Frau, schenkt dir einen Sohn, und du sollst ihm den Namen Isaak geben! Ich werde meinen

Gemälde von Rembrandt: „Abraham bewirtet die drei Engel". Diese haben sich vor dem Haus unter einen Baum gelagert. Himmlisches Licht leuchtet inmitten ihrer Dreiergruppe. Abraham, der mit Schüssel und Krug rechts im Bild am Boden kniet, und Sara, die hinter der halbgeöffneten Tür hervorschaut, sind im Halbschatten.

König Abimelech gibt Abraham seine Frau Sara zurück. Gobelin des 17. Jahrhunderts im Münster von Freiburg im Breisgau. Während Abraham als Fremdling in Gerar lebte, gab er Sara, wie schon früher einmal in Ägypten, als seine Schwester aus. König Abimelech von Gerar hatte von Saras Schönheit vernommen und ließ sie zu sich bringen. Im Traume ließ Gott ihn wissen, daß Sara eine verheiratete Frau sei und er sterben müsse, wenn er sie bei sich behielte. Tief erschrocken sandte der König am nächsten Tag nach Abraham, um ihm die von ihm noch unberührte Sara zurückzugeben. Außerdem erhielt Abraham vom König einen prallgefüllten Beutel mit 1000 Silberstücken zugunsten von Sara.

Bund mit ihm aufrichten zum ewigen Bund, auf daß ich ihm und seinen Nachkommen nach ihm Gott sein werde. [20] Aber auch wegen Ismael erhöre ich dich. Siehe, ich segne ihn und lasse ihn fruchtbar werden und mache ihn zahlreich, überaus zahlreich. Zwölf Fürsten wird er erzeugen, und ich mache ihn zu einem großen Volk. [21] Meinen Bund aber richte ich mit Isaak auf, den dir Sara nächstes Jahr um diese Zeit gebären wird." [22] Als Gott aufgehört hatte, mit Abraham zu reden, fuhr er vor ihm auf.

18 [1] Jahwe erschien ihm bei der Terebinthe Mamres, als er um die heiße Tageszeit am Eingang des Zeltes saß. [2] Er erhob seine Augen, und siehe, da standen drei Männer vor ihm. Sowie er sie sah, eilte er vom Eingang des Zeltes ihnen entgegen, verneigte sich bis zur Erde [3] und sagte: „Mein Herr, wenn ich in deinen Augen Gnade gefunden habe, dann gehe an deinem Knecht nicht vorüber. [4] Man bringe etwas Wasser, dann wascht eure Füße, legt euch unter den Baum. [5] Ich hole unterdessen einen Bissen Brot, damit ihr euch stärkt; dann mögt ihr weitergehen. Denn dazu seid ihr doch bei eurem Knecht vorübergekommen." Sie sprachen: „Tue, wie du gesagt hast!"

[6] Nun eilte Abraham in das Zelt zu Sara und sprach: „Nimm rasch drei Maß Mehl, Feinmehl, knete und backe Kuchen!" [7] Darauf lief Abraham zu den Rindern, nahm ein zartes und kräftiges Kalb und übergab es dem Knecht, damit er es eilends zubereite. [8] Dann holte er Butter und Milch und

DAS LACHEN DER HERRIN, DAS ELEND DER SKLAVIN

Es gibt nicht nur Erzväter in der Schrift, sondern auch Erzmütter, zu denen Sara und Hagar gehören. Beide haben am Glauben Anteil, mehr aber noch am Zweifel, beide tragen die Verheißung, aber in gebrochener Weise und ohne jeden Triumphalismus. Beide sind als Mütter ihrer Söhne bis heute verflochten in die tragischen Konflikte im Nahen Osten zwischen Juden, den Kindern Isaaks, und Arabern, den Kindern Ismaels.

Sara ist die überaus schöne Ehefrau eines reichen Hirten. Zweimal gibt ihr Mann sie als seine Schwester aus, um sich selber vor Überfällen zu schützen. Ist er eine Art Zuhälter, der Gewinn aus der Schönheit seiner Frau zieht? In den ersten Geschichten erscheint Sara ganz als das stumme Objekt des handelnden Abraham und des rettenden Gottes. Was sie selber denkt und fühlt, bleibt unausgesprochen, nur ihr Lachen, als die drei Engel einen Sohn ankündigen, bleibt im Ohr, das ironische Lachen einer alternden Frau nach der Menopause, die alles hört, was wichtig ist (Gen 18, 12). Dieses Lachen ist ihre erste Lebensäußerung in der Bibel. Aus Angst versucht sie dann das Lachen abzuleugnen, aber Gott spricht zu ihr ohne Umweg über Abraham und macht aus dem Lachen der Bitterkeit das Lachen des unerwarteten Glücks (Gen 21, 6f.).

Die bitteren Jahre der Kinderlosigkeit haben sie hart gemacht. Sie versucht es mit Leihmutterschaft und benutzt dazu eine ägyptische Sklavin namens Hagar. Abraham steht zwischen zwei Frauen, die eine ist verheiratet, reich, frei, aber alt und unfruchtbar; die andere unverheiratet, arm, abhängig, aber jung und fruchtbar. Sara, die in Ägypten ein Objekt der Intrigen von Männern war, ist hier nun Subjekt, der machtlosen farbigen Sklavin gegenüber. Abraham weicht dem Konflikt aus und überläßt die Hagar der Willkür von Sara. Ihr ist die Hagar ein Instrument, nicht eine Person, niemals nennt sie ihren Namen oder spricht die Untergebene an. Sara kontrolliert die Situation vollständig, sie sagt Abraham, was er zu tun hat, und erscheint wie eine stille, nachgiebige Nebenfigur im Drama der beiden Frauen.

Mit der Schwangerschaft verändert sich Hagar. Die hierarchischen Scheuklappen fallen ab, sie sieht auf die unfruchtbare Alte herab. Ihr Stolz ist erwacht und wird sogleich gedemütigt. „Und Sara bedrückte sie" (Gen 16, 6), ein Ausdruck, der auch für die Unterdrückung der Israeliten in Ägypten gebraucht wird. Hier in der Geschichte zwischen zwei Frauen, spielt Sara jetzt die Rolle der Fronvögte Pharaos, die man sich aus den Schilderungen der Sklaverei ausmalen

Illustration aus dem anfangs des 14. Jahrhunderts entstandenen Königin-Mary's-Psalter. Oben: Verheißung Gottes an Abraham, „Ich mache dich überaus fruchtbar und lasse dich zu Völkern werden, und Könige werden aus dir hervorgehen ..." Unten: Abraham erzählt seiner Frau Sara von Gottes Verheißung.

kann: mehr Arbeit, weniger Essen, wenig Schlaf, keine freie Zeit, Demütigungen und Züchtigung...

Hagar, die schwangere Frau, flieht aus dem Haus der Knechtschaft in die Wüste. Sie hat ihren Körper auf Lebenszeit verkaufen müssen, nicht nur ihre Arbeitszeit, sondern auch ihren Bauch mußte sie ungefragt hergeben. Durch die wasserlose Wüste flieht sie bis in die Gegend der ägyptischen Grenze. „Aber der Engel des Herrn fand sie ..." (Gen 16, 7), ein Bote Gottes ist ihr nachgegangen und spricht sie an. Die farbige Sklavin ist der erste Mensch in der Bibel, den ein Bote Gottes aufsucht. Der Befehl des Engels ist hart, entspricht aber wohl den Überlebensbedingungen. Hagar soll zurückkehren in die Knechtschaft und unter das Leiden. „Demütige dich unter ihrer Hand", sagt der Engel (Gen 16, 9). Und doch verheißt ihr die Stimme, was sonst nur den Vätern verheißen wird: reiche Nachkommenschaft und den Segensnamen des ungeborenen Kindes: Ismael, „Gott hört". Gott hat ihr Elend gehört, auch als sie nicht schrie, Gott hat ihr im Sohn, der in der Wüste aufwachsen wird, eine Zukunft gesichert. Leiden und Hoffnung verschränken sich und Hagar nennt den Fremden, der ihr in der Wüste begegnete, nun mit einem neuen Namen. „Du bist der Gott, der mich anschaut" (Gen 16, 13). Gestärkt geht sie zurück und bleibt unter Gottes Schutz auch dann noch, als sie ein zweites Mal mit ihrem Kind in die Wüste getrieben wird und zusehen muß, wie ihr Kind verdurstet. Diesmal hatte sie keine Wahl, sie wird exiliert und als das mitgegebene Wasser zu Ende gegangen ist, setzt sie sich abseits und spricht: „Ich kann nicht zusehen beim Tod des Kindes. Und sie setzte sich gegenüber, hob ihre Stimme auf und weinte" (Gen 21, 16). Gott hört sie und öffnet ihre Augen für einen Wasserbrunnen in der Nähe. Ein Engel rettet den Ismael, den Vater der arabischen Völker, vor dem Tod im brunnenlosen Land.

Hagars Geschichte ist in den letzten zehn Jahren immer wieder von Frauen in der Elendswelt gelesen worden. Indem sie über ihre Situation nachdenken, erinnern sich an die geschwängerte, gedemütigte, verstoßene Frau der Bibel. In Brasilien traf ich eine Gruppe von schwarzen Hausangestellten, die für einen Mindestlohn von ca. 100 Mark von morgens bis abends in sklavenähnlichen Verhältnissen arbeiten. Sie waschen, putzen, bügeln und kümmern sich um die Kinder der Reichen, während ihre eigenen sehen müssen, wie sie im Elendsviertel überleben. Die Ausbeutung macht auch hier nicht vor dem Körper der Sklavin halt; viele lassen aus Angst, ihre Arbeit zu verlieren, sexuellen Mißbrauch und Vergewaltigung durch ihre Hausherren und deren Söhne über sich ergehen. Wenn sie schwanger werden, schickt man sie wie Hagar in die Wüste. Junge Mädchen werden für etwa 1500 Mark an Mittelsmänner verkauft und stehen an den Flughäfen zur Verfügung, wenn die Touristen ankommen. Auch das ist eine Art Wüste.

Die alte Geschichte der Hagar gibt den verarmten Frauen Mut und Kraft für ihren Kampf heute. Gott hat auch der Hagar zur Freiheit und zu einem würdevollen Leben verholfen, so wird Gott auch uns befreien. Sie beten miteinander, was sie von der schwarzen Sklavin gelernt haben. „Du bist der Gott, der mich anschaut ..."

„Sag doch,
du seist meine Schwester,
damit es mir um deinetwillen gut gehe
und ich um deinetwillen
am Leben bleibe."

Genesis 12,13

Abraham, dargestellt als Würde ausstrahlender und ehrfurchtgebietender Patriarch mit wallendem Bart, in weitem Gewand und mit orientalischer Kopfbedeckung. Es handelt sich um einen Ausschnitt des Gemäldes „Vertreibung der Hagar" von Nicolaes Maes (1634 – 1693), einem niederländischen Barockmaler.

das zubereitete Kalb und setzte es ihnen vor. Während sie aßen, stand er vor ihnen unter dem Baum.

9 Dann fragten sie ihn: „Wo ist deine Frau Sara?" Er antwortete: „Hier im Zelt." 10 Da sprach er: „Ich werde im nächsten Jahr um diese Zeit wiederkommen, dann hat deine Frau Sara einen Sohn." Sara horchte hinter ihm am Eingang des Zeltes. 11 Abraham und Sara aber waren alt und hochbetagt, und es erging Sara nicht mehr nach Frauenart. 12 Darum lachte Sara in sich hinein. Denn sie dachte: „Nachdem ich alt geworden bin, soll mir noch Liebeslust werden? Mein Mann ist doch auch schon alt." 13 Da sprach Jahwe zu Abraham: „Warum lacht Sara und denkt: ,Soll ich wirklich noch gebären, obwohl ich alt bin?' 14 Ist denn für Jahwe etwas zu wunderbar? Ich werde im nächsten Jahr um diese Zeit wieder zu dir kommen, dann hat Sara einen Sohn." 15 Da leugnete Sara und sagte: „Ich habe nicht gelacht." Denn sie fürchtete sich. Er aber erwiderte: „Doch, du hast gelacht."

16 Nun brachen die Männer von dort auf und wandten sich Sodom zu. Abraham ging mit ihnen, um sie zu geleiten.

20 1 Von da zog Abraham in den Negeb und wohnte zwischen Kadesch und Schur und weilte als Fremdling zu Gerar.

2 Abraham sagte von seiner Frau: „Sie ist meine Schwester." Da sandte Abimelech, der König von Gerar, und ließ Sara holen. 3 Doch Gott kam in der Nacht im Traum zu Abimelech und sprach zu ihm: „Fürwahr, du mußt um der Frau willen, die du geholt hast, sterben; denn sie ist eine Ehefrau." 4 Abimelech aber hatte sich ihr noch nicht genaht. Darum sagte er: „Herr, tötest du auch Schuldlose? 5 Er hat mir doch selbst gesagt: ,Sie ist meine Schwester', und auch sie hat erklärt: ,Er ist mein Bruder.' In der Einfalt meines Herzens und mit reinen Händen hatte ich dies getan." 6 Da sprach Gott zu ihm im Traum: „Auch ich weiß, daß du in der Einfalt deines Herzens dies getan hast. Ich selbst habe dich davor bewahrt, daß du dich gegen mich versündigst. Darum ließ ich nicht zu, daß du sie berührtest. 7 Gib nun die Frau dem Manne zurück! Da er ein Prophet ist, möge er Fürsprache für dich einlegen, damit du am Leben bleibst. Gibst du sie aber nicht zurück, so wisse, daß du sterben mußt, du und alles, was dein ist."

8 Als Abimelech sich am Morgen erhoben hatte, rief er alle seine Diener zusammen und teilte ihnen den ganzen Vorgang mit. Die Männer erschraken sehr. 9 Dann ließ Abimelech Abraham rufen und sprach zu ihm: „Was hast du uns angetan? Was habe ich gegen dich gefehlt, daß du über mich und mein Reich so große Schuld gebracht hast? Was nimmermehr geschehen durfte, hast du mir angetan." 10 Und weiter sprach Abimelech zu Abraham: „Was war deine Absicht, daß du dies getan hast?" 11 Darauf antwortete Abraham: „Ich dachte, an diesem Ort sei gar keine Gottesfurcht; man werde mich um meiner Frau willen töten. 12 Auch ist sie wirklich meine Schwester, eine Tochter meines Vaters, nur nicht die Tochter meiner Mutter. So konnte sie meine Frau werden. 13 Als Gott mich fern vom Hause meines Vaters umherirren ließ, sagte ich zu ihr: Erweise mir diesen Gefallen: Sage überall, wohin wir kommen, von mir: Er ist mein Bruder."

14 Darauf nahm Abimelech Schafe und Rinder, Knechte und Mägde und gab sie Abraham; auch gab er ihm seine Frau Sara zurück. 15 Und Abimelech fügte bei: „Wohlan, mein Land steht dir offen; wohne, wo es dir gefällt."

Links: Illustration aus der Weltchronik des Rudolf von Ems, entstanden in der 1. Hälfte des 13. Jahrhunderts. Oben: Sara verstößt ihre Magd Hagar mit deren Söhnchen Ismael. Unten: Ein Engel erscheint Hagar in der Wüste, der ihr den Weg zu einer Wasserquelle weist, damit sie und ihr Kind überleben können.

Oben: Büste von Sara mit Spruchbändern, Holzrelief in spätgotischem Realismus am Chorgestühl des Ulmer Münsters von Jörg Syrlin d. Ä. (1425 – 1491). Sara ist hier als Prophetin dargestellt, gekleidet in geschlossenem Gewand und mit Haube im bürgerlichen Geschmack des 15. Jahrhunderts.

[16] Zu Sara aber sagte er: „Hiermit übergebe ich deinem Bruder tausend Silberschekel. Sie sollen dir eine Augendecke sein für alle, die bei dir sind. So bist du von all diesem gerechtfertigt." [17] Da legte Abraham Fürsprache bei Gott ein, und Gott heilte Abimelech, seine Frau und seine Mägde, daß sie (wieder) Kinder zeugten. [18] Denn Jahwe hatte um Saras, der Frau Abrahams, willen jeden Mutterschoß im Hause Abimelechs verschlossen.

21 [1] Jahwe suchte Sara heim, wie er es verheißen, und Jahwe tat an Sara, wie er es vorausgesagt hatte. [2] Sara empfing und gebar dem Abraham in seinem Alter einen Sohn zu der Zeit, von der Gott geredet hatte. [3] Abraham gab seinem Sohne, der ihm geboren wurde, den Sara ihm geboren hatte, den Namen Isaak. [4] Abraham beschnitt seinen Sohn am achten Tag, wie ihm Gott befohlen hatte. [5] Abraham war hundert Jahre alt, als ihm sein Sohn Isaak geboren wurde. [6] Da sprach Sara: „Ein Lachen hat mir Gott bereitet. Jeder, der es hört, wird mir zulachen." [7] Und weiter sprach sie: „Wer hätte Abraham gesagt: Sara wird noch Kinder stillen? Denn ich habe ihm einen Sohn in seinem Alter geboren."

[8] Der Knabe wuchs heran und wurde entwöhnt; und Abraham veranstaltete am Tag der Entwöhnung Isaaks ein großes Mahl. [9] Da bemerkte Sara, wie

Seite 41: Sara, hier als alte Frau dargestellt, beklagt sich bei Abraham, daß ihre Magd Hagar sich ihr gegenüber aufsässig verhalte, seitdem sie schwanger geworden war. Abraham versucht, sich aus der Affäre zu ziehen, indem er Sara sagt, es sei ihre Sache, wie sie mit ihrer Sklavin verfahren wolle. Federzeichnung von Rembrandt van Rijn, um 1640.

Unten: Die Rückkehr der Hagar, Gemälde von Pietro Berrettini da Cortona (1596–1669). In der Wüste, in die Hagar wegen der Härte ihrer Herrin Sara geflohen war, erschien der Verzweifelten ein Engel und veranlaßte sie zur Rückkehr. Abraham nahm Hagar mit offenen Armen wieder in sein Haus auf, denn er hatte die übermäßige Strenge seiner Frau gegen Hagar sehr bedauert, obwohl er sich Saras Anordnungen gegen ihre Magd nicht widersetzt hatte.

der Sohn der Ägypterin Hagar, den diese dem Abraham geboren hatte, mit ihrem Sohn Isaak spielte. ¹⁰ Darum sagte sie zu Abraham: „Jage die Magd da und ihren Sohn fort! Denn der Sohn dieser Magd soll nicht mit meinem Sohn Isaak erben." ¹¹ Dieses Wort mißfiel dem Abraham sehr um seines Sohnes willen, ¹² aber Gott sprach zu Abraham: „Laß es dir um des Knaben und um deiner Magd willen nicht leid sein, sondern höre auf Sara in allem, was sie dir sagt. Denn nach Isaak wird deine Nachkommenschaft benannt werden. ¹³ Doch auch den Sohn der Magd werde ich zu einem großen Volke machen, weil er dein Nachkomme ist."

¹⁴ Abraham erhob sich früh am (andern) Morgen, nahm Brot und einen Schlauch Wasser und gab es Hagar; er legte den Knaben auf ihre Schultern, und dann verstieß er sie.

Sie ging und irrte umher in der Wüste von Beerscheba. ¹⁵ Als das Wasser im Schlauch zu Ende war, warf sie den Knaben unter einen der Sträucher. ¹⁶ Sie selbst ging weiter und setzte sich einen Bogenschuß weit entfernt ihm gegenüber. Denn sie sagte: „Ich kann das Sterben des Knaben nicht mit ansehen." So saß sie gegenüber, und er begann laut zu weinen.

¹⁷ Gott aber hörte die Stimme des Knaben, und der Engel Gottes rief Hagar vom Himmel her zu und sprach zu ihr: „Was ist dir, Hagar? Fürchte dich nicht! Denn Gott hat auf die Stimme des Knaben gehört dort, wo er ist. ¹⁸ Steh auf, nimm den Knaben und halte ihn fest an deiner Hand; denn ich will ihn zu einem großen Volke machen." ¹⁹ Dann öffnete Gott ihre Augen, und sie sah einen Wasserbrunnen. Sie ging hin, füllte den Schlauch und gab dem Knaben zu trinken. ²⁰ Gott war mit dem Knaben. Er wuchs heran und wohnte in der Wüste und wurde ein Bogenschütze. ²¹ Er wohnte in der Wüste Paran, und seine Mutter nahm ihm eine Frau aus dem Lande Ägypten.

23 ¹ Die Lebenszeit Saras betrug hundertsiebenundzwanzig Jahre. ² Da starb Sara zu Kirjat-Arba, das ist Hebron, im Lande Kanaan, und Abraham begann, für Sara die Totenklage zu halten und sie zu beweinen.

¹² Da verneigte sich Abraham vor den Bewohnern des Landes ¹³ und sprach zu Ephron vor den Bewohnern des Landes: „Ja, wenn du ... Aber möchtest du mich doch anhören! Ich zahle dir den vollen Preis des Grundstücks. Nimm ihn von mir an, damit ich meine Tote dort begraben kann." ¹⁴ Nun erwiderte Ephron dem Abraham folgendes: ¹⁵ „Mein Herr, höre mich an! Vierhundert Silberschekel für ein Grundstück, was bedeutet das zwischen mir und dir? Begrabe deine Tote!" ¹⁶ Abraham nahm die Forderung Ephrons an. Und Abraham wog Ephron den Preis dar, den dieser in Gegenwart der Hethiter genannt hatte: vierhundert Schekel Silber, wie es beim Händler gängig ist.

¹⁷ So ging das Grundstück des Ephron, das in der Machpela östlich von Mamre lag, das Grundstück mit der Höhle darauf samt allen Bäumen auf dem Grundstück ringsum in seinem ganzen Gebiet ¹⁸ in den Besitz Abrahams über in Gegenwart aller Hethiter, die zum Stadttor gekommen waren. ¹⁹ Darauf begrub Abraham seine Frau Sara in der Höhle auf dem Grundstück der Machpela östlich von Mamre im Lande Kanaan. ²⁰ So war das Grundstück mit der Höhle darauf rechtskräftig von den Hethitern an Abraham als Grabbesitz übergegangen.

WAS NICHT IN DER BIBEL STEHT

ANTIKE UND MITTELALTERLICHE QUELLEN

In der jüdischen Legende ist die Geschichte von Abrams Reise stark ausgeschmückt. Erst als er nach Ägypten zieht, wird er gewahr, wie schön Sarai ist – die, ähnlich wie Abram, erst später von Gott umbenannt wird in Sara. Um sie vor den Ägyptern zu verbergen, steckt er sie in einen Kasten, und als die Zollwächter an der Grenze ihn befragen, was der Kasten enthielte, antwortet er: „Gerste." „Nein", sagen sie, „es ist Weizen." „Gut", sagt Abram, „ich will auch den höheren Zoll für Weizen bezahlen." Aber dann behaupten sie, der Kasten enthielte Pfeffer, dann Gold, schließlich Edelsteine, und immer gibt Abram nach. Das macht sie erst recht mißtrauisch, er muß den Kasten öffnen, und als die Wächter Saras Schönheit sehen, senden sie sofort Botschafter zum Pharao. Der schickt ein Heer, das Sarai in seinen Palast bringt, und belohnt die Boten reichlich.

Abram und Sarai, nun getrennt, beten und flehen Gott um Hilfe an, und ein Engel erscheint der Sarai, als sie vor Pharao steht – aber nur sie kann ihn sehen. Er tröstet sie und verkündet ihr, Gott habe ihrer beide Gebet erhört. Von Pharao zu Abram befragt, nennt sie ihn ihren Bruder. Nun sendet Pharao viel Gold, Silber, Perlen, Schafe und Ochsen zu Abram und setzt einen Ehevertrag auf, in dem er Sarai all sein Gold, Silber, seine Sklaven und die Provinz Gosen vermacht. Ja, er gibt ihr sogar seine eigene Tochter Hagar zur Sklavin!

Aber in der Nacht, als sich Pharao der Sarai nähern wollte, erscheint wiederum ein Engel, und als Pharao ihr den Schuh abziehen will, schlägt er ihn mit einem Stab auf die Hand. Als er Sarais Kleid berührt, erfolgt ein zweiter Schlag. Dann fragt der Engel Sarai, ob er weiter schlagen soll, und sie bittet ihn, Pharao eine Atempause zu gönnen. Dann aber wird Pharao und sein gesamter Hof mit Aussatz geschlagen, und als er seine Priester um Rat fragt, erklären sie ihm den Grund für seine Heimsuchung: sein Heiratsantrag an Sarai. Darauf sendet er Sarai zu Abram zurück, unberührt.

Als Sarai ihrem Gatten Hagar zum Weib gab, fühlte sie keine Eifersucht, denn Hagar war ihr, nicht Abrams Eigentum. Die Sitte, daß unfruchtbare Frauen ihre Sklavin ihrem Gatten überlassen, damit er mit ihr, für sie, Kinder zeuge, war offenbar im alten Israel allgemein üblich, denn wir finden sie in der Geschichte Leas und Rachels wieder, die beide ihre Mägde dem Jakob überlassen, der mit ihnen Söhne zeugt.

Die Anmaßung Hagars, als sie schwanger wird, äußert sich, nach der jüdischen Legende, darin, daß sie denen, die sie besuchten, sagte: „Meine Herrin Sarai ist nicht, was sie zu sein scheint. Sie kann nicht so rechtschaffen und gottesfürchtig sein, wie es den Anschein hat, denn wie könnte sie sonst nach so vielen Jahren unfruchtbar sein, während ich von Abram sofort ein Kind empfangen habe." – Als daraufhin Hagar von Abram Sarai zur Bestrafung überlassen wird, behandelt diese sie nicht nur wie eine niedere Sklavin, sondern wirft den bösen Blick auf sie, so daß Hagar – im Gegensatz zum biblischen Text – ihr Kind verliert. Dann flieht Hagar. Die Engel, die sie überreden, zurückzukehren, versprechen ihr, daß sie von neuem schwanger werden und Ismael gebären werde. – Ismael ist das erste von sechs Kindern, denen Gott einen Namen vor ihrer Geburt gab – die andern sind Isaak, Mose, Salomo, Johannes der Täufer und der Messias selbst.

Als Gott ihm im Hain Mamre erscheint, ist Abram bereits von Gott umbenannt: Nicht Abram – („der Vater ist hoch") soll er nun heißen, sondern Abraham („der Vater von vielen"). Auch Sarais Umbenennung in Sara ist charakteristisch; denn „Sara" bedeutet Fürstin. – Die drei Männer, die Abraham nach seiner Beschneidung besuchen, sind nicht, wie es dem biblischen Text nach den Anschein hat, Gott selbst, sondern die drei Erzengel Michael, Gabriel und Raphael. Raphael kam, um Abrahams Wunde zu heilen, Michael, um Sara die frohe Kunde zu überbringen, und Gabriel, um die Zerstörung Sodoms und Gomorras zu vollziehen. Andrerseits sagt die jüdische Tradition, daß Sara die einzige Frau war, mit der Gott direkt gesprochen hat – das war bei Eva nicht der Fall gewesen.

EHE ISAAK GEBOREN WIRD, erzählt die Bibel noch eine Episode, in der Sara von Abimelech, dem König von Gerar, begehrt wird und wiederum von Abraham als seine Schwester ausgegeben wird – wobei die frühere Episode mit Pharao fast wörtlich wiederholt wird. Die jüdische Legende bringt da nur eine Variante hinein: Abimelech übergibt der Sara ein langes,

Oben: Ausschnitt aus dem Gemälde „Verstoßung der Hagar" des italienischen Barockmalers Francesco Guercino. Sara hatte Hagars Sohn Ismael zunächst geliebt, als wäre er ihr eigenes Kind. Doch als dann Isaak geboren wird, veranlaßt sie Abraham, Hagar mit Ismael in die Wüste zu schicken. Hagar, den weinenden Ismael mütterlich umfangend, blickt, schon halb im Fortgehen, zurück auf Abraham, dessen harten Befehl sie nicht fassen kann.

Oben rechts: „Verstoßung der Hagar". Adriaen van der Werff (1659–1722) malt Abraham, wie er Hagar zwar fortschickt, doch seine Hand segnend über ihr Söhnchen Ismael, seinen Erstgeborenen, hält. Der Kleine sträubt sich, seinen Vater und sein Brüderchen Isaak, das aus dem Mantel Abrahams hervorsieht, zu verlassen. Sara blickt ungerührt auf diese Szene.

Seite 43: Nachdem Sara selber Mutter geworden ist, drängt sie Abraham, ihre Magd Hagar mit deren Sohn Ismael zu verstoßen. Betrübt sitzt Hagar mit gesenktem Blick auf dem Reittier, das Ismael am Zügel hält. Abrahams Geste scheint auszudrücken, daß er seinen Erstgeborenen und dessen Mutter nur ungern wegschickt. Rembrandt van Rijn (1606–1669) läßt Hagar auf seinem Gemälde reich gekleidet von dannen ziehen.

kostbares Gewand, das ihre Reize verbirgt – ein stiller Vorwurf gegen Abraham, der sein Weib zu oft den lüsternen Augen der Fremden ausgesetzt hat.

Als Isaak schließlich geboren wird, gedenkt Gott auch aller andern unfruchtbaren Frauen und läßt sie gebären.

Als Isaak heranwächst, gibt es Streit zwischen ihm und Ismael, dem „Wilden" und „Spötter", denn dieser fordert als Erstgeborener zwei Drittel von Abrahams Erbe und will Isaak nur ein Drittel gönnen. Auch richtet er oft Pfeil und Bogen auf Isaak – wie er behauptet, nur im Scherz. Dies ist der Grund, daß Sara sich empört und, als Hagar und ihr Sohn auf Gottes Geheiß in die Wüste geschickt werden, sie wieder ein böses Auge auf Ismael wirft. Er wird daraufhin so krank, daß Hagar ihn, den schon Erwachsenen, tragen muß. Da er im Fieber ist, verbraucht er alles mitgegebene Wasser, das sonst für beide Vertriebenen ausgereicht hätte. Hagar sucht dann nach denselben Weidenbüschen, unter denen die Engel sie einst gefunden hatten. Dort bittet Ismael, nun fromm geworden, Gott um Hilfe, und dieser läßt Mirjams Quelle, die er am sechsten Tage der Schöpfung geschaffen hatte, emporspringen. Nun kann Hagar ihre Wasserflasche füllen und mit Ismael nach Ägypten zurückkehren.

AUCH DIE GESCHICHTE von Isaaks Opferung hat die jüdische Legende ausgeschmückt: Zuerst erscheint Satan dem Isaak als ein sehr alter Mann und flüstert ihm zu, daß sein Vater ihn opfern wolle.

Aber Abraham erkannte den Satan und sandte ihn fort. Darauf ging dieser zu Sara und erzählte ihr dasselbe. Sara zitterte und starb fast vor Kummer, aber dann raffte sie sich auf und sprach: „Was immer Gott Abraham aufgetragen hat, möge er es in Frieden tun!" Dann log Satan und erzählte Sara, daß Isaak geopfert worden sei. Sie weinte und klagte um ihren Sohn und machte sich auf, ihn zu suchen – bis Satan ihr die Wahrheit sagte, daß Isaak am Leben sei. Vor Freude über diese Nachricht starb Sara. Abraham und Isaak suchten nach ihr und fanden sie tot in Hebron. Sie hatte noch immer die Schönheit und Unschuld ihrer Jugend.

Nach Saras Tod kam Unglück über das ganze Land, und Abraham, selbst in Trauer und des Trostes bedürftig, mußte auch noch die Bewohner trösten. Er selbst wurde nach Saras Tod plötzlich alt. Aber Gottes Segen war mit ihm: Hagar gebar ihm eine Tochter, und Ismael bereute sein früheres Ungestüm und ordnete sich Isaak unter. Nur eins fehlte noch: eine Frau für Isaak.

DIE HELLENISTISCHE Philosophie hat sich ebenfalls mit der Sara-Hagar-Geschichte beschäftigt und sie auf sehr verschiedene Weise interpretiert. Der jüdische Philosoph Philo (Philo Judäus) aus Alexandria, der um 50 n. Chr. starb und versuchte, die Bibel in Einklang mit der griechischen Philosophie zu bringen, sieht in Hagar, die Sara untergeordnet ist, das Symbol für die Geisteswissenschaften: Astronomie, Rhetorik, Musik, Grammatik. Sara stellt hingegen das Sinnbild für Weisheit und Tugend dar, für die die Einzelwissenschaften nur Vorstufen sind, durch die der Mensch hindurchgehen muß, ehe er zur höheren Weisheit gelangen kann.

Die schlechte Behandlung, die Sara der Hagar angedeihen läßt, ist also nicht die Eifersucht der Frau, sondern entspringt der höheren Einsicht des Menschen, der die Weisheit des echten Philosophen erlangt hat.

AUCH DER APOSTEL Paulus versteht die Geschichte allegorisch, aber natürlich nicht in Philos neuplatonischem Sinn, sondern als Christ: Im Galater-Brief (4, 21ff.) setzt er Hagar und Ismael dem Alten Bunde gleich, der auf dem Berg Sinai geschlossen wurde. Die Christen aber sind die Nachkommen Saras, der freien, die den Neuen Bund mit Gott symbolisiert.

Im Gegensatz zu diesen beiden versucht Flavius Josephus, der jüdische Geschichts-

schreiber des 1. Jahrhunderts n. Chr., eine rein menschliche Erklärung der biblischen Geschichte. Er sieht in Abraham einen guten Menschen, der sich über die Unfruchtbarkeit seiner Frau grämt, in Sara eine gute Gattin, die ihm ihre Magd bringt, um ihm eine Freude zu machen. Hagar wird unverschämt, aber als sie zurückkehrt, bessert sie sich, und erst die Rivalität der beiden Söhne macht ihre neuerliche Verstoßung notwendig. Doch auch da zögert Abraham und weigert sich in seiner Güte lange, ehe er sie in die Wüste schickt.

Flavius Josephus bemüht sich, die grausame Erzählung von der Verstoßung so weit wie möglich abzumildern und alle Beteiligten in bestmöglichem Licht erscheinen zu lassen. Dieselbe Tendenz verfolgen die meisten jüdischen Interpreten des Mittelalters, mit Ausnahme nur von Nachmanides (um 1250), der Sara und Abraham für sündig erklärt und ihre Strafe darin sieht, daß die Nachkommen Ismaels die Nachkommen Saras von jeher bedrängt haben. Hagars Stolz und Unabhängigkeit wird allgemein dadurch erklärt, daß sie die Tochter Pharaos ist – wovon in der Bibel nichts steht.

IN DER ISLAMISCHEN Legende gelten Abraham und Ismael als die Stifter der Kaaba, des heiligen Schreins in Mekka. Sara wird verächtlich gemacht, sie und Isaak spielen nur eine Nebenrolle. Als Hagar und Ismael in die Wüste gen Mekka gesandt werden, läßt Allah die Zemzem-Quelle aufspringen, und als arabische Wüstenstämme Vögel in diese Richtung fliegen sehen, wissen sie, daß dort Wasser sein muß. Sie folgen ihnen, finden Hagar und geben ihr von ihrer Milch, und Hagar läßt sie vom Wasser trinken. Nach andern islamischen Legenden hat Abraham selbst Hagar und Ismael nach Mekka gebracht. In jedem Fall ist Ismael der Stammvater der zwölf Stämme Nord-Arabiens.

Nach Saras Tod und Begräbnis, in der Genesis ausführlich beschrieben, hat Abraham noch einmal geheiratet. Nach der Bibel heißt die Frau Ketura (Gen 25, 1), aber nach dem jüdischen Bibel-Ausleger Rashi (um 1100) und andern ist diese mit Hagar identisch, denn „Ketura" bedeutet Weihrauch, und diesen Namen erhielt Hagar, nachdem sie ihre Abgötterei abgelegt hatte und ihre Taten so wohlriechend wie Weihrauch wurden.

Links: „Hagar und der Engel". In Rembrandtscher Hell-Dunkel-Manier stellt Giovanni Benedetto Castiglione (1616 – 1670) dar, wie Hagar mit dem leeren Wasserkrug am Boden kniet. Ihr fieberkrank gewordener Sohn hat allen Wasservorrat getrunken und ist nun am Verschmachten. Da erscheint in der hellen Wolke ein Engel, der Hagar eine Quelle weist und ihr gebietet, Ismael gut zu pflegen, da sein Glück mit ihrem zusammenhänge. Dies ist die erste Hindeutung darauf, daß Hagar durch ihres Sohnes Nachkommen Stamm-Mutter vieler arabischer Völkerschaften werden wird.

Oben: Hagar und Ismael in der Wüste, Gemälde von Jean-Charles Cazin (1841 – 1901). Ismael schmiegt sich an seine verzweifelt weinende Mutter Hagar. Noch ist der Engel nicht erschienen, der ihr eine Wasserquelle zeigen und ihr weiterhelfen wird. Cazin hat viele zart empfundene Landschaften voll atmosphärischer Stimmungen gemalt, in denen die Figuren – oftmals biblische Gestalten wie hier – mehr oder minder nur Staffage sind.

NEUERE LITERATUR

In der nach-mittelalterlichen Literatur ist das Thema Sara und Hagar wohl mehr von den Malern als von Dichtern aufgegriffen worden. Der Satiriker Georg Rollenhagen schrieb ein Schauspiel „Des Erzvaters Abraham Leben und Glauben" (1569), im 19. Jahrhundert von Gustav Schwab neu bearbeitet, in dem beide Frauen auftreten. Eine Reihe deutscher Dichtungen des 19. und 20. Jahrhunderts beschreiben Hagars Not in der Wüste; eine der bekannteren ist „Hagars Klage in der Wüste" des Münsteraner Dichters Schücking (1811), weil es nicht nur von Johann Zumsteg, sondern von dem erst vierzehnjährigen Franz Schubert vertont wurde. Es beginnt mit den Worten:
Hier am Hügel heißen Sandes sitz ich,
Und mir gegenüber liegt mein sterbend Kind,
lechzt nach einem Tropfen Wasser,
lechzt und ringt schon mit dem Tod ...

In „Hagars Klage" der Lyrikerin Irene Forbes-Mosse (1864–1946) wird nicht nur das physische Leiden, sondern auch die Verzweiflung der vom Manne ausgenutzten und dann beiseite geschobenen Frau und ihr Schrei nach Gerechtigkeit zum Ausdruck gebracht. Der rumänische Lyriker Itzik Manger (1901–59) versetzt die Abschiedsszene zwischen Abraham und Hagar ins 20. Jahrhundert, und die polnisch-jüdische Lyrikerin Rikudah Potash, die während der Nazizeit nach Jerusalem floh, zieht die Parallele zwischen der verlassenen Hagar und dem Schicksal jüdischer Mütter in Ost- und Mitteleuropa während dieser Zeit. Die bekannteste holländische Bearbeitung des Themas stammt von Isaac da Costa, der aus einer alten sephardischen Familie stammte, dessen langes Gedicht „Hagar" (1847) die ganze Geschichte der Verstoßenen und ihres Sohnes beschreibt. Costa, selbst zum Christentum bekehrt, ist überzeugt, daß die Nachkommen Ismaels, die Muslime, in Zukunft sich den Nachkommen Saras, den Christen, unterwerfen werden.

DIE MEISTEN anglo-sächsischen Versionen des Themas sehen Hagar als die unschuldig Verfolgte und Opfer der Grausamkeit Saras, so Mary Tighe (1773–1810) in ihrem Gedicht „Hagar in the Desert", so auch das lange Gedicht „Hagar in the Wilderness" von Edwin Arnold aus der Viktorianischen Zeit, in dem der verdurstende Ismael in der Ferne Wasser zu sehen glaubt, das die Mutter als Trugbild erkennt: „Menschen haben kein Mitleid mit uns – Gott wird es auch nicht haben" – bis sie endlich doch die rettende Quelle finden. Nathaniel Parker Willis (1806 bis 1867) dagegen behandelt in seinem Gedicht gleichen Titels die Seelennöte Abrahams, der Sara nachgeben und Mutter und Kind in die Wüste schicken muß. Auch im Gedicht „Hagar Departed" des Amerikaners Edward Everett Hale ist Sara die Grausame, deren Auge trocken bleibt, während der Patriarch und Mutter und Kind weinen. Noch düsterer klingt das Gedicht „Hagar" des jungen Schotten Francis Lauderdale Adams (1862–93), in dem die Mutter dem Kind mit einem Stein auf den Kopf schlägt, weil sie sein Jammern nicht mehr mit anhören kann. Das Kind verstummt, kein Wunder geschieht, und die Sonne geht auf – es ist Weihnachten!

Der Südafrikaner Lewis Sowden (1905 bis 1974) nimmt die Tragödie Hagars zum Bild für den modernen Rassenkonflikt: Sara wünscht keinen Fremden als Erben Abrahams, und dieser wagt es nicht, sein Erbe zu teilen. Mutter und Sohn müssen für die Sünden ihrer Herren büßen, aber sie werden – wie die unterdrückten Schwarzen Südafrikas – zurückkommen und ihr Erbe fordern.

VON DEN MODERNEN Prosa-Bearbeitungen des Sara-Hagar-Themas seien der Roman „Father Abraham" des kanadischen Gelehrten William George Hardy und der Roman „Hagar" von Cothburn O'Neal erwähnt.

Hardys Roman (1935) beschreibt Sara als Fürstin der nomadischen Habiru (Hebräer) und Retterin Abrahams aus Ur, das von dem Babylonierfürsten Hammurabi bedrängt wird. Hagar ist die Tochter der Konkubine Pharaos, die von Sara verdrängt wird, und die Rivalität der beiden Frauen erreicht ihren Höhepunkt, als Ismael, der die Baalsopfer der Kanaaniter mit angesehen hat, den Isaak bindet und zum Opferaltar schleppt. Da überwindet Abraham seine Leidenschaft für Hagar und schickt Mutter und Sohn fort. Auch O'Neals Roman verwendet die neuen wissenschaftlichen Erkenntnisse über die Habiru-Nomaden. Hagar, die hochkultivierte ägyptische Prinzessin, muß als Eigentum Saras ihr Leben in den Zelten der primitiven Habiru zubringen. Nachdem Isaak geboren ist, muß Sara Hagar und ihren Sohn verstoßen, nicht aus Eifersucht oder um diese zu kränken, sondern um eine klare Trennung zwischen Habiru, wo Isaak herrschen soll, und den Kanaanitern durchzuführen, wo Ismael ein Reich begründen wird. In der Wüste wird Hagar schließlich durch Phicol, einen ägyptischen Aristokraten, gerettet. Dieser ist stolz, die Tochter Pharaos zu heiraten.

Links: Die Opferung Isaaks, Gemälde von Rembrandt van Rijn (1606–1669). Gott wollte Abrahams Gehorsam prüfen. Er befahl ihm, mit Isaak ins Land Morija zu gehen und ihm dort Isaak als Brandopfer darzubringen. Abraham tat, wie ihm befohlen worden war. Isaak liegt bereits gebunden auf dem Holzstoß. Abraham bedeckt mit seiner Hand Isaaks Gesicht und greift entschlossen zum Messer. Im letzten Augenblick gebietet ihm Gott durch einen Engel: „Strecke deine Hand nicht aus nach dem Jungen ... denn nun weiß ich, daß du Gott fürchtest und mir deinen einzigen Sohn nicht vorenthalten hast ... Durch deine Nachkommen sollen alle Völker gesegnet werden, weil du auf meine Stimme gehört hast."

Oben: Isaaks Opferung und Saras Tod, Illustration aus dem Manuskript 180/52, fol. 18 b v im Israel-Museum, Jerusalem. Abraham war entschlossen, Gottes Befehl auszuführen und ihm seinen Sohn zu opfern, als ihm auf Gottes Geheiß Einhalt geboten wird. Satan ist enttäuscht, daß Abraham Gott gehorsam sein wollte, und rächt sich, indem er Sara die Falschmeldung bringt, Isaak sei von seinem Vater umgebracht worden. Daraufhin stieß Sara drei Schreie aus wie die langgezogenen Töne des Schofars, heulte dreimal laut auf wie die gebrochenen Töne des Schofars und verschied.

Seite 46: „Begräbnis der Sarah", Federskizze von Friedrich Preller d. Ä., entstanden 1874. In die romantische Waldlandschaft ist eine streng klassizistische Figurengruppe gestellt. Das Bild zeigt die Bestattung Saras in einem Höhlengrab, das Abraham von den Hethitern käuflich als Familiengrab erwarb, damit die in Kanaan gestorbene Sara auch in der Fremde auf eigenem Boden ihr Grab habe.

„Ismael" ist in der englisch-amerikanischen Literatur allgemein zum Namen eines Außenseiters, Ausgestoßenen geworden, wie z.B. in Herman Melvilles „Moby Dick".

UM DIE JAHRHUNDERTWENDE entstanden in der deutschen Literatur noch zwei Dramen, die sich mit Hagars Schicksal befassen: „Hagars Sohn" des Mähren Jakob Julius David (1891) und „Die Vertreibung der Hagar" des Böhmen Anton Franz Dietzenschmidt. Auch Thomas Mann, in seiner großen Tetralogie „Joseph und seine Brüder" greift weit genug in Josephs Vorgeschichte zurück und führt dem Leser Ismael anläßlich des Todes von Isaak vor. Bei ihm ist Ismael, „der Rote", der schlechthin Böse, er verschwört sich mit seinem Schwiegersohn Esau gegen Isaak, ja, er versucht, diesen zu verführen und damit Abraham zu „entmannen", d.h. seiner weiteren Nachkommen zu berauben. Er plant auch, wie Set, der böse Bruder des Osiris in der ägyptischen Mythologie, seinen Bruder Isaak zu ermorden. Dies war, nach Thomas Mann, der wahre Grund, warum Ismael verstoßen werden mußte. Schließlich hat auch der Dichter Karl Wolfskehl, der dem Stefan-George-Kreis angehörte, in seinen letzten Lebensjahren im Exil in Neuseeland ein poetisches Drama „Abram" begonnen, aber nur den großen Monolog Hagars vollendet. Er wurde 1960, zwölf Jahre nach Wolfskehls Tod, veröffentlicht.

Im Ganzen kann man sagen, daß die Sympathie der neueren Literatur durchaus auf seiten Hagars steht und daß Sara nie so recht populär geworden ist, sehr im Gegensatz zu ihrem Gatten Abraham – wie schon der früher sehr gebräuchliche Ausdruck „in Abrahams Schoß kommen" (d.h. ins Himmelreich eingehen) zeigt.

* * *

Die Bibel berichtet, daß Abraham, als er aus Ägypten zurückkehrte, wieder in die Gegend von Betel in Kanaan zog und daß sein Neffe Lot, der Sohn von Abrahams Bruder Haran, mit ihm ging.

Ferner wird gesagt, daß Abraham nun sehr reich an Vieh, Silber und Gold war und daß auch Lot Schafe, Rinder und Hütten besaß. So entstand Streit zwischen den Hirten der beiden Patriarchen, denn das Land konnte sie nicht länger beide tragen.

Da schlug Abraham seinem Neffen vor, sich zu trennen, und überließ ihm die Wahl des Landes, in dem er sich niederlassen wollte. Lot wählte die wasserreiche Gegend des Flusses Jordan und zog in die damals fruchtbare Gegend von Sodom, während Abraham, auf Gottes Geheiß, in die Gegend von Hebron zog und sich im Hain Mamre niederließ, wo er Gott einen Altar errichtete.

„Komm, wir wollen unseren Vater mit Wein
trunken machen ..."

Genesis 19, 32

Das Buch Genesis

Kapitel 18, Vers 20 – 33
Kapitel 19, Vers 1 – 38

Nachdem Abraham wieder nach Mamre zurückgekehrt war, erschien Gott ihm abermals, schloß einen Bund mit ihm, versprach ihm alles umliegende Land und eine reiche Nachkommenschaft, und als Zeichen des Bundes sollten er und alle seine männlichen Nachkommen beschnitten werden. Kurz nachdem Abraham und Ismael beschnitten worden waren, erschien Gott abermals im Hain Mamre, denn er hatte beschlossen, die Städte Sodom und Gomorra, in denen Sünde herrschte, von der Erde zu vertilgen.

LOT'S FRAU UND TÖCHTER

Nun sprach Jahwe: „Die Klage über Sodom und Gomorra, sie hat sich gehäuft, und ihre Sünde, sie ist sehr schwer. 21 Darum will ich hinabgehen und sehen, ob alle so getan haben, wie der Klageschrei über sie zu mir gedrungen ist, oder nicht; ich will es wissen."

22 Da wandten sich die Männer von dort gegen Sodom; Abraham aber blieb vor Jahwe stehen. 23 Nun trat Abraham näher und sprach: „Willst du wirklich den Gerechten mit dem Frevler verderben? 24 Vielleicht gibt es fünfzig Gerechte in der Stadt. Willst du sie wirklich verderben und nicht lieber dem Ort um der fünfzig Gerechten willen, die dort wohnen, vergeben? 25 Ferne sei es von dir, so zu tun, den Gerechten mit dem Frevler zu töten, so daß es dem Gerechten wie dem Frevler erginge! Das sei ferne von dir! Sollte der Richter der ganzen Erde nicht Gerechtigkeit üben?" 26 Da sprach Jahwe: „Wenn ich in Sodom fünfzig Gerechte in der Stadt finde, so will ich um ihretwillen dem ganzen Ort vergeben."

27 Abraham antwortete und sprach: „Ich habe mich nun einmal unterfangen, zu meinem Herrn zu reden, obwohl ich Staub und Asche bin. 28 Vielleicht fehlen an den fünfzig Gerechten noch fünf. Wirst du wegen der fünf die ganze Stadt verderben?" Er sprach: „Ich werde nicht verderben, wenn ich dort nur fünfundvierzig Gerechte finde." 29 Darauf fuhr er fort, zu ihm zu reden, und sprach: „Vielleicht finden sich dort nur vierzig." Und er sprach: „Ich werde es auch um der vierzig willen nicht tun."

30 Da sagte er: „Zürne nicht, Herr, wenn ich (nochmals) rede! Vielleicht finden sich dort nur dreißig." Er antwortete: „Ich werde es nicht tun, wenn ich dort dreißig finde." 31 Da sagte er: „Siehe, ich habe mich nun einmal unterfangen, zu meinem Herrn zu reden. Vielleicht finden sich dort nur zwanzig." Er sprach: „Ich werde um der zwanzig willen nicht verderben." 32 Darauf sagte er: „Zürne mir nicht, Herr, wenn ich nur noch dieses eine Mal rede. Vielleicht finden sich dort nur zehn." Und er sprach: „Ich werde auch um der zehn willen nicht verderben." 33 Darauf ging Jahwe weg, nachdem er das Gespräch mit Abraham beendet hatte. Abraham aber kehrte nach Hause zurück.

19 ¹ Die beiden Engel kamen am Abend nach Sodom, als Lot gerade am Tor von Sodom saß. Sobald Lot sie erblickte, stand er auf, ging ihnen entgegen, verneigte sich vor ihnen bis zur Erde ² und sprach: „Ich bitte euch, meine Herren, kehret doch im Hause eures Knechtes ein, um zu übernachten, und waschet euch die Füße. Morgen früh möget ihr dann aufbrechen und eures Weges ziehen." Sie aber sagten: „Nein, wir wollen im Freien übernachten." ³ Er aber drang sehr in sie. So kehrten sie bei ihm ein und kamen

in sein Haus. Er bereitete ihnen nun ein Mahl, ließ ungesäuerte Brote backen, und sie aßen. ⁴ Sie hatten sich noch nicht zur Ruhe begeben, als schon die Männer der Stadt, jung und alt, das ganze Volk bis auf den letzten Mann, das Haus umringten. ⁵ Sie riefen Lot und sagten zu ihm: „Wo sind die Männer, die heute abend zu dir gekommen sind? Bringe sie zu uns heraus, damit wir sie erkennen!"

⁶ Da ging Lot zu ihnen hinaus vor den Eingang, während er die Tür hinter sich schloß, ⁷ und sprach: „Meine Brüder, begeht doch nicht einen solchen Frevel! ⁸ Da habe ich zwei Töchter, die noch keinen Mann erkannt haben. Diese will ich zu euch herausbringen, und tut mit ihnen, was euch beliebt. Diesen Männern aber dürft ihr nichts tun; denn sie haben sich unter den Schatten meines Daches begeben." ⁹ Sie aber schrien: „Fort mit dir! Ist da einer als Fremdling hierhergekommen und will schon den Richter spielen! Dir wollen wir noch Schlimmeres antun als jenen." Und sie drangen unge-

Abraham und sein Neffe Lot besaßen beide große Viehherden, für die im Umkreis von Betel im Lande Kanaan nicht genügend Futterplätze vorhanden waren. Deshalb beschlossen sie in aller Freundschaft, in verschiedene Richtungen zu ziehen. Auf dem Mosaik des 5. Jahrhunderts in der Basilika Santa Maria Maggiore in Rom sieht man rechts Lot mit seiner Frau und den beiden Töchtern, links Abraham mit dem kleinen Ismael und mit Hagar und Sara hinter sich.

Gegenüber: „Lots Töchter machen den Vater betrunken", Gemälde von Lukas Cranach d. Ä. (1472 – 1553). Eine seiner Töchter umschmeichelt den schon halb betrunkenen Vater. Die andere füllt in die Trinkschüssel Wein nach, um die Sinne des alten Lot vollends zu verwirren.

Ganz oben: Lot erklärt seinen zwei Töchtern, warum sie auf Befehl Gottes Sodom verlassen müssen. Die jüngere scheint ihrem Vater noch Fragen zu stellen, während die ältere bereits ihre Haube aufgesetzt hat und zum Gehen bereit ist. Guido Reni (1575–1642) hat Hände und Gesichter der drei Personen hell beleuchtet und das Gespräch zwischen dem würdigen Greis und seiner jüngeren Tochter durch bewegte Gestik höchst lebendig dargestellt.

Oben: Lot und seine beiden Töchter gehen unaufhaltsam weiter weg aus dem Umkreis der brennenden Stadt und befinden sich bereits in Sicherheit. Lots Frau jedoch ist zur Salzsäule erstarrt. Illustration aus einer deutschen Bibel des 15. Jahrhunderts.

stüm auf den Mann, auf Lot, ein und waren schon nahe daran, die Tür aufzubrechen. ¹⁰ Da streckten die Männer ihre Hand aus und zogen Lot zu sich in das Haus und schlossen die Tür ab. ¹¹ Die Leute vor der Haustür aber schlugen sie mit Blindheit, klein und groß, daß sie sich vergeblich bemühten, den Eingang zu finden.

¹² Hierauf sprachen die Männer zu Lot: „Hast du noch jemand hier, Söhne und Töchter, und wer sonst noch in der Stadt zu dir gehört, so führe sie aus dem Ort hinweg. ¹³ Denn wir werden diesen Ort zerstören, weil die Klage wider sie vor Jahwe groß geworden ist und Jahwe uns entsandt hat, sie zu verderben." ¹⁴ Da ging Lot hinaus und redete mit seinen Schwiegersöhnen, die seine Töchter heiraten wollten, und sprach: „Auf, zieht weg aus diesem Ort, denn Jahwe wird die Stadt zerstören!" Seine Schwiegersöhne aber glaubten, daß er scherze.

¹⁵ Als die Morgenröte aufstieg, trieben die Engel Lot zur Eile an und sagten: „Auf, nimm deine Frau und deine beiden Töchter, die hier sind, damit du nicht im Strafgericht der Stadt hinweggerafft wirst!" ¹⁶ Als er noch zögerte, faßten die Männer ihn, seine Frau und seine beiden Töchter bei der Hand, weil Jahwe ihn verschonen wollte, führten ihn hinaus und ließen ihn erst draußen vor der Stadt los. ¹⁷ Als sie diese hinausgeführt hatten, sagte er: „Rette dich, es gilt dein Leben! Schaue nicht hinter dich, bleibe nirgends in der Gegend stehen, rette dich ins Gebirge, damit du nicht hinweggerafft wirst!" ¹⁸ Da sprach Lot zu ihnen: „Nicht so, mein Herr! ¹⁹ Dein Knecht hat ja in deinen Augen Gnade gefunden, und du hast mir große Barmherzigkeit dadurch erwiesen, daß du mich am Leben erhieltest. Aber ich kann mich nicht in das Gebirge retten. Es könnte mich doch das Unheil packen, so daß ich sterben müßte. ²⁰ Siehe, die Stadt dort ist nahe genug, daß ich mich dorthin flüchten kann, und sie ist winzig. Dorthin möchte ich mich retten – sie ist ja winzig –, daß ich am Leben bleibe." ²¹ Er antwortete ihm: „Auch darin habe ich dich angesehen, daß ich die Stadt, von der du geredet hast, nicht zerstören werde. ²² Rette dich eilends dorthin! Denn ich kann nichts tun, ehe du dort angekommen bist!" Darum nennt man die Stadt Zoar.

²³ Die Sonne war gerade über der Erde aufgegangen, als Lot nach Zoar kam. ²⁴ Nun ließ Jahwe über Sodom und Gomorra Schwefel und Feuer von Jahwe regnen. ²⁵ So zerstörte er diese Städte und die ganze Gegend und alle Bewohner der Städte und alles Gewächs des Bodens. ²⁶ Seine Frau aber schaute zurück und wurde zu einer Salzsäule. ²⁷ Früh am Morgen begab sich Abraham an den Ort, wo er vor Jahwe gestanden hatte, ²⁸ und schaute in der Richtung nach Sodom und Gomorra und über das ganze Gebiet der Ebene hin. Da sah er, wie ein Qualm von der Erde aufstieg gleich dem Qualm eines Schmelzofens. ²⁹ So gedachte Gott des Abraham, als er die Städte der Ebene zerstörte, und ließ Lot mitten aus der Zerstörung entkommen, als er die Städte zerstörte, in denen Lot wohnte.

³⁰ Lot zog alsdann von Zoar weiter hinauf und ließ sich mit seinen beiden Töchtern im Gebirge nieder. Denn er fürchtete sich, in Zoar zu bleiben. Er wohnte mit seinen beiden Töchtern in einer Höhle.

³¹ Da sagte die Ältere zu der Jüngeren: „Unser Vater ist alt, und kein Mann ist im Land, der Umgang mit uns pflegte, wie es auf der ganzen Erde Sitte ist. ³² Komm, wir wollen unseren Vater mit Wein trunken machen und wollen

uns zu ihm legen, damit wir von unserem Vater Nachkommenschaft erhalten!" ³³ Da machten sie ihren Vater in jener Nacht mit Wein trunken. Dann ging die Ältere hin und legte sich zu ihrem Vater. Dieser merkte es nicht, wie sie sich hinlegte, noch, wie sie aufstand. ³⁴ Am folgenden Tag sagte die Ältere zu der Jüngeren: „Siehe, ich habe vergangene Nacht bei meinem Vater gelegen. Wir wollen ihn auch diese Nacht mit Wein trunken machen. Dann gehe hinein und lege dich zu ihm, damit wir von unserem Vater Nachkommen erhalten." ³⁵ So machten sie ihren Vater auch in jener Nacht mit Wein trunken. Dann stand die Jüngere auf und legte sich zu ihm. Er merkte es nicht, wie sie sich hinlegte, noch, wie sie aufstand. ³⁶ So empfingen beide Töchter Lots von ihrem Vater. ³⁷ Die Ältere gebar einen Sohn und nannte ihn Moab. Er ist der Stammvater der Moabiter bis heute. ³⁸ Auch die Jüngere gebar einen Sohn und nannte ihn Ammon. Er ist der Stammvater der Ammoniter bis heute.

Oben: Albrecht Dürer (1471–1528) zeigt auf dem Gemälde „Lot flieht mit seiner Familie aus Sodom", wie Lot mit geschultertem Stock, an dem eine Wasserflasche baumelt, rüstig voranschreitet, gefolgt von seinen Töchtern, die ein Kästchen mit Geld, Wolle zum Weben und einen Wäschesack mit sich führen, die notwendigste Habe, um zu überleben. Ganz klein im Hintergrund erkennt man die Gestalt von Lots Frau, die zu einer Salzsäule erstarrt.

Ganz oben links: Vorkarolingische lateinische Handschrift, 7. Jahrhundert, des Ashburnham-Pentateuchs. Bildausschnitt von den brennenden Städten Sodom und Gomorra, auf die Gott zur Strafe für die Verderbtheit ihrer Bewohner und deren Fremdenhaß Schwefelregen herabfallen ließ.

Oben links: Ein Engel treibt Lot zur Eile an, um dem brennenden Sodom zu entkommen. Vor ihm gehen eine Magd und seine Töchter, von denen die eine in der Hast ihre Sandale noch nicht richtig befestigen konnte. Am rechten Bildrand sieht man klein die zu Salz erstarrte Frau Lots. Gemälde von Paolo Veronese (1528 bis 1588).

IM BANN DER GEWALT

Wenn uns von der Bibel nur die Geschichten von Sodom und Gomorra und von Lot und seinen Töchtern überliefert wären, dann hätten all die Frauen recht, die heute empört und angewidert feststellen: Die jüdisch-christliche Tradition ist androzentrisch, ausschließlich auf Männer konzentriert, sie ist patriarchal und sichert die Männerherrschaft, sie ist auch sexistisch, frauendiskriminierend, ja ausgesprochen frauenfeindlich und geradezu misogyn, frauenhassend. Gott sei Dank, gibt es in der Bibel neben solchen unterdrückerischen Tendenzen auch andere; nicht alle Wege führen nach Sodom und Gomorra.

In Sodom bietet ein Vater seine jungen Töchter zu kollektiver Vergewaltigung einer Meute johlender Sadisten an! Gang-rape an phobisches Empfinden, nach dem praktizierte Homosexualität das größte Unglück ist, und die schlimmste Erniedrigung für den Mann darin besteht, „zum Weib" gemacht zu werden? Wäre die Vergewaltigung der Töchter ein geringeres Verbrechen, weil sie in dieser Optik näher am Natürlichen liegt und beinahe schon etwas Normales ist? Oder hat Lot die Boten als Engel Gottes erkannt und ist aus religiösen Gründen bereit, die Töchter zu opfern, um seinem Gott zu dienen?

Diese Fragen lassen sich nicht beantworten, genausowenig wie die, was die Frau Lots dazu gebracht hat, sich umzusehen, statt zu gehorchen und sich ohne jeden Verzug zu retten. Warum tut sie das, ist es Neugier wie bei Eva, ist es Anteilnahme am Ge-

Frauen scheint für Lot weniger schlimm als die Auslieferung von zwei fremden Männern, denen er Gastfreundschaft und Schutz versprochen hat. In derselben Geschichte bestraft Gott eine Frau, die einen Blick zurückwirft auf die Stadt, in der sie gelebt hat, indem er sie zur Salzsäule erstarren läßt. Und schließlich beschreibt ein Erzähler die raffinierte sexuelle Überlistung eines Vaters, der nichts von seinem Glück ahnt, nacheinander durch seine beiden Töchter.

Frauen erscheinen in diesen finsteren Geschichten zunächst als mögliches Opfer, das zu bringen dem Vater Lot weniger schlimm erscheint, als wenn er die schönen Jünglinge, die unter seinem Dach Schutz gefunden haben, preisgäbe. Ist das ein Akt der Gastfreundschaft, die den Gast als Gott geweiht höher achtet als alles andere? Ist es ein homo- schick der Stadt, ist sie tiefer mit Sodom verbunden, weniger zurückgestoßen vom Treiben der Sodomiter als ihr Mann? Ein Ausleger vermutet, wo Gott Gericht halte, dürfe niemand in der Zuschauerhaltung verbleiben, Betroffenwerden und Sterben oder Ohne-Blick-zurück-Entkommen seien die einzigen Optionen der Menschen. Aber vor diesem uralten Geflecht von Sagen und lokalen Überlieferungen versagt die dogmatisch-religiöse Methode. Lots Frau schien mir immer die menschlichste Gestalt in dieser Familie: Sie ist die einzige, die den Bann der Gewalt bricht, sie unterwirft sich ihm nicht und erstarrt im Grauen zu Stein.

Auch die Verführung des Vaters durch die Töchter gibt genug Fragen auf. Er wird, besinnungslos betrunken, zum Werkzeug ihrer Pläne gemacht. Die traditionellen Rollen sind hier verkehrt. Frauen planen die Tat genau, führen sie fristgerecht aus und rühmen sich der Ergebnisse. Daß es sich um Inzest und Blutschande handelt, scheint ihnen nicht bewußt zu sein. Sie tun etwas, was millionenfach vorkommt, auch heute, aber gesellschaftlich verdrängt und verleugnet wird, sie benutzen die familiäre Bindung und Intimität des Zusammenwohnens zum unerlaubten sexuellen Kontakt. Der erste Inzest, so scheint diese Geschichte zu sagen, war nicht, was gierige Väter, Onkel oder Brüder mit Kindern oder jungen Mädchen tun, sondern eine Tat von Frauen, die in der Höhle eine verfängliche Situation der Einsamkeit und der Trunkenheit arrangieren und ausnutzen. Warum tun Lots Töchter das? Die Behauptung, daß „kein Mann mehr auf Erden" sei, der sie beschlafen könnte, wäre ja leicht zu widerlegen gewesen. Oder standen sie noch unter dem psychischen Schock der Vernichtung von Sodom und Gomorra? Oder, eine andere Vermutung, wollten sie sich für das, was ihr Vater ihnen antun wollte, rächen? Hat der Erzähler vielleicht mit hoher Ironie herausgearbeitet, wie das schwache Geschlecht doch seine eigene Stärke hat?

Die Tradition ist sich auch nicht darüber einig, worin denn die Sünde der beiden Städte am Toten Meer bestand. War es wirklich, wie der alte Ausdruck „Sodomie" nahelegt, die Knabenliebe, die in vielen Israel umgebenden altorientalischen Kulturen durchaus akzeptiert war? Andere biblische Schriftsteller ziehen ganz andere Begründungen für die Bosheit dieser Städte heran: Jesaja nennt sein Volk Jahrhunderte später „du Volk von Gomorra", weil sie ohne Recht leben, den Unterdrückten ausnützen, Hilflose benachteiligen (Jes 1, 10–17). Jere-

WAS NICHT IN DER BIBEL STEHT

mia sieht die Bürger von Jerusalem als Bürger von Gomorra, weil sie die Gewalttätigen verehren und stärken (Jer 23, 14). Ezechiel kritisiert die Unbarmherzigkeit der babylonischen Überflußgesellschaft: „Siehe, das war die Schuld deiner Schwester Sodom: Pracht und Überfluß und sorglose Ruhe wurden ihr und ihren Töchtern zuteil, aber sie taten dem Elenden und Armen nicht Handreichung" (Ez 16, 49). So legt die prophetische Tradition die mythische Erzählung nicht auf zügelloses Sexualverhalten hin aus, sondern auf die Gewalt einer Herrschaft ohne Recht.

Die heutige Perspektive von Frauen in der Befreiungstheologie steht der prophetischen sehr nahe; die eigentliche Sünde der Sodomiter ist die Anbetung der Gewalt. Alle sexuellen Beziehungen waren offenbar mit Gewalt verbunden, Erbarmen mit den Armen und Verelendeten wurde, wie die Überlieferung berichtet, gewalttätig bestraft, Terror war das Mittel der Politik. So beschloß Gott den Untergang der von Gewalt und Sucht beherrschten Menschen; ein das Leben durch Gewalt regelndes Gemeinwesen, in dem Recht und Erbarmen unbekannt gewesen sein müssen, wurde vom Erdboden vertilgt. Die beiden Töchter Lots, selber fast Opfer der barbarischen Männergewalt, arbeiten mit List dagegen an; ihr Glück ruht nicht auf der Unterwerfung anderer und dem Wunsch zu quälen. Der Wein als ein Produkt der Kultur und ein Ausdruck der Lebensfreude ist ihr Mittel, das Leben weiterzugeben. Statt mit roher Gewalt vorzugehen, schmuggeln sie das Leben weiter.

ANTIKE UND MITTELALTERLICHE QUELLEN

Die Sünden der Städte Sodom, Gomorra, Adma und Zebojim – die fünfte, Zoar, war weniger sündenbehaftet und wurde verschont – werden in der jüdischen Legende in den grellsten Farben geschildert. Homosexueller Verkehr, bei den Juden als Todsünde angesehen, war allgemein üblich. Jeder Fremde, der in eine der Städte kam, wurde ausgeraubt und dann hinausgetrieben. Oder aber man gab den Besuchern Gold und Silber, aber nichts zu essen, bis sie verhungerten. Die Einwohner zwangen Fremde auf eine Art Prokrustesbett, auf dem den Kurzen die Glieder ausgereckt, den Langen aber die Füße abgehauen wurden. Sie gönnten nicht einmal den Vögeln ihr Futter, sondern rotteten sie aus. Wer sich ihren Regeln widersetzte, wurde aufs grausamste getötet. Nach einer Sage soll Lot eine Tochter, Paltit mit Namen, gehabt haben, die in Sodom verheiratet war und einem halbverhungerten Bettler heimlich zu essen gab. Sie wurde ertappt und auf dem Scheiterhaufen verbrannt. Noch schrecklicher erging es der Tochter eines reichen Mannes in Adma, die einem Fremden heimlich Wasser und Brot gab. Sie wurde zum Tode verurteilt, von Kopf bis Fuß mit Honig bestrichen und den Bienen ausgesetzt, die sie zu Tode stachen.

Daß Lots Weib so schwer von Gott be-

Seite 52 oben: Bildausschnitt aus dem Gemälde „Lot und seine Töchter" von Jan Massys (1509 – 1575). Der greise Vater ist von allzu vielem Weingenuß müde geworden. Schlaftrunken hält er sich an seiner Tochter fest, die im Begriff ist, ihn aufs Lager zu betten.

Seite 52 Mitte: „Die Flucht aus Sodom". Auf diesem so lebendig bewegten Bild von Peter Paul Rubens (1577 – 1640) ist auch noch Lots Frau an der Seite ihres Mannes zu sehen. Das Elternpaar wird von Engeln geleitet, von denen derjenige neben Lot zur Eile drängt und mit dem Arm den Weg weist; der Engel an der Seite von Lots Frau versucht, sie davon abzubringen, den Kopf zurück auf Sodom zu wenden. Lots Töchter mit Traglasten und einem Esel ergänzen die Horizontale der Gruppe.

Oben links: Albrecht Altdorfer malte 1537 die Verführung Lots durch seine Töchter, die ihn durch Alkohol und die Reize ihrer Nacktheit dazu bringen wollen, Kinder mit ihnen zu zeugen.

Oben rechts: „Lot und seine Töchter" von David Teniers d. J. (1610 – 1690). Dieser niederländische Meister von Genredarstellungen hat auch diese biblische Szene, wie die Töchter Lots ihren Vater beim nächtlichen Mahl betrunken machen, damit er sich an ihnen vergreift, genrehaft ausgeschmückt.

straft wurde, versucht die Legende damit zu erklären, daß sie Lots Geheimnis verriet. Dieser hatte nämlich sich selbst und seine fremden Gäste in der einen Hälfte seines Hauses untergebracht, sein Weib aber in der anderen, ihrer Sicherheit wegen. Sie aber ging zu einem Nachbarn und verriet ihm die Anwesenheit der Fremden, denn sie bat ihn um Salz mit der Begründung, daß sie wegen der Fremden welches benötigte.

Gott hätte nicht nur Lot, seine Frau und seine Töchter von Sodom entkommen lassen, sondern auch seine Schwiegersöhne. Aber die verlachten Lots Warnungen und sagten: Hörst du nicht, daß überall in der Stadt Flöten und Geigen erklingen? Wieso sollte die Stadt untergehen? So blieben sie in der Stadt zurück. Was Lots Weib sah, als sie sich verbotenerweise umkehrte, war nicht Gott selbst, sondern die „Shekinah", d. h. die Kundgebung der Anwesenheit Gottes. Die Salzsäule, in die sie verwandelt wurde, ist heute noch zu sehen. Salz galt als die Todesursache der Frau Lots und durfte deshalb bei gewissen religiösen Riten nicht verwendet werden. Die Legende von Lots Frau erinnert an die griechische der Niobe, die in einen Felsen verwandelt wird und deren Tränen ewig rinnen. Auch das Motiv des Verbots, sich umzuschauen, ist der antiken Sage bekannt, so z. B. in der Orpheus-Sage.

Das Verhalten Lots während dieser Episode wird in der talmudischen Auslegung verschieden beurteilt. Einerseits wird er fast einstimmig getadelt, weil er sein Weib und seine Töchter den Sodomitern anbot, um seine Gäste zu schützen. Denn die erste und heiligste Pflicht des Familienvaters ist, seine Frau und seine Kinder zu schützen – erst dann kommen die Pflichten gegenüber den Gästen. Eine Version meint, daß er dafür bestraft wurde, indem seine eigenen Töchter sich an ihm versündigten. Andererseits sollen die Töchter den Wein, mit dem sie ihren Vater trunken machten, in einer Höhle gefunden haben, in die Gott sie selbst geführt hatte. Denn Gott selbst wollte es, daß ihr Plan gelänge. Doch auch Lot wird nicht ganz freigesprochen: er sei von Natur aus lüstern gewesen, sonst hätte er zumindest den zweiten Anschlag seiner jüngeren Tochter vereitelt. – Die Namen, die die Töchter ihren Söhnen gaben, waren bezeichnend: „Moab" bedeutet: vom Vater abstammend, und „Ammi' (oder: Ammon), etwas dezenter, bedeutet: Sohn meines Volkes. Die Moabiter und Ammoniter, die von ihnen abstammen, waren im allgemeinen israel-feindlich. Immerhin war Rut, die Urgroßmutter Davids, eine Moabiterin, und Naama, die Mutter des Rechabeam, Königs von Juda, eine Ammoniterin. So wurde Lot dafür belohnt, daß er Abraham in Ägypten nicht verraten hatte und daß Abraham für die Gerechten in Sodom gebetet hatte – wenn auch vergebens.

TROTZ ALLEM MACHTE die etwas befremdende Geschichte der Töchter Lots den späteren Auslegern schwer zu schaffen: Wie können sie geglaubt haben, daß es keine Männer mehr auf der Welt gäbe, da sie doch aus dem verschonten Zoar kamen? Jedenfalls gaben die komplizierten Familienverhältnisse, die sich aus ihrem Verhalten ergaben, Anlaß zu verschlungenen Rätseln. So soll die Königin von Saba, als sie Salomo besuchte und seine Weisheit prüfen wollte, ihn gefragt haben: „Eine Frau sagte zu ihrem Sohn: Mein Vater ist dein Vater und dein Großvater mein Gemahl. Du bist mein Sohn und ich deine Schwester." Salomo antwortete: „Gewiß war es Lots Tochter, die so sprach."

DIE NAMEN Sodom und Gomorra sind auch griechischen und römischen Autoren, z. B. Strabo und Tacitus, bekannt. Wahrscheinlich haben sie am Südende des Toten Meeres gelegen, aber ein eindeutiger archäologischer Nachweis dieser Städte ist bisher nicht geliefert worden. Jedenfalls galten die beiden Namen schon im Neuen Testament als sprichwörtliches Beispiel menschlicher Verderbtheit und Warnung vor furchtbarer göttlicher Strafe, z. B. bei Matthäus 10,15 und im 2. Brief des Petrus 2,6. Aber auch schon bei den Propheten des Alten Testaments werden die Einwohner Sodoms und Gomorras als warnendes Beispiel erwähnt, z. B. bei Jeremia 23,14 und bei Ezechiel 16,46ff. Bei den Arabern heißt das Tote Meer auch heute noch „Das Meer Lots". Auch der Koran kennt die Geschichte der Verheißung Isaaks und der Zerstörung der Sündenstädte, erzählt in der 11. Sure, die nach Hud benannt ist – dies der arabische Name für den in der Bibel erwähnten Eber, einen Urenkel Sems, also einen der Stammväter des Volkes Israel. Im Koran wird der Tod von Lots Weib bereits vorausgesagt, die Städte werden jedoch nicht wie in der Bibel durch Schwefel und Feuer zerstört, sondern durch herabstürzende Steine.

„Sodom und Gomorra", Gemälde von Jan Breugel d. Ä. (1568–1625). Nächtliche Flußlandschaft mit Tieren und den lichterloh brennenden Städten Sodom und Gomorra im Hintergrund. Am vorderen Bildrand links die Verführungsszene, wie die nackten Töchter Lots ihren Vater umgarnen, damit er Kinder mit ihnen zeuge.

NEUERE LITERATUR

Das Thema der Zerstörung der beiden Städte, der Rettung Lots, des Todes seiner Frau sowie der unmittelbar darauffolgenden Versündigung der beiden Töchter an ihrem Vater Lot wurde kaum in direkter Darstellung aufgenommen, sondern meistens in der Form der Allegorie oder in modernen Erzählungen, die nur einige Elemente der Themen aufnehmen. Auch gibt es seltsamerweise die Verarbeitung in humoristischer Form. So hat Franz, Edler von Schönthan, dessen „Raub der Sabinerinnen" sich einst großer Beliebtheit erfreute, einen Schwank geschrieben, den er „Sodom und Gomorrha" (1880) nannte. Heinrich Behnken schrieb ebenfalls ein Lustspiel „Sodom und Gomorrha" (1929). Allegorische Anspielungen auf die sexuellen Laster in den beiden Städten sind nicht selten. Dabei handelt es sich aber wahrscheinlich um ein Mißverständnis, das bis ins Altertum zurückgeht: Der Grund, warum Gott die beiden Städte zerstörte, scheinen nach der Bibel eher die Brutalität und Niedertracht, mit der dort Fremde behandelt wurden, gewesen zu sein. Der Ausdruck „Sodomie" nun gar, der im modernen Sinn Unzucht mit Tieren bedeutet, ist besonders irreführend, denn davon ist in der Bibel gar nicht die Rede.

DIE BERÜHMTESTE ANSPIELUNG auf die Laster von Sodom und Gomorra, ist wohl der vierte Band des großen Romanwerks von Marcel Proust, das im Original den Titel „Sodome et Gomorrhe" trägt (1921 bis 1922), dessen Inhalt aber mit der biblischen Erzählung wenig zu tun hat. In diesem Band entdeckt der Erzähler, daß eine der Hauptfiguren des Romanwerks, der Baron Charlus, homosexuell veranlagt ist.

Das letzte Drama des französischen Dichters Jean Giraudoux, erst nach seinem Tode veröffentlicht (1946), trägt den gleichen Titel, hat aber immerhin eine engere Beziehung zur Bibel. Es handelt von der unausrottbaren Feindschaft zwischen Mann und Frau. Gott gelobt, seinen Zorn über die Menschen zurückzuhalten, wenn er nur ein einziges glückliches Paar finden kann, und setzt seine Hoffnung auf die Hauptpersonen des Dramas, Lia und Jean – aber auch diese enttäuschen ihn. Selbst das Ende der Welt bringt den Kampf zwischen den Geschlechtern nicht zum Abschluß.

IN DEUTSCHLAND ERREGTE der Naturalist und Gesellschaftskritiker Hermann Sudermann, um die Jahrhundertwende noch mit Gerhart Hauptmann in einem Atem genannt, mit seinem Drama „Sodoms Ende" (1890) einiges Aufsehen; aber auch hier besteht nur ein loser Zusammenhang mit der Bibel. Ein durch die Verderbtheit der Gesellschaft heruntergekommener Künstler verführt seine Pflegeschwester, woran sie und dann auch er zugrunde geht.

IN DER ANGELSÄCHSISCHEN Literatur gibt es ein Drama „Sodom" von Robert E. Hille (1927) und eine einaktige Oper „Sodom" von George N. Addison, Libretto von Mary P. Hansard, aus dem Jahr 1979. Im übrigen hat sich die angelsächsische Literatur zwar nicht mit den Töchtern Lots, aber immerhin mit dessen Frau beschäftigt. Aus dem Jahr 1607 stammt eine damals berühmte Predigt des englischen Theologen R. Wilkinson über „Lot's Wife", und den gleichen Titel tragen zwei moderne Dichtungen: eine Gedichtsammlung der amerikanischen Lyrikerin Janice Farrar Thaddeus (1986), in deren erstem Gedicht es sich um eine Frau, die sich von ihrem Sohn trennen muß und nicht zurückschauen soll, es aber, wie Lots Frau, dennoch tut, um die Erinnerung an die schönere Vergangenheit der Verbundenheit mit ihrem Kind nicht zu verlieren. Die gleichnamige Novelle des englischen Schriftstellers Tom Wakefield (1989) ist eigentlich eine Liebesgeschichte unserer Tage, in der aber das tragische Ende von Lots Frau diskutiert und ihre Ehrenrettung angedeutet wird: Sie hat, so Wakefield, sich nicht aus Neugier, sondern aus Mitleid um die zurückgebliebenen Opfer und aus Sorge um ihre Töchter umgewendet.

Oben: Schläfrig und vom Wein, der ihm mal von rechts, mal von links eingeschenkt wird, schon leicht beduselt, werden die beiden Mädchen bald leichtes Spiel mit dem Vater haben. Da sie befürchten, in der Fremde keinen Mann zu finden, soll der Vater Kinder mit ihnen zeugen. Gemälde von Francesco Guercino (1591 bis 1666).

Gegenüber: Francesco Furini (um 1600 bis 1646) war seinerzeit berühmt für seine Meisterschaft, nackte weibliche Halbfiguren mit raffiniert sanften Rundungen als mythologische oder allegorische Gestalten zu malen. So auch hier die biblische Geschichte von Lots Töchtern, die ihren Vater durch die Schönheit ihrer nackten Körper zu verführen suchen.

So empfingen beide Töchter Lots von ihrem Vater.
Die Ältere gebar einen Sohn und nannte ihn Moab. Er ist der Stammvater der Moabiter bis heute.
Auch die Jüngere gebar einen Sohn und nannte ihn Ammon. Er ist der Stammvater der Ammoniter bis heute.

Genesis 19, 36–38

„ICH WILL DICH BEI JAHWE SCHWÖREN LASSEN, DASS DU FÜR MEINEN SOHN KEINE FRAU AUS DEN TÖCHTERN DER KANAANITER NIMMST …"
Genesis 24, 3

Das Buch Genesis

Kapitel 24, Vers 1–33.50–67
Kapitel 25, Vers 19–34
Kapitel 26, Vers 34–35
Kapitel 27, Vers 1–45

Isaak wurde erst geboren, als seine Eltern bereits hochbetagt waren. Daher stellte sich die Frage seiner Verheiratung erst, als seine Mutter Sara bereits gestorben war. Offenbar wünschte Abraham nicht, daß sein Sohn eine Kanaaniterin zur Frau nahm.

REBEKKA: TOCHTER DES BETUEL

Abraham war alt und hochbetagt, und Jahwe hatte Abraham in allem gesegnet. ² Da sprach Abraham zu seinem Knecht, dem Ältesten seines Hauses, der sein ganzes Besitztum verwaltete: „Lege deine Hand unter meine Hüfte! ³ Ich will dich bei Jahwe, dem Gott des Himmels und dem Gott der Erde, schwören lassen, daß du für meinen Sohn keine Frau aus den Töchtern der Kanaaniter nimmst, in deren Mitte ich wohne. ⁴ Begib dich vielmehr in mein Heimatland und zu meinen Verwandten und hole eine Frau für meinen Sohn Isaak!" ⁵ Darauf erwiderte ihm der Knecht: „Vielleicht aber will die Frau mir nicht in dieses Land folgen. Soll ich deinen Sohn wieder in die Heimat zurückbringen, aus der du ausgezogen bist?" ⁶ Abraham antwortete: „Hüte dich, meinen Sohn dorthin zurückzubringen! ⁷ Jahwe, der Gott des Himmels und der Gott der Erde, der mich aus meinem Vaterhaus und aus dem Lande meiner Verwandtschaft genommen, der zu mir geredet und mir geschworen hat: ‚Ich will dieses Land deiner Nachkommenschaft geben', er wird seinen Engel vor dir hersenden, daß du eine Frau für meinen Sohn dort holen kannst. ⁸ Sollte aber die Frau dir nicht folgen wollen, so bist du frei von diesem Schwur. Nur darfst du meinen Sohn nicht dorthin zurückführen." ⁹ Da legte der Knecht seine Hand unter die Hüfte seines Herrn Abraham und leistete ihm den Schwur, wie es besprochen war. ¹⁰ Hierauf nahm der Knecht zehn Kamele von den Kamelen seines Herrn und führte bei sich allerlei Kostbarkeiten seines Herrn. Dann brach er auf und zog nach Aram Naharajim in die Stadt Nachors. ¹¹ Er ließ die Kamele außerhalb der Stadt an einem Brunnen lagern. Es war gegen Abend um die Zeit, da die Frauen zum Wasserschöpfen herauskommen. ¹² Und er sprach: „Jahwe, Gott meines Herrn Abraham! Füge es heute glücklich und erweise dich gnädig gegen meinen Herrn Abraham. ¹³ Siehe, ich stehe an der Quelle, und die Töchter der Leute aus der Stadt kommen heraus, um Wasser zu schöpfen. ¹⁴ Wenn das Mädchen, zu dem ich sage: ‚Neige deinen Krug, damit ich trinke!', spricht: ‚Trinke, und auch deine Kamele will ich tränken!', so hast du es für deinen Knecht Isaak bestimmt; und daran will ich erkennen, daß du dich gnädig gegen meinen Herrn erweisest."

¹⁵ Noch ehe er zu Ende gesprochen hatte, da kam Rebekka heraus, die Betuel, dem Sohn der Milka, der Frau Nachors, des Bruders Abrahams, geboren worden war, mit einem Wasserkrug auf der Schulter. ¹⁶ Das Mädchen war aber sehr schön anzusehen, eine Jungfrau, die noch keinen Mann erkannte. Sie stieg zur Quelle hinab, füllte ihren Krug und kam wieder herauf. ¹⁷ Da lief der Knecht auf sie zu und sprach: „Laß mich ein wenig Wasser aus deinem Krug trinken!" ¹⁸ Sie erwiderte: „Trinke, mein Herr!" Und rasch nahm sie ihren Krug herab auf ihre Hand und ließ ihn trinken. ¹⁹ Als sie ihn hatte sich satt trinken lassen, sprach sie: „Auch deinen Kamelen will ich schöpfen, bis sie sich satt getrunken haben." ²⁰ Und eilends goß sie den Krug in die Tränkrinne, lief wieder zum Brunnen, um zu schöpfen. So schöpfte sie

„Trinke, mein Herr!"
„Auch deinen Kamelen will ich schöpfen, bis sie sich satt getrunken haben"
Genesis 24, 18/19

Gegenüber: „Eliezer und Rebekka", Gouache von Marc Chagall (1887 – 1985). In horizontaler Staffelung steht die orientalisch buntgekleidete Rebekka mit dem Wasserkrug auf dem Kopf vor dem in ein Kapuzengewand gehüllten Elieser. Den Hintergrund bildet ein Kamel, auf dem Isaaks Braut nach Kanaan reiten wird, nachdem sie von ihrer Familie Abschied genommen hat.

für alle seine Kamele. ²¹ Der Mann beobachtete sie schweigend, um zu erkennen, ob Jahwe seine Reise gelingen ließ oder nicht.

²² Als sich die Kamele satt getrunken hatten, nahm der Mann einen goldenen Ring, einen halben Schekel schwer, und legte ihn an ihre Nase, sowie zwei Spangen für ihre Arme, zehn Schekel Goldes schwer. ²³ Dann fragte er: „Wessen Tochter bist du? Sage es mir doch! Ist im Hause deines Vaters Raum für uns zum Übernachten?" ²⁴ Sie antwortete ihm: „Ich bin die Tochter Betuels, des Sohnes der Milka, den sie Nachor geboren hat." ²⁵ Ferner sagte sie: „Stroh und Futter haben wir in Menge, auch Raum zum Übernachten." ²⁶ Da verneigte sich der Mann, warf sich vor Jahwe nieder ²⁷ und sprach: „Gepriesen sei Jahwe, der Gott meines Herrn Abraham, der seine

Oben: Zwei Szenen aus der altchristlichen Wiener Genesis-Handschrift des 5. Jahrhunderts. Auf Folio VII/13 *(links)* sieht man die Begegnung von Rebekka mit Abrahams Knecht Elieser am Brunnen, auf Folio VII/14 *(rechts)*, wie Elieser, nachdem er und die Kamele ihren Durst stillen konnten, Rebekka Schmuck überreicht.

Seite 58: Da Rebekka lange Zeit unfruchtbar blieb, bat sie ihren Mann, mit ihr zum Berge im Land Morija zu gehen, wo Abraham einst Isaak hatte opfern wollen, um dort mit ihr zusammen Jahwe um Nachkommenschaft zu bitten. Isaak betete dort in Gegenwart seiner Frau, und sein Flehen wurde erhört. Ausschnitt aus dem Manuskript 24087, fol. 32v (1470 – 1500); Zweite Nürnberger Haggadah.

Seite 59: „Rebekka am Brunnen", Detail eines Gemäldes von Giambattista Piazzetta (1682 bis 1754). Nachdem Rebekka nicht nur ihm selbst, sondern auch seinen Kamelen zu trinken gab, war Elieser überzeugt, daß dieses Mädchen die von Jahwe ausersehene Frau für Isaak sei, und beschenkte sie mit Schmuck.

Liebe und Treue meinem Herrn nicht entzogen hat! Mich hat Jahwe geradewegs zum Haus des Bruders meines Herrn geführt."

²⁸ Das Mädchen aber lief weg und berichtete zu Hause seiner Mutter, was sich zugetragen hatte. ²⁹ Rebekka hatte einen Bruder namens Laban. Laban eilte zu dem Manne hinaus an die Quelle. ³⁰ Als er nämlich den Nasenring und die Spangen an den Armen seiner Schwester sah und die Worte seiner Schwester Rebekka hörte: „So hat der Mann zu mir geredet", begab er sich zu dem Manne, der noch bei den Kamelen an der Quelle stand, ³¹ und sagte zu ihm: „Komm, Gesegneter Jahwes! Warum stehst du draußen? Ich habe bereits das Haus aufgeräumt und auch Platz geschaffen für die Kamele." ³² So kam der Mann in das Haus. Jener aber sattelte die Kamele ab, gab den Kamelen Stroh und Futter und brachte Wasser, damit er und die Männer, die mit ihm gekommen waren, sich die Füße waschen konnten.

³³ Als man ihm dann zu essen vorsetzte, sagte er: „Ich esse nicht eher, als bis ich mein Anliegen vorgebracht habe." Sie sprachen: „So rede."

Im folgenden stellt sich Elieser vor als Abrahams Knecht und wiederholt den Auftrag, den Abraham ihm erteilt hat.

⁵⁰ Da antworteten Laban und Betuel und sprachen: „Von Jahwe ist dies ausgegangen! Da dürfen wir weder etwas dagegen noch dazu sagen. ⁵¹ Siehe,

Rebekka steht dir zur Verfügung. Nimm sie und ziehe hin! Sie soll die Frau des Sohnes deines Herrn werden, wie Jahwe geredet hat." ⁵² Als nun der Knecht Abrahams ihre Worte hörte, warf er sich vor Jahwe anbetend nieder zur Erde. ⁵³ Dann holte der Knecht silbernes und goldenes Geschmeide und Kleider herbei und gab sie Rebekka. Auch ihrem Bruder und ihrer Mutter machte er kostbare Geschenke.

⁵⁴ Hierauf aßen und tranken sie, er und die Männer, die ihn begleiteten, und blieben über Nacht. Am anderen Morgen standen sie auf, und er sprach: „Entlasset mich zu meinem Herrn!" ⁵⁵ Da antworteten ihr Bruder und ihre Mutter: „Das Mädchen soll einige Zeit oder wenigstens zehn Tage noch bei

Oben: Der neapolitanische Meister des Spätbarocks Francesco Solimena (1657 bis 1743) hat die Figuren von Rebekka und Elieser, die sich am Brunnen begegnen, geradezu plastisch gemalt. Sehr schön ist der diagonale Aufbau des Bildes: Der unten rechts stehende Elieser streckt seine Hand, um einen Trank zu erbitten, zu der oben links Wasser schöpfenden Rebekka hinauf. Der ausgestreckte Arm Eliesers verstärkt somit noch den Blickwechsel der beiden.

Oben rechts: Zwischen zwei Bögen der Arkadenwand in der Cappella Palatina, Palermo, befinden sich diese Mosaikdarstellungen: Rebekka tränkt die Kamele Eliesers (links), und Elieser begibt sich mit Rebekka auf den Weg zu Isaak (rechts).

uns bleiben, dann mag sie ziehen." ⁵⁶ Er aber entgegnete ihnen: „Haltet mich nicht zurück! Jahwe hat meine Reise gelingen lassen. Entlasset mich darum, daß ich zu meinem Herrn ziehe!"

⁵⁷ Da sagten sie: „Wir wollen das Mädchen rufen und es selbst befragen." ⁵⁸ Sie riefen Rebekka herbei und sagten zu ihr: „Willst du mit diesem Manne ziehen?" Sie antwortete: „Ich will!" ⁵⁹ Nun entließen sie ihre Schwester Rebekka mit ihrer Amme und den Knecht Abrahams mit seinen Leuten. ⁶⁰ Sie segneten Rebekka und sprachen zu ihr: „Unsre Schwester werde zu Tausenden mal zehntausend, und deine Nachkommen sollen das Tor ihrer Feinde besetzen."

⁶¹ Alsdann brach Rebekka mit ihren Dienerinnen auf. Sie bestiegen die Kamele und folgten dem Manne, und der Knecht nahm Rebekka und zog von dannen. ⁶² Isaak kam aus der Wüste vom Brunnen Lachai-Roi: er wohnte nämlich im Negeb. ⁶³ Isaak war um die Zeit, da der Abend sich neigte, hinausgegangen, um sich auf dem freien Felde zu ergehen. Als er seine Augen erhob, sah er Kamele daherkommen. ⁶⁴ Auch Rebekka erhob ihre Augen und erblickte Isaak. Da stieg sie eilends vom Kamel hinab ⁶⁵ und sprach zu dem Knecht: „Wer ist dieser Mann dort, der uns auf dem Feld entgegenkommt?" Der Knecht antwortete: „Das ist unser Herr!" Darauf nahm sie den Schleier und verhüllte sich.

⁶⁶ Der Knecht erzählte Isaak alles, was sich zugetragen hatte. ⁶⁷ Isaak brachte sie in sein Zelt. Er nahm Rebekka, und sie wurde seine Frau. Isaak gewann sie lieb, so daß er über den Verlust seiner Mutter getröstet war.

DER ERSCHLICHENE SEGEN

Meine erste Begegnung mit Rebekka stammt aus einer Anekdote, die meine Mutter in den zwanziger Jahren erlebt hat. In einer Villa findet eine festliche Einladung mit vielen Gästen statt, und am Ende bedankt sich ein etwas linkischer Professor für die Gastlichkeit des Hauses und den erfreulichen Wein. Rühmend vergleicht er die Dame des Hauses mit Sara, worauf sie schlagfertig antwortet: „Sie irren sich, mein Herr, es war Rebekka, die die Kamele zur Tränke führte."

Der Witz paßt gut zu der lebendigen, tatkräftigen Frau namens Rebekka. Wer war sie? Ihr Leben ist uns nur bruchstückhaft geht. Auf die Frage, ob sie gleich mit dem Fremden nach Beerscheba ziehen will, antwortet sie: „Ja, ich will" (Gen 24, 58). Isaak empfängt sie glücklich, führt sie in sein Zelt „und gewann sie lieb. So tröstete er sich nach seiner Mutter Tod", heißt es, als wolle der Erzähler vorausdeuten auf die engste Beziehung, die Rebekka eingehen wird, die zu ihrem Sohn Jakob.

Zwanzig Jahre später gebiert Rebekka nach langer Unfruchtbarkeit die ungleichen Zwillinge Jakob und Esau. Die Schwangerschaft muß sie an den Rand einer psychischen Depression gebracht haben, sie bittet

Rebekka ist eine tatkräftige Frau, die nicht auf Anstöße von außen wartet, um zu handeln. Sie weiß, was sie will, den Segen des Isaak, der zugleich die Verheißung Gottes überträgt. Ohne Segen kein Lebensglück, kein Reichtum, keine Beständigkeit. So hört sie auch das, was nicht für ihre Ohren bestimmt ist, und beginnt ihr Ränkespiel ohne Aufschub und mit großer Konsequenz. Es ist nicht eigentlich Jakob, der die List ausdenkt, den Betrug absichert, die inneren Bedenken zerstreut, es ist Rebekka, die alles arrangiert, den Betrug, die Flucht vor der Rache des Bruders und den Lebensplan.

überliefert. Sie war die Tochter eines reichen Herdenbesitzers aus Mesopotamien, der alten Heimat Abrahams. Für seinen Sohn Isaak sucht der hochbetagte Vater eine Frau, die nicht zu den Einheimischen aus Kanaan, die fremde, andere Götter und Göttinnen verehren, gehören soll. So schickt Abraham seinen Grundstücksverwalter und Vertrauten weit über Wüsten und Ländereien bis nach Syrien zurück in die alte Heimat, zur Abrahamssippe. Vor den Toren der Stadt wartet Elieser, der redliche Freund und Brautwerber, auf die jungen Mädchen, die als Hirtinnen die Tiere zur Tränke führen. Das erste junge Mädchen, das er trifft, ist Rebekka, Nichte des Abraham. Großzügig läßt sie den Fremdling aus ihrem frisch gefüllten Krug trinken und bietet von selbst an, auch die Kamele der Karawane zu tränken. Elieser, der Knecht, wird ins Haus eingeladen und bringt seinen Antrag vor; dank der glücklichen Begegnung am Brunnen wird die Ehe, wie von Gott gewollt vereinbart, ohne daß die Eheleute, Rebekka und Isaak, sich gesehen hätten. Die Familien schließen den Vertrag, die reichen Brautgaben aus Gold werden übergeben, die Vermögensverhältnisse besprochen.

Aber Rebekka hat ein Wort mitzusprechen, das über die Konventionen hinaus-

Gott um Rat und hört von den zwei Völkern, die in ihrem Leib miteinander kämpfen. Rebekka liebt den später zur Welt Gekommenen, der sich an die Ferse Esaus geklammert hält, als wolle er das Licht der Welt nicht erblicken. Esau wird ein herumstreifender Jäger ohne tiefere geistige Bedürfnisse, behaart und stark, der Liebling seines Vaters, Jakob wird ein sanfter Mann, in den Zelten wohnend, zu Träumen und zu Tränen neigend, ein Muttersohn. Für ihn kämpft Rebekka, für ihn setzt sie alles ein, ihm verschafft sie den Segen des blind gewordenen alten Mannes an ihrer Seite, und sein Leben behütet sie vor der verzweifelten Wut des betrogenen Bruders.

Als Jakob mit erneuertem Segen abreist und nun seinerseits ins Zweistromland zieht, verliert sich auch die Spur Rebekkas. Wir wissen nicht, wann sie starb und ob sie die Heimkehr des geliebten Sohnes und die Versöhnung mit Esau noch erlebt hat. In Hebron liegt sie begraben. Ihr Aufschrei „Warum sollte ich euch beide an einem Tag verlieren?" mußte sich nicht erfüllen, die Angst, die sie schon während der Schwangerschaft der im Mutterleib streitenden Kinder wegen gehabt hat, ist nicht wahr geworden. Der Segen, dessen amoralisches Instrument sie war, blieb Gottes Segen und brachte Erfüllung.

Wo heute Frauen ihre eigene religiöse Stimme finden und neue Liturgien gestalten, da erscheinen die Mütter des Glaubens neben den Erzvätern. Der Gott Abrahams, Isaaks und Jakobs ist auch der Gott Saras, Rebekkas und Rachels. Auch diese Frauen sind eigenständige Personen mit einer Lebensgeschichte, die zugleich eine Geschichte der Gottesbeziehung ist. Ja-Sagen und Nein-Sagen, im Vertrauen auf die Kraft des Lebens Handeln und im bitteren Lachen die Hoffnung als Illusion Zurückweisen, Schweigen und Dulden, aber auch Reden und Handeln sind Daten der Geschichte Gottes mit Frauen.

Rebekka wird von Elieser Isaak zugeführt, den sie über den Tod seiner geliebten Mutter Sara tröstet und das Zelt wieder mit Leben und Segen füllt. Illustration aus dem Manuskript 24087 fol. 32r, Zweite Nürnberger Haggadah.

Seite 63, Mitte links: Rebekka reicht dem durstigen Fremden freundlich ihren mit Wasser gefüllten Krug hin und tadelt die anderen Frauen, die ihm diese Gabe verweigerten, weil sie das Wasser selber für ihre Familien benötigten und die Mühe scheuten, neues zu schöpfen. Detail aus dem Gemälde „Rebekka und Eliezer" von Bartolomé Esteban Murillo (1618 – 1682).

Seite 63, Mitte rechts: Elieser hat für Rebekka ein Schmuckkästchen auf den Brunnenrand gestellt und bedankt sich beredt und mit hinweisender Geste auf die trinkenden Kamele für ihre Güte und Freundlichkeit. Ausschnitt aus dem Bild „Rebekka und Eliezer" von Josef Anton Zoller (1731 – 1791).

Seite 63, unten: Elieser erkennt, daß Rebekka, die als einzige von den am Brunnen wasserschöpfenden Mädchen ihm zu trinken gibt, die von Jahwe für Isaak bestimmte Braut ist. Gemälde von Guido Reni (1575 – 1642).

Der erste Teil des folgenden Kapitels berichtet von Abrahams zweiter Ehe mit Ketura, von seinem Tod und Begräbnis und von den Nachkommen seines ersten Sohnes Ismael.

25 ¹⁹ Dies ist die Familiengeschichte Isaaks, des Sohnes Abrahams. Abraham hatte Isaak gezeugt. ²⁰ Isaak war vierzig Jahre alt, als er Rebekka, die Tochter des Aramäers Betuel aus Paddan-Aram, die Schwester des Aramäers Laban, sich zur Frau nahm. ²¹ Isaak betete zu Jahwe für seine Frau, weil sie unfruchtbar war. Jahwe erhörte ihn, und seine Frau Rebekka wurde schwanger. ²² Als aber die Kinder sich in ihrem Schoße stießen, sagte sie: „Wenn es so steht, warum lebe ich noch?" Und sie ging hin, Jahwe zu befragen. ²³ Jahwe sprach zu ihr: „Zwei Völker sind in deinem Schoß, zwei Stämme aus deinem Schoß werden sich scheiden. Der eine Stamm wird den anderen überwältigen, und der Ältere wird dem Jüngeren dienen."

²⁴ Als nun die Zeit gekommen war, da sie gebären sollte, waren Zwillinge in ihrem Schoß. ²⁵ Der erste kam hervor, rötlich, ganz und gar wie ein haariger Mantel. Man nannte ihn Esau. ²⁶ Darauf kam sein Bruder hervor. Seine Hand faßte die Ferse Esaus; darum nannte man ihn Jakob. Isaak war bei ihrer Geburt sechzig Jahre alt. ²⁷ Die Knaben wuchsen auf. Esau wurde ein tüchtiger Jäger, ein Mann der Steppe; Jakob aber war ein schlichter Mann, der bei den Zelten blieb. ²⁸ Isaak hatte Esau lieb, weil er gern Wildbret aß; Rebekka aber liebte Jakob. ²⁹ Einst kochte Jakob ein Gericht. Da kam Esau ganz erschöpft von der Steppe heim. ³⁰ Esau sagte zu Jakob: „Gib mir doch schnell von dem Roten, dem roten (Essen) da; denn ich bin ganz erschöpft!" Deshalb nannte man ihn Edom. ³¹ Jakob antwortete: „Verkaufe mir zuvor dein Erstgeburtsrecht!" ³² Esau erwiderte: „Nun, ich muß ja doch sterben, was nützt mir da das Recht der Erstgeburt?" ³³ Jakob aber sagte: „Schwöre mir zuvor!" Da schwur er ihm und verkaufte so sein Erstgeburtsrecht an Jakob. ³⁴ Darauf gab Jakob dem Esau das Brot und das Linsengericht. Der aß und trank, stand auf und ging hinweg. So gering schätzte Esau das Erstgeburtsrecht.

26 ³⁴ Als Esau vierzig Jahre alt war, heiratete er Jehudit, die Tochter des Hethiters Beeri, und Basmat, die Tochter des Hethiters Elon. ³⁵ Diese waren für Isaak und Rebekka ein Herzeleid.

27 ¹ Als Isaak alt geworden war und seine Augen erloschen, so daß er nicht mehr sah, rief er seinen älteren Sohn Esau und sprach zu ihm: „Mein Sohn!" Dieser antwortete: „Hier bin ich!" ² Da sagte er: „Du siehst, ich bin alt geworden, den Tag meines Todes aber weiß ich nicht. ³ So nimm jetzt dein Jagdgerät, deinen Köcher und deinen Bogen, gehe hinaus auf das Feld und erjage mir ein Wild. ⁴ Bereite mir es schmackhaft zu, wie ich es liebe. Bringe es mir, und ich will essen, damit meine Seele dich segne, ehe ich sterbe." ⁵ Rebekka hatte gehorcht, als Isaak mit seinem Sohne Esau redete. Esau ging auf das Feld, um ein Wild für seinen Vater zu erjagen.

⁶ Da sagte Rebekka zu ihrem Sohne Jakob: „Soeben habe ich gehört, wie dein Vater zu deinem Bruder Esau sagte: ⁷ ‚Bringe mir ein Wild und bereite es schmackhaft zu; dann will ich essen und dich vor Jahwe segnen, ehe ich sterbe.' ⁸ Und nun, mein Sohn, höre auf mich, auf das, was ich dich heiße. ⁹ Gehe sofort zur Herde und hole mir von dort zwei schöne Ziegenböcklein! Ich will sie für deinen Vater schmackhaft zubereiten, wie er es liebt. ¹⁰ Du

bringst sie deinem Vater zum Essen, damit er dich segnet, bevor er stirbt."
¹¹ Darauf entgegnete Jakob seiner Mutter Rebekka: „Aber mein Bruder Esau ist doch ein haariger Mann, ich aber bin glatt. ¹² Es könnte mein Vater mich betasten. Dann wäre ich in seinen Augen wie einer, der Spott treibt, und es käme über mich Fluch statt Segen." ¹³ Seine Mutter aber sprach zu ihm: „Der Fluch, der dir gilt, soll mich treffen! Höre nur auf mich, gehe und hole sie mir!" ¹⁴ Nun ging er hin, holte (sie) und brachte (sie) seiner Mutter. Seine Mutter aber bereitete sie schmackhaft zu, wie sein Vater es liebte. ¹⁵ Hierauf nahm Rebekka die besten Kleider ihres älteren Sohnes Esau, die bei ihr im Hause waren, und zog sie ihrem jüngeren Sohne Jakob an. ¹⁶ Die Felle der Ziegenböcklein aber legte sie ihm um die Arme und um den glatten Hals. ¹⁷ Dann gab sie das schmackhafte Gericht und das Brot, das sie bereitet hatte, ihrem Sohne Jakob in die Hand.

¹⁸ So ging er zu seinem Vater hinein und sprach: „Mein Vater!" Der sagte: „Hier bin ich; wer bist du, mein Sohn?" ¹⁹ Jakob erwiderte seinem Vater: „Ich bin Esau, dein Erstgeborener. Ich habe getan, wie du mir aufgetragen hast. Setze dich nun auf und iß von meinem Wildbret, damit deine Seele mich segne." ²⁰ Da sprach Isaak zu seinem Sohne: „Wie hast du so rasch etwas finden können, mein Sohn?" Er antwortete: „Jahwe, dein Gott, ließ es mir in den Weg laufen." ²¹ Darauf sagte Isaak zu Jakob: „Tritt näher, damit

Der neapolitanische Barockmaler Andrea Vaccaro (1598 – 1670) hat die Begegnung Rebekkas mit Isaak sehr anschaulich dargestellt, indem er das Gefolge der beiden in den Halbschatten rückt, die Hauptpersonen hingegen an den vorderen Bildrand stellt. Die Schönheit Rebekkas, die mit der Hand auf der Brust selbstbewußt ihrem künftigen Gatten entgegenschreitet, erstrahlt in hellem Licht.

Oben: Als die hochschwangere Rebekka spürte, daß sich die Zwillinge in ihrem Leib gegenseitig stießen, begab sie sich zu den Weisen Sem und Eber, um sich trösten und beraten zu lassen. Illustration aus dem Manuskript 24087, fol. 32 v, Zweite Nürnberger Haggadah.

Mitte: Dem biblischen Genesis-Bericht 26, 8.9 entsprechend, malte Raffaello Santi (1483 bis 1520) in den Loggien des Vatikans die Szene, wie Isaak, der sich vor dem König Abimelech als Bruder Rebekkas ausgegeben hatte, seine Frau heimlich liebkost. Der König hatte ihn beobachtet und macht Isaak Vorwürfe, warum er ihm verschwiegen habe, daß Rebekka seine ihm vermählte Frau sei.

ich dich betaste, mein Sohn, ob du wirklich mein Sohn Esau bist oder nicht." ²² Jakob trat zu seinem Vater Isaak heran, und dieser betastete ihn und sagte: „Die Stimme ist Jakobs Stimme, die Arme aber sind Esaus Arme." ²³ Doch er erkannte ihn nicht, weil seine Arme behaart waren wie die Arme seines Bruders Esau. Darum segnete er ihn. ²⁴ Er fragte ihn: „Du bist also wirklich mein Sohn Esau?" Er erwiderte: „Ich bin es." ²⁵ Da sagte er: „So reiche es mir! Ich will von dem Wildbret meines Sohnes essen, damit meine Seele dich segne." Er reichte es ihm, und er aß; dann brachte er ihm Wein, und er trank. ²⁶ Hierauf sprach sein Vater Isaak zu ihm: „Tritt noch näher heran und küsse mich, mein Sohn!" ²⁷ Er trat heran und küßte ihn. Als er den Duft seiner Kleider roch, segnete er ihn und sprach: „Siehe, der Duft meines Sohnes ist wie der Duft eines fruchtbaren Feldes, das Jahwe gesegnet hat. ²⁸ Es gebe dir Gott vom Tau des Himmels und vom Fett der Erde und Korn und Most in Fülle. ²⁹ Völker sollen dir dienen und Nationen sich vor dir beugen. Du sollst der Gebieter über deine Brüder sein, und die Söhne deiner Mutter sollen sich vor dir neigen. Verflucht sei, wer dich verflucht, und gesegnet, wer dich segnet!"

³⁰ Als Isaak den Segen über Jakob vollendet hatte und Jakob eben erst von seinem Vater hinausgegangen war, kam sein Bruder Esau von der Jagd zurück. ³¹ Auch er bereitete ein schmackhaftes Gericht, brachte es seinem Vater und sprach: „Setze dich auf, mein Vater, und iß von dem Wildbret deines Sohnes, auf daß deine Seele mich segne!" ³² Da sprach sein Vater Isaak zu ihm: „Wer bist du?" Er antwortete: „Ich bin dein erstgeborener Sohn Esau." ³³ Da erschrak Isaak über alle Maßen und sagte: „Wer war denn der, der ein Wild erjagt und es mir gebracht hat? Und ich habe in gutem Glauben gegessen, ehe du kamst, und habe ihn gesegnet. Er wird auch gesegnet bleiben." ³⁴ Als Esau die Worte seines Vaters hörte, schrie er maßlos laut und erbittert

und sprach zu seinem Vater: „Segne doch auch mich, mein Vater!" ³⁵ Er antwortete: „Dein Bruder ist mit List gekommen und hat deinen Segen weggenommen." ³⁶ Darauf sagte er: „Mit Recht hat man ihn Jakob genannt. Schon zweimal hat er mich betrogen. Er hat mir mein Erstgeburtsrecht genommen, und nun hat er mir den Segen weggenommen." Und weiter sagte er: „Hast du denn keinen Segen für mich zurückbehalten?" ³⁷ Isaak antwortete und sprach zu Esau: „Siehe, ich habe ihn zum Herrn über dich gesetzt, und alle seine Brüder habe ich ihm zu Knechten gegeben. Mit Korn und Most habe ich ihn versorgt. Was könnte ich für dich noch tun, mein Sohn?" ³⁸ Da erwiderte Esau seinem Vater: „Hast du nur einen Segen, mein Vater? Segne doch auch mich, mein Vater!" Isaak aber schwieg, und Esau begann laut zu weinen. ³⁹ Da antwortete sein Vater Isaak und sprach zu ihm: „Siehe, fern vom fruchtbaren Land wird dein Wohnsitz sein und fern vom Tau des Himmels oben. ⁴⁰ Von deinem Schwerte mußt du leben, und deinem Bruder mußt du dienen. Doch wenn du rüttelst, wirst du sein Joch von deinem Nacken schütteln."

⁴¹ Esau haßte fortan Jakob um des Segens willen, mit dem sein Vater ihn gesegnet hatte. Und Esau sprach bei sich: „Bald nahen die Tage der Trauer um meinen Vater; dann werde ich meinen Bruder Jakob erschlagen."

⁴² Rebekka wurden diese Worte ihres älteren Sohnes hinterbracht. Sie sandte deshalb hin und ließ ihren jüngeren Sohn Jakob rufen, und sie sagte zu ihm: „Siehe, dein Bruder Esau sinnt Rache gegen dich und will dich erschlagen. ⁴³ Höre nun, mein Sohn, auf meinen Rat! Mache dich auf und fliehe zu meinem Bruder Laban nach Haran. ⁴⁴ Bleibe einige Zeit bei ihm, bis sich der Zorn deines Bruders gelegt hat. ⁴⁵ Sobald der Zorn deines Bruders von dir abläßt und er vergißt, was du ihm angetan hast, schicke ich hin und lasse dich von da holen. Warum soll ich euch beide an einem Tag verlieren?"

Oben: Rebekka führt ihre Zwillinge Esau und Jakob zu einem Schriftgelehrten. Illustration aus dem Manuskript 24087, fol. 33r, Zweite Nürnberger Haggadah.

Seite 68: Müde und hungrig von der Jagd heimgekehrt, bittet Esau seinen Bruder Jakob, ihm sein Linsengericht zu überlassen. Doch Jakob verlangt, daß Esau ihm dafür sein Erstgeburtsrecht abtritt. Gemälde von Matthias Stomer (ca. 1600 – 1651).

Seite 69 links: „Jakob erschleicht sich Isaaks Segen". Der von Rembrandt stark beeinflußte niederländische Maler Govaert Flinck (1615 bis 1660) zeigt auf der hellen Bettdecke in der Mitte des Bildes, wie Jakob, der sich ein Fell über den Arm gebunden hat, damit sein erblindeter Vater ihn für den behaarten Esau halten soll, von Isaak prüfend befühlt wird.

Seite 69 rechts: Rebekka veranlaßt ihren Lieblingssohn Jakob, sich durch List den Segen des blinden Vaters Isaak zu erschleichen, der eigentlich dem erstgeborenen Esau zustände. Bei diesem Betrug ist Rebekka die treibende Kraft. Gemälde von Bartolomé Esteban Murillo (1618 – 1682).

WAS NICHT IN DER BIBEL STEHT

ANTIKE UND MITTELALTERLICHE QUELLEN

In der biblischen Erzählung wird uns Rebekka in zwei weit voneinander getrennten Stadien ihres Lebens vorgeführt: Zunächst als ganz junges Mädchen, offen-

sichtlich viel jünger als Isaak, der damals vierzig war. Ein Vergleich von Kap. 25,20 und 25,26 ergibt, daß zwanzig Jahre verstreichen, ehe die Zwillinge geboren werden. Zur Zeit des Segens-Betruges ist Esau bereits vierzig Jahre alt, also sind sechzig Jahre seit Rebekkas Heirat verstrichen, und sie ist nun eine alte Frau. Dennoch zeigt sie in beiden Lebensaltern die gleichen Charakterzüge: Mut, Entschlossenheit, Tatkraft und den Willen, die Folgen ihres Handelns auf sich zu nehmen.

DIE JÜDISCHE LEGENDE berichtet, daß Abraham, als er den Elieser aussandte, plötzlich alt geworden war. Bis zu Saras Tod war sein Aussehen so jugendlich, daß er oft mit Isaak verwechselt wurde. Nach ihrem Tod aber bat er Gott, ihm das Aussehen des Alters zu geben, und erst seit diesem Tage sehen alte Leute in unserm Sinne „gealtert" aus.

Aber sein Ruhm blieb verbreitet, seiner Weisheit wegen, und Könige des Ostens und Westens kamen zu ihm und fragten ihn um Rat. Auch soll er einen Edelstein um den Hals getragen haben, der Kranke heilte; der wurde nach Abrahams Tod von Gott an das Sonnenrad gehängt.

Eliesers Name wird in der Bibel nicht erwähnt, aber die Legende weiß, daß ihm, wie Abraham, Isaak und Jakob, nichts Böses anhaftete und daß er äußerlich Abraham glich.

Abraham hatte wohl daran gedacht, Isaak ein Weib unter den Töchtern seiner drei Freunde Aner, Eschkol und Mamre zu wählen, aber Gott sagte ihm: Sorge dich darum nicht, für Isaaks Weib ist gesorgt. Da erinnerte sich Abraham, daß seines Bruders Nachor Weib Milka, die lange unfruchtbar gewesen war, schließlich einen Sohn, Betuel, geboren hatte, und um die Zeit der Opferung Isaaks war dieser bereits der Vater einer Tochter. Da dachte Abraham an das Sprichwort: „Selbst wenn der Weizen deines eigenen Ackers nur Lolch ist, benutze ihn als Samen!"

Nach der Legende soll Elieser vor seiner Abreise noch gefragt haben: „Wenn ich nun keine Frau finde, die willens ist, mit mir hierher zurückzufolgen, soll ich dann meine eigene Tochter dem Isaak zur Frau geben?" Aber Gott antwortete ihm darauf: „Nein, denn du bist nicht von der reinen Rasse. Auch soll Isaak nicht in das Land seiner Väter zurückkehren, denn hier ist das Land, das ich Abraham verheißen habe."

Auf seiner Reise war Elieser von zwei Engeln begleitet, von denen einer ihn, der andere Rebekka schützen sollte. Und die Erde „flog ihm entgegen", so daß die Reise, die sonst siebzehn Tage in Anspruch genommen hätte, in drei Stunden zurückgelegt wurde. Eliesers Gebet, die richtige Frau daran zu erkennen, daß nur sie ihm das Wasser reichen würde, wurde erhört, denn mit Rebekka kamen einige leibeigene Frauen zum Brunnen, die sich aber weigerten, ihm Wasser zu geben. – Daß Rebekka überhaupt am Brunnen erschien, war gegen ihre Gewohnheit, denn sie war eine Königstochter, die Tochter des Königs von Haran.

Elieser beobachtete, daß das Wasser zu ihr emporstieg, so daß sie sich nicht zu mühen brauchte. Da gab er ihr einen Ring mit einem Edelstein und zwei schwere goldene Armbänder.

Als dann Rebekka zu ihrer Mutter und ihrem Bruder Laban zurückkam, soll dieser zuerst geplant haben, Elieser umzubringen, um ihn auszurauben. Dann aber sah er, daß er gegen den riesengroßen Elieser nichts ausrichten konnte, ja er glaubte sogar, er hätte Abraham selbst vor sich. Im Hause setzte er dann Elieser vergiftete Speisen vor, aber dieser bestand darauf, erst seine Botschaft loszuwerden. Während er sprach, richtete es Gott so ein, daß die vergiftete Speise vor Betuel, Labans und Rebekkas Vater, stand. Der aß davon und starb.

Nach einer anderen Legende sah Elieser Laban auf sich zulaufen, als ob er ihn angreifen wollte, und sprach darauf den heiligen Namen Gottes aus, worauf er und sein Kamel in die Höhe gehoben wurden und Laban machtlos war. Die Legende erzählt auch, daß König Betuel in seiner Stadt gerade das Ius primae noctis, das Recht des Herrn auf die erste Nacht mit einer Jungfrau seines Gebietes vor deren Heirat, eingeführt hatte. Seine Untertanen hatten es akzeptiert, doch unter der Bedingung, daß die Tochter des Königs keine Ausnahme sein dürfte. Am Tage der Ankunft Eliesers sollte nun Rebekka von ihrem Vater entjungfert werden, und um ihr diese Schande zu ersparen, tötete Gott den Betuel.

Da nun Rebekkas Vater gestorben war, wollten ihre Verwandten sie nicht ohne ihre eigene Einwilligung fortgeben und befürworteten eine Trauerzeit von zehn Tagen für Betuel. Aber Elieser erschien ein Engel, der keinerlei Aufschub dulden wollte, und Rebekka, schnell entschlossen, war zu sofortigem Aufbruch bereit. Mutter und Bruder ließen sie ziehen mit ihrem Segen, der ihnen aber nicht von

Herzen kam. Dies war der Grund, warum Rebekka so viele Jahre unfruchtbar blieb.

Die Rückreise ging auf ebenso wunderbar schnelle Weise vonstatten. Als Rebekka Isaak bei seinem Nachmittagsgebet (Minha) sah, sah sie auch, daß ein Engel mit ihm war. Isaak war von Hagars – nun auch Ketura genannt – Wohnung gekommen, da er sie wieder mit Abraham vereinigen wollte. Beim Anblick Isaaks gab der heilige Geist – oder ihre eigene Prophetengabe – der Rebekka ein, daß sie die Mutter des gottlosen Esau werden würde, und vor Schreck fiel sie vom Pferd und verletzte sich. Dies wiederum veranlaßte Isaak, den Elieser zu verdächtigen, daß er seine Braut mißbraucht habe, bis der Engel Gabriel ihn vom Gegenteil überzeugte. Um das dem Elieser zugefügte Unrecht wiedergutzumachen, wurde er ins Paradies aufgenommen.

DER JÜDISCHEN SAGE NACH warf Ismael dem Isaak vor, daß er schon beschnitten worden war, als er erst acht Tage zählte, während er, Ismael, sich dieser Prozedur mit dreizehn freiwillig unterworfen hätte. Deshalb verlangte Gott von Isaak ein entsprechendes Opfer, nämlich sich freiwillig von Abraham opfern zu lassen. Erst nach diesem Ereignis durfte Isaak heiraten, doch der Tod seiner Mutter Sara, an den sich eine dreijährige Trauerzeit anschloß, verzögerte Isaaks Heirat noch weiter.

Rebekka soll erst vierzehn Jahre alt gewesen sein, als sie heiratete. Die Legende beschreibt sie als eine „Rose zwischen Dornen", denn sie war nicht wie ihr Vater Betuel, der Aramäer, oder ihr Bruder, der gottlose Laban, sondern fromm wie Isaak.

Da sie kinderlos blieb, überredete Rebekka Isaak endlich, mit ihr zum Berge Morija zu gehen, der Stätte seiner Opferung, und dort Gott um Nachwuchs zu bitten. Das Gebet Isaaks aber war wirksamer, weil Rebekka einen gottlosen Vater hatte.

Die Zwillinge kämpften im Mutterleib und wollten einander umbringen, so daß Rebekka große Schmerzen litt. Befand Rebekka sich in der Nähe von Tempelgötzen, so regte sich Esau in ihr, in der Nähe einer Synagoge bewegte sich Jakob. Nach ihrer Geburt setzten die beiden ihre Kämpfe fort. Esau vertrat die Auffassung, daß es nur ein irdisches Leben und leibliche Freude gäbe. Jakob erwiderte: „Es gibt zwei Welten, eine irdische und eine der Zukunft. Wenn du es so wünschst, so nimm diese Welt – ich nehme die andere."

Jeder von beiden wollte zuerst zur Welt kommen, bis Jakob aus Großmut nachgab. Aber Esau gebärdete sich so wild, daß er seiner Mutter Schoß verletzte. Auch biß er ihr beim Saugen in die Brüste, so daß die beiden von da an mit verdünnter Tiermilch aufgezogen werden mußten.

Nach ihrer Geburt ging Rebekka wiederum zum Berg Morija und fragte Sem und Eber, ihre Vorfahren, warum sie, unter allen Frauen, so schrecklich hatte leiden müssen, und Sem erklärte ihr: „Weil zwei Nationen von dir geboren werden sollen. Die eine wird die Tora und Salomo hervorbringen, der den großen Tempel bauen wird, die andere Vespasian, den Zerstörer des Tempels. Jakob wird Propheten hervorbringen, Esau Fürsten. Die beiden Nationen, die von ihnen abstammen, Rom und Israel, werden der ganzen Welt verhaßt sein. Zuerst werden Esaus Nachkommen die Welt beherrschen, aber endlich wird Jakob herrschen, der Ältere soll dem Jüngeren dienen." Die Idee, Esaus Nachkommen mit Rom in Verbindung zu bringen, findet sich schon im 1. Jahrhundert v. Chr., zur Zeit des Herodes.

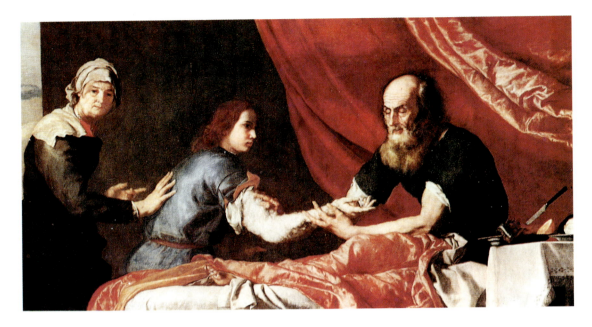

Schon mit dreizehn trennten sich die Zwillinge. Esau verschrieb sich dem Götzendienst und dem sündhaften Leben. Zwar machte er seinen Vater glauben, er sei fromm, aber heimlich gab er ihm, statt jungen Ziegenfleisches, Hundefleisch zu essen. Isaak ließ sich täuschen, aber Rebekka und Abraham sahen klarer.

Jakob, nicht Abraham, wurde der Vater der zwölf Stämme Israels. In den älteren Kommentaren des Talmuds gilt Abraham als der Größere von beiden, in den jüngeren, mehr nationalistisch-jüdisch eingestellten ist Jakob der Größere.

Als Abraham schließlich starb, legte er zwei Finger Jakobs auf seine Augen. Als Jakob am nächsten Morgen erwachte, rief er vergeblich nach seinem „Vater" – während Esau am selben Tage fünf Todsünden beging. Eine davon war die Tötung Nimrods, seines großen Rivalen auf der Jagd. Er legte sich dessen Kleider an, und nun kamen Vieh und andere Tiere und verbeugten sich vor ihm. Dann, da er die Rache von Nimrods Leuten fürchtete, eilte er nach Hause und traf Jakob, der seinem Vater ein Linsengericht bereitete – so wie Adam und Eva nach dem Tode Abels Linsen gegessen hatten, denn Linsen sind ein Sinnbild des Todes. Esau höhnte ihn deswegen, bestritt, daß es ein Leben nach dem Tode gäbe und daß Abraham ihn nach seinem Tod noch lieben könne. Waren Abraham oder Noach nach ihrem Tode je wieder erschienen? Da erwiderte Jakob: „Da du nicht an das Leben nach dem Tode glaubst, was nützt dir dann dein Erstgeburtsrecht? Verkaufe es mir!" Damit wollte Jakob verhindern, daß Esau je das Priesteramt ausüben könne, denn dieses war mit dem Erstgeburtsrecht verbunden.

So gab Jakob ihm das Linsengericht und roten Wein dazu. Gott sah das und sprach zu Esau: „Da du dein Erstgeburtsrecht verschmähst, sollst du von allen kommenden Geschlechtern verachtet werden." Jakob aber ließ Esau, dem sonst nichts heilig war, beim Leben seines Vaters schwören und auch ein Dokument über Esaus Verzicht anfertigen. Weil er dieses Recht durch List erworben hatte, mußten seine Nachkommen, die Israeliten, den Nachkommen Esaus, den Römern, untertänig sein.

ÄHNLICH WIE ABRAHAM war auch Isaak lange Zeit kinderlos geblieben, und ähnlich wie Abraham hatte auch er einen gottlosen und einen frommen Sohn. Die Legende versucht auch, die Bevorzugung Esaus durch Isaak ins rechte Licht zu rücken: In Gerar wurde Isaak so reich, daß die Leute des Landes sagten, sie hätten lieber Dung von seinen Maultieren als Gold und Silber. Doch grämte er sich so über die gottlosen Sitten seiner Schwiegertöchter, daß seine Augen unter dem Opferrauch litten – während Rebekka an solchen Opferrauch durch den Götzendienst im Hause ihres Vaters gewöhnt war. Isaaks Augen hatten aber schon am Tage seiner Opferung gelitten, denn als er auf dem Altar lag, hatten über ihm die Engel geweint, und ihre Tränen waren in seine Augen gefallen. Nach anderen Sagen war seine Blindheit eine Strafe dafür, daß er Esau bevorzugte.

Als Esau auf die Jagd ging, um Wildbret für Isaaks Segen zu erjagen, sandte Gott Satan aus, um ihn aufzuhalten. Hatte Esau ein Reh gefangen und gebunden und ging weiterem Wild nach, so setzte Satan das Reh wieder frei. Dies wiederholte sich mehrere Male, und so war Jakob als erster zur Stelle.

Rebekka wußte von Isaaks Auftrag an Esau – entweder hatte sie gehorcht, wie einst Sara, oder, da sie prophetische Gaben besaß, hatte es der Geist ihr eingegeben. Als Jakob zögerte, dem Rat seiner Mutter zu folgen, sagte sie: „Als Adam verflucht werden wollte, fiel der Fluch statt dessen auf seine Mutter, die Erde, und so will auch ich, wenn es dazu kommen sollte, deines Vaters Fluch auf mich nehmen. Auch werde ich ihm sagen: ‚Esau ist ein böser, Jakob ein guter Mann!'"

Ehe Jakob zu Isaak ging, gab Rebekka ihm Esaus wundervolle Kleider, die von Adam, den Gott eingekleidet hatte, über Noach, Sem und Abraham vererbt worden waren. Zwar ahnte Isaak, als Jakob vor ihm stand, daß er nicht Esau war, denn Jakob erwähnte Gott, was Esau niemals tat. Aber der Geruch von Esaus Kleidern gab schließlich den Ausschlag und überzeugte Isaak.

Nach mancher Überlieferung hatte Jakob eine direkte Lüge vermieden, indem er auf Isaaks Frage nur antwortete: „Ich bin dein Sohn", oder auch nur: „Ich bin es."

ESAU, UM DEN SEGEN betrogen, soll drei Tränen geweint haben, eine aus dem rechten und eine aus dem linken Auge; die dritte blieb am Augenlid hängen. Als Gott das sah, faßte er Mitleid und ließ Isaak den Esau mit dem segnen, was noch übrig war, und das war nicht wenig. Denn als er ihm eine „fette Wohnung auf Erden" verhieß, hatte er damit Groß-Griechenland, also die griechischen Küstenstädte Unteritaliens und noch weitere Länder, gemeint. Dieses Erbe war mit keiner Bedingung verknüpft, während Jakob immer von der Frömmigkeit seiner Taten abhing. Dies war aber ganz in Isaaks Sinn, denn er meinte, daß Jakob standhaft bleiben werde, auch wenn er zu leiden hatte, während Esau von Gott gänzlich abgefallen wäre, wenn die Dinge nicht nach seinem Wunsch gingen. So wurde Jakob für seinen Betrug doch bestraft – später auch damit, daß ihm sein Lieblingssohn Joseph für so viele Jahre fortgenommen wurde.

Rebekka sah voraus, daß Esau den Tod Isaaks beschleunigen und gleich danach Jakob töten wollte, so daß er der Alleinerbe sein würde. Auf ihre Warnung antwortete

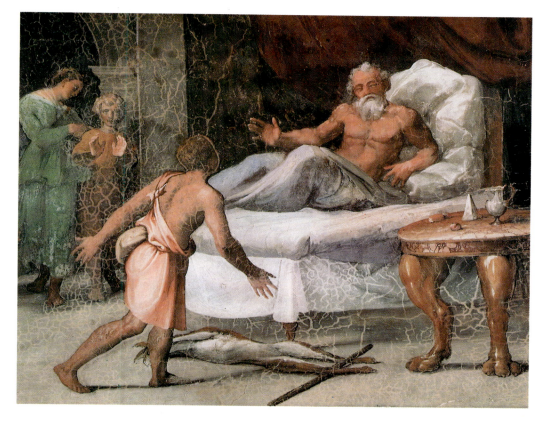

Gegenüber: „Isaak und Jakob", Gemälde von Jusepe de Ribera (1591 – 1652). Der erblindete Isaak befühlt den mit einem Ziegenfell umwundenen Arm Jakobs, der von seiner Mutter Rebekka dazu verleitet wird, sich des Vaters Segen zu erschleichen, der eigentlich dem Esau gebührt.

Links: Das Fresko „Isaak und Esau" von Raffaello Santi (1483 – 1520) in den Loggien des Vatikans zeigt Isaak und Esau, nachdem Isaak, von Rebekka und Jakob getäuscht, dem jüngeren Sohn seinen Segen erteilt hat. Esau ist soeben von der Jagd zurückgekehrt, um seinen Vater mit dem Wildbret zu erfreuen, als er bestürzt feststellt, daß der blinde Vater den ihm als dem älteren Sohn zukommenden Segen bereits über Jakob gesprochen hat.

Jakob aber: „Ich fürchte nichts. Gedenkt er mich umzubringen, so werde ich ihn statt dessen töten." Rebekka erwiderte: „Laß mich nicht meine beiden Söhne an einem Tage verlieren!", und auch damit zeigte sie wieder ihre prophetische Gabe; denn nach einer der Legenden wurde Esau an dem Tag erschlagen, an dem Jakob begraben wurde.

Jakob fürchtete, von Isaak verflucht zu werden, wenn er den alten, blinden Mann verließe. So ging Rebekka zu Isaak, weinte vor ihm und sagte: „Wenn Jakob eine Tochter des Landes heiratet, wozu taugt mir dann ein Leben?" Dies war der Anlaß, aus dem Isaak dem Jakob riet, nach Haran zu reisen, um eine der Töchter Labans zu heiraten. Auch soll er ihn dabei zum zweiten Male gesegnet haben, damit niemand sagen könne, er habe seinen Segen nur durch List erworben.

Als nun Esau sah, daß er die Liebe seines Vaters gänzlich verscherzt hatte, ging er zu seinem Onkel Ismael und sagte ihm: „Wir beide sind von unsern Vätern zugunsten unserer Brüder enterbt worden. Darum mache dich auf, und erschlage deinen Bruder Isaak, und ich will meinen Bruder Jakob erschlagen. Danach können wir die Welt zwischen uns teilen." Als Ismael erwiderte: „Warum willst du, daß ich deinen Vater töte? Das kannst du doch selbst tun!", da antwortete Esau: „Es ist schon vorgekommen, daß ein Bruder seinen Bruder erschlug, aber daß ein Sohn seinen Vater umbringt, das ist unerhört."

Esaus Hintergedanke war aber gewesen, nach der Ermordung Isaaks Ismael zu töten, und damit seinen Vater zu rächen. Aber Ismael starb, noch bevor Esau seine Tochter Machalat heiraten und damit den Bund zwischen beiden besiegeln konnte.

So verließ Jakob das Haus seiner Eltern, und Rebekka weinte. Da sprach Jakob zu ihr: „Weine nicht um Jakob. In Frieden ist er gegangen, in Frieden wird er zurückkehren." Soweit die jüdisch-talmudische Auslegung des Bibeltextes.

FLAVIUS JOSEPHUS schmückt die biblische Brunnenszene zwischen Elieser und Rebekka etwas aus: Danach bat Elieser zunächst die anderen Mädchen um Wasser, was diese aber abschlugen, da sie das Wasser selbst brauchten, bis dann eines der Mädchen die anderen wegen ihrer Ungastlichkeit tadelt – Rebekka. Elieser erkundigt sich darauf dankbar nach ihren Eltern, wünscht ihnen Glück zu solch einer Tochter und drückt die Hoffnung aus, daß sie ihre Tochter bald mit einem rechtschaffenen Mann verloben möchten. Danach nennt Rebekka ihren Namen, und Elieser sieht mit Freuden, daß Gott ihn zu seinem Ziel geführt hat. Er nimmt ihre Einladung an und meint zu ihr, daß er wohl von ihrer Menschenfreundlichkeit auf die ihrer Eltern schließen dürfe. Er bietet ihr an, für seine Beherbergung zahlen zu wollen, was sie aber ablehnt.

BEI ANDEREN KLASSISCHEN Schriftstellern wird die biblische Rebekka-Erzählung symbolisch gedeutet, so etwa bei Origenes, dem frühchristlichen Theologen (um 200 n. Chr.), bei dem Rebekka den geduldigen Fleiß symbolisiert, der aus dem Brunnen, d.h. dem göttlichen Wort, schöpft.

NEUERE LITERATUR

Im Mittelalter war die Geschichte Rebekkas und ihrer Zwillinge allgemein bekannt, wurde aber weniger oft verarbeitet als etwa die von Adam und Eva. Dante setzt sie als bekannt voraus, wenn er im 32. Gesang des „Paradieses" Rebekka zusammen mit Sara und Judit vorführt; im selben Gesang spricht er vom „Zwillingspaar, das in der Mutter schon vom Zorn bewegt", also Esau und Jakob. Im 16. Jahrhundert schrieb der Straßburger Jakob Frey (etwa 1520 – 1562) eine Reihe von biblischen Komödien und Fastnachtsspielen, darunter auch eins über Abraham und Isaak. Auch der vielleicht bedeutendste deutsche Dramatiker des Jahrhunderts, Philipp Nikodemus Frischlin (1547 bis 1590), ein Günstling Kaiser Ferdinands, der nach einem unsteten Wanderleben bei einem Fluchtversuch aus der Feste Hohenurach umkam, schrieb ein vom humanistischen Geist getragenes lateinisches Drama „Rebecca" (1576). Über dreihundert Jahre später schrieb der hessische Dramatiker und Erzähler Wilhelm Schäfer (1868 – 1952) ein Drama „Jakob und Esau" (1896).

ERST IN UNSEREM Jahrhundert hat sich eine Reihe von Dichtern und Schriftstellern um originellere Neu-Interpretationen des Themas Isaak/Rebekka und Jakob/Esau bemüht. Der österreichische Erzähler und Dramatiker Richard Beer-Hofmann (1866 – 1945) zeigt in seinem Drama „Jakobs Traum" (veröffentlicht 1918) den Konflikt zwischen der alternden, aber noch immer zielbewußten Rebekka und den hethitischen Frauen Esaus, die sie des Betrugs an ihrem Gatten beschuldigen. Rebekka erklärt, daß der arme, alte Mann stets ein Schwächling gewesen sei und im Schatten Abrahams gestanden habe. Sie, Rebekka, habe den Sohn des großen Kriegers Abraham geheiratet, der die vier Könige geschlagen und seinen Neffen Lot aus ihrer Hand befreit habe. Er habe Gott und seine Engel bewirtet. Der schwache Isaak habe es nie überwunden, daß sein geliebter Vater bereit war, ihn hinzuschlachten. Seitdem habe er sein Vertrauen zu den Menschen nie wiedergewonnen. Der Segen, den er Jakob, dem wahren Erben, zukommen ließ, war nicht sein, sondern Abrahams Segen gewesen. Sie, Rebekka, habe immer gewußt, was sie im Namen Abrahams zu tun habe, denn Esau – hier stets Edom genannt – sei ihr stets ein Fremder gewesen. Isaak tritt im Stück nicht auf, aber Edom (Esau) wird gezeigt, erst in rasender Wut, als er sich betrogen sieht, dann, nachdem er gegen Rebekkas Willen in Isaaks Zelt eingedrungen ist, als ein völlig Gebrochener, der seine Mutter fragt, warum sie ihn nie geliebt und so schmählich betrogen habe. Sie erklärt, daß er, der einfache, aber selbstsichere Esau, der vom Töten, Schlachten und Opfern von Tieren lebt, nichts vom Gott seiner Väter verstehe. Jakob verstehe sich jedoch auf das Leiden der Kreatur, leide mit ihr und sei ihr Fürsprecher. Darum muß Jakob die heilige Tradition fortsetzen und den Segen erhalten. Dieser sei aber nicht unbedingt ein Vorteil, sondern eher eine Last.

Auch im ersten Band von Thomas Manns großem Joseph-Roman wird die Geschichte des Segensbetruges eingehend und sehr anschaulich erzählt. Auch hier ist Rebekka die treibende Kraft, die genau weiß, was auf dem Spiel steht, und den zögernden Jakob antreibt. Aber im Grunde wissen hier alle Beteiligten, was geschehen muß: Isaak, der Esau zwar liebt, weiß im Grunde sehr wohl, daß Jakob der „Rechte" ist, so wie Abel gegenüber Kain, und er selbst gegenüber Ismael der wahrhafte Sohn war. Und so erblindet Isaak – freiwillig: „Ist es möglich, daß jemand erblindet oder der Blindheit so nahe kommt, wie Jizchak (Isaak) im Alter wirklich war, weil er nicht gern sieht, weil das Sehen ihm Qual bereitet, weil er sich wohler im Dunkeln fühlt, wo gewisse Dinge geschehen können, die zu geschehen haben?"

Am Tage der Entscheidung wird dann Rebekka beschrieben: „Rebekka, Sarais Nachfolgerin, war eine Matrone mit goldenen Ohrringen, starkknochiger Gestalt und großen Gesichtszügen, welche noch viel von der Schönheit bewahrten ... Der Blick ihrer schwarzen Augen, zwischen deren hochgewölbten, mit Bleiglanz ebenmäßig nachgezogenen Brauen ein Paar energischer Falten stand, war klug und fest ..."

Dann bestellt sie Jakob zu sich: „Jekew, mein Kind", sagte sie leise und tief und zog seine erhobenen Hände an ihre Brust, „es ist an dem. Der Herr will dich segnen." – „Mich will er segnen?" fragte Jakob erbleichend, „mich und nicht Esau?" „Dich in ihm", sagte sie ungeduldig. „Keine Spitzfindigkeiten! Rede nicht, klügle nicht, sondern tu, was man dich heißt, damit kein Irrtum geschieht und kein Unglück sich ereignet!"

Und als dann Jakob fliehen muß, ist Rebekka so tapfer und entschlossen wie zuvor: „Rebekka weinte nicht. Aber sie hielt ihn lange, in jener Morgenfrühe, streichelte seine Backen, behing ihn und seine Kamele mit Amuletten, drückte ihn wieder und bedachte in ihrem Herzen, daß, wenn ihr Gott oder ein anderer es so wollte, sie ihn vielleicht nicht wiedersehen werde. So war es bestimmt. Aber Rebekka bereute nichts, weder damals noch später."

ZWEI ANDERE THEMATISCHE Verarbeitungen des Segensbetruges entstanden während des Zweiten Weltkriegs: Der amerikanische Schriftsteller Irving Fineman läßt in seiner Erzählung „Jacob" (1941) diesen seinem Sohn Joseph erklären, warum er beim Betrug, wenn auch ungern, mitgemacht habe. Als Jugendlicher hatte er den Streit zwischen den Männern der Gewalt und der Tat und denen der Empfindung und des Grübelns beobachtet. Isaak mußte sich auf Esau, den Tatkräftigen, verlassen. Denn er hatte die Hoffnung, daß er in ihm das Land, das seit Abrahams Tagen an die Philister verlorengegangen war, wiedergewänne. Rebekka dagegen, die in ihrer Jugend durch Vermittlung anderer an Isaak verheiratet worden war, wollte, daß ihr Lieblingssohn unabhängig handeln und sich selbst eine Frau wählen sollte.

In den „Palestine Plays" des Engländers Laurence Housman (1942) wird in den ersten Szenen dasselbe Thema interpretiert, aber keineswegs im biblischen Sinn. Die Religion der Israeliten befindet sich hier noch im Anfangsstadium, ungeläutert, denn der wahre, endgültige Gottesbegriff wird erst durch die Propheten entwickelt werden. Esau ist hier ein stolzer, tapferer, großzügiger, wenn auch nicht sehr intelligenter Mann, Jakob dagegen demütig, ja feige und unredlich, aber sehr klug. Er gehorcht seiner energischen Mutter, und am Ende werden alle Beteiligten bestraft, obwohl Isaak und Esau den Jakob nicht verfluchen: Rebekka verliert ihren Sohn, und Jakob muß zwanzig Jahre lang mit der Angst vor Esau leben.

IN DEM ROMAN des Franzosen Jean Cabries „Saint Jacob" (1954) steht Rebekka im Mittelpunkt. Sie tritt auf als alte, schwergeprüfte Frau, die nachts umherirrt nach dem Tage des großen Betruges. Beide Söhne haben sie verlassen. Sie ist es, die den zögernden Jakob angetrieben hat, sie hat sogar Isaak veranlaßt, Jakob ein zweites Mal zu segnen, damit das Stigma des Betruges nicht auf ihm laste. Obwohl sie Isaak besänftigt hat, weiß sie sehr wohl, daß auch ihr Verhältnis zu ihm nie wieder das alte sein wird. Und Esaus Worte klingen ihr noch im Ohr: „Mutter, ich bin nicht dein Sohn. Von Anfang an war Jakob dein Sohn. Ich habe nie eine Mutter gehabt."

IN DER LYRISCHEN VERARBEITUNG des Stoffes kommt eher die Szene der Begegnung Eliesers mit Rebekka am Brunnen zur Sprache. Nur wenige Lyriker haben sich an die subtilere Szene des Segensbetruges gewagt. Der amerikanische Dichter Mark van Doren (1894–1973) entschuldigt in seinem Gedicht „Rebekah" ihre List nicht, ist aber von ihrer Entschlossenheit und Tatkraft als Mädchen und Frau fasziniert. Daß sie ihren Gatten und Esau verletzen mußte, nimmt sie in Kauf, denn sie fühlt sich als Instrument Gottes, indem sie den Segen auf Jakob lenkt.

Schließlich hat auch der rumänisch-jiddische Poet Itzik Manger (1901–1969) in einem Sonett die weinende Rebekka geschildert, die zwei Söhne in einer Stunde geboren und in einer Stunde verloren hat. Doch findet sie Trost in dem Gedanken, daß nach ihrem Tod die feindlichen Brüder sich wieder die Hand reichen werden.

„Jakobs Traum von der Himmelsleiter", Ausschnitt aus der Handschrift Add. ms. 27210, fol. 4 v d (1310 – 1320). Auf der Flucht vor Esau ist Jakob auf dem Wege nach Haran eingeschlafen und sieht im Traum eine bis zu Jahwe in den Himmel reichende Leiter, auf der Engel hinauf- und heruntersteigen. Gott läßt ihn wissen, daß wegen seiner und seiner Nachkommen Verdienste alle Geschlechter auf Erden gesegnet werden sollen.

„GIB MIR KINDER! WENN NICHT, SO STERBE ICH!"
Genesis 30, 1

Das Buch Genesis

Kapitel 29, Vers 1–35
Kapitel 30, Vers 1–32
Kapitel 31, Vers 1–5.14–35
Kapitel 32, Vers 1–10
Kapitel 33, Vers 1–20
Kapitel 35, Vers 9–20

Im Kapitel Genesis 28 ruft Isaak Jakob zu sich, rät ihm, keine Tochter des Landes zu heiraten, sondern nach Mesopotamien zu Betuel, Rebekkas Vater, zu ziehen und eine der Töchter Labans zu heiraten. Was die Bibel nicht erklärt, ist, daß Jakob offenbar ohne alle Geschenke und Schätze bei Laban, dem Bruder Rebekkas, eintrifft. Die Tradition erklärt das damit, daß Esaus Sohn Eliphas Jakob nachsetzte, ihn mit dem Tode bedrohte und ihm alle Reichtümer, die Rebekka ihm mitgegeben hatte, abnahm, so daß Jakob nur seine Dienste anbieten konnte.

RACHEL UND LEA

Nun ging Jakob leichten Schrittes weiter und zog in das Land der Söhne des Ostens. ² Als er Ausschau hielt, erblickte er in der Steppe einen Brunnen, an dem gerade drei Schafherden lagerten. Denn aus diesem Brunnen pflegte man die Herden zu tränken. Der Stein auf der Öffnung des Brunnens aber war sehr groß. ³ Erst wenn alle Herden daselbst beisammen waren, wälzten sie den Stein von der Brunnenöffnung weg, tränkten die Schafe und schoben den Stein wieder an seinen Platz über der Öffnung des Brunnens. ⁴ Jakob sprach zu ihnen: „Meine Brüder, wo seid ihr her?" Sie antworteten: „Wir sind aus Haran." ⁵ Da sagte er zu ihnen: „Kennt ihr Laban, den Sohn Nachors?" Sie erwiderten: „Wir kennen ihn." ⁶ Darauf fragte er sie: „Geht es ihm gut?" Sie antworteten: „Es geht gut. Da kommt gerade seine Tochter Rachel mit den Schafen."

⁷ Darauf sagte er: „Seht, der Tag ist noch lange; es ist noch keine Zeit, das Vieh zusammenzutreiben. Tränkt die Schafe und laßt sie dann wieder weiden." ⁸ Sie antworteten: „Wir können nicht, bis alle Herden beisammen sind. Dann erst wälzt man den Stein von der Brunnenöffnung und tränkt die Schafe."

⁹ Während er noch mit ihnen redete, war Rachel mit den Schafen ihres Vaters angekommen; sie war nämlich Hirtin. ¹⁰ Als nun Jakob Rachel, die Tochter Labans, des Bruders seiner Mutter, und die Schafe Labans, des Bruders seiner Mutter, sah, trat Jakob hinzu, wälzte den Stein von der Brunnenöffnung und tränkte die Schafe Labans, des Bruders seiner Mutter. ¹¹ Darauf küßte Jakob Rachel und begann laut zu weinen. ¹² Und nun erzählte Jakob Rachel, daß er ein Verwandter ihres Vaters, und zwar der Sohn Rebekkas sei. Sie eilte hinweg und berichtete es ihrem Vater. ¹³ Als Laban die Kunde von Jakob, dem Sohne seiner Schwester, vernahm, eilte er ihm entgegen, umarmte und küßte ihn und führte ihn in sein Haus. Er erzählte Laban alles, was sich zugetragen hatte. ¹⁴ Da sagte Laban zu ihm: „Ja, du bist mein Bein und mein Fleisch." Und er blieb einen Monat lang bei ihm.

¹⁵ Dann sprach Laban zu Jakob: „Solltest du mir umsonst dienen, weil du mein Verwandter bist? Sage mir, was soll dein Lohn sein?" ¹⁶ Laban hatte zwei Töchter; die ältere hieß Lea, die jüngere Rachel. ¹⁷ Die Augen Leas waren ohne Glanz; Rachel aber war schön und von anmutiger Erscheinung.

¹⁸ Jakob liebte Rachel. Darum sagte er: „Ich will dir sieben Jahre um deine jüngere Tochter Rachel dienen." ¹⁹ Laban erwiderte: „Es ist besser, ich gebe sie dir als einem fremden Mann. Bleibe also bei mir!" ²⁰ So diente Jakob um Rachel sieben Jahre. Sie waren in seinen Augen wie ein Tag, so lieb hatte er sie. ²¹ Danach sprach Jakob zu Laban: „Gib mir meine Frau, meine Zeit ist erfüllt, damit ich sie heirate!" ²² Nun lud Laban alle Leute des Ortes ein und veranstaltete ein Festmahl. ²³ Am Abend aber nahm er seine Tochter Lea

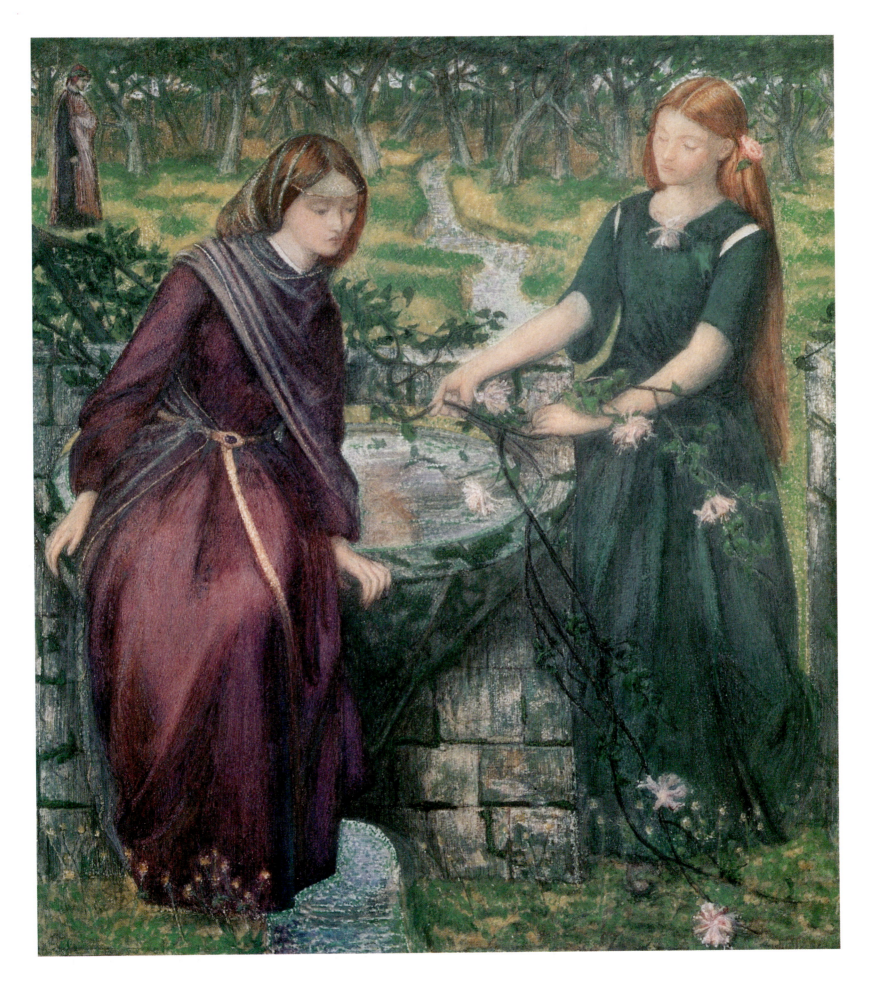

Jakob wälzte den Stein von der Brunnenöffnung und tränkte die Schafe Labans,
des Bruders seiner Mutter.
Darauf küßte Jakob Rachel und begann laut zu weinen.

Genesis 29, 10–11

Jakob wälzt den schweren Stein von der Brunnenöffnung, damit Rachels Schafe zur Tränke gehen können. Ausschnitt aus einem Gemälde von Lorenzo Lippi (1606–1665).

Seite 74: „Begegnung von Jakob und Rachel" von Palma Vecchio (1480–1528). Auf diesem Bildausschnitt küssen sich Labans Tochter und Isaaks Sohn wie ein schon lange vertrautes Liebespaar, obwohl sie sich am Brunnen zum erstenmal trafen.

Seite 75: „Dantes Vision von Rachel und Lea" nannte Dante Gabriel Rossetti (1828–1882) dieses Aquarell. Im Anklang an die im Purgatorium von Dantes „Göttlicher Komödie" geschilderten zwei Schwestern malte Rossetti Lea (rechts) mit einem Blütenzweig beschäftigt und die ganz in sich versunkene Rachel (links) als Symbole des tätigen und des kontemplativen Lebens. Lea ist grün gekleidet in die Farbe des Lebens. Rachels weites Gewand ist rot, für Rossetti bedeutet das die Farbe des Todes. Er malte dieses Bild, um mit dem Erlös seine schwerkranke Frau zur Kur schicken zu können. In der rotgekleideten Rachel scheint sich die Ahnung des Künstlers zu zeigen, der seine über alles geliebte Frau bald durch den Tod verlor.

und brachte sie ihm, und er wohnte ihr bei. 24 Und Laban gab seine Sklavin Silpa seiner Tochter als Magd. 25 Am Morgen zeigte es sich, daß es Lea war. Da sprach Jakob zu Laban: „Warum hast du mir das angetan? Habe ich nicht um Rachel bei dir gedient? Warum hast du mich betrogen?" 26 Laban sagte: „Es ist hierzulande nicht Sitte, die Jüngere vor der Älteren zu geben. 27 Führe mit dieser die Brautwoche zu Ende, dann werde ich dir auch jene geben für den Dienst, den du mir noch weitere sieben Jahre leistest." 28 Jakob tat so. Er führte mit dieser die Woche zu Ende. Dann gab er ihm seine Tochter Rachel zur Frau. 29 Und Laban gab seiner Tochter Rachel seine Sklavin Bilha als Magd. 30 Er wohnte nun auch Rachel bei; er liebte sie mehr als Lea. So diente er bei ihm noch weitere sieben Jahre.

31 Als Jahwe sah, daß Lea zurückgesetzt wurde, öffnete er ihren Mutterschoß, während Rachel unfruchtbar blieb. 32 Lea empfing und gebar einen Sohn, den sie Ruben nannte: „denn", sagte sie, „Jahwe hat mein Elend angesehen, nun wird mein Mann mich lieben." 33 Dann empfing sie wiederum und gebar einen Sohn. Sie sagte: „Jahwe hat gehört, daß ich zurückgesetzt wurde, darum gab er mir auch diesen." Sie nannte ihn Simeon. 34 Sie empfing abermals und gebar einen Sohn. Sie sagte: „Nun endlich wird mein Mann mir zugetan sein, da ich ihm drei Söhne geboren habe." Deshalb nannte man ihn Levi. 35 Darauf empfing sie noch einmal und gebar einen Sohn und sagte: „Diesmal will ich Jahwe preisen!" Darum nannte man ihn Juda. Danach gebar sie keine Kinder mehr.

30 ¹ Als Rachel sah, daß sie Jakob keine Kinder gebar, wurde sie eifersüchtig auf ihre Schwester und sprach zu Jakob: „Gib mir Kinder! Wenn nicht, so sterbe ich!" 2 Da wurde Jakob zornig über Rachel und sagte: „Bin ich denn an Gottes Statt, der dir den Kindersegen versagt hat?" 3 Sie antwortete: „Da hast du meine Magd Bilha. Gehe zu ihr, damit sie auf meinen Knien gebäre und auch ich durch sie zu Kindern komme." 4 So gab sie ihm ihre Magd Bilha zur Frau, und Jakob wohnte ihr bei. 5 Es empfing Bilha und gebar Jakob einen Sohn. 6 Da sprach Rachel: „Gott hat mir Recht verschafft, indem er auf meine Stimme gehört und mir einen Sohn geschenkt hat." Darum nannte sie ihn Dan. 7 Bilha, die Magd Rachels, empfing wiederum und gebar Jakob einen zweiten Sohn. 8 Da sagte Rachel: „Gotteskämpfe hatte ich mit meiner Schwester auszufechten und habe gesiegt." Und sie nannte ihn Naphtali.

9 Als Lea sah, daß sie keine Kinder mehr gebar, nahm sie ihre Magd Silpa und gab sie Jakob zur Frau. 10 Silpa, die Magd Leas, gebar einen Sohn. 11 Da sprach Lea: „Glück auf!" Und sie nannte ihn Gad. 12 Dann gebar Silpa, die Magd Leas, Jakob einen zweiten Sohn. 13 Da sagte Lea: „Ich Glückliche! Denn mich werden die Töchter glücklich preisen!" Darum nannte sie ihn Aser.

14 Als Ruben einmal zur Zeit der Weizenernte hinausging, fand er auf dem Feld Liebesäpfel und gab sie seiner Mutter Lea. Da sagte Rachel: „Gib mir doch von den Liebesäpfeln deines Sohnes!" 15 Sie antwortete ihr: „Ist es nicht genug, daß du mir meinen Mann genommen hast? Willst du mir auch noch die Liebesäpfel meines Sohnes nehmen?" Rachel erwiderte: „So möge er diese Nacht bei dir liegen für die Liebesäpfel deines Sohnes." 16 Als nun Jakob am Abend vom Felde kam, ging ihm Lea entgegen und sprach: „Du mußt zu

mir kommen; denn ich habe dich als Lohn für die Liebesäpfel meines Sohnes ausbedungen." So schlief er jene Nacht bei ihr. ¹⁷ Gott erhörte Lea; sie empfing und gebar Jakob einen fünften Sohn. ¹⁸ Da sprach Lea: „Gott hat mir Lohn dafür gegeben, daß ich meine Magd meinem Manne hingab." Darum nannte sie ihn Issachar. ¹⁹ Lea empfing nochmals und gebar einen sechsten Sohn. ²⁰ Da sprach Lea: „Gott hat mich mit einem guten Geschenk beschenkt. Nunmehr wird mein Mann bei mir bleiben, weil ich ihm sechs Söhne geboren habe." Und sie nannte ihn Sebulun. ²¹ Dann gebar sie eine Tochter und nannte sie Dina. ²² Nun gedachte Gott Rachels. Gott erhörte sie und öffnete ihren Mutterschoß. ²³ Sie empfing und gebar einen Sohn und sprach: „Gott hat meine Schmach hinweggenommen." ²⁴ Und sie nannte ihn Joseph, indem sie sagte: „Jahwe gebe mir noch einen Sohn hinzu."

²⁵ Nachdem Rachel Joseph geboren hatte, sprach Jakob zu Laban: „Entlasse mich, daß ich in meine Heimat, in mein Land ziehe. ²⁶ Gib mir meine Frauen und meine Kinder heraus, um die ich bei dir gedient habe, damit ich gehen kann. Du weißt ja, welchen Dienst ich dir geleistet habe." ²⁷ Da sprach Laban zu ihm: „Möchte ich doch Gnade in deinen Augen finden! Ich habe durch Weissagung erfahren, daß Jahwe mich um deinetwillen gesegnet hat." ²⁸ Und er fuhr fort: „Bestimme mir den Lohn, den du von mir forderst; ich will ihn geben." ²⁹ Er erwiderte ihm: „Du weißt selbst, wie ich dir gedient habe und was aus deinem Viehstand bei mir geworden ist. ³⁰ Denn nur wenig war es, was du besaßest, ehe ich zu dir kam; es nahm gewaltig zu. So hat Jahwe dich bei jedem meiner Schritte gesegnet. Aber wann soll ich denn für mein eigenes Haus sorgen?" ³¹ Er sprach: „Was soll ich dir geben?" Jakob antwortete: „Du sollst mir gar nichts geben. Stimme nur folgendem Vorschlag zu, dann will ich wieder dein Kleinvieh weiden. ³² Ich will heute durch all dein Kleinvieh gehen. Sondre jedes dunkle Stück unter den Lämmern und jede gefleckte und gesprenkelte Ziege davon aus; das sei mein Lohn.

31 ¹ Er erfuhr aber die Reden der Söhne Labans, die sagten: „Jakob hat alles an sich gebracht, was unserm Vater gehörte, und aus dem, was unserm Vater war, hat er diesen ganzen Reichtum erworben."

² Jakob ersah auch aus der Miene Labans, daß er gegen ihn nicht mehr wie ehedem gesinnt war. ³ Darum sprach Jahwe zu Jakob: „Kehre in das Land deiner Väter und zu deiner Verwandtschaft zurück! Ich werde mit dir sein." ⁴ Da sandte Jakob hin und ließ Rachel und Lea auf das Feld zu seiner Herde rufen. ⁵ Er sprach zu ihnen: „Ich sehe an der Miene eures Vaters, daß er gegen mich nicht mehr wie ehedem gesinnt ist, obwohl der Gott meiner Väter mit mir war."

¹⁴ Da antworteten Rachel und Lea und sagten zu ihm: „Haben wir noch Anteil und Erbe im Hause unsres Vaters? ¹⁵ Galten wir ihm nicht wie Fremde, da er uns verkaufte und das Geld, das er für uns bekam, aufzehrte? ¹⁶ Fürwahr, der ganze Reichtum, den Gott unserm Vater entzogen hat, gehört uns und unsern Söhnen. Und nun tue alles, was Gott zu dir gesagt hat!" ¹⁷ So machte sich Jakob auf und setzte seine Kinder und seine Frauen auf die Kamele. ¹⁸ Er führte all sein Vieh mit sich fort und alle seine Habe, die er sich erworben hatte, seinen eigenen Viehstand, den er sich in Paddan-Aram angelegt hatte, um zu seinem Vater Isaak in das Land Kanaan zurückzukehren. ¹⁹ Laban war weggegangen, um seine Schafe zu scheren. Da stahl Rachel die

Nachdem Rachel erfahren hatte, daß der Fremde am Brunnen ihr Verwandter war, eilte sie mit dieser Neuigkeit zu ihrem Vater Laban, der sogleich vors Haus kam und Jakob, den Sohn seiner Schwester, umarmte und küßte. Ausschnitt aus einem Brüsseler Wandteppich des 16. Jahrhunderts.

Laban gibt ein Festessen zur Hochzeit Jakobs, der zuerst die ältere Lea heiraten mußte, um eine Woche später dann auch die von ihm geliebte Rachel zur Frau zu bekommen, für die er nochmals sieben Jahre bei Laban Dienst tun mußte. Or. ms. 2884 fol. 5r, b (um 1330).

Hausgötter ihres Vaters. [20] Jakob täuschte den Aramäer Laban, indem er ihm verheimlichte, daß er fliehen wolle.

[21] So floh er mit allem, was ihm gehörte. Er brach auf und setzte über den Strom und schlug die Richtung nach dem Gebirge Gilead ein. [22] Am dritten Tag erhielt Laban die Nachricht, daß Jakob geflohen sei. [23] Er nahm seine Verwandten mit sich, jagte ihm sieben Tagreisen nach und holte ihn am Gebirge Gilead ein. [24] Gott aber kam zu Laban, dem Aramäer, nachts im Traum und sprach zu ihm: „Hüte dich, mit Jakob irgend etwas zu reden!" [25] Laban holte Jakob ein, als Jakob sein Zelt im Gebirge aufgeschlagen hatte. Auch Laban zeltete in dem Gebirge Gilead.

[26] Laban sprach zu Jakob: „Was hast du getan? Du hast mich getäuscht und meine Töchter wie Kriegsgefangene weggeführt. [27] Warum bist du heimlich geflohen und hast unaufrichtig gegen mich gehandelt? Du hast es mir nicht mitgeteilt. Ich hätte dich mit Freude, mit Liedern, mit Pauken und Harfen geleitet. [28] Du hast mich nicht meine Enkel und meine Töchter küssen lassen. Fürwahr, du hast töricht gehandelt. [29] Es stünde nun in meiner Macht, dir Übles anzutun. Doch der Gott deines Vaters sprach gestern zu mir: ‚Hüte dich, mit Jakob irgend etwas zu reden!' [30] Nun, du bist weggegangen, weil du dich so sehr nach dem Hause deines Vaters sehntest; warum aber hast du meine Götter gestohlen?"

[31] Jakob antwortete und sprach zu Laban: „Ja, ich fürchtete mich. Denn ich dachte, du könntest mir deine Töchter wegreißen. [32] Bei wem du aber deine

SCHAFFE MIR KINDER, ODER ICH STERBE

Die schönste Liebesgeschichte der Bibel spielt zwischen Jakob und Rachel, sie beginnt mit den Tränen, die Jakob weint, nachdem er Rachel geküßt hat (Gen 29, 11) und endet mit Rachels frühem Tod. Dazwischen liegen auf Jakobs Seite Arbeit und Vermögensbildung, Kinderzeugung mit anderen Frauen und Viehzüchtung, auf Rachels Seite Schwesternstreit und die an eine andere Frau abgetretene Mutterschaft. Dazwischen liegt auch der böse Betrug an Jakob, der morgens nach der Hochzeitsnacht aufwacht und Lea an seiner Seite findet, statt der Frau, um derentwillen er sieben Jahre Frondienst leistete. Er, der seinem blinden Vater sich selber unterschob, um den Segen zu stehlen, wird nun wie Isaak, vielleicht noch bitterer, getäuscht, belogen und betrogen.

„Gib mir Kinder! Wenn nicht, so sterbe ich!" spricht Rachel zu Jakob (Gen 30, 1). Schreit sie? Flüstert sie es ihm ins Ohr? Spricht sie unter Tränen? Sind Zeugen bei diesem Gespräch zugegen? Die Bibel ist berühmt für ihre knappe Ausdrucksweise, die der Ausdeutung weiten Raum läßt. Auf Rachels Ruf der Verzweiflung antwortet Jakob mit großem Zorn. Die Unfruchtbarkeit ist schließlich nicht seine Schuld! „Bin ich denn an Gottes Statt, der dir den Kindersegen versagt hat?" Gott ist es, der die Gebärmutter öffnet oder verschließt. Die Entstehung neuen Lebens im Leib der Frau, Mutterschaft, ist ein Wunder wie die Schöpfung selber. Sie drückt das tiefste Geheimnis im Leben von Frauen aus. Ich erinnere mich, daß meine Mutter uns Schwestern, wenn wir uns über ungerechte Behandlung den Jungen gegenüber beklagten, sagte: „Ja, es ist ungerecht, daß ihr nicht zum Nordpol fahren könnt, aber ihr werdet etwas erleben, was kein Mann auch nur ahnt." Gerade wegen dieser Beziehung zur Entstehung des Lebens wird in den Urzeiten die Unfruchtbarkeit als die furchtbarste Katastrophe, die eine Frau treffen kann, angesehen. „Gott hat meine Schmach hinweggenommen", sagt dieselbe Rachel nach der Geburt des Joseph (Gen 30, 23).

Keine Kinder zu bekommen war viel schlimmer als die bürgerliche Drohung an Mädchen, unter der ich noch aufgewachsen bin, ‚keinen Mann mitzukriegen'. Alle Konflikte der Frauen kreisen um dieses Thema der Fruchtbarkeit, und die großen Frauen der Urzeit erscheinen besessen von der Angst, kinderlos zu sterben. Sara bleibt steril bis ins hohe Alter, Rebekka, ihre Schwiegertochter, muß zwanzig Jahre warten, Rachel in der dritten Generation muß dem Kinderglück ihrer Schwester Lea zusehen und sich lange mit der Leihmutterschaft begnügen. Es ist, als habe Gott die Kinderlose vergessen, und so wird die erflehte Schwangerschaft mit dem biblischen Ausdruck „Nun gedachte Gott Rachels. Gott erhörte sie" angekündigt (Gen 30, 22). Gott erinnert sich, Gott ‚gedenkt', und die Frau, die sich von Gott vergessen fühlte, abgeschnitten vom Geheimnis des Lebens, wird ihrer selbst wieder gewiß.

„Rahel und Jakob", Gemälde von Fritz v. Uhde (1848 – 1911). Die Begegnung zwischen dem dunkelhaarigen Jakob und dem in helles Licht gestellten, überzeugend natürlichen Hirtenmädchen läßt erkennen, daß Uhde eingehend die Malweise der niederländischen Meister studiert hatte.

Die Mutterschaft wird aber nicht idealisiert, sondern realistisch als eine Sache auf Tod und Leben wahrgenommen. Schließlich teilt Rachel das Schicksal von Millionen Frauen in der vorindustrialisierten Welt und der Mehrheit der Armen, die heute ohne Gesundheitsversorgung leben müssen. Sie stirbt bei der qualvollen Geburt ihres zweiten Kindes, des Benjamin.

Nichts trennt uns vielleicht mehr von der Welt der Bibel als diese Obsession der damaligen Frauen mit dem Muttersein. Wir in der reichen Welt haben gelernt, in einem langen, für manche noch nicht abgeschlossenen Prozeß, Muttersein und Sexualität voneinander zu trennen und sexuelles Glück als unverzichtbaren Bestandteil des Lebens anzusehen, Mutterwerden dagegen als eine mögliche Option unter anderen. Folgt man der Bibel, so war das am Anfang der Menschheitsgeschichte ganz anders: Kinder und weitergegebenes Leben spielten die entscheidende Rolle, während in unserer Welt nicht die Fortpflanzung, sondern die Beziehung, die im sexuellen Akt ihren tiefsten Ausdruck findet, im Zentrum steht. Das Leben selber wurde nicht als Besitz von einzelnen Individuen aufgefaßt, aus dem man möglichst viel ‚machen' muß, sondern als eine Leihgabe Gottes, die uns mit denen vor uns und denen nach uns verbindet.

Die Geschichte der beiden Frauen Jakobs dramatisiert diese Grundgegebenheit der damaligen Welt und zeigt die Konflikte und Schmerzen auf, die in ihr für Frauen angelegt sind. Auch Lea, die ältere Tochter Labans, wird Opfer des Betrugs, mit dem Jakob betrogen wurde. Sie, die Ungeliebte, versucht, durch ihre Söhne den Mann an sich zu binden; die Namen, die sie ihnen – wohl nach mutterrechtlicher Tradition – gibt, bezeugen das. Sie nennt sie „Jahwe hat mein Elend angesehen", „Jahwe hat gehört", daß ich zurückgesetzt wurde'; ‚anhänglich' nennt sie einen Sohn und meint doch den Mann. Die Beziehung der beiden Schwestern zueinander bleibt von Eifersucht und Lebensneid geprägt. Es ist nicht Kummer um die – im romantisch-modernen Sinn – als unteilbar angesehene Liebe des Mannes, sondern Neid der Rachel auf den Kinderreichtum der Schwester (Gen 30, 1) und Bitterkeit der Lea ihr gegenüber (Gen 30, 15). Ganz Händlerin und der Praxis ihres Vaters Laban folgend, kauft Lea ihrer Schwester eine Nacht mit Jakob ab, ein Motiv, das in manchen Märchen auftaucht, wenn eine unglückliche, verlassene Frau den Geliebten zurückgewinnen will, indem sie sich eine Nacht des Beisammenseins gegen besondere als magisch angesehene Schätze erkauft. Der Realismus der Bibel allerdings erlaubt das Happy-End der Monogamie nicht.

Wie es Lea nach Rachels Tod ging, erfahren wir nicht. Eine Versöhnung der beiden Schwestern findet nicht statt. Waren sie dazu weniger bereit als die tödlich verfeindeten Brüder? Oder schien es den Erzählern nicht wichtig genug, auch den Schwesternstreit zu schlichten? Vielleicht wäre diese Versöhnung der Frauen untereinander erst in einer Zeit nach dem Patriarchat möglich.

Jakob liebte Rachel.
Darum sagte er zu Laban:
„Ich will dir sieben Jahre
um deine jüngere Tochter Rachel
dienen."
Genesis 29.18

Ausschnitt aus dem Gemälde „Jakob mit der Herde Labans" von Jusepe de Ribera (1591 bis 1652). Jakob war ein guter Hirte und verstand viel von der Aufzucht der Tiere. Laban wurde durch ihn zum Besitzer einer großen Herde. Als Jakob nach vielen Jahren endlich nach Kanaan zurückkehren wollte, machte er seinem Onkel den Vorschlag, ihm als Lohn für die Zeit, die er noch bleiben würde, alle Schafe und Ziegen zu überlassen, die mit geflecktem oder gestreiftem Fell von nun an zur Welt kämen. Laban war einverstanden, nicht wissend, daß der listige Jakob sich darauf verstand, die Aufzucht so zu beeinflussen, daß fast ausschließlich gefleckte Lämmer geworfen wurden.

Götter findest, der soll nicht am Leben bleiben. Durchsuche nur in Gegenwart unserer Verwandten, was ich von dir bei mir habe, und nimm sie an dich!" Jakob wußte nämlich nicht, daß Rachel sie gestohlen hatte. ³³ Da suchte Laban im Zelt Jakobs und im Zelt Leas und im Zelt der beiden Mägde, fand aber nichts. Dann ging er aus dem Zelt Leas und betrat das Zelt Rachels.

³⁴ Rachel aber hatte die Hausgötter genommen, sie in die Kamelsänfte gelegt und sich darauf gesetzt. ³⁵ Sie sprach zu ihrem Vater: „Zürne mir nicht, mein Herr, daß ich vor dir nicht aufstehen kann; denn es ergeht mir nach Frauenart." So suchte er, fand aber die Hausgötter nicht.

32 ¹ In der Frühe des andern Morgens küßte Laban seine Enkel und seine Töchter und segnete sie. Dann zog Laban ab und kehrte in seinen Wohnort zurück. ² Auch Jakob zog seines Weges. Da begegneten ihm Engel Gottes. ³ Als Jakob sie sah, sprach er: „Das ist Gottes Heerlager!" Und er nannte jenen Ort Machanajim. ⁴ Darauf sandte Jakob Boten zu seinem Bruder Esau in das Land Seïr, das Gebiet von Edom, voraus. ⁵ Er trug ihnen auf: „So sprecht zu meinem Bruder Esau: Dein Knecht Jakob läßt dir sagen: Ich habe als Gast bei Laban geweilt und mich bis jetzt (dort) aufgehalten. ⁶ Ich habe mir Rinder, Esel und Kleinvieh, Knechte und Mägde erworben. Nun sende ich meinem Herrn Nachricht, damit ich Gnade in deinen Augen finde." ⁷ Die Boten aber kehrten mit der Meldung zu Jakob zurück: „Wir kamen zu deinem Bruder Esau. Schon eilt er dir entgegen, vierhundert Mann sind bei ihm." ⁸ Da fürchtete sich Jakob sehr, und es wurde ihm bange. Er verteilte die Leute, die bei ihm waren, ebenso das Kleinvieh und die Rinder auf zwei Lager. ⁹ Er dachte: „Wenn Esau zu dem einen Lager kommt und es überwältigt, wird das andere Lager entrinnen." ¹⁰ Dann betete Jakob: „Gott meines Vaters Abraham und Gott meines Vaters Isaak, Jahwe, der du zu mir gesagt hast: ‚Kehre zurück in dein Land, zu deiner Verwandtschaft! Ich will es dir wohlergehen lassen.'"

33 ¹ Jakob erhob seine Augen und hielt Ausschau. Da kam Esau mit den vierhundert Mann. Nun verteilte er die Kinder auf Lea, auf Rachel und auf die beiden Mägde. ² Die Mägde mit ihren Kindern stellte er an die Spitze, dahinter Lea mit ihren Kindern und zuletzt Rachel mit Joseph. ³ Er selbst ging ihnen voran und verneigte sich siebenmal zur Erde, bis er nahe an seinen Bruder herangekommen war. ⁴ Esau aber eilte ihm entgegen, umarmte ihn, fiel ihm um den Hals und weinte. ⁵ Dann erhob er seine Augen und sah die Frauen und die Kinder und sprach: „Wer sind diese bei dir?" Er antwortete: „Das sind die Kinder, mit denen Gott deinen Knecht begnadet hat." ⁶ Nun traten die Mägde mit ihren Kindern heran und verneigten sich. ⁷ Dann trat Lea mit ihren Kindern herzu, und sie verneigten sich, und darauf traten Rachel und Joseph herzu und verneigten sich. ⁸ Er aber sagte: „Was wolltest du denn mit dem ganzen Zug, auf den ich gestoßen bin?" Er antwortete: „Ich wollte Gnade finden in den Augen meines Herrn." ⁹ Esau aber sprach: „Ich habe übergenug, mein Bruder; es bleibe dein, was dir gehört." ¹⁰ Jakob aber erwiderte: „Nicht doch! Wenn ich Gnade in deinen Augen gefunden habe, wirst du mein Geschenk aus meiner Hand annehmen. Denn ich habe dein Angesicht gesehen, wie man das Angesicht Gottes sieht. Hast du mich doch gut aufgenommen. ¹¹ Nimm also mein Begrüßungsgeschenk an, das dir überbracht wurde. Denn Gott hat mich reich gemacht, und ich habe vollauf." So drängte er ihn, und er nahm es an. ¹² Dann sagte er: „Laßt uns aufbrechen und weiterziehen, und ich will an deiner Seite ziehen." ¹³ Er aber sagte zu ihm: „Mein Herr weiß, daß die Kinder noch zart sind, und die säugenden Tiere unter dem Kleinvieh und den Rindern bedürfen meiner Sorge. Würde man sie auch nur einen Tag übermäßig anstrengen, dann ginge alles Kleinvieh zugrunde.

¹⁴ Mein Herr möge doch seinem Knecht vorausgehen; und ich will dann langsam weiterwandern im Schritt der Herde vor mir und im Schritt der Kinder, bis ich zu meinem Herrn nach Seïr komme." ¹⁵ Da sagte Esau: „So will ich dir einige von den Leuten, die bei mir sind, als Begleitung geben." Er aber erwiderte: „Wozu dies? Möchte ich nur Gnade finden in den Augen meines Herrn!" ¹⁶ So kehrte Esau an jenem Tag auf seinem Weg nach Seïr zurück. ¹⁷ Jakob aber brach nach Sukkot auf und baute sich ein Haus; für das Vieh aber errichtete er Hütten. Darum nannte er den Ort Sukkot.

¹⁸ Jakob kam nach seiner Rückkehr aus Paddan-Aram wohlbehalten zur Stadt Sichem, die im Lande Kanaan liegt, und schlug vor der Stadt sein Zeltlager auf. ¹⁹ Er kaufte das Stück Land, auf dem er sein Zeltlager aufgeschlagen hatte, von den Söhnen Hamors, des Vaters Sichems, um hundert Geldstücke. ²⁰ Dort errichtete er einen Altar und nannte ihn „El, Gott Israels".

Das 34. Kapitel des Buches Genesis handelt von Jakobs einziger Tochter Dina, die vom Sohn des Landesfürsten von Sichem, mit Namen Hamor, entführt und geschändet wurde. Jakobs Söhne Simeon und Levi verlangten darauf, daß sich alle Männer Sichems beschneiden lassen, bevor Dina dem Sichem zur Frau gegeben wird. Dies geschieht, und als am dritten Tag alle in Fieber liegen, überfallen die Söhne Jakobs die Stadt, plündern sie und töten alle Männer. Jakob, entsetzt über diese Greuel, zieht darauf nach Betel und errichtet Gott dort einen Altar.

35 ⁹ Gott erschien Jakob zum zweitenmal seit seiner Rückkehr aus Paddan-Aram und segnete ihn. ¹⁰ Gott sprach zu ihm: „Dein Name ist Jakob; du sollst nicht mehr Jakob heißen, sondern Israel soll dein Name sein." So gab er ihm den Namen Israel. ¹¹ Und weiter sprach Gott zu ihm: „Ich bin El Schaddai. Sei fruchtbar und mehre dich. Ein Volk, ja eine Menge von Völkern soll von dir abstammen, und Könige sollen aus deinen Lenden erstehen. ¹² Das Land, das ich Abraham und Isaak gegeben habe, dir gebe ich es, und deiner Nachkommenschaft nach dir gebe ich dieses Land." ¹³ Und Gott fuhr von ihm auf. ¹⁴ Jakob richtete einen Denkstein auf an der Stätte, an der er mit ihm geredet hatte, ein Mal aus Stein, goß ein Trankopfer darüber aus und schüttete Öl darauf. ¹⁵ Jakob nannte die Stätte, an der Gott mit ihm geredet hatte, Betel.

¹⁶ Dann zogen sie von Betel weiter. Als sie nur noch eine kurze Wegstrecke von Ephrata entfernt waren, kamen Geburtswehen über Rachel, und sie tat schwer beim Gebären. ¹⁷ Als sie bei ihrer Niederkunft so schwer zu leiden hatte, sprach die Hebamme zu ihr: „Ängstige dich nicht, auch diesmal hast du einen Sohn." ¹⁸ Als nun ihr Leben ausging – denn sie mußte sterben –, nannte sie ihn Benoni, sein Vater aber gab ihm den Namen Benjamin. ¹⁹ Rachel starb und wurde am Wege nach Ephrata, das ist Betlehem, begraben. ²⁰ Jakob errichtete einen Denkstein über ihrem Grab. Dies ist Rachels Grab bis auf den heutigen Tag.

Rachel schmiegt sich zärtlich an ihre ältere Schwester Lea. Ausschnitt aus dem Gemälde „Jakob begegnet Rachel am Brunnen" von Raffaello Santi (1483 – 1520) in den Loggien des Vatikans. Obwohl die Schwestern Konkurrentinnen um die Gunst Jakobs waren, hielten sie doch schwesterlich zueinander. So verriet Rachel der von Jakob gezwungenermaßen zuerst geheirateten Lea das zwischen ihr und Jakob ausgemachte Erkennungszeichen für die Brautnacht.

WAS NICHT IN DER BIBEL STEHT

ANTIKE UND MITTELALTERLICHE QUELLEN

Nach der jüdischen Legende flog auch Jakob die Erde entgegen, so daß er sehr schnell nach Haran kam. Die Hirten, die er dort antraf, warteten darauf, daß genügend Leute zusammenkamen, um den Stein über dem Brunnen zu heben. Doch Jakob konnte den Stein allein hinwegrollen, weil Gott ihn mit dem Tau der Wiederauferstehung gesegnet hatte. Deshalb konnte er auch später, bei seiner Rückreise, eine ganze Nacht mit einem Engel ringen.

Rachel hatte nur wenige Schafe, denn die Pest hatte die Herde ihres Vaters dezimiert. Als sie zum Brunnen kam, hob sich das Wasser. Dieses Wunder geschah zwanzig Jahre lang, solange Jakob in Haran weilte. Als Jakob Rachel geküßt hatte, weinte er, weil er ohne alle Gaben kam. Auch ahnte er, daß Rachel, nachdem er sie geheiratet hatte, lange vor ihm sterben, aber nicht neben ihm begraben werden würde.

Laban erwartete von Jakob große Schätze, darum umschlang er ihn bei der Begrüßung und tastete dabei seinen Gürtel ab; auch küßte er ihn, weil er prüfen wollte, ob Jakob Edelsteine in seinem Mund verborgen hatte. Doch seine Hoffnung wurde enttäuscht. So befragte Laban seine Teraphim (Hausgötter), die ihm sagten: „Schicke Jakob nicht fort, denn er steht unter einem guten Stern. Biete ihm für seine Dienste eine Frau an." Rachel war bereit, die Ehe mit Jakob einzugehen, warnte aber Jakob vor der Hinterlist ihres Vaters. Jakob erwiderte, da könne er Laban Widerpart leisten; der Fromme solle einen ehrlichen Mann ehrlich behandeln, einen unehrlichen aber unehrlich. Rachel warnte ihn sogar, daß ihm Laban ihre ältere Schwester unterschieben werde. Deshalb verabredeten sie ein Zeichen, woran er Rachel in der Hochzeitsnacht erkennen könne. Als die verabredeten sieben Jahre um waren, sprach Jakob zu Laban: „Ich bin nun 84 Jahre alt und von Gott bestimmt, der Vater von zwölf Stämmen zu werden. Es ist Zeit!" Mit diesem späten Heiratsalter – 44 Jahre nach Esau – ahmte er seinem Vater Isaak nach.

Auch Lea war schön, weiß die jüdische Legende, nur ihre Augen seien schwach gewesen. Und das kam so: Sie hatte erwartet, Isaaks älteren Sohn Esau zu heiraten, worauf Jakob dann Rachel bekommen würde. Als sie aber erfuhr, wie böse Esau war, weinte sie, bis ihr die Augenwimpern von den Lidern fielen. Jakob aber wollte Lea auch deshalb nicht heiraten, um sich Esau nicht noch mehr zum Feind zu machen. Laban dagegen wollte Jakob in jedem Fall für weitere sieben Jahre behalten, damit das Wasser nicht wieder knapp wurde, wie es vor seiner Ankunft gewesen war. Damit erklärte er auch den Leuten von Haran, daß er Lea mit Jakob verheiraten müsse, und sie billigten das.

So veranstaltete Laban ein großes Fest, bei dem bis spät in die Nacht viel getrunken wurde. Als die Braut in Jakobs Gemach geführt wurde, löschten alle Gäste ihre Kerzen aus, und als Jakob sich darüber wunderte, antwortet sie: „Dachtest du, wir hätten so wenig Anstandsgefühl wie deine Landsleute?" – Am nächsten Morgen beschuldigte Jakob Lea, daß sie ihn betrogen hätte, und sie sprach: „Jeder Lehrer hat seine Schüler. Als dein Vater dich Esau nannte, sagtest du da nicht: ‚Hier bin ich!'?" Labans Entschuldigung, daß es verboten sei, die jüngere Tochter vor der älteren zu verheiraten, konnte Jakob jedoch nicht gelten lassen, denn was wußte Laban vom jüdischen Gesetz?

Manche Kommentare sagen, daß Jakob zwar weitere sieben Jahre bei Laban blieb, aber Rachel nach weiteren sieben Tagen, und nicht, wie Flavius Josephus sagt, nach sieben Jahren geheiratet hätte. Manche sagen auch, Bilha und Silpa (die Mägde Rachels) seien ebenfalls Labans Töchter gewesen, von seinen Kebsweibern geboren. Andere wiederum behaupten, diese seien Töchter der Amme von Rebekkas Bruder gewesen, hätten aber ebenfalls zu Abrahams Familie gehört. Nach einer Legende hätte Jakob nach Rachels Tod diese beiden zu seinen legitimen Frauen gemacht; denn das Gesetz der Tora, das das Heiraten von Schwestern verbietet, trat erst mit Moses' Gesetzgebung in Kraft.

Nachdem Jakob dem Laban sieben Jahre um Rachel gedient hatte, erhielt Jakob statt Rachel zunächst Lea zur Frau. Er fühlte sich betrogen und machte seinem Onkel erbitterte Vorwürfe. Gemälde von Raffaello Santi (1483 bis 1520).

Seite 83 oben: Auf diesem Mosaik in der römischen Kirche Santa Maria Maggiore aus dem 5. Jahrhundert ist dargestellt, wie Rachel ihrem Vater die Ankunft Jakobs mitteilt und wie Jakob dann von seinen Verwandten mütterlicherseits herzlich willkommen geheißen wird.

Seite 84: „Laban sucht die gestohlenen Hausgötter." Bartolomé Esteban Murillo (1618 bis 1682) malte Laban (rechts), wie er zornig Jakob beschuldigt, er habe seine Götterfiguren gestohlen. Jakob beteuert seine Unschuld und fordert seinen Onkel auf, das Zelt zu durchsuchen, um seinen Argwohn zu zerstreuen.

Seite 85: Als Laban erfuhr, daß Jakob mit seiner Frau, seinen Kindern und Herden heimlich weggezogen war, jagte er ihm sieben Tagreisen nach, beschuldigte ihn der Heimlichtuerei und daß er ihm seine Hausgötter gestohlen habe. Jakob, der keine Ahnung hatte, daß Rachel die Hausgötzen mitgenommen hatte, forderte den Onkel auf, seine Zelte zu durchsuchen. Als Laban zu Rachel kam, die auf der Kamelsänfte saß, unter der sie die Figuren versteckt hatte, sagte sie zu ihrem Vater, sie könne sich leider nicht erheben, da sie ihre Monatstage habe. Ausschnitt aus einem Fresko von Giovanni Battista Tiepolo (1696 – 1770).

Gott hatte Mitleid mit Lea und ließ sie Kinder haben, einmal weil Jakob sie haßte, und dann auch, weil sie so wegen Esaus Gottlosigkeit geweint hatte; er wollte sie auch vor dem Geschwätz der Leute schützen, die Lea des Betrugs an ihrer Schwester beschuldigten. So gebar sie nach sieben Monaten einen Sohn und nannte ihn Ruben, „Sieh den Sohn", womit sie meinte: Mein Sohn ist nicht wie Isaaks Erstgeborener, der sein Geburtsrecht verkaufte. Nach einer besonders absurden Legende hatten alle Söhne Jakobs Zwillingsschwestern, die sie später heirateten! Nur der Jüngste, Benjamin, soll zwei gehabt haben.

Lea dankte Gott besonders für ihren vierten Sohn, Juda, denn sie wußte, daß Jakob zwölf Söhne haben würde, und hatte angenommen, ihr Anteil wäre auf drei beschränkt – oder auch, weil sie wußte, daß aus Judas Stamm David hervorgehen würde. Bei diesem vierten Sohn wurde Rachel neidisch auf ihre Schwester; aber als sie sich bei Jakob beklagte und dieser antwortete, daß er nicht Gott sei, mißfiel diese Antwort Gott. Als dann Rachel weiter in ihn drang, teilte er ihr endlich mit, daß auch sein Großvater Abraham keine Kinder hatte und deshalb eine Rivalin seiner Frau – Hagar – in sein Haus nahm. Da folgte Rachel diesem Beispiel. Als nun Lea das sah, glaubte sie, Jakob müsse vier Frauen haben. Silpa war die jüngste der vier, obwohl der Sitte nach die ältere Dienerin der älteren Schwester beigegeben wurde. Aber Laban hatte auch darin Jakob getäuscht, daß er die jüngere Silpa der angeblichen Rachel, also in Wahrheit Lea, zuteilte. Silpa war noch so jung, daß man kein Zeichen der Schwangerschaft an ihr bemerken konnte.

Daß Rachel Lea Rubens Dudaim (Alraunwurzel) abnahm und ihr dafür Jakob überließ, war eine Sünde, und sie wurde dafür bestraft, indem sie zwei Stämme verlor und indem sie nicht neben ihrem Mann begraben wurde.

Als Lea sechs Söhne geboren hatte, dachte sie: Jakob soll zwölf Söhne haben, und die beiden Dienerinnen haben ihm je zwei geboren. Hätte ich nun noch einen Sohn, so würde für meine Schwester nur ein Sohn übrigbleiben, sie würde also nicht einmal den Dienerinnen das Wasser reichen. Das darf nicht sein. Daher bat sie Gott, das Kind in ihrem Leibe solle ein Mädchen werden. Gott erhörte sie, und so wurde Dina geboren. Und nun beteten alle vier Frauen Jakobs zu Gott, daß er Rachel Kinder gebären lassen möge. So machte Gott sie endlich fruchtbar – nach einer Legende die Belohnung dafür, daß Rachel Lea vor ihrer Hochzeitsnacht das geheime Zeichen verraten hatte, das sie mit Jakob vereinbart hatte. Da Rachel schwanger war, fürchtete sie auch nicht mehr, daß Laban sie nicht mit Jakob ziehen lassen würde, wenn sie ihm kein Kind geboren hätte. Sie nannte ihren Sohn Joseph, das heißt „Vermehrung", denn sie wußte, daß sie noch einen zweiten Sohn haben würde. Sie war geneigt, diesen nur

Hendrick ter Brugghen (1588 – 1629): „Jakob macht Laban Vorwürfe, ihm Lea statt Rachel zur Frau gegeben zu haben." Diese Szene ist genrehaft gestaltet mit dem gedeckten Tisch, an dem neben dem sitzenden Laban seine Tochter Lea, die unerwünschte Frau Jakobs, steht. Jakob redet erzürnt auf den alten Onkel ein, wobei das Gespräch von einer Dienerin (links im Bild) belauscht wird.

„Zürne mir nicht, mein Herr, daß ich vor dir nicht aufstehen kann;
denn es geht mir nach Frauenart."

Genesis 31, 35

als Anhängsel zu betrachten, aber tatsächlich sollte Benjamin-Benoni zehn Söhne, Joseph dagegen nur zwei haben: Das sind die sogenannten zwölf „Stämme der Rachel".

Jakob hatte nur auf die Geburt Josephs gewartet, um sich von Laban loszusagen. Ihm hatte der Heilige Geist mitgeteilt, daß das Haus Josephs vom Haus Esaus überwältigt werden würde. Inzwischen hatte auch Rebekka ihre Amme Debora zu Jakob gesandt und ihn gedrängt, nach Hause zurückzukehren. Laban wollte Jakob jedoch nicht ziehen lassen, denn seit dessen Ankunft hatte die Pest aufgehört, in seinen Herden zu wüten, das Wasser floß reichlich, und er hatte auch endlich Söhne gezeugt. Er traute Jakob nicht und änderte den Trennungsvertrag über die Herden einhundertmal. Aber wieder einmal sollen die Engel Jakob geholfen haben und Schafe von Labans Herde zu seiner herübergebracht haben, und obwohl Laban ihm nur schwache und kranke Tiere überlassen wollte, wurden Jakobs Herden immer zahlreicher und stärker. Eine Überlieferung sagt, daß seine Herden 600 000 Tiere gezählt haben sollen: Nun sagte ihm Gott, er müsse gehen, denn seine „Shekinah" – die Kundgebung von Gottes Anwesenheit – könne ihn nur im Heiligen Lande, nicht in Mesopotamien beschützen. So sandte Jakob seinen Sohn Naphtali, der immer als flinker Bote beschrieben wird, zu Rachel und Lea. Was folgte, war, trotz aller Vereinbarungen, mehr eine Flucht als ein friedliches Auseinandergehen. Nach der Bibel (Gen 31,

19–20) sieht es so aus, als ob Jakob oder zumindest Rachel an die Wirksamkeit der heidnischen Götzenbilder glaubte, die Rachel ihrem Vater stahl. Aber nach der Legende tat sie es, um ihn von der Abgötterei zu befreien. Laban aber schuf sich neue, die zu ihm sprachen und ihm Jakobs Abreise verrieten. Auch Labans Landsleute bemerkten es, denn das Wasser blieb plötzlich aus. – Als nun Jakob den Euphrat überquert hatte, holte ihn Laban ein und wollte ihn töten, aber der Erzengel Michael warnte ihn, daß er dann selbst sterben müsse. An dieser Stelle sprach Gott also einmal zu einem Gottlosen.

NACH EINER LEGENDE kam Laban ein zweites Mal in Rachels Zelt, da er gesehen hatte, wie sie hin und her getastet hatte. Diesmal würde er die Teraphim entdeckt haben, wenn sie nicht durch ein Wunder in Trinkgefäße verwandelt worden wären. Da Jakob gelobt hatte, daß der Dieb sterben solle, beschwor er damit selbst Rachels Tod herauf. Dieser wäre wohl auch sofort eingetreten, wenn nicht Gott selbst gewünscht hätte, daß sie Jakob einen zweiten Sohn gebären sollte.

Beim Abschied segnete Laban seine Töchter und Enkel, aber es kam ihm nicht vom Herzen. Gleich nach seiner Rückkehr sandte er eine Botschaft zu Esau, in der er Jakob anklagte und Esau gegen ihn aufhetzte. Da erneuerte sich Esaus Haß auf Jakob, und er zog gegen ihn mit 400 Mann. Als Rebekka davon hörte, schickte sie 72 Mann von Isaaks Haus, um Jakob zu helfen, sandte auch

eine Nachricht zu Jakob, er solle freundlich mit Esau reden, ihm Geschenke anbieten und ganz offen mit ihm sein. Jakob weinte zwar, als er das hörte, fühlte sich aber von Engeln beschützt und teilte Esau in einer Botschaft mit, er habe sich nur so lange bei Laban aufgehalten, um die Geburt Josephs abzuwarten. Und die Nachkommen Josephs würden die Esaus eines Tages überwältigen. Da antwortete Esau, daß Jakob offenbar den Laban ebenso behandelt habe wie seinerzeit ihn. Lea und Rachel machten Jakob nun Vorwürfe, weil er sie so in Gefahr gebracht habe. Da betete Jakob, und wiederum sandte Gott drei Engel, die aber Esau wie hunderttausend Mann erschienen. Da fürchtete sich Esau, aber Jakob sandte ihm Geschenke und nannte ihn seinen Herren. Dafür wurde er wiederum von Gott getadelt. Esau andererseits weigerte sich anfangs, Geschenke anzunehmen, hielt aber seine Hand immer offen. Jakob soll ihm jeden Tag neue Geschenke gegeben haben, ein ganzes Jahr lang, denn er legte keinen Wert auf Schätze, die er außerhalb des Heiligen Landes erworben hatte. Auch ersetzte ihm Gott alles Gold, das er Esau geschenkt hatte. Nach einem Jahr trennte sich Jakob von Esau auf sehr diplomatische Weise und zog mit seiner Familie und seinen Herden nach Sichem, wo sich die Dina-Episode abspielte, und von dort nach Betel, wo Gott ihn einst im Traum erhört hatte. Als er von dort weiterzog, starb Rachel – kurz nachdem auch seine Mutter Rebekka gestorben war. Nach der einen Überlieferung war Rachel erst 36 Jahre alt, nach anderen 45. Benoni, wie sie ihren Sohn im Sterben nannte, bedeutet „Sohn meines Kummers", während Benjamin „Sohn des Südens" bedeutet, weil nämlich er als einziger von Jakobs Söhnen nicht im nördlichen Mesopotamien geboren wurde. Rachel soll, nach einer Legende, am selben Tag wie ihr Vater Laban gestorben sein. Auch Lea soll jung, im Alter von nur 44 Jahren, gestorben sein.

Als dann auch Isaak starb, standen seine beiden Söhne versöhnt an seinem Sterbebett. Nach seinem Tod machte Esau Jakob den Vorschlag: Teile das gesamte Erbe in zwei Teile, und ich, als der Ältere, darf dann wählen, woraufhin Jakob die eine Hälfte mit allen irdischen Gütern füllte, in die andere aber das Recht, im Heiligen Land zu wohnen, und auf die Begräbnisstätte Abrahams und Isaaks. Esau wählte die irdischen Güter und mußte das Heilige Land verlassen.

NEUERE LITERATUR

Im Mittelalter galten Lea und Rachel als Symbole für das tätige und beschauliche Leben, obwohl die biblische Erzählung kein Material liefert: Rachel zeigt ebensoviel Tatkraft wie Lea, z.B. wenn sie die Hausgötter ihres Vaters stiehlt. Indes träumt Dante im 27. Gesang des „Läuterungsberges", daß ihm eine junge, schöne und in ähnlichem Sinn sagt auch noch Goethe in seinen „Maximen und Reflexionen" (746): „Nachdenken und Handeln verglich einer mit Rahel und Lea; die eine war anmutiger, die andre fruchtbarer." Im übrigen erzählt Goethe die Geschichte Jakobs, Rachels und Leas im Vierten Buch von „Dichtung und Wahrheit" recht ausführlich wieder und erklärt dann, warum er das tue: „ – so flüchtete ich mich gern nach jenen morgenländi-

Oben: „Versöhnung Jakobs mit Esau", Illustration in der Luther-Bibel, Ausgabe 1938, von Julius Schnorr von Carolsfeld (1788–1853). Als Esau vernahm, daß Jakob sich mit seiner Familie und vielen Tieren auf dem Rückweg nach Kanaan befand, ritt er ihm mit seinen Leuten entgegen, um ihn zu töten. Doch Jakob verstand es, ihn mit Geschenken zu besänftigen und sich sogar mit ihm ehrlich zu versöhnen.

Links: Giovanni Benedetto Castiglione (1616 bis 1670) zeigt auf seinem Bild „Jakobs Reise", daß Isaaks Sohn sich in Mesopotamien eine große Viehherde erworben hatte. Da Jakob bemerkte, daß er von Labans Söhnen beneidet wurde, machte er sich mit seiner Familie, seiner Herde und all seinem Hab und Gut fast fluchtartig auf den Weg nach Kanaan.

Seite 87: Als Jakob sich aufmachte, um zu seinem Vater ins Land Kanaan zu ziehen, führte er seine Frauen Lea und Rachel sowie deren beide Mägde und seine Kinder auf Kamelen mit und trieb eine riesige Herde an Schafen und Ziegen vor sich her. Gemälde von Raffaello Santi (1483–1520).

Frau begegnet, die ihm sagt (in der Übersetzung von Wilhelm G. Hertz):
„Wer hier nach meinem Namen fragt, der finde:
Ich heiße Lea, und die schönen Hände
Rühr' ich beim Gehn, daß einen Kranz ich winde.
Ich schmück' mich für den Spiegel im Gelände,
Doch meine Schwester Rachel will nicht gehn
Und sitzt den ganzen Tag vor seiner Blende.
Sie freut's, mit schönen Augen nur zu sehn,
Und mich, zu schmücken mich mit meinen Händen;
Mir macht das Handeln Freude, ihr das Sehn!"
Auch im 28. und 31. Gesang des „Läuterungsberges" wird die „schöne Frau" erwähnt, die Lea und Rachel symbolisiert, schen Gegenden, ich versenkte mich in die ersten Bücher Mosis, und ich fand mich dort unter den ausgebreiteten Hirtenstämmen zugleich in der größten Einsamkeit und in der größten Gesellschaft."

Noch vor Goethe hatte sich der Schweizer Ästhet, Epiker und Dramatiker Johann Jacob Bodmer (1698–1783) auch mit einem Epos „Jacob und Rachel" (1752) hervorgetan. Er schrieb es in Hexametern, hatte sich wohl Klopstock zum Vorbild genommen, aber sein Epos wirkt heute farblos und langatmig.

SEHR SCHÖN UND AUSFÜHRLICH schildert dagegen Thomas Mann Jakobs Erlebnisse bei Laban in den „Geschichten Jaakobs" (1934): „Was Lea betraf, so erschien sie durchaus nicht weniger wohlgebaut, ja sogar größer und stattlicher als Rahel ... Aber ihre grüngrauen Augen schielten trübselig an der langen und geröteten Nase herab, und gerötet waren auch die grindigen Lider dieser Augen sowie ihre Hände, die sie ebenso zu bergen suchte wie den verqueren Blick ihrer Augen ... ‚Da haben wir es: der blöde Mond und der schöne', dachte Jaakob ..."

Später trifft er sich mit Rahel vor Labans Haus: „Der Vetter und Gemahl war gekommen, sie hatte ihn mit Augen geprüft und liebte ihn aus der Lebensbereitschaft ihrer Jugend. Als er sie jetzt, ihren Kopf zwischen seinen Händen, gefragt hatte, ob es auch sie wohl freuen würde, ihm Kinder zu schenken, hatte sie genickt, wobei die holden schwarzen Augen ihr von Tränen übergegangen waren, und er hatte ihr diese Tränen von den Augen geküßt – seine Lippen waren noch naß davon."

Und dann, seine furchtbare Enttäuschung nach der Hochzeitsnacht: „Dann hob er den Kopf, um nach der Lieben zu

sehen und nach ihrem Schlummer. Mit Augen schwer und klebrig vom Schlaf ... schaute er hin. Da war's Lea. – Er senkte die Augen und schüttelte lächelnd das Haupt. Ei, dachte er, während es ihm doch schon zu grausen begann um Herz und Magen; ei siehe, ei sieh! Spöttischer Morgenbetrug, possierliches Blendwerk. ... Sind wohl Schwestern einander heimlich so ähnlich ... Sehen wir nun also besser hin! – Aber er sah noch nicht hin, denn er fürchtete sich, und was er bei sich redete, war nur Geschwätz des Grausens."

Dann, als beide Schwestern mit Jakob verheiratet sind, aber nur Lea fruchtbar ist: „Arme Kleine", sagte Lea dann wohl zu ihr. „Gräme dich nicht, auch du kommst an die Reihe. Und es sind deine Aussichten ganz unvergleichlich besser als die meinen, denn du bist's, auf der die Augen ruhen unseres Herrn, und auf einmal, daß er bei mir wohnt, kommen wohl vier Nächte oder sechs, daß er sich bei dir tut, wie soll dir's fehlen?"

Aber das Verhältnis zwischen den Schwestern ändert sich, als Lea weitere Söhne zur Welt bringt. Rahel aber unfruchtbar bleibt: „Sie (Rahel) war die Freundlichkeit selbst, aber daß sie die Schwester nicht hätte beneiden sollen, ging über Weibesnatur, und Neid ist eine Gefühlsverschmelzung, in der außer Bewunderung leider noch anderes vorkommt ... Das mußte das geschwisterliche Verhältnis untergraben ... Die Stellung der mütterlichen Lea überwog diejenige der unergiebigen Mitfrau, die immer noch wie ein Mägdlein umherging, so sehr in den Augen aller Welt, daß jene fast eine Heuchlerin hätte sein müssen, um jedes Anzeichen von dem Bewußtsein ihrer vorhaltenden Würde aus ihrem Verhalten zu verbannen."

Und schließlich: Rahels Tod bei der Geburt ihres zweiten Sohnes, Benjamin-Benoni: „Wie ist doch alle Last von mir genommen, Kindeslast, Lebenslast, und es wird Nacht. – Jaakob, mein Mann, verzeihe, daß ich unfruchtbar war und brachte dir nur zwei Söhne, aber die zweie doch, Jehosiph, den Gesegneten, und Todessöhnchen (Benoni), das Kleine, ach ich gehe so schwer von ihnen dahin. – Und auch von dir gehe ich schwer, Jaakob, Geliebter, denn wir waren einander die Rechten. Ohne Rahel mußt du's nun sinnend ausmachen, wer Gott ist. Mache es aus und leb wohl. – Und verzeih auch", hauchte sie schließlich, „daß ich die Teraphim stahl." Da ging der Tod über ihr Antlitz und löschte es aus.

> ... DA LEGTE SIE IHRE WITWENKLEIDER AB ...
> UND SETZTE SICH AN DEN EINGANG VON ENAJIM ...
> Genesis 38, 14

Das Buch Genesis
Kapitel 38, Vers 1–30

Die Geschichte Tamars ist von großer Bedeutung für die Geschlechternachfolge Israels. Das stellt sich aber erst im 49. Kapitel, beim Segen des sterbenden Jakob, heraus. Jakob schließt dort seinen Erstgeborenen Ruben wegen dessen Vergehen an Bilha und die beiden folgenden Söhne, Simeon und Levi, wegen ihrer Verbrechen in Schekem vom Erstgeburtsrecht aus, so daß sein vierter Sohn, Juda, den Segen erhält. Tamar, die sich im nun folgenden Kapitel durch ein kühnes Manöver in die Geschlechternachfolge Juda einschaltet, hat das offensichtlich vorausgesehen. Denn es war ihr Sohn, den sie Juda gebar und der so die direkte Linie zu David und Salomo fortführte.

TAMAR
LIST GEGEN MACHT

Um jene Zeit zog Juda von seinen Brüdern weg und schlug sein Zelt bei einem Manne aus Adullam namens Hira auf. ² Dort sah Juda die Tochter eines Kanaaniters mit Namen Schua. Er nahm sie zur Frau und wohnte ihr bei. ³ Sie empfing und gebar einen Sohn; diesen nannte sie Er. ⁴ Sie empfing abermals und gebar einen Sohn; sie nannte ihn Onan. ⁵ Hierauf gebar sie nochmals einen Sohn; diesen nannte sie Schela. Sie befand sich in Kesib, als sie ihn gebar. ⁶ Juda nahm für seinen Erstgeborenen Er eine Frau mit Namen Tamar. ⁷ Er aber, der Erstgeborene Judas, war mißfällig in den Augen Jahwes; deshalb ließ Jahwe ihn sterben. ⁸ Da sprach Juda zu Onan: „Wohne der Frau deines Bruders bei, leiste ihr die Schwagerpflicht und verschaffe so deinem Bruder Nachkommenschaft!" ⁹ Da Onan aber wußte, daß die Nachkommenschaft nicht ihm gehören werde, ließ er, so oft er der Frau seines Bruders beiwohnte, den Samen zur Erde fallen, um seinem Bruder keine Nachkommenschaft zu verschaffen. ¹⁰ Doch Jahwe mißfiel, was er tat; darum ließ er auch ihn sterben. ¹¹ Da sprach Juda zu seiner Schwiegertochter Tamar: „Kehre als Witwe ins Haus deines Vaters zurück, bis mein Sohn Schela herangewachsen ist." Er dachte nämlich, es könnte auch dieser sterben wie seine Brüder. Tamar ging und kehrte ins Haus ihres Vaters zurück.

¹² Als längere Zeit verstrichen war, starb die Tochter Schuas, die Frau Judas. Nachdem Juda die Trauerzeit gehalten hatte, begab er sich mit seinem Freund Hira aus Adullam nach Timna, um seine Schafe scheren zu lassen. ¹³ Als aber Tamar gemeldet wurde: „Siehe, es kommt dein Schwiegervater nach Timna, um seine Schafe zu scheren", ¹⁴ legte sie ihre Witwenkleider ab, hüllte sich in einen Schleier, vermummte sich und setzte sich an den Eingang von Enajim, das am Wege nach Timna liegt. Denn sie sah, daß Schela herangewachsen war, ohne daß sie ihm zur Frau gegeben wurde. ¹⁵ Als Juda sie bemerkte, hielt er sie für eine Dirne; denn sie hatte ihr Gesicht verhüllt. ¹⁶ Er bog zu ihr an den Wegrand ab und sprach: „Komm, ich will dir beiwohnen!" Er wußte nämlich nicht, daß es seine Schwiegertochter war. Sie antwortete: „Was gibst du mir, wenn du mir beiwohnen darfst?" ¹⁷ Er sagte: „Ich schicke dir ein Ziegenböcklein von der Herde." Sie erwiderte: „Wenn du mir ein Pfand gibst, bis du es schickst." ¹⁸ Er sagte: „Welches Pfand soll ich dir geben?" Sie sprach: „Deinen Siegelring, deine Schnur und deinen Stab, den du in der Hand trägst." Er gab es ihr, wohnte ihr bei, und sie wurde schwanger. ¹⁹ Dann erhob sie sich und ging weg; sie legte ihren Schleier ab und zog wieder ihre Witwenkleider an.

²⁰ Als Juda das Ziegenböcklein durch seinen Freund aus Adullam schickte, um das Pfand von der Frau zurückzuerhalten, fand er sie nicht. ²¹ Er fragte die Leute des Ortes: „Wo ist die Dirne, die in Enajim am Wege zu sitzen

Oben: „Juda nimmt Tamar zur Frau", Illustration aus dem Codex Vindobonensis 2554 zu Genesis 38. Juda verstieß seine Frau Bath-Schua, heißt es in der Legende, weil ihre zwei ältesten Söhne nichtsnutzig und unmoralisch waren. Er heiratete dann Tamar, seine Schwiegertochter, die ihn verschleiert überlistet hatte, ihr beizuwohnen.

Rechts: „Juda und Tamar", Gemälde von Jacopo Bassano (1515–1592). Nach dem Beischlaf mit der vermeintlich Unbekannten verspricht Juda der Tamar ein Ziegenböckchen. Als Pfand verlangt sie seinen Siegelring, seine Schnur – Zeichen seiner Richterwürde – und seinen Hirtenstab.

Seite 88: Juda spricht die verschleiert am Weg sitzende Tamar an, ohne seine Schwiegertochter zu erkennen. Stich aus der Biblia in Laminas, Anfang 17. Jahrhundert.

Seite 89: „Judas Schwiegertochter Tamar" von Marc Chagall 1960 gemalt. Nachdem Tamar mit zwei Söhnen von Juda verheiratet gewesen war, die beide jung starben und sie kinderlos zurückließen, wünschte sie sich von ihrem Schwiegervater einen Sohn. Als Hure gekleidet und ihr Gesicht hinter einem Schleier verborgen, setzte sie sich an einen Weg vors Tor, wo Juda vorbeikommen mußte und wo er sich ihr auch tatsächlich näherte. Juda erkannte Tamar nicht und sprach zu der vermeintlichen Dirne: „Komm, ich will dir beiwohnen." Nach dem Beischlaf verlangte sie von Juda für ein versprochenes Zicklein drei Pfänder. Mit diesen konnte sie später beweisen, daß sie durch Juda schwanger geworden war.

pflegt?" Sie sagten: „Hier war keine Dirne." ²² Da kehrte er zu Juda zurück und sagte: „Ich habe sie nicht gefunden, und die Leute des Ortes sagten: ‚Hier ist keine Dirne gewesen.'" ²³ Da sprach Juda: „So mag sie es für sich behalten. Wenn wir nur nicht zum Gespött werden. Ich habe ja dieses Böcklein geschickt; du aber hast sie nicht gefunden."

²⁴ Etwa drei Monate später wurde Juda gemeldet: „Deine Schwiegertochter Tamar hat sich vergangen und ist infolge ihrer Unzucht schwanger geworden." Da sagte Juda: „Führt sie hinaus! Sie soll verbrannt werden!" ²⁵ Als man sie hinausführen wollte, sandte sie zu ihrem Schwiegervater und ließ ihm sagen: „Von dem Mann, dem diese Dinge gehören, bin ich schwanger." Und sie ließ weiter sagen: „Siehe doch nach, wem dieser Siegelring, diese Schnur und dieser Stab gehören." ²⁶ Als Juda die Sachen sah, sprach er: „Sie ist im Recht gegen mich. Warum habe ich sie nicht meinem Sohne Schela zur Frau gegeben!" Fortan hatte er keinen Umgang mit ihr. ²⁷ Als die Zeit kam, da sie gebären sollte, waren Zwillinge in ihrem Schoß. ²⁸ Während sie gebar, streckte der eine die Hand vor. Da nahm die Hebamme einen roten Faden, band ihn um seine Hand und sagte: „Dieser ist zuerst herausgekommen." ²⁹ Er zog aber seine Hand wieder zurück, und es kam sein Bruder zum Vorschein. Da sagte sie: „Wozu machst du dir einen Riß?" Und sie nannte ihn Perez. ³⁰ Hierauf kam sein Bruder, an dessen Hand der rote Faden war, und sie nannte ihn Serach.

EINE FRAU UNTERWANDERT DIE MACHT

Tamar ist eine Kanaaniterin aus der Frühzeit Israels. Juda, einer der zwölf Söhne Jakobs, hat sie dazu ausersehen, seinen ältesten Sohn zu heiraten. Juda hat drei Söhne und braucht sich um seine Nachkommenschaft keine Sorgen zu machen; Name und Besitz können weitergegeben werden, und Gottes Versprechen wird sich erfüllen. Aber der erste Sohn, Er, stirbt kinderlos, und Juda schickt seinen zweiten Sohn, Onan, zu Tamar, um dem verstorbenen Bruder Nachkommen zu schaffen. Dahinter steht der Brauch der Schwager- oder Leviratsehe, das heißt die Pflicht eines Bruders, seine Schwägerin, die Witwe des kinderlos verstorbenen Bruders, zu heiraten, um dem Toten so zu seinem Recht zu verhelfen, Nachkommen zu haben. Onan, der zweite Sohn des Juda, verweigert dies, wohl nicht durch die nach ihm benannte Sexualpraxis, sondern durch Coitus interruptus (Gen 38, 9). Das mißfällt Gott, und er läßt auch ihn sterben. Nun bleibt nur noch der dritte Sohn Judas übrig, das Geschlecht zu erhalten, er aber wird der Tamar unter einem Vorwand vorenthalten; schlimmer noch, Juda, der alle Familienangelegenheiten regelnde Patriarch, schickt sie als kinderlose Witwe zurück in das Haus ihres Vaters. Offenbar hat Juda Angst um das Leben seines dritten Sohnes, Angst vor der unheimlichen Frau, der schon zwei Männer zum Opfer gefallen sind.

Tamar ist zwar nur das nicht-gefragte Objekt dieser Machenschaften, muß aber immerhin so viel Macht besitzen, daß ihr Schwiegervater sie loslassen will. Rechtlich und sozial gesehen, war die Lage der kinderlosen, also unnützen Witwe, die an den ursprünglichen Besitzer, den Vater, zurückfiel, das Schlimmste, was einer Frau zustoßen konnte.

Aber Tamar findet sich nicht mit ihrer Situation ab, sondern handelt und hilft sich selber auf höchst ungewöhnliche Weise, die aber weder in der Bibel noch in der alten jüdischen Tradition getadelt oder moralisch verurteilt wird. Tamar verkleidet sich als Dirne und lauert ihrem Schwiegervater Juda auf einer Reise auf. Er schläft mit ihr, ohne sie zu erkennen. Als Preis für diesen Liebesdienst wird ein Ziegenböckchen ausgemacht.

In dieser Geschichte stoßen die ältere, von Fruchtbarkeitsgottheiten bestimmte Religion der Ureinwohner Kanaans und die ehe- und erbrechtbestimmten sexuellen Normen des Volkes Israel aufeinander. Unter den Kanaaniterinnen gab es den Brauch, ein Ziegenböckchen der Liebesgöttin, der Astarte, als Opfer zu weihen, wenn eine Frau sich Fremden am Wegrand hingab. Die Geschichte Tamars verschmilzt beide Kulturen und integriert den Fruchtbarkeitskult in die Religion des anderen Gottes aus der Wüste. Das Fremde, Geschlechtverkehr am Wegesrand, Opfer an die alte Göttin der Liebe und der Fruchtbarkeit, wird in die Stammespolitik von Juda einbezogen. Die Fremde, die die Traditionen ihres eigenen Volkes listig benutzt, wird nicht als Götzendienerin ausgegrenzt, ausgestoßen und verurteilt, sondern als Mutter des Stammes Juda anerkannt und geehrt.

Tamar wird schwanger und zieht ihre Witwenkleider wieder an. Ihr Risiko ist hoch, offiziell gilt sie als dem dritten Sohn Schela verlobt, und auf Ehebruch steht Verbrennung oder Steinigung. Aber sie hat sich vorgesehen und dem Juda anstelle des versprochenen Ziegenböckchens drei Pfänder abgenommen, die ihn in seiner Identität als reichen jüdischen Mann ausweisen. Als er diese Pfänder durch einen Freund auslösen wollte, war die Prostituierte, mit der er sich eingelassen hatte, verschwunden. Niemand kannte sie. Tamar war gleich nach der Begegnung nach Hause zurückgekehrt.

Als ihre Schwangerschaft bekannt wird, soll sie auf Befehl Judas verbrannt werden. Ohne Anhörung wird sie zur Richtstatt geschleppt. Aber sie schickt den Siegelring, die Schnur und den Stab ihrem Schwiegervater ins Haus mit der Botschaft: „Von dem Manne, dem dies hier gehört, bin ich schwanger" (Gen 38, 25). So bringt ihre intelligente Vorsichtsmaßnahme nun die Wahrheit an den Tag. Tamars Bewußtheit und ihr planvolles Handeln widerlegen einen der ältesten frauenfeindlichen Mythen, den Glauben an die von ihren Trieben überwältigte hirnlose Frau. Die angebliche Verführerin erweist sich als Werkzeug des Heilsplans des Gottes, der auch auf krummen Linien gerade schreibt. Es ist kein Zufall, daß Juda in der Anerkenntnis seiner Vaterschaft das Wort ‚Gerechtigkeit', das auch auf Abraham angewandt wird (Gen 15, 6), gebrauchte. „Sie ist im Recht gegen mich" (Gen 38, 26).

So unterwandert Tamar die Macht der familiären Ordnung, die für sie keine Hoffnung übrig hat. Sie ergibt sich nicht ins Verstummen all derer, die zur Ohnmacht verdammt sind. Juda, der vierte Sohn der Lea, erscheint in dieser Geschichte als Verkörperung der rechtlich, religiös und sozial gegebenen Macht, die den Frauen immer wieder alle Anteilhabe an der Macht wegnimmt. Das Patriarchat ist in der Tat, wie es bei der Vertreibung aus dem Paradies ausgesprochen wird, ein Fluch. „Nach deinem Manne wird dein Verlangen sein, er aber wird über dich herrschen" (Gen 3, 16). Diese Ordnung ist nicht die gute der Schöpfung, sondern die des Verfalls nach der Austreibung aus dem Paradies. Sie gilt nicht für ewig, die Macht des Patriarchats hat ihre Grenzen. Tamar und andere starke Frauen dramatisieren eine ganz andere Geschichte. Gott identifiziert sich nicht mit den mächtigen Männern dieser Welt. So wehrt sich Tamar mit List und Beharrlichkeit gegen das ihr zugefügte Unrecht und wird, gleich mit zwei Söhnen, gesegnet von dem Gott, der die Stärke der Schwachen, die List der Verlierer, die Macht der Ohnmächtigen unwiderruflich zu seiner Sache erklärt hat.

„Geburt von Tamars Söhnen." Illustrationen aus dem Codex Vindobonensis 2554 zu Genesis 38. Tamar ist vom Beischlaf mit ihrem Schwiegervater Juda schwanger geworden und gebiert Zwillinge.

WAS NICHT IN DER BIBEL STEHT

ANTIKE UND MITTELALTERLICHE QUELLEN

Auch die Geschichte Tamars haben die jüdische Auslegung und Legende stark ausgeschmückt.

Von Tamars erstem Gatten, Judas Sohn Er, wird nur gesagt, daß er „böse vor dem Herrn" war. Die Legende will wissen, daß er dieselbe Sünde beging wie sein Nachfolger und Bruder Onan, dessen Name noch in dem deutschen Verb weiterlebt. Von Tamar wird gesagt, daß sie Sems Tochter oder aber auch die Tochter von dessen Sohn Aram war.

„Er" heißt: „Der Kinderlose". Seine Mutter, Bath-Sua (Schua), war Kanaaniterin und intrigierte gegen ihre nicht-kanaanitische Schwiegertochter Tamar, so daß Er sich von ihr fernhielt. Ein Engel soll ihn schon nach drei Tagen getötet haben. Onan heiratete Tamar, noch ehe die Feierlichkeiten für Ers Beerdigung zu Ende gegangen waren! Onan lebte dann mit Tamar ein Jahr lang. Die Intrigen der Mutter dauerten an, doch Juda bedrohte Onan, so daß er sich herbeiließ, mit Tamar zu schlafen, jedoch ohne ein Kind zu zeugen. „Onan" bedeutet „Trauer". Nachdem er nun auch gestorben war, wollte Juda die Tamar seinem jüngsten Sohn Schela geben, der noch ein Kind war. Bath-Sua aber ließ das nicht zu, da sie Tamar haßte, und als Juda einmal abwesend war, holte sie eine kanaanitische Frau für Schela. Darüber wurde Juda sehr zornig: dies ist der Grund, warum Gott Bath-Sua sterben ließ. Nun wollte Juda aber warten, bis Schela herangewachsen war. Tamar aber hatte prophetische Gaben und wußte, daß sie die Stammutter Davids und des Messias werden sollte, und so beschloß sie, sofort zu handeln.

Juda hatte ihr Antlitz nie gesehen, da Tamar sich sittsamerweise immer verhüllt

Auf dieser Illustration aus dem Manuskript 24097, fol. 34v, steht Lea inmitten der zwölf Söhne Jakobs. Leas sechs Söhne sind Ruben, Simeon, Levi, Juda, Issachar und Sebulun. Die Söhne Rachels heißen Joseph und Benjamin. Leas Magd Silpa gebar Gad und Aser, Rachels Magd Bilha gebar Dan und Naphtali.

hielt. Daher erkannte er sie nicht, als sie sich ihm anbot. Für solche Sittsamkeit wurde sie belohnt, indem sie die Ahnin nicht nur Davids, sondern auch der Propheten Jesaja und Amos wurde.

Als sie sich auf dem Weg nach Timna trafen, soll Juda zunächst achtlos an Tamar vorübergegangen sein, aber sie betete, und ein Engel zwang Juda, zu ihr zurückzukehren. Die Pfänder, die sie von ihm verlangte, Ring, Schnur und Stab, sind die Symbole des Königtums, des Richteramts und des Messias; diese symbolisieren die Nachkommen der beiden.

Als über Tamar Gericht gehalten wurde, sollen Isaak, Jakob und Juda ihre Richter gewesen sein – obwohl, nach der biblischen Erzählung, Isaak damals bereits gestorben war. Juda gab als Jüngster zuerst sein Urteil ab. Es lautete, Tamar, die Tochter des Hohenpriesters Sem, solle als Hure verbrannt werden. Diesem Urteil stimmten die anderen zu. Als nun Tamar sich rechtfertigen wollte und nach den Pfändern suchte, konnte sie sie nicht finden, weil der böse Engel Sammael sie versteckt hatte. Da betete sie und versprach Gott, daß, wenn er sie vom Feuertode erretten würde, ihre Kinder den Feuertod zu seinem Ruhm nicht scheuen würden. Nun sandte Gott den Erzengel Michael – oder auch den Gabriel –, und er half ihr, die Pfänder zu finden. Als Juda diese sah, soll er – sehr bestürzt – nicht nur seine Schuld an Tamars Schwangerschaft zugegeben haben, sondern auch, daß er geholfen hatte, seinen Vater zu betrügen, als er und seine Brüder ihm den Tod Josephs vortäuschten. Auch Ruben bekannte seine Schuld, da er mit Bilha gesündigt hatte. Darauf erklärte Juda Tamar für unschuldig. Doch als er sich selbst anklagte, daß er die Heirat mit Schela zu lange hinausgezögert habe, ertönte eine Stimme von oben: „Ihr seid beide unschuldig! Daß dies geschah, war Gottes Wille!"

Die Zwillinge, die Tamar gebar, Perez und Serach, waren so tapfer und fromm wie ihr Vater Juda. Der Legende nach waren sie es, die Josua später nach Jericho als Spione sandte, wo ihnen Rachab Unterstützung gab. Der in der Bibel erwähnte Faden war derselbe, den Rachab dann als Zeichen für das Heer Josuas an ihr Fenster hängte.

In der Haggadah wird Juda eigentlich kaum wegen seines Vergehens an Tamar angeklagt, sondern für seine Ritterlichkeit und Offenheit gepriesen, als er vor Gericht stand. Auch Tamar trifft kaum ein Vorwurf dafür, daß sie sich wie eine Hure gab. Philo sagt etwa, daß sie im Hause von Götzendienern aufwuchs, aber zum rechten Glauben bekehrt wurde, und daß als Belohnung für ihr reines Leben ihre Nachkommen den echten Erben Jakobs gleichgesetzt wurden.

Die durch Tamars Tat so komplizierten Familienverhältnisse Judas wurden bald Gegenstand eines Rätsels: Die Königin von Saba soll bei ihrem Besuch Salomo gefragt haben: „Eine Frau heiratete zwei und hatte zwei Söhne, aber alle vier hatten einen Vater." Salomo antwortete: „Tamar!"

NEUERE LITERATUR

Von den jüdischen Legenden abgesehen, ist die Gestalt Tamars, obwohl sie so interessant und ungewöhnlich ist, von der Literatur kaum beachtet worden. Josephus erwähnt sie überhaupt nicht, und erst am Anfang unseres Jahrhunderts taucht Tamars Name in zwei Schauspielen von Hans Ludwig Held (1911) und Friedrich Wolf (1921) auf. Um so ausführlicher hat sich dann aber Thomas Mann im vierten Band seiner Joseph-Tetralogie mit ihr beschäftigt, in dem er Tamar ein besonderes Hauptstück von fast fünfzig Seiten widmet. Hier finden wir sie, die Tochter schlichter Baals-Ackerbürger, zu Füßen Jakobs sitzend, seit dem „Tode" Josephs sehr vereinsamt und Jakobs Geschichten lauschend. Sie ist so beeindruckt, daß ihr Entschluß reift, sich in die werdende Geschichte Israels um jeden Preis einzuschalten. Sie denkt dabei an Juda, den sie als den wahren Erben erkennt, weil seine drei älteren Brüder die Gunst des Vaters verscherzt haben. Juda, viel empfindsamer als seine Söhne, leidet nicht nur unter seiner Mitschuld Joseph gegenüber, sondern auch unter seiner Abhängigkeit von Astarte (Astaroth), der Liebesgöttin, deren Versuchungen er nicht widerstehen kann. So ist auch seine Ehe mit „Schuahs Tochter" wenig glücklich, und seine beiden ersten Söhne, die dann Tamar heiratet, werden wie folgt beschrieben: „Solche Buben, wie diese beiden, kränklich und ausgepicht, dabei aber nett, sind eine Zeitwidrigkeit an solcher Stelle und eine Voreiligkeit der Natur, die einen Augenblick nicht ganz bei sich ist und vergißt, wo sie hält. Er und Onan hätten ins Alte und Späte gehört, in eine Greisenwelt spöttischer Erben, sagen wir: ins äffische Ägyptenland. So nahe dem Ursprung eines ins Weite gerichteten Werdens waren sie fehl am Ort und mußten vertilgt werden."

Tamar selbst wird so geschildert: „Sie war schön auf ihre Art, nämlich nicht hübsch und schön, sondern schön auf eine strenge und verbietende Art, also, daß sie über ihre eigene Schönheit erzürnt zu sein schien, und das mit Recht, denn etwas Behexendes war daran, was den Mannsbildern nicht Ruhe ließ, und gegen solche Unruhe eben hatte sie die Furchen zwischen ihre Brauen gepflanzt."

Sie wirft also ihre Augen auf Juda, dessen Weib, „diese der Geschichtlichkeit gewürdigte Null", sie haßt. „Sie hätte ihr

„Tamar und Juda", Gemälde von Horace Vernet (1789–1863). Zwei Gatten, beides Söhne von Juda, hatte Tamar durch den Tod verloren. Da Juda ihr seinen jüngsten, dritten Sohn verweigerte, war sie entschlossen, den Schwiegervater zu verführen.

astartisch Teil, dem sie sonst zürnte, wohl gern und willentlich spielen lassen zu Juda hinüber und kannte ihn viel zu gut als Knecht der Herrin, um nicht ihres Sieges gewiß zu sein. Aber es war zu spät ... Kurzum, von Juda, dem Erbsohn, mußte sie ihr Augenmerk auf seine Söhne, die Erbenkel, richten ... Zwar ließ sie ihr Astartisches spielen gegen den jungen Menschen, aber die Rückwirkung war kindisch und lasterhaft. Er wollte nur scherzen mit ihr, und als sie dagegen die Finsternis ihrer Brauen setzte, fiel er ab und war des Ernstes nicht fähig."

Als nun Er kurz nach der Hochzeitsnacht stirbt, spricht sie zu Jaakob: „Du mußt, Vater-Herr, dein Wort geltend machen in Israel und es zur Satzung erheben, daß, wo da Brüder sind und einer stirbt ohne Kinder, so soll sein Weib nicht einen fremden Mann draußen nehmen, sondern ihr Schwager soll einspringen und sie ehelichen ... Es war die Schwagerehe, die da auf Tamars Betreiben gegründet wurde, eine geschichtliche Sache. Dies Landmädchen hatte nun einmal einen Trieb zum Geschichtlichen. Ohne Witwenschaft erhielt sie den Knaben Onan zum Manne, ob Juda auch wenig Lust zeigte zu der Schlichtung und Seitenheirat und der Betroffene noch weniger."

Als nun aber auch Onan stirbt und Tamar den dritten Sohn verlangt, empört sich Juda: „Was denkt sich dies Weib, daß ich soll auch das Schäfchen geben und sie's vertilge? Das ist eine Ischtar, die ihren Liebsten tötet! Eine Jünglingsfresserin ist das, von unersättlicher Gier!" ... Aber Tamar weiß, was sie zu tun hat. – Als Juda sie am Wege sitzen sieht, als Hure verschleiert, kann er nicht widerstehen: „Sein erster Gedanke war: Ich bin allein. Sein zweiter: Ich gehe vorüber ... Und er blieb stehen. ‚Die Herrin zum Gruß!' sagte er. ‚Sie stärke dich!' flüsterte sie. Da hatte der Engel der Lüste ihn schon gepackt, und ihr Flüstern machte, daß er vor Neugier erschauerte."

„Drei Monate später aber ward offenbar, daß Tamar in der Hoffnung war. Das war ein Skandal, wie er in dieser Gegend lange nicht vorgekommen ... Die Männer grollten dumpf, die Weiber kreischten Hohn und Verwünschung. Denn Tamar war hoffärtig gewesen alle Zeit gegen sie alle und hatte getan, als sei sie was Besseres. Zu Juda kam gleich das Geschrei ... Juda erbleichte. Seine Hirschaugen traten hervor, seine Nüstern flatterten. Sünder können äußerst reizbar sein gegen die Sünde der Welt; dazu war sein Blut böse gegen das Weib, weil sie ihm zwei Söhne gefressen, und auch, weil er ihr sein Wort gebrochen hatte wegen des dritten."

Und schließlich, als er Tamars Pfänder sieht: „– und da er zornbleich gewesen war all die Zeit, wurde er nun langsam so rot wie Blut, bis unters Haar und bis in die Augen hinein. Und verstummte. Da fing ein Weib an zu lachen, und dann noch eins ... und endlich lachte schallend und unauslöschlich die ganze Rotte, daß sie in die Hocke gingen vor Lachen ... Und Leas Vierter? Er sprach leise im Schwall: ‚Sie ist gerechter denn ich!' und ging geneigt aus ihrer Mitte davon." Und in einem späteren Kapitel, als Jaakob seine große Familie seinem Sohn Joseph, dem Statthalter Ägyptens, vorstellt: „Hoch und dunkel schritt Tamar vorbei, an jeder Hand einen Sohn, und neigte sich stolz vor dem Schattenspender, denn sie dachte in ihrem Herzen: ‚Ich bin auf der Bahn, du aber nicht, sosehr du auch glitzerst.'"

* * *

Bei Gelegenheit des Todes der Rachel und Isaaks wird ausführlich über Isaaks Nachkommenschaft berichtet. Zunächst werden die zwölf Söhne Jakobs aufgezählt: Von Lea: Ruben, Simeon, Levi, Juda, Issachar und Sebulun. Von Rachel: Joseph und Benjamin. Von Rachels Magd Bilha: Dan und Naphtali; und von Leas Magd Silpa: Gad und Aser. Darauf folgt das Geschlechtsregister Esaus, von dem die Könige und Fürsten Edoms abstammen.

> DIE FRAU SEINES HERRN WARF IHR AUGE AUF JOSEPH UND SPRACH:
> „SCHLAFE BEI MIR!"
> Genesis 39, 7

Das Buch Genesis
Kapitel 39, Vers 1 – 23

Als Joseph eines Tages zu seinen Brüdern nach Dotan, fern von Jakobs Zelten, zog, fielen diese über ihn her, um ihn zu töten, warfen ihn aber, auf Rubens Rat, statt dessen gebunden in eine Grube. Dann tauchten sie Josephs Rock in Ziegenblut und zeigten ihn ihrem Vater, der annehmen mußte, ein wildes Tier habe Joseph getötet. Den Gefangenen verkauften dann die Brüder als Sklaven an herumreisende Ismaeliten, die nach Ägypten zogen und ihn dort an einen hohen Würdenträger mit Namen Potiphar weiterverkauften.

DIE FRAU DES POTIPHAR

Als Joseph nach Ägypten gebracht worden war, kaufte ihn Potiphar, ein Kämmerer des Pharao, der Oberste der Leibwache, ein Ägypter, von den Ismaeliten, die ihn dorthin gebracht hatten. ² Jahwe aber war mit Joseph, so daß ihm alles gelang. So blieb er im Hause seines Herrn, des Ägypters. ³ Da sein Herr sah, daß Jahwe mit ihm sei und Jahwe alles, was er unternahm, durch seine Hand gelingen ließ, ⁴ fand Joseph Gnade in seinen Augen; er durfte ihn bedienen. Dann bestellte er ihn zum Verwalter über sein Haus und vertraute ihm sein ganzes Besitztum an. ⁵ Von der Zeit an, da er ihn zum Verwalter seines ganzen Besitztums bestellt hatte, segnete Jahwe das Haus des Ägypters um Josephs willen, und der Segen Jahwes ruhte auf allem, was ihm gehörte, im Hause und auf dem Feld. ⁶ So überließ er Joseph sein ganzes Besitztum und kümmerte sich neben ihm um nichts als um die Speise, die er aß. Joseph aber war schön von Gestalt und schön von Ansehen.

⁷ Nach diesen Ereignissen warf die Frau seines Herrn ihr Auge auf Joseph und sprach: „Schlafe bei mir!" ⁸ Er aber weigerte sich und sagte zur Frau seines Herrn: „Siehe, mein Herr kümmert sich neben mir um nichts im Hause, und sein ganzes Besitztum hat er mir anvertraut.

⁹ Er hat in diesem Hause keine größere Macht als ich; er hat mir nichts vorbehalten als dich allein, weil du seine Frau bist. Wie sollte ich nun ein so schweres Unrecht tun und mich gegen Gott versündigen?" ¹⁰ Obwohl sie Tag um Tag Joseph zuredete, hörte er nicht auf sie, bei ihr zu schlafen und sich mit ihr abzugeben. ¹¹ Als er eines Tages in das Haus kam, um seine Geschäfte zu besorgen, und niemand von den Leuten des Hauses drinnen im Hause war, ¹² da ergriff sie sein Gewand und sagte: „Schlafe bei mir!" Er aber ließ sein Gewand in ihrer Hand und ging hinaus. ¹³ Als sie sah, daß er sein Gewand in ihrer Hand zurückgelassen hatte und hinausgeflohen war, ¹⁴ rief sie die Leute ihres Hauses herbei und sprach zu ihnen: „Da seht! Er hat uns einen Hebräer gebracht, daß er mit uns seinen Mutwillen treibe. Er kam zu mir, um bei mir zu liegen; ich aber schrie laut. ¹⁵ Wie er nun hörte, daß ich laut schrie, ließ er sein Gewand neben mir liegen, ergriff die Flucht und lief hinaus."

¹⁶ Und sie legte sein Gewand neben sich, bis sein Herr nach Hause kam. ¹⁷ Da erzählte sie ihm den Vorgang und sprach: „Der hebräische Sklave, den du uns ins Haus gebracht hast, kam zu mir, um mit mir seinen Mutwillen zu treiben. ¹⁸ Als ich aber laut schrie, ließ er sein Gewand neben mir zurück und floh hinaus." ¹⁹ Als sein Herr die Worte seiner Frau hörte, die sie zu ihm sprach: „So hat der Sklave an mir getan!", entbrannte sein Zorn. ²⁰ Der Herr ließ Joseph ergreifen und ihn in das Gefängnis werfen, wo die Gefangenen des Königs in Gewahrsam gehalten wurden.

Unten: Salvador Dalí (1904 – 1989) zeigt, wie Joseph von seinen Brüdern verkauft wird (oben im Bilde). Als Hauptfigur jedoch dominiert der klagende Jakob, der um seinen Lieblingssohn trauert.

Seite 97 von links nach rechts:
Auf Rat von Leas ältestem Sohn Ruben wurde Joseph von seinen Brüdern nicht getötet, sondern in eine Zisterne geworfen. Illustration aus dem Add. ms 27210 fol. 6v.

Josephs Brüder tauchten sein Gewand in Ziegenblut und sandten es durch Boten an ihren Vater Jakob, damit der glaube, sein Lieblingssohn sei von einem wilden Tier zerrissen worden. Illustration aus dem Add. ms. 27210 fol. 6v, c.

Für zwanzig Silberstücke wurde Joseph von seinen Brüdern verkauft. Von diesem Sündengeld erwarben sie sich jeder ein Paar Sandalen für ihre Füße. Manuskript 27210, fol. 6v, b.

Unten: Frau Potiphar begehrt Joseph. Sie zerrt an seinem Mantel, um ihn auf ihr Bett zu ziehen. Doch Joseph läßt den Mantel fahren und flieht vor der Verführerin. Illustration aus dem Add. ms. 27210, fol. 6c, v.

Seite 94: Auf der Illustration aus der Chronik des Rudolf von Ems, fol. 32v, ist im oberen Teil zu sehen, wie Joseph aus dem Gemach von Frau Potiphar flieht, wobei sie ihm den Mantel entreißt. Im unteren Teil zeigt sie den herbeigerufenen Leuten den Mantel als Zeugnis vor, daß der Hebräer sie hätte verführen wollen.

Seite 95: „Frau Potiphar beschuldigt Joseph, ihr nachgestellt zu haben", Gemälde von Rembrandt van Rijn (1606 – 1669). Als Potiphar seine Frau fragt, was sie so bedrücke, beschuldigt sie Joseph, er habe sich an ihr vergehen wollen, und zeigt als Beweisstück Josephs Mantel, den sie ihm abgerissen hat.

Und er blieb dort im Gefängnis. [21] Doch Jahwe war mit Joseph und ließ ihn Gnade finden. Er wandte ihm die Gunst des Gefängnisaufsehers zu. [22] So vertraute der Gefängnisaufseher dem Joseph alle Gefangenen an, die sich im Gefängnis befanden. Alles, was dort geschah, mußte nach seiner Anordnung geschehen. [23] Der Gefängnisaufseher kümmerte sich um nichts mehr, was ihm anvertraut war, weil Jahwe mit ihm war und Jahwe ihm alles gelingen ließ, was er unternahm.

DIE UNGLÜCKLICHE LIEBE DER SULEIKA

Wie viele Frauengestalten der Bibel, so hat auch Potiphars Frau keinen eigenen Namen, wie die Tochter des Jiphtach oder die unbekannte zerstückelte Frau aus dem Richterbuch, von deren Vergewaltigung es heißt: „Sie taten ihr die ganze Nacht bis zum Morgen Gewalt an" (Ri 19, 25). Namenlos sind meistens die Opfer der Gewalt.

Aber die Frau des Potiphar ist nicht das schuldlose Opfer, sondern eine Täterin, die freilich – anders als die Gewalt übenden Männer – nicht zum Zuge kommt. Sie gehört der herrschenden Gesellschaftsschicht an, ist reich und mächtig durch ihren Mann – und zugleich unglücklich durch ihre ausweglose Liebe zu dem bezaubernden jungen Sklaven. Die Ausleger der Geschichte konzentrieren sich vor allem auf ihn, den unberührten Helden, den Gerechten, den wahren Sohn Jakobs, der im Augenblick der entscheidenden Versuchung das Bild des Vaters vor sich gesehen haben soll.

schönen, alle verzaubernden Joseph. Ein Jahr lang schweigt sie, ein Jahr lang gibt sie mehr oder weniger deutliche Zeichen, ein Jahr lang spricht sie aus, was sie ersehnt. Der Vorgang wird in der Sprache der Männer „Verführung" genannt und gehört zu den ältesten Rollenklischees.

Wie alle großen Passionen, so hat auch die der Suleika, wie die arabische Welt die namenlose Frau dann doch benannte, das tiefste Interesse der Erzähler und Literaten, der Künstler und Psychologen erweckt. Sie ließen sich auch faszinieren von dem charmanten Träumer, dem erfolgreichen Berater, dem Therapeuten, dem Wirtschaftsmanager, der nach Thomas Mann eine Art Rooseveltschen ‚new deal' verwirklicht. Suleika geriet dabei manchmal ins Hintertreffen, es bleibt ungewiß, ob wir sie, Opfer einer großen unglücklichen Liebe, beweinen oder, die Komik der Situation erfassend, ihre verzweifelte Mischung von Sinnlichkeit

ten die Geschichte Gottes mit seinem Volk im Kopf. Auch Joseph vergißt seine Brüder nicht und verleugnet seine Herkunft nicht. Er leistet den Grad an Anpassung, den ein Jude, sich assimilierend, leisten kann. Aber ehe er sich zum Lustsklaven der Ägypterin machen läßt, zieht er denn doch das Gefängnis vor.

Was eigentlich hat ihn abgehalten von der schönen Frau des Potiphar und von der ägyptischen Lebensweise? Er war doch ein Träumer mit überwältigenden Ego-Träumen, ein Spieler, der seine Brüder später kommen und gehen heißt und mit ihnen Katz und Maus spielt, ein Politiker der intelligenten Vorsorge für magere Jahre. Warum hat er bei dem Hauptspiel nicht mitgespielt?

Der Text beantwortet diese Frage nicht, es ist aber evident, daß der Sohn von Jakob und Rachel, der Enkel von Rebekka und dem beinahe Gott geopferten Isaak, der Urenkel von Sara und Abraham, die aus

Zwei Welten stoßen in dieser Geschichte aufeinander: das bäuerliche Ethos der gerade seßhaft werdenden Nomaden und die verfeinerte städtische Kultur Ägyptens. Im Gegensatz zu den Stammesmüttern Israels mit ihrem Kinderwunsch erscheint hier eine Frau, deren Ziel die Liebe ist, die Vereinigung ohne Zweck und Folgen, die reine Lust. Alle vorhersehbaren Folgen und Schwierigkeiten werden von ihr weggeredet oder ausgeschaltet. Etikette, Moral oder Bindung an ihren Mann, den fast zum Statisten abgesunkenen Bürokraten der Pharaoverwaltung, spielen keinerlei Rolle. Die in der Ehe offenbar vernachlässigte Frau entbrennt in Liebe zu dem

und Rachsucht belächeln sollen. Die Schriftsteller der biblischen und nachbiblischen Tradition haben sich auf die Faszination eingelassen, sie haben die Zweideutigkeit der Situation genossen. Was der nomadische Wüstengott im Interesse geordneter Fortpflanzung verbot, haben sie auf die Frau, die es ja schon im Paradies mit der Schlange, diesem ägyptischen Tier, hielt, projiziert. So konnten sie ihren Vorbehalt gegen die ägyptische Lebensweise behalten. Gegen den Luxus und die Leichtigkeit des Seins erinnerten sie sich an das, was zuvor in einem Land ohne Paläste, edle Gewänder und extensive Vorratswirtschaft gewesen war. Sie behiel-

dem Land der Sicherungen und der Voraussagbarkeit ausgezogen waren, von dem anderen Gott wissen mußte. Joseph hat sich assimiliert, aber sein Herz blieb in der Wüste, sein Lebensentwurf ging über die Rationalität des Kalküls hinaus. Reine Lust als Lebensziel war ihm nicht genug, der Gott der Wüste hatte mehr versprochen als Happiness. Was das war, blieb im dunkeln, aber es war ja gerade dieses Mehr, das Suleika an ihm so hoffnungslos liebte.

WAS NICHT IN DER BIBEL STEHT

ANTIKE UND MITTELALTERLICHE QUELLEN

Nach einer jüdischen Legende wurde Joseph in Ägypten zunächst bei einem Ladenbesitzer in Memphis gelassen, den er durch seine glückliche Hand in drei Monaten reich machte.

NACH ANDERN SAGEN waren es nicht Ismaeliten, sondern sieben midianitische Kaufleute, die Joseph aus dem Brunnen gezogen hatten. Die Midianiter verkauften dann Joseph an die Ismaeliten, die mit ihm weiter nach Ägypten zogen, ihn aber mißhandelten, weil er ständig weinte und klagte. Potiphar soll Joseph für 400 Silberstücke gekauft haben, weil er ihn unzüchtig mißbrauchen wollte, und zur Strafe dafür soll ihn der Engel Gabriel zum Eunuchen gemacht haben.

ließ ihn peitschen: dann wieder versprach sie ihm, sie würde ihn zum Range Potiphars erheben, wenn er ihr zu Willen wäre. Potiphar gegenüber pries sie Josephs Keuschheit, denn sie wollte ihn von jedem Verdacht ablenken. Sie konnte daher Joseph versichern, daß Potiphar Gerüchten über sie und ihn keinen Glauben schenke. Sie versprach ihm sogar, daß Potiphar und sie den Göttern Ägyptens entsagen und den Glauben von Josephs Vätern annehmen würden; aber Joseph antwortete, daß sein Gott an Ehebrechern keine Freude haben würde. Dann wieder verkündete sie ihm, sie würde Potiphar ermorden und ihn dann rechtmäßig heiraten. Er antwortete: „Tu das nicht, denn ich würde die volle Wahrheit erzählen!"

Dann wieder sandte sie ihm Speise mit magischem Zauber, der ihn in ihre Gewalt bringen sollte, aber Joseph hatte vorher die Vision, daß ein Mann ihm zusam-

im Herzen, und meiner Seele Seufzen drückt mich nieder!"

Dann wieder drohte sie, sich zu erdrosseln oder in einen Brunnen oder Abgrund zu springen. Er antwortete – von Voraussetzungen ausgehend, die weder in der Bibel noch in den meisten jüdischen Legenden zu finden sind: „Dann würde Asteho, deines Mannes Konkubine, deine Kinder mißhandeln und die Erinnerung an dich auslöschen." Aber sie entnahm diesen Worten nur, daß er sie liebte, weil er doch um ihre Kinder und ihren Nachruhm besorgt war.

Als sie seine Schönheit und besonders seine Augen lobte, sagte er: „Wie häßlich werden sie im Grabe ausschauen!" Sie: „Wie lieblich sind deine Worte! Nimm die Harfe und spiele und singe für mich!" Er: „Meine Worte sind schön nur, wenn ich meinen Gott lobpreise!" Sie: „Wie schön ist dein Haar! Nimm meinen golde-

Nun erst tritt Potiphars Frau auf, die in der Bibel keinen Namen hat, aber in der Legende meist Suleika heißt. Dies ist kein ägyptischer, sondern ein arabischer Name, der „Verführerin" bedeutet. Nach einer Version soll sie ihm sofort gesagt haben, sie wolle ihn adoptieren, und sich zu ihm gelegt haben, bis sie einen Sohn empfing. Mehr an der Bibel orientiert sind die Berichte über Josephs „zehn Versuchungen": Sie bedrohte ihn mit dem Tode und

men mit der Speise auch ein Schwert überreichte. Da aß er nicht. Als sie ihn einige Tage später fragte, machte er ihr schwere Vorwürfe und verkündete ihr, er würde die Speise vor ihren Augen verzehren, und sein Gott und Abrahams Engel würden ihn bewahren. Da fiel sie vor ihm nieder und bereute. Sie sah in ihrer Leidenschaft so krank aus, daß Potiphar aufmerksam wurde und sie zur Rede stellte. Sie antwortete: „Ich habe einen Schmerz

nen Kamm!" Er: „Hör auf, so mit mir zu sprechen. Solltest du dich nicht lieber um deinen Haushalt kümmern?" Sie: „Nichts kümmert mich in diesem Haus, nur du!"

Dann drohte sie ihm wieder, sie würde ihn vor Gericht stellen, ihm nichts mehr zu essen geben oder ihn ins Gefängnis werfen lassen. Er antwortete, sein Gott würde ihm immer helfen. Oder sie wollte ihn schwerste Fronarbeit verrichten las-

Auf einem der Fresken in den Loggien des Vatikans malte Raffaello Santi (1483–1520) die Szene, wie die Frau des Potiphar den schönen Jüngling Joseph zu sich aufs Lager ziehen möchte. Er aber floh ins Freie, wobei sie ihm den Mantel entriß.

Oben: „Joseph flieht vor Potiphars Frau." Als alle Hausgenossen zu einem Fest gegangen waren, blieb Potiphars Frau, die sich krank gestellt hatte, alleine mit Joseph zurück. Sie wollte ihn sich willfährig machen, doch Joseph floh aus ihrem Schlafgemach. Toggenburger Bibel um 1411, fol. 55r.

Rechts: „Joseph und das Weib des Potiphar", Gemälde des spanischen Barockmalers Antonio del Castillo (um 1693–1667). Auf diesem Bildausschnitt flieht Joseph in vollem Lauf vor der Verführerin, die von ihrem Bett aufspringt, um Joseph zu ergreifen, doch nur noch seinen Mantel fassen kann.

Seite 98: „Joseph und die Frau des Potiphar", Gemälde des venezianischen Meisters Jacopo Tintoretto (1518–1594). Der schöne Jüngling, der von Potiphars Frau seit langem begehrt wird, widersteht ihren Verführungskünsten.

sen oder seine Augen ausstechen lassen. Er: Gott öffnet die Augen der Blinden.

Dann wollte sie wieder Potiphar töten. Darauf Joseph: „Du willst mich nicht nur zum Ehebrecher, sondern auch zum Mörder machen?" Als sie in ihrer Kammer waren, drehte sie ein Götzenbild um, damit es nichts sähe, worauf Joseph: „Die Augen meines Gottes sind überall. – Adam ward um eines geringen Fehltritts aus dem Paradies verbannt, wieviel schwerer würde meine Strafe sein! – Mein Gott pflegt den Liebling unserer Familie als Opfer für sich auszuwählen. Wäre ich das nun, so würde ich eines solchen Opfers nicht würdig sein. Auch erscheint er uns manchmal plötzlich, unerwartet. Erschiene er nun mir im Augenblick meiner Sünde, so wäre mir alles verloren. Und ebenso fürchte ich meinen Vater, der meinem Bruder Ruben wegen einer unzüchtigen Tat das Erstgeburtsrecht entzog. Dasselbe würde mir geschehen."

Ihre Freundinnen befragten sie, warum sie so blaß und kränklich aussähe. Statt einer Antwort lud sie sie ein, setzte ihnen Früchte vor und ließ sie von Joseph bedienen. Als dieser eintrat, waren alle von seiner Schönheit so betroffen, daß sie sich mit den Messern in die Finger schnitten. Als „Suleika" darüber Verwunderung heuchelte, sprachen sie: „Wie können wir auf unsere Finger achtgeben, wenn du uns einen so göttlich schönen Mann vorführst!" Sie: „Nun versteht ihr meine Krankheit. Denn ich habe ihn ja alle Tage vor mir." Darauf die Freundinnen: „Aber er ist doch dein Sklave! Warum offenbarst du ihm nicht, was dich so bedrückt?" Sie: „Ich tue das ja täglich, er aber erwidert meine Gefühle nicht." Sie rieten ihr, ihn in Versuchung zu führen, und so umschlang sie ihn eines Tages, aber er drückte sie zu Boden. Da weinte sie und sagte: „Niemand ist doch so schön wie ich! Ich verspreche dir, daß dir kein Schaden durch meinen Gatten geschehen wird. Hilf mir, sonst sterbe ich." Doch er blieb standhaft. Sie bedrängte ihn täglich, ein ganzes Jahr lang, ließ sogar einen eisernen Ring unter seinem Kinn anbringen, so daß er seinen Kopf nicht senken konnte und ihr immer ins Gesicht schauen mußte.

Die Katastrophe ereignet sich dann den Legenden nach an einem großen Festtag, an dem alles aus dem Hause ging. Sie stellte sich krank und legte sich zu Bett, stand dann aber auf, schmückte sich herrlich, und als Joseph zurückkam, trat sie vor ihn und wiederholte ihr Verlangen. Da endlich verließ ihn seine Standhaftigkeit für einen Augenblick, aber dann sah er das Gesicht seiner Mutter, dann das von Lea und dann das Jakobs vor sich, und dieser

Rechts: „Joseph und Potiphars Frau", Gemälde von Marc Chagall (1887–1985). Die Frau von Potiphar, die sich als krank ausgegeben hat, schlägt die Decke ihres Lagers zurück, um Joseph durch die Reize ihres nackten Körpers endlich für sich zu gewinnen. Doch Joseph bleibt standhaft und wendet sich von ihr ab. Sehr schön ist der Kontrast der nackten Verführerin auf dem hellen Lager zu dem in ein dichtes, dunkles Gewand gehüllten Joseph.

Unten: „Joseph und das Weib des Potiphar", Gemälde von Carlo Graf Cignani (1628 bis 1719). Die schöne Frau Potiphar versucht, den von ihr so begehrten Joseph zärtlich zu umschlingen, doch Joseph befreit sich mit erhobenen Händen aus ihrer Umarmung.

sprach ihn an: „Eines Tages werden die Namen deiner Brüder auf dem Brustschmuck des Hohenpriesters eingegraben sein. Willst du, daß auch dein Name da erscheine? – Denn wer sich mit Huren einläßt, verliert seine Ehre!"

Da hielt er ein, und als sie ihn befragte, sagte er ihr: „Ich sehe meinen Vater." Sie: „Wo ist er? Es ist niemand im Hause!" Er: „Du und dein Volk können nicht sehen, ich aber gehöre zu denen, die sehen können."

NACH ANDEREN BERICHTEN geriet er nie in Versuchung, aber die meisten Legenden sagen, daß, als Joseph herausgegangen war, ihn die Leidenschaft wieder überwältigte, so daß er zu ihr zurückkehrte. Da aber erschien ihm Gott, der in seiner Hand die „Eben Shetiya", das Fundament, auf dem Jerusalem und der Tempel steht, hielt und sprach: „Berührst du sie, so werde ich den Stein fortwerfen, und die Welt wird zerfallen." Da flüchtete er von neuem, sie aber rief: „So wahr Pharao lebt: Wenn du mir nicht zu Willen bist, so mußt du sterben!" Sie zog ein Schwert unter ihrem Kleid hervor, preßte es an seine Kehle und wiederholte ihre Drohung. Doch er entkam, und sie küßte das Kleidungsstück, das er zurückließ.

Als ihre Freundinnen ins Haus zurückkehrten, fanden sie sie in großem Elend, und sie erklärte, was geschehen war. Sie rieten ihr, Joseph anzuklagen und zu behaupten, daß er sie seit langem belästigt hätte. Da legte sie ihren Schmuck und ihre prächtigen Kleider ab und legte sich wieder aufs Krankenbett. Dann ließ sie einige Männer kommen und klagte Joseph vor ihnen an und zeigte ihnen sein zerrissenes Gewand. Diese sagten nichts, berichteten aber alles dem Potiphar, und die Gatten ihrer Freundinnen beklagten sich ebenfalls bei Potiphar, daß Joseph auch ihre Frauen belästigt hätte.

Da ging Potiphar zu seiner Frau, und sie beschwor ihn, den undankbaren hebräischen Sklaven zu bestrafen. Nach einigen Legenden soll sie ihm dies Versprechen abgenommen haben, als sie intim miteinander waren. Potiphar wollte zunächst den Joseph töten, aber seine Frau riet, ihn einzukerkern, da der Verlust eines solchen Sklaven zu teuer sein werde – in Wahrheit aber, weil sie glaubte, er würde ihr da gefügiger sein. Darauf ließ Potiphar Joseph peitschen. Joseph rief seinen Gott an, ihn nicht wegen falscher Anklagen sterben zu lassen. In diesem Augenblick öffnete Suleikas elf Monate altes Kind, das nie zuvor ein Wort gesprochen hatte, den Mund und sagte den Männern: „Warum mißhandelt ihr ihn so? Meine Mutter lügt ja …" und erzählte ihnen, was sich in Wahrheit begeben habe. Danach habe das

Kind nie wieder ein Wort gesprochen. Da erstaunten die Männer, und Potiphar befahl ihnen einzuhalten. Joseph wurde nun vor ein Priester-Gericht gestellt, wo man das Beweisstück, das zerrissene Gewand genau besah. Da es aber von hinten zerrissen war, erkannte man, daß er unschuldig angeklagt worden sei, sprach ihn aber nicht frei, da er einen Flecken auf Suleikas gutem Namen gelassen habe.

Potiphar war von Josephs Unschuld überzeugt, ging zu ihm und sagte: „Ich muß dich dennoch ins Gefängnis werfen, damit der Name meiner Kinder nicht befleckt wird." So mußte Joseph zehn Jahre im Gefängnis bleiben.

Soweit die jüdische Legende, die zum Teil nicht nur vom biblischen Bericht stark abweicht, sondern sich auch selbst widerspricht, z.B. in bezug auf das Eunuchentum Potiphars, der aber andererseits eine Konkubine und Kinder gehabt haben soll. Josephus führt diese Episode zwar im Sinne der Bibel aus, aber schmückt sie durch längere Reden, besonders der Frau, aus. Bei der letzten Szene ist es ihre Furcht, Joseph selbst möchte ihrem Gatten Anzeige machen, die sie zur Anklage treibt. Potiphar, der hier Petepre heißt, glaubt ihr aufs Wort und hält den Joseph nun für einen nichtswürdigen Menschen.

JOSEPHUS WIRD ÜBRIGENS vom orthodoxen jüdischen Schrifttum totgeschwiegen, da er wegen seiner zweifelhaften Rolle während des Jüdischen Krieges als Verräter seines Vaterlandes galt. Dagegen gibt es aber schon aus der Zeit von Christi Geburt eine jüdische Legende, die sogenannte Proseuche Josephs (Gebet), die zwar verlorengegangen, aber für die spätere Literatur sehr einflußreich gewesen ist. Sie sieht Joseph nicht als den großen jüdischen Helden, weil er der Anlaß für die ägyptische Knechtschaft Israels wurde. Auch Philo Judaeus sieht in ihm den Vermittler zwischen Israel und Ägypten, d.h. zwischen Gutem und Bösem, denn Ägypten galt schlechtweg als Sinnbild der niederen, nur sinnlichen Welt, in die Joseph hinabgezogen wurde.

Der Koran hingegen, der Joseph die ganze zwölfte Sure widmet, macht ihn zum reinen Helden, der aller Versuchung im Namen Gottes widersteht. Weder Potiphar noch seine Frau werden mit Namen genannt, im übrigen aber seine gesamte Geschichte von den Träumen an, einschließlich der Episode erzählt, wo die Verführerin ihre Freundinnen bewirtet und diese sich in die Hände schneiden.

Nur in dem entscheidenden Gespräch zwischen Joseph und seinen Brüdern ist ein Unterschied: Joseph spricht so lange von dem verlorenen Bruder, daß seine Brüder ihn schließlich fragen: „Bist du vielleicht selber Joseph?"

Daß die Bibel selbst erwähnt, daß Joseph eine ägyptische Prinzessin, Asnath, Tochter des Priesters zu On (Heliopolis), geheiratet hat und ihm zwei Söhne, Manasse und Ephraim, schenkte, wird in der islamischen Literatur kaum beachtet. Joseph wird dort gegenüber Potiphars Frau ziemlich blaß gezeichnet. Allerdings haben hellenistische Bearbeiter auch Asnaths Geschichte weitergesponnen und jüdische Interpreten sich darüber gestritten, ob Asnaths Vater Potiphera mit Potiphar identisch ist.

IM ISLAM und dann im Abendland ist dagegen die Gestalt „Suleikas" – manchmal auch „Sephira" genannt – weitaus lebendiger geblieben. Zahlreiche persische Epen schildern den Konflikt zwischen Joseph und der Verführerin, von denen das berühmteste Firdusis „Yussuf (Joseph) o Zuleicha" (1009/20) ist. Hier wird sie Josephs Frau, führt aber nach Vollzug der Ehe ein keusches Leben. Anders im Epos des Djami (15. Jahrh.): Hier wird Suleika für ihre Verführungsversuche und Verleumdungen bestraft, indem sie für sieben Jahre in ein blindes, häßliches Weib verwandelt wird. Dann offenbart sie dem König Yussufs Unschuld und wirft sich Joseph, seinem Statthalter, zu Füßen, der sie aber erst wiedererkennt, nachdem sie den wahren Glauben angenommen und ihre Schönheit zurückerhalten hat. Dann wird sie Josephs fromme Gemahlin.

IN DEN ROMANISCHEN LÄNDERN entstand während des Mittelalters eine ganze Reihe von Joseph-Spielen, so eines aus Laon im 13. Jahrhundert, und das spanische „El sueño y venta de José" des 13.–14. Jahrhunderts. Das italienische Spiel „Rappresentazione di Giuseppe figliuolo di Giacobbe" und die Joseph-Episode des französischen „Mistère du vieil testament", beide vom Ende des 15. Jahrhunderts, verarbeiten dasselbe Thema. Das Drama des Pandolfo Collenuccio (1504) besteht hauptsächlich aus Gebeten. Bei Micael de Carvajal („Tragedia Llamada Josefina", 1546) ist die dramatische Handlung straffer zusammengefaßt und die Gestalt der leidenden Suleika menschlich nähergebracht. Um dieselbe Zeit entsteht eine ganze Reihe von lateinischen und deutschen Schuldramen, in denen der Triumph der verfolgten Unschuld des Musterjünglings Joseph pädagogisch vor Augen gebracht wird.

Bei Dante ist Potiphars Frau in die Hölle verbannt, aber nicht, wie man wohl vermuten könnte, mit den Wollüstigen und Fleischessündern, sondern im achten

Auf der aquarellierten Zeichnung eines anonymen ukrainischen Malers, in den zwanziger Jahren des 19. Jahrhunderts entstanden, wird im Biedermeierstil die Szene dargestellt, wie Potiphars Frau Joseph zu umarmen sucht, doch dem Davonstrebenden nur den Mantel abreißen kann.

Höllenkreis mit den falschen Anklägern. Da heißt es im 30. Gesang (übersetzt von Wilhelm G. Hertz):

„... Wer sind die zwei, die sich nicht regen,
Dort dampfend, wie im Winter nasse Hand,
Und eng an deiner Rechten sind gelegen?" ...
(Darauf Vergil): „Die Falsche ist's, die Joseph einst verklagte,
Sie dampft vor Fieber, so wie Sinon auch,
Der Grieche, der in Troja Falsches sagte."

> Der Herr ließ Joseph ergreifen
> und ihn in das Gefängnis werfen, wo die Gefangenen des Königs
> in Gewahrsam gehalten wurden.
>
> Genesis 39,20

NEUERE LITERATUR

Wir wissen von etwa 25 Joseph-Dramen des 16. Jahrhunderts. Zu den frühesten gehören das von G. Major – . Greff von 1534 und das lateinische von Cornelius Crocus (1535), das Thiebolt Gart in ein lebensvolles und bedeutendes Drama umgestaltet hat (1540). Wirkungsvoll sind auch die Darstellungen von G. Macropedius (1544) und besonders von Philipp Nikodemus Frischlin (1590). Der Schweizer Jakob Ruf (oder Ruof, Ruef) brachte schon 1540 ein „huepsch nuewes Spil von Josephen, den frommem Juengling" mit stark antipäpstlichen Tendenzen heraus. Moralisierend sind auch die spanischen Behandlungen des Stoffes: das anonyme „Triumfos de José", J. C. de la Hoz y Mota's „Josef Salvador de Egipto y triumfos de la inocentia". Der fast unglaublich fruchtbare Felix Lope de Vega Carpio (1562–1635), von dessen fast 1800 Dramen etwa 500 erhalten sind, behandelte das Thema in seinen „Los trabajos de Jacob". Der aus Böhmen vertriebene protestantische Dramatiker Christian Weise (1642–1708) benutzte den Stoff zu einer Komödie in seinem Drama „Die triumphierende Keuschheit".

IM 17. JAHRHUNDERT ERSCHEINT Joseph ebenfalls auf der Bühne, aber das Verführungsmotiv tritt zurück, und Joseph wird als Staatsmann dargestellt, so in Jakob Bidermanns „Josephus" (1615). Bei N. Avancini wird die Verführungsgeschichte überhaupt ausgelassen, sein Drama (1650) beginnt mit Josephs Traumdeutung. Den gesamten Stoff behandelt wieder Hans Jakob Christoffel von Grimmelshausen (1622–1676), der schon vor seinem berühmten „Simplicissimus" in seiner „Histori vom keuschen Joseph" (1667) dessen ganze Geschichte ausführlich nacherzählt und auch die tugendhafte Asenath vorführt. Sie besiegt die verführerische „Selicha" (Suleika) und rettet damit ihren Gatten.

Noch weiter geht der Hamburger Philipp von Zesen (1619–1689). In seinem Roman „Assenat" (1670) erscheint Joseph als eine Art von Präfiguration Christi, die Verführerin Sefira als eine Teufelin. In J. Meiers Roman „Der Durchlauchtigsten Hebreerinnen Assenath und Seera Helden-Geschichte" (1697) stehen sich die beiden in einer Art von Palastintrige gegenüber. Es vollzieht sich um diese Zeit ein Übergang vom Moral-Drama zum galant-höfischen Intrigen-Schauspiel. Bei Ch. F. Kiene (1681) ist Joseph noch der Moralist, bei Heinrich Anshelm Zigler und Kliphausen (1663–1696) ist er schon zum barock-höfischen galanten Helden geworden, während in Frankreich, in J. G. de Morillons „Joseph ou l'esclave fidèle" (1679), die religiöse Seite des Themas im Vordergrund steht.

IM ZEITALTER DER EMPFINDSAMKEIT wurde der Stoff für biblische Epen verwandt, so in einer „Patriarchade", betitelt „Altonaer Joseph", die einst Goethe zugeschrieben wurde, und in E. Rowes Epos „The History of Joseph" (1736). In Johann Jacob Bodmers „Patriarchade" „Joseph und Zulika" (1753) wird letztere als empfindsame Seele vorgestellt, die teuflischen Einflüsterungen erliegt und von dem Aufklärer Joseph gerettet wird. Auch der ganz junge Goethe versuchte sich, um 1763, an einer Prosadichtung, in der er die Geschichte des frommen Joseph in zwölf Bildern darstellte. Hier wie auch in Bodmers Werk ist der Klopstocksche Geist deutlicher spürbar. Im etwa gleichzeitigen Prosagedicht des Franzosen J. Bitaubé ist Joseph wieder der galante Schäfer, dem es nicht schwerfällt, der Versucherin zu widerstehen, da er eine andere liebt, und bei seinem Landsmann C. J. Dorat wird die Verführerin so sympathisch dargestellt, daß der kalte Joseph fast in die Rolle des Angeklagten gedrängt wird.

In den Joseph-Opern des 18. und frühen 19. Jahrhunderts tritt das Verführungsmotiv meist zurück: Im „Giuseppe riconosciuto" (1733) des erfolgreichsten Librettisten aller Zeiten, Pietro Metastasio, tritt Joseph bereits als Regierender auf, ähnlich wie bei seinem Landsmann Avancini, und dasselbe gilt von Étienne Nicolas Méhuls einst sehr beliebter Oper „Joseph" (1807). Aber in Goethes „Westöstlichem Diwan" (1819) heißt es wieder:
„Daß Suleika von Jussuph entzückt war,
Ist keine Kunst;
Er war jung, Jugend hat Gunst,
Er war schön, sie sagen: zum Entzücken,
Schön war sie, konnten einander beglükken",
und die Suleika-Figur des „Diwans" klingt deutlich an die schöne Frau des Potiphar an, wenn auch ihr Geliebter nun „Hatem" heißt.

AUCH IN DER LITERATUR unseres Jahrhunderts spielt die „Verführerin" eine bedeutende Rolle, so im Drama „Joseph der Sieger" des expressionistischen Dichters Max Herrmann-Neiße (1919), und in Emil Belzners Epos „Die Hörner des Potiphar" (1924). In Hugo von Hofmannsthals und H. Graf Keßlers Pantomime „Josephs Legende", vertont von Richard Strauss (1914), wird der ideale Jüngling Joseph von einem Engel aus der Gefangenschaft befreit, während seine Verführerin sich mit einer Perlenschnur erwürgt. Die ausführlichste und vielleicht eindrucksvollste Darstellung des Verführungsdramas aber befindet sich im dritten Band von Thomas Manns „Joseph und seine Brüder" (1936). Obwohl Joseph der Mittelpunkt und eigentliche Held der Tetralogie ist, wird hier Potiphars Frau, Mut-em-enet, zur wahrhaft tragischen Gestalt, die jahrelang verzweifelt mit ihrer Leidenschaft ringt, ehe sie sie Joseph erst leise andeutet, dann immer ungestümer vorträgt: „Drei Jahre: Im ersten suchte sie, ihm ihre Liebe zu verhehlen, im zweiten gab sie sie ihm zu erkennen, im dritten trug sie sie ihm an."

„Niemand sah Mut-em-enets Antlitz, als sie es nach vergeblichem Ringen mit Petepre, ihrem Gatten, um die Entfernung Josephs, an den Pfeiler gelehnt, in den Falten ihres Kleides verbarg. Aber viel, ja alles hat die Vermutung für sich, daß dieses Antlitz in der Verborgenheit vor Freude strahlte, weil sie den Erwecker auch weiterhin würde dürfen sehen müssen und ihn nicht würde müssen vergessen dürfen."

Ihr Gatte, Petepre – Potiphar –, ist von seinen Eltern in frühester Jugend entmannt worden, um ihn „dem dunklen Bereich zu entziehen". Sein Leben ist ein rein formelles: Die hohe Stellung, die er an Pharaos Hof einnimmt, ist eine rein zeremonielle, und in seinem Hause ist er nur darauf bedacht, die Oberfläche ruhig und friedlich zu erhalten. Indessen steigert sich Muts Leidenschaft bis zur Raserei, so daß sie sich schließlich in die Zunge beißt, um die entscheidenden, tödlichen Worte nur stammeln zu müssen. In dieser letzten Szene zwischen den beiden ruft sie immer wieder: „Ich habe seine Stärke gesehen!", und dann, als er sich fortreißt: „Geliebter! Wohin von mir? Bleib! Oh, seliger Knabe! Oh schändlicher Knecht! Fluch dir! Tod dir! Verrat! Gewalt! Den Wüstling haltet! Den Ehrenmörder! Zu Hilfe mir! Zu Hilfe der Herrin! Ein Unhold kam über mich!"

Petepre, der längst geahnt hat, was sich unter der Oberfläche abgespielt hat, sendet Joseph nur sehr widerstrebend ins Gefängnis mit besonderen Anweisungen an dessen Amtmann. Mut und Joseph sehen sich nie wieder, denn nachdem Joseph aus

Die Rundbilder aus der Bible Moralisée, Codex Vindobonensis 2554, fol. 10, zeigen auf der ersten Reihe links: Frau Fotiphar klagt Joseph bei ihrem Mann an, er habe sie verführen wollen; rechts: Joseph wird auf Geheiß von Potiphar gegeißelt. Dritte Reihe links: Joseph wird ins Gefängnis geworfen, wo ihn die Mitgefangenen verehren; rechts: Joseph zwischen dem beim Pharao in Ungnade gefallenen Bäcker und dem Mundschenk, deren Träume er deutet.

dem Gefängnis befreit und „Herr über Ägyptenland" geworden ist, vermeidet er taktvoll jeden Kontakt mit Petepre und dessen Haus, und Mut aber verwandelt sich zurück in die kühle Mond-Nonne, die strenge Amun-Priesterin, die sie vormals gewesen war.

„Dem Geliebten fluche sie nicht wegen der Leiden, die er ihr zugefügt oder die sie sich zugefügt um seinetwillen; denn Liebesleiden sind aparte Leiden, die erduldet zu haben noch nie jemand gereut hat ... Ein tief versunkener Schatz, der aber immer still heraufleuchtete in den trüben Tagen ihrer Entsagung ... Er war nur ein Werkzeug, wie sie, Mut-em-enet, ein Werkzeug gewesen war. Vielmehr und fast unabhängig von ihm war es das Bewußtsein der Rechtfertigung, das Bewußtsein, daß sie geblüht und geglüht, daß sie geliebt und gelitten hatte."

* * *

Die Bibel erzählt dann weiter, daß Joseph im Gefängnis durch seine Klugheit und Geschicklichkeit die Gunst des Amtmannes erwarb, der sich nun, ähnlich wie Potiphar, „keines Dinges annahm", sondern Joseph seine sämtliche Arbeit verrichten ließ.

Während der Not-Jahre bricht eine große Teuerung über das Land Jakobs aus, und da man weiß, daß in Ägypten Getreide vorhanden ist, schickt Jakob die Brüder – mit Ausnahme Benjamins – dorthin, um Getreide zu kaufen. Sie kommen vor Joseph, der sie erkennt, sie ihn aber nicht, weil er ganz ägyptisch gekleidet ist. Und nun zwingt Joseph seine Brüder dazu, auch Benjamin vor ihn zu bringen – sehr gegen den Willen Jakobs. Als die Brüder wieder abreisen, läßt er einen goldenen Becher ins Gepäck Benjamins schmuggeln und diesen dann verhaften. Die Brüder sind sehr bestürzt, da sie unmöglich ohne Benjamin vor Jakob treten können, und beschwören ihn, Juda anstelle von Benjamin zu nehmen. Da gibt er sich ihnen zu erkennen, verzeiht ihnen und läßt Jakob mit allem seinem Gefolge zu ihm nach Ägypten ziehen. Der uralte Jakob kommt, sieht seinen Lieblingssohn wieder und steht dann sogar vor Pharao.

> ABER DIE FRAU NAHM DIE BEIDEN MÄNNER
> UND VERBARG SIE.
> Josua 2, 4

Das Buch Josua

Kapitel 2, Vers 1 – 24
Kapitel 6, Vers 1 – 27

Die Israeliten siedeln sich dann in der ägyptischen Provinz Gosen, im Nildelta, an, werden aber, lange nach Jakobs und Josephs Tod, von einem neuen Pharao unterdrückt. Schließlich werden sie von Mose nach vierzigjähriger Wanderung durch die Wüste in ihr gelobtes Land Kanaan zurückgeführt, das aber von Israels Stämmen erst wieder zurückerobert werden muß. Bei der Belagerung der Stadt Jericho am Jordan unter Moses Nachfolger Josua spielt sich dann die folgende Rachab-Episode ab.

DIE DIRNE RACHAB

Josua, der Sohn Nuns, sandte heimlich von Schittim aus zwei Kundschafter mit diesem Auftrag: „Geht, erkundet das Land von Jericho!" Sie gingen und kamen in das Haus einer Dirne mit Namen Rachab und legten sich zur Ruhe. ² Da wurde dem König von Jericho also gemeldet: „Siehe, Männer von den Israeliten sind für die Nacht hergekommen, um das Land zu erkunden." ³ Da sandte der König von Jericho und ließ Rachab sagen: „Gib die Männer heraus, die zu dir gekommen sind, die in dein Haus eingekehrt sind, denn um das ganze Land zu erkunden, sind sie gekommen." ⁴ Aber die Frau nahm die beiden Männer und verbarg sie. Sie antwortete: „Ja, diese Männer sind zu mir gekommen, aber ich wußte nicht, woher sie waren. ⁵ Als bei einbrechender Dunkelheit das Stadttor geschlossen werden sollte, sind sie hinausgegangen; ich weiß nicht, wohin sie gegangen sind. Jagt schnell hinter ihnen her, dann könnt ihr sie noch einholen!"

⁶ Sie hatte sie aber auf das Dach gebracht und unter Flachsstengeln versteckt, die sie dort aufgeschichtet hatte. ⁷ Die Leute des Königs verfolgten sie in der Richtung des Jordan zu den Furten hin, und man schloß das Tor zu, sobald die ausgezogen waren, welche hinter ihnen herjagten.

⁸ Sie hatten sich aber noch nicht zur Ruhe gelegt, als Rachab zu ihnen auf das Dach stieg. ⁹ Sie sprach zu ihnen: „Ich weiß, Jahwe hat euch dieses Land gegeben; Schrecken vor euch fiel auf uns, und alle Bewohner des Landes wurden bei eurem Nahen von Entsetzen gepackt. ¹⁰ Denn wir haben erfahren, wie Jahwe vor euch die Wasser des Schilfmeeres bei eurem Auszug aus Ägypten austrocknen ließ und was ihr den beiden Amoriterkönigen jenseits des Jordan angetan habt, Sichon und Og; an ihnen habt ihr den Bann vollstreckt. ¹¹ Als wir das erfuhren, verging uns das Herz, und keiner mehr brachte den Mut auf, euch standzuhalten; denn Jahwe, euer Gott, ist Gott im Himmel droben wie drunten auf Erden. ¹² Nun schwöret mir bei Jahwe: wie ich barmherzig an euch gehandelt habe, so sollt auch ihr am Hause meines Vaters barmherzig handeln, und gebt mir dafür ein zuverlässiges Zeichen; ¹³ ihr sollt meinen Vater und meine Mutter, meine Brüder und meine Schwestern und alle, die zu ihnen gehören, am Leben lassen und uns vor dem Tode verschonen." ¹⁴ Da antworteten ihr die Männer: „Sonst sollten wir selbst an eurer Statt sterben! Allerdings dürft ihr unsere Verabredung nicht verraten! Wenn uns Jahwe das Land gegeben hat, wollen wir barmherzig und treu an dir handeln." ¹⁵ Rachab ließ sie an einem Strick durch das Fenster hinab, denn ihr Haus lag an der Stadtmauer, und an der Stadtmauer wohnte sie. ¹⁶ Und sie sprach zu ihnen: „Ins Gebirge müßt ihr gehen, um denen zu entkommen, die euch verfolgen. Verberget euch dort oben drei Tage lang bis zur Rückkehr der Verfolger, dann mögt ihr eures Weges gehen." ¹⁷ Die Männer erwiderten ihr: „Des Eides, den du uns schwören ließest, sind wir

Seite 104: Diese im Wiener Jugendstil entworfene Gestalt der Rachab stammt von dem Zeichner und Buchillustrator Ephraim Moses Lilien (1874 – 1925). Sein künstlerisches Schaffen als Illustrator begrenzte er auf Motive der Bibel und der jüdischen Umwelt.

Seite 105: Marc Chagall malte 1960 dieses Bild von Rachab mit den zwei Kundschaftern, von denen es im Buch Josua 2,1 heißt: „Sie kehrten im Haus einer Prostituierten namens Rachab ein, um dort zu übernachten."

ledig unter dieser Bedingung: ¹⁸ Kommen wir in das Land, siehe, dann verwende dieses Zeichen: Binde diese aus rotem Faden geflochtene Schnur an das Fenster, durch das du uns heruntergelassen hast, und versammle bei dir im Haus deinen Vater, deine Mutter, deine Brüder und deine ganze Familie. ¹⁹ Jeder, der über die Tür deines Hauses tritt, um hinauszugehen, dessen Blut falle auf sein Haupt zurück; wir sind unschuldig daran. Aber das Blut eines jeden, der mit dir im Hause bleibt, falle auf unser Haupt zurück, wenn man Hand an ihn legt. ²⁰ Wenn du aber unsere Verabredung hier verraten solltest, sind wir des Eides ledig, den du uns schwören ließest." ²¹ Sie antwortete: „Wie ihr sagt, so soll es sein." Sie ließ sie gehen, und sie entfernten sich. Dann band sie die rote Schnur an das Fenster.

Auf dem Mosaikband im Langhaus der römischen Kirche Santa Maria Maggiore ist unter anderem dargestellt, *links:* wie die Israeliten mit der Bundeslade trockenen Fußes durch das Jordanbett ziehen, und *rechts:* wie Josua zwei Kundschafter nach Jericho ausschickt. Diese während der Pontifikatszeit Sixtus' III. (432 – 440) entstandenen Mosaiken sind gut erhaltene, kostbare Dokumente des 5. Jahrhunderts.

²² Sie gingen und gelangten in das Gebirge. Dort blieben sie drei Tage, bis die Leute zurückgekehrt wären, die man zu ihrer Verfolgung ausgeschickt hatte. Diese hatten den ganzen Weg abgesucht, ohne sie zu finden. ²³ Da stiegen die beiden Männer wieder vom Gebirge herab, überquerten den Fluß und kamen zu Josua, dem Sohne Nuns, dem sie alles erzählten, was ihnen begegnet war. ²⁴ Sie sprachen zu Josua: „Jahwe hat das ganze Land in unsere Hand gegeben; alle Bewohner des Landes zittern schon vor uns."

In den folgenden drei Kapiteln wird dann berichtet, wie Josua die heilige Bundeslade von den Priestern an den Fluß Jordan bringen läßt, dessen Wasser stehenblieb, so daß die Kinder Israels durch das Flußbett nach Jericho ziehen konnten. Als Denkzeichen dieses wunderbaren Durchgangs läßt Josua zwölf Steine (für die Stämme Israels) errichten. Das ganze Volk fürchtete ihn, wie es Mose gefürchtet hatte. Er läßt die Kinder Israels beschneiden, denn dies war in den Wüstenjahren vernachlässigt worden. Vor Jericho erscheint ihm ein Engel Gottes, der ihm Hilfe verspricht.

6 ¹ Nun hatte sich Jericho [vor den Israeliten] fest verschlossen: keiner kam heraus, keiner ging hinein. ² Da sprach Jahwe zu Josua: „Siehe, ich gebe Jericho und seinen König in deine Hand. Ihr Kriegsleute alle, ³ wehrhafte Männer, geht um die Stadt [einmal ringsherum, und ebenso sollst du es sechs Tage lang tun. ⁴ Sieben Priester aber sollen sieben Posaunen vor der

Lade hertragen. Am siebten Tage sollt ihr siebenmal um die Stadt gehen, und die Priester sollen in die Posaune stoßen]. ⁵ Wenn das Widderhorn ertönt, [wenn ihr den Posaunenstoß hört,] soll das ganze Volk einen gewaltigen Kriegsschrei ausstoßen; und die Mauer der Stadt wird auf der Stelle zusammenstürzen: dann soll das Volk losstürmen, wo ein jeder gerade ist."

⁶ Josua, der Sohn Nuns, rief die Priester und sprach zu ihnen: [„Nehmt die Lade des Bundes, und sieben Priester sollen sieben Widderhornposaunen vor der Lade Jahwes hertragen."] ⁷ Er sprach zum Volk: „Geht und zieht um die Stadt, und die Vorhut soll vor der Lade Jahwes hergehen." ⁸ [Und es geschah nach dem Befehl, den Josua dem Volk gegeben hatte.] Während sieben Priester die sieben Widderhornposaunen trugen, gingen sie vor Jahwe her und stießen in die Posaune; die Lade des Bundes Jahwes kam nach ihnen, ⁹ die Vorhut zog vor den Priestern her, [die in die Posaune stießen,] und die Nachhut kam nach der Lade, und man ging und stieß in die Posaune.

¹⁰ Dem Volk hatte Josua diesen Befehl gegeben: „Schreit nicht und laßt eure Stimme nicht hören [kein Wort komme aus eurem Munde] bis zu dem Tage, da ich euch sage: ‚Stoßt den Kriegsschrei aus!' Dann sollt ihr schreien."

¹¹ Josua ließ die Lade Jahwes um die Stadt ziehen [einmal ringsherum]; dann kehrte man ins Lager zurück und verbrachte die Nacht im Lager. ¹² Josua erhob sich früh am Morgen, und die Priester nahmen die Lade Jahwes.

Rachab und die Kundschafter. Farbige Kreidezeichnung von Giovanni Segantini (1858 bis 1899). Entstanden ist dieses Blatt ein Jahr vor dem Tode des Künstlers. Auf dem Dach ihres Hauses bespricht sich Rachab höchst geheimnisvoll mit den israelitischen Kundschaftern. Kleidung, Schuhwerk und Kopfbedeckungen verraten, daß der Künstler mit jüdischen Traditionen genau vertraut war.

Rechts: Rachab, die die israelitischen Kundschafter tagsüber unter einem Haufen Flachs versteckt gehalten hatte, ließ beide nachts mittels eines Strickes über die Stadtmauer ins Freie hinunter. Handschrift des 14. Jahrhunderts, im Besitz der Nationalbibliothek Florenz.

Oben: Rachab verhilft den beiden israelitischen Kundschaftern zur Flucht, indem sie sie an einem roten Strick über die Stadtmauer ins Freie abseilt. Illustration aus der Luther-Bibel von 1938 von Julius Schnorr von Carolsfeld (1794 – 1872).

[13] Sieben Priester mit den sieben Widderhornposaunen zogen vor der Lade Jahwes her und stießen während des Zuges in die Posaune, während die Vorhut vor ihnen ging und die Nachhut der Lade Jahwes folgte, und so zog man beim Posaunenschall einher. [14] Man zog um die Stadt [am zweiten Tage einmal] und kehrte ins Lager zurück; so machte man es sechs Tage hindurch. [15] Am siebten Tag erhoben sie sich beim Morgengrauen und zogen [in derselben Ordnung] siebenmal um die Stadt. [Nur an jenem Tage zog man siebenmal um die Stadt.] [16] Beim siebten Mal stießen die Priester in die Posaune, und Josua sprach zum Volk: „Stoßt den Kriegsschrei aus! Denn Jahwe hat euch die Stadt gegeben.

[17] Die Stadt soll für Jahwe dem Bann verfallen sein mit allem, was in ihr ist; nur Rachab, die Dirne, soll am Leben bleiben sowie alle, die mit ihr in ihrem Hause sind, weil sie die Boten versteckt hat, die wir gesandt haben. [18] Ihr aber hütet euch wohl vor dem Gebannten, damit ihr nicht Lust bekommt und euch etwas von dem aneignet, was im Banne ist, denn dadurch würde das ganze Lager Israels dem Bann ausgesetzt und über es Unglück gebracht. [19] Alles Silber und alles Gold, alles Gerät aus Erz und Eisen soll Jahwe geheiligt werden, in den Schatz Jahwes soll es kommen." [20] Das Volk schrie, und man ließ die Posaunen erschallen. Als das Volk den Posaunenschall hörte, stieß es einen gewaltigen Kriegsschrei aus, und die Mauer stürzte in sich

Rachab ließ sie an einem Strick durch das Fenster hinab …
… „Ins Gebirge müßt ihr gehen,
um denen zu entkommen, die euch verfolgen."

Buch Josua 2, 15/16

zusammen. Sogleich stieg das Volk zur Stadt hinauf, wo ein jeder gerade war, und sie nahmen die Stadt ein. ²¹ Sie vollzogen den Bann an allem, was in der Stadt war, an Mann und Weib, jung und alt, bis zu Ochs und Schaf und Esel, mit der Schärfe des Schwertes.

²² Josua sprach zu den beiden Männern, die das Land erkundet hatten: „Geht in das Haus der Dirne, und bringt diese Frau heraus mit allen, die zu ihr gehören, wie ihr es ihr geschworen habt." ²³ Die jungen Leute, die Kundschafter, gingen hin und brachten Rachab heraus, ihren Vater, ihre Mutter, ihre Brüder und alle, die zu ihr gehörten. Sie brachten auch alle aus ihrer Sippe heraus und führten sie an einen sicheren Ort außerhalb des Lagers Israels. ²⁴ Man verbrannte die Stadt und alles, was sie enthielt, außer dem Silber und Gold und dem Gerät aus Erz und Eisen, das man in den Schatz des Hauses Jahwes gab. ²⁵ Rachab aber, die Dirne, sowie das Haus ihres Vaters und alle, die zu ihr gehörten, hat Josua verschont. Sie blieb mitten in Israel wohnen bis auf den heutigen Tag, weil sie die Boten versteckt hatte, die Josua sandte, um Jericho zu erkunden.

²⁶ In jener Zeit ließ Josua diesen Schwur vor Jahwe tun: Verflucht sei der Mann, der auftritt, um diese Stadt neu zu erbauen! Auf seinen Ältesten soll er sie gründen und ihre Tore errichten auf seinen Jüngsten! ²⁷ Jahwe war mit Josua, und sein Ruf verbreitete sich in der ganzen Gegend.

Die Verfolger der israelitischen Kundschafter (unten rechts) reiten unverrichteter Dinge nach Jericho zurück, während die beiden Israeliten (oben links) entkommen. Illustration aus der Josua-Rolle des Codex Vaticanus Ms. Pal. graec. 431.

DAS ROTE SEIL DER RETTUNG

Die Erzählung von der Prostituierten Rachab handelt von Gewalt und List, von der Macht der Eroberer, der Angst der Unterworfenen und von der roten Schnur einer listigen Frau, die mit ihrer Familie überleben will. His-tory wird von Her-story durchkreuzt, die Unmenschlichkeit der Geschichte, die aus Kriegen, Eroberungen und Vertreibungen gemacht zu sein scheint, wird in dieser Episode relativiert; ein Hauch von subversiver Ironie breitet sich aus. Das Leben, so scheint sie zu sagen, ist nicht nur in den Händen mächtiger Männer.

Die Bibel ist in erster Linie ein realistisches, nicht ein moralisch-erbauliches Buch. Selbst das Neue Testament, dessen ermahnende Haustafeln viel zur Entstellung des Christentums beigetragen haben, rückt Rachab in die lange Liste derer, die „durch den Glauben" gelebt haben. „Durch den Glauben kam Rachab, die Buhlerin, nicht mit den Ungehorsamen um, da sie die Kundschafter friedlich aufgenommen hatte" (Hebr 11,31).

Wer war diese Frau, eine Hure? Eine Herbergsmutter, die ein Wirtshaus führte? Eine Tempelprostituierte oder gar eine Priesterin der Astarte? Sie taucht auf im Zusammenhang der Eroberung des versprochenen Landes. Jenseits des Jordan steht das Volk Israel bereit, den kleinen Stadtstaat Jericho zu erobern, ein starkes Kriegsvolk, der ägyptischen Knechtschaft entflohen, der Wüste entronnen. Zwei Männer werden als Kundschafter vorgeschickt, um die Stadt auszuspionieren. Sie kehren im Haus der Rachab, das an der Stadtmauer, weit fort von den Palästen des Königs und der Oberschicht, liegt, ein. Dieser Kontakt mit Ausländern wird dem König von Jericho gemeldet, offenbar funktionierte sein Spitzelsystem ausgezeichnet. Er läßt der Rachab durch Boten (wir würden sagen: Geheimpolizisten) ausrichten, sie habe die fremden Agenten auszuliefern. Aber Rachab hat die beiden Männer auf dem Dach ihres Hauses unter einem Haufen Flachs versteckt. Dieser Ort war nicht geheim, sondern leicht einsehbar, vielleicht war auch das eine von Rachabs Listen, weil dort oben niemand ein Versteck vermutet hätte. Den Leuten von der Staatssicherheit erklärt sie, es seien zwar Fremdlinge hier gewesen, aber als es dunkel wurde, seien sie gegangen. „Frage ich die Leute vielleicht aus, woher sie kommen? Ich weiß nicht, wohin sie gegangen sind, aber wenn ihr euch beeilt, werdet ihr sie noch erwischen!" So schickt sie die Häscher in die falsche Richtung, zur Furt des Jordan.

Rachab mußte wissen, was sie tat. Wahrscheinlich war ihr klar, daß Jericho dem Untergang geweiht war. Warum versteckt und beschützt sie die Fremdlinge? Mitleid mit den beiden Männern, die nach der Legende besonders abstoßend und häßlich erschienen, kann es kaum gewesen sein. Macht sie sich nicht klar, in welche Gefahr sie sich selber begibt? Welchen Vorteil verspricht sie sich? Im Schutz der Nacht steigt sie zu den Spionen auf das Dach und schlägt ihnen ein Abkommen vor: „Weil ich euch geholfen habe, müßt ihr mir helfen. Verschont mich, wenn ihr Jericho eingenommen habt, mich, meine Familie und unsere ganze Habe."

Sie ist überzeugt davon, daß das anrückende Heer der Juden stärker ist, daß der Kriegsgeist der Nomaden elementarer ist als der der Leute von Jericho, die in der Oase ihre Äcker und Gärten bebauen. Sie kennt die Geschichte Israels mit seinem Gott, die wunderbare Errettung des Volkes beim Durchzug durch das Schilfmeer, aber auch das Schicksal derer, die sich der Landnahme entgegenstellen. Sie erkennt die Feigheit ihrer Landsleute und zugleich versteht sie, was die Stunde geschlagen hat.

Die Kundschafter versprechen, sie zu retten, und sie läßt sie mit einem roten Seil aus dem Haus hinab, auf der andern Seite der Stadtmauer, deren Tore schon verschlossen sind. Sie rät ihnen, nicht zum Jordan, wo die Verfolger lauern, zu gehen, sondern in die entgegengesetzte Richtung, zum Gebirge, wo sie warten sollen, bis die Gefahr vorüber ist.

Rachab ist eine Kollaborateurin, die mit der Siegermacht zusammenarbeitet. Ihr eige-

Oben: Vereinbarungsgemäß hat Rachab die rote Schnur, mit der sie die israelitischen Kundschafter von der Stadtmauer abgeseilt hatte, außen an der Hauswand befestigt. Auf dem Stich von Gustave Staa (1817 – 1882) hängt die Schnur, unauffällig zur Schleife gebunden, oben an der Fensterwand.

Auf den beiden Mosaiken des 5. Jahrhunderts aus Santa Maria Maggiore, Rom, und auf dem Miniatur-Rundbild aus der im 13. Jahrhundert entstandenen Bible Moralisée sind die Ereignisse um die Eroberung Jerichos dargestellt. Die Mauern stürzten ein durch Kriegsgeschrei *(links)* und durch der Hörner lauten Schall *(rechts außen)*. Einzug *(rechts)* mit der Bundeslade in die eroberte Stadt.

WAS NICHT IN DER BIBEL STEHT

nes Volk liefert sie ans Messer. Vielleicht hat sie Grund, die Jericho-Gesellschaft zu hassen. Vielleicht hat man ihr, die am Rand der großen Stadt lebt, übel mitgespielt. Vielleicht ist sie schon lange vorher innerlich übergelaufen, zum Stärkeren, und versucht nun – im Bewußtsein der kommenden Katastrophe – sich und die Ihren zu retten. Ist es Pragmatismus, der sie so handeln macht – oder ist es der Glaube an den Herrn, den sie immer noch „euren Gott" nennt? Diese Frage wage ich nicht zu beantworten.

Die Geschichte nimmt ihr blutiges Ende: Jericho wird zerstört bis auf die Grundmauern. Dem Kriegsrecht folgend metzeln die Eroberer alle Bewohner nieder, Männer und Frauen, Greise und Kinder, Schafe und

ANTIKE UND MITTELALTERLICHE QUELLEN

Die jüdische Legende weiß von ihr, daß sie ihr sündiges Leben vierzig Jahre lang, vom zehnten bis zum fünfzigsten Lebensjahr, geführt habe. Sie habe aber den rechten Glauben angenommen, noch ehe die Kinder Israels in das Heilige Land kamen, da sie sah, daß Gott ihnen zur Seite stand. Sie soll eine der vier schönsten Frauen der Welt gewesen sein; die andern waren Sara, Ester und Abigail. Sie wird zu den 22 „Heldenfrauen" des Alten Testaments gezählt.

Die beiden Spione, die Josua nach Jericho sandte, hießen Kaleb und Pinchas und

ihre engste Familie, sondern alle ihre Verwandten bei der Eroberung Jerichos vor dem Tode zu bewahren – wozu diese nicht verpflichtet waren. Dafür wurde ihr Nachkomme, der Prophet Jeremia, bestraft, indem er die kommende Zerstörung des Tempels und das Babylonische Exil der Kinder Israels weissagen mußte.

Nach dem Fall Jerichos wurde, der Legende nach, Rachab Josuas Frau, wofür Josua von den Talmudisten getadelt wurde. Sie wurde so die Vorfahrin von acht Propheten, zu denen Jeremia, Baruch und die Prophetin Hulda gehören. Dem Propheten Jeremia wurde von seinen Gegnern vorgehalten, daß er der Nachkomme einer Neubekehrten und einer Hure sei.

Esel. In Jericho hat es keinen nennenswerten Widerstand gegeben. Rachab und ihre Familie werden verschont, das rote Seil der Hilfe wird zum Erkennungszeichen für die Rettung.

Zwischen den Siegern und den Besiegten bewegt sich diese Frau, unabhängig denkend und handelnd, selbstbestimmt, listig und vorausschauend. Rachab hat ihr Leben gerettet, aber wie frei ist sie wirklich? Sie zieht von nun an mit dem Volk Israel, lebt aber außerhalb des Lagers und bleibt eine Fremde. Die jüdische Tradition hat versucht, diese Fremdheit zu überwinden, und Rachab zu Josuas Frau und zur Mutter von Propheten gemacht.

Vielleicht ist Fremdbleiben und Zuhausesein ein Kennzeichen unabhängiger, starker Frauen. Ich ertappe mich bei der Hoffnung, daß Rachab und andere das rote Seil aufbewahrt und versteckt haben.

werden, nach einer besonders unwahrscheinlichen Sage, manchmal mit Perez und Zerah, den Zwillingen Tamars, identifiziert, die aber viele Generationen vor ihnen auftauchen. Jedenfalls wurden sie auf ihrer Mission von zwei Dämonen begleitet, den Männern der Teufelinnen Lilit und Mahla. Diese hatten sich Josua angeboten, der sie abgewiesen hatte. Sie aber nahmen Besitz von Kaleb und Pinchas und machten ihre Gestalt so häßlich, daß die Einwohner Jerichos es mit der Angst zu tun bekamen. Als die Häscher des Königs von Jericho in Rachabs Haus kamen und sie die Kundschafter verbergen wollte, sagte ihr Pinchas: „Ich bin ein Priester, und Priester sind wie Engel: sichtbar, wenn sie gesehen werden wollen, unsichtbar, wenn nicht."

Rachab soll den Kundschaftern das Versprechen abgenommen haben, nicht nur

Flavius Josephus erzählt die Geschichte der Bibel etwas ausführlicher nach. Die Kundschafter, sagt er, blieben zunächst unbehelligt, weil man sie in der Stadt für neugierige Fremde hielt. Von einer späteren Heirat des „Jesus" (wie Josua bei ihm heißt) und Rachab weiß er nichts; wohl aber ließ Josua Rachab zu sich führen, dankte ihr, beschenkte sie mit Ackerland und bedachte sie mit allen Ehren. Übrigens scheint er das biblische Wort „zonah" mit Herbergsmutter zu übersetzen und nicht, wie die meisten andern Kommentare, mit Hure. Im Neuen Testament wird Rachab mehrfach erwähnt, so bei Matthäus 1,5, wo Salmon, ein Nachkomme Judas', als ihr Gatte bezeichnet wird, der sie zum Vorfahren von Rut, Isai und König David macht.

NEUERE LITERATUR

Rachab wird im Mittelalter und bis zum Anfang des 18. Jahrhunderts in der Literatur kaum erwähnt. Selbst der Ägyptologe und Romanschreiber Georg Moritz Ebers, dessen Romanze die Basis für Verdis „Aida" abgab, erwähnt in seinem Roman „Josua" (1890) Rachab überhaupt nicht. Wohl aber hat sein etwas älterer Zeitgenosse Rudolf von Gottschall, erst revolutionärer Lyriker des Jungen Deutschland, dann, nach der Revolution von 1848, national-konservativer Erzähler und Dramatiker, ein biblisches Vers-Drama „Rahab" (1898) verfaßt, in dem diese als Priesterin der Liebesgöttin Astarte vom König Jerichos umworben wird. Die Situation ähnelt der in Goethes Iphigenie-Drama, das auf Euripides zurückgeht. Die Rolle des Orest und Pylades übernehmen hier die beiden hebräischen Kundschafter Joab und Ruben, die zufällig in die heilige Grotte der Astarte dringen und die jungfräuliche Priesterin beim Gottesdienst beobachten. Ruben versucht zu entkommen, wird aber von den Tempelwachen gefangengenommen. Joab ist von Rachabs Schönheit so fasziniert, daß er sich der Todesgefahr nicht bewußt wird. Rachab findet den völlig erschöpften Joab und versucht ihm beim Fluchtversuch zu helfen, er aber weigert sich, ohne seinen Ge-

Rachab, Relief von Otto Münch an der Bibel-Türe des Zürcher Großmünsters.

fährten zu fliehen. Rachab versucht, beim König Verzeihung für Ruben zu erlangen, der aber findet Joab in ihrer Kammer, glaubt zu verstehen, warum Rachab sein eigenes Werben abgewiesen hat, und degradiert sie zur Tempeldirne. Bei dem nun folgenden großen Tempelfest ist Rachab gezwungen, mit anderen Dirnen vor dem König zu tanzen, revoltiert aber und verflucht die dekadente Stadt und ihren tyrannischen König. Im letzten Augenblick wird sie von den israelitischen Truppen, die die Stadt erobern, gerettet, hat aber ihren Lebenswillen verloren und stirbt in der Überzeugung, daß kein Gott, sondern nur die Liebe den Menschen Glück bringen kann.

Völlig anders sieht der deutsche Balladendichter Börries von Münchhausen (1874–1945) den Charakter der Rachab. In seinem Balladenband „Juda" ist Rachab die reuige Verräterin ihres eigenen Volkes. Sie hat den Spion hereingelassen und vor der Entdeckung gerettet, hat eine Nacht mit ihm verbracht und ihn dann entkommen lassen und nur an ihre eigene Rettung, nicht an die ihrer Heimatstadt, gedacht. Sie kann mit ihrer Tat nicht leben: Als Jericho erobert ist und in Flammen aufgeht und als ihr Liebhaber sie aufsucht, findet er sie, wie sie sich an dem roten Seil erhängt hat, mit dessen Hilfe er aus ihrem Haus entkommen ist.

DER AMERIKANISCHE Romanschriftsteller Frank G. Slaughter, Arzt im Zweiten Weltkrieg, zeichnet in seinem Roman „The Scarlet Cord" (1956) wiederum ein idealisiertes Porträt Rachabs, die zuerst als Hüterin des Yahu-Schreins am Berg Nebo erscheint. Sie ist keine Amoriterin, sondern ein Nachkomme der kleinen Gruppe von Habiru (Hebräern), die nicht nach Ägypten gezogen waren. Sie ist hochgebildet und gewinnt die Liebe des arroganten, rauhen Kriegers Josua, als sie seine Wunden heilt, die ihm ein vergifteter amoritischer Speer zugefügt hat. Auf dem Weg zu ihrem Vater wird sie überfallen und auf dem Sklavenmarkt von Memphis vom Fürsten Jerichos gekauft, der nach Ägypten kam, um die Hilfe Pharaos gegen die ihn bedrängenden Hebräer zu gewinnen. Sie wird die Mätresse des Für-

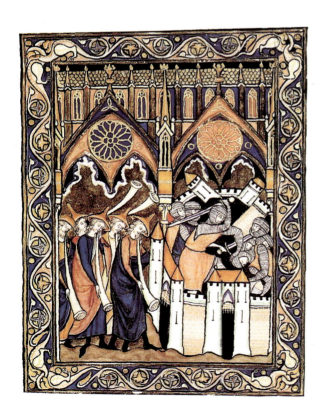

Unten, von links nach rechts:
Auf dieser reich mit gotischen Bauelementen und zwei Fensterrosen verzierten Miniatur aus dem Psalter des hl. Ludwig sieht man links die vor Jericho hörnerblasenden Israeliten, die einige der Befestigungstürme zum Umfallen bringen, und rechts den in der Stadt tobenden Kampf.

Miniatur aus der für den mazedonischen Kaiser Basilius I. zwischen 880 und 885 erstellten griechischen Handschrift. Es handelt sich um die Illustration, wie Josua kurz vor dem Angriff auf Jericho einen Mann mit gezogenem Schwert stehen sieht. Er fragt ihn, ob er Freund oder Feind sei, worauf sich der Fremde als Engel zu erkennen gibt: „Ich bin der Befehlshaber über das Heer des Herrn." Ehrfurchtsvoll und dankbar sinkt Josua in die Knie und ist nun des Sieges gewiß.

Josua, Standbild am Campanile des Domes von Florenz. Geschaffen wurde es von dem berühmtesten Bildhauer der Frührenaissance, Donatello (1386 – 1466). Sein „Josua" dürfte um 1420 entstanden sein und zeugt für den Geist der wiedererwachten Antike. Der biblische Held Josua steht hier in der Pose eines selbstbewußten Römers.

Josua befiehlt, alle Bürger Jerichos, ob alt oder jung, zu töten mit Ausnahme von Rachab und allen, die bei ihr im Hause waren. So löst Josua das Versprechen ein, das die beiden Kundschafter Rachab gegeben hatten. Stich von Gustave Doré (1832 – 1883).

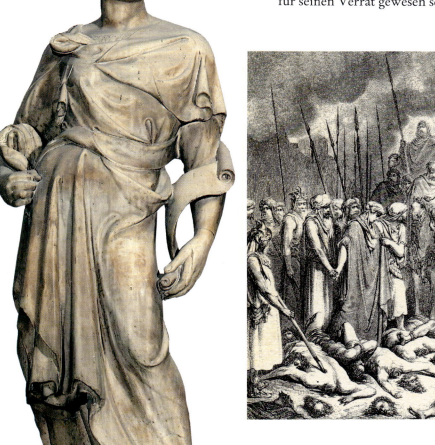

sten, aber als dieser nach einigen Monaten ermordet wird, wird sie zur Hüterin des Bordells nahe der Stadtmauer degradiert. Dort hilft sie Josuas Spionen, aber nach der Eroberung der Stadt will dieser nichts mehr mit ihr, der Stadtdirne, zu tun haben. Sie findet schließlich ihr Glück in der Liebe zu Josuas weisem Arzt und Berater Salman.

EINE VARIATION zu dem Rachab-Thema bringt der Pionier des modernen hebräischen Dramas Matityahu Shoham, in dessen Vers-Drama „Jericho" (1923) die Rachab-Episode mit der des Achan kombiniert wird. Dessen Geschichte wird im 7. Kapitel des Buches Josua erzählt: Achan raubt die Schätze des eroberten Jericho und bringt damit schweres Unglück über Israel. Als Josua von Gott den Grund für seine Niederlage erfährt, läßt Josua den schuldigen Achan steinigen. In Shohams Drama ist Achan einer der beiden Kundschafter Josuas; er ist vom Glanz der kanaanitischen Stadt und der Schönheit und Verführungskunst Rachabs so überwältigt, daß er bei Rachab bleibt, als die Schlacht beginnt, und sie und ihre Habe vor den israelitischen Plünderern schützt. Er wird von den Siegern zum Tode verurteilt, verteidigt sich aber damit, daß Gott, der Rachab so unwiderstehlich schön geschaffen habe, der Anlaß für seinen Verrat gewesen sei.

Im Roman „Jericho" des jiddischen Schriftstellers Shmuel Izban (1966) ist Rachab ebenfalls idealisiert. Sie unterstützt die Spione Kaleb und Pinchas, um sich an den korrupten Feinden ihres Vaters, eines Wein-Händlers, zu rächen, die ihn und seine Familie ruiniert haben. Sie verbirgt ihre wahren Gefühle vor den kanaanitischen Adligen und Generälen, die ihr unscheinbares Gasthaus besuchen, und hilft den Israeliten, wo sie kann. Sie liebt Kaleb, dem sie, als die Schlacht beginnt, das Leben rettet, und er erwidert ihre Liebe, muß aber Josua, dem glanzvollen Sieger, weichen, der Rachab für sich beansprucht, obwohl sie nicht dem auserwählten Volk angehört.

* * *

Im weiteren berichtet das Buch Josua, wie, nach der Überquerung des Jordan und der Einnahme Jerichos, das Land Kanaan allmählich von den Israeliten erobert wird unter andauernden Kämpfen mit der dort wohnenden Bevölkerung: Der nunmehr betagte Josua verteilt das eroberte Land an die verschiedenen Stämme. Als er und seine rechte Hand Eleasar, der Neffe Moses, sterben, ist der größte Teil des Landes in israelitischer Hand. Es kommt aber immer wieder zu Kämpfen. Die Eindringlinge vermischen sich allmählich mit der ursprünglichen Bevölkerung, von denen sie die Kunst des Ackerbaus erst erlernen müssen. Dabei ist die Versuchung groß, den einheimischen Göttern Baal und Astarot zu dienen. Wenn das geschieht, bestraft der Herr sein Volk und gibt es in die Hand ihrer Feinde, der Amalekiter und Moabiter. Es fehlt in dieser Zeit an einheitlicher Führung der Kinder Israels, und wenn einzelne Stämme oder Städte von den Heiden bedrängt werden, erhalten diese von ihren Stammesbrüdern nur gelegentlich Hilfe. Nur selten handelt das ganze Volk als eine Einheit wie etwa, als Ehud, aus dem Stamme Benjamin, den König Eglon von Moab, der im Bunde mit den Ammonitern und Amalekitern Israel achtzehn Jahre in Knechtschaft gehalten hat, ermordet. Daraufhin erhob sich das gesamte Volk, erschlug die Moabiter bis auf den letzten Mann und erkämpfte sich so eine Friedenszeit von achtzig Jahren.

> SIE SASS UNTER DER DEBORA-PALME ZWISCHEN
> RAMA UND BETHEL IM GEBIRGE EPHRAIM, UND DIE ISRAELITEN
> KAMEN ZU IHR MIT IHREN STREITIGKEITEN.
>
> Richter 4, 5

Das Buch Richter

Kapitel 4, Vers 1–24
Kapitel 5, Vers 1–31

Ehud war einer der ersten sogenannten „Richter", Führer des Volks, die in Krisensituationen die Initiative ergriffen. Doch blieb Israel für Jahrhunderte eine lose Vereinigung von Stämmen, die im Grunde nur durch den gemeinsamen Glauben an ihren Gott Jahwe zusammengehalten wurde.

Zu den bekanntesten Richtern gehören nach Ehud: Gideon, Jiphtach, Simson und Samuel sowie eine einzige Frau: Debora.

DIE RICHTERIN DEBORA

Nach dem Tode Ehuds taten die Israeliten wieder, was böse ist in den Augen Jahwes, ² und Jahwe überließ sie dem Jabin, dem König von Kanaan, der in Hazor herrschte. Sein Heerführer war Sisera, der in Haroschet-hag-Gojim wohnte. ³ Da erhoben die Israeliten Klagen zu Jahwe, denn Jabin hatte neunhundert eiserne Wagen, und schwer bedrückte er die Israeliten zwanzig Jahre lang.

⁴ In jener Zeit richtete Debora, eine Prophetin, die Frau des Lappidot, Israel. ⁵ Sie saß unter der Debora-Palme zwischen Rama und Betel im Gebirge Ephraim, und die Israeliten kamen zu ihr mit ihren Streitigkeiten. ⁶ Sie sandte hin und ließ Barak, den Sohn Abinoams, aus Kedesch in Naphtali holen und sprach zu ihm: „Siehe, was Jahwe, der Gott Israels, befiehlt: ‚Auf, zieh zum Berg Tabor und nimm mit dir zehntausend Mann von den Söhnen Naphtalis und von den Söhnen Sebuluns.' ⁷ Ich werde zu dir an den Bach Kischon Sisera, den Heerführer Jabins, heranrücken lassen, und ich werde ihn in deine Hand geben." ⁸ Barak antwortete ihr: „Wenn du mit mir gehst, werde ich gehen; aber wenn du nicht mit mir gehst, werde ich nicht gehen; denn ich weiß nicht, an welchem Tage mir der Engel Jahwes Erfolg geben wird." ⁹ Sie sprach: „Ich werde also mit dir gehen; nur wird dann auf dem Weg, den du gehst, der Ruhm nicht für dich sein, denn in die Hand eines Weibes wird Jahwe Sisera geben." Da machte sich Debora auf und ging mit Barak nach Kedesch. ¹⁰ Dort rief Barak Sebulun und Naphtali zusammen, zehntausend Mann folgten ihm, und mit ihm zog Debora hinauf.

¹¹ Heber, der Keniter, hatte sich vom Stamm des Kajin und der Sippe der Söhne Hobabs, des Schwiegervaters des Mose, getrennt; er hatte seine Zelte bei der Eiche von Zaanannim aufgeschlagen, nicht weit von Kedesch.

¹² Als Sisera hörte, daß Barak, der Sohn Abinoams, auf dem Berge Tabor lagere, ¹³ rief er alle seine Wagen zusammen, neunhundert eiserne Wagen, und alle Truppen, die er hatte. Er ließ sie von Haroschet-hag-Gojim an den Bach Kischon kommen. ¹⁴ Debora sprach zu Barak: „Auf! Denn dies ist der Tag, da Jahwe Sisera in deine Hand gibt. Wahrlich, Jahwe zieht vor dir." Und Barak zog vom Berge Tabor hinab und zehntausend Mann hinter ihm.

¹⁵ Jahwe brachte über Sisera, alle seine Wagen und sein ganzes Heer Verwirrung vor Barak. Da stieg Sisera von seinem Wagen und floh zu Fuß. ¹⁶ Barak verfolgte die Wagen und das Heer bis nach Haroschet-hag-Gojim; das ganze Heer Siseras fiel durch die Schärfe des Schwertes, und nicht einer entkam.

¹⁷ Indessen entfloh Sisera zu Fuß zum Zelt der Jael, der Frau Hebers, des Keniters, denn Frieden herrschte zwischen Jabin, dem König von Hazor, und dem Hause Hebers, des Keniters. ¹⁸ Da kam Jael heraus, Sisera entgegen, und sprach zu ihm: „Kehr ein, kehr bei mir ein! Fürchte dich nicht!" Er

Oben: Auf dieser Illustration zum Buch der Richter, Kapitel 4, ist Jael dargestellt mit Hammer und Zeltpflock, jenen Instrumenten, mit denen sie den feindlichen Heerführer Sisera tötete, als er sich in ihrem Zelt zur Ruhe gelegt hatte.

Seite 114: Obwohl uns vom authentischen Aussehen Deboras keine Angaben überliefert sind, können wir uns doch vorstellen, daß die Ausstrahlungskraft ihrer Weisheit, Würde und Tatkraft jener der hier abgebildeten edlen Frau aus Lagasch, sumerisch, 3. Jahrtausend v. Chr., ähnlich war.

Seite 115: „Debora zieht mit Barak und 10 000 Mann nach Kedesch gegen Sisera." Illustration aus dem im 13. Jahrhundert entstandenen Psalter des hl. Ludwig, lateinische Handschrift 10525 der Nationalbibliothek Paris. Der Prophetin Debora war verkündet worden, daß der Zeitpunkt für die Schlacht gegen Sisera, König Jabins Heerführer, jetzt günstig sei. Barak war unter der Bedingung, daß Debora mit ins Feld zöge, einverstanden, den Kampf zu wagen.

kehrte bei ihr in das Zelt ein, und sie bedeckte ihn mit einer Decke. [19] Er sprach zu ihr: „Gib mir doch etwas Wasser zu trinken, denn ich bin durstig." Sie öffnete einen Schlauch, in dem Milch war, gab ihm zu trinken und bedeckte ihn wieder. [20] Er sprach zu ihr: „Bleib am Eingang des Zeltes, und wenn einer kommt, dich fragt und sagt: ‚Ist hier jemand?', dann antworte: ‚Nein.'" [21] Jael aber, die Frau Hebers, ergriff einen Zeltpflock und nahm einen Hammer in die Hand, trat leise an ihn heran und schlug ihm den Zeltpflock in die Schläfe, daß er bis in die Erde drang. Er war ganz erschöpft eingeschlafen; so starb er. [22] Und siehe, da kam Barak, der Sisera verfolgte. Jael trat heraus, ihm entgegen, und sprach zu ihm: „Komm, ich will dir den Mann zeigen, den du suchst." Er trat bei ihr ein; Sisera lag tot da, den Zeltpflock in seiner Schläfe.

[23] So beugte Gott an jenem Tage Jabin, den König von Kanaan, vor den Israeliten. [24] Die Hand der Israeliten lastete immer schwerer auf Jabin, dem König von Kanaan, bis er ganz und gar vernichtet war.

5 [1] An jenem Tage sangen Debora und Barak, der Sohn Abinoams, also: [2] Weil Krieger ihr Haar gelöst in Israel, / weil das Volk sich willig erbot: / Preiset Jahwe! / [3] Höret, ihr Könige! Horchet, ihr Fürsten! / Singen will ich Jahwe, / feiern will ich Jahwe, Israels Gott. / [4] Als du auszogst, Jahwe, von Seïr, / anrücktest von Edoms Gefild, / da bebte die Erde, die Himmel zitterten, / die Wolken brachen in Wasser aus. / [5] Vor Jahwe zerrannen die Berge, / vor Jahwe, dem Gotte Israels. / [6] In Schamgars Tagen, des Sohnes Anats, in Jaels Tagen / waren verlassen die Wege; / wer wandern mußte, / nahm gewundene Wege. / [7] Ausgestorben waren die Dörfer, sie waren ausgestorben in Israel, / bis du, Debora, erstandest, / erstandest als Mutter in Israel. / [8] Die Helden Gottes verstummten: / nicht einen Schild für fünf Städte, / für vierzigtausend in Israel keine einzige Lanze! / [9] Es schlägt mein Herz für Israels Gebietende / mit allen, die sich willig erboten im Volk. / Preiset Jahwe! / [10] Die ihr reitet auf weißen Eselinnen, / die ihr auf Teppichen sitzt / und die ihr geht auf dem Wege: Singet / [11] zum Gesang der Fröhlichen / zwischen den Tränken. Dort preisen sie die Heilstaten Jahwes, / die Heilstaten seiner Herrschaft in Israel. / [Jahwes Volk zog hinab zu den Toren.] / [12] Wach auf, wach auf, Debora! / Wach auf, wach auf, sage das Lied! / Mut, auf, Barak, / und fange, die dich gefangen, Abinoams Sohn! / [13] Da zog Israel hinab zu den Toren, / Jahwes Volk zog hinab als Helden zu ihm. / [14] Ephraims Fürsten sind in dem Tal, / dein Bruder Benjamin ist unter den Deinen. / Von Machir zogen Gebieter hinab, / von Sebulun, die den Herrschaftsstab tragen. / [15] Issachars Fürsten sind mit Debora / und Naphtali mit Barak, er folgt seinen Spuren im Tal.

An den Bächen von Ruben / hält man lange Beratung. / [16] Was sitzt du da in der Hürde, / die Flöten zu hören inmitten der Herden? / [An den Bächen von Ruben / hält man lange Beratung.] / [17] Gilead bleibt sitzen jenseits des Jordan, / und Dan, was weilt es auf fremden Schiffen? / Aser verbleibt am Ufer des Meeres, / ruhig wohnt es an seinen Buchten. / [18] Sebulun ist ein Volk, todesmutig, / auch Naphtali, auf den Höhen des Landes. / [19] Könige kamen, sie stellten sich auf zum Kampf, / Kanaans Könige haben damals gekämpft / zu Tanach an den Wassern Megiddos, / aber Beute an Silber holten sie nicht. / [20] Von der Höhe des Himmels kämpften die Sterne, / von ihren

Links: Glasfenster von Marc Chagall (1887–1985) in der Mainzer St.-Stephans-Kirche. Vierzig Jahre lang waltete Debora unentgeltlich ihres Amtes als Richterin. Unter der nach ihr benannten Palme zwischen Betel und Rama im Bergland von Ephraim sitzend, hatte sie für die Anliegen ihrer Glaubensgenossen stets ein offenes Ohr. Ihrer Gerechtigkeit wegen war sie hoch geachtet.

Oben: „Debora zieht in den Kampf", Illustration aus der Bible Moralisée 270, fol. 105. Auf dieser Darstellung des 13. Jahrhunderts wird Debora durch einen über ihr schwebenden Engel zum Siege geführt.

Bahnen aus kämpften sie mit Sisera. / ²¹ Der Kischonbach riß sie hinweg, / der heilige Bach, der Kischonbach. / Tritt auf, meine Seele, mit Macht! / ²² Da stampften die Hufe der Rosse, / Galopp, Galopp seiner Hengste! / ²³ Verflucht Meros, spricht der Engel Jahwes, / verflucht mit Flüchen seine Bewohner, / denn sie sind nicht gekommen zur Hilfe Jahwes, / zur Hilfe Jahwes unter den Helden. / ²⁴ Gesegnet sei Jael unter den Frauen / [Hebers Frau, des Keniters], / unter den Frauen im Zelt sei sie gesegnet! / ²⁵ Er bat um Wasser, sie gab ihm Milch, / in der kostbaren Schale reichte sie ihm Rahm. / ²⁶ Die Hand streckte sie aus nach dem Pflock, / die Rechte nach dem Arbeitshammer.

Sie hat Sisera erschlagen, sein Haupt zertrümmert, / seine Schläfe durchbohrt und zerschmettert. / ²⁷ Zu ihren Füßen ist er gestürzt, gefallen liegt er da; / zu ihren Füßen ist er gestürzt, gefallen. / Wohin er stürzte, da liegt er, erschlagen. / ²⁸ Durchs Fenster beugt sich und späht / Siseras Mutter, durchs Gitter: / „Was zögert sein Wagen zu kommen, / was zaudern seine Gespanne?" / ²⁹ Die Klügste ihrer Fürstinnen antwortet ihr, / und sie wiederholt zu sich selbst: / ³⁰ „Sicher holen sie, teilen sie Beute: / ein Mädchen, zwei Mädchen für jeden Krieger; / ein Gewand, zwei bunte Gewänder für Sisera, / ein Tuch, zwei Tücher für meinen Hals!" / ³¹ So sollen verderben alle deine Feinde, Jahwe! / Und die dich lieben, sollen sein wie die Sonne, / wenn sie aufgeht in ihrer Kraft!

Und das Land bekam Ruhe vierzig Jahre lang.

UNTER DER PALME DER GERECHTIGKEIT

Links: Debora wird auf diesem Kupferstich als Heldin gezeigt, eine antike Jeanne d'Arc, die ihrem bedrängten Volk zum Siege verhilft, indem sie gewappnet mit in den Kampf zieht.

Seite 119: Auf dieser Illustration aus dem im 14. Jahrhundert entstandenen Queen-Mary's-Psalter sieht man links Debora im Gespräch mit Barak, dem sie rät, jetzt den Kampf gegen König Jabin zu wagen. Rechts ist der Kampf in vollem Gange, das feindliche Heer wird vernichtet, und Sisera, König Jabins Heerführer, muß fliehen.

Debora ist eine starke und selbstbewußte Frau aus der frühesten Zeit Israels. Das Deboralied, das ihr den Ehrentitel „Mutter in Israel" verleiht, ist zwischen 1150 und 1125 vor unserer Zeitrechnung entstanden. Das zwölfte vorchristliche Jahrhundert ist die Epoche, in der die einzelnen israelitischen Stämme das Land Kanaan in Besitz nahmen, ein zunächst vielfach friedlicher Vorgang. Die Einwanderer paßten sich den Sitten der einheimischen Bevölkerung an, ohne sich jedoch mit ihr zu vermischen. Wo sie allerdings auf Widerstand stießen, da kam es zu kriegerischen Auseinandersetzungen; die Ureinwohner versuchten, sich der Eindringlinge zu erwehren, die Einwanderer belagerten und schleiften Städte und Siedlungen.

Das Richterbuch erzählt von einer offenen Feldschlacht am Berge Tabor, die mit einem großen Sieg Israels endet (Kap. 4). Dieser Sieg verdankt sich der Strategie und Tatkraft einer Frau. Ohne sie wollte der verzagte Feldherr Barak nicht gegen das besser ausgerüstete Heer der Feinde ziehen. Als sie ihn zur Schlacht einberuft, schon dies ein erstaunlicher Vorgang, gibt er die merkwürdige Antwort: "Wenn du mit mir gehst, so gehe ich, gehst du aber nicht mit mir, so gehe ich nicht" (Ri 4,8). Barak hatte Angst vor dem an Truppen und Ausrüstung überlegenen Feldhauptmann Sisera, aber Debora ging davon aus, daß Gott den Sieg versprochen hatte. Tatsächlich flieht der geschlagene Sisera zu Fuß in das Zelt einer befreundeten Familie, zu Jael der Kenitherin. Sie nimmt den erschöpften Flüchtling auf, labt ihn mit Milch und verspricht, ihn zu schützen. Den Schlafenden ermordet sie brutal ...

Debora und Jael gehören zusammen, im alten Siegeslied werden sie beide besungen. Aber Debora bezieht ihre Autorität nicht nur aus Machtstreben und List. Ehe sie die Schlacht organisierte, war sie, übrigens als einzige Frau in der Hebräischen Bibel, Richterin. Die Rechtsprechung lag nach der Landnahme in den Händen der Ältesten, die „im Tor saßen" und Rat gaben, Rechtsstreite und Zwistigkeiten schlichteten und Entscheidungen über das soziale Leben fällten.

Ähnlich saß auch Debora unter einer Palme zwischen Betel und Rama. In dieser Gegend Mittelpalästinas wachsen Palmen so gut wie nicht, die Deborapalme, die am Rande des Ephraimgebirges hoch aufragte, war eine Seltenheit. Der Palmbaum hat seit der Zeit des Paradieses eine mythisch-symbolische Bedeutung, die Palme gilt als der Lebensbaum, immergrün, Sinnbild des ewigen Lebens, ein Zeichen für Sieg und Hoffnung. Zu Debora, unter der Palme sitzend, steigen die Kinder Israels herauf und suchen Recht. Auch der Name der Debora, ‚Biene', ist ein altes Symbol für das Königtum und für die Mutter, die Honig spendend nährt.

Auf Debora wird auch ein anderer genuin jüdischer Begriff angewandt, sie ist Prophetin. Sie ist Mahnerin und Ruferin, die Gottes Willen in einer bestimmten Situation erkennt und ausspricht; mit Gott steht sie in Verbindung, so daß sie mit Gewißheit weiß, was geschehen soll und wird. Sie ist es, die den Barak rufen läßt, ihn zum Kampf aussendet und ihm den Sieg verkündet, eine Retterin ihres Volkes. Die Geschichte Israels verläuft immer wieder nach einem in der Religion verwurzelten Muster ab: Israel fällt von Gott ab, duldet Unrecht und Unterdrückung in seiner Mitte, wird zur Strafe von äußeren Feinden angegriffen und „schreit" zu seinem Gott. Der erbarmt sich und schickt einen Retter, der fähig ist, das Volk zu ermutigen und zu führen.

Genau diese Fähigkeiten des Richtens, der Prophetie und der Führung hat Debora, eine der stärksten Frauengestalten aus historischer Zeit in Israel besessen. Sie gehört zu den Müttern in Israel und zu den Müttern der Menschheit; es ist kein Zufall, daß sie mit dem Wachsen der neuen Frauenbewegung in der zweiten Hälfte unseres Jahrhunderts oft erinnert worden ist. Eine Suche nach Müttern, Vorbildern, Rollenmodellen auch in lang vergangenen Zeiten ist in Gang gekommen: Frauen, die sich ihrer Lage bewußt geworden sind, brauchen Erinnerung an andere starke Frauen. Das Ziel dieser Erinnerungsarbeit ist allerdings nicht nur, stark oder gar ‚wie ein Mann' zu werden. ‚Make me strong, keep me weak', heißt es in einem Lied der amerikanischen Frauenbewegung. Diese doppelte Suche nach der eigenen Identität ist von Debora mit angestoßen, in Jael verzerrt und entmenschlicht gegenwärtig und für die meisten Frauen noch kaum erreicht.

Bibelkunde

Etwas hat mir gefehlt an unserm schönen abend
da war unser lachen
über die gewohnheit gewöhnlicher männer
immer überlegen zu sein
und deborah plante befreiung und führte den feldzug
und barak der feldherr kämpfte nur wenn sie mitkam
da war unser lachen

Etwas hat mir gefehlt beim plaudern
da war unsere angst
zu gewinnen und doch nicht anders zu sein
als die bisherigen sieger
und jael nimmt den arglosen gastfreund auf
und reicht ihm milch der um wasser bat
und ermordet den schlafenden
da war unsere angst

Etwas hat mir gefehlt meine schwestern
da war unser schweigen
werden wir sein wie deborah und aufstehn
gegen das neue gas und unsere verhetzten söhne
werden wir sein wie jael
gegen gesetz und gefühl
da war unser schweigen

Etwas hat uns gefehlt
auf dem langen weg
stark und schwach zu werden

D. Sölle, Verrückt nach Licht. Gedichte. Berlin 1984

WAS NICHT IN DER BIBEL STEHT

ANTIKE UND MITTELALTERLICHE QUELLEN

Den jüdischen Legenden nach war Sisera, der General Jabins, ein gewaltiger Kriegsherr, der schon mit dreißig Jahren die ganze Welt erobert hatte – hierbei mag eine Erinnerung an Alexander den Großen mitgespielt haben. Er war so gewaltig, daß, wenn er seine Stimme erhob, die stärksten Mauern zusammenstürzten und die wilden Tiere des Waldes vor Schreck erstarrten. Wenn er im Fluß badete und untertauchte, fingen sich genügend Fische in seinem Bart, um eine ganze Menschenmenge zu ernähren. Um seinen Kriegswagen zu ziehen, wurden neunhundert Pferde benötigt.

Nach einigen Legenden waren Barak, Deboras General, und Lappidot, ihr Gatte, ein und dieselbe Person. Auf Geheiß Deboras brachte er Kerzen zum Heiligtum und wurde deshalb Lappidot („Flamme") genannt. „Barak" hieß er, weil sein Gesicht wie ein Blitz leuchtete. Er wird aber auch Michael genannt, entweder nach dem Erzengel oder weil er so bescheiden war und seiner Gattin in allem folgte. Auch er soll prophetische Gaben gehabt haben.

Debora war eine Prophetin: Gott hatte sie dafür belohnt, daß sie die Dochte von Baraks Kerzen besonders dick gemacht hatte, so daß sie länger brannten. Daß sie eine zielbewußte und energische Frau war, geht aus dem biblischen Text hervor. Die Legende hebt aber hervor, daß sie nach ihrem Triumph zu selbstbewußt geworden sei, sie erwähne sich selbst in ihrem berühmten Liede zu oft. Darum habe der prophetische Geist sie verlassen, als sie das Lied verfaßte. Die Schlacht zwischen Israel und den Heeren Jabins nach Siseras Ermordung schildert die Legende in den grellsten Farben. 40 000 Heere von je 100 000 Mann (!) sollen gegen Israel gestanden haben, denn Josua hatte von den 62 Königen in Kanaan nur 31 unterworfen. Aber Gott half den Kindern Israels mit Wasser und Feuer, und auch der Fluß Kischon kam ihnen zu Hilfe.

Jael, die den fliehenden Sisera in ihre Hütte einlud und dann im Schlaf ermordete, soll die verführerischste Stimme gehabt haben, die je eine Frau besaß. Als Sisera in ihrer Hütte das Bett mit Rosen bestreut vorfand, beschloß er, Jael so bald wie möglich als seine Frau zu seiner Mutter zu bringen. Als sie ihm die Milch brachte, bat sie Gott, ihr ein Zeichen zu geben, indem er, Sisera, sie um Wasser bitten möge; dies geschah, und Jael setzte ihm Wasser, gemischt mit Wein, vor, worauf er in Schlaf verfiel. Wiederum bat sie um ein weiteres Zeichen von Gottes Beistand: Sisera solle nicht erwachen, wenn sie ihn vom Bett ziehe. Er erwachte nicht, und nun bat Jael Gott nur noch um Kraft – und tötete ihn. Sterbend soll er gerufen haben: „Ach, daß ich mein Leben durch die Hand eines Weibes verlieren muß!"

Barak sandte dann den Leichnam Siseras zu dessen Mutter mit der Botschaft: „Hier ist der, von dem du erwartet hast, daß er, beladen mit Beute, zu dir zurückkehren würde!" Sie soll dann hundertmal aufgeschrien haben.

Barak selbst wird in der Legende als unwissender Mann geschildert, der von dem prophetischen Sinn und dem Mut seines Weibes inspiriert wurde. Debora soll sich ihm gegenüber arrogant verhalten haben. Sie und die spätere Prophetin Hulda waren stolz und wurden dafür mit häßlichen Namen bestraft: „Debora" bedeutet „Biene", und „Hulda" „Wiesel".

DEBORA, DIE von Hause aus reich war, übte ihr Richteramt unentgeltlich vierzig Jahre lang aus. Ihre letzten Worte vor ihrem Tode waren eine Mahnung, sich nicht auf die Toten, d. h. auf die Vergangenheit, zu verlassen. „Die Toten können den Lebenden nicht helfen." Als sie starb, trauerte das Volk um sie siebzig Tage, und danach war Frieden im Land für sieben Jahre.

Das Triumphlied Deboras und Baraks, das das ganze 5. Kapitel des Buches ausmacht, ist einer der ältesten Teile der Bibel und seine Anschaulichkeit und der Schwung der Sprache zeigen ein sehr schönes Beispiel des altisraelitischen Heldengesanges. In verschiedenen Einzelheiten stimmt es mit der vorausgegangenen Erzählung des 4. Kapitels nicht ganz überein, was vielleicht daran liegt, daß im 4. Kapitel zwei ursprünglich getrennte Ereignisse, nämlich der Kampf gegen König Jabin und der gegen Sisera, miteinander kombiniert sind, während sich das Lied nur mit Sisera beschäftigt.

FLAVIUS JOSEPHUS' Bericht weicht von dem der Bibel nur in Einzelheiten ab: In der Schlacht erhebt sich ein gewaltiger Sturm mit Platzregen und Hagel, die den Kanaanitern die Sicht versperren und ihre Arme erstarren lassen, während die Israeliten den Sturm im Rücken haben. Jael reicht dem Sisera verdorbene Milch, die ihn in Schlaf versetzt, und nachdem sie ihn getötet hat, zieht Barak mit seinem Heer gegen König Jabin, tötet ihn und zerstört seine Stadt. Danach regiert er, nicht Debora, die Israeliten vierzig Jahre lang. Er und Debora sterben fast zur selben Zeit.

NEUERE LITERATUR

Die biblische Geschichte der Debora und der Jael ist im 19. und 20. Jahrhundert mehrfach behandelt worden, so in dem spanischen Drama von Augusto Jerez Perchet „Debora, Episodio bíblico en un acto" (1869), in den Dramen der Italiener Francesco Cerlone (1825) und Ildebrando Pizetti („Debora e Jaele", 1922), dem Drama des Engländers Langdon Elwyn Mitchell (1892) und seines Landsmannes Charles Smith Cheltnam (1865) sowie des Holländers Bernard Canter (1916). Es war nicht leicht, dem Thema neue Seiten abzugewinnen, und es ist besonders schwer, Sympathie für Jaels Tat aufzubringen, die den fliehenden General, mit dem ihr Haus „im Frieden stand", in ihre Hütte lockt und dort auf grausame Weise ermordet. Die meisten moderneren Dramen, die Deboras Titel tragen, haben denn auch mit der biblischen Geschichte wenig gemein – höchstens in dem Sinn, daß die Heldin stets eine sehr selbständig handelnde, unerschrockene Frau ist. So etwa in dem Drama des englischen Dichters Lascelles Abercrombie (1913), und vor allem in dem einst sehr populären Volksschauspiel „Deborah" von Salomon Hermann Ritter von Mosenthal (1848), das Hunderte von Aufführungen nicht nur in Deutschland und Österreich, sondern auch in Italien und England erlebte. Hier ist die Heldin eine aus Ungarn vertriebene Jüdin, die den Sohn eines österreichischen Amtmannes liebt. Ihre Liebe wird erwidert, aber der Vater des jungen Mannes und andere intrigieren gegen die Heirat, Deborah wird von ihrem Geliebten getrennt, und als dieser ein deutsches Mädchen heiratet, verflucht sie ihn. Sie kehrt nach fünf Jahren in seinen Ort zurück, zunächst unversöhnt. Aber als sie erfährt, daß er und seine Frau ihre kleine Tochter „Deborah" getauft haben, ist sie gerührt und segnet sie. Danach wandert sie in die Neue Welt aus. Der Riesenerfolg des Stückes entsprach dem Zeitgeist, der Toleranz zwischen den Religionen predigte. Heute ist Mosenthal nur noch als der Librettist von Nicolais Oper „Die lustigen Weiber von Windsor" bekannt.

GEORG FRIEDRICH HÄNDEL hat ein Oratorium „Deborah" komponiert, das aber niemals populär wurde. Es ist von ihm mehrfach umgeschrieben. Zur ersten Aufführung (1733) war es nur hastig zusammengestellt worden. Der Librettist Samuel Humphreys gab dem Werk einen fromm-religiösen Anstrich, der schlecht zu dem blutigen Geschehen paßte. Händel selbst nahm viele Motive seiner früheren Musik auf und „borgte" auch von anderen Komponisten: Das Werk mußte in Eile fertig werden, um an den Erfolg des kurz zuvor aufgeführten Oratoriums „Esther" anzuknüpfen. An der Figur der Jael war er offenbar wenig interessiert, denn er schrieb nur wenig Originalmusik für diese Rolle. Zu allem Unglück wurde dann das Werk noch weiter von Händels ansonsten verdienstvollem Biographen und Herausgeber seiner Werke, Friedrich Chrysander (1826–1901), entstellt. Chrysander nahm an der Tat der Jael solchen Anstoß, daß er die Rolle ganz strich. Da, wo Händel wertvolle Musik für sie komponiert hatte, etwa mit der Arie „Tyrant, now no more we dread thee" (Tyrann, nicht länger fürchten wir dich), schrieb er sie einfach der Deborah zu. Dies widersprach der Musik sowohl wie auch dem Libretto. Ein so verstümmeltes Werk hatte auch später kaum die Chance, wieder aufgeführt zu werden.

Oben: Als Debora starb, wurde sie als Prophetin, gerechte Richterin und Kriegsheldin ihres Volkes tief betrauert. Detail aus der griechisch illustrierten Wiener Genesis des 6. Jahrhunderts.

Rechts: „Der Siegeskampf der Israeliten", Gemälde des neapolitanischen Barockmalers Luca Giordano (1632–1705). Aus dem wilden Schlachtgetümmel der siegreichen Israeliten und der fliehenden Scharen Siseras heben sich in der Mitte des Bildes zwei Figuren ab: der israelitische Feldherr Barak zu Pferde und über ihm auf dem Felsen die triumphierende Debora.

„LASS MICH NOCH ZWEI MONATE LANG FREI,
DASS ICH HINGEHE UND ÜBER DIE BERGE ZIEHE UND MIT MEINEN
GEFÄHRTINNEN MEINE JUNGFRAUSCHAFT BEWEINE."

Richter 11, 37

Das Buch Richter

Kapitel 10, Vers 17–18
Kapitel 11, Vers 1–15. Vers 19–40

Unter den nun folgenden Richtern Gideon, Tola und Jair dauern die Kämpfe der israelitischen Stämme mit den Midianitern, Ammonitern und den Philistern an. Da sie wieder der Abgötterei verfallen, gibt sie der Herr in die Hände ihrer Feinde, bis ihnen in Jiphtach, einem Außenseiter und Sohn einer Dirne, ein neuer Führer entsteht. Dieser versucht zunächst, mit den Ammonitern zu verhandeln.

DIE TOCHTER DES JIPHTACH

Die Ammoniter kamen zusammen und lagerten in Gilead. Die Israeliten versammelten sich und lagerten in Mizpa. ¹⁸ Da sprach das Volk, die Anführer von Gilead, einer zum anderen: „Wer ist der Mann, der es unternimmt, gegen die Söhne Ammons zu kämpfen? Er soll das Haupt aller Bewohner von Gilead sein."

11 ¹ Jiphtach, der Gileadit, war ein starker Kriegsmann. Er war der Sohn einer Dirne, Gilead hatte Jiphtach gezeugt. ² Gileads Frau aber gebar ihm auch Söhne, und als die Söhne dieser Frau größer wurden, verjagten sie Jiphtach und sagten zu ihm: „Du hast keinen Anteil am Erbe unseres Vaters, denn du bist der Sohn eines fremden Weibes." ³ Da floh Jiphtach vor seinen Brüdern und ließ sich im Lande Tob nieder. Er sammelte um sich eine Schar nichtsnutziger Leute, die mit ihm zu Felde zogen.

⁴ Nun begannen die Ammoniter in jener Zeit mit Israel zu kämpfen. ⁵ Als die Ammoniter Israel angegriffen hatten, gingen die Ältesten von Gilead, um Jiphtach aus dem Lande Tob zu holen. ⁶ Sie sagten ihm: „Komm, sei unser Anführer, damit wir mit den Ammonitern kämpfen." ⁷ Aber Jiphtach erwiderte den Ältesten von Gilead: „Habt ihr mich nicht gehaßt und aus dem Hause meines Vaters verjagt? Warum kommt ihr zu mir, jetzt, da ihr in Not seid?"

⁸ Die Ältesten von Gilead antworteten Jiphtach: „Eben deshalb haben wir uns wieder dir zugewandt. Komm mit uns und kämpfe gegen die Ammoniter, und du sollst unser Haupt sein, das Haupt aller Bewohner von Gilead." ⁹ Jiphtach erwiderte den Ältesten von Gilead: „Wenn ihr mich zurückholt, um gegen die Ammoniter zu kämpfen, und Jahwe sie an mich ausliefert, dann werde ich euer Haupt sein." ¹⁰ Die Ältesten von Gilead sprachen zu Jiphtach: „Jahwe sei Zeuge zwischen uns! Wehe uns, wenn wir nicht tun, wie du gesagt hast!" ¹¹ Da ging Jiphtach mit den Ältesten von Gilead; das Volk stellte ihn an die Spitze als Haupt und Anführer. Und Jiphtach wiederholte alle seine Bedingungen in Mizpa vor Jahwe. ¹² Jiphtach sandte Boten zum König der Ammoniter und ließ ihm sagen: „Was ist denn zwischen dir und mir, daß du kommst und Krieg führst in meinem Lande?" ¹³ Der König der Ammoniter antwortete den Boten des Jiphtach: „Weil Israel mein Land vom Arnon bis zum Jabbok und zum Jordan weggenommen hat, als es heraufzog von Ägypten. Gib es jetzt freiwillig wieder heraus!" ¹⁴ Da sandte Jiphtach erneut Boten zum König der Ammoniter ¹⁵ und ließ ihm sagen: „So spricht Jiphtach. Israel hat weder das Land Moabs noch das Land der Ammoniter weggenommen."

¹⁹ Dann sandte Israel Boten zu Sichon, dem König der Amoriter, der in Heschbon regierte, und Israel ließ ihm sagen: „Laß mich doch durch dein Land ziehen bis zum Ort meiner Bestimmung." ²⁰ Aber Sichon gestattete

O schwerer Sieg!
O unbequemes Streiten!
Des Vaters Ruhm muß mir
das Grab bereiten.
Die Liebe bringt Gefahr.
Mein Untergang vermehrt
der Feinde Hauffen,
Es muß mein Blut
zu ihrem Blute lauffen,
Der Tochter Tod vermehrt
der Feinde Schar.

Christian Hofmann
von Hofmannswaldau

Jiphtachs Tochter, Bildfolge in der Bible Moralisée, Codex Vindobonensis 2554, fol. 61. Die in weiten Teilen Europas verbreiteten Handschriften der Bible Moralisée und die ihnen entsprechenden deutschsprachigen „Armenbibeln" wurden mit über 5000 Illustrationen ausgestattet, um dem des Lesens unkundigen Volk die biblischen Erzählungen zu veranschaulichen. Entstanden sind diese Handschriften im ersten Viertel des 13. Jahrhunderts. Auf unserer Abbildung werden drei Episoden aus dem Leben von Jiphtachs Tochter dargestellt. Oben links: Jiphtach und die Seinen kehren mit Siegespalmen in den Händen aus der Schlacht zurück. Jiphtachs Tochter zieht ihm mit ihren Freundinnen entgegen. Oben rechts: Jiphtach gewährt seiner Tochter einen Aufschub von 40 Tagen, um so lange noch mit ihren Freundinnen beisammen sein zu können. Links, drittes Bild von oben: Jiphtach opfert seinem Gelübde gemäß die geliebte Tochter.

Gegenüber: Ein Streichinstrument spielend, geht die Tochter Jiphtachs ihrem siegreich aus der Schlacht heimkehrenden Vater entgegen. Hinter dem Rücken von Jiphtach kann man erkennen, daß er von seinen Kriegsleuten begleitet ist. Miniatur aus dem 1457 in Augsburg entstandenen Codex Germanicus 206, jetzt in der Staatsbibliothek München.

„Jiphtachs Tochter eilt mit ihren Freundinnen tanzend und musizierend ihrem Vater entgegen", Stich von Gustave Doré (1832–1883). Das Zeitalter Napoleons III. war auf dem Höhepunkt seines Glanzes, und Offenbachs Operetten schufen die entsprechende gesellschaftliche Atmosphäre. Deshalb müssen wir uns nicht wundern, daß Jiphtachs Tochter ihrem Vater auf diesem Bild in Gestik, Anmut und Bewegung wie eine Tänzerin aus einer Offenbach-Operette entgegengeht. Die Bibelausgabe von Gustave Doré, aus der diese Abbildung stammt, erschien 1865 und ist mit 230 Stichen illustriert.

Israel nicht den Durchzug durch sein Gebiet, er sammelte sein ganzes Heer, das in Jachaz lagerte, und begann den Kampf gegen Israel. 21 Jahwe, der Gott Israels, gab Sichon und sein ganzes Heer in die Hand Israels, so daß es jene schlug, und Israel nahm das ganze Land der Amoriter in Besitz, die in jener Gegend wohnten. 22 So nahmen sie das ganze Land der Amoriter in Besitz, vom Arnon bis zum Jabbok und von der Wüste bis zum Jordan. 23 Und nun, da Jahwe, der Gott Israels, die Amoriter vor seinem Volk Israel vertrieben hat, nun willst du es von uns in Besitz nehmen? 24 Nicht wahr, alles, was Kemosch, dein Gott, von den Besitzenden wegnimmt, das nimmst du in Besitz? Ebenso nehmen wir alles in Besitz, was Jahwe, unser Gott, von den Besitzenden wegnimmt. 25 Vermagst du es denn besser als Balak, der Sohn Zippors, der König von Moab? Hat er mit Israel gestritten, hat er mit ihm Krieg geführt? 26 Als Israel wohnte in Heschbon und den zugehörigen Orten, in Jaser und den zugehörigen Orten und in allen Städten an den Ufern des Jordan [dreihundert Jahre lang], warum habt ihr sie in jener Zeit nicht wieder an euch genommen? 27 Ich, ich habe nicht gesündigt wider dich, aber du, du tust mir Böses an, indem du gegen mich Krieg führst. So richte denn Jahwe, der Richter, heute zwischen den Söhnen Israels und den Söhnen Ammons!" 28 Aber der König der Ammoniter hörte nicht auf die Botschaft, die Jiphtach ihm übersandte.

29 Der Geist Jahwes kam über Jiphtach, und er zog durch Gilead und Manasse, durchquerte Mizpa in Gilead, und von Mizpa in Gilead kam er hinter die Ammoniter. 30 Jiphtach machte Jahwe ein Gelübde und sprach: „Wenn du die Ammoniter in meine Hand gibst, 31 dann soll, wer zuerst aus der Tür meines Hauses mir entgegenkommt, wenn ich als Sieger vom Kampf gegen die Ammoniter heimkehre, der soll Jahwe gehören, und ich will ihn als Brandopfer darbringen." 32 Jiphtach zog gegen die Ammoniter, um sie anzugreifen, und Jahwe gab sie in seine Hand. 33 Er schlug sie von Aroer bis nach Minnit [zwanzig Städte] und bis nach Abel-Keramim. Es war eine gewaltige Niederlage, und die Ammoniter wurden von den Israeliten gebeugt.

34 Als Jiphtach nach Mizpa in sein Haus kam, siehe, da trat seine Tochter heraus, ihm entgegen, und tanzte zum Paukenklang. Sie war sein einziges Kind; außer ihr hatte er weder Sohn noch Tochter. 35 Sobald er sie sah, zerriß er seine Kleider und rief: „Ach, meine Tochter, Unglück bringst du mir! Daß du es bist, die mich ins Unglück bringt! Ich habe mich selbst gebunden vor Jahwe und kann nicht widerrufen." 36 Sie antwortete ihm: „Mein Vater, wenn du dich gebunden hast vor Jahwe, dann handle an mir nach dem Gelübde, das du ausgesprochen hast, denn Jahwe hat dir Rache verliehen an deinen Feinden, den Ammonitern." 37 Dann sprach sie zu ihrem Vater: „Diese Bitte sei mir gewährt! Laß mich noch zwei Monate lang frei, daß ich hingehe und über die Berge ziehe und mit meinen Gefährtinnen meine Jungfrauschaft beweine." 38 Er sprach zu ihr: „Geh hin!", und ließ sie für zwei Monate frei. So ging sie hin, sie und ihre Gefährtinnen, und beweinte ihre Jungfrauschaft auf den Bergen. 39 Nach zwei Monaten kehrte sie zu ihrem Vater heim, und er vollzog an ihr das Gelübde, das er ausgesprochen hatte. Sie hatte keinen Mann erkannt. Daher wurde es Brauch in Israel: 40 Alljährlich gehen die Töchter Israels hin, die Tochter Jiphtachs, des Gileaditers, zu beklagen, vier Tage im Jahr.

EIN MÄDCHEN OHNE ENGEL

Die Erzählung von der Tochter Jiphtachs ist eine ausweglose, bittere Geschichte über das Schicksal eines Mädchens in der patriarchalen Welt. Sie gehört zu den „texts of terror" (Phyllis Trible), den Texten des Schreckens, die Männer vielleicht akzeptieren und als gottgewolltes Schicksal deuten können, die für Frauen aber unerträglich bleiben. Mit den Augen der Frauen liest sich die Bibel anders als mit denen der Männer. Ob wir jemals zu einer menschheitlichen Lektüre kommen werden?

Die Tochter Jiphtachs hat in der Bibel keinen Namen. Wir wissen von ihr nur, daß sie das einzige Kind eines jüdischen Heerführers ist, der Gott um Kriegsglück bittet. Jiphtach gelobt, das erste, was ihm bei der Heimkehr entgegenspringt, seinem Gott zum Dank für den Sieg zu opfern. Das ist ein altes Märchenmotiv, aber in den Grimmschen Märchen ist es ein Untier oder der Teufel selber, der das Versprechen erpreßt. In der biblischen Erzählung ist es der Kriegsheld, der Anerkennung sucht und das Gelübde freiwillig leistet. Niemand zwang ihn zu dem Versprechen. Er will Gott an sich binden, statt dem Geist Gottes, der doch „auf ihn" gekommen war (Richter 11, 29) zu vertrauen.

Aus der Perspektive der Frauen will ich einen Augenblick bei der Namenlosigkeit der Hauptperson bleiben, weil sie bis auf den heutigen Tag ein Stück Frauenschicksal darstellt. Eine Tochter des Dichters, die Mutter des Philosophen, die Schwester Paul Claudels, die Geliebte des bekannten Chirurgen – in solchen geläufigen Formeln wird Frauen der eigene Name verweigert, sie werden als Zubehör zu dem, was eigentlich zählt, betrachtet. Viele bleiben ihr Leben lang namenlos, wie Jiphtachs Tochter.

Der Vater liebt sie, sein einziges Kind, das ihm fröhlich über die Heimkehr des Siegers im Tanzschritt, die Pauke in der Hand, entgegenspringt. Bibelleser werden sich an Mirjam erinnern, die nach dem Auszug aus Ägypten das Siegeslied mit allen Frauen im Tanz und mit Pauken sang.

Jiphtach sieht das unbefangene Mädchen, sein „einziges Kind", und zerreißt seine Kleider, eine Geste der Verzweiflung und des Kummers. Er glaubt sich vor Gott verpflichtet, sein Kind als Opfer töten zu müssen. Er sieht dies als Unglück an, aber er findet kein Wort des Bedauerns für die zu Opfernde, sondern klagt allein über das Unglück, das das Mädchen über ihn bringt. Und die Tochter, dieses bezaubernde Menschenkind, ermutigt den kläglich Jammernden noch dazu, das Versprechen zu halten. Nur um einen Aufschub bittet sie, um

Miniaturen aus dem englischen Queen-Mary's-Psalter, einem spätgotischen Manuskript Ms. 2, B VII, entstanden wahrscheinlich zwischen 1320 und 1330, heute im Besitz des British Museum, London. Oben links: Jiphtach gelobt die Opfergabe; oben rechts: Vollzug des Opfers. Untere Miniatur: Jiphtachs Sieg über die Ammoniter.

eine Zeit von zwei Monaten mit ihren Freundinnen im Gebirge, ehe sie getötet wird. Der Vater gewährt ihr den Aufschub. Als sie zurückkehrt, bringt er das Brandopfer dar. Später gehen die Töchter Israels jährlich für vier Tage hinaus und klagen über Jiphtachs Tochter. So vergessen sie wenigstens nicht: die Geschichte der Opferung und die vielen anderen Geschichten der Demütigung und der Gewalt.

Hätte Jiphtach sich anders verhalten können? Mußte er der Verpflichtung nachkommen, die er sich selbst auferlegt hatte? Den Sieg hatte er gewonnen, konnte er den ausbedungenen Lohn verweigern? Schon das Gelübde ist ein Akt der Glaubenslosigkeit, es drückt Zweifel aus, nicht Vertrauen, Beherrschenwollen, nicht Mut.

Müssen Väter so handeln? Zwingt sie die Logik des männlichen Denkens, dessen Koordinaten Sieg, Erfolg, Macht oder eben Niederlage, Versagen, Ohnmacht heißen? Konnte er sich nicht freimachen von seinen eigenen Wunschvorstellungen von Treue, Gehorsam und Ehre? Hätte er einem Sohn dasselbe angetan? Will denn Gott, daß Gelübde gehalten und Leben vernichtet werden? Luther, der die Bibel so hoch hielt, merkt resigniert an: „Man will, er habe sie nicht geopfert, aber der Text steht klar da."

Zur Ehre der jüdischen Tradition sei gesagt, daß die sie Weitertragenden und Reflektierenden sich dieselben Fragen gestellt haben. Die Geschichte der Auslegung erscheint wie ein einziger Versuch der Korrektur der Brutalität. Das fängt damit an, daß dem namenlosen Opfer ein Name gegeben wird. In einer Legende spricht Gott, der sich dem Jiphtach gegenüber so stumm verhält, zu ihr und tröstet sie. Das geht weiter in einer massiven Kritik an Jiphtach. Warum hat er nicht weise Männer befragt? Gab es denn keine zu seiner Zeit? Oder hatten sie, Gott behüte, die Tora vergessen? Wie konnten sie Gott so mißverstehen, daß das unschuldige Blut dieses Kindes vergossen wurde? Oder waren der Hohepriester Pineas und der Politiker Jiphtach so in ihre Rollen verliebt, daß sie, wie Gockel streitend, einander nicht entgegenkommen mochten – und lieber das unschuldige Mädchen zugrunde ließen? Hatte nicht Gott auf dem Berg Morija ein für allemal klargemacht, daß Menschenopfer nicht sein sollen?

Damit ist auch die Tiefe der Frauenkritik an dieser Geschichte erreicht. Hätte Gott sich anders verhalten können? Wer die Geschichte von Jiphtachs Tochter bedenkt, darf die andere Geschichte vom Kindesopfer nicht vergessen. Als Abraham Gott seinen einzigen Sohn zum Brandopfer darbringen soll, fällt ihm ein Engel in den Arm und hält ihn davon ab, den Gehorsam zu leisten. Ein Widder wird anstelle des Kindes geschlachtet. Abraham wurde geprüft, aber Jiphtach stürzte sich selbst in tragische Verstrickung. Isaak wurde verschont, aber die Tochter Jiphtachs wurde ermordet. Manchmal greifen Engel ein und beschützen die Unschuldigen und die Väter vor sich selber.

Aber Jiphtachs Tochter war ein Mädchen, und das bedeutet in dieser bitteren Geschichte des Terrors: Sie hat keinen Namen noch Engel.

Folgende Doppelseite: Heimkehr des Jiphtach, Gemälde von Jakob Holgers, um 1630. Der Feldherr Jiphtach, der die Ammoniter besiegte, schwor, das erste Lebewesen, das ihm nach seiner Heimkehr begegnen würde, Gott als Opfer darzubringen. Mit Entsetzen sieht er, daß es seine vielgeliebte Tochter ist, die ihm mit einem Siegeskranz in den Händen entgegeneilt, begleitet von ihren zu seinem Lob musizierenden Freundinnen.

WAS NICHT IN DER BIBEL STEHT

ANTIKE UND MITTELALTERLICHE QUELLEN

Nach der jüdischen Legende war Jiphtach schon deshalb mit einem Makel behaftet, weil sein Vater außerhalb seines Stammes geheiratet hatte. So war er gezwungen, eine Zeitlang unter den Heiden zu leben, und zögerte lange, die Führung der Israeliten im Kampf gegen die Ammoniter zu übernehmen.

Er schwor Gott einen unbesonnenen Eid. Gott sah die üble Seite dieses Eides und sagte: „Wenn ihm nun als erstes ein Hund entgegenkommt, wird mir dann ein Hund geopfert werden? Deshalb soll sein Eid seine einzige Tochter treffen. Mein Volk aber will ich retten, nicht um Jiphtachs willen, sondern weil es zu mir gebetet hat."

In der Legende heißt die Tochter Sheilah. Jiphtach sagte zu ihr: „Mit Recht heißt du Sheilah (d.h. „die gefordert wird")". Sie bat ihn, nicht zu trauern und erinnerte ihn an Isaak, der sein Los, geopfert zu werden, freudig annahm. Dann sagte sie: „Die Berge sollen für mich weinen und die Tiere der Fluren um mich trauern. Ich aber trauere nicht, weil ich sterben muß, sondern deshalb, weil mein Vater nicht an mich dachte, als er seinen vorschnellen Eid schwor. Vielleicht bin ich daher des Opfers überhaupt nicht würdig und mein Tod wird umsonst sein."

Die Weisen ihres Volkes konnten Sheilah nicht helfen, aber auf dem Berg Telag erschien ihr Gott und sprach: „Ich habe die Münder der Weisen verschlossen, denn ich weiß, daß du weiser als dein Vater und alle Klugen des Landes bist, und deshalb bist du wert und würdig, geopfert zu werden." Sheilah aber klagte: „Seht, ihr Berge, ihr Hügel, die Tränen in meinen Augen, und ihr Felsen, bezeugt, wie meine Seele weint. Meine Worte sollen zum Himmel aufsteigen und meine Tränen ans Firmament geschrieben sein. Nie werde ich als Braut geschmückt, noch je mit Myrrhen und Öl gepriesen werden. Umsonst hast du mich geboren, Mutter, denn das Grab wird mein Brautgemach sein. Das weiße Kleid, das meine Mutter mir genäht hat, wird von den Motten gefressen werden, meine Brautkrone wird dahinwelken, meine blau- und purpurnen Kleider von Würmern zernagt werden. Darum, ihr Bäume, beugt eure Zweige und weint um meine Jugend..."

Dann sagt sie zu ihrem Vater, daß die Tora nur von Tieropfern spräche und daß Jakob Gott ein Zehntel seiner Habe geopfert habe, aber nicht einen von seinen zwölf Söhnen. Aber Jiphtach räumte ihr nur mehr Zeit ein, um Gelehrte zu besuchen, die entscheiden sollten, ob er an seinen Eid gebunden sei. Nach der Tora war sein Eid nämlich ungültig, und er war nicht einmal verpflichtet, seine Tochter

mit Geld auszulösen. Aber die Gelehrten seiner Zeit hatten die Halacha (den Teil des Talmuds, der die Gesetze enthält) vergessen und entschieden, er müsse seinen Schwur erfüllen. Gott hatte sie vergessen lassen, um dafür Jiphtach zu strafen, weil er Tausende vom Stamme Ephraim getötet hatte.

Es gab einen Mann, der die rechte Entscheidung hätte treffen können, den Hohenpriester Pinehas. Aber der war stolz und sagte: „Soll ich, der Sohn eines Hohepriesters, mich erniedrigen und zu einem Unwissenden gehen?" Und Jiph-

Bei den Talmudisten gelten die berühmten Richter Jiphtach, Gideon und Simson zugleich als die des Amtes am unwürdigsten. Auch der jüdische Geschichtsschreiber Flavius Josephus ist Jiphtach gegenüber kritisch: Er sagt, daß er seine Tochter gescholten habe, weil sie solche Eile gehabt habe, ihm entgegenzugehen. Über das Opfer sagt er: „Doch handelte er damit weder im Sinne des Gesetzes noch nach dem Willen Gottes; auch dachte er nicht an die Zukunft noch daran, was diejenigen über die Tat denken würden, die davon Kunde erhielten."

Oben: Tamburinschlagend tanzt Jiphtachs Tochter aus dem Haus ihrem heimkehrenden Vater entgegen. Gemälde des französischen Malers und Radierers Jean-Paul Laurens (1838–1921). Die Szene der tanzenden Mädchen, die den errungenen Sieg feiern, entspricht stilistisch dem Geist der Belle Époque.

Links: Jiphtachs Tochter geht harfespielend ihrem aus siegreicher Schlacht heimreitenden Vater entgegen, Miniatur aus der Weltchronik des Rudolf von Ems, fol. 113v., entstanden erste Hälfte des 13. Jahrhunderts. König Konrad II. veranlaßte Rudolf von Ems, in gereimten Versen das göttliche Wirken von der Weltschöpfung bis zu König Salomo zu schildern und den Text mit Miniaturen zu illustrieren.

Rechts: Die Gespielinnen von Jiphtachs Tochter weinen, als sie vernehmen, daß ihre Freundin geopfert werden soll. Detail aus einer Miniatur des Psalters des hl. Ludwig, 13. Jahrhundert, Hs. Lat. 10522, im Besitz der Nationalbibliothek Paris.

tach sagte: „Soll ich, das Haupt der Stämme Israels, mich erniedrigen und zu denen, die unter mir sind, herabsteigen?" So mußte die Tochter sterben, aber beide Männer wurden dafür bestraft; den Pinehas verließ der Heilige Geist, so daß er sein Amt aufgeben mußte.

Nach einigen mittelalterlichen Legenden hat Jiphtach seine Tochter nicht geopfert. Sie hätte an einem abgeschiedenen Ort gelebt, wo sie ihr ganzes Leben Gott widmete.

Die vier Tage, an denen die Töchter Israels Jiphtachs Tochter beklagen, sind die vier Sonnenwend-Tage. Dies findet Analogien: Während der Frühlings-Wende verwandelte Gott das Wasser Ägyptens in Blut; während der Sommer-Wende schlug Mose Blut aus dem Felsen; während der Herbst-Wende streckte Abraham seine Hand gegen Isaak aus, um ihn zu opfern, und das Messer begann zu bluten; und dasselbe geschieht nun während der Winter-Wende, als Jiphtach seine Tochter opfert. An diesen vier Tagen trauern die Jungfrauen Israels um Jiphtachs Tochter.

Schon im ersten Jahrhundert n. Chr. entstand ein Gedicht „Klage Sheilahs auf dem Berg Stelac" eines unbekannten jüdischen Dichters, das nur in einer lateinischen Version erhalten ist. Im frühen Mittelalter verfaßte der berühmte französische Philosoph Abaelard (1079–1142) eine „Klage der israelitischen Jungfrauen um die Tochter Jiphtachs", ebenfalls auf lateinisch. Während des Mittelalters ist sowohl der dramatische Konflikt zwischen Vater und Tochter als auch zwischen religiöser Pflicht und Vaterliebe mehrfach behandelt worden.

NEUERE LITERATUR

Die Renaissance sah in dem Opfer Jiphtachs eine heroische Tat im klassischen Sinn und zog die Parallele zu klassischen Tragödien, wie etwa zu der Iphigenie des Euripides und den Dramen Senecas. Die ersten Behandlungen des Stoffes sind daher auch in lateinischer und griechischer Sprache abgefaßt, so das lateinische Drama des Schotten George Buchanan „Jephthes" (1554), in dem zum erstenmal die Mutter der Tochter eingeführt wird. Das Drama beginnt mit einem Dialog zwischen Mutter und Tochter, noch vor dem Siege Jiphtachs. In diesem Drama überzeugt Jiphtach auch seine Tochter, während die Gegenargumente der Freunde unwirksam bleiben. Das Drama endet, ganz wie in der griechischen Tragödie, mit einem Botenbericht über den Tod der Tochter. Ähnlich auch B. Seidels lateinisches Drama „Jephtha" (1568), in dem allerdings das Klagemotiv der Tochter stärker betont wird. John Christophersons griechisches Drama „Jephthae" (1544) hält sich dagegen enger an die Bibel und schließt den Konflikt Jiphtachs mit seinen Brüdern mit ein. Die Mutter wird als Gegnerin des Opfers eingeführt. Die ersten deutschen Spiele von Hans Sachs, „Der Jephthe mit seiner Tochter" (1555) und J. Pomarius (1574) beziehen ebenfalls die Vorgeschichte mit ein, und in G. Dedekens „Jeptah" (1594) spielt sich der Hauptkonflikt erst in den beiden letzten Akten ab.

DIE PROTESTANTISCHEN Behandlungen des Themas in dieser Zeit betonen mehr die Unerbittlichkeit des alttestamentarischen Gottes und der strengen Pflichterfüllung Jiphtachs, während in den katholischen Ordensdramen das Märtyrertum und die Weltentsagung der Tochter die Hauptrolle spielen. Allein innerhalb des Jesuitenordens sind zwischen 1570 und 1750 etwa 50 Dramen dieser Art zu verzeichnen, von denen das älteste die „Tragedia quae inscribitur Jeptaea" ist. In J. Baldes „Jephtias" (1654), einer Bearbeitung eines älteren Dramas, wird der Opfertod der Tochter wohl zum erstenmal mit dem Tod Christi verglichen, auch wird ein Liebhaber der Tochter eingeführt, der an Stelle der Mutter gegen die Opferung argumentiert. In dem späteren Jesuitendrama von G. Granelli „Figlia di Jefte" (1766) treten sogar zwei Liebhaber der Tochter auf, und die Überwindung irdischer Liebe wird zum Hauptthema erhoben. Aus dem Bereich des Benediktinerordens stammen das elegische Spiel „Jephte" des Cornelius a Marca (1608) und das dogmatischer gehaltene „Jephte Princeps Galahad" des Thomas Weiß (1629). Aus der protestantischen Sphäre stammen zwei holländische Dramen des 17. Jahrhunderts, A. de Konings „Jephthas Ende" (1615) und das wahrscheinlich bedeutendste Jiphtach-Drama der älteren Zeit, Joost van den Vondels „Jephtha" (1659). Dieses folgt der aristotelischen Forderung der Einheit von Ort, Zeit und Handlung und konzentriert sich auf den Tag, als die Tochter von den Bergen zurückkehrt. Ähnlich wie in Euripides' „Iphigenie in Aulis" versucht hier der Vater, das geplante Opfer der Tochter vor der Mutter geheimzuhalten. Bei Euripides mißlingt der Plan, indem Klytämnestra davon erfährt, Jiphtachs Plan gelingt jedoch, und die Mutter kommt zu spät. Nach Vondel liegt die Schuld Jiphtachs in seiner tragischen Überzeugung, daß Gott dieses Opfer wünscht: denn er hat ja Jiphtach nach diesem Gelübde zu Siegen verholfen. Erst nach dem Tod der Tochter erkennt er seinen Irrtum und tut Buße.

Gegen Ende des 17. Jahrhunderts entstehen auch Jiphtach-Dramen mit komischen Elementen, so bei J. B. Diamante, „Cumplirle a Dios la palabra" (1674), und in Christian Weises „Der Tochtermord" (1680).

Shakespeare hat keine biblischen Themen behandelt, kannte aber die Jiphtach-Erzählung, wie aus einer Szene im zweiten Akt des „Hamlet" hervorgeht. Da sagt Hamlet zu Polonius ganz unvermittelt:

„O Jephtha, Richter Israels – welchen Schatz hattest du!"

Polonius: „Welchen Schatz hatte er, gnädiger Herr?"

Hamlet: „Hatt ein schön Töchterlein, nicht mehr,
Die liebt's er außermaßen sehr ..."

Polonius: „Wenn Ihr mich Jephtha nennt, gnädiger Herr, so habe ich eine Tochter, die ich außermaßen sehr liebe."

Die Opferung der Tochter Jiphtachs, großformatiges Tafelbild des Johann Martin Schmidt (1718–1801), der in der kunstgeschichtlichen Tradition unter dem Namen „Kremser-Schmidt" weiterlebt. Jiphtachs Tochter blickt noch einmal himmelwärts, bevor ihr Vater die in klassischer Pose liegende, todbereite Tochter seinem Gelübde entsprechend tötet.

„Wenn du die Ammoniter in meine Hand gibst, dann soll,
wer zuerst aus der Tür meines Hauses mir entgegenkommt, Jahwe gehören,
und ich will ihn als Brandopfer darbringen."

Richter 11, 30/31

Hamlet zitiert mit diesen Worten eine damals bekannte englische Ballade. Eine Generation nach Shakespeare hat der englische Dichter Robert Herrick im „Trauergesang um Jiphtachs Tochter" (1647) die Töchter Israels klagen lassen. Dieses Thema hat auch in andern barocken Gedichten, wie denen von A. de Riveaudeau und Christian Hofmann von Hofmannswaldau (1617–79) Ausdruck gefunden.

DEM AUFKLÄRERISCHEN und humanitären 18. Jahrhundert lag das Jiphtach-Thema literarisch ferner. Hier taucht es aber in der Oper und im Oratorium auf. Das lyrische Klage-Motiv legte eine derartige musikalische Gestaltung nahe. Die ersten Oratorien wurden 1632 von O. Tronsarelli („La Figlia di Jefte", 1632) und G. Carissimi („Jephte", 1650) geschrieben, das berühmteste ist Georg Friedrich Händels „Jephtha" (1752), ein spätes Werk, komponiert zu einer Zeit, als er schon erblindete. Obwohl das Libretto von Thomas Morell literarisch nicht bedeutsam ist und obwohl Händel viele Motive aus seinen früheren Kompositionen wie „Alceste" und auch von andern Komponisten, besonders dem Deutsch-Böhmen Franz Wenzel Habermann, borgte, hat er dennoch so viel Eigenes hinzugefügt und so viel Fremdes wirkungsvoll umgestaltet, daß sein Werk mit Recht eines seiner populärsten geblieben ist, obwohl es zugleich auch eines seiner düstersten ist. Besonders der große Chor „How dark, O Lord, are Thy decrees" ist eine von Händels bedeutendsten Kompositionen und verfehlt seine Wirkung heute so wenig wie vor 240 Jahren. Das Jiphtach-Thema ist auch als Oper behandelt worden, zuerst von G. F. Roberti und C. F. Polaroli (1702), bei denen Jiphtach der Tochter verschweigt, worin sein Opfer bestehen soll. Von späteren Opern ist die von Giacomo Meyerbeer „Jephthas Gelübde" (1811) bemerkenswert. Im ganzen haben etwa hundert Oratorien und Opern sich mit Jiphtach und seiner Tochter, der völlig verschiedene Namen gegeben werden (bei Händel heißt sie Iphis), befaßt.

IM 19. JAHRHUNDERT nahm das literarische Interesse am Jiphtach-Stoff wieder zu. Marie-Thérèse Peroux d'Abany schrieb einen empfindsamen Roman „Seila, Fille de Jephté" (1801), in dem die Heldin sogar ihren Liebhaber von der Notwendigkeit ihres Opfers überzeugt. Das Drama F. Bellottis „La Figlia di Jefté" (1834) läßt

Jiphtachs Tochter wird enthauptet. Illustration aus der Handschrift 139/1363, fol. 7r des Musée Condé in Chantilly. Die Opferungsszene findet in einem sakralen Raum statt, Jiphtachs Tochter liegt als menschliche Opfergabe zusammengekauert auf dem Altar.

Mutter und Liebhaber verzweifelte Rettungsversuche unternehmen. In F. Fracassinis „Il Voto di Jefté" (1837) ist Jiphtach bereit, sein Leben für das der Tochter zu opfern. In José M. Díaz' Drama „Jefté" (1845) versucht der Vater, durch eine Lüge die Begegnung mit der Tochter ungeschehen zu machen, und in „Jephthas Opfer" von K. Diez hat er vor, sie vor seiner Ankunft zu warnen.

VIELLEICHT DER EINZIGE dramatische Versuch, dem Jiphtach-Stoff ein Happy-End zu geben, stammt von dem deutschen Dramatiker Ludwig Freytag. Er erklärt in seinem Drama „Jephthah" (1874), im Gegensatz zu heidnischen Gottheiten wie Moloch und Astaroth würde der Gott der Juden solche Menschenopfer niemals zulassen, auch wenn er den Gehorsam der Gläubigen auf die äußerste Probe stellt wie im Falle Abrahams. Freytag läßt einen Engel Gottes erscheinen. Dieser teilt Jiphtach mit, sein Entschluß, Gott gehorsam zu sein, habe ihn entsühnt. Der Engel verbietet Menschenopfer für alle Zukunft und führt die Braut dem Bräutigam zu. In F. Helds Epos „Jephtas Tochter" (1894) hat Jiphtach sein Gelübde nicht gegenüber dem israelitischen Gott, sondern dem ammonitischen Gott El abgelegt, und seine Tochter wird durch den fremden Gott geraubt.

An diesen Gedanken knüpft Schalom Asch in unserem Jahrhundert an: In seinem jiddisch geschriebenen Drama (1915)

weiht sich die Tochter freiwillig dem Gott Moloch, dem sie vom Vater versprochen wurde, da Moloch ihm Zuflucht gewährte, als er aus seiner Heimat vertrieben wurde. Nach seiner Rückkehr nach Israel und seinem Sieg über die Ammoniter kann Jiphtach nicht mehr zurück, aber seine Tochter gibt sich freudig dem wilden Sonnengott Moloch hin.

In H. von Bötticher Drama „Jephtha" (1919) spielt das Erlebnis des Ersten Weltkrieges mit hinein. Das Opfer der Tochter wird zu einem Opfer für den Frieden. Auch in F. Ruhs Einakter von 1920 siegt die Menschlichkeit. Jiphtach nimmt den Geliebten seiner Tochter, einen gefangenen Ammoniter, als Sohn an. Im Drama von E. Girardini („Jefté", 1929) steht das Verhältnis der beiden Liebenden im Mittelpunkt.

Ganz anders nähert sich Ernst Lissauer, bekannt und viel kritisiert wegen seines „Haßgesanges auf England" (1914), dem Thema in seinem Drama „Das Weib des Jephta" (1928) an. Die Tochter ist hier ein fünfjähriges Kind, und der Kampf gegen Jiphtach wird von ihrer Mutter geführt. Für sie steht Mutterliebe hoch über religiösen und patriotischen Ideen, und sie versucht, mit ihrem Kind zu fliehen. Sie werden entdeckt, und das Kind wird geopfert. Die Frau wütet gegen ihren Mann, der als großer Held gefeiert wird, und versucht, ihn zu töten. Als dies mißlingt, bringt sie sich selber um. Lissauers Werk wurde unter dem Eindruck der deutschen Niederlage von 1918 geschrieben und drückt nun seinen Widerwillen gegen patriotische Phrasen aus – die er zuvor selbst verbreitet hatte.

Ähnlich wie Lissauers Drama ist auch Lion Feuchtwangers Roman „Jefta und seine Tochter" (1957), seinem letzten Werk, unter dem Eindruck einer Weltkatastrophe geschrieben: dem Schicksal der Juden unter Hitler und dem Zweiten Weltkrieg. Feuchtwanger hat sich dabei die letzten Ergebnisse der Archäologie, Philologie und Geschichte zu eigen gemacht. Er sieht Jiphtach als Mitglied eines Stammes, der sich erst kurze Zeit vom Nomadentum zum seßhaften Leben der Ackerbauern entschlossen hat. Als er in die Wüste fliehen muß, gerät er in den inneren Konflikt zwischen der israelitischen Tradition und dem Glauben seiner ammonitischen Frau. Er siegt und wird gefeiert, aber nach dem Opfer der Tochter ist er innerlich tot. Er begreift, daß er sein Bestes für eine Illusion, einen nicht-existenten Gott, hingegeben hat. Feuchtwan-

Vater Jiphtach opfert seine Tochter. Gemälde des französischen Barockmalers Charles Lebrun (1619–1690), heute im Besitz der Uffizien, Florenz. Jiphtachs Tochter wehrt sich nicht gegen ihre Opferung, damit ihr geliebter Vater seinem Gelöbnis treu bleiben kann.

ger verarbeitet hier wahrscheinlich sowohl seine tiefe Enttäuschung über das Idol seiner jüngeren Jahre, Stalin, als auch seinen Bruch mit den Deutschen, unter denen er sich als Jude beheimatet gefühlt hatte und die seine Glaubens- und Stammesgenossen zu Millionen in Konzentrationslagern umkommen ließen.

DASS DIE EINFACHE und kurze biblische Erzählung von Jiphtachs Tochter die Gemüter durch so viele Jahrhunderte immer wieder beschäftigt hat, hängt wohl damit zusammen, daß in ihm Themen vieler ähnlicher Mythen und Märchen anklingen. In der klassischen Literatur ist es nicht nur die Geschichte Iphigeniens, sondern z. B. auch die des Königs Idomeneus von Kreta, der auf dem Rückweg von Troja in einen furchtbaren Sturm gerät und dem Meeresgott Poseidon das erste lebende Wesen verspricht, wenn er gerettet wird – in diesem Fall ist es sein Sohn. In der Bibel taucht das Motiv bei der – nicht vollzogenen – Opferung Isaaks auf.

Wir finden es auch in vielen Märchen, in den Grimmschen etwa bei dem „Mädchen ohne Hände" oder dem „Singenden, springenden Löweneckerchen". In beiden Erzählungen macht der in Not geratene Vater dem Teufel leichtsinnige Versprechungen, die gehorsame und fromme Tochter ergibt sich in ihr Schicksal und errettet zum Schluß sich und ihren Vater aus den Klauen des Bösen.

ER ÖFFNETE IHR SEIN GANZES HERZ UND SPRACH ZU IHR:
„... WENN MAN MICH SCHERTE,
DANN WÜRDE ICH MEINE KRAFT VERLIEREN ..."
Richter 16, 17

Buch Richter:

Kapitel 13, Vers 1– 8
Kapitel 16, Vers 1–31

Unter den auf Jiphtach folgenden Richtern Ibzan, Elon und Abdon wurden die Philister immer mehr zum Hauptfeind Israels. Die Herkunft der Philister ist umstritten – es wird meist angenommen, daß sie aus Kleinasien oder Kreta einwanderten. Sie siedelten sich längs der Mittelmeerküste, westlich vom Toten Meer, an, wo sie fünf Städte gründeten: Aschdod, Askalon, Ekron, Gat und Gasa. Sie erwiesen sich als besonders gefährliche Gegner, da sie in ihrer eisernen Bewaffnung den Israeliten überlegen waren und ihre Angriffe häufig mit denen der Ammoniter im Osten kombinierten. Zur Zeit des Richters Simson sind die Israeliten von den Philistern unterdrückt.

DELILA UND SIMSONS GEHEIMNIS

Und wiederum taten die Israeliten, was böse ist in den Augen Jahwes, und Jahwe gab sie in die Hand der Philister, vierzig Jahre lang. ² Da war ein Mann aus Zorea vom Geschlechte Dans mit Namen Manoach. Seine Frau war unfruchtbar und hatte kein Kind bekommen. ³ Dieser Frau erschien der Engel Jahwes und sprach zu ihr: „Du bist unfruchtbar und hast kein Kind bekommen. ⁴ Nun aber sei auf der Hut; trinke keinen Wein und nichts Berauschendes und iß nichts Unreines. ⁵ Denn du sollst empfangen und einen Sohn gebären. Das Schermesser soll nicht auf sein Haupt kommen, denn das Kind wird ein Nasir Gottes sein vom Mutterschoße an. Und er wird anfangen, Israel aus der Hand der Philister zu retten." ⁶ Die Frau ging zu ihrem Mann und sprach: „Ein Gottesmann ist zu mir gekommen; er sah aus wie der Engel Gottes, so furchtbar war er. Ich habe ihn nicht gefragt, woher er käme, und er hat mir seinen Namen nicht kundgetan. ⁷ Aber er sprach zu mir: Du sollst empfangen und einen Sohn gebären. Darum trinke von nun an keinen Wein und nichts Berauschendes und iß nichts Unreines, denn das Kind wird ein Nasir Gottes sein vom Mutterschoße an bis zum Tage seines Todes!"

⁸ Da betete Manoach zu Jahwe und sprach: „Ich bitte dich, Herr! Möge der Mann, den du sandtest, noch einmal zu uns kommen und uns lehren, was wir mit dem Kind tun müssen, das geboren werden soll."

Simson fängt einen regelrechten Privatkrieg gegen die Philister an. Seine jüdischen Genossen fürchten die Rache der sie beherrschenden Philister und senden ihn mit seiner Einwilligung gebunden zu den Philistern, aber er zerreißt vor ihren Augen seine Stricke, ergreift einen frischen Eselskinnbacken und erschlägt damit tausend Mann. Er richtet dann sein von den Philistern unterdrücktes Volk zwanzig Jahre lang. Dann erst tritt Delila auf, von der nicht gesagt wird, ob sie seine Frau oder seine Geliebte wird. Offenbar ist sie eine Philisterin.

16 ¹ Von dort ging Simson nach Gasa; er sah eine Dirne und kehrte bei ihr ein. ² Man teilte den Leuten von Gasa mit: „Simson ist hergekommen." Da streiften sie umher und lauerten auf ihn am Stadttor. Die ganze Nacht verhielten sie sich ruhig, denn sie dachten: „Warten wir, bis der Morgen tagt; dann schlagen wir ihn tot!" ³ Simson aber blieb bis Mitternacht liegen; um Mitternacht erhob er sich, ergriff die Flügel des Stadttores samt den beiden Pfosten, hob sie mit dem Riegel aus und lud sie sich auf die Schulter; dann trug er sie auf den Gipfel des Berges gegenüber von Hebron hinauf und legte sie dort hin. ⁴ Danach verliebte er sich in eine Frau des Tales Sorek, die hieß Delila. ⁵ Die Fürsten der Philister gingen zu ihr und sagten zu ihr: „Betöre ihn und bringe heraus, woher seine außergewöhnliche Kraft stammt, womit

134

„Der junge Simson", Bildausschnitt. Rembrandt van Rijn (1606 – 1669) malte 1636 Simson in prächtiger orientalischer Bekleidung als selbstbewußten jugendlichen Mann, dem die israelitische Richterwürde zuerkannt wurde.

Seite 134: „Samson und Delila", Ausschnitt aus der im 14. Jahrhundert entstandenen Weltchronik des Rudolf von Ems, Cod. germ. 6406. Mit einer riesigen Schere schneidet Delila hier selber Simsons Kopfhaar ab, während es im Bibeltext heißt, daß sie einen Philister herbeirief, damit dieser Simson seiner Haarflechten beraube.

Seite 135: „Delila", Gemälde von Gustave Moreau (1826 – 1898). Auf diesem Bildausschnitt erscheint Delila, angetan mit raffinierten Gewändern und mit glitzernden Edelsteinen geschmückt, als die berückend schöne Verführerin, der es gelang, dem zunächst mißtrauischen Simson das Geheimnis seiner Haare zu entlocken.

wir ihn überwältigen und fesseln können, um ihn machtlos zu machen. Wir wollen dir auch jeder tausend und hundert Silberschekel geben."
[6] Delila sprach zu Simson: „Sage mir doch, woher deine Kraft so groß ist und womit man dich fesseln müßte, um dich machtlos zu machen." [7] Simson antwortete ihr: „Wenn man mich mit sieben frischen Bogensehnen fesselte, die man noch nicht trocknen ließ, dann würde ich meine Kraft verlieren und wie ein gewöhnlicher Mensch werden." [8] Die Fürsten der Philister brachten Delila sieben frische Bogensehnen, die man noch nicht trocknen ließ, und sie fesselte ihn damit. [9] Es waren aber Aufpasser in ihrer Kammer versteckt. Nun rief sie zu ihm: „Philister über dir, Simson!" Da zerriß er die Bogensehnen, wie ein Wergfaden reißt, wenn er Feuer riecht. So blieb das Geheimnis seiner Kraft unbekannt. [10] Da sprach Delila zu Simson: „Du hast mich angeführt und mich belogen. Nun sage mir doch, womit man dich fesseln müßte." [11] Er antwortete ihr: „Wenn man mich mit neuen Stricken fesselte, die noch nie benutzt wurden, dann würde ich meine Kraft verlieren und wie ein gewöhnlicher Mensch werden." [12] Da nahm Delila neue Stricke, sie fesselte ihn damit und rief zu ihm: „Philister über dir, Simson!" Es waren aber Aufpasser in ihrer Kammer versteckt; da zerriß er die Stricke an seinen Armen wie einen Faden. [13] Delila sprach zu Simson: „Bis jetzt hast du mich angeführt und mich belogen. Sage mir doch, womit man dich fesseln müßte." Er antwortete ihr: „Wenn du die sieben Locken meines Hauptes mit der Kette des Gewebes verwebtest und einen Pflock hineinschlägst, dann würde ich meine Kraft verlieren und wie ein gewöhnlicher Mensch werden." [14] Sie schläferte ihn ein, dann verwebte sie die sieben Locken seines Hauptes mit der Kette, schlug einen Pflock hinein und rief zu ihm: „Die Philister über dir, Simson!" Er erwachte aus dem Schlaf und riß das Stück und den Pflock heraus. So blieb das Geheimnis seiner Kraft unbekannt. [15] Delila sprach zu ihm: „Wie kannst du sagen, daß du mich liebst, wenn dein Herz nicht mit mir ist? Siehe, dreimal hast du mich angeführt und mir nicht gesagt, woher deine Kraft so groß ist." [16] Wie sie ihm nun alle Tage mit ihren Reden zusetzte und ihn plagte, wurde es ihm zum Sterben leid. [17] Er öffnete ihr sein ganzes Herz und sprach zu ihr: „Das Schermesser ist nie über mein Haupt gekommen, denn ein Nasir Gottes bin ich vom Mutterschoße an. Wenn man mich scherte, dann würde ich meine Kraft verlieren und wie alle Menschen werden." [18] Da erkannte Delila, daß er ihr sein ganzes Herz geöffnet hatte, sie rief die Fürsten der Philister und sprach zu ihnen: „Kommt dieses Mal, denn er hat mir sein ganzes Herz geöffnet." Und die Fürsten der Philister kamen zu ihr, mit dem Geld in der Hand. [19] Sie ließ ihn auf ihren Knien einschlafen und rief dann einen Mann, der die sieben Locken seines Hauptes schor. Da begann er seine Kraft zu verlieren, und seine Stärke wich von ihm. [20] Sie rief: „Die Philister über dir, Simson!" Als er aus dem Schlaf erwachte, sagte er sich: „Ich werde wie die anderen Male davonkommen und mich befreien." Aber er wußte nicht, daß sich Jahwe von ihm abgewandt hatte. [21] Die Philister ergriffen ihn, stachen ihm die Augen aus und brachten ihn nach Gasa hinab. Sie fesselten ihn mit einer doppelten ehernen Kette, und er mußte im Gefängnis die Mühle drehen. [22] Unterdessen aber begann das Haar seines Hauptes, nachdem es geschoren war, wieder zu wachsen. [23] Die Fürsten der Philister kamen zusammen, um Dagon, ihrem Gott, ein großes Op-

fer darzubringen und Freudenfeste zu feiern. Sie sprachen: „Unser Gott gab uns in die Hand / Simson, der wider uns stand."

²⁴ Sobald das Volk seinen Gott sah, priesen sie ihn und sprachen: „Unser Gott gab uns in die Hand / Simson, der wider uns stand, / der unser Land zur Wüste gemacht / und viele von uns umgebracht."

²⁵ Und wie sie nun guter Dinge waren, da riefen sie: „Laßt Simson kommen, daß er uns Späße vormacht!" Da ließ man Simson aus dem Gefängnis kommen, und er machte ihnen Späße vor; dann stellte man ihn zwischen die Säulen hin. ²⁶ Simson sprach zu dem jungen Burschen, der ihn an der Hand hielt: „Führe mich und laß mich an die Säulen tasten, auf denen das Haus ruht, damit ich mich daran anlehnen kann." ²⁷ Das Haus aber war voll von Männern und Frauen; alle Fürsten der Philister waren da und auf dem Dach etwa dreitausend Männer und Frauen, die den Späßen Simsons zuschauten. ²⁸ Da rief Simson zu Jahwe und sprach: „Herr Jahwe, gedenke doch meiner, nur dieses Mal noch verleihe mir Kraft, daß ich mich mit einem Schlage räche an den Philistern für meine beiden Augen." ²⁹ Und Simson tastete die beiden Mittelsäulen, auf denen das Haus ruhte, und stemmte sich gegen sie, gegen die eine mit seinem rechten Arm und gegen die andere mit seinem linken Arm, ³⁰ und Simson sprach: „So sterbe ich mit den Philistern!" Er drückte mit all seiner Kraft, da stürzte das Haus zusammen über den Fürsten und über dem ganzen Volk, das darin war. Die er so in seinem Tode tötete, waren zahlreicher als jene, die er in seinem Leben getötet hatte. ³¹ Seine Brüder und das ganze Haus seines Vaters kamen herab; sie nahmen ihn und brachten ihn fort und begruben ihn zwischen Zorea und Eschtaol im Grabe Manoachs, seines Vaters. Er hatte Israel gerichtet zwanzig Jahre lang.

„Das Opfer Manoachs und seines Weibes", Gemälde von Rembrandt van Rijn (1606 bis 1669). In Zorea lebte ein Mann Manoach aus dem Stamme Dan. Seine Ehe war lange kinderlos geblieben, bis seiner Frau eines Tages ein Engel in Gestalt eines Mannes die Geburt eines Sohnes ankündigte. Ihr Mann, dem sie davon erzählte, bat Gott, ihm jenen Himmelsboten ebenfalls erscheinen zu lassen. Das geschah, und Manoach wollte sich bei dem Mann mit einem gebratenen Böckchen bedanken. Doch jener sagte, er solle das Tier Jahwe opfern. So entzündet Manoach für das Brandopfer ein Feuer, in dessen Flammen der Engel verschwand. Der Sohn, dessen Geburt der Engel verkündet hatte, war Simson.

„WOMIT KANN ICH DICH BINDEN"

Delila gehört in die Reihe der großen Verführerinnen, wie sie häufig in Sagen und Märchen den starken Helden zugeordnet werden. Die wichtigsten Eigenschaften dieses Frauentypus sind: Schönheit, Sinnlichkeit, Intelligenz, Selbstbewußtsein, List und Beharrlichkeit. Alle diese Qualitäten werden dazu gebraucht, einen Mann, der sich im allgemeinen für unfehlbar und unschlagbar hält, zu Fall zu bringen. Das Grundschema stellt Weiberlist gegen Männerstärke, Intrige gegen Körperkraft, Reden gegen stummes Handeln, Es-noch-einmal-Versuchen gegen das allmächtig-faktische „Schluß jetzt!"

Das Wort ‚versuchen' hat im Deutschen einen Doppelsinn; einmal bedeutet es, etwas unternehmen oder ausprobieren, ein Risiko eingehen und etwas Neues anfangen. Dieser positive Sinn des Wortes hängt mit der menschlichen Neugier und Rastlosigkeit zusammen und manifestiert sich in Grundprinzipien der Wissenschaft, wie der ‚trial and error'-Methode. Versuchen schließt die Möglichkeit des Irrtums und des Fehlschlags ein. ‚Versuchen' hat zum andern den negativen Sinn von ‚Verführen', es heißt dann, als Verführer/-in aufzutreten und mit falschen Versprechungen, Lügen und Täuschen, Wiederholung und Zähigkeit gegen den Willen eines anderen die eigenen Ziele durchzusetzen.

Delila als Versucherin hat an beiden Qualitäten Anteil. Sie ist aktiv, risikofreudig und selbstsicher, zugleich aber berechnend und eiskalt. Simson ist einer der stärksten Männer aus der Periode der Kämpfe Israels mit den Philistern. Zwanzig Jahre lang „richtet" er Israel, was sich hier auf die kriegerische Auseinandersetzung mit den Erzfeinden, den Philistern, bezieht: Der berühmte Held „verliebte sich in eine Frau des Tales Sorek, die hieß Delila" (Ri 16, 4). Delila lebt in einem Rebental, das zum Bereich der Philister gehört, sie steht in guter Beziehung zu den Fürsten ihres Volkes. Von ihnen erhält sie den Auftrag, ihre Liebesbeziehung zur Agententätigkeit zu benutzen und gegen märchenhaft hohe Bezahlung herauszufinden, was den Simson so stark macht. Ob es das Geld oder das nationale Gefühl für die Sache des eigenen Stammes ist, das sie zum Handeln treibt, erfahren wir nicht. Vielleicht war es auch der Reiz der schwierigen Aufgabe, an der sie sich versuchen will.

Die Erzählung ist wie ein Ballett komponiert, ein Spiel mit Vorwärts- und Rückwärtsschritten vollzieht sich zwischen drei Parteien: den Auftraggebern, die einem Geheimdienst vergleichbar im Hintergrund bleiben, Materialien herbeischaffen und auf

der Lauer liegen, bis sie ihres Sieges gewiß sind; Simson, der sich nicht nur wie ein starker Held, sondern auch wie ein Kind, das Freude am Spiel hat, verhält und seine Geliebte zunächst scherzhaft täuscht.

Schließlich Delila selber, handelnde Agentin, schmeichelnde Verführerin, die die doppeldeutige Frage „Womit kann man dich binden?" immer wieder stellt. Vielleicht ist es eine der Grundfragen, die Frauen an Männer stellen. Sie inszeniert das Stück in drei Akten, stellt die Frage, besorgt die Materialien und ruft den Weck- und Kampfruf, der den Simson zu höchster Kraftentfaltung anspornen soll: „Philister über dir!" Die Geschichte spielt im Schlaf- und Arbeitszimmer einer starken Frau; was privat scheint, wird belauert und ist in Wirklichkeit öffentlich. Zum Bühnenbild, das man sich im Inneren eines ländlichen Hauses vorstellen muß, gehört der altorientalische Webstuhl, ein rahmenartiges Gestell, das mit Pflöcken in den Estrich der Kammer eingeschlagen war. Dieses wichtige Arbeitsinstrument der Frauen erweist sich aber als Waffe gegen den überstarken Helden als zu schwach: weder Stricke noch frischer Bast noch Pflöcke können dem Simson etwas anhaben. Die Frauenwelt kann ihn nicht binden und halten.

So verändert Delila ihre Taktik und bezieht, statt die Machtfrage simpel und ohne Verbrämung zu stellen, das Herz ein, das hier nicht nur der Sitz der Gefühle, sondern auch des Wissens ist. „Wie kannst du sagen, daß du mich liebst, wenn dein Herz nicht mit mir ist?" (Ri 16, 15). Wie kannst du Geheimnisse vor mir haben? Wie kann es etwas zwischen uns geben, das uns nicht gemeinsam ist? Was ist das, was uns trennt? Sie über-redet ihn, setzt die Macht des Wortes unaufhörlich ein und quält ihn, „daß es ihm zum Sterben leid wurde". Schließlich gibt er bewußt nach „und öffnete ihr sein ganzes Herz", will sagen: seine Herkunft, seine Beziehung zu Gott, seine Identität. Er gibt sich ihr, und seltsamerweise ist sein Untergang schon vor der Preisgabe des Geheimnisses besiegelt, die Kraft, die nach alten magischen Vorstellungen im Haarwuchs liegt, ist geschwunden, noch ehe ihm die unberührten Locken abgeschnitten werden.

Delila kostet ihren Sieg aus. Sie inszeniert wieder, was zu geschehen hat, läßt die Fürsten kommen, nimmt die Bezahlung entgegen und agiert, als sei sie allein handelndes Subjekt. Der Erzähler dieser Geschichte bringt den Machtwechsel stilistisch gekonnt zum Ausdruck, indem er sie den Simson auf ihren Knien „einschlafen läßt" und einem anderen Mann befiehlt, ihm die Haare zu scheren. Luther übersetzt nicht ganz korrekt, aber literarisch konsequent, alle Macht auf Delila konzentrierend: „Und sie fing an, ihn zu zwingen, da war seine Kraft von ihm gewichen" (Ri 16, 19). Sie ruft ein viertes Mal den Schlacht- oder Weckruf, der zugleich eine erotische Kraft und Einladung ausspricht: „Philister über dir, Simson!" Er wacht auf und weiß noch nicht, daß der Herr von ihm gewichen ist. Die Kraft zu kämpfen und die Kraft zu lieben sind in dieser Geschichte eins. Beide werden Simson genommen. Delila erscheint als die Siegerin, für eine Zeit triumphiert auch ihr Volk. Aber Simson vollbringt dann, trotz der Entmannung, einen letzten Akt der Rache: Bei dem Siegesfest der Philister faßt der geblendete, in Ketten gelegte Gefangene die riesigen Säulen des Festsaals und reißt sie nieder, so daß das zusammenstürzende Haus ihn und mehr Feinde als je vernichtet.

Von Delila nehme ich an, daß sie dem Unglück entkam, war doch ihr vorsorglicher Lebensinstinkt mindestens so stark wie ihre anderen Fähigkeiten.

WAS NICHT IN DER BIBEL STEHT

ANTIKE UND MITTELALTERLICHE QUELLEN

Simson ist der vorletzte der Richter. Sein Name bedeutet etwa „Sonnenheld" – nach Josephus aber „Der Starke". In der jüdischen Tradition ist er zwar nicht der bedeutendste Richter, aber – vielleicht mit Ausnahme Goliats – der größte Held seiner Zeit. Sein Vater Manoach, vom Stamme Dan, galt als unwissend – nicht so allerdings bei Josephus –, seine Mutter Zelalponit (oder Hazlelponit) war fromm und tugendhaft und wurde deshalb nach langer Unfruchtbarkeit mit einem Sohn belohnt. Manoach soll eifersüchtig geworden sein, als sein Weib ihm von dem Besuch des Engels erzählte und ihn als jung und schön beschrieb.

Simson war, als er heranwuchs, unermeßlich stark und riesengroß. Er maß sechzig Ellen von Schulter zu Schulter, sonst hätte er nicht die Tore Gasas auf seinen Schultern forttragen können: Dabei trug er den einen Torflügel auf seinem rechten Arm und benutzte ihn als Schild, mit dem andern Flügel schlug er auf die Philister ein und tötete Tausende. Er soll auch zwei Berge herausgerissen und gegeneinander gerieben haben. Das alles konnte er, wenn der Geist Gottes über ihn kam; dann bewegten sich seine Locken und tönten wie Glocken, und man konnte sie aus weiter Ferne vernehmen.

Simson soll an beiden Füßen gelähmt gewesen sein, aber er konnte dennoch riesige Strecken, wie von Zorea nach Eschtaol, mit einem Schritt überqueren. Die Haggadah, der poetisch-ausspinnende Teil des Talmuds, sagt, daß der Segen Jakobs für Dan sich auf Simson bezogen habe, da

Die drei Bilder auf dieser Doppelseite zeigen den gleichen Vorgang, wie dem schlafenden israelitischen Helden die Haare abgeschnitten werden, wodurch er seine übermenschliche Kraft verliert.

Linke Seite: Simson und Delila haben sich im Freien niedergesetzt. Der ermüdete Held ist in Delilas Schoß eingeschlafen. Sie greift zur Schere und beraubt ihn seiner Haare, wissend, daß er dadurch seine Kraft und Stärke verliert. Gemälde von Lukas Cranach d. Ä. (1472 bis 1553).

Oben: „Die Gefangennahme von Simson", Gemälde von Christian van Couvenbergh (1604 bis 1667). Simson schläft völlig gelöst in Delilas Schoß, ahnungslos, daß sie einen der Philister herbeigerufen hat, um ihm seine Haarflechten abzuschneiden, wodurch er seine Stärke einbüßt und dann von seinen Feinden überwältigt werden kann.

Links: Delila schaut zu dem Philister auf, der herbeieilt, um dem schlafenden Simson die Haare abzuschneiden. Gemälde von Rembrandt van Rijn (1606 – 1669).

Beide nebenstehenden Illustrationen haben „Simson mit den Säulen" zum Thema. Die Verschiedenheit und Vielfalt der künstlerischen Interpretation kommen bei der Darstellung dieses beliebten Motivs sehr zum Ausdruck: Glasmalerei aus der Ritterstiftskirche zu Wimpfen im Tal *(unten),* Illustration aus der Weltchronik des Rudolf von Ems, fol. 124v *(rechts).*

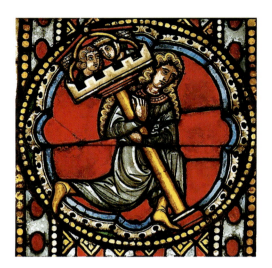

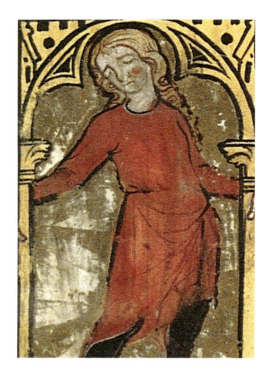

Unten: „Simson gibt den Hochzeitsgästen ein Rätsel auf", Gemälde von Rembrandt van Rijn (1606–1669). Simson gibt den zu seiner Hochzeit geladenen Philistern ein Rätsel auf. Können sie es innerhalb von sieben Tagen lösen, erhält jeder ein Hemd und ein Festkleid. Finden sie jedoch des Rätsels Lösung nicht heraus, müssen sie ihm jeder das gleiche geben. Da keiner auf die Lösung kam, setzten sie der Braut zu, sie solle Simson die richtige Antwort abschmeicheln und sie ihnen verraten. So geschah es. Des Rätsels Lösung lautete: „Was ist süßer als Honig, was stärker als ein Löwe". Es handelte sich dabei um jenen Löwen, den Simson erwürgt hatte und in dessen Brust er später einen Bienenschwarm eingenistet fand.

Jakob glaubte, dieser würde der künftige Messias sein. Erst als Gott ihm das künftige Ende Simsons mitteilte, verstand Jakob, daß der Messias kein Helden-Richter sein würde.

Als Simson vor Durst fast verschmachtete, hätte ihm auch das Wasser nicht helfen können, denn er konnte vor Erschöpfung seine Hand nicht erheben. Da betete er zu Gott: „Auch wenn ich keine Verdienste habe, außer daß ich beschnitten bin, so sollst du mich doch nicht in die Hände der unbeschnittenen Philister fallen lassen!" Aber Gott hatte ihn nur wissen lassen wollen, daß die Kraft, auf die Simson so stolz war, ohne göttliche Hilfe zu nichts führt. – Nach andern Legenden floß das rettende Wasser aus eines Esels Kinnbacken, denn Gott sagte: „Wer unreine Dinge liebt – so wie Simson die Philister-Frauen –, dessen Leben soll durch ein unreines Ding gerettet werden." Der Esels-Kinnbacken, mit dem Simson die Philister erschlug, soll von dem Esel stammen, auf dem Abraham auf den Berg Morija ritt, der durch ein Wunder erhalten geblieben war.

Simson war völlig uneigennützig und half den Israeliten immer, ohne Gegendienste zu erwarten. Seine Kämpfe mit den Philistern waren allerdings mehr Privatkriege als Kriege im Namen Israels. Doch er war der Sinnenlust verfallen, und „der, dessen Augen herumwandern, wird sie verlieren". Er soll sein ungezügeltes Leben noch im Kerker der Philister weitergeführt haben, und diese bestärkten ihn dabei, denn sie hofften, dadurch Nachkommen mit Simsons Riesenstärke zu erhalten.

Seinem Rätsel von dem Löwen und den Bienen liegt offenbar die damals verbreitete Vorstellung zugrunde, daß Bienen aus verfaulendem Fleisch entstehen können. Als seine Frau die Lösung des Rätsels verraten hatte, rief er aus: „Nichts ist trügerischer als eine Frau!" Das hinderte ihn aber nicht, später sein viel schwerer wiegendes Geheimnis Delila anzuvertrauen. Die Philister, die sich ihm gegenüber wie schlaue Füchse benommen hatten, bestrafte er, indem er dreihundert Füchse auf sie losließ.

Als er sich zu seiner letzten Tat anschickte, bat er Gott, in ihm den Segen Jakobs zu erwecken, und er starb mit den Worten: „O Herr der Welt! Gib mir in diesem Leben Entschädigung für eins meiner Augen. Für das andere hoffe ich im Jenseits entschädigt zu werden." Die Zahl der Toten innerhalb und außerhalb des Tempels, den er zusammenstürzen ließ, soll 40000 Männer und Frauen betragen haben. Danach hatten die Philister solche Furcht, daß sie zwanzig Jahre lang nicht wagten, Israel anzugreifen.

Auch die Geschichte Simsons gab Anlaß zu einem Rätsel, das die Königin von Saba dem Salomo aufgab: „Ein Haus voller Toten, kein Toter kam herein, kein Lebender heraus." Salomo: „Das ist die Geschichte Simsons und der Philister."

ÜBER DELILA SELBST hat die jüdische Überlieferung nicht viel zu sagen. Ihr Name bedeutet „die Schmachtende" und wurde ein Begriff für „Verführerin". Nach einem dem jüdisch-alexandrinischen Philosophen Philo zugeschriebenen Bericht soll sie dem Simson zwei Söhne, Mikah und Heliu, geboren haben, und deren Nachkommen im Stamme Dan sollen sehr stark und tapfer gewesen sein. Einen Teil des Goldes, mit dem die Philister Delila belohnten, gab sie ihrem Sohn Mikah.

Auf den drei aus dem 12. Jahrhundert stammenden Mosaiken in der Kirche St. Gereon, Köln, sind die Heldentaten Simsons dargestellt. Von links nach rechts: Simson erwürgt mit bloßen Händen auf dem Weg nach Timna einen Löwen; in Gaza reißt er die Stadttore aus und trägt sie auf seinen Schultern davon; im Philistertempel bringt er die Mittelsäulen ins Wanken, so daß der Tempel einstürzt.

Bei Josephus bedeutet der Name Simson „der Tapfere". Bei ihm ist Delila eine „Buhldirne", und er hält es Simsons menschlicher Natur zugute, daß er sich von einer Frau überlisten ließ.

ES IST MÖGLICH, daß die ursprüngliche Simson-Sage von den Philistern erfunden worden ist, die Delila als patriotische Heldin darstellten. Von diesen Legenden ist nichts erhalten, und als die Juden die Legende übernahmen, wurde Delila weitgehend ignoriert. Da aber das Thema den Keim zu vielen Entwicklungen enthält – Patriotismus gegen Egoismus, männliche Kraft gegen weibliche List, religiöse Sendung gegen sinnliche Verstrickung –, wurden die Figuren Simsons wie auch Delilas in den folgenden Jahrhunderten auf die verschiedenste und widersprüchlichste Weise gedeutet. Der Kirchenvater Augustinus, der 430 als Bischof in Nordafrika starb, sah als erster in Simson einen Vorläufer Christi, indem er die Ankündigung ihrer Geburten und ihre Opfertode miteinander verglich. So erscheint Simson auch in den geistlichen Schauspielen des Mittelalters, wie der Oberammergauer und der Heidelberger Passion. Dort wird auch Simsons Sprengung der Tore Gasas mit dem Aufreißen der Höllentore durch Christus verglichen.

Auf dem Bild „Samson und Dalila" des Niederländers Adriaen van der Werff (1659–1722) hat Delila keinerlei Bedenken, dem in ihrem Schoß vertrauensvoll eingeschlafenen Simson die Locken abzuschneiden. Die Gruppe des schlafenden Helden mit der über ihn gebeugten Delila füllt vor einem antikisierten Hintergrund den größten Teil der Bildfläche aus.

NEUERE LITERATUR

Auch in den Jesuitendramen des späten Mittelalters und noch bei Christian Weise (1703) ist Simson eine Art Vorläufer Christi. Aber in den Satiren des späten 15. und des 16. Jahrhunderts, wie in Sebastian Brants „Narrenschiff" (1494), Thomas Murners „Die Geuchmatt" (1519) und Jörg Wickrams „Weiberlist" (1543), ist er der durch die verführerische Frau zur Sünde verleitete Held. In H. Ziglers lateinischem Schuldrama „Samson" (1547), in dem, wie in der griechischen Tragödie, ein großer Teil der Handlung durch Berichte klargemacht wird, ist die Frau die Schuldige, und Simson sieht am Ende seines Lebens seine Sünde ein.

Zu „Der Richter Simson" erzählt Hans Sachs die ganze biblische Geschichte nach, ohne daß der Handlung eine tiefere Bedeutung beigelegt wird. Dagegen konzentriert der Katholik A. Fabricius in seinem lateinischen Drama „Samson" (1568) die Handlung wesentlich. Delila, der Simson erst im dritten Akt gegenübertritt, ist eine raffinierte Verführerin, und Simsons Neigung zu ihr wird mit den Tendenzen zur protestantischen Häresie in Parallele gestellt.

Ein ähnlicher Vergleich findet sich im lateinischen Hexameter-Epos des Protestanten J. Major („Simson", 1612), wo das Verhältnis zwischen Israel und den Philistern mit dem zwischen Protestanten und Türken gleichgestellt wird.

Bei A. Wunst tritt die Gestalt der Delila wieder zurück, statt dessen wird die Mutter Simsons zur Zentralfigur, die um ihren sündigen Sohn kämpft (1600). Sein Stück wurde von Th. Rhodius' ebenfalls lateinischem Drama (1604) erweitert, schließt aber schon mit Simsons Gefangennahme und seinen Rachedrohungen, während Delila triumphiert. Wieder anders ging der Genter Dichter J. Lummenaeus („Sampson", 1628) vor, in dessen lateinischem, lyrischem Drama mit Chören nur die Delila-Episode dargestellt wird. Delila erscheint dort als gemeine Dirne, die auch die Philister verachten. In ähnlich moralisierendem Stil beschreibt der Italiener Ferrante Pallavicini in seinem Roman „Sansone" (um 1640) Simson als einen gefallenen Helden, der den Versuchungen der Welt erlegen ist. In diesem Stil ist auch Benedetto Ferraris Oratorium „Sansone" (1660) geschrieben. Delila ist die bestochene Buhlerin, Simson ein gigantischer Empörer gegen Gott.

Im Zeitalter des Barock wird Delila außer durch Patriotismus, Bestechlichkeit und Käuflichkeit noch durch ein weiteres Motiv charakterisiert: Eifersucht. Schon bei Juan Pérez de Montalbán (Il divino Nazareno Samson, 1619/35) wird Delila durch ihre Eifersucht zur Verräterin. Auch im folgenden Zeitalter der Aufklärung spielt die Eifersucht eine Hauptrolle, so in Jean-Antoine Romagnesis „Samson" (1730) wie auch in Voltaires Operntext aus demselben Jahr, der von Jean-Philippe Rameau vertont wurde. Hier ist Delila das unschuldige Werkzeug der Philister, die nicht weiß, was sie tut und in Verzweiflung gerät – bei Romagnesi sogar zugrunde geht.

Die bedeutendsten Darstellungen der Delila im Barock zeigen sie indessen als Heldin, nicht als empfindsame oder eifersüchtige Geliebte. So in der Tragödie des Holländers Joost van den Vondel „Samson of Heilige Wraeck" (1660) und vor allem in John Miltons „Samson Agonistes" (d. h. Kämpfer) von 1671, wo Delila als Patriotin handelt und dann versucht, sich wieder mit Simson zu versöhnen. Er weist sie zurück, und ihr alter Nationalhaß bricht von neuem aus. Wahrscheinlich haben Miltons eigene traurige Ehe-Erfahrungen bei dieser Interpretation mitgespielt, so wie auch seine Schilderung von Simsons Blindheit seine eigene persönliche Tragödie zum Ausdruck bringt. Miltons Werk hat großen Einfluß auf die weiteren Gestaltungen des Stoffes gehabt. Aber während er sein Gedicht gelesen und nicht aufgeführt wissen wollte, haben seine Nachfolger Simson wieder auf die Bühne gebracht, so vor allem Newburgh Hamilton, dessen Text Georg Friedrich Händel für sein Oratorium „Samson" (1741) verwendete. Bei Hamilton und Händel ist Simson weniger heroisch und menschlicher als bei Milton, und die Betrachtungen Simsons und seines Vaters Manoach weniger religiöser als philosophischer Art. Hamilton führt noch weitere Figuren ein, wie Simsons Freund Micah und den philistinischen Riesen Harapha, der Simson herausfordert. Obwohl Hamilton noch nicht weniger als vierzehn andere Quellen für seinen Text benutzte und Händel sich der Musik von sieben andern Komponisten bediente, ist sein Werk eines seiner wirksamsten und populärsten geblieben.

Im übrigen wendet sich das 18. Jahrhundert wieder mehr der Liebesintrige zu. So schon Heinrich Zigler sowie Kliphausen in der Dichtung „Heldenliebe" (1691). In Christian Weises Drama von 1703 ist Delila mit einem Philister verlobt und opfert ihre Ehre aus patriotischen Gründen, und im Operntext von B. Feind („Der Fall des großen Richters in Israel, Simson", 1709) werden die Liebesverhältnisse von vier Paaren vorgeführt, und Delila, in einen andern Mann verliebt, richtet Simson aus Patriotismus zugrunde. Ähnliche Motive bestimmen Delila in L. Riccobonis empfindsamer Tragödie „Samson" (1717). Die religiös betonte Motivierung lebte aber weiter, besonders in Spanien (F. de Rojas Zorilla), und auch in den Passionsmusiken, z. B. von Georg Philipp Telemann (1728).

Im Zeitalter des Sturm und Drang und der Romantik wird das Simson-und-Delila-Thema wieder neu bearbeitet: Friedrich Maximilian Klingers Schauspiel „Simsone Grisaldo" (1776) zeigt wieder den Helden, der der Frau erliegt. Auch Goethe plante einen Simson-Operntext, der auf ein Drama von Voltaire zurückging, ließ den Plan aber fallen. Franz Grillparzers Skizze von 1829 kam ebenfalls nicht zur Ausführung. Das Drama Wilhelm Blumenhagens von 1815 ist, der Forderung des Tages entsprechend, wieder patriotisch gehalten. Um die Mitte des 19. Jahrhunderts entstehen eine Reihe von verbürgerlichten Deutungen, in denen eine echte Liebe zwischen Simson und Delila geschildert wird, wie etwa bei E. Müller (1853) und J. H. Schiff (1877); in Marie Itzerotts „Delila" (1899) tötet nicht Delila, sondern ihre Schwester den geliebten Simson. Auch in den Dramen von F. Lemmermayer (1893) und H. Wette (1904) spielt die Eifersucht wieder eine große Rolle. Bedeutender als diese Bearbeitungen ist aber F. Lemaires Libretto „Samson et Dalila" (1877). Lemaire hat der Handlung nur einige kleinere Varianten hinzugefügt: Delila ist hier ganz die kalte, berechnende Verführerin, die den Verführten dann höhnisch abweist; und der Oberpriester der Philister fordert den Gott der Israeliten höhnisch auf, Simson wieder sehend zu machen. Den großen, bis heute andauernden Erfolg verdankt die Oper aber der Musik von Camille Saint-Saëns, die die Gegensätze zwischen Hebräern und Philistern, Simson und dem Philister-Satrapen Abimelech und vor allem zwischen Simson und Delila sehr eindrucksvoll zum Ausdruck bringt. Besonders die beiden Delila-Arien des zweiten Aktes und die exotische Bacchanal-Musik sind heute noch populär.

Um die Jahrhundertwende herum haben auch einige amerikanische Schriftsteller das Delila-Thema aufgegriffen. Eugene Moore verfaßte 1889 ein Gedicht „Delilah, a Tale of Old Times" (Eine Geschichte aus alter Zeit). Nachdem Delila Simson verraten hat, versucht sie ihn zu retten, und er vergibt ihr vor seinem Ende.

Samuel W. Odell schrieb einen Roman „Delilah" (1891), ganz im biblischen Stil gehalten, in dem fast die ganze biblische Geschichte einschließlich Simsons Forttragen der Tore Gasas ausführlich nacherzählt wird. Die dunklen Seiten in Simsons Charakter werden aufgezeigt. Delila selbst wird von den Philistern betrogen; in der letzten Szene, im Tempel der Philister, will sie ihm zu Hilfe kommen, aber der König der Philister schlägt sie mit seinem Speer.

Schließlich schrieb G. Constant Lounsbery ein Delila-Drama in Versen (1904). Hier ist Simson mit einem Mädchen Rebekka verlobt. Nachdem der Hohepriester der Philister an Delilas Patriotismus appelliert und sie Simson verführt hat, verhöhnt Delila Rebekka, die Simson zu warnen versucht, aber dieser erklärt ihr Verhalten mit ihrer Eifersucht. Delila wirft Simson vor, er traue ihr nicht, aber in Wahrheit haßt sie ihn, weil er ihren Bruder getötet hat. Sie selbst schneidet seine Locken ab. In der letzten Szene führt Rebekka selbst Simson in den Tempel und verflucht Delila. Er versucht, Rebekka fortzuschicken, um sie zu retten, aber sie bleibt und stirbt mit ihm.

Kurz nach Saint-Saëns' Oper schrieb Paul Heyse einen Einakter, in dem der geblendete Simson zwischen seiner Mutter und Delila steht, die versucht, den Geliebten durch den Raub seines Haares an sich zu fesseln. Der neuromantische Dramatiker Herbert Eulenberg schildert in seiner Tragödie „Simson" (1910) einen modernen, zwischen Sinnlichkeit und Geistigkeit schwankenden Mann, der schließlich seine Pflicht vernachlässigt. Bei dem französischen Dramatiker Henri Bernstein („Samson", 1907) gibt sich der Held ganz seinen Sinnen hin und unterliegt der Macht des Weibes. Auch Frank Wedekind, dessen Dramen halb noch naturalistisch, halb schon expressionistisch gestaltet sind, läßt in seiner Version von 1914 die Leidenschaften aufeinanderprallen, wie schon der Titel seines Dramas zeigt: „Simson oder Scham und Eifersucht". Der Frühexpressionist Hermann Burte betont wieder das religiöse Element („Simson", Drama 1917). Der Held begreift, daß nicht Stolz, sondern seine Hingabe an Gott seine Stärke sind. Simson ähnelt hier Nietzsches Übermensch, nur daß er erst in seiner Erniedrigung seinen Gott und in seiner Selbst-Opferung seine wahre Bestimmung erkennt. Der österreichische Erzähler Felix Salten, bekannt durch seine Tiererzählung „Bambi", macht wiederum in seinem Roman „Simson, das Schicksal eines Erwählten" (1928) Delila zu der eigentlich tragischen Figur. Sie liebt Simson und bleibt ihm treu, wird aber durch ihre eifersüchtige Schwester, die sie an Simsons Liebe zweifeln läßt, weil er ihr das Geheimnis seiner Kraft vorenthalte, veranlaßt, es ihm zu entlocken. Dabei werden die beiden von der Schwester belauscht, die dem schlafenden Simson dann das Haar abschneidet. Delila bleibt bei Simson in seinem Elend und stirbt mit ihm. Salten sah offenbar in Simson ein Symbol des jüdischen Schicksals, zu einer Zeit, als der Antisemitismus in Mitteleuropa mit jedem Jahr stärker und lauter wurde. Manoach, Simsons Vater, drückt es aus, wenn er sagt: Die Schlinge liegt stets um unsern Hals. Der Segen unserer Auserwähltheit ist zugleich ein Fluch. Wir sind die Träger des Lichts, und deshalb müssen wir leiden, solange die Dunkelheit herrscht ...

Im Gedicht Julius Babs „Der Jude", das er kurz vor Hitlers Machtergreifung schrieb, kommt eine ähnliche Haltung zum Ausdruck. Ein alter, weiser Jude rät seinem jungen, protestierenden Freund, sich in sein Schicksal als Jude zu fügen. Er verweist dabei auf Simson, dessen Trotz in Elend endete: Die Juden müssen dulden und warten.

Völlig anders geht der russische Zionist Vladimir Jabotinsky zu Werk. Die großen Pogrome, die der mißlungenen russischen Revolution von 1905 folgten, machten ihn zum leidenschaftlichen Vorkämpfer für einen militanten Zionismus und einen unabhängigen jüdischen Staat. Trotz seiner politischen Tätigkeit plante er eine Romantrilogie, die seine Helden Jakob, Simson und David zum Gegenstand haben sollten, aber nur der Simson-Roman wurde vollendet. Sein Held ist ein Gewaltmensch, aber auch ein Diplomat. Einerseits ein „Nazaräer", Angehöriger einer Sekte, die sich von Wein, Frauen und allen Exzessen fernhält, aber dann wieder ein wilder Genießer, der die Philisterfrauen liebt und die Fähigkeit der Philister bewundert, nach den Mühen des Tages sich den Annehmlichkeiten des Lebens hinzugeben. Er sucht nach neuen Gebieten für seinen Stamm Dan und versucht gleichzeitig, seinen Stammesgenossen mehr Fröhlichkeit und Lust am Leben zu vermitteln. Darum heiratet er eine leichtlebige Philisterin, Semadar, die ihn aber verrät. In dem nun folgenden Streit mit

Seite 144: „Samson und Dalila", Gemälde von Anthonis van Dyck (1599–1641). Auf diesem Bildausschnitt lehnt sich Dalila, die Hand auf der Brust, betroffen zurück, nachdem sie ihren Geliebten seinen Feinden ausgeliefert hat. Einer der Männer schneidet Simsons Haarflechten ab, andere lauern im Hintergrund, um ihn zu binden und abzuführen.

Links: Peter Paul Rubens (1577–1640) hat die Gefangennahme Simsons auf seinem Gemälde „Samson und Dalila" höchst dramatisch dargestellt. Vergebens versucht Simson sich von den Fesseln, mit denen ihn die Philister gebunden haben, zu befreien. Delila, die Schere noch in der Hand, lächelt befriedigt, daß es ihr gelungen ist, Simson seinen Feinden zu überantworten.

Links: „Die Gefangennahme des Simson." Rembrandt van Rijn zeigt auf diesem 1639 entstandenen Bild den israelitischen Helden Simson gefesselt am Boden liegen, den ein über ihn gebeugter Soldat soeben blendet. Delila eilt mit dem Haarschopf Simsons in der erhobenen Hand aus der dunklen Höhle ins Licht, weg von dem grausamen Geschehen.

den Philistern erkennt er, daß deren Überlegenheit in ihrer strengeren Kampfdisziplin besteht. Er verliebt sich in Delila eigentlich nur, weil er in ihr eine neuerstandene Semadar sieht. Delila begreift das, wird eifersüchtig und verrät ihn. Seine letzte Botschaft an sein Volk besteht aus drei Worten: Eisen, König und Lachen. Eiserne Waffen werden Israel stark machen, es braucht eine einheitliche Führung unter einem König, und es muß lernen zu lachen, wie es die Philister können. In diesem Roman kommt das persönliche Erlebnis und Bekenntnis Jabotinskys zur Sprache: Die Suche nach einem Raum für Israel, seine Bewunderung für die Engländer (die „Philister") und sein Streben, durch Fröhlichkeit das tragische Geschick seiner Landsleute zu lindern. Jabotinsky hat mit diesem Werk die israelische Jugendbewegung der 1920er und 1930er Jahre und auch seinen Schüler Menahem Begin stark beeinflußt.

Folgende Doppelseite: Anthonis van Dyck (1599–1641) stellt in seinem Gemälde „Simson und Delila" den Konflikt dar, in den Delila geraten ist, indem sie Simson, den sie immer noch liebt, den Philistern ausgeliefert hat, die sich seiner bemächtigt haben, um ihn zu blenden. Simsons und Delilas aufeinander bezogene Gesten und Blicke zeugen für ihre trotz allem weiterbestehende zärtliche Zuneigung füreinander.

> DA KAM RUT GANZ LEISE HERZU,
> DECKTE DEN PLATZ ZU SEINEN FÜSSEN AUF UND LEGTE SICH HIN.
> Rut 3, 7

Buch Rut

Kapitel 1, Vers 1 – 22
Kapitel 2, Vers 1 – 23
Kapitel 3, Vers 1 – 18
Kapitel 4, Vers 1 – 6.13 und 17

Das Buch Rut, in der Bibel zwischen dem der Richter und den beiden Büchern Samuel eingeschoben, berichtet nicht vom großen politischen oder religiösen Geschehen. Es ist eine Art Idylle, die in der Form einer Novelle gestaltet ist. Ruts und Boas' Geschichte spielt eindeutig gegen Ende der Richterzeit, denn es wird gesagt, daß ihr Sohn Obed der Großvater Davids war, und die Legende will wissen, daß Rut im hohen Alter noch König Salomo in seinem Glanz erlebt hat.

RUT
DIE MOABITERIN

Zur Zeit der Richter kam eine Hungersnot ins Land; da machte sich ein Mann aus Betlehem in Juda mit seiner Frau und seinen zwei Söhnen auf, um in den Gefilden Moabs als Fremder zu weilen. ² Der Mann hieß Elimelech, seine Frau Noëmi und seine beiden Söhne Machlon und Kiljon; sie waren Ephratiter aus Betlehem in Juda. Sie kamen in die Gefilde Moabs, und dort blieben sie. ³ Elimelech, der Mann der Noëmi, starb, und sie hinterblieb mit ihren zwei Söhnen. ⁴ Sie heirateten Moabiterinnen, die eine hieß Orpa und die andere Rut. Sie blieben dort ungefähr zehn Jahre. ⁵ Nun starben auch die beiden, Machlon und Kiljon, und Noëmi hinterblieb allein, ohne ihre zwei Söhne und ihren Mann. ⁶ Da machte sie sich mit ihren Schwiegertöchtern auf, um aus den Gefilden Moabs zurückzukehren, denn sie hatte dort gehört, daß Jahwe sein Volk heimgesucht und ihm Brot gegeben habe. ⁷ Sie verließ also mit ihren beiden Schwiegertöchtern den Ort, wo sie gelebt hatte, und sie machte sich auf den Weg, um ins Land Juda zurückzukehren.

⁸ Noëmi sprach zu ihren beiden Schwiegertöchtern: „Geht nun und kehrt heim, eine jede in das Haus ihrer Mutter! Jahwe erweise euch Liebe, wie ihr sie den Toten und mir erwiesen habt. ⁹ Jahwe verleihe einer jeden von euch, Ruhestatt zu finden im Hause eines Mannes." Und sie küßte sie. Sie aber weinten laut ¹⁰ und sprachen: „Nein, wir wollen mit dir zu deinem Volk zurückkehren." ¹¹ Noëmi antwortete: „Kehrt heim, meine Töchter; warum wollt ihr mit mir gehen? Habe ich noch Söhne in meinem Schoße, die eure Männer werden könnten? ¹² Kehrt heim, meine Töchter, geht! Denn ich bin zu alt, um wieder zu heiraten. Selbst wenn ich sagte: Ich kann noch hoffen, und noch in dieser Nacht heiraten würde und Söhne bekäme, ¹³ könntet ihr warten, bis sie erwachsen wären? Wolltet ihr euch dazu verurteilen, nicht zu heiraten? Nein, meine Töchter, ich wäre tief unglücklich für euch, denn die Hand Jahwes hat sich gegen mich erhoben." ¹⁴ Und wieder fingen sie zu weinen an; dann küßte Orpa ihre Schwiegermutter und kehrte zurück zu ihrem Volk; Rut aber klammerte sich an sie. ¹⁵ Da sprach Noëmi zu ihr: „Siehst du, deine Schwägerin ist zurückgekehrt zu ihrem Volk und zu ihrem Gott. Kehre auch du zurück, folge ihr nach!" ¹⁶ Rut antwortete ihr: „Dränge mich nicht, dich zu verlassen und wegzugehen von dir. Denn wo du hingehst, will auch ich hingehn; wo du weilst, will auch ich weilen; dein Volk ist mein Volk, und dein Gott ist mein Gott. ¹⁷ Wo du stirbst, da will ich sterben, und da will ich begraben sein. Möge Jahwe mir dieses Schlimme antun und jenes andere auch noch, wenn nicht der Tod allein uns scheiden wird."

¹⁸ Als sie sah, wie Rut darauf bestand, mit ihr zu gehen, ließ sie ab, auf sie einzureden. ¹⁹ So gingen die beiden, bis sie nach Betlehem kamen. Als sie dort ankamen, geriet die ganze Stadt in Bewegung; die Frauen riefen: „Ist das Noëmi?" ²⁰ Sie aber antwortete ihnen: „Nennt mich nicht mehr Noëmi,

nennt mich Mara, denn Schaddai hat mich mit Bitternis erfüllt. ²¹ Voll bin ich ausgezogen; leer führt Jahwe mich zurück. Warum wollt ihr mich noch Noëmi nennen, da Jahwe gegen mich gesprochen und Schaddai an mir Schlimmes getan hat?" ²² So kehrte Noëmi heim und mit ihr ihre Schwiegertochter Rut, die Moabiterin, die heimkehrte aus den Gefilden Moabs. Sie kamen zu Beginn der Gerstenernte in Betlehem an.

2 ¹ Noëmi hatte einen Verwandten von der Seite ihres Mannes; es war ein angesehener Mann, aus derselben Sippe wie Elimelech, und er hieß Boas. ² Rut, die Moabiterin, sprach zu Noëmi: „Ich möchte aufs Feld gehen und Ähren lesen bei einem, der mir Gunst gewährt." Sie antwortete ihr: „Geh, meine Tochter!" ³ So ging sie, kam hin und las auf dem Felde hinter den Schnittern her; und es fügte sich so, daß es ein Ackerstück des Boas aus der Sippe des Elimelech war. ⁴ Und siehe, da kam Boas gerade aus Betlehem und sprach zu den Schnittern: „Jahwe sei mit euch!" Und sie antworteten ihm: „Jahwe segne dich!" ⁵ Dann fragte Boas den seiner Knechte, der über die Schnitter gestellt war: „Wem gehört diese junge Frau?" ⁶ Und der Knecht, der über die Schnitter gestellt war, antwortete: „Diese junge Frau ist die Moabiterin, jene, die von den Gefilden Moabs mit Noëmi heimkehrte. ⁷ Sie hat gesagt: ‚Darf ich wohl lesen und Ähren sammeln hinter den Schnittern her?' So ist sie gekommen und war vom Morgen bis jetzt auf den Beinen."

⁸ Boas sprach zu Rut: „Hör, meine Tochter, geh nicht auf ein anderes Feld zum Lesen, geh nicht von hier weg, sondern halte dich an meine Knechte da. ⁹ Behalt das Ackerstück im Auge, das sie schneiden, und folge ihnen. Ich habe den Knechten verboten, dich zu belästigen. Und wenn du Durst hast, geh zu den Krügen und trinke von dem, was die Knechte schöpfen." ¹⁰ Da fiel Rut auf ihr Antlitz, beugte sich tief zur Erde und sprach zu ihm: „Warum habe ich Gnade gefunden in deinen Augen, daß du mir entgegenkommst, wo ich doch eine Fremde bin?" ¹¹ Boas antwortete ihr und sprach: „Man hat mir berichtet, was du alles für deine Schwiegermutter nach dem Tode ihres Mannes getan hast, wie du deinen Vater, deine Mutter und dein Heimatland verlassen hast und zu einem Volk gegangen bist, das du gestern und auch davor nicht kanntest. ¹² Jahwe vergelte dir, was du getan hast, und voller Lohn werde dir zuteil von Jahwe, dem Gott Israels, unter dessen Flügeln dich zu bergen du gekommen bist." ¹³ Sie sprach: „Möchte ich doch Gnade finden in deinen Augen, mein Herr! Du hast mich getröstet und liebevoll zu deiner Magd gesprochen, wo ich doch nicht einmal wie eine deiner Mägde bin."

¹⁴ Zur Essenszeit sprach Boas zu ihr: „Komm her, iß von diesem Brot und tunke dein Stück in den Weinessig!" Sie setzte sich neben die Schnitter, und Boas gab ihr auch Röstkorn. Nachdem sie sich satt gegessen hatte, behielt sie noch übrig. ¹⁵ Als sie dann aufstand, um zu lesen, befahl Boas seinen Knechten: „Laßt sie auch zwischen den Garben lesen und fahrt sie nicht an! ¹⁶ Vielmehr sollt ihr sogar aus euren Handbündeln für sie Ähren herausziehen und fallen lassen, so daß sie aufsammeln kann, und schreit sie nicht an!" ¹⁷ Rut las auf dem Felde bis zum Abend, und als sie ausklopfte, was sie gesammelt hatte, da war es etwa ein Maß Gerste. ¹⁸ Sie nahm es auf, ging zur Stadt zurück und zeigte ihrer Schwiegermutter, was sie gelesen hatte; sie zeigte auch, was sie übrigbehalten hatte, nachdem sie satt geworden war, und gab es ihr.

¹⁹ Ihre Schwiegermutter fragte sie: „Wo hast du heute gelesen, wo hast du gearbeitet? Gesegnet sei, wer dir entgegenkam!" Rut erzählte ihrer Schwiegermutter, bei wem sie gearbeitet hatte; sie sprach: „Der Mann, bei dem ich heute gearbeitet habe, heißt Boas." ²⁰ Noëmi sprach zu ihrer Schwiegertochter: „Gesegnet sei er von Jahwe, der seine Gnade nicht entzogen hat den Lebenden und Toten!" Und weiter sprach Noëmi: „Dieser Mann ist ein Verwandter von uns; er gehört zu unseren Lösern." ²¹ Da sprach Rut zu ihrer Schwiegermutter: „Er hat sogar zu mir gesagt: ‚Halte dich an meine Knechte, bis sie mit meiner ganzen Ernte fertig sind!'" ²² Noëmi sprach zu ihrer Schwiegertochter Rut: „Das ist gut, meine Tochter, geh mit seinen Knechten, damit du nicht etwa auf einem anderen Feld schlecht aufgenommen wirst." ²³ So hielt sich also Rut an die Knechte des Boas bis zum Ende der Gerstenernte und der Weizenernte. Und sie blieb weiter bei ihrer Schwiegermutter.

3 ¹ Und Noëmi, ihre Schwiegermutter, sprach zu ihr: „Meine Tochter, soll ich dir nicht eine Ruhestatt suchen, damit es dir gut gehe? ² Ist Boas, dessen Knechten du gefolgt bist, nicht unser Verwandter? Nun, heute abend worfelt er die Gerste auf seiner Tenne. ³ Darum wasche und salbe dich; zieh dich an und geh zur Tenne hinunter, aber laß dich von ihm nicht erkennen, ehe er mit Essen und Trinken fertig ist. ⁴ Wenn er sich hinlegt, merke dir die Stelle, wo er schläft; dann geh hin, decke den Platz zu seinen Füßen auf und lege dich dort hin. Er wird dir mitteilen, was du zu tun hast." ⁵ Und sie antwortete ihr: „Alles, was du mir sagst, will ich tun."

⁶ Sie ging also zur Tenne hinunter und tat alles, was ihre Schwiegermutter ihr geboten hatte. ⁷ Als Boas gegessen und getrunken hatte, ging er guter Dinge hin, um sich am Ende des Körnerhaufens schlafen zu legen. Da kam

Oben: Auf seinem als „Sommer" betitelten Erntebild zeigt Nicolas Poussin (1593 – 1665) die biblische Szene der Getreideernte von Boas mit seinen Knechten und Mägden, zu denen sich Rut gesellt hat. Boas gibt seinen Knechten Anweisung, absichtlich viele Ähren vor Rut fallen zu lassen.

Seite 148: Ausschnitt aus dem Gemälde „Noëmi mit ihren beiden Schwiegertöchtern" des englischen Präraffaeliten William Blake (1757 – 1827). Noëmi hatte den verwitweten moabitischen Schwiegertöchtern Rut und Orpa geraten, sie alleine nach Juda ziehen zu lassen. Doch Rut – unser Bild – ist entschlossen, bei Noëmi zu bleiben und sie niemals zu verlassen.

Seite 149: Rut mit ihrem Söhnchen Obed, eines der Fresken in den Lünetten der Sixtinischen Kapelle von Michelangelo (1475 bis 1564), in denen die Vorfahren Christi dargestellt sind. Rut, die gebürtige Moabiterin, ist nämlich über ihren Sohn, der der Großvater von König David wurde, Stamm-Mutter Jesu.

Seite 150: Die Moabiterin Rut mit ihrem Söhnchen Obed auf dem Arm. Illustration aus der Augsburger Bibel, Cod. lat. 3901, entstanden um 1190 – 1220.

Vier Illustrationen aus der Bible Moralisée des Codex Vindobonensis 2554, fol. 34v (Anfang 13. Jhdt.), auf denen die Geschichte von Rut und Boas dargestellt ist. Von oben nach unten: Boas deckt seinen Mantel über die schlafende Rut. – Lot läßt sich von Boas einen Schuh ausziehen als rechtliches Symbol dafür, daß er sein Schutzrecht über Rut an Boas abtritt. – Boas heiratet offiziell Rut. – Rut und Boas wird ein Söhnchen geschenkt, das der Großvater König Davids werden wird.

Rut ganz leise herzu, deckte den Platz zu seinen Füßen auf und legte sich hin. ⁸ In der Mitte der Nacht verspürte der Mann ein Frösteln, und als er um sich blickte, sah er eine Frau zu seinen Füßen liegen. ⁹ Da rief er: „Wer bist du?" Sie antwortete: „Ich bin Rut, deine Magd. Breite deinen Gewandzipfel über deine Magd, denn du bist der Löser!" ¹⁰ Er sprach: „Gesegnet seist du von Jahwe, meine Tochter! Diese letzte Tat deiner Kindesliebe ist noch besser als die erste, da du nicht den jungen Männern, ob arm oder reich, nachläufst. ¹¹ Darum fürchte dich nicht, meine Tochter! Alles, was du sagst, will ich für dich tun, denn alle Welt an Betlehems Tor weiß, daß du eine vollkommene Frau bist. ¹² Wenn es aber auch wahr ist, daß ich Löser bin, so ist da doch noch ein Löser, der dir näher verwandt ist als ich. ¹³ Bleibe die Nacht hier; will er dich dann am Morgen lösen, nun gut, so löse er; will er dich aber nicht lösen, dann – so wahr Jahwe lebt – will ich dich lösen." ¹⁴ Sie blieb also zu seinen Füßen liegen bis zum Morgen. Boas erhob sich, noch ehe ein Mensch den anderen erkennen konnte, denn er sagte sich: „Man braucht nicht zu wissen, daß diese Frau auf die Tenne gekommen ist." ¹⁵ Dann sprach er: „Gib das Tuch, das du über dich geschlagen hast, und halte es auf!" Sie hielt es hin, er tat sechs Maß Gerste hinein und legte sie ihr auf; dann ging sie zur Stadt zurück.

¹⁶ Als Rut zu ihrer Schwiegermutter kam, sprach diese zu ihr: „Wie steht es mit dir, meine Tochter?" Rut erzählte ihr alles, was der Mann für sie getan hatte. ¹⁷ Und weiter sprach sie: „Diese sechs Maß Gerste hat er mir gegeben und gesagt: ‚Du sollst nicht mit leeren Händen zu deiner Schwiegermutter zurückkommen.'" ¹⁸ Noëmi antwortete ihr: „Bleib ruhig, meine Tochter, bis du weißt, wie die Sache ausgeht; der Mann wird sicher nicht ruhen, bis er die Sache heute noch zu einem guten Ende gebracht hat."

4 ¹ Unterdessen war Boas zum Tor hinaufgegangen und hatte sich dort hingesetzt. Und siehe, der Löser, von dem Boas gesprochen hatte, ging gerade vorüber. Er sprach zu ihm: „Komm her und setz dich!" Und der Mann kam herbei und setzte sich. ² Boas holte zehn Männer von den Ältesten der Stadt und sprach: „Setzt euch", und sie setzten sich. ³ Dann sprach er zu dem Löser: „Das Ackerstück, das unserem Bruder Elimelech gehörte, will Noëmi, die von den Gefilden Moabs heimgekehrt ist, verkaufen. ⁴ Ich dachte mir, es wäre gut, dich zu unterrichten und zu sagen: Erwirb es vor denen, die hier sitzen, und vor den Ältesten meines Volkes. Willst du lösen, dann löse, und wenn du nicht lösen willst, dann laß es mich wissen; denn niemand kann außer dir lösen, ich komme erst nach dir." Der Mann antwortete: „Ja, ich will lösen." ⁵ Boas sprach weiter: „Mit dem Tage, da du aus der Hand Noëmis das Feld erwirbst, erwirbst du auch Rut, die Moabiterin, die Frau des Verstorbenen, um den Namen des Verstorbenen auf seinem Erbbesitz zu erhalten." ⁶ Da sprach der Löser: „Dann kann ich es mir nicht lösen, sonst schädige ich meinen eigenen Erbbesitz; übe du mein Löserecht aus, denn ich kann es nicht ausüben."

¹³ Boas heiratete also Rut, und sie wurde seine Frau. Als er zu ihr eingegangen war, schenkte ihr Jahwe, daß sie empfing, und sie gebar einen Sohn. ¹⁷ Die Nachbarinnen gaben ihm einen Namen; sie sprachen: „Noëmi wurde ein Sohn geboren", und sie nannten ihn Obed. Er ist der Vater Isais, des Vaters Davids.

DIE GESCHICHTE EINER FREUNDSCHAFT

Goethe hat das Buch Rut gepriesen, „weil es bei seinem hohen Zweck, einem Könige von Israel anständige, interessante Vorfahren zu verschaffen, zugleich als das lieblichste kleine Ganze betrachtet werden kann, das uns episch und idyllisch überliefert worden ist".

Gehen wir vom ‚hohen Zweck' des Büchleins aus, so gehört die Moabiterin Rut wie Tamar und Rachab in die Mütterreihe des David hinein, Ausländerinnen, Nichtangehörige des Volkes Israel, die aus Wahl und freiem Entschluß es mit Israel und seinem Gott halten, ja die alles daransetzen, in der Gemeinschaft mit dem Gottesvolk zu bleiben. Hungersnot und Flucht, Ansiedlung in der Fremde und schwergemachte Heimkehr stellen den sozialgeschichtlichen Hintergrund dar. Wie überlebten die Menschen solche Massenschicksale?

„Dein Volk ist mein Volk, und dein Gott ist mein Gott" (Rut 1, 16), sagt die Moabiterin Rut zur Israelitin Noëmi, ihrer Schwiegermutter. In einer vormodernen, stammesgebundenen, ethnozentrischen Welt ist dieses Verhalten nicht die Norm, sondern die Abweichung; darum setzt der Erzähler, schriftstellerisch geschickt, der Rut eine andere Frau aus Moab zur Seite, die den anderen Weg geht und bei ihrem Volk und seinen Normen bleibt. Orpa („die den Nacken zeigt, sich abwendet") läßt sich von ihrer Schwiegermutter zur Rückkehr bewegen. Noëmi spielt in dieser Geschichte die Rolle, die sonst Patriarchen spielen: die weise und gütige, lebenserfahrene Frau, die ihre Schwiegertöchter umsorgt, als seien es ihre eigenen Kinder. Sie redet ihnen zu, den vernünftigen Weg zu gehen und das Lebensziel, „Ruhestatt zu finden im Hause eines Mannes" (Rut 1, 9), in ihrem eigenen Land zu erreichen. Orpa folgt dem Rat unter Tränen und Küssen. Rut bleibt bei der älteren Frau – in einer tiefen Anhänglichkeit: schutzbedürftig und fürsorglich zugleich.

Die Beziehung zwischen den beiden Frauen, der Israelitin Noëmi, die in Moab heimisch wurde, nun aber nach dem Tod ihres Mannes und ihrer Söhne wieder zurückwandert, und Rut, deren Name wohl mit „Freundin" am besten gedeutet ist, ist eine der schönsten Freundschaftsgeschichten in der Bibel. Kein Zufall, daß das Versprechen der Rut an diese ihre andere Mutter, oft aus dem Zusammenhang gelöst und auf die eheliche Beziehung hin gedeutet wird, etwa als Trauspruch. „Wo du hingehst, will auch ich hingehen; wo du weilst, will auch ich weilen" (Rut 1, 16). Es ist eine Frauenfreundschaft, die auf Gegenseitigkeit und Respekt beruht. Nachdem Rut ihren Entschluß feierlich bekräftigt hat, anerkennt die ältere Frau

Boas und Rut bei der Arbeit auf dem Getreidefeld. Illustration aus der im 13. Jahrhundert entstandenen Bible Moralisée 270 b, fol. 125.

diese Realität und „läßt ab, ihr zuzureden" (Rut 1, 18). Es ist nicht ein Verhältnis des Machtkampfes wie zwischen Simson und Delila, die ihrem Mann unaufhörlich mit Zureden, Argumenten, Betteleien zusetzt, sondern eine Beziehung gegenseitiger Abhängigkeit, die freiwillig gewählt wurde (und somit bestimmte Schwierigkeiten des Mutter-Tochter-Verhältnisses nicht erst zu überwinden lernen muß). Die Freundschaft dieser beiden Frauen beruht auf Vertrauen und Respekt zugleich. Beide binden sich aneinander in ihren Schwächen und Stärken: die Ausländerin Rut braucht die einheimische Noëmi, um Fuß im anderen Land zu fassen, was in der damaligen Welt ausschließlich in Ehe und Mutterschaft verwirklicht werden konnte – und die alternde und sich ihrer Vereinsamung sehr bewußte Noëmi kann nicht mehr auf den Acker gehen zum Ährenlesen, sie braucht die tatkräftige Hilfe der jüngeren Frau. Beide Frauen brauchen den Schutz der anderen, um in der Männerwelt zu überleben. Beide sind verwitwet, was ihre Rechte mindert und sie schutzlos macht. Die jüngere, Rut, fürchtet sich vor den Nachstellungen der Männer am Arbeitsplatz, die ältere muß sich Sorgen um ihren Unterhalt machen. Es ist diese Frauensolidarität, die der Geschichte den unverwechselbaren Ton des Glücks und der Heiterkeit, in der Sprache des 18. Jahrhunderts: der Idylle, gibt.

Was Tamar allein tun mußte, das tun hier zwei Frauen zusammen, in gesitteter, weniger anrüchiger Form. Die Aktivität geht von Noëmi aus, sie plant, den reichen und großzügigen Boas aus Betlehem mit Rut zu verheiraten. Eine Rechtsbasis für die Verehelichung ist gegeben, Boas ist als Verwandter wie gemacht für die Rolle des Go-el, des ‚Lösers', der die Pflicht hat, durch die Verheiratung mit der Erbtochter das verfallene Erbe wieder an die zuständige Familie zu bringen. Es braucht nur eines gewissen Anstoßes, um dem Boas diese rechtlich vorgegebene Rolle klarzumachen. Hier setzt Noëmis List ein, die von fern an die Geschichte Tamars erinnert, die sich als Dirne verkleidete und verhielt, um in die Reihe der ‚Mütter' zu gelangen. Noëmi schickt die Rut zwar auch schön zurechtgemacht, ebenfalls im Dunkel der Nacht und zunächst unerkannt bleibend, zu Boas. Aber wo Juda hereingelegt wurde, bleibt der Boas ein rechtlich verantwortlich denkender Grundbesitzer. Rut bittet ihn, nachdem sie sich zu erkennen gegeben hat, seinen Mantel, den Zipfel seines Gewandes, wörtlich: seine Flügel, über sie auszubreiten. Das Bedecken mit dem Gewand war semitischer Brauch, um einen Eigentumsanspruch auf eine Person zu erheben, der zugleich für die so Bedeckte einen Schutz darstellte. Beim Propheten Ezechiel heißt es über Gottes Verbindung mit Jerusalem: „Da ging ich an dir vorüber und sah dich, und siehe, die Zeit der Liebe war für dich gekommen. Ich breitete meinen Gewandzipfel über dich und deckte deine Blöße zu. Ich band mich durch einen Schwur an dich und schloß einen Bund mit dir ... und du wurdest mein" (Ez 16, 8). Indem Rut bittet: „breite deinen Gewandzipfel über deine Magd", bittet sie ihn um die Ehe, die kurze Zeit später ‚im Tor', wo zivilrechtliche Angelegenheiten entschieden wurden, rechtsgültig wird.

Hier könnte die Geschichte enden, aber dann wäre sie nicht so sehr Geschichte von Frauen und Geschichte der Beziehungen, die sie untereinander haben. Als Rut dem Boas ein Kind geboren hat, taucht Noëmi noch einmal auf, und das Wort ‚Löser', das zunächst auf Rut bezogen war (Rut 2, 20), wird nun Noëmi zugesprochen, auch von ihr wird der Fluch, kinderlos zu sterben, genommen. Zugleich wendet sich die Erzählung noch einmal dem Grundthema der Freundschaft zwischen zwei Frauen zu. „Deine Schwiegertochter, die dich liebt, hat ihn (den Sohn und künftigen Großvater des Königs David) geboren; mehr ist sie dir wert als sieben Söhne" (Rut 4, 15). Noëmi nimmt das Kind und legt es auf ihren Schoß, was als eine Art Adoption gedeutet werden kann; sie ist seine Wärterin. Die Nachbarinnen, die nun wie ein griechischer Chor am Ende der Geschichte wieder auftauchen, erklären: „Noëmi wurde ein Sohn geboren" (Rut 4, 17). Sie, die Frauen, sind es, die dem Kind einen Namen geben.

WAS NICHT IN DER BIBEL STEHT

Gegenüber: Auf Geheiß von Noëmi, sich unter Boas' Schutz zu begeben, legte sich Rut nachts zu Füßen Boas' auf die Tenne schlafen. Illustration aus der Wenzelsbibel II, 31, die im 14. Jahrhundert entstanden ist.

ANTIKE UND MITTELALTERLICHE QUELLEN

Die Entstehungszeit der Novelle ist umstritten: Früher nahm man an, daß sie erst in der nachexilischen Zeit geschrieben wurde, und zwar als eine Art von Protest gegen die orthodoxe Politik der nachexilischen Führer Esra und Nehemia, die Mischehen, z. B. mit Moabitern, verboten; denn die Tendenz des Buches ist eindeutig: Es will zeigen, daß es weniger auf Abstammung als auf Tugend und fromme Gesinnung ankommt. Neuerdings nimmt man aber an, daß das Buch bedeutend früher, nämlich zur Königszeit, entstand. Die Tatsache, daß kein späterer König nach David genannt wird, scheint darauf hinzuweisen. Die Geschichte kann auch nicht frei erfunden sein, denn man hätte dem Königshaus und dem künftigen Messias wohl keine heidnische Ahnfrau angedichtet.

IN DER JÜDISCHEN Legende wird Noëmi (oder auch: Naomi oder Noomi) als Ammoniterin bezeichnet. Sie sowohl wie ihre Schwiegertöchter Orpa und Rut, die Moabiterinnen waren, stammten daher von den Töchtern Lots ab. In jedem Fall war der Riese Goljat, später durch seinen Kampf mit David berühmt, ein Sohn der Orpa. Bei der Trennung soll diese noch vierzig Schritte mit Noëmi gegangen sein und dann, beim Abschied, vier Tränen vergossen haben. Deshalb durfte ihr Sohn Goljat seine Kraft vierzig Tage lang zur Schau stellen, und Orpa wurde mit vier Riesensöhnen gesegnet.

Sobald sie sich von Noëmi getrennt hatte, kehrte Orpa zu ihrem alten Aberglauben zurück, denn sie hatte – anders als ihre Schwägerin Rut – den jüdischen Glauben nur aus Berechnung, nicht aus Überzeugung angenommen. Auch lebte Orpa sogleich sündhaft. Zum Schluß wurde sie von Abischai erschlagen, den sie zu töten gedroht hatte. Abischai war auf dem Wege zu David, denn dieser war von Ishbi, dem Riesen-Bruder des Goljat, aus Rache für seines Bruders Tod in eine Weinpresse gezwungen worden, denn Gott hatte ihm zur Strafe für sein Vergehen mit Batscheba seine Kraft genommen.

Die Gatten der Orpa und Rut, Machlon und Kiljon, mußten früh sterben um der Sünden ihres Vaters Elimelech willen, der sehr geizig war. Jedenfalls soll David dem sterbenden Goljat gesagt haben: Deine Mutter war Orpa, die den Glauben der Philister annahm, meine Mutter (das heißt hier wohl: meine Vorfahrin) dagegen war Rut, die den rechten Glauben annahm. Die vierzig Glanz-Tage des Goljat werden übrigens von andern Interpreten mit den vierzig Tagen in Verbindung gebracht, in denen das Volk Israel in der Wüste Gottes Gesetze empfing.

Nach der jüdischen Legende hatte Gott Rut schon lange in seine Pläne mit einbezogen. Denn zu Moses Zeit hatte er Israel befohlen, Krieg gegen die Midianiter und Moabiter zu führen, und Moses zog denn auch gegen Moab; aber erst David kämpfte gegen die Moabiter. Das hatte drei Gründe: Erstens war Moab gegen Israel feindlich gestimmt, weil Israel die Moabiter ständig mit Plünderungen bedrohte. Zweitens wollten die Moabiter die Israeliten zwar töten, die Midianiter aber wollten sie zur Sünde verleiten: das war die schlimmere Drohung. Drittens aber sagte Gott: „Verzögert den Krieg gegen Moab, denn dort habe ich etwas Wertvolles verloren. Sobald ich es wiedergefunden habe, könnt ihr euch an Moab rächen." Dies bezog sich auf Rut.

Die Teuerung im Lande Israel, die Elimelech und seine Familie nach Moab trieb, hatte Gott seinem Volke als Strafe für seine Sünden gesandt. Es herrschte da

Marc Chagall (1887–1985) zeigt auf den Bildern dieser Seite drei Stationen aus Ruts Leben:
Links: Nach der Tagesarbeit auf dem Feld bringt Rut am Abend Noëmi einen überraschend großen Anteil an Ähren und noch Gerstenkörner, die Boas ihr zusätzlich geschenkt hat.
Mitte: Noëmi rät ihren moabitischen Schwiegertöchtern, in ihrem Heimatland zu bleiben und sie alleine nach Juda ziehen zu lassen.
Rechts: Boas hatte zu Rut, deren bescheidenes Verhalten bei der Ährenlese ihm aufgefallen war, sogleich Zuneigung empfunden.

nicht nur Mangel an Brot, sondern auch an dem Worte Gottes. Der geizige Elimelech hatte nichts getan, um seinen Stammesgenossen zu helfen. Da er sehr reich war, wurden seine Söhne in Moab zu hohen Offizieren im Heere ernannt. Sie sollen sogar die Töchter des Königs von Moab geheiratet haben. Aber dann verarmten sie und mußten früh sterben.

Als Noëmi sich zur Heimkehr entschloß, sah sie wohl voraus, daß ihre beiden moabitischen Schwiegertöchter in Israel verachtet werden würden, zumal damals in Jerusalem jede Bevölkerungsklasse in ihrem eigenen Distrikt leben mußte. Dennoch konnte sie nicht schnell genug in ihre Heimat zurückkehren; obwohl sie nur in Lumpen gekleidet und barfuß war, wanderte sie unermüdlich, sogar an den Sabbat-Tagen.

Ruts erste Bitte, Noëmi begleiten zu dürfen, mußte von ihr abgeschlagen werden: Nach dem Gesetz darf eine Proselytin (Neubekehrte) nur dann angenommen werden, wenn sie zweimal darum bittet. Noëmi warnte Rut auch vor den Unannehmlichkeiten, die sie erwarteten: Sie würde den Sabbat und alle Festtage einhalten müssen, würde nicht ins Theater oder in den Zirkus gehen dürfen, wie sie es von den Moabitern her gewohnt war. Aber Rut ließ sich davon nicht abschrecken.

Noëmi und Rut kamen nach Betlehem an dem Tag, an dem Boas' Frau begraben wurde. Nach anderen Fassungen soll es aber der erste Tag des Passahfestes gewesen sein.

Boas war erstaunt, daß Rut niemals Ähren aufnahm, wenn seine Leute mehr als zwei hatten fallen lassen, denn so schreibt es das Armengesetz vor. Sie war zu seinem Felde gekommen, weil ein Engel sie dorthin geführt hatte. Als er sie lobte, daß sie sich zum Judentum bekehrt hatte, antwortete sie: „Deine Vorfahren hatten keine Freude an Timna (der Frau von Eliphas, Esaus Sohn), obwohl sie von königlichem Blute war. Ich aber gehöre nur einem geringen Volke an, das von Gott verachtet wird und von der Gemeinde Israels ausgeschlossen bleibt." Da aber erinnerte eine Stimme vom Himmel den Boas, daß nur männliche Angehörige der Moabiter- und Ammoniterstämme von Israel ausgeschlossen waren. Dies wußte Rut nicht, Boas erst teilte es ihr mit.

Sie soll sich Boas gegenüber als seine Dienerin bezeichnet haben, er aber sagte ihr: „Du wirst als eine der Mütter Israels gelten, und Könige und Propheten sollen aus deinem Schoße kommen." Er sorgte auch für ein würdiges Begräbnis des Elimelech und seiner Söhne.

Wenn Boas, von Betlehem kommend, seine Schnitter grüßt: „Der Herr sei mit euch!" und sie entsprechend antworten, so mußte der Himmel diese Worte sanktioniert haben, denn der Name Gottes durfte sonst im Alltag nicht erwähnt werden. Gott segnete auch die wenigen Ähren, die Boas Rut gab, so daß sie genügend zu essen hatte. Boas befahl sogar seinen Leuten, Ähren fallen zu lassen, so daß Rut sie aufheben könnte. Sie aber nahm nur das Nötigste. Als sich das Tag für Tag wiederholte, wurde Noëmi argwöhnisch. Sie vermutete, daß Rut einen Liebhaber auf dem Feld hatte, der ihr die Ähren zukommen ließ. Als sie sich überzeugt hatte, daß ihre Vermutung unbegründet war, glaubte sie, daß Boas und Rut eine heimliche Heirat planten. Sie versuchte, Rut das Geheimnis zu entlocken. Da Rut aber von nichts wußte, entwarf Noëmi den Plan, Rut des Nachts zu Boas zu schicken. Rut ging zwar auf den Plan ein, fürchtete sich aber, im Dunkeln auf die Straße zu gehen, und schmückte sich weit weniger, als

155

Rechts: Noëmi befürchtet, daß ihre beiden verwitweten moabitischen Schwiegertöchter es in Juda schwer haben würden, wieder einen Mann zu finden; sie gibt ihnen deshalb den wohlgemeinten Rat, in ihrem Heimatland zu bleiben. Doch nur Orpa geht darauf ein, während Rut entschlossen ist, bei Noëmi zu bleiben, wohin diese auch gehe. Gemälde von Salvador Dalí (1904 – 1989).

Unten: Nachdem Rut den ganzen Tag über Ähren aufgesammelt hatte, füllt Boas ihr noch sechs Maß Gerste in ein Tuch. Add. ms. 22413, fol. 71 r.

Noëmi vorgeschlagen hatte, um nicht die Aufmerksamkeit der jungen Männer zu erregen, die ihr auf der Straße begegneten.

Boas war ein Mann von einfachen Sitten. Denn obwohl er reich und schon achtzig Jahre alt war, schlief er auf der Tenne. Als er Rut neben sich entdeckte, glaubte er zuerst, sie sei ein Dämon. Sie beruhigte ihn: „Du bist der Abkömmling von Fürsten und ein ehrenwerter Mann, ich aber, in der Blüte meiner Jahre, mußte meine Heimat verlassen, wo Abgötterei getrieben wird, und hier werde ich ständig von lüsternen jungen Männern verfolgt. Darum bin ich zu dir, meinem Retter, gekommen, daß du dein Hemd über mich ausbreitest." Nach den meisten Legenden widerstand Boas jeder Versuchung und sagte ihr: „Wenn mein älterer Bruder Tob (der in der Bibel nicht genannt wird) dich nicht wünscht, werde ich die Rolle deines Beschützers übernehmen."

Am folgenden Tage ging Boas zum Sanhedrin, der höchsten jüdischen Verwaltungs- und Gerichtsbehörde, um die Angelegenheit zu regeln. Tob erschien sehr bald, denn ein Engel hatte ihn dorthin geleitet. Da er in der Thora nicht bewandert war, wußte er nicht, daß das Heiratsverbot für Moabiter sich nur auf die Männer bezog, und lehnte daher ab, Rut zu heiraten. So nahm Boas sie zur Frau. Rut war damals vierzig Jahre alt, und daß die beiden trotz ihres Alters noch einen Sohn hatten, ist nur durch ein Wunder zu erklären. Noëmi, in ihrer Jugend Boas' Pflegerin, wurde nun noch die Pflegerin seines und Ruts Sohnes, Obed.

Bei Josephus gibt es einige Varianten zu der biblischen Erzählung. Nach ihm wollte auch Orpa sich nicht von Noëmi trennen, bis diese sie beschwor, ihr Vaterland nicht zu verlassen. Vor dem Ältestenrat ist der „nächste Verwandte" (auch hier nicht bei Namen genannt) zunächst durchaus bereit, das Erbe Elimelechs anzutreten, bis ihn Boas darauf aufmerksam macht, daß er dann auch die Witwe des Machlon zu heiraten habe. Daraufhin änderte er seine Entscheidung. Ruts Sohn Obed wurde dann von Noëmi Obed, d. h. „Diener", genannt, weil sie ihn zur Pflege ihres Greisenalters aufzog.

NEUERE LITERATUR

Die Geschichte von Rut und Boas war im Mittelalter natürlich bekannt, ist aber offenbar kaum für dramatische und andere Bearbeitungen benutzt worden. Vielleicht war sie zu handlungsarm, oder das Moabiter-Juden-Problem, das für die Erzählung wesentlich ist, war für die mittelalterlichen Zuhörer nicht interessant. Dante erwähnt Rut kurz im 32. Gesang seines Paradieses: sie sitzt unter den Seligen in der Rose und wird als Urahne Davids bezeichnet.

IM 18. JAHRHUNDERT komponierte Samuel Wesley, Sohn des berühmten englischen Hymnenkomponisten, ein Rut-Oratorium, und etwa um dieselbe Zeit plant der sechzehnjährige Goethe eine Rut-Dichtung, die aber nicht zustande kam. Im frühen 19. Jahrhundert schrieb John Keats seine berühmte „Ode an eine Nachtigall", in der es heißt:
„... dasselbe Lied vielleicht,
Das seinen Weg einst fand ins traur'ge Herz
Von Ruth, als sie, vor Heimweh krank,
Umwogt von fremdem Korn, in Tränen stand..."

César Franck, französischer Komponist deutsch-belgischer Herkunft (1822 bis 1890), schuf ein Rut-Oratorium für eine Frauenstimme und Orchester.

IN DIESEM JAHRHUNDERT haben sich eine Reihe von amerikanischen Dramatikern des Themas angenommen: Von Joseph Leiser stammt ein Ernte-Schauspiel „The Girl from Moab" (1922), von Elma C. Levinger ein Einakter „Ruth of Moab" (1923), und Hersey Everett Spencer schrieb 1924 eine „dramatische Satire der Bibelgeschichte". Ein litauischer Dramatiker veröffentlichte 1925 unter dem Pseudonym Aspaziya ein Stück mit dem Titel „Boass un Rute". Alle diese Bearbeitungen beschäftigen sich mit Rut vor ihrer Heirat mit Boas. Der einzige moderne Schriftsteller, der sich mit ihrem späteren Leben befaßt hat, ist der österreichische Dramatiker und Erzähler Richard Beer-Hofmann (1866–1945). Er erzählt im Vorspiel seines Dramas „Der junge David", das er im Jahre von Hitlers Machtergreifung 1933 vollendete, fast die gesamte Geschichte des Buches Rut. Der Hauptteil des Dramas hat die Niederlage König Sauls gegen die Philister in der Schlacht von Gilboa zum Thema und den darauffolgenden Akt, die Krönung Davids, des Urenkels von Rut, zum König von Israel. Die uralte Rut ist zur Legende geworden, sie zeigt sich nur gelegentlich am Abend, wenn sie durch die Felder geht. Die Ähren beugen sich vor ihr, noch ehe ihr Fuß sie berührt, und die Schmetterlinge ruhen sich furchtlos auf ihren Händen aus. Im dritten Akt, vor der Entscheidungsschlacht, kommt David verzweifelt zu der weisen Alten und fragt sie um Rat. Als er in seiner Jugend von Saul verfolgt wurde, hatte er bei den Philistern Zuflucht gefunden und wurde zum Vasallen des Philisterkönigs. Als solcher müßte er gegen seine Landsleute kämpfen. Rut rät ihm zu tun, was seine innere Stimme ihm diktiert. Im letzten Akt sind die Israeliten geschlagen, und Saul ist getötet. Sie bieten David die Krone an. Doch David, der nun an sich selbst

und an der Zukunft des jüdischen Volkes verzweifelt, möchte sie ablehnen. Rut erklärt ihm: Ein Auserwählter zu sein, wie er es nun einmal ist, mag ihm wohl Grund zur Klage geben. Das ganze Volk Israel ist auserwählt, und Rut hat in ihrem langen Leben alle Höhen und Tiefen seines Schicksals miterlebt. Dem Volk Israel und ihm, David, bleibe nur übrig, von den persönlichen Gefühlen abzusehen und dem dem Volk vorgeschriebenen Weg zu folgen. Die Verzweiflung wird überwunden, indem man anderen zum Segen wird. Die persönlichen Tragödien und Gefühle werden zu nichts, wenn wir unser Schicksal erfüllen und uns dem göttlichen Gesetz anvertrauen, das Wolken, Winde und alle Kreaturen lenkt: Das ist die Botschaft Ruts für David und zugleich die Botschaft, die Beer-Hofmann an seine schwergeprüften Stammesgenossen im Jahre 1933 richtet.

Gelegentlich hat man die Geschichte von Rut mit der griechischen Medea verglichen, die ebenfalls ihre Familie, ihren Gott und ihr Land verläßt, um sich einem neuen Gott, einer andern Kultur anzuvertrauen. Medea, die Jason hilft, das Goldene Vlies zu gewinnen, und ihm zwei Kinder schenkt, bleibt aber stets eine Fremde in der griechischen Welt und scheitert, während Rut, die hier als Symbol des jüdischen Volkes gesehen wird, trotz aller Rückschläge an den Sieg des moralisch Guten glaubt und durch diesen Glauben überlebt.

Nach Beer-Hofmann haben sich mehrere amerikanische Schriftsteller mit Rut beschäftigt, so Saul Saphire, der in seinem

Auf diesem dreiteiligen Bild erzählt der englische Maler Thomas Matthew Rooke die Geschichte der Rut. Links: Die Moabiterin Rut will ihre Schwiegermutter Noëmi nicht verlassen, sondern mit ihr ins Land Juda wandern. Mitte: Boas erlaubt Rut, die von den Schnittern fallen gelassenen Ähren aufzulesen. Rechts: Noëmi ist glücklich über das Kind von Rut und Boas, den kleinen Obed, den sie liebevoll im Arme hält.

Roman von 1936 der biblischen Erzählung und der jüdischen Tradition folgt, so auch die Dichterin Grace Goldin unter dem Titel „Come under the Wings" (1958) und schließlich Norman Corwin mit seinem Filmdrama „The Story of Ruth" (1959).

„DER GOTT ISRAELS WIRD DIR DIE BITTE ERFÜLLEN,
DIE DU IHM VORGETRAGEN HAST"

1 Samuel 1, 17

1 Samuel

Kapitel 1, Vers 1–28
Kapitel 2, Vers 1–11.18–21

Das erste Buch Samuel berichtet von Israels letzten Richtern, Eli und Samuel. Eli ist ein frommer Mann, aber er verhindert nicht, daß seine Söhne schwere Sünden begehen. Deshalb erleidet Israel eine schwere Niederlage durch die Philister, die die heilige Bundeslade entführen. Elis Söhne werden in der Schlacht getötet, er selbst stirbt vor Kummer. Zwar werden die Philister wegen der entführten Bundeslade von Gott heimgesucht, so daß sie die Lade zurückbringen müssen, doch das Volk Israel bleibt geknechtet.

Inzwischen hat Samuel, Israels größter Richter, die Bühne betreten. Über seine wunderbare Geburt erzählt die Bibel:

HANNA
IHR GELÜBDE AN JAHWE

Es war ein Mann aus Ramatajim, ein Zuphit vom Gebirge Ephraim mit Namen Elkana, ein Sohn Jerochams, des Sohnes Elihus, des Sohnes Tochus, des Sohnes Zuphs, ein Ephratit. ² Der hatte zwei Frauen; die eine hieß Hanna, die andere Peninna. Peninna hatte Kinder, Hanna dagegen war kinderlos. ³ Dieser Mann ging Jahr für Jahr aus seiner Stadt hinauf, um vor Jahwe Zebaot in Schilo anzubeten und zu opfern. [Dort waren die beiden Söhne Elis, Hophni und Pinchas, Priester des Herrn.] ⁴ Eines Tages brachte Elkana ein Opfer dar. – Er pflegte seiner Frau Peninna und all ihren Söhnen und Töchtern (mehrere) Opferstücke zu reichen. ⁵ Der Hanna aber gab er nur ein einziges Stück, obgleich er Hanna lieber hatte; doch Jahwe hatte ihren Schoß verschlossen. ⁶ Ständig fügte ihre Nebenbuhlerin ihr Kränkungen zu, um sie zu verbittern, weil Jahwe ihren Schoß verschlossen hatte. ⁷ So geschah es Jahr für Jahr. Jedesmal, wenn sie zum Hause Jahwes hinaufzogen, kränkte jene sie. – Nun also weinte Hanna und aß nichts. ⁸ Ihr Mann Elkana sprach ihr Trost zu: „Hanna, warum weinst du? Warum ißt du nichts? Warum ist dein Herz betrübt? Bin ich dir nicht mehr wert als zehn Kinder?"

⁹ Hanna aber stand auf, nachdem man in der Halle das Mahl gehalten hatte, und trat vor Jahwe. Eli, der Priester, saß auf einem Stuhl neben einem der Türpfosten des Tempels Jahwes. ¹⁰ Mit bekümmerter Seele betete sie unter reichlichen Tränen zu Jahwe. ¹¹ Auch machte sie folgendes Gelübde: „Jahwe Zebaot, wenn du herabschaust auf deine armselige Magd und meiner gedenkst, wenn du deine Magd nicht vergißt, sondern deiner Magd einen männlichen Sproß schenkst, so will ich ihn Jahwe weihen, solange er lebt, und kein Schermesser soll je auf sein Haupt kommen." ¹² So verweilte sie lange im Gebet vor Jahwe. Eli aber beobachtete ihren Mund. ¹³ Hanna redete nämlich still in ihrem Herzen. Nur ihre Lippen bewegten sich, ihre Stimme jedoch konnte man nicht vernehmen. Deshalb hielt Eli sie für betrunken. ¹⁴ Und Eli sagte zu ihr: „Wie lange wirst du dich noch benehmen wie eine Betrunkene? Sorge, daß du deinen Weinrausch los wirst!" ¹⁵ Hanna erwiderte und sprach: „Ach nein, mein Herr! Ich bin ein unglückliches Weib. Weder Wein noch Rauschtrank habe ich getrunken, sondern ich habe mein Herz ausgeschüttet vor Jahwe. ¹⁶ Halte doch deine Magd nicht für eine Nichtswürdige! Denn wegen des Übermaßes meines Kummers und meiner Betrübnis habe ich so lange gebetet." ¹⁷ Da antwortete Eli und sprach zu ihr: „Gehe hin in Frieden! Der Gott Israels wird dir die Bitte erfüllen, die du ihm vorgetragen hast." ¹⁸ Sie entgegnete: „Möge deine Magd Gnade finden in deinen Augen." Dann ging die Frau ihres Weges, kehrte in die Halle zurück und aß, und sie hatte nicht mehr dasselbe (bekümmerte) Gesicht.

Rechts: Fünf Rundminiaturen aus der Bible Moralisée, Codex Vindobonensis 2554, fol. 35, erzählen im Bild das Schicksal Hannas. Von links nach rechts:

Elkana zwischen seinen zwei Frauen, von denen seine geliebte Hanna nach zehnjähriger Ehe noch kinderlos ist, während seine zweite Frau Peninna mit Kindern gesegnet ist.

Hanna betet im Heiligtum zu Schilo inbrünstig um einen Sohn.

Hanna spürt, daß Gott ihr Gebet um einen Sohn erfüllen wird, und gelobt, wenn sie einen Sohn bekommt, diesen Gott zu weihen.

Hanna gebiert einen Sohn und nennt ihn Samuel, was soviel heißt wie „Ich habe ihn vom Herrn erbeten".

Hanna hält ihr Gelöbnis und bringt Samuel zu Eli in den Tempel.

Seite 158: Voller Verzweiflung fleht Hanna zu Gott, er möge ihr einen Sohn schenken, damit sie nicht länger dem Spott ihrer kinderreichen Rivalin Peninna ausgesetzt sei. Marc Chagall (1887 – 1985).

Seite 159: Hanna, die ihren Sohn schon vor der Geburt Gott geweiht hatte, zieht Samuel liebevoll auf und liest ihm oft aus der Bibel vor. Gemälde von Rembrandt van Rijn (1606 bis 1669).

¹⁹ Am folgenden Morgen standen sie früh auf und hielten ihre Anbetung vor Jahwe. Dann kehrten sie in ihr Heim nach Rama zurück. Elkana erkannte sein Weib Hanna, und Jahwe war ihrer eingedenk. ²⁰ Hanna empfing, und als die Zeit um war, gebar sie einen Sohn. Sie gab ihm den Namen Samuel; „denn", so sagte sie, „ich habe ihn von Gott erbeten". ²¹ Als ihr Mann Elkana mit seiner ganzen Familie wieder hinaufzog, um Jahwe das jährliche Opfer und, was er gelobt hatte, darzubringen, ²² da zog Hanna nicht mit hinauf. Sie sagte vielmehr ihrem Manne: „Erst soll der Knabe entwöhnt werden, dann will ich ihn hinbringen, damit er vor Jahwe erscheint und für immer dort bleibt." ²³ Ihr Mann Elkana entgegnete ihr: „Mache es so, wie es dir gut erscheint. Bleibe daheim, bis du ihn entwöhnt hast. Nur möge Jahwe sein Wort erfüllen." So blieb die Frau daheim und stillte ihren Sohn, bis sie ihn entwöhnt hatte. ²⁴ Sobald sie ihn entwöhnt hatte, nahm sie ihn mit sich hinauf, dazu ein dreijähriges Rind, ein Epha Mehl und einen Schlauch Wein, und brachte ihn in das Haus Jahwes zu Schilo. Der Knabe aber war noch sehr jung. ²⁵ Als sie das Rind geschlachtet hatten, kam die Mutter des Knaben zu Eli. ²⁶ Sie sprach: „Erlaube, mein Herr! So wahr du lebst, mein Herr, ich bin die Frau, die hier neben dir stand, um zu Jahwe zu beten. ²⁷ Um diesen

Rechts: Hanna besucht jedes Jahr ihren Sohn im Heiligtum zu Schilo und bringt ihm jedesmal ein neues, selbstgenähtes Obergewand mit. Illustration aus dem Stuttgarter Bilderpsalter, fol. 47 v.

Knaben habe ich gebetet. Da hat mir Jahwe die Bitte erfüllt, die ich an ihn gerichtet habe. ²⁸ Darum habe ich ihn auch Jahwe geweiht. Alle Tage, die er lebt, soll er Jahwe geweiht sein." Dann ließ sie ihn dort, bei Jahwe.

2 ¹ Da betete Hanna also: „Mein Herz frohlockt durch Jahwe, / hoch ragt mein Horn durch meinen Gott. Mein Mund ward weit geöffnet wider meine Feinde; / denn deiner Hilfe darf ich mich erfreuen. ² Niemand ist heilig wie Jahwe; / [denn keiner ist außer dir.] / Kein Fels kommt unserem Gott gleich! ³ Laßt ab von euren prahlerischen Reden, / nichts Vermessenes entfahre eurem Mund! Denn ein wissender Gott ist Jahwe, / und von ihm werden die Taten abgewogen. ⁴ Der Starken Bogen wird zerbrochen, / Strauchelnde jedoch umgürten sich mit Kraft. ⁵ Um Brot verdingen sich die Satten, / während jene, die da Hunger litten, aufhören zu arbeiten. Sieben Kinder hat die Unfruchtbare, / die Kinderreiche aber welkt dahin. ⁶ Jahwe macht tot und macht lebendig, / er stürzt in die Scheol und führt herauf. ⁷ Jahwe macht arm, er macht auch reich, / er erniedrigt und erhöht. ⁸ Aus dem Staube richtet er den Schwachen auf / und zieht den Armen aus dem Schmutz, / um ihnen neben Fürsten einen Platz zu geben / und ihnen Ehrenplätze anzuweisen. Jahwe gehören ja die Säulen dieser Erde, / er hat den Erdkreis darauf aufgestellt. ⁹ Die Schritte seiner Frommen hütet er, / die Frevler aber gehen in der Finsternis zugrunde. / [Denn keiner wird durch eigne Kraft ein Held.] ¹⁰ Wer wider Jahwe streitet, wird zerschmettert; / der Allerhöchste läßt im Himmel donnern. Jahwe sitzt zu Gericht über die Enden der Erde. / Seinem König wird er Kraft verleihen / und das Horn seines Gesalbten erhöhen." ¹¹ Danach kehrte sie nach Rama zurück. Der Knabe aber war im Dienste Jahwes tätig unter den Augen des Priesters Eli.

¹⁸ Samuel aber versah als Knabe den Dienst vor Jahwe, mit dem linnenen Ephod umgürtet. ¹⁹ Dazu pflegte seine Mutter ihm einen kleinen Rock anzufertigen, den sie ihm jedes Jahr mitbrachte, wenn sie mit ihrem Mann hinaufzog, um das jährliche Opfer darzubringen. ²⁰ Dann spendete jedesmal Eli dem Elkana und seiner Frau den Segen und sprach: „Möge dir Jahwe Nachwuchs schenken von dieser Frau zum Entgelt für das Darlehen, das sie Jahwe geliehen hat!" Hierauf kehrten sie in ihre Heimat zurück. ²¹ Jahwe suchte Hanna heim, und sie wurde guter Hoffnung und gebar noch drei Söhne und zwei Töchter. Der junge Samuel aber wuchs heran bei Jahwe.

Oben: Samuel, der im gleichen Gemach wie Eli schläft, hört eines Nachts eine Stimme, die ihn ruft. Er meint zunächst, Eli habe nach ihm verlangt, bis er erkennt, daß Gott zu ihm spricht. Illustration zum Alten Testament von Marc Chagall (1887 – 1985).

„HANNA ABER STAND AUF"

Hanna gehört zu den vielen Frauen in der Bibel, die von einem Unglück geschlagen sind, das eigentlich Mann und Frau betrifft, aber nur den Frauen zugerechnet wird: die Unfruchtbarkeit. Keine biblische Geschichte handelt vom unfruchtbaren Mann, viele dagegen vom Elend und der gesellschaftlichen Demütigung der kinderlosen Frau.

In einer kinderlosen Ehe zu leben bedeutet in der antiken Welt, den Auftrag der Schöpfungsgeschichte „Seid fruchtbar und mehret euch" (Gen 1, 28) nicht zu erfüllen. Es bedeutet Jahre des vergeblichen Wartens und der Enttäuschung, aber auch öffentliche Demütigung und Schmach. Die Wallfahrt zum te der Hanna arbeiten andere Kräfte der Norm entgegen, einmal Elkana, ihr Ehemann, mit seiner bedingungslosen Unterstützung, sodann Gott selber, der die Opfer dieser Ordnung freimacht. „Sieben Kinder hat die Unfruchtbare, die Kinderreiche aber welkt dahin" (1 Sam 2, 5). So jubelt Hanna in ihrem Lied der Befreiung.

Die religiöse Situation ist nicht einfach eine Widerspiegelung der patriarchalen Verhältnisse (wie manche Feministinnen annehmen), sondern ihre befreiende Aufhebung. Die Frauen nehmen uneingeschränkt am Kult teil. Hanna betet unmittelbar vor Gottes Angesicht im Tempel. Sie braucht keinen *weiblicher Solidarität ist der bitterste und zugleich sehr realistische Zug in Hannas Geschichte. Herrschaft und Unterdrückung werden ja nicht nur von außen aufgezwungen, sondern gerade von denen, die es besser wissen müßten, mitgetragen. Gerade wenn wir lernen, die Geschichten der Bibel aus der Perspektive der Frauen zu lesen, werden wir vor idealistischen Annahmen, als seien alle Frauen besser und als Opfer immer schon auf der Seite der Unglücklichen, bewahrt. Die Beschreibung einer Frau als Opfer ist nicht genug; die Frage, wie sie damit umgeht, in Übernahme der männlichen Werte und Normen oder im Versuch, ein eigener*

Links: Auf einer Vignette aus der Biblia Sacrosancta von 1544 sieht man Elkana mit seiner Frau Peninna am Tisch sitzen, vor dem die weinende Hanna steht, die von ihrer Rivalin wegen ihrer Kinderlosigkeit gehänselt wurde.

Seite 163: Nachdem der kleine Samuel von der Mutterbrust entwöhnt ist, bringt Hanna ihr Söhnchen zum Priester Eli in den Tempel nach Schilo und erfüllt so ihr Gelübde, daß sie, falls sie Mutter eines Sohnes werden sollte, diesen Gott weihen würde. Illustration aus dem Stundenbuch der Anne von Montmorency.

kultischen Festort, das schöne Herbstfest nach der Erntezeit, das gemeinsame Essen, Trinken und Feiern wird für die kinderlose Hanna zur Qual, die auch Elkana, ihr Mann, nicht lindern kann. Sein Versuch, sie mit dem zärtlichen Satz zu trösten „Bin ich dir nicht mehr wert als zehn Söhne?", bleibt ohne Antwort. Wer weint, ißt nicht, und Hanna, verspottet, isoliert, das Kinderglück der anderen vor Augen, versinkt in Trauer.

Hanna lebt unter der Ordnung des Patriarchats, das bedeutet hier eine Gesellschaft, die Frauen dazu zwingt, Mütter von Söhnen zu werden. Gott gilt als der, der die Gebärmutter der Frau auftut oder verschließt. Patriarchal ist die normative Gewalt dieser Lebenswelt, unter der Hanna leidet. Aber das biblische Denken ist nicht einfach im Einklang mit der rechtlichen und religiösen Zwangsordnung. In der Geschich- *Vorbeter. Selbständig und ohne ihren Mann zu fragen, legt sie ein Gelübde ab, was dem Religionsgesetz (Num 30, 7f.) widerspricht. So bestätigen die volle Teilnahme der Frauen am Kult und das befreiende Wirken Gottes, daß die Zwangsnormen und Ordnungen der Gesellschaft nicht für ewig gelten. In der Geschichte der kinderlosen und verachteten Frau zeigt sich, daß Gewalt nicht Gottes Mittel ist. „Der Starken Bogen wird zerbrochen, Strauchelnde jedoch umgürten sich mit Kraft" (1 Sam 2, 4).*

Doppeldeutig bleibt allerdings die Rolle der Frauen in Hannas Geschichte. Sie haben zwei Möglichkeiten. Entweder sind sie wie Peninna, die andere kinderreiche Frau des Elkana, Opfer der Normen und Mittäterin zugleich, die das System des Patriarchats unterstützt und Hanna noch in ihrem Unglück kränkt und verspottet. Dieser Bruch *Mensch zu werden, muß gestellt werden. Peninna, Hannas Widersacherin, ist Opfer und Täterin zugleich, sie macht sich zur Vollzugsbeamtin der falschen Ordnung. Auch Hanna ist Opfer und könnte – weinend, nicht-essend, den Trost ihres Mannes nicht annehmend – in dieser Rolle bleiben. Aber die Geschichte hat einen Wendepunkt: „Hanna aber stand auf" (1 Sam 1, 9). Aus dem Elend und seiner Verinnerlichung richtet sie sich auf. Sie verläßt die Depressivität, tritt in den Tempel, betet und schließt mit Gott einen feierlichen Bund. Die Schwache, die Verachtete beteiligt sich am befreienden Handeln Gottes. So singt sie zu Recht das Befreiungslied ihres Volkes und bindet die persönliche Erfahrung ein in die Hoffnungsgeschichte ihres Volkes auf dem Weg in die messianische Kultur, ohne Herrschaft und ohne Gewalt.*

WAS NICHT IN DER BIBEL STEHT

ANTIKE UND MITTELALTERLICHE QUELLEN

Nach der jüdischen Tradition hatten sowohl Hanna wie auch Elkana prophetische Gaben. Elkana war sehr fromm. Obwohl seine Ehe mit Hanna zehn Jahre lang kinderlos blieb, wollte er von seinem Recht auf Scheidung keinen Gebrauch machen; Hanna bestand aber darauf, daß er eine zweite Frau, Peninna, nahm. Da sie Elkana Kinder gebar, fing sie an, Hanna jeden Morgen zu verhöhnen: „Willst du nicht aufstehen, deine Kinder waschen und in die Schule schicken?" – Vielleicht aber wollte sie damit nur Hanna veranlassen, Gott um Kinder zu bitten. – Und Hanna betete: „Gott, hast du je etwas Zweckloses erschaffen? Unsere Augen sind da, um uns sehen zu machen, unsere Ohren, um zu hören, unser Mund zum Sprechen, unsere Hände zur Arbeit. Und hast du nicht diese Brüste über meinem Herzen geschaffen, um ein Kind damit zu säugen? ... Wenn ich ein göttliches Wesen bin, das weder ißt noch trinkt, noch sich fortpflanzt, noch stirbt, dann laß mich ewig leben. Wenn ich aber dem sterblichen Menschengeschlecht angehöre, dann laß mich meinen Teil tun, sie fortzupflanzen!" Eli, der sie beobachtete, dachte, daß sie betrunken sei, da er sie nicht hörte und sie von einem Fest gekommen war. Sie aber betete deshalb leise, weil sie dachte: „Vielleicht bin ich nicht würdig, gehört zu werden, und dann wird mich Peninna nur noch schlimmer verhöhnen." Als sie das Heiligtum verließ, wußte sie jedoch schon, daß ihr Gebet erhört worden war. Nach der Legende gebar sie ihren Sohn sechs Monate und einige Tage später, im neunzehnten Jahr ihrer Ehe und im 130. Jahr ihres Lebens. Wie Sara wurde auch sie im hohen Alter mit einem Sohn belohnt.

Hannas Gebete besaßen große Wirksamkeit. So befreite sie durch ihr Gebet die Männer der Rotte Korach, die sich einst in der Wüste gegen Mose aufgelehnt hatten und von der Erde verschlungen worden waren, von den Qualen der Hölle. Nach einigen legendarischen Fassungen bat sie für diese Männer, weil sie ihre Abstammung von Korach ableitete, Elkana war jedenfalls ein Abkömmling dieser Aufrührer.

Als Samuel zwei Jahre alt war, nahm Hanna ihn mit nach Schilo. Schilo war der heilige Ort der Israeliten, bevor David Jerusalem eroberte und es zum Zentrum der Gottesverehrung machte. In Schilo waltete Eli noch seines Amtes. Als Samuel das Heiligtum betrat, suchte man gerade nach einem Priester, der das Opfertier schlachten sollte, denn Eli war gerade abwesend. Samuel erklärte, daß auch Nicht-Priester das Opfertier schlachten dürften. Gerade als dies nun geschehen sollte, kam Eli zurück, wurde zornig und wollte das Kind Samuel hinrichten lassen, obwohl Hanna für ihn betete. „Laß ihn sterben", sagte Eli, „ich will um einen andern Sohn für dich beten." Hanna antwortete: „Ich habe ihn Gott geliehen. Was immer sein Schicksal sein mag, er gehört weder dir noch mir, sondern Gott." Sie bezog sich darauf, daß Samuels Name bedeutete: „Gott gab ihm seinen Namen." So blieb Samuel am Leben. Über die Frage, ob ein Nicht-Priester schlachten darf, gehen die Kommentare der Rabbiner weit auseinander. Hannas Wort „Ich habe ihn Gott geliehen" enthielt eine Prophezeiung, denn Samuel sollte so lange leben wie Saul, dessen Name bedeutet „Gott geliehen", und sehr bald nach Samuels Tod starb auch Saul.

Hannas anschließendes Dankgebet soll auch Weissagungen über Samuels künftige Taten und eine Aufzählung der gesamten Geschichte Israels bis zum Erscheinen des Messias beinhaltet haben. Hanna lebte lange genug, um die Größe ihres Sohnes und den Fall ihrer Rivalin zu sehen: Denn immer wenn sie ein Kind gebar, verlor Peninna zwei durch den Tod, bis von ihren zehn Kindern nur noch zwei übrig waren; und auch diese wären gestorben, wenn Hanna nicht für sie gebetet hätte. Hanna selbst hatte acht Nachkommen: Samuel rechnet für zwei, dann zwei weitere Söhne, zwei Töchter – um die sie gebeten hatte – und zwei Enkel, Samuels Söhne. Sie hatte also zu ihren Lebzeiten so viele Nachkommen, wie Peninna verloren hatte.

HANNA GILT in der Tradition als eine der sieben Prophetinnen; die andern waren Sara, Mirjam, Debora, Abigail, Hulda und Ester. Sie war eine der unfruchtbaren Frauen, die durch ein Wunder doch noch Kinder bekamen, so wie Sara, Lea, Rachel, Hazlelponit und Zion. Ist auch eine der 28 „tapferen Frauen". Ihr großes Gebet um ein Kind soll aber das Leben Samuels verkürzt haben, denn sie weihte sein Leben dem Heiligtum in Schilo; aber als Levit konnte er Sakralhandlungen nicht länger als fünfzig Jahre lang vornehmen. Bereits mit zwei Jahren hatte er sein Amt übernommen und war dann so schnell gewachsen, daß Hanna, die ihn alljährlich besuchte und ihm neue Kleider brachte, fand, daß diese sich jedesmal als zu klein erwiesen. Indessen mußte er sterben, als er erst 52 Jahre alt war.

Josephus schmückt die jüdische Legende noch etwas aus und verändert sie in einigen Punkten. Nach ihm hießen die Söhne Elis Ophnis und Phinees. Sie sollen vor keiner Untat zurückgeschreckt haben. Sie stahlen die Opfergeschenke, weil

sie sie als Ehrengeschenke für sich selbst in Anspruch nahmen. Sie schändeten Frauen, die das Heiligtum in Schilo besuchten, teils mit Gewalt, teils, indem sie sie durch Geschenke verführten. Nach Josephus hielt Eli Hanna für betrunken, weil sie so lange im Gebet verharrte. Sie erklärte ihm, daß sie nur Wasser getrunken habe. Nach Josephus gebar Hanna ihrem Gatten außer weiteren Söhnen noch drei Töchter.

NEUERE LITERATUR

Die Geschichte Hannas und Elkanas spielt in der neueren Literatur kaum eine Rolle. Dies hängt vielleicht damit zusammen, daß das Hauptmotiv (den betagten Eltern wird mit Gottes Hilfe noch ein Kind geboren, das es dann zu hohen Ehren bringt) schon in anderen biblischen Stoffen auftaucht: im Alten Testament bei Abraham und Sara und dann im Neuen Testament bei Zacharias und Elisabet, den Eltern Johannes' des Täufers.

WOHL ABER IST Hannas Lobgesang (1 Samuel, Kap. 2, 1–10) sowohl in der abendländischen Literatur als auch in die Musik aufgenommen worden. Dieser Gesang, bekannt als „Canticum Annae", war offenbar ein alter Hymnus auf Gottes Macht und Gerechtigkeit; er nimmt keinen Bezug auf Hannas spezielle Situation. Er bildete aber die Grundlage für Marias Lobgesang, der bei Lukas 1, 46 ff. wiedergegeben ist. Nach seinen ersten Worten in der lateinischen Fassung heißt er „Magnificat". Luther übersetzt diese Worte, „Magnificat anima mea Dominum", mit: „Meine Seele erhebt den Herrn." Dieser Gesang bildet seit dem Mittelalter den Höhepunkt der Vesperliturgie. Es sind fast tausend mehrstimmige Kompositionen dieses Textes erhalten. Die protestantische Liturgie übernahm sie sowohl in der lateinischen Originalsprache wie auch in der Lutherschen Übersetzung. Die berühmteste Vertonung ist sicher die von Johann Sebastian Bach, der die lateinische Version im Jahre 1723 durch Einfügung deutscher und lateinischer Texte zu einer Weihnachtskantate umgestaltete, dann aber das Werk revidierte und wieder ganz in lateinische Worte faßte. In dieser Fassung wird das Werk, eines seiner fröhlichsten und konzentriertesten, auch zu Ostern oder Pfingsten aufgeführt.

Auch nach Bach ist der Text des Magnificat noch oft in Musik gesetzt worden, z. B. von dem englischen Komponisten Ralph Vaugh Williams (1932).

* * *

Als Samuel herangewachsen ist, erscheint ihm Gott im Traum und verheißt ihm eine große Zukunft. Er beginnt, vor dem gesamten Volk zu predigen, und wird als Prophet des Herrn anerkannt. Er bekehrt Israel wieder zu seinem Gott. Auf sein Gebet hin werden die Philister geschlagen. Nun verlangt das Volk einen König, der über sie alle herrschen sollte, und Gott wählt einen jungen Mann aus dem Stamm Benjamin mit Namen Saul. Dieser zieht eines Tages aus, um verlorene Eselinnen seines Vaters zu suchen, und kommt dabei vor Samuel, der ihn als den Auserwählten des Herrn erkennt. Samuel stellt ihn dem Volke vor und salbt ihn zum König. Saul besiegt die Ammoniter, Samuel legt sein Richteramt feierlich nieder, bereut dann aber, Saul gekrönt zu haben, weil dieser Dinge tut, die Gott mißfallen. Saul wird schwermütig, und ein junger Mann wird ihm empfohlen, der vor ihm die Harfe spielen soll. So kommt der Knabe David an den Hof Sauls, und als die Philister wieder gegen Israel ziehen und ihr Anführer, der Riese Goljat, die Israeliten zum Zweikampf auffordert, stellt sich David gegen ihn und tötet Goljat mit dem ersten Wurf seiner Steinschleuder. Darauf preist ihn das Volk und singt: „Saul hat tausend geschlagen, David aber zehntausend." Von da an sieht Saul in David seinen Rivalen und trachtet ihm nach dem Leben. David hat inzwischen enge Freundschaft mit Sauls ältestem Sohn, Jonatan, geschlossen, der ebenfalls Sauls Zorn auf sich gelenkt hat. Auch begehrt er Sauls jüngere Tochter Michal zur Frau. Saul, der ihm lieber seine ältere Tochter Merab gegeben hätte, willigt unter der Bedingung ein, daß David hundert Philister tötet, denn dies hält er für unmöglich. David erschlägt mit seinen Leuten aber zweihundert Philister, und so erhält er Michal.

Saul ist jedoch keineswegs versöhnt. Eines Tages, als David vor ihm die Harfe spielt, ergreift er seinen Speer und versucht, David an die Wand zu spießen. David muß fliehen. Die Flucht gelingt ihm mit Jonatans und Michals Hilfe. Michal, die ihn liebt, hält seine Verfolger zurück, indem sie ein Bild statt Davids in dessen Bett legt und so den König täuscht. Als Jonatan seinen Freund gegenüber Saul in Schutz nimmt, richtet dieser seinen Speer auch gegen ihn. Jonatan sendet David heimlich Botschaft von des Königs Zorn. Der fliehende David kommt zu dem Priester Achimelech, der ihm hilft und ihm, dem Unbewaffneten, das Schwert Goljats gibt. Als Saul dies erfährt, läßt er Achimelech und 84 Priester töten; nur dessen Sohn Ebjatar entkommt und wird ein treuer Anhänger Davids. David, nun in der Wüste, wird von Sauls Mannen umzingelt und nur durch ein Wunder gerettet. Danach verbirgt er sich in einer Höhle, in der sich dann der ihn verfolgende Saul schlafen legt. David weigert sich aber, Hand an den Gesalbten Gottes zu legen, schneidet nur einen Zipfel von Sauls Rock ab, geht dann hinaus und ruft Saul. Er neigt sich vor ihm und bittet um Frieden. Saul bereut seinen Zorn und sagt ihm: Du bist gerechter als ich.

Links: Trotz seiner Vorbehalte gegen das Königtum salbt Samuel auf Wunsch des Volkes Saul zum König. Die Israeliten hatten taube Ohren gehabt, als Samuel ihnen klarzumachen versuchte, daß sie unter einem König nur Untertanen sein würden, die zu gehorchen hätten und viele Abgaben machen müßten, während sie bisher ein theokratisch locker regiertes Gebilde gewesen sein, zusammengehalten lediglich durch die Gesetze Moses. Doch das Volk bestand auf einem König, und so suchte und fand Samuel in dem mutigen und mit glänzenden Geistesgaben ausgestatteten Sohn des angesehenen Kisch einen würdigen Vertreter für das hohe Amt. Er salbte Saul, indem er ihm Öl über sein Haupt goß. Beide, der zukünftige König wie der betagte Samuel, waren zutiefst ergriffen von dem weihevollen Vorgang. Illustration aus der Biblia Sacra, Vulgatae Editionis 1754, Venedig.

Rechts: Hanna begibt sich mit dem kleinen Samuel zu Eli, damit der dem Knaben seinen priesterlichen Segen gebe. Fast fotografiegetreue Darstellung dieser Bibelszene von Frank W. W. Topham (1838–1924).

So folgte sie den Boten Davids und wurde sein Weib.
1 Samuel 25, 42

1 Samuel
Kapitel 25, Vers 1–44

ABIGAIL
TRIUMPH DER KLUGHEIT

Aus der nun folgenden Abigail-Episode geht hervor, daß sich David auch weiterhin in der Wüste aufhält, weil er Sauls Mißtrauen niemals vollständig abbauen konnte.

Da starb Samuel. Ganz Israel versammelte sich und hielt ihm die Totenklage. Dann begrub man ihn in seiner Heimat in Rama.

David aber brach auf und zog in die Wüste Maon hinab. 2 In Maon lebte ein Mann, der seinen Wirtschaftsbetrieb in Karmel hatte. Der Mann war sehr reich. Besaß er doch dreitausend Schafe und tausend Ziegen. Er war gerade bei der Schur seiner Schafe in Karmel. 3 Der Mann hieß Nabal, seine Frau Abigail. Die Frau hatte einen scharfen Verstand und war von schöner Gestalt. Der Mann dagegen war roh und bösartig, er war ein Kalebiter. 4 David erfuhr in der Wüste, daß Nabal Schafschur halte. 5 Da schickte er zehn junge Leute hin. Und David trug den jungen Leuten auf: „Geht nach Karmel hinauf, sucht den Nabal auf und bestellt ihm einen Gruß von mir. 6 Sagt folgendes zu meinem Bruder: ‚Heil dir, Heil deinem Hause, Heil allem, was dir zu eigen ist! 7 Siehe, ich habe gehört, daß man bei dir Schafschur hält. Nun haben deine Hirten sich bei uns hier aufgehalten, ohne daß wir ihnen ein Leid angetan hätten. Sie haben auch nichts vermißt während all der Zeit, die sie in Karmel verbrachten. 8 Frage nur deine Leute, sie werden es dir bestätigen. Mögest du deshalb den jungen Leuten gegenüber dich huldvoll erweisen. Wir sind ja zu einem Festtage gekommen. So gib denn deinen Knechten und deinem Sohne David, was du gerade zur Hand hast.'"

9 Als die jungen Leute Davids hinkamen, richteten sie an Nabal all diese Worte Davids aus und warteten dann. 10 Nabal aber erwiderte den Knechten Davids folgendes: „Wer ist David, und wer ist der Sohn des Isai? Heutzutage gibt es genug Knechte, die ihrem Herrn entlaufen. 11 Soll ich mein Brot und meinen Wein und mein Schlachtvieh, das ich für meine Scherer geschlachtet habe, nehmen und es den Leuten geben, von denen ich nicht weiß, woher sie sind?" 12 Da wandten sich die jungen Leute Davids ab, machten sich auf den Rückweg und berichteten ihm nach ihrer Ankunft genau, was alles vorgefallen war. 13 Hierauf befahl David seinen Mannen: „Jeder gürte sein Schwert um!" Und jeder gürtete sein Schwert um. Nachdem auch David sein Schwert umgegürtet hatte, marschierten sie unter Davids Führung ab, etwa vierhundert Mann. Zweihundert blieben beim Gepäck zurück. 14 Inzwischen hatte einer von den Knechten an Abigail, die Frau Nabals, folgende Mitteilung gemacht: „Siehe, David hat Boten aus der Wüste gesandt, um unsern Herrn zu begrüßen; er aber hat sie angefahren. 15 Dabei sind doch diese Männer sehr gut zu uns gewesen. Wir wurden nicht belästigt, und nie haben wir etwas vermißt während all der Zeit, da wir in ihrer Nähe umherzogen, während wir auf dem Felde waren. 16 Sie waren vielmehr eine Mauer um uns bei Tag und Nacht, solange wir das Kleinvieh in ihrer Nähe hüteten. 17 Darum überlege jetzt und sieh zu, was du tun willst; denn das Unheil ist beschlossen über unsern Herrn und sein ganzes Haus. Aber er ist selber ein zu bösartiger Mann, als daß man mit ihm reden könnte." 18 Da nahm Abigail schnell zweihundert Brote, zwei Schläuche Wein, fünf zubereitete Schafe, fünf Maß ge-

Erste Begegnung zwischen David und Abigail. Sie ist ohne Wissen ihres Mannes zu David geritten, um ihn durch Geschenke milder gegen ihren Gatten zu stimmen, der den Kriegern Davids höhnisch das Gastrecht verweigert hatte. Illustration aus der Biblia pauperum. Codex Germanicus 155, fol. 23v.

Seite 167: Auf dem Kupferstich von Albrecht Altdorfer (ca. 1480 – 1538) ist im Vordergrund eines hochformatigen Landschaftsbildes die Begegnung von David und Abigail dargestellt. Sie ist ihm entgegengeritten, um seinen Zorn gegen ihren brutalen, geizigen Mann, der das Gastrecht mißachtete, durch diplomatische Worte und reiche Geschenke zu besänftigen.

Abigail kniet vor dem hoch zu Roß sitzenden David. Sie bittet ihn, die von ihr mitgebrachten Eßwaren anzunehmen und ihrem Gatten zu verzeihen, der in betrunkenem Zustand gegen das Gastrecht verstoßen habe. Miniatur aus „Le Miroir de l'Humaine Salvation", Manuskript 139/1363, fol. 38v, entstanden im 15. Jahrhundert.

röstetes Korn, hundert Traubenkuchen und zweihundert Feigenkuchen und lud es auf Esel. ¹⁹ Dann befahl sie ihren Knechten: „Geht mir voraus, ich komme gleich hinter euch her." Ihrem Manne Nabal aber sagte sie nichts. ²⁰ Als sie nun auf einem Esel, vom Berge verdeckt, ritt, kam David mit seinen Leuten gerade herunter, ihr entgegen, so daß sie mit ihnen zusammentraf. ²¹ David aber hatte soeben gedacht: „Rein umsonst also habe ich in der Wüste diesem Menschen alles beschützt, was er besitzt. Nicht das Geringste von seiner ganzen Habe ist abhanden gekommen; er aber hat mir nun Gutes mit Bösem vergolten. ²² Dies und jenes soll Gott dem David antun, wenn ich von allem, was ihm gehört, bis zum Morgengrauen auch nur einen übriglasse, der an die Wand pißt." ²³ Sobald Abigail den David erblickte, stieg sie eilends vom Esel ab, warf sich vor David auf ihr Angesicht und verneigte sich bis zur Erde. ²⁴ Dann fiel sie vor ihm auf die Knie und sagte: „Auf mich, mein Herr, komme die Schuld! Möge deine Magd vor dir reden dürfen, und mögest du die Worte deiner Magd anhören! ²⁵ Möge mein Herr sich nicht um diesen bösartigen Menschen, den Nabal, kümmern. Er ist ja wirklich, was sein Name besagt: ‚Tor' heißt er, und voll Torheit ist er. Ich dagegen, deine Magd, habe die Leute, die du, mein Herr, gesandt hast, nicht gesehen. ²⁶ Nun denn, mein Herr, so wahr Jahwe lebt und so wahr du lebst: Jahwe hat dich davor bewahrt, Blutschuld auf dich zu laden und dir mit eigener Hand zum Rechte zu verhelfen. Mögen also deine Feinde dem Nabal ähnlich werden samt allen, die Böses gegen dich sinnen, mein Herr. ²⁷ Und nun, dieses Geschenk, das deine Magd, mein Herr, mitgebracht hat, möge für die Leute verwendet werden, die dir, mein Herr, auf deinen Zügen folgen. ²⁸ Verzeihe deiner Magd ihr Vergehen; denn Jahwe wird meinem Herrn ein Haus von Dauer gründen, weil mein Herr die Schlachten Jahwes schlägt und weil nichts Böses sich an dir finden wird dein Leben lang. ²⁹ Wenn aber einer sich erhebt, um dich zu verfolgen und dir nach dem Leben zu trachten, so möge die Seele meines Herrn eingebunden sein in den Beutel des Lebens bei Jahwe, deinem Gott. Die Seele deiner Feinde aber möge er fortschleudern in der Schleuderkappe. ³⁰ Wenn dann Jahwe meinem Herrn all das Glück gewährt, das er dir verheißen hat, und dich zum Herrscher über Israel bestellt, ³¹ dann, mein Herr, wird es dir nicht zum Anstoß und zum Gewissensbiß gereichen, ohne Grund Blut vergossen zu haben, mein Herr, und dir mit deiner eigenen Hand Recht verschafft zu haben. Wenn aber Jahwe meinem Herrn Glück verleiht, dann gedenke deiner Magd."

³² Da sprach David zu Abigail: „Gepriesen sei Jahwe, der Gott Israels, der dich heute mir entgegengesandt hat. ³³ Gepriesen sei auch deine Klugheit, und gepriesen seist du selbst, die du mich heute davon abgehalten hast, Blutschuld auf mich zu laden und mir mit eigener Hand Recht zu verschaffen. ³⁴ Aber, so wahr Jahwe, der Gott Israels, lebt, der mich davor bewahrt hat, dir ein Leid anzutun: Wenn du dich nicht beeilt hättest, mir entgegenzukommen, so wäre dem Nabal bis morgen früh nicht ein einziger übriggeblieben, der an die Wand pißt." ³⁵ Dann nahm David aus ihrer Hand entgegen, was sie ihm mitgebracht hatte, und sagte zu ihr: „Nun ziehe in Frieden hinauf in dein Haus. Siehe, ich habe deiner Stimme Gehör geschenkt und Rücksicht auf dich genommen." ³⁶ Als aber Abigail zu Nabal kam, da hielt er gerade in seinem Hause ein Gastmahl wie das Gastmahl eines Königs. Nabals Herz

war guter Dinge, und er war schwer betrunken. Deshalb erzählte sie ihm nicht das mindeste bis zum Anbruch des Morgens. ³⁷ Am Morgen aber, als der Weinrausch von Nabal gewichen war, berichtete ihm seine Frau, was sich zugetragen hatte. Da erstarb ihm sein Herz im Leibe, und er war wie versteinert.

³⁸ Etwa zehn Tage danach schlug Jahwe den Nabal, so daß er starb.

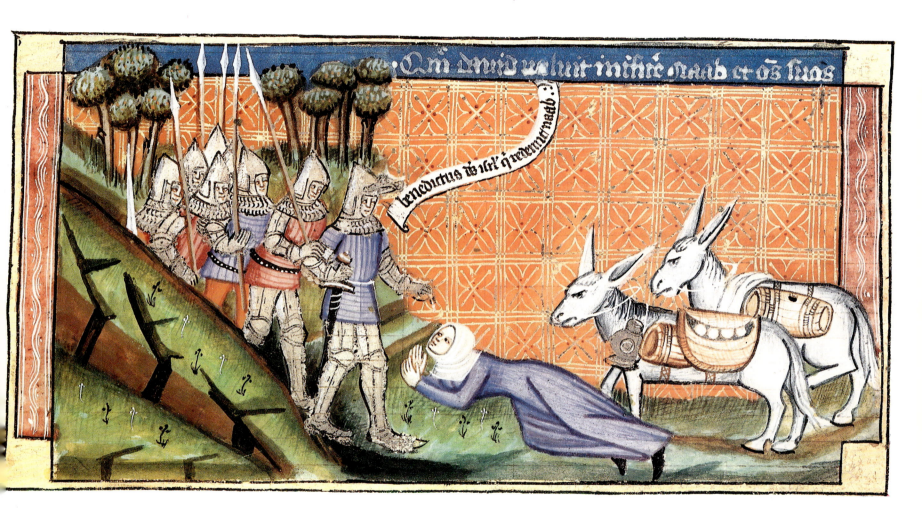

³⁹ Als David erfuhr, Nabal sei gestorben, sprach er: „Gepriesen sei Jahwe, der an Nabal die mir zugefügte Beschimpfung gerächt und seinen Knecht vom Unrecht zurückgehalten hat; die Bosheit Nabals aber hat Jahwe auf dessen Haupt zurückfallen lassen." Darauf sandte David hin und warb um Abigail, um sie sich zum Weibe zu nehmen. ⁴⁰ Als Davids Leute zu Abigail nach Karmel kamen, warben sie um sie mit den Worten: „David sendet uns zu dir, um dich heimzuführen als sein Weib." ⁴¹ Da erhob sie sich, verneigte sich mit dem Antlitz bis zur Erde und sagte: „Siehe, deine Magd ist bereit, deine Dienerin zu sein und den Knechten meines Herrn die Füße zu waschen." ⁴² Dann stand Abigail eilends auf und bestieg ihren Esel, während ihre fünf Mägde sie begleiteten. So folgte sie den Boten Davids und wurde sein Weib.

⁴³ David hatte sich aber auch die Achinoam aus Jisreel geholt. So wurden diese beiden seine Frauen. ⁴⁴ Saul dagegen hatte seine Tochter Michal, die Frau Davids, dem Palti, dem Sohne des Lajisch aus Gallim, gegeben.

Abigail hat sich vor David zu Boden geworfen. Sie befürchtet, er könne an ihrem Gatten wegen dessen ungastlichem Verhalten Rache nehmen. Auf Eseln hat sie Gaben mitgebracht, durch die sie Davids Empörung zu mildern hofft. Miniatur aus der Weltchronik des Rudolf von Ems, Codex bibl. 205, fol. 136.

EIN SITTENBILD AUS DER STEPPE

Die Geschichte von Abigail, die im Mittelpunkt des 25. Kapitels vom ersten Buch Samuel steht, ist ein burleskes, nicht ohne bissigen Spott erzähltes Sittenbild aus der Steppe. Es spielt noch in der Zeit vor Davids Königtum; die geschickte Heiratspolitik des zukünftigen Herrschers, der verwandtschaftliche Beziehungen zu den reichsten und angesehenen Familien Judäas knüpft, stellt den historischen Hintergrund dar. Der Erzähler inszeniert die Geschichte als Vertauschung der traditionellen patriarchalen Rollenverteilung. Nabal, ein Herdenbesitzer am Fuß des Karmel, ist reich und dumm, seine Frau schön und intelligent. Er ist ein brutaler Geizhals, sie gewandt und freigebig; er besäuft sich bis zur Besinnungslosigkeit, sie rettet in derselben Zeit Land und Leben für sich und ihre Leute. Der Name Nabal bedeutet „Narr" oder auch „Trottel", die Kalebiter, sein Stamm, galten als besonders ungeschlacht und roh.

Die Zeit der Schafschur ist in der Tradition der Herdenvölker mit einem großen Fest verbunden. Diese Gelegenheit benutzt David, der mit seinen Leuten in der Wüste herumschweift, um Forderungen an den reichen Herdenbesitzer zu stellen, auf die er nach den Gesetzen der Wüste ein Recht hat. Ein Beduinenscheich hat den „Schutz" der ihm benachbarten Bauern oder Halbbeduinen übernommen und betrachtet daher einen Anteil ihrer Ernte oder ihres Herdenertrags als ein „Geschenk", das ihm von Rechts wegen zusteht; so ähnlich mag es hie und da noch heute zugehen. In diesem Rechtszusammenhang – Schutz vor Raub und Diebstahl gegen mehr oder weniger freiwillige Abgaben – liegt auch begründet, daß Davids Boten den Nabal als „Bruder" ansprechen (1 Sam 25,6). „Bruder" ist der Nicht-Fremde, mit dem schon geregelte sippenähnliche Beziehungen bestehen. So dient der Besuch bei Nabal am Fest der Schafschur dazu, den Tribut, den die Umherschweifenden verlangen, von den Seßhaften einzufordern. Das Schlachtfest, das mit der Schur verbunden ist, begründet zugleich eine Art von Gastrecht für hinzukommende Freunde; die Zurückweisung vom Festmahl ist eine üble Verletzung der Gastfreundschaft. In wohlgesetzter Rede orientalischen Stils fordern die Leute Davids, immerhin zehn an der Zahl, also nicht einfach unbedrohliche Boten, was ihnen zusteht.

Damit sind sie aber in den groben Klotz Nabal an den Rechten gekommen! Er verhöhnt die Boten und ihren Sender, erklärt sie zu hergelaufenem Pack, ignoriert die bestehenden Schutz- und Vertrauensverhältnisse samt dem Gastrecht. So hat er, wie David es im Einklang mit der Rechtstradition sieht, „Gutes mit Bösem" vergolten (1 Sam 25,21). David bricht empört auf, entschlossen Rache zu üben. „Dies und jenes soll Gott dem David antun, wenn ich von allem, was ihm gehört, bis zum Morgengrauen auch nur einen übriglasse, der an die Wand pißt" (V. 22). Die grobe Ausdrucksweise für das männliche Geschlecht steht in klarem Kontrast zu dem, was nun folgt, der Versöhnung, die sich durch List und Diplomatie einer Frau vollzieht.

Abigail handelt rasch und effektiv. Sie erfaßt die tödliche Bedrohung sofort, sie weiß genau wie ihre Diener, daß mit ihrem Mann nicht zu reden ist. Ohne ihm ein Wort zu sagen, läßt sie die Esel reich beladen (man fragt sich, woher sie die zweihundert Feigenkuchen so schnell aufgetrieben hat!) und zieht in eigener Vollmacht David entgegen. Der Erzähler hat die Geschichte sehr kunstvoll arrangiert, er bringt Davids Schwur, alle Männer von Nabal niederzumachen, gerade in dem Augenblick zum Bewußtsein, bevor die beiden ungleichen Karawanenzüge aufeinandertreffen. David und seine Leute sind zum Rache- und Beutezug der Krieger unterwegs, Abigail mit ihren schwerbeladenen Eseln leitet eine Friedensmission. Noch ehe gesprochen wird, sprechen die Gesten der schönen Abigail: eilends steigt sie vom Esel, wirft sich zur Erde auf ihr Angesicht, legt sich dem David dann zu Füßen, um eine kunstvoll gebaute Rede folgen zu lassen. Den zu Pferd sitzenden Krieger redet Abigail mit „mein Herr" an, sich selbst, die im Staub vor ihm liegende Frau, bezeichnet sie als „deine Magd". Sie nimmt alle Schuld an der miserablen Behandlung der Boten auf sich, sie ist die Verantwortliche, und Nabal, ihr Mann, ist und bleibt ein Tor. Sie entmündigt ihn geradezu in ihrer Rede. Geschickt weist sie auf die mitgebrachten Geschenke für Davids Krieger hin, aber noch eloquenter ist ihre religiöse Argumentation: Gott hat den David – bislang – von Blutschuld zurückgehalten, Gott wird auch weiterhin seine Herrschaft gründen und stärken, ohne daß David Böses tut.

David erwidert auf derselben Ebene, die theologische Argumentation mit handfesten Interessen aufs perfekteste verbindet. In der Tat hat Gott die Abigail zu ihm gesandt, um ihn vor Blutschuld zu bewahren und davor, sich selber mit eigener Hand zu helfen, d.h. Rache zu üben, die Gott vorbehalten ist. David entbietet der Abigail den Friedensgruß und läßt sie heimkehren.

Hier könnte die Geschichte schließen, wenn sie nicht eine vorbereitende Funktion für die spätere Herrschaft Davids hätte und wenn nicht das eigenmächtige Handeln der Abigail irgendwie ihrem Mann zumindest mitgeteilt werden müßte. Der aber, und hier verdichten sich die burlesken Züge, liegt volltrunken nach dem Fest im Rausch. Weder die Gefahr, in die er sich gebracht hat, noch die Rettung durch Abigails entschlossenes Handeln sind ihm bewußt. Sie, auch hierin ganz souverän, sagt ihm nichts, auch nicht in Andeutungen, sie wartet mit ihren Nachrichten, bis er seinen Rausch ausgeschlafen hat. Dann allerdings treffen ihn die Nachrichten Schlag auf Schlag: wie ein Stein wird er, und zehn Tage später stirbt er, mit Gottes Hilfe. Sein Unrecht fiel, wie David ausruft, durch Gott auf ihn selber zurück.

So kann David die schöne Abigail zur Frau nehmen. Schon in der Begegnung zwischen den beiden gab es erotische Untertöne: Selbstbezichtigung und Flehen, Demut und Einfühlungsgabe, Verehrung und Glücksverheißung waren die Boten einer anderen Botschaft der schönen und klugen Frau an den Helden und künftigen Herrscher. Jetzt kommt das verborgene Thema des Liebeswerbens ans Licht. David schickt Brautwerber zu Abigail; von Geschenken und Verhandlungen ist hier bei der reichen Witwe nicht die Rede. Wieder verneigt sich die schöne Frau bis zur Erde und macht sich dann „eilends auf" (1 Sam 25,42); sie hat nicht nur ihren Besitz und ihre Unversehrtheit gerettet, sondern ist auch den reichen

WAS NICHT IN DER BIBEL STEHT

trotteligen Säufer losgeworden um des strahlenden Helden willen.

So hat Freigebigkeit den Geiz, Entgegenkommen den Starrsinn, Respekt vor den Bräuchen die Eigensucht, nicht nur Nabal, den Toren, überwunden. Abigails Flexibilität und Diplomatie haben auch das stumpfsinnige Dreinschlagen des anderen Mannes, David, vermieden. Diese Frau zwischen zwei Männern hat sich auf eine bessere, waffenlose Politik verstanden und Frieden gestiftet.

Oben: Demutsvoll liegt Abigail vor dem von seinen Kriegern umgebenen David flach ausgestreckt am Boden. Die hinter ihr sichtbaren Knechte tragen Geschenke herbei, durch die Abigail den schnöden Geiz ihres Mannes Nabal vergessen machen möchte. Ilja Jefimowitsch Repin (1844–1930), der bedeutendste Geschichtsmaler des neueren Rußland, hat diese Szene in allen Einzelheiten realistisch ausgemalt.

Seite 170: Abigail hat unter einem Baum auf den vorbeiziehenden David gewartet, um ihm Geschenke zu geben, durch die sie Davids Zorn gegen ihren Gatten besänftigen möchte. Holzschnitt von 1509 des Malers und Zeichners Lukas Cranach d. Ä. (1472–1553).

ANTIKE UND MITTELALTERLICHE QUELLEN

Abigail – ihr Name bedeutet „Freude des Vaters" – gilt in der jüdischen Tradition als eine der vier schönsten Frauen in der Geschichte, zusammen mit Sara, Rachab und Ester. Schon der bloße Gedanke an sie soll die Männer erregt haben. Sie war nicht nur klug und prophetisch begabt, sondern auch eine gute Diplomatin. Sie bietet ihre Geschenke dem David auf sehr taktvolle Weise an (Vers 27), soll ihm auch gesagt haben, daß ein Todesurteil gegen einen Mann, nämlich Nabal, nur während des Tages, nicht bei Nacht ausgesprochen werden dürfe. Als David antwortete, ein Rebell wie Nabal habe kein Recht auf gesetzlichen Schutz, sagte sie ihm: „Saul lebt noch, also bist du noch nicht der anerkannte Herr der Welt." Ihre Bemerkung in Vers 31 soll sich auf Davids noch bevorstehendes Abenteuer mit Batscheba beziehen, zeigt also ihre prophetische Gabe. Doch hat die talmudische Auslegung ihre Bemerkung „du wirst deiner Magd gedenken" beanstandet: als verheiratete Frau hätte sie das nicht sagen dürfen. Doch sie hatte den Mut, alle Schuld auf sich zu nehmen, als David seinen Schwur gegen Nabal nicht einhielt, so wie Rebekka einst beim Segensbetrug im voraus alle Schuld auf sich nahm. Nachdem sie Davids Frau geworden war, gebar sie ihm einen Sohn, der Kileab, d.h. „wie der Vater", genannt wurde. (In 1 Chronik 3,1 heißt er Daniel.) Der wurde ein hochgelehrter Mann und war einer der wenigen, die noch bei Lebzeiten ins Paradies aufgenommen wurden. Abigail selbst leitet die fünfte Frauen-Abteilung im Paradies, von insgesamt sieben, neben denen der Sara, Rachel und Rebekka. Nabal, dessen Name „Narr" bedeutet, war nicht nur arrogant und ungehobelt, sondern auch sehr geizig. Seine Besitztümer lagen in Karmel, aber er wohnte in Maon. Wenn nun Arme zu ihm nach Maon kamen und um Almosen baten, schickte er sie nach Karmel – und umgekehrt. Er wollte sie nur loswerden. Er war auch sehr stolz auf seine Abkunft, denn er leitete sich von Juda und Kaleb, dem Gefährten Josuas, ab und verachtete David, der von der Moabiterin Rut abstammte, sprach ihm deshalb jedes Anrecht auf den Thron ab. Seine Frage „Wer ist Isai?" und seine Erwähnung der vielen Diener, die David verlassen hätten, waren um so kränkender für diesen, da das letztere auf Wahrheit beruhte.

IN JOSEPHUS' WIEDERGABE ist die biblische Erzählung noch weiter ausgeschmückt. Nach ihm hatte David seinen Leuten ausdrücklich befohlen, auch in großer Not die Herden Nabals nicht anzutasten, denn das wäre ein Frevel gegen Gott. Um so unerwarteter war dann Nabals Bescheid, den Josephus so formuliert: „So eitel denken also die von sich, die ihren Herren entlaufen sind und sich nun ungebührlich und hochmütig benehmen." Als Abigail sich aufmachte, um David zu begegnen, soll Nabal sinnlos betrunken gewesen sein. Abigail sagte dann zu David: „Jener wird seiner Strafe nicht entgehen, wenn auch du dich vom Morde rein hältst; und zwar wird er die Strafe von denen erhalten, die dir übelwollen. Auch wird das Unglück, das seiner harrt, auf die Häupter deiner Feinde zurückfallen." Davids Antwort, nach Josephus: „Gottes Gnade hat es gefügt, o Weib, daß du mir heute begegnetest, sonst würdest du den morgigen Tag nicht erlebt haben." Als David von Nabals Tod erfuhr, meinte er, Nabal sei durch seine eigene Bosheit umgekommen. Er zog daraus den Schluß, daß alle Bösen von Gott gezüchtigt würden und daß sich Gott um jeden Menschen kümmere und Gute wie Böse ganz nach Verdienst behandele.

NEUERE LITERATUR

Die Geschichte Davids ist Thema unzähliger Dramen und Passionsspiele des Mittelalters gewesen. Vor allem sein Kampf mit dem Riesen Goljat wurde immer wieder behandelt, dann aber auch seine Beziehungen zu König Saul, seine Freundschaft mit dessen Sohn Jonatan und die Rebellion seines Sohnes Absalom, seine Heirat mit Michal, der Tochter Sauls, die ihm gegeben, dann wieder entrissen wurde und schließlich zu ihm zurückkam. Nur die Abigail-Episode wurde in früheren Jahrhunderten kaum beachtet. Das „Componimente sagro" des italienischen Dramatikers Francesco Durante „Abigaile" von 1736 ist eins der wenigen Stücke, die uns erhalten geblieben sind. Vielleicht mochte man sich dem Thema nicht widmen, weil in der Geschichte Abigails Schwarz und Weiß zu ungleich verteilt sind: Der kaltherzige und törichte Nabal steht allein gegen David und Abigail, die beide schön und klug sind. Vielleicht fand man auch, daß eine so kluge Frau wie Abigail unmöglich einen Dummkopf wie Nabal hätte heiraten können und für ihn sogar ihr Leben und ihren guten Ruf aufs Spiel setzte.

ERST IN UNSERM Jahrhundert hat man sich wieder intensiver mit der Abigail-Figur beschäftigt. Der erste, der sich ihrer annahm, war wohl der deutsch-jüdische Schriftsteller Arnold Zweig (1887–1968) mit seinem dreiaktigen Drama „Abigail und Nabal" (1913). Bei ihm ist Nabal keineswegs töricht, wenn auch arrogant und kaltherzig, besonders im ersten Akt. Seine Leute zittern vor ihm, aber noch mehr vor der Drohung Davids, sich zu rächen, bleiben aber untätig. Abigail ist empört: „Wollt ihr denn nichts tun? ... Beim Gotte Israels, ehe ich dies ansehe ... Mir empört sich das Herz, und mein Blut schimpft euch Feiglinge ... Ich schürze mein Kleid, nehme die Hammel bei den Hörnern und gehe selbst zu David!"

Darauf der Verwalter: „Es ist unmöglich. Kein Weib in Israel, die solches tut ... Wir reden übel von einer, die allzuviel aus dem Hause geht, selbst solange die Sonne scheint – Und du willst des Nachts das Haus verlassen ... Ich werde den Herrn rufen ... Er läßt dich sicherlich steinigen."

Abigail: „... aber ich erschrecke nicht bei diesen Worten! Nur wollte ich schnell sterben und nicht lange leiden. Ihr werdet mir die Augen verbinden. – (Zu dem jungen Hirten): Dann sollst du den ersten Stein nach mir werfen und gut treffen. Das Leben des Menschen wohnt in den Schläfen; ich werde dir meine Schläfe hinhalten, und du wirst mich sogleich töten ..."

Als dann die resolute Abigail ihren Entschluß ausführt und auf Davids Leute stößt, begegnet man ihr zuerst mit größtem Mißtrauen. Einer von Davids Anführern, Joab, sagt: „Ich bin ein Krieger, der die Listen kennt. Jael hieß ein Weib des Keniten Heber, der Hauptmann Sissera war allein mit ihr ... Hernach lag er tot, ein dicker Nagel in den Schläfen – und sie war weniger kühn als du und hatte nicht des Nachts das Haus verlassen." Aber dann stehen die beiden sich gegenüber und kommen nicht mehr voneinander los. Silpa, ihre alte Magd, warnt Abigail: „Er ist – wo sind deine Augen? Ein Herr von Räubern ist er, frecher als der gelbe Löwe, den wenigstens Feuer erschrecken." Doch Abigail, Nabals Frau, sagt zu David: „Denk an mich wie an eine Sterbende –."

Das Neue an Zweigs Konzeption ist, daß er Saul in die Episode einführt, der sich verkleidet und bei Nabal einschleicht, sich ihm dann enthüllt und ihm die Krone anbietet. Erst ist Nabal überwältigt, doch dann faßt er sich schnell: „Ich werde niemals König sein. – Was für Träume lockten mich –."

In der letzten Szene, als Abigail zu ihm zurückkehrt und ihm erst sagt, sie hätte von David geträumt, ahnt er bald, was sich abgespielt hat, und in diesem Augenblick sieht er, daß sein Leben jeden Sinn verloren hat.

Abigail: „Ich war bei ihm diese Nacht, ich schwör's! nicht im Traum, ich schwör's! Und nun sterb' ich für ihn! Komm doch!" Und Nabal geht auf sie zu, kniet nieder und zieht sich die Klinge durch die Kehle. Das Stück schließt mit Abigails Worten: „Nabals Blut! Das Schwert, das Schwert! Nicht ich, nicht meine Zeit! Der Bote, der starke Engel! David! David!" In Zweigs Drama wird Nabal fast zur tragischen Figur. Er will die Macht nicht, weil er sieht, was Macht aus Saul gemacht hat. Er war zufrieden mit seiner Rolle als reicher Feudalherr, und Abigail ist für ihn nur eine Art Ornament. Er begehrt sie nachts und läßt sie am Tage achtlos liegen. Das kann Abigail nicht ertragen, und David fragt sie mit Recht, wie sie sich so für einen kalten, ungeliebten Mann einsetzen kann. Beide gestehen einander, daß sie niemanden haben, mit dem sie ihre innersten Gedanken und Gefühle teilen können. Und Nabal sieht, als er die Wahrheit erfährt, daß er nicht einmal Herr über seine Frau gewesen ist.

DER JIDDISCHE Dramatiker und Romanschriftsteller David Pinski (1873–1959) hat zwar nicht versucht, Nabal sympathisch zu zeichnen, hat aber der entscheidenden Szene einen neuen Akzent gegeben. In seinem kurzen Drama „Abigail", das den zweiten Teil seiner Dramenserie „King David and his Wives" (1923) aus-

Abigail kniet vor David und weist auf die Geschenke in den Tragkörben der Esel, durch die sie das Vergehen ihres Mannes gutzumachen hofft. Miniatur aus den „Heures du Connétable Anne Montmorency", entstanden 1549. Es handelt sich um das Manuskript 1476/1943 fol. 27v.

macht, ist David von Abigails Schönheit und Treue tief beeindruckt und will sie unberührt entlassen, um nicht Gottes Gebot zu brechen. Da stürzt Nabal, der seine Frau sucht, auf die Bühne, beschimpft Davids Leute als Diebe, Bettler und Schmarotzer und nennt David einen Verführer und Feigling. Abigail verteidigt sich, da sie sein Leben gerettet hat; aber als Davids Leute Nabal verhöhnen, indem sie von seiner Kost essen, bricht er in heller Wut zusammen und stirbt. David preist Gott, daß er den bösen Mann bestraft und Abigail befreit hat. Er bittet sie, seine Frau zu werden, und sie kniet vor ihm und unterwirft sich seinem Willen.

Das Gedicht eines anderen jiddischen Schriftstellers, Itzik Mangers (1901 bis 1969), „Abigail" (1935), schlägt dagegen einen ironischen Ton an. Seine Abigail, die nach dem Tode ihres Mannes auf ihren David wartet, ist im Grunde keine biblische Figur, sondern eine noch ganz in den strengen Traditionen ihres Stammes befangene Ostjüdin, die sich in ihr Schicksal ergibt.

Im Roman „David's Stranger" des hebräischen Romanschriftstellers Moshe Shamir ist die Abigail-Szene nur eine kleinere Episode, da das Batscheba-Thema die Hauptrolle spielt. Die Torheit Nabals wird hier mit der Torheit Davids in der Batscheba-Episode verglichen; Davids treuer Vasall Urija erzählt von seinem und Davids Besuch bei Nabal, der sie großartig bewirtet, bis ein armer Bauer hinzukommt und klagt, daß sein einziges Kalb fortgenommen und für Nabals Bankett geschlachtet worden ist. David ist empört – aber was er selbst dem Urija antun wird, ist viel schlimmer. Wo Abigail selbst auftritt, ist sie den übrigen Frauen Davids weit überlegen, denn sie handelt selbständig, mutig und unabhängig.

EINIGE AMERIKANISCHE Schriftsteller haben sich ebenfalls mit Abigail beschäftigt, so etwa Grace Jewett Austin in ihrem Drama „Abigail" (1924), das aber keine neuen Motive in die biblische Geschichte bringt. Auch in Gladys Schmitts Roman „David the King" (1946) wird die Abigail-Episode behandelt. Der amerikanische Dichter Mark Van Doren (1894–1973) hat in seinem Gedicht „Abigail" die biblische Erzählung kaum verändert, aber mit einer gewissen areligiösen Ironie untermalt. Abigail trifft den Banditenhäuptling David in den wilden Bergen und sagt ihm, daß Nabal nicht aus Bosheit, sondern nur aus Dummheit David so schnöde abgewiesen hat und daß dieser deshalb keine Blutschuld auf sich laden solle. Er läßt sie gehen. Sie ist von David so beeindruckt, daß sie, als sie Nabal zu Haus betrunken vorfindet, ihm sogleich alles erzählt, was sich begeben hat. Daraufhin bricht er zusammen.

Offenbar sind diese modernen Versuche, Abigails Verhalten gerecht zu werden, erst möglich geworden, nachdem der jahrhundertelang geltende doppelte Moralkodex für Männer und Frauen weitgehend aufgegeben worden war. In der Bibel erscheint Abigail als eine der heroischen, selbständigen Frauen, die offensichtlich von den Israeliten der damaligen Zeit bewundert wurden. Aber in späteren Jahrhunderten wurde der Frau das Recht zu unabhängigem Handeln abgesprochen, so daß Abigails Tat kaum entschuldbar zu sein schien. Es scheint, daß in diesem Fall die moderne Auffassung der biblischen weit besser entspricht als die des Mittelalters und der Neuzeit bis zum Ende des 19. Jahrhunderts.

Folgende Doppelseite: Der niederländische Maler David Teniers d. Ä. (1582–1649) läßt die Begegnung zwischen David und Abigail in einer weiten Landschaft mit schönem Baumbestand stattfinden. Abigail kniet inmitten der um sie herum ausgebreiteten Eßwaren, die sie als Versöhnungsgeschenke mitgebracht hat. David und seine in prächtige Barockkostüme gekleideten Krieger sehen nicht gerade wie arme Verfolgte aus, wie die Bibel sie schildert.

Der spanische Maler Juan Antonio Escalante (ca. 1630–1670), ein Bewunderer von Tintoretto, dessen Kompositionsstil auch auf diesem Bild erkennbar ist, zeigt nicht nur Davids huldvolle Annahme der von Abigail dargebotenen Versöhnungsgeschenke. Im Austausch der Blicke ist ein erotischer Funke zu spüren, der zwischen diesen beiden Menschen aufflammt und dazu führt, daß David später, nach Nabals Tod, um Abigail wirbt.

DAS WEIB ERWIDERTE SAUL:
„EIN GESPENST SEHE ICH AUS DER ERDE HERAUFSTEIGEN."
1 Samuel 28, 13

1 Samuel
Kapitel 28, Vers 1 – 25

Auch nach der Abigail-Episode bleibt David auf der Flucht vor Saul, und zum zweiten Mal findet er Zuflucht bei den Philistern, nämlich bei König Achisch von Gat, mit dem er sich verbündet. Saul bleibt König, obwohl der Herr ihm zürnt, aber seine Situation wird immer gefährlicher, seine Stimmung düsterer. Da er von Gott keine Antwort erhält, sucht er, als die Philister wiederum gegen ihn vorrücken, Hilfe bei einer Wahrsagerin.

DIE HEXE VON EN-DOR

In jenen Tagen geschah es, daß die Philister ihr Heer zu einem Feldzug gegen Israel sammelten. Da sprach Achisch zu David: „Du sollst wissen, daß du mit mir im Heerbann ausziehen mußt, du und deine Leute." 2 David erwiderte dem Achisch: „Gut! Nun wirst du sehen, was dein Knecht fertigbringt." Achisch antwortete dem David: „Gut! Ich mache dich zu meinem Leibwächter während der ganzen Zeit."

3 Samuel war gestorben, und ganz Israel hatte um ihn die Totenklage gehalten. Man hatte ihn in seiner Stadt Rama begraben. Saul aber hatte die Totenbeschwörer und Wahrsager aus dem Lande entfernt. 4 Nachdem nun die Philister sich versammelt hatten, rückten sie heran und lagerten sich bei Schunem. Saul aber bot ganz Israel auf, und sie lagerten sich auf dem Gilboa. 5 Als dann Saul das Lager der Philister sah, überkam ihn Angst, so daß ihm das Herz gewaltig zitterte. 6 Saul befragte deshalb Jahwe; aber Jahwe gab ihm keine Antwort, weder durch Träume noch durch die Lose noch durch Propheten. 7 Darum befahl Saul seinen Dienern: „Macht mir ein Weib ausfindig, das sich auf Totenbeschwörung versteht, damit ich zu ihm gehe und es befrage." Seine Diener erwiderten ihm: „Siehe, es gibt in En-Dor ein Weib, das sich auf Totenbeschwörung versteht."

8 Da vermummte sich Saul, zog andere Kleider an und ging mit zwei Männern hin. Sie kamen in der Nacht zu dem Weibe, und er sagte: „Wahrsage mir durch den Geist der Totenbeschwörung und lasse mir den heraufkommen, den ich dir nennen werde." 9 Das Weib aber antwortete ihm: „Du weißt doch selbst, was Saul getan hat, daß er nämlich die Totenbeschwörer und die Wahrsager aus dem Lande ausgerottet hat. Warum stellst du mir also eine Falle, um mich ums Leben zu bringen?" 10 Da schwur ihr Saul bei Jahwe und sagte: „So wahr Jahwe lebt, es soll dich um dieser Sache willen keine Schuld treffen." 11 Darauf fragte ihn das Weib: „Wen soll ich dir heraufsteigen lassen?" Er sagte: „Den Samuel laß mir heraufsteigen."

12 Und es sah das Weib den Samuel und schrie laut auf. Dann sagte das Weib zu Saul: „Warum hast du mich hintergangen? Du bist ja Saul!" 13 Der König antwortete ihr: „Fürchte dich nicht! Was siehst du?" Das Weib erwiderte Saul: „Ein Gespenst sehe ich aus der Erde heraufsteigen." 14 Er sagte zu ihr: „Wie sieht es aus?" Sie antwortete: „Ein alter Mann steigt herauf, eingehüllt in einen Mantel." Da war es Saul klar, daß es Samuel sei. Er verneigte sich mit dem Antlitz zur Erde und warf sich vor ihm nieder. 15 Samuel aber sprach zu Saul: „Warum störst du mich in der Ruhe, indem du mich heraufkommen läßt?" Saul antwortete: „Ich bin in schwerer Bedrängnis; denn die Philister kämpfen gegen mich; Gott aber hat sich von mir abgewandt; er antwortet mir nicht mehr, weder durch Propheten noch durch Träume. Deshalb habe ich dich rufen lassen, damit du mir Auskunft darüber gibst, was ich tun soll." 16 Samuel erwiderte: „Warum fragst du mich, da doch Jahwe

Oben: König Saul mit zwei Begleitern links im Hintergrund beobachtet die geheimnisvollen Machenschaften der Hexe. Sie hat einen Holzstoß angezündet und gießt aus einem Füllhorn eine seltsame Flüssigkeit ins Feuer. Der Kopf Samuels ist aufgetaucht aus der Tiefe und mit ihm seltsame Wesen, mehr Tier als Mensch; sie meinten, die Hexe habe zum Gericht des Jüngsten Tages gerufen. Stich nach einer Zeichnung von Jan van de Velde (ca. 1593 bis 1641).

Seite 176: Die Wahrsagerin in der Höhle von En-Dor hatte großen Zulauf, bis König Saul Wahrsagerei unter Androhung von Todesstrafe verbot. Stich von G. Staal (1817 – 1882).

Seite 177: Auf dem Bild von Salvator Rosa (1615 – 1673) steht der Geist Samuels, in ein weißes Gewand gehüllt, vor Saul, der aus Verzweiflung über die Ankündigung von Gottes Strafgericht zusammengebrochen ist. Sauls Begleiter, rechts im Bild, die den Geist Samuels weder sehen noch hören können, sind von dem Gebaren der Hexe und der Reaktion ihres Königs aufs äußerste erschreckt worden.

sich von dir abgewandt hat und dein Feind geworden ist? [17] Jahwe hat dir also getan, wie er es durch mich angekündigt hat. Jahwe reißt das Königtum aus deiner Hand, um es deinem Nebenbuhler, dem David, zu geben. [18] Weil du nicht auf die Stimme Jahwes gehört und seinen flammenden Zorn nicht an Amalek vollstreckt hast, darum hat Jahwe dir das heute angetan. [19] Jahwe wird auch Israel mit dir in die Hand der Philister ausliefern. Morgen wirst du samt deinen Söhnen bei mir sein, und Jahwe wird auch das Lager Israels in die Hand der Philister geraten lassen."

[20] Da entsetzte sich Saul und fiel seiner ganzen Länge nach zu Boden. Es packte ihn nämlich ein gewaltiger Schrecken wegen der Worte Samuels. Zudem hatte er keine Kraft mehr in sich, weil er während des ganzen Tages und der ganzen Nacht nichts genossen hatte. [21] Als das Weib an Saul herantrat und merkte, wie er völlig gebrochen war, sagte es zu ihm: „Siehe, deine Magd hat auf deinen Befehl gehört. Mein Leben habe ich aufs Spiel gesetzt und deinem Wunsche willfahren, den du mir geäußert hast. [22] Nun schenke auch du den Worten deiner Magd Gehör. Ich will dir einen Bissen Brot reichen. Iß ihn, damit du wieder die Kraft bekommst, um deines Weges zu ziehen." [23] Er aber schlug es ab und sagte: „Ich mag nichts essen." Als aber seine Diener mit dem Weibe ihn drängten, hörte er auf sie, stand von dem Boden auf und ließ sich auf dem Polster nieder. [24] Das Weib hatte ein Mastkalb im Hause. Sie schlachtete es eiligst; dann nahm sie Mehl, knetete es und buk Kuchen. [25] Hierauf setzte sie es Saul und seinen Dienern vor. Nachdem sie gegessen hatten, erhoben sie sich und traten noch in derselben Nacht den Rückweg an.

TOTE BESCHWÖREN, LEBENDE NÄHREN

König Saul ist eine der wenigen tragischen Figuren der biblischen Geschichte. Schwermütig, zerrissen, uneins mit sich selber, geht er seinen Weg. Die kurze Episode am Ende seines Lebens, in der er bei einer Wahrsagerin Hilfe sucht, spiegelt die Zerrissenheit noch einmal wider.

Es ist die Nacht vor der entscheidenden Schlacht, in der sich Saul ins eigene Schwert stürzen wird. Sauls Abstieg von der Macht hat sich in einzelnen Schritten vollzogen, die Erzählung von der Frau, die „Macht über Totengeister" hat, läutet das Ende ein. Wer ist diese Frau, deren Namen wir nicht kennen? Sie ist ein Medium, das sich auf die Konsultation von Toten versteht. Totenbeschwörung ist uralter religiöser Brauch, der meist von Frauen vollzogen wurde, sie hatten sozial kein hohes Ansehen. Und doch glaubte das Volk, solche Befragung der Toten könne geheimes Wissen offenbaren. Die Religion Israels hat in ihrer entfalteten prophetischen Form diesem religiösen Brauch radikal abgeschworen. Die deuteronomische Gesetzgebung grenzt sich klar von solchen Praktiken der Volksreligion ab: „Bei dir darf sich niemand finden, der seinen Sohn oder seine Tochter durchs Feuer gehen läßt, keiner, der Wahrsagerei, Zeichendeuterei, Geheimkünste, Zauberei betreibt ... Denn ein Greuel für Jahwe ist jeder, der solches tut..." (Dtn 18, 10–12).

Die Geschichte von der Totenbeschwörerin in En-Dor spiegelt die Auseinandersetzung um diese frühen Formen der Magie. Sie verdichtet den Aufeinanderprall zweier Religionen dramatisch im widersprüchlichen Verhalten des unglücklichen Königs. Einerseits hat er „Totenbeschwörer und Wahrsager aus dem Lande entfernt" (1 Sam 28, 3). Ja er hat sie sogar „ausgerottet", wie die überlebende „Hexe" betont; sie sieht sich selber ja als von Verfolgung gefährdet an, als der Fremdling zu ihr kommt und verlangt, was verboten ist. Anderseits sucht derselbe Saul, in der düstersten Stunde seines Lebens, Hilfe bei einer solchen Frau. Alle anderen Hilfen haben versagt: Gott antwortet ihm nicht mehr, Träume oder Propheten erscheinen ihm nicht, Samuel, der Priester, der ihn wegen Ungehorsams Gott gegenüber verfluchte, ist gestorben. So ist es ein Ausdruck der innersten Widersprüchlichkeit, die Sauls ganzes Leben bestimmt und ihren tiefsten Ausdruck in seiner Haßliebe zu David findet, die ihn nach En-Dor treibt. Er kommt verkleidet, wird von der Wahrsagerin aber erkannt, als er seinen Wunsch äußert, Samuel, den Priester, „heraufsteigen zu lassen" aus dem Totenreich der Scheol. Das Medium ruft den Toten, einen alten Mann, mit

einem Mantel umhüllt, herauf. Im Gespräch zwischen dem Toten und dem König spielt die Vermittlerin keine Rolle. Samuel spricht dem Saul sein vernichtendes Urteil: Gott ist sein Feind geworden, es gibt keine Hoffnung für ihn. Saul bricht bei der Nachricht zusammen.

Die Geschichte endet gleichwohl in einer versöhnlichen Geste. Die Vertreterin der alten verbotenen Religion mit ihrem hohen Anteil an Umgang mit Toten hat auch ein tieferes Wissen vom Leben, gegen alle Beschädigung. Wie an andern Stellen der Bibel auch, ist Nicht-Essen ein Zeichen tiefer Depression und Lebensverneinung: die kinderlose Hanna ißt beim Festschmaus nicht, wie Saul hier im Angesicht seiner Erniedrigung. Aber die Totenbeschwörerin überwindet ihn und bewegt ihn zum Essen. Fast ist es, als wollte sie die Verbindung zwischen den Toten und den Lebenden, die der Kern der alten Religiosität war, noch einmal zum Klingen bringen: die Toten essen lassen, ihnen Essen aufs Grab stellen, zu ihren Ehren bei Beerdigung essen und trinken, sind uralte mythische Züge. Sie lassen die Wahrsagerin in ihrer Humanität erscheinen.

Das Judentum hat den Zwiespalt, der sich hier in Saul auftut, zwischen Magie und Ethik, Zauberei und dem Tun des Gerechten, polytheistischer Verwobenheit und

Die Hexe von En-Dor hat den Geist Samuels heraufbeschworen, der König Saul Vorwürfe macht, seine Ruhe im Totenreich gestört zu haben. Samuel weissagt Saul, daß er und seine Söhne in der Schlacht gegen die Philister fallen werden. Illustration von Julius Schnorr von Carolsfeld (1795–1872).

einem kompromißlosen Monotheismus auf seine – religionsgeschichtlich einzigartige – Weise gelöst. Der Gott des Auszugs aus ägyptischer Knechtschaft und der Gott vom Sinai hat mit Okkultismus und Esoterik, Irrationalismus und falscher Mystik nichts zu schaffen. „Wendet euch nicht an Totenbeschwörer und Wahrsager. Befragt sie nicht, ihr würdet durch sie unrein werden. Ich bin Jahwe, euer Gott" (Lev 19, 31), wird es später heißen. Dennoch wird die Hexe in dieser Geschichte nicht verbrannt, nicht ausgegrenzt oder verurteilt. Sie speist den Unglücklichen, schlachtet ihr Mastkalb für ihn. An sie zu erinnern hätte vielleicht einige der katastrophalen Folgen eines später so gnadenlos gegen Natur und Frauen verfahrenden Christentums mildern helfen können. Die Totenbeschwörerin von En-Dor ist ein Stück der Gegengeschichte, die die reale Geschichte der Herrschaft human erträglicher macht.

WAS NICHT IN DER BIBEL STEHT

ANTIKE UND MITTELALTERLICHE QUELLEN

Die jüdische Auslegung der biblischen Geschichte sucht Sauls seltsames Verhalten zu erklären: Erst vertreibt er alle Wahrsager, dann sucht er selbst Rat bei ihnen. Nach der einen Version soll er die Zauberer nicht aus Frömmigkeit vertrieben haben, sondern damit man seiner auch nach seinem Tode gedenke. Für diese Eitelkeit strafte ihn Gott, indem er sich ihm verschloß und ihn damit zwang, bei denen Hilfe zu suchen, die er sich zu Feinden gemacht hatte. Andere Fassungen meinen umgekehrt: Gott gab ihm keine Antwort, und nur in seiner Verzweiflung suchte Saul dann Rat bei der Wahrsagerin.

SAUL HATTE ZWEI Heerführer bei sich, Abner und Amasa. Nach einer Version soll Abner der Sohn der Hexe gewesen sein und Saul bei seinem Besuch begleitet haben.

Als die Hexe den König anfangs nicht erkannte, soll Saul geklagt haben: „Nun weiß ich, daß meine Schönheit dahin und daß der Ruhm meiner Herrschaft mir entglitten ist." Dann aber konnte die Hexe den König schon daran erkennen, daß der Geist Samuels nicht wie gewöhnlichen Sterblichen mit dem Kopf nach unten und den Füßen nach oben erschien, sondern aufrecht. Wie bei allen Geisterbeschwörungen konnte die Hexe den Geist Samuels sehen, aber nicht hören, während Saul, dem Samuel erschien, ihn hörte, aber nicht sah. Die übrigen Anwesenden konnten Samuel weder hören noch sehen.

Die Hexe wurde sehr erregt, als sie sah, daß mit Samuel eine ganze Reihe von Geistern an seiner Seite heraufkam. Dies geschah aber, weil Samuel geglaubt hatte, der Tag des Jüngsten Gerichts sei gekommen. Darum bat er Moses, mit ihm heraufzusteigen und zu bezeugen, daß er, Samuel, alle Regeln der von Moses eingeführten Thora, des jüdischen Gesetzes, treulich befolgt hätte. Und mit den beiden kamen auch viele Fromme, die das Jüngste Gericht erwarteten.

DIE TALMUDISCHE Tradition sagt, daß die Bibel nur einen kleinen Teil des Gesprächs zwischen Samuel und Saul wiedergegeben habe. Samuel soll Saul getadelt haben, weil er seinen Frieden gestört habe. „Nicht nur hast du den Zorn des Herrn erregt, indem du die Geister der Toten aufgerufen hast – du hast mich auch noch zu einem Götzenbild gemacht." Darauf fragte ihn Saul: „Kann ich mich noch durch Flucht retten?" Samuel beschied ihn so: „Ja, wenn du fliehst, wärest du in Sicherheit. Wenn du aber Gottes Urteil annimmst, dann wirst du morgen mit mir im Paradiese sein."

ANDERE KOMMENTARE fügen noch hinzu, daß Saul die Hexe befragt habe, wie die Erscheinung aussähe, worauf sie erwiderte: „Es ist keine menschliche Erscheinung. Sie ist in ein weißes Gewand gehüllt, und zwei Engel führen sie." Man sagt auch, daß die Hexe Samuel nur deshalb erscheinen lassen konnte, weil er erst vor wenigen Monaten gestorben war; denn während des ersten Jahres bleibt der Körper der Frommen unversehrt im Grabe, und während dieser Zeit kann die Seele hinauf- und hinabsteigen. Wenn dann aber der Körper verwest, steigt die Seele der Frommen für immer in den Himmel auf.

Josephus nennt die Hexe eine „Bauchrednerin" und sagt, sie hätte zuerst gefürchtet, von Saul zu einer verbotenen Tat hinterlistig verlockt zu werden. Sie wußte nicht, wer Samuel war, und erst als vor ihr Samuels gottähnliche und majestätische Gestalt erschien, verstand sie, daß es König Saul war, der ihr den Auftrag gegeben hatte. Ferner sagt Josephus, Samuel habe Saul ausdrücklich prophezeit, daß David den Krieg glücklich beenden und sein königlicher Nachfolger werden würde. Da fiel Saul ohnmächtig zu Boden, sei es aus Schmerz oder aus Mattigkeit. Daran schließt Josephus eine längere Betrachtung über den Charakter der „Bauchrednerin" an, die er sehr lobt, denn sie habe Saul nicht verargt, daß er ihr die Ausübung ihres Berufs verboten hatte. Auch teilte sie mit ihm das wenige, das sie besaß, obwohl sie wußte, daß sie dafür keinen Dank ernten würde; denn sie wußte ja, daß Saul am nächsten Tag sterben müsse.

Auch Josephus lobt Saul, der tapfer in den Kampf zieht, obgleich er weiß, daß er sterben muß – ähnlich wie Hektor in Homers „Ilias".

IN DEN MITTELALTERLICHEN Schauspielen, die Saul zum Gegenstand haben, spielt die Hexe von En-Dor kaum eine Rolle, wahrscheinlich weil der Glaube an Hexen als heidnisch von der Kirche abgelehnt wurde. Das änderte sich allerdings, als, von Spanien ausgehend, im 14. Jahrhundert der Hexenglaube begann, ganz Europa zu überschwemmen.

NEUERE LITERATUR

In den vielen Dramen des späten Mittelalters und der beginnenden Neuzeit, die sich mit Saul befassen, wie etwa dem „Mistère du vieil Testament" des 15. Jahrhunderts, ist Saul, entsprechend der offiziellen Kirchenlehre, in seinem Konflikt mit David der Sünder, der von Gott bestraft wird und dem frommen David unterliegen muß. So auch bei Hans Sachs in seiner „Tragedi König Sauls mit Verfolgung Davids" (1557). In L. Des Masures Trilogie „David combattant, David triomphant, David fugitif" (1566) ist Saul vom Teufel besessen, David verkörpert den Protestantismus. Ähnlich auch in den lateinischen Dramen des Th. Rhode „Saulus Rex" (1615) und J. L. Prasch „Saulus desperans" (1634). Wo also die Hexe von En-Dor überhaupt erwähnt wird, spielt sie die Rolle der bösen Zauberin.

IM ZEITALTER DES Barock wurde Saul zum Typ des Tyrannen, der sich nicht nur vor Gott versündigt, sondern auch sein Volk durch Kriege ins Verderben stürzt. So etwa in der Abhandlung des Virgilius Malvezzi „Il Davide perseguitato" (1634) und ähnlich bei Hans Jakob Christoffel von Grimmelshausen in „Ratio Status" (1670) und im Drama „De Gebroeders" (1640) des Holländers J. van den Vondel. Auch als tragischer Charakter taucht er auf (Leopold von Ranke hat Saul „die erste tragische Gestalt der Welthistorie" genannt). Bei Jean de La Taille sieht Saul in seinem Stück „Saul le Furieux", das den letzten Tag in Sauls Leben zum Inhalt hat, als düsteren, mit seinem Schicksal ringenden Helden. Auch im Drama von Newburgh Hamilton, das Händels Vertonung berühmt gemacht hat („Saul", 1738), ist Saul zwar ein zorniger, eifersüchtiger Tyrann, gegen den David fast kindlich erscheint. Doch sowohl Dichter wie Komponist machen ihn menschlich verständlich als einen Mann, der seinem Schicksal, im Sinn der griechischen Tragödie, nicht entgehen kann. In diesem Oratorium spielt auch die Hexe eine gewisse Rolle; Händel gestaltet diese Szene sehr dramatisch und düster: Saul sucht die Hexe, eine „Vertraute des Fürsten der Unterwelt", auf und besingt dann die Magik der Beschwörung in packender Weise.

EINE NEUE NUANCE brachte die Aufklärung in das Thema Saul. Voltaire zeigt ihn in seinem Drama von 1763 als Opfer der

Seite 182/183: Im hellen Schein des von der Hexe in der Höhle von En-Dor entfachten Feuers erscheint schwebend der Geist Samuels, den die Hexe sieht, doch nicht hört, während König Saul Samuels Worte hört, doch ihn nicht sieht. Gemälde von Benjamin Cuyp (1612–1652).

Links: Die Hexe von En-Dor beschwört den Geist Samuels. Da dieser nicht mit dem Kopf nach unten erscheint, wie es bei den von ihr aus dem Totenreich heraufgerufenen Geistern üblich war, sondern aufrecht vor dem Fragesteller schwebt, erkennt sie, daß es König Saul ist, der mit Samuel sprechen wollte. Gemälde von Adalbert Trillhaase (1859–1936).

korrupten Priesterherrschaft unter Samuel und David als deren Werkzeug. Damit sollte natürlich die katholische Kirche des 18. Jahrhunderts getroffen werden. Die Hexe steht hier als Beispiel für den finsteren Aberglauben. Auch in dem bedeutenden und einflußreichen Drama Vittorio Alfieris (1784) hat Saul Angst vor den Priestern – die Hexe tritt aber nicht auf. Die antikirchliche Tendenz dieser beiden Autoren hat noch mehrere Saul-Dramen des 19. Jahrhunderts beeinflußt, so das des Prinzen de Ligne (1809), den „König Saul" von Karl Gutzkow (1839) und J. G. Fischers Drama von 1862. Eine größere Rolle aber spielt die Hexe in den lyrischen Bearbeitungen des Saul-Themas in der Romantik. Lord Byron, in seinem „Saul"-Gedicht in den „Hebräischen Melodien", beginnt folgendermaßen:
„Du, dessen Kraft die Toten wecken kann, / Laß des Propheten Bild ersteigen." – „Erheb dein Haupt aus deinem Grabe, Samuel! – Schau, König, die Gestalt des Sehers!" – Die Erde öffnet' sich ...

Ähnlich betonen August von Platen in seiner Romanze „Saul und David" (1816) und Alphonse de Lamartine in seinem Saul-Drama von 1818 die düstere Romantik der Hexen-Szene. Übrigens wird die En-Dor-Hexe auch bei Goethe erwähnt. Da heißt es scherzhaft am Schluß des ersten Buches von „Wilhelm Meisters Lehrjahre" (1795): „Höre, tu mir nicht wieder die schwarzgrünbraune Jacke an; du siehst darin aus wie die Hexe von Endor."

DIE SAUL-INTERPRETEN unseres Jahrhunderts, wie Karl Wolfskehl (1905) und Paul Heyse (1910), haben keine Beziehung zu der Hexe, und dasselbe gilt für André Gides gänzlich neue Deutung der Saul-Tragödie (1922), wo er Sauls Wahnsinn mit seiner sündhaften Neigung zu David erklärt. Wohl aber hat Rainer Maria Rilke in seinen „Neuen Gedichten" (1907) die Hexenszene noch einmal eindringlich dargestellt.

* * *

In der Schlacht auf dem Gebirge Gilboa werden die Israeliten von den Philistern geschlagen, die Söhne Sauls, einschließlich Jonatans, fallen. Saul, auf der Flucht, stürzt sich in sein Schwert. David wird König, aber zunächst nur über den Stamm Juda, während Sauls General Abner dessen Sohn zum König über die übrigen Stämme erhebt. Dann kommt es zum Krieg zwischen den Anhängern Sauls und denen Davids, Sauls Heer wird geschlagen und Abner von Davids General Joab meuchlerisch umgebracht. Auch Sauls Sohn wird ermordet. Schließlich wird David zum König über ganz Israel gesalbt. Er schlägt den Stamm der Jebusiter und erobert die Stadt Jerusalem, in die er dann feierlich einzieht.

Da schrie die Frau zu Endor auf:
Ich sehe –
Der König packte sie am Arme:
Wen?
Und da die Starrende beschrieb,
noch ehe,
da war ihm schon,
er hätte selbst gesehn:
Den, dessen Stimme ihn
noch einmal traf;
Was störst du mich? Ich habe Schlaf.
Willst du, weil dir die Himmel
fluchen
Und weil der Herr sich vor
dir schloß und schwieg,
In meinem Munde nach einem
Siege suchen?
Soll ich dir meine Zähne
einzeln sagen?
Ich habe nichts als sie ...
Er schwand.
Da schrie das Weib,
die Hände vors Gesicht geschlagen,
als ob sie's sehen müßte:
Unterlieg – ...
Die aber, die ihn wider Willen
schlug, hoffte,
daß er sich faßte und vergäße;
und als sie hörte, daß er nie mehr äße,
ging sie hinaus und schlachtete
und buk und brachte ihn dazu,
daß er sich setzte;
er aß wie einer, der zu viel vergißt:
alles, was war, bis auf das
Eine Letzte.
Dann aß er, wie ein Knecht
zu Abend ißt.
Rainer Maria Rilke

> DABEI SAH ER VOM DACH AUS EINE FRAU SICH BADEN.
> DIE FRAU WAR VON SEHR SCHÖNEM AUSSEHEN.
>
> 2 Samuel 11, 2

2 Samuel

Kapitel 11, Vers 1–22.26–27
Kapitel 12, Vers 1–15.18–25

Die Bundeslade wird in der Stadt unter Tänzen und Zeremonien aufgestellt, und David gelobt, einen großen Tempel zu bauen, in dem Jahwe wohnen soll. David bleibt auch weiterhin siegreich gegen alle seine Feinde, aber dann unterliegt er der Versuchung und der Sünde.

BATSCHEBA, DIE SCHÖNE FRAU DES URIJA

Bei Rückkehr des Jahres, um die Zeit, da die Könige ins Feld zu ziehen pflegten, sandte David den Joab und mit ihm seine Leibwache und ganz Israel aus. Sie verwüsteten das Ammonitergebiet und belagerten Rabba. David aber war in Jerusalem geblieben. ² Da geschah es eines Abends, daß David sich von seinem Lager erhob und auf dem Dach seines Königspalastes sich erging. Dabei sah er vom Dach aus eine Frau sich baden. Die Frau aber war ausnehmend schön. ³ David sandte hin, um sich nach der Frau erkundigen zu lassen. Man berichtete ihm: „Das ist Batscheba, die Tochter des Eliam, die Frau des Hethiters Urija." ⁴ Darauf schickte David Boten hin, um sie zu holen. Sie kam zu ihm, und er wohnte ihr bei. Nachdem sie sich von ihrer Unreinheit gereinigt, kehrte sie in ihr Haus zurück. ⁵ Als nun die Frau guter Hoffnung wurde, sandte sie hin und ließ David mitteilen: „Ich bin guter Hoffnung."

⁶ Da schickte David zu Joab: „Sende mir den Hethiter Urija her!" Joab sandte also den Urija zu David. ⁷ Als Urija zu ihm kam, erkundigte sich David, wie es um Joab, um die Truppen und um den Krieg stehe. ⁸ Dann sagte David zu Urija: „Geh nun in dein Haus hinunter und wasche deine Füße." Urija ging aus dem Königspalast fort. Eine königliche Ehrengabe wurde ihm nachgetragen. ⁹ Urija aber legte sich vor dem Tor des Königspalastes bei den Knechten seines Herrn zur Ruhe, ohne in sein Haus hinabzugehen. ¹⁰ Als man David meldete: „Urija ist nicht in sein Haus hinabgegangen", sagte David zu Urija: „Bist du denn nicht von dem Marsch gekommen? Warum gehst du nicht hinunter in dein Haus?" ¹¹ Urija erwiderte dem David: „Die Lade sowie Israel und Juda wohnen unter Laubhütten, und mein Gebieter Joab sowie die Knechte meines Gebieters lagern auf freiem Feld, und da sollte ich in mein Haus gehen, um zu essen und zu trinken und bei meiner Frau zu schlafen? So wahr Jahwe lebt und so wahr du lebst, so etwas tue ich nicht!" ¹² David sagte zu Urija: „Bleibe heute noch hier, morgen will ich dich dann entlassen." Urija blieb also an jenem Tage in Jerusalem. Am folgenden Tage ¹³ lud David ihn ein, bei ihm zu essen und zu trinken, und suchte ihn trunken zu machen. Aber am Abend ging er hinaus, um sich bei den Knechten seines Herrn zur Ruhe zu legen. In sein Haus ging er jedoch nicht hinunter. ¹⁴ Und es geschah am Morgen, da schrieb David einen Brief an Joab und ließ ihn durch Urija bestellen. ¹⁵ In dem Brief aber schrieb er folgendes: „Stellt den Urija in den heftigsten Kampf vorn hin. Dann zieht euch hinter ihm zurück, damit er getroffen wird und den Tod findet!" ¹⁶ So kam es, daß Joab bei der Belagerung der Stadt den Urija an einer Stelle einsetzte, wo, wie ihm bekannt war, tapfere Männer standen. ¹⁷ Als dann die Männer der Stadt einen Ausfall machten und mit Joab in den Kampf gerieten, fielen einige von dem

Batscheba nimmt im Waschzuber ein Reinigungsbad. Miniatur aus dem 1457 in Augsburg entstandenen Codex Germanicus 206. König David hat von seinem Palast aus in den Nachbarhof geschaut, wo Batscheba ein Bad nimmt, und ist dann zu ihr hinuntergestiegen, um ihre Schönheit von nahem zu sehen.

Eine Magd wäscht Batscheba im Bach, der am Königspalast vorbeifließt, die Füße. Batscheba ist wie ihre zwei Freundinnen reich im Geschmack der Zeit gekleidet, und alle sind mit Schmuck behangen und mit breitrandigen Hüten versehen. König David greift als Huldigung für die drei schönen Damen auf seiner Terrasse in die Saiten der Harfe. Gemälde von Wolfgang Krodel (1528 – 1555).

Seite 185: König David beobachtet von der Terrasse seines Palastes aus, wie die schöne Batscheba am Brunnen im Nachbarsgarten badet und dabei von ihren Mägden bedient wird. Dieses Blatt stammt von dem Schweizer Zeichner und Glasmaler Daniel Lindtmayer d. J. (1532 – um 1605).

Kriegsvolk, nämlich von den Leuten Davids. Auch der Hethiter Urija fand den Tod. ¹⁸ Nun sandte Joab hin und ließ David den ganzen Hergang des Kampfes melden. ¹⁹ Er trug dem Boten folgendes auf: „Melde dem König den ganzen Hergang des Kampfes bis zum Ende. ²⁰ Wenn dann der Zorn des Königs losbricht und er dich fragt: ‚Warum seid ihr zum Angriff so nahe an die Stadt herangerückt? Habt ihr denn nicht gewußt, daß man von der Mauer herab zu schießen pflegt? ²¹ Wer hat den Abimelech, den Sohn Jerubbaals, erschlagen? Hat nicht ein Weib einen Mühlstein von der Mauer herab auf ihn geworfen, so daß er starb zu Tebez? Warum seid ihr so nahe an die Mauer herangerückt?' Dann sollst du sagen: ‚Auch der Hethiter Urija, dein Knecht, ist gefallen.'" ²² Da machte sich der Bote auf den Weg und berichtete nach seiner Ankunft dem David alles, was ihm Joab aufgetragen hatte. David wurde wütend auf Joab und sprach zum Boten: „Warum seid ihr so nahe an die Mauer herangerückt? Wer hat den Abimelech, den Sohn Jerubbaals, erschlagen? Hat nicht ein Weib einen Mühlstein von der Mauer herab auf ihn geworfen, so daß er starb zu Tebez? Warum seid ihr so nahe an die Mauer herangerückt?"

²⁶ Als nun die Frau des Urija erfuhr, daß ihr Mann tot sei, hielt sie die Totenklage um ihren Herrn. ²⁷ Nachdem aber die Trauerzeit vorüber war, schickte David hin und nahm sie zu sich in sein Haus. So wurde sie seine Frau und gebar ihm einen Sohn. Aber die Tat, die David verübt hatte, mißfiel Jahwe.

12 ¹ Da sandte Jahwe den Propheten Natan zu David. Als er zu ihm kam, sprach er zu ihm: „In einer Stadt lebten zwei Männer, ein reicher und ein armer. ² Der reiche besaß Kleinvieh und Rinder in großer Zahl. ³ Der arme aber hatte gar nichts als ein einziges Lämmchen. Das hatte er sich gekauft und aufgezogen. Es war bei ihm und wurde mit seinen Kindern groß. Es aß von seinem Bissen und trank aus seinem Becher; es schlief auf seinem Schoße und war ihm wie eine Tochter. ⁴ Da kam ein Wanderer zu dem reichen Mann. Aber er brachte es nicht über sich, eines von seinen Schafen oder Rindern zu nehmen, um es für den Gast, der zu ihm gekommen war, herzurichten. Darum nahm er das Lämmchen des armen Mannes und bereitete es dem Mann, der zu ihm gekommen war, zu."

⁵ Da wurde David sehr zornig über den Mann und sagte zu Natan: „So wahr Jahwe lebt, der Mann, der so etwas getan hat, ist ein Kind des Todes. ⁶ Das Lamm soll er vierfach ersetzen dafür, daß er eine solche Tat begangen und keine Schonung geübt hat." ⁷ Darauf sprach Natan zu David: „Du selber bist der Mann! So spricht nun Jahwe, der Gott Israels: Ich habe dich zum König über Israel gesalbt, und ich war es, der dich aus der Hand Sauls gerettet hat. ⁸ Auch gab ich dir das Haus deines Herrn und die Frauen deines Herrn an deinen Busen. Ich vertraute dir das Haus Israel an und das Haus Juda. Und wäre das zu wenig gewesen, so hätte ich dir noch dies und jenes hinzugefügt. ⁹ Warum hast du Jahwe mißachtet, indem du tatest, was böse ist in seinen Augen? Den Hethiter Urija hast du mit dem Schwert umbringen lassen, um dir sein Weib zur Frau zu nehmen. Ja, du hast ihn mit dem Schwert der Ammoniter umbringen lassen! ¹⁰ So soll nun das Schwert nimmermehr aus deinem Hause weichen zur Strafe dafür, daß du mich verachtet und das Weib des Hethiters Urija genommen hast, damit es dein Weib sei.

Links: Aert de Gelder (1645 – 1727), einer der bedeutendsten Schüler Rembrandts, stellt auf seinem Gemälde König David mit Turban und prächtigem Pelzumhang als ehrwürdigen Patriarchen und edlen Herrscher dar.

¹¹ So spricht Jahwe: Siehe, ich werde über dich Unheil aus deinem eigenen Hause kommen lassen. Ich werde deine Frauen vor deinen Augen wegnehmen und sie einem andern geben, daß er angesichts dieser Sonne mit deinen Frauen verkehre. ¹² Du hast es zwar heimlich getan, aber ich werde diese Drohung angesichts des ganzen Israel und angesichts dieser Sonne verwirklichen." ¹³ Da sagte David zu Natan: „Ich habe gegen Jahwe gesündigt." Natan antwortete David: „So hat dir auch Jahwe deine Sünde vergeben; du wirst nicht sterben. ¹⁴ Weil du aber durch diese Tat Jahwe verachtet hast, so soll der Sohn, der dir geboren wurde, unbedingt sterben." ¹⁵ Hierauf ging Natan nach Hause. Jahwe aber schlug das Kind, das die Frau des Urija David geboren hatte, so daß es erkrankte. ¹⁸ Am siebten Tag aber geschah es, daß das Kind starb. Da trugen Davids Hofbeamte Bedenken, ihm zu melden, das Kind sei gestorben. Sie dachten nämlich: „Solange das Kind am Leben war, hat er, wenn wir ihm zuredeten, nicht auf uns gehört. Wie können wir ihm jetzt sagen: ‚Der Knabe ist tot!' Er könnte sich ein Leid antun." ¹⁹ David sah jedoch, daß seine Hofbeamten miteinander flüsterten. Da merkte David, daß das Kind tot sei. Darum fragte David seine Hofleute: „Ist das Kind tot?" Sie antworteten: „Es ist tot." ²⁰ Da erhob sich David von der Erde, wusch sich, salbte sich und legte andere Kleider an. Dann ging er in das Haus Jahwes und betete an. Hierauf ging er in sein Haus und verlangte etwas. Sie setzten ihm Speise vor, und er aß. ²¹ Da sagten seine Hofleute zu ihm: „Was ist das für ein Gebaren, das du bekundest? Als das Kind noch am Leben war, hast du gefastet und geweint. Nun, da das Kind gestorben ist, erhebst du dich und nimmst Speise zu dir!" ²² Er antwortete: „Als das Kind noch lebte, habe ich gefastet und geweint, weil ich dachte: Wer weiß, ob Jahwe sich nicht meiner erbarmt, so daß das Kind am Leben bleibt? ²³ Da es nun aber gestorben ist, was soll ich da noch fasten? Kann ich es etwa wieder zurückholen? Ich werde zu ihm gehen, aber es kehrt nicht zu mir zurück!"

²⁴ Dann tröstete David sein Weib Batscheba. Er ging zu ihr und wohnte ihr bei. Sie empfing und gebar einen Sohn; und sie gab ihm den Namen Salomo. Jahwe hatte ihn lieb ²⁵ und ließ es kundtun durch den Propheten Natan. Der aber nannte ihn Jedidja nach dem Worte Jahwes.

Illustration aus der Bible Moralisée, Manuskript 166, fol. 76. König David erblickt von seinem Balkon aus die badende Batscheba, die völlig unbekleidet im Wasser steht. Obwohl er schon mehrere Frauen hat, begehrt er auch noch diese Schöne, die Frau von Urija. Seine erste Gemahlin war Michal, Sauls Tochter, für die König Saul von ihm 100 Vorhäute von Philistern verlangte; dann heiratete er Ahinoam und Abigail.

SALOMOS MUTTER, AHNFRAU CHRISTI

Am Anfang des Matthäusevangeliums erscheint ein Stammbaum Christi, in dem die Herkunft des Messias von Abraham über David bis auf Joseph, den Mann Marias, zurückgeführt wird. In diesem aus vielen Männernamen bestehenden Text tauchen auch vier Frauen der hebräischen Bibel auf, als Ahnfrauen des aus dem Hause Davids stammenden Jesus von Nazaret. Es sind: Tamar, Rachab, Rut und die nicht mit Namen genannte Frau des Urija, Batscheba. Man kann sich fragen, wie der Evangelist Matthäus dazukam, gerade diese Frauen in die lange Reihe der Vorfahren einzuordnen. Historische Gründe dürften dabei nur eine geringe Rolle gespielt haben, solche Texte waren in der alten Welt oft fiktiv und veränderbar. Die Herkunftserzählung diente dazu, Verwandtschaft, Ähnlichkeit, Legitimation und Würde auszudrücken. Um so erstaunlicher ist allerdings dann, daß Matthäus nicht die wahren Stammesmütter Israels nannte und nicht von Sara und Hagar, Rebekka, Rachel und Lea berichtet, sondern von ganz anderen Frauen, deren erstes gemeinsames Kennzeichen ist, daß sie Ausländerinnen sind und ursprünglich nicht zum Volk Israel gehören. Tamar gilt als Aramäerin, Rachab stammt aus dem kanaanitischen Jericho, Rut ist aus Moab, und von Batscheba wissen wir, daß ihr Mann, der Feldhauptmann Davids, Urija, Hethiter war (2 Sam 11, 3).

Christliche Ausleger haben versucht, das Gemeinsame dieser vier Frauen darin zu sehen, daß sie alle „Sünderinnen" seien, an denen die Gnade Gottes dann besonders hell aufleuchte, aber diese moralistische Deutung greift fehl. Rut wird oft geradezu als Symbol der Tugend angesehen; Tamar wird gerechtgesprochen, auch Rachab ist als Proselytin und als Werkzeug der Verheißung verstanden worden.

Und Batscheba, die schöne Frau des Urija, die mit David Ehebruch beging? Die biblische Tradition ist an der Sünde Davids interessiert, sie wird ausführlich dargestellt, reflektiert und in ihren Folgen bedacht, bis in den bewegenden Bußpsalm, der dem schuldig gewordenen David in den Mund gelegt wird (Ps 51). Batschebas Verhalten aber wird kaum erklärt, als sei es selbstverständlich, daß sie sich so und nicht anders verhält.

David bleibt in Jerusalem, während seine Soldaten und Feldhauptleute gegen Ammon Krieg führen (1 Sam 11, 1). Die Erzählung beginnt mit dieser Beobachtung, nicht ohne kritischen Unterton. Wieso ist der König nicht dort, wo Könige als Heerführer zu sein haben? Statt dessen erhebt er sich von der Rast während der Mittagshitze, wohl auf dem flachen Dach seines Palastes, und sieht auf die tiefer gelegenen Häuser seiner Untergebenen. In ihrem offenen Hof badet eine schöne Frau. Alles Weitere sind königliche Attitüden, er besorgt sich Auskünfte, er schickt Boten, er läßt sie kommen, er wohnt ihr bei. Batscheba selber wird erst aktiv, als ihre Periode ausbleibt. Wieder handelt David in der Machtvollkommenheit eines Herrschers. Er versucht, die Sache zu vertuschen und den Ehemann zum Kindsvater zu machen. Als das mißlingt, läßt er den ihm ergebenen Urija an einen sicheren Todesplatz in der Schlacht stellen. Dieser Plan gelingt, Urija stirbt und wird von seiner Frau der Konvention nach betrauert, dann zieht sie zu David in den Palast und gebiert ihm einen Sohn. Ohne Gott könnte die Geschichte hier enden, wie sie so oft geendet hat. Macht geht vor Recht, Lustgewinn ist das Privileg der Oberklasse, Frauen sind verschiebbare Objekte, deren die jeweils stärksten, reichsten, mächtigsten Herren sich bedienen.

Batscheba läßt sich von einer Dienerin die Füße waschen. Sie hat ihr Kleid nur knapp übers Knie hochgezogen. Drei Freundinnen warten darauf, daß Batscheba anschließend mit ihnen spazierengehe, denn alle sind zum Ausgang reich gekleidet. Holzschnitt von Lukas Cranach, entstanden 1524.

Aber um Gottes willen, wegen dieses Gottes geht die Geschichte ganz anders weiter. Einspruch wird erhoben, und die Realität, die der normale Zynismus für die einzige hält, ist nicht die ganze Wahrheit. Zur ganzen Wahrheit gehört nach der Auffassung der Bibel immer die Stimme, die die Realität aus anderen Kategorien heraus deutet als denen der Herrschaft. Über der Macht, die alles anordnet, arrangiert und beherrscht, gibt es die andere Stimme des Propheten, wie eine religiöse Urgestalt des Alten Bundes genannt wird. Jahwe sendet den Propheten Natan zu David, der ihm eine Geschichte erzählt, in der sich sein Verhalten spiegelt. Natan benutzt das Geschichtenerzählen als ein Mittel der Wahrheitsfindung: die Geschichte ist abstoßend, und David wird „sehr zornig" (2 Sam 12, 5), die Geschichte ist empörend, und David empört sich, sie schreit nach einem Urteil, und David verurteilt, ohne zu wissen, wen es trifft. Und so spricht der Prophet Gottes das aus, was Propheten immer sagen, die die eigene Existenz betreffende Wahrheit: „Du selber bist der Mann" (2 Sam 12, 7). Alle wirkliche Prophetie handelt nicht von Wetter oder Kriegsglück, nimmt die Welt nicht als ein Lotteriespiel mit guten Losen und Nieten, sondern als verantwortete Wirklichkeit, in der Menschen als Mitspieler oder Gegner Gottes handeln.

Gott greift in die Geschichte von Macht und Verfügungsgewalt über andere Menschen ein. Was sich durch diesen Eingriff ändert, ist das Herz Davids, das Schicksal des Kindes und das weitere Leben Batschebas. David bereut, er ißt nicht, er weint tagelang, er fleht um das Leben dieses Kindes der Liebe. Aber es stirbt. „Kann ich es etwa wieder zurückholen? Ich werde zu ihm gehen, aber es kehrt nicht wieder zu mir zurück" (2 Sam 12, 23). Diese Todesnähe nach dem Verlust des geliebten Kindes – keineswegs die Norm in einer Zeit hoher, als natürlich angesehener Kindersterblichkeit – bleibt bei David. Aber wie der Schmerz ein Paar näher zusammenführen kann, so ist es auch hier. Noch einmal erscheint Batscheba in Davids Geschichte, jetzt als die Mutter des Salomo, den Gott liebte. Für ihn wird sie sich, Jahre später, einsetzen und den alt gewordenen David an die auf Salomo liegende Verheißung erinnern (1 Kön 1, 19 f.). Sie vermehrt ihren politischen Einfluß als Königin-Mutter auch nach dem Tode Davids (1 Kön 2, 13 ff.) und gewinnt eigentlich erst in diesen letzten Erzählungen Gesicht, das einer bewußt handelnden, ihre Rechte und Möglichkeiten kennenden Frau.

188

WAS NICHT IN DER BIBEL STEHT

ANTIKE UND MITTELALTERLICHE QUELLEN

Nach der jüdischen Legende war die schöne Batscheba David von jeher bestimmt gewesen, aber er hatte sie sich einstweilen verscherzt: Als nämlich einst der Hethiter Urija dem jungen David versprach, für ihn die Rüstung des gefallenen Riesen Goljat von dessen Leib zu lösen, hatte er als Lohn eine jüdische Frau verlangt, und David hatte sie ihm leichtsinnig versprochen. So mußte er nun eine lange, bittere Wartezeit durchstehen. Der Name Batscheba bedeutet „unreife Feige", und sie gehört zu den zweiundzwanzig „mutigen Frauen" des Alten Testaments.

David hatte Gott geradezu herausgefordert, ihn in Versuchung zu führen. Er fragte ihn nämlich, warum man immer vom Gott Abrahams, Isaaks und Jakobs spräche, aber niemals vom Gott Davids. Gott antwortete: „Diese wurden von mir geprüft, du aber bist bisher noch nicht geprüft worden." Als David ihn nun bat, auch ihn zu prüfen, sagte ihm Gott: „Ich will das, und sogar noch mehr für dich tun, als ich einem der Patriarchen bewilligt habe. Ich werde dir das Ergebnis deiner Prüfung im voraus mitteilen: Du wirst der Versuchung nicht widerstehen können und durch ein Weib fallen."

Darauf soll ihm Satan in Gestalt eines Vogels erschienen sein. David warf einen Pfeil nach ihm, aber statt den Vogel zu treffen, fuhr er durch ein weidengeflochtenes Gitter, hinter dem sich Batscheba ihr Haar kämmte. Das erregte Davids Leidenschaft.

Nach seinem Fall tat David zweiundzwanzig Jahre lang Buße. Während dieser Zeit mischte er Asche in sein Brot und weinte eine Stunde lang, ehe er eine Speise anrührte. Er soll auch ein halbes Jahr lang mit Aussatz behaftet gewesen sein. Die Schechinah – Gottes Anwesenheit – verließ ihn während dieser Zeit, so daß er ganz einsam war. Eine weitere Strafe verhängte Gott über ihn, indem sein Sohn Absalom gegen ihn rebellierte. Dieser Aufstand endete mit dem Tode des geliebten Sohnes.

NACH ANDERN LEGENDEN ging David für drei Jahre in die Wüste, um Buße zu tun. Dort soll er mehr Tränen geweint haben, als die ganze Menschheit bisher vergossen hatte. Am Ende dieser Zeit sagte ihm Gott: „Dir soll nicht verziehen werden, bis Urija selbst dir verziehen hat." Da ging David zu Urijas Grab und rief: „Urija, Urija, vergib mir die Sünde, die ich an dir begangen habe." Urija antwortete aus dem Grabe: „Es ist nicht an mir, dir zu verzeihen, sondern Gott soll zwischen uns richten." Da ging David vom Grab fort und trauerte. Als aber Urija in den Himmel einging, sah er dort einen Palast voller schöner Frauen mit rabenschwarzen Augen, die ein Festmahl vorbereiteten. „Wer soll hier so geehrt werden?" fragte er. „Der, der seinem Bruder vergibt, obwohl der ihm Übles angetan hat." Da sagte Urija: „Ich vergebe David seine Sünden wider mich." Als dann David berichtet wurde, daß Urija ihm verziehen hatte, kehrte er zu seinem Volk zurück. Sein erstgeborenes Kind von Batscheba aber ließ der Herr sterben. Batscheba hatte jedoch prophetische Gaben und wußte, daß ihr Sohn der weiseste aller Männer werden würde. Das erfüllte sich in Salomo. Als Salomo drei Jahre alt war, soll er gesagt haben, daß die Seele eines Weibes leichter wöge als eine Handvoll von Holzspänen. Da wurde Batscheba so zornig, daß sie ihn töten wollte.

JOSEPHUS BESCHREIBT Davids Handlungsweise Urija gegenüber etwas anders. Als nämlich Batscheba schwanger wurde, ließ sie David bitten, ihr Vergehen geheimzu-

Rechts: Während eine Dienerin Batschebas Haar pflegt, überbringt ihr ein schwarzhäutiger Diener eine Nachricht und eine Schmuckschatulle. Gemälde von Peter Paul Rubens (1577 bis 1640).

Batscheba sitzt an ihrem Toilettentisch und betrachtet sich sinnend im Spiegel. Ihre Gesten werden von der hinter ihr stehenden Person aufmerksam verfolgt. Ausschnitt aus einem Gemälde von Hans von Aacher (1552 – 1615).

Seite 189: Auf diesen Bildern sehen wir drei ganz unterschiedliche Szenen von Batschebas Bad: Von links nach rechts:

Der niederländische Maler C. Cornelisz van Haarlem (1562 – 1638) zeigt Batscheba mit noch einer anderen, uns den Rücken zukehrenden Badenden im Wasser. Sie werden von einer dunkelhäutigen Dienerin betreut.

Batscheba ist soeben dem Bad entstiegen und wird von einer Dienerin in ein großes Tuch gehüllt. Gemälde von Hans Memling (1430/40 bis 1494).

Batscheba läßt ihren Körper nach dem Bad noch eine Zeitlang an der Sonne trocknen. Zwei Dienerinnen schützen sie mit einem hochgehaltenen breiten Tuch vor fremden Blicken. Eine Dienerin kniet mit einer geöffneten Schmuckschatulle links neben ihr. Handelt es sich um ein Geschenk von König David? Gemälde von Heinrich F. Füger (1751 – 1818).

halten, da sie sonst als Ehebrecherin mit dem Tode bestraft würde. Darauf ließ David Urija vor sich kommen, fragte ihn nach dem Verlauf des Krieges und schickte ihn dann heim, um bei seiner Gattin zu ruhen. Doch Urija schlief bei seinen Waffenkameraden, und als ihn der König deshalb befragte, antwortete er, er fände es nicht schicklich, daß es ihm besser gehen sollte als seinen Kampfgenossen. Nun lud David ihn zum Mahle und trank ihm dabei absichtlich öfter zu, so daß Urija berauscht war. Dennoch schlief er auch in dieser Nacht nicht bei seiner Frau, sondern „vor des Königs Tür". Nun wurde David unwillig und schrieb den berühmten „Urija-Brief" an Joab. Dieser befahl Urija, die Mauer der Ammoniter-Stadt an einer Stelle zu untergraben, er werde dann mit seinem ganzen Heere zu Hilfe kommen. Als dann die Ammoniter einen plötzlichen Ausfall unternahmen und die Israeliten sich zurückzogen, schämte sich Urija, seinen Posten zu verlassen, hielt tapfer stand und tötete viele Feinde, ehe er selbst fiel. Als David über den Verlauf der Schlacht Bericht erhielt, wurde er zuerst auf Joab zornig, da er nicht hätte versuchen sollen, die Mauern mit Gewalt zu erstürmen. Als er dann aber von Urijas Tod erfuhr, besänftigte er sich.

AUCH DEM KORAN ist die Geschichte Davids und Batschebas bekannt. In Sure 38 wird die vom Propheten Natan erzählte Fabel vom reichen Mann, der dem Armen

sein einziges Schaf fortnimmt, offenbar als ein wirkliches Ereignis erzählt.

IN DEN SEHR ZAHLREICHEN mittelalterlichen Spielen, in denen David eine Rolle spielt, kommt Batscheba kaum vor, denn David wird hier als der ideale Herrscher und häufig als Präfiguration Christi dargestellt. Auch die Rolle, die Batscheba in der Bibel kurz vor und nach Davids Tod spielt, wo sie sich für ihren Sohn Salomo als Thronfolger einsetzt und dann ihren Sohn, König Salomo, bittet, seinem Rivalen Adonija Davids letzte Bettgenossin, die junge Abischag, zur Gemahlin zu geben – was ihr aber mißlingt –, wird in den mittelalterlichen Spielen nicht erwähnt, denn Salomo tritt stets als allmächtiger und weiser König auf, nicht als junger Kronprätendent.

In der persisch-schiitischen Sage ist es der Dämon Iblis (offenbar abgeleitet von Diabolus, Teufel), der den betenden David unterbricht; dieser eilt ihm nach, und der Vogel fliegt auf das Dach des Urija, wo der König Batscheba erblickt. Der erste, der die Batscheba-Episode als dramatischen Stoff erkannte, war wohl Hans Sachs, der aber in seiner „Comedi David mit Bathseba" (1556) dem Buß- und Läuterungsmotiv noch nicht gerecht wird. Sachs hat auch zwei der Folgen von Davids Sündenfall, die Schändung seiner Tochter Tamar durch ihren Halbbruder Amnon, in zwei Tragödien (1556 und 1551) dargestellt.

Batscheba nach dem Bade, Gemälde von Rembrandt van Rijn (1606 – 1669). Der helle Körper der unbekleideten Batscheba leuchtet wie ein kostbarer Edelstein aus dem sie umgebenden Halbschatten, in dem eine der beiden Dienerinnen ihr die Fußnägel pflegt, während die andere ihr die Haare bürstet.

NEUERE LITERATUR

Das spätere 16. Jahrhundert und das Barock haben dann das Batscheba-Thema häufiger in Angriff genommen und vor allem Davids Buße und Unterwerfung unter Gottes Willen betont: So R. Belleau in seinem Versepos „Les Amours de David et de Bathsabée" (1572) und A. de Montchrétien im Drama „David ou l'Adultère" (1595), ähnlich A. Pape in seinem lateinischen Drama „David victus et victor" (1602). Im Drama des englischen Schriftstellers G. Peele „The Love of King David and Bethsabe" (1599) werden viele Ereignisse auf die Bühne gebracht, die die bösen Folgen von Davids Schuld und die Zerrüttung seiner Familie erklären sollen. Während dem französischen Hugenotten L. Des Masures in seinen David-Dramen mehr an den politischen Aspekten als an des Königs Liebesgeschichten gelegen war, hat der deutsche Barock-Schriftsteller G. Ch. Lehms in seinem langen, dreiteiligen David-Roman dessen erotische Konflikte in den Vordergrund gestellt (1707–1711) und so auch Heinrich Anshelm von Zigler und Kliphausen in seiner Dichtung „Helden-Liebe" (1691).

Oben: Der Urijabrief, Gemälde von Govaert Flinck (1615–1660). Nachdem König David vernommen hatte, daß Batscheba durch ihn schwanger geworden sei, ließ er ihren Mann Urija aus dem Feld nach Hause kommen, damit Urija mit seiner Frau schlafe. Doch Urija weigerte sich, eheliche Freuden zu genießen, während seine Kameraden kämpften. Da schickte König David ihn ins Feld zurück und gab ihm einen an den Heerführer Joab geschriebenen Brief mit, in dem er diesem befiehlt, Urija im Kampf an eine exponierte Stelle zu beordern, so daß er in der Schlacht umkomme.

Oben: Der Prophet Natan macht König David schwere Vorwürfe, weil er Urija in den Tod geschickt hat, um Batscheba, die von ihm ein Kind erwartete, heiraten zu können. Er sagt ihm voraus, daß wegen dieser Sünde in allen Generationen Mitglieder seines Hauses ein blutiges Ende finden werden. Handzeichnung von Rembrandt van Rijn (1606–1669).

Oben: Davids Reue, Illustration aus dem Stundenbuch des Duc de Berry, das die Brüder Limburg zu Anfang des 15. Jahrhunderts schufen. David hat seine Tat tief bereut und sich in die Einsamkeit zurückgezogen, um zu büßen und Gott um Verzeihung zu bitten.

Im 18. Jahrhundert ist David hauptsächlich der Dichter der ihm zugeschriebenen Psalmen, und auch Klopstock in seiner Tragödie „David" (1772) und J. S. Patzke im Drama „Davids Sieg im Eichental" (1766) sehen David ganz von diesem Standpunkt aus, gehen daher auf Batscheba nicht ein. Erst in der zweiten Hälfte des 19. Jahrhunderts erwacht das Interesse an Davids Leidenschaft, die ihn in tiefe Schuld verstrickt, von neuem. So in der Erzählung von A. G. Meißner „Das Weib des Urias" (1852), in E. von Hartmanns Drama „David und Bathseba" (1871) und in W. Gaedkes Drama „Urias Tochter" (1893).

Im 20. Jahrhundert hat Lion Feuchtwanger in einem seiner frühesten Werke das Thema behandelt („Das Weib des Urias", 1907), gleich danach erschienen die Dramen A. Geigers mit dem gleichen Titel (1908) und Maximilian Boettchers „David und Bathseba" (1913). Die neueren Darstellungen versuchen manchmal, Davids Schuld abzumildern, indem sie böse Ratgeber einführten, die David zur Sünde verleiteten, oder die Ehe zwischen Urija und Batscheba als erzwungen oder als unvollzogen beschrieben, so etwa Ch. W. Winne in seinem Drama „David and Bathshua" (1903). Im Drama von St. Phillips „The Sin of David" (1904) wird Davids Vergehen sogar in eine bloße Gedanken-Sünde umgewandelt.

Mehr im expressionistischen Sinn haben Reinhard Johannes Sorge in seinem Schauspiel „König David" (1916) und V.

von Zapletal in seiner Erzählung „David und Bathseba" (1923) das Thema angefaßt. Hans Halden machte aus dem Stoff eine dreiaktige Komödie „Bathseba im Bade" (um 1930).

In der neueren französischen Literatur taucht das Batscheba-Motiv in Armand Payots Drama „Bethsabée" (1950) auf, und in André Spires „Abishag" spricht der alte König von seiner Einsamkeit: Selbst seine geliebte Batscheba wartet auf den Tag, an dem er von der Bühne treten wird. In England hat F. Buchanan Batscheba in einem dramatischen Gedicht besungen (1930), und in der amerikanischen Literatur hat der Dichter Mark van Doren in einem Zyklus „The People of the World" (1946) der Batscheba ein Gedicht gewidmet.

Im Roman des hebräischen Schriftstellers Moshe Shamir, „David's Stranger" (1964), bildet die Batscheba-Episode das Kernstück, und in der Dramenserie „King David and his Wives" des jiddischen Schriftstellers David Pinski ist das vierte Stück der Batscheba gewidmet.

SCHLIESSLICH HABEN SICH auch Komponisten für das Batscheba-Thema interessiert. Der italienische Opernkomponist Nicola Antonio Porpora schrieb ein Oratorium „Davide e Bersabea" (1734), und der Schweizer-Franzose Arthur Honegger (1892–1955) eine Oratorien-Oper „Le Roi David", in der auch Batscheba auftritt. Auch Mozart hat eine Kantate „Davidde penitente" (der büßende David) komponiert, deren Librettist Lorenzo da Ponte gewesen sein könnte. Sie ist unvollendet geblieben, und Mozart hat die Musik dafür seiner zwei Jahre früher komponierten c-Moll-Messe entnommen.

Die Bibel berichtet, daß David nach vierzigjähriger Regierung gestorben sei. Der historischen Forschung nach muß das im Jahr 968 v. Chr. gewesen sein. Um seine Nachfolge entspann sich ein Streit. Aber bald war Salomo, von seiner Mutter Batscheba und dem Propheten Natan unterstützt, der allgemein anerkannte Nachfolger Davids. Er heiratete Pharaos Tochter, und als ihn der Herr im Traum befragte, welchen Wunsch er ihm erfüllen solle, bat er ihn um Weisheit. In der nun folgenden Geschichte des „Salomonischen Urteils" bewies er seine Weisheit.

Die Bibel erzählt dann von dem riesigen und luxuriösen Hofstaat Salomos und dem Bau seines Tempels, der in sieben Jahren vollendet wurde und in den dann die Bundeslade in feierlicher Zeremonie gebracht wird.

Oben: Davids Tod und Begräbnis, Illustration aus der Weltchronik des Rudolf von Ems, fol. 97r. Im oberen Teil liegt König David auf dem Totenlager, über ihn geneigt Batscheba und zu seinen Füßen Davids und Batschebas Sohn Salomo, beide mit Kronen. Dahinter die trauernden anderen Mitglieder der zahlreichen Königsfamilie. Im unteren Teil segnet der Prophet Natan das offene Grab, hinter ihm stehen Batscheba und Salomo in Trauergebärde.

Links: Batscheba bittet den alt gewordenen König David, ihren gemeinsamen Sohn Salomo zu seinem Nachfolger zu bestimmen. Gemälde von Bernardo Strozzi (1581–1644).

DANN SCHENKTE SIE DEM KÖNIG HUNDERTZWANZIG TALENTE GOLD …
1 Könige 10, 10

1 Buch der Könige
Kapitel 10, Vers 1 – 13

Im Bunde mit dem König der Phönizierstadt Tyrus, Hiram, baute König Salomo auch eine Flotte, die bis zum äußersten Ende des Roten Meeres gesandt wurde. Auf diese Weise kam wahrscheinlich der Kontakt mit der Königin von Saba zustande.

DIE KÖNIGIN VON SABA

Als aber die Königin von Saba den Ruf Salomos … vernahm, da kam sie, um ihn mit Rätselfragen auf die Probe zu stellen. ² Sie kam also nach Jerusalem mit sehr großem Gefolge, mit Kamelen, die Spezereien und eine große Menge Gold und Edelgestein trugen. Sobald sie zu Salomo hineingekommen war, trug sie ihm alles vor, was sie auf dem Herzen hatte. ³ Salomo aber gab ihr auf alle Fragen Bescheid, nichts gab es, was dem König verborgen blieb, so daß er ihr nicht hätte Bescheid geben können. ⁴ Als nun die Königin von Saba all die Weisheit Salomos sah, dazu den Palast, den er erbaut hatte, ⁵ die Speisen auf seiner Tafel, wie seine Beamten dasaßen und seine Diener auftrugen, ihre Kleider und seine Mundschenken, das Brandopfer, das er im Tempel Jahwes darzubringen pflegte, da geriet sie ganz außer sich ⁶ und sprach zum König: „Es ist wirklich wahr, was ich in meinem Lande über dich und deine Weisheit vernommen habe. ⁷ Ich traute der Kunde nicht, bis ich kam und es mit eigenen Augen sah; wahrlich, man hat mir noch nicht die Hälfte berichtet; deine Weisheit und dein Wohlstand übertreffen das Gerücht, das ich vernommen habe. ⁸ Glückselig deine Frauen, glückselig deine Diener da, die allzeit vor deinem Antlitz stehen und deine Weisheit hören! ⁹ Gepriesen sei Jahwe, dein Gott, der an dir Wohlgefallen hatte und dich auf den Thron Israels gesetzt hat! Weil Jahwe Israel allzeit liebt, hat er dich zum König bestellt, auf daß du Recht und Gerechtigkeit übst!"

¹⁰ Dann schenkte sie dem König hundertzwanzig Talente Gold und eine überaus große Menge Spezereien und Edelsteine. Niemals mehr ist eine solche Menge Spezereien eingeführt worden, wie sie die Königin von Saba dem König Salomo geschenkt hat. ¹¹ Aber auch die Schiffe Hirams, die Gold aus Ophir holten, brachten eine große Menge Almuggimholz und Edelsteine mit. ¹² Der König ließ aus dem Almuggimholz Gegenstände für den Tempel Jahwes und für den königlichen Palast anfertigen sowie Zithern und Harfen für die Sänger. Niemals mehr ist Almuggimholz in solcher Fülle eingeführt worden oder zu sehen gewesen bis auf den heutigen Tag.

¹³ Der König Salomo aber schenkte der Königin von Saba alles, was ihr gefiel und was sie wünschte, abgesehen von dem, was er von selbst ihr aus königlicher Freigebigkeit schenkte. Dann trat sie den Rückweg an und zog in ihr Land, sie und ihre Diener.

Links: Im nördlichen Querschiff des Straßburger Münsters befindet sich innerhalb eines Glasfensters die Szene der Begegnung von König Salomo mit der Königin von Saba. Das Fenster entstand 1230 – 1240.

Rechts: Der weise König Salomo und die schöne Königin von Saba fassen schon beim ersten Händedruck innige Zuneigung zueinander. Detail aus einem Gemälde von Piero della Francesca (1416 – 1492).

Auf diesen äthiopischen Bilderstreifen ist die Herkunft der Königin von Saba dargestellt sowie ihre Reise zu König Salomo. Ihr gemeinsamer Sohn Menelik ging später nach Afrika. Bis auf unsere Tage beruft sich das abessinische Fürstengeschlecht auf Salomo und die Königin von Saba (die hier Azieb heißt) als ihre Stammeltern. Inhaltsbeschreibung der Bilder von links nach rechts:

Erste Reihe:
1 In Tigré mußte das Volk eine Schlange anbeten und ihr Opfer bringen.
2 Agabos ist bereit, die Schlange zu töten.
3 Agabos sammelt giftige Raupen, die seine Frau im Mörser zerstampft.
4 Agabos gibt der Ziege den vergifteten Brei zu fressen.
5 Mit der Ziege auf dem Rücken begibt sich Agabos zur Schlange.
6 Die Schlange verschlingt die vergiftete Ziege.
7 Agabos überzeugt sich, daß die Schlange tot ist.
8 Die Bürger bestaunen die Heldentat des Agabos.
9 Zum Dank für seine Heldentat wird Agabos König.

Zweite Reihe:
1 Agabos zeigt dem Volk sein Töchterchen Azieb und bestimmt das Mädchen zu seiner Nachfolgerin.
2 Agabos stirbt.
3 Großes Leichenbegräbnis des Agabos.
4 Feierliches Totenmahl.
5 Königin Azieb auf dem Thron ihres Vaters.
6 Königin Azieb besichtigt das Skelett der Schlange.

Dritte Reihe:
1 Ein Kaufmann aus Jerusalem überquert das Rote Meer.
2 Königin Azieb läßt sich von dem jüdischen Kaufmann über Salomo berichten.
3 Königin Azieb übergibt dem Kaufmann eine Flasche Parfüm als Geschenk für Salomo.
4 Der jüdische Kaufmann auf der Heimfahrt.
5 Der Kaufmann übergibt König Salomo das Parfüm und einen Brief der Königin Azieb.
6 Azieb überlegt, ob sie zu Salomo reisen soll.
7 Azieb begibt sich mit Gefolge auf die Reise.
8 Auf dem Schiff sitzt die Königin unter einem goldenen Thronhimmel.
9 Ankunft der Königin Azieb vor dem Palast Salomos.

Vierte Reihe:
1 Begegnung von Königin Azieb mit König Salomo.
2 Salomo gibt für das Gefolge der Königin ein Gelage.
3 Salomo lädt Azieb zu einem privaten Gastmahl.
4 Salomo verspricht, Azieb nachts unberührt zu lassen, wenn sie ihrerseits verspricht, nichts im Palast zu entwenden.
5 Azieb befiehlt ihrer Dienerin, ihr Wasser ans Bett zu bringen.
6 Salomo ergreift die Dienerin und schläft mit ihr.
7 Da die Königin ihren Durst mit Wasser stillt, sagt Salomo, sie habe ihren Schwur, nichts anzurühren, gebrochen.
8 Salomo schläft mit der Königin Azieb.
9 Vor dem Abschied übergibt Salomo der Königin ein goldenes und ein silbernes Erkennungszeichen. Würde sie einen Sohn gebären, solle sie ihm das goldene, im Falle einer Tochter das silberne Zeichen zurückschicken.
10 Königin Azieb kehrt in ihr Land zurück.

197

SULAMITH UND DIE PHANTASIEN DES GLÜCKS

Aus der biblischen Geschichte ist über die Königin von Saba nicht viel zu entnehmen, es fehlt nicht nur ihr Name, sondern vor allem die Liebesbeziehung zwischen ihr und König Salomo, die späteren orientalischen Geschichtenerzählern so verlockend und anregend gewesen sein muß, daß sie sie immer weiter ausgesponnen haben. Der Text, fast gleichlautend im ersten Königsbuch (Kap. 10) und im zweiten der Chronik (Kap. 9), legt allen Ton auf den Ruhm des Salomo, der in seiner Weisheit gegründet und in seinem Reichtum bewiesen wird.

Die märchenhaft reiche Königin kommt aus einem fernen Land. Saba liegt im südwestlichen Arabien, mit der Hauptstadt Marjab, heute Marib. Ruinen und Inschriften bezeugen, daß sich hier in alter Zeit, möglicherweise schon um 1500 v. Chr., Gemeinwesen mit einer blühenden Kultur befanden. Die Beherrscherin dieses als paradiesisch beschriebenen Landes macht sich auf die weite Reise, die nach der Sage sieben oder der stillt nur die nachbiblische Tradition das natürliche Interesse daran, welche Rätsel sie denn dem Salomo aufgegeben habe; sie gibt dem Spiel von Frage und überraschender oder witziger Antwort, von seltsamer Mehrdeutigkeit und sicherer Eindeutigkeit, von Prüfen und Erprobtwerden, von Eindringen und Abwehren reichlich Nahrung. Solche Wettkämpfe des Geistes waren in der antiken Welt nicht nur eine andere Art von Wettspielen, sondern stellten auch, vor allem in der Öffentlichkeit eines Fürstenhofes oder Königspalastes, ein erheiterndes Schauspiel dar, eine Art Talk-Show auf höherem Niveau. Als Salomo alles beantwortet und gelöst hat, beginnt das Besuchsprogramm der weitgereisten Dame, der Erzähler zählt auf, was es in Jerusalem Salomos zu bestaunen gibt, die Baulichkeiten und Schätze, die Diener und Lebensgewohnheiten, die Gewänder und die Brandopfer, die dem Gott dieses reichen Königs zum Opfer gebracht werden. Die Königin gerät nun nach der keit zu üben" (1 Kön 10, 9), wie es in formelhafter Wendung heißt. Weisheit, Urteilsfähigkeit, praktischer Verstand gehören ebenfalls zum Bild des Glücks, wie es hier in einem kurzen Augenblick der Geschichte Israels auftaucht. Die Anekdote aus der jüdischen Überlieferung, daß Salomo die Königin nicht bestrafen will wegen ihrer Götzendienerei, weil er ihre praktischen Tugenden für wichtiger hält, paßt vorzüglich in dieses Bild von Reichtum und einer Intelligenz, die auch religiöse Toleranz erlaubt.

Aber etwas fehlt noch in dieser Geschichte von Salomo und Sulamith, die Reichtum, Weisheit und Gerechtigkeit als Bedingungen des Glücks darstellt. Es fehlt hier, im biblischen Text, die Liebe zwischen den vom Schicksal so Begünstigten. Daß die Phantasie der Poeten und Künstler diese Art von Glücksbeschreibung für unvollständig hielt, spricht nur für sie und gegen die biblischen Schriftsteller, die das sexuelle Glück ausklammern und die Gelegenheit einer Liebes-

zumindest drei Jahre dauern soll, nicht eingeladen oder unter Drohungen herbeigezwungen, wie ebenfalls die Legende wissen will, sondern nach dem biblischen Bericht aus freien Stücken. Wißbegierde und Interesse mögen sie zu dieser Art Intelligenztourismus verlockt haben.

Salomos Ruhm, seine Beredsamkeit und sein Wissen sind schon weit über die Grenzen Israels hinausgedrungen und auch ihr nicht unbekannt geblieben. So macht sie sich auf den langen Weg, um den weltberühmten Weisen mit Rätselfragen zu prüfen. Wielangen und gründlichen Prüfung „ganz außer sich" (1 Kön 10, 5) und beginnt eine rhetorisch perfekte Schmeichelrede, die im Lobe des Gottes dieses einzigartigen Königs gipfelt und sich materiell in den Geschenken darstellt, die sie mitgeführt hat: Gold, Edelsteine und die erlesensten Gewürze.

Es ist eine Art Glücksphantasie, die hier erscheint, ein Traum vom guten Leben, in dem materiell alles zum Besten steht, aber auch politisch Frieden und Wohlfahrt herrschen. Der König wird gelobt, weil Gott ihn dazu eingesetzt hat, „Recht und Gerechtig- geschichte nicht wahrgenommen haben, vielmehr gleich im nächsten Kapitel Salomos Vielweiberei roh benennen und harsch kritisieren.

Heinrich Heine hat da, der Tradition folgend, besser erkannt, wie Rätselraten und Glücksverlangen zusammengehören, wie Intelligenz und Reichtum keineswegs nur rohe Vielweiberei produzieren und die Beziehung zwischen Salomo und der Königin noch eine andere Dimension braucht, um eine wirkliche Geschichte menschlichen Glücks zu werden.

WAS NICHT IN DER BIBEL STEHT

„Ihren Scharfsinn zu erproben,
Schickten sie einander Rätsel,
Und mit solcherlei Depeschen
Lief Hut-Hut durch Sand und Wüste.
Rätselmüde zog die Kön'gin
Endlich nach Jeruscholayim,
Und sie stürzte mit Erröten
In die Arme Salomonis.
Dieser drückte sie ans Herz,
Und er sprach: Das größte Rätsel,
Süßes Kind, das ist die Liebe –
Doch wir wollen es nicht lösen!"
Heinrich Heine

ANTIKE UND MITTELALTERLICHE QUELLEN

Im Buch der Könige wird die Episode der Königin von Saba nur kurz erzählt, allerdings noch einmal fast wörtlich im zweiten Buch der Chronik (Kap. 9) wiederholt. Doch Forschung, Legende und Dichtung haben den kurzen Bericht stark angereichert.

Die Bibel erwähnt ihren Namen nicht; nach anderen Quellen soll sie Bilkis oder Balkis geheißen haben. Die Bibel sagt, daß sie aus Arabien kam, und viele Forscher haben sie im heutigen Jemen oder auch im südwestlichen Arabien (Scheba oder Saba) angesiedelt. Im Mittelalter galt sie als Afrikanerin. In Äthiopien galt sie lange Zeit als Stammutter des Königshauses – und Salomo als Stammvater. Die Tradition hat sich erhalten: Noch im Jahre 1973 erklärte der Staat Israel, daß die schwarzen Be-

fragte ihn, warum er nicht erschienen sei. Seine Antwort war: „Ich esse meine Speise in Trauer und trinke mein Wasser mit Zittern. Denn ich bin über die Welt geflogen, um zu sehen, ob es ein Land gibt, wo du, Salomo, nicht herrschst. Weit im Osten fand ich die Stadt Kitor im Königreich Saba, wo die Erde pures Gold ist und die Bäume wie die im Garten Eden sind. Dort tragen die Männer Girlanden und wissen nichts vom Kriegführen. Sie beten die Sonne an, und eine Frau herrscht über sie. Sie ist lieblicher als der Mond und weiser als die Sonne, und keine Frau gleicht ihr. Sie herrscht in Gerechtigkeit, und alle leben in Frieden. Aber leider verehren sie Götzenbilder. Wenn du, König, es wünschst, werde ich alle Vögel zusammenrufen. Dann fliegen wir nach Kitor, verwüsten das Land und bringen die götzendienerische Königin in Ketten zu dir."

Aber Salomo ließ das nicht zu. Er

Nicht nur durch die Lieblichkeit ihrer Erscheinung, sondern auch wegen der Fülle der mitgebrachten Schätze und Spezereien erregt die Königin von Saba am Hofe Salomos Bewunderung. Sie befiehlt ihren Dienern, die Geschenke vor den Thron Salomos zu bringen. Gemälde von Jacopo Tintoretto, entstanden 1542/43.

völkerungsteile Äthiopiens, die dem jüdischen Glauben angehörten, bis auf biblische Zeiten zurückverfolgt werden könnten. Nach der Tradition dieser Gruppen stammen sie von Menelik, dem Sohn Salomos und der Königin von Saba, ab, der eine Reise nach Afrika unternahm.

NACH DER JÜDISCHEN Legende kannte Salomo alle Sprachen, auch die aller Tiere. Eines Tages befahl er allen Tieren, vor ihm zu erscheinen. Sie kamen alle, bis auf den Auerhahn. Den ließ er holen und

sprach: „Wenn sie in Frieden leben, aber Götzen anbeten, dann wiegen ihre Tugenden schwerer als ihre Laster."

Darauf schrieb er einen Brief an die Königin: „Du und die Großen deines Landes sollen wissen, daß Gott mich zum König über Tiere und Vögel, über Dämonen und Geister eingesetzt hat. Alle Könige des Ostens und Westens kommen in mein Königreich und ehren mich. Darum lade ich dich ein, in mein Reich zu kommen und mich zu grüßen, worauf ich dir viel Ehre antun will. Kommst du aber nicht,

Der Gegensatz der klassizistischen Gebäulichkeiten zu der feuchten Atmosphäre über dem mit Kähnen und Segelschiffen belebten Hafen ist äußerst reizvoll. Claude Lorrain (1600 bis 1682) gab diesem Gemälde den biblischen Titel „Einschiffung der Königin von Saba".

so werde ich den wilden Tieren, den Raubvögeln und Tausenden von bösen Geistern befehlen, euch in den Feldern zu erschlagen oder in euern Betten zu ersticken und euer Land zu verwüsten."

Der Auerhahn nahm diesen Brief Salomos, flog nach Kitor und legte ihn auf das Herz der Königin, während sie schlief. Als sie die Botschaft gelesen und mit ihren Räten besprochen hatte, sandte sie folgende Antwort: „Die Reise von der Stadt Kitor nach Jerusalem dauert sieben Jahre. Ich aber bin so bestrebt, dich zu grüßen, daß ich deinen Palast in weniger als der Hälfte der Zeit erreichen werde."

Dann sammelte sie ihre Schiffe und füllte sie mit Gold, Silber, kostbarem Holz und edlen Steinen; auch eine mit Edelsteinen, unschätzbaren Perlen besetzte und in Onyx gefaßte Krone nahm sie mit und viele andere Schätze. Dann wählte sie sechstausend Knaben und Mädchen, die alle am selben Tag geboren und alle berühmt für ihre Schönheit und Anmut waren und kleidete sie in Purpur-, Seiden- und Wollgewänder. Dies alles sandte sie als Geschenk für König Salomo nach Jerusalem voraus.

Nach drei Jahren landete die Königin in Israel. Als sie vor Salomo stand, wollte sie seine Weisheit prüfen. Einige ihrer Fragen haben wir bereits bei Lots Töchtern und bei Tamar kennengelernt. Andere Fragen lauteten: „Drei aßen und tranken auf Erden und waren weder männlich noch weiblich geboren. Wer waren die?" Salomo antwortete: „Die drei Engel, die Abraham besuchten." „Auf welchem Land hat die Sonne nur einmal geschienen?" „Auf dem Meeresboden, als die Wasser einen Tag lang für Mose geteilt wurden." – „Was ist das Häßlichste auf der Welt und was das Schönste? Was ist uns gewisser als alles andere und was ungewisser?" Salomos Antwort: „Das Häßlichste ist Treue, die sich in Untreue verwandelt, das Schönste ein reuiger Sünder. Gewisser als alles andere ist uns der Tod und unser Leben nach dem Tode das Unsicherste."

MANCHE LEGENDEN sagen, daß die Königin den Gedanken an eine Trennung von Salomo nicht ertragen konnte und daher als eine seiner Frauen in seinem Palast blieb. Nach andern kehrte sie in ihr Land zurück und widmete ihr weiteres Leben dem Lobpreis Salomos. Manche Sagen behaupten sogar, daß Nebukadnezar, König von Babylonien, der Jerusalem im Jahre 587 plünderte, ein Sohn Salomos und der Königin gewesen sei – obwohl er natürlich Jahrhunderte nach Salomo gelebt hat.

Bei Josephus heißt die Königin die „Beherrscherin von Ägypten und Äthiopien". Sie ist nicht nur von Salomos Weisheit, sondern vor allem auch von der Pracht seines Palastes und namentlich von einem Gebäude beeindruckt, das „Wald des Libanon" hieß. Beim Abschied soll sie dem König nicht nur die in der Bibel erwähnten Reichtümer, sondern auch die ersten Pflanzen des Obobalsams geschenkt haben, „der noch jetzt in unserm Lande wächst".

EINE AUSFÜHRLICHE Darstellung der Begegnung zwischen Salomo und der Königin findet sich im sogenannten „Targum Sheni", einem aramäischen Kommentar zum Buch Ester, geschrieben um 500 n. Chr., in dem bei Gelegenheit des Festes Ahasvers das frühere Fest des Salomo wieder in Erinnerung gebracht wird. Hier ist der vermittelnde Vogel ein Wiedehopf, und als die Königin den Palast Salomos betritt, sitzt dieser auf seinem prächtigen Thron in einem Saal, dessen Fußboden mit Kristall ausgelegt ist. Die Königin hat Kristall nie gesehen, glaubt, der König sei von Wasser umgeben, und lüftet ihr Kleid, so daß Salomo sieht, daß ihre Füße von Haar bedeckt sind wie bei einem Dämon. Er sagt ihr: „Deine Schönheit ist die von Frauen, und dein Haar ist das Haar von Männern. Haar steht einem Manne gut, aber für Frauen ist es eine Schmach." Die Königin geht auf diese Beleidigung nicht ein, sondern beginnt, ihm Fragen zu stellen.

Diese Anekdote entspricht gewissen jüdischen Traditionen, nach der die Königin ähnlich wie Lilit eine dämonische Versucherin gewesen ist, deren Künsten Salomo denn auch erlag. Dafür wurde Salomo bestraft, denn ein Nachkomme seiner Verbindung mit der Königin war Nebukadnezar, der seinen Tempel zerstörte.

Auch der Koran kennt die Geschichte des Besuchs der Königin. Als sie in Jerusalem eintrifft, sieht sie, daß auf Befehl Salomos ein Dschinn bereits ihren Thron neben den Salomos gestellt hat. Im Kristall-Saal entblößt sie sogar ihre Schenkel; Salomo wollte aber nur wissen, ob sie mit Ziegenfüßen ausgestattet war, wie das Gerücht es meinte. In der späteren islamischen Tradition soll sie die Tochter des Kaisers von China und einer Peri – nach der persischen Mythologie ein gefallener Engel – gewesen sein. Ihr Thron war ein riesiges Bett, das Salomo nach Jerusalem

Die Königin von Saba brach zu der mehrere Jahre dauernden Reise zu König Salomo nach Jerusalem mit einem großen Troß Reiter und vielen Bedienten auf. Man mußte für den langen, teils zu Pferd, teils mit Schiff zurückzulegenden Weg viele Lebensmittel mitführen und zudem Kisten und Kasten voller Geschenke für den König der Israeliten. Bild von Apollonio di Giovani, entstanden im 15. Jahrhundert.

bringen ließ. Denn er wußte, daß der Weg zum Herzen einer Frau durch ihr Bett geht. Dschinns hatten ihm erzählt, daß die Königin haarige Füße habe, er aber fand sie makellos in jeder Beziehung und ergab sich ihrer Schönheit, so wie sie sich seiner Weisheit.

BESONDERS ZAHLREICH sind die Legenden um die Königin natürlich in Äthiopien, dessen Herrscher sich direkt von ihr und Salomo herleiten. Noch die Verfassung des letzten Kaisers, Haile Selassie I., vom Jahre 1955 bestätigt dies ausdrücklich, und das National-Epos des Landes, die „Kebra Nagast" (Ruhm der Könige), das im 13. Jahrhundert niedergeschrieben wurde, führt das Herrscherhaus nicht nur auf Salomo, sondern auf Abraham zurück. Äthiopien ist hier der geistige Nachfolger des auserwählten Volkes, denn Israel hat sich Gottes Gunst verscherzt, indem es seinen Sohn Jesus verschmähte. Nach der Kebra Nagast reist die Königin aus eigener Initiative zu Salomo, überzeugt sich von seiner Weisheit und gibt ihren Sonnen-Anbetungsglauben auf zugunsten Gottes, der auch die Sonne geschaffen hat. Salomo vermählt sich mit ihr, und nach ihrer Rückkehr nach Afrika gebiert sie seinen Sohn, Menelik, der als Erwachsener nach Jerusalem zurückkehrt. Salomo hängt ihm ein Königsgewand um und setzt ihn neben sich auf seinen Thron. Als Menelik aber erfährt, daß Rechabeam der Nachfolger Salomos werden wird, kehrt er zurück nach Äthiopien, nimmt viele der jüdischen Großen und ein heiliges Tabernakel mit sich, das zwei von Moses Gesetzestafeln, den Stab Aarons und den Topf mit Manna enthält. Seitdem wohnt Gott nicht mehr in Jerusalem, sondern in der heiligen Stadt der Äthiopier, Axum.

DIE CHRISTLICHE Tradition beruft sich auf zwei Stellen des Neuen Testaments (Mt 12, 42 und Lk 11, 31), wo die „Königin von Mittag" erwähnt wird, die von der Welt Ende kam, die Weisheit Salomos zu hören. „Und siehe, hier ist mehr denn Salomo!" Damit ist der Heiland gemeint, und daher galt Salomo als ein Vorläufer Christi, während die Königin von Saba, die mit ihrem Gefolge zum Hause Gottes kam, zur Allegorie der Menschheit wurde, die herbeiströmt, um den christlichen Glauben anzunehmen.

Die „Legenda Aurea" (Goldene Legende) des Jacobus de Voragine, Erzbischofs von Genua, verfaßt gegen Ende des 14. Jahrhunderts, führt die Geschichte der Königin sogar bis auf Adam zurück. Als Adam im Sterben lag, ging sein Sohn Set zum Paradies und bat um einen Tropfen Öl vom Baum der Gnade. Der Erzengel Michael verweigerte ihm den, gab ihm aber einen Zweig des Baums der Erkenntnis. Set kehrt zurück, doch Adam ist bereits gestorben. Set pflanzt den Zweig auf sein Grab, wo er zum mächtigen Baum heranwächst. Salomo läßt den Baum fällen für den Bau seines Tempels, er erweist sich aber als unbrauchbar und wird als Brücke über einen Teich verwendet. Als die Königin von Saba auf ihrem Weg nach Jerusalem die Brücke überqueren will, zeigt ihr eine Vision, daß der Retter der Menschheit dereinst an diesem Baume hängen wird. Daher setzt sie ihren Fuß nicht auf die Brücke, sondern kniet davor und betet das Holz an. Das Kreuz Jesu, so weiß die Legende, ist tatsächlich aus diesem Holz gemacht. Es liegt dann über zweihundert Jahre in der Erde verborgen, bis Helena, die Mutter des ersten christlichen Kaisers Konstantin, es wieder auffindet.

NEUERE LITERATUR

EINE DER ERSTEN nachmittelalterlichen Bearbeitungen des Königin-von-Saba-Themas stammt von Jakob Frey (etwa 1520 bis 1562), einem Elsässer Dramatiker, der hauptsächlich Fastnachtsspiele und Schwänke verfaßt und gesammelt hat. Sein Drama „Salomon" (1541) macht indessen die biblische Geschichte nicht anschaulich.

Shakespeare, bei dem biblische Themen selten angeschlagen werden, erwähnt sie in der letzten Szene von „Heinrich dem Achten" (1613), ein Drama, das allerdings wohl nur zum geringen Teil von ihm selbst geschrieben ist. Hier wird von Erzbischof Cranmer der neugeborenen Tochter der Anne Boleyn, Elizabeth, die dann Shakespeares Königin wurde, große Tugend und Weisheit vorausgesagt (in der Übersetzung von Tieck-Baudissin):

Eine bedeutende Rolle spielt die Königin auch in Händels Oratorium „Salomon" (1748), wenn sie auch in der jetzt üblichen Bearbeitung von Thomas Beecham, der viele Solo-Nummern gestrichen hat, zu kurz kommt. Die Königin, hier „Nicaule" genannt, tritt im zweiten Teil des Oratoriums auf und bewundert Salomos Pracht und Weisheit. Als sie in der letzten Szene Abschied nimmt, gelobt sie, seine Pracht und Klugheit niemals zu vergessen. Händels Musik, die er in seiner reifsten Zeit, noch nach dem „Messias", dem „Simson" und „Judas Makkabäus" komponierte, gehört zu seinen besten Oratorien.

im „Uschk Nameh" (Buch der Liebe) im Gedicht „Gruß" („Hudhud" ist der arabische Name für den Wiedehopf, der hier Vermittler zwischen den Liebenden ist): „Hudhud, sagt' ich, fürwahr! / Ein schöner Vogel bist du. / Eile doch, Wiedehopf! / Eile, der Geliebten / Zu verkünden, daß ich ihr / Ewig angehöre. / Hast du doch auch / Zwischen Salomo / Und Saba's Königin / Ehemals den Kuppler gemacht!"

Ähnlich schildert Heinrich Heine in seinem ironisch-romantischen Epos „Atta Troll" (1847) die Rolle des Wiedehopfes.

... Sie wird dereinst – / Nur wen'ge, jetzt am Leben, schaun es noch – / Ein Muster sein für alle Könige, / Und die nach ihr erscheinen. Sabas Fürstin / Hat Weisheit nicht und Tugend mehr geliebt, / Als diese holde Unschuld ...

Spaniens größter Dramatiker, Calderón de la Barca (1600–1681), hat das Saba-Thema zweimal für die Bühne bearbeitet.

Friedrich Gottlieb Klopstocks Tragödie „Salomo" (1764) wird kaum noch gelesen. Goethe hat in seinem „Westöstlichen Diwan" (1819) das Liebespaar Salomo – Königin mehrfach besungen. Es ist die Zeit seiner Liebe zu Marianne von Willemer, die er „Suleika" und sich selbst „Hatem" nennt. Zwischen ihnen entstand ein orientalisches Ritual, auf das im „Diwan" immer wieder angespielt wird. Da heißt es

Salomo besucht die Königin von Saba in ihrem äthiopischen Palast, der von streng aufgereihtem Volk zu seiner Begrüßung umstanden ist. Die Königin zeigt Salomo den von ihm gezeugten Sohn Menelik, den sie nach ihrer Rückkehr geboren hat. Diese Darstellung stammt von einem anonymen Äthiopier.

Links: Mit höfischer Verbeugung grüßt die Königin von Saba König Salomo, der sich ihr von seinem Thron aus zum Willkommensgruß entgegenneigt. Zwei königliche, einander ebenbürtige Persönlichkeiten, die sich gegenseitig wertschätzen. Gemälde von Jacopo Tintoretto (1518 – 1594).

MIT DER ROMANTIK wurden orientalische Themen in Europa wieder lebendig. Ein bedeutender Vermittler islamischer Dichtung wurde der Österreicher Joseph Freiherr von Hammer-Purgstall (1774–1856), der in seinem „Rosenöl" (1813) das Treffen zwischen Salomo und der Königin schildert, so wie persische und türkische Märchen es beschrieben haben. Er mag damit Robert Brownings philosophisches Gedicht „Solomon and Balchis" (um 1880) beeinflußt haben. Andere englische Dichter, die das Liebespaar besangen, waren Thomas Moore, Lord Byron und Percy Bysshe Shelley. In Frankreich haben sich Chateaubriand, Lamartine, Théophile Gautier und Victor Hugo mit dem Thema befaßt, und dann vor allem Gérard de Nerval (1808–1855) mit seiner „Voyage en Orient". Dieses Werk entstand nach ausgedehnten Reisen in den Orient. Hier mischen sich koranische, jüdische und selbst freimaurerische Elemente. Die Königin Balkis kommt nach Jerusalem, um Salomo zu heiraten, falls er so weise wie sein Ruf ist. Alles läuft ihr entgegen, nur Adoniram, der Erbauer von Salomos Palast und dem großen Tempel, bleibt zurück, denn er sieht die Riesenkluft zwischen den Hebräern, den Nachkommen Sems, und den Abkömmlingen Kains, der Kupfer und Eisen zu schmieden verstand. Er selbst ist einer der letzten Abkömmlinge Kains. Die Königin, ebenso wie Adoniram ein Geschöpf des Feuers, ist von diesem tiefer beeindruckt als von Salomo, dessen Weisheit geringer ist als ihre eigene. Als sie von Adoniram ein Kind empfängt, flieht sie in ihr Land zurück. Adoniram will ihr folgen, wird aber ermordet. Der unglückliche Salomo umgibt sich mit Frauen aus allen Teilen der Welt, findet aber keine Befriedigung und stirbt in Verzweiflung. Sicher hat Nerval mit Adoniram sich selbst gemeint, als ein dem Feuer entsprungenes Genie, das von der Welt nicht anerkannt wird, das Freude spenden will und nur Kummer erntet.

Charles Gounods Oper „La Reine de Saba" (1862), mit einem Libretto von J. Barbier und M. Carré, folgt de Nervals Deutung, ist aber nie so populär geworden wie sein „Faust" und „Roméo et Juliette". Dagegen hatte Karl Goldmark, österreichischer Komponist ungarischer Herkunft (1830–1915), mit seiner Oper „Die Königin von Saba" (uraufgeführt 1875) einen großen internationalen Erfolg. Seine Musik ist von Wagner stark beeinflußt, sein Textdichter, Salomon Ritter von Mosenthal, stellt nicht Salomo, sondern seinen Liebling Assad in den Mittelpunkt. Assads Liebe zu Sulamith, der Tochter des Hohenpriesters, wird gestört, als die Königin mit großem Pomp in Jerusalem einzieht. Assad erkennt in ihr die schöne, dämonische Wassernymphe, die er einst belauschte, als sie aus einer Quelle im Libanon emporstieg. Die Königin leugnet, doch später verführt sie ihn zur Nacht in Salomos Palastgarten und verschwindet, als die Dämmerung hereinbricht. Während der Hochzeitszeremonie für Assad und Sulamith erscheint die Königin wiederum, und Assad unterbricht die Feier und stürzt leidenschaftlich zu ihr – und sie weist ihn ab. Im letzten Akt schließlich hat sich Sulamith mit ihren Gefährtinnen an den Rand der Wüste zurückgezogen, wo auch Assad, verzweifelt und verachtet, umherirrt. Wiederum erscheint ihm die Königin, aber jetzt kann er ihr widerstehen und sie, die sein Leben zerstört hat, verfluchen. Nach einem Sandsturm ist er dem Tode nahe – da findet ihn Sulamith, in deren Armen er stirbt.

Auch Gustave Flaubert hat in seinem etwa gleichzeitigen Roman „Die Versuchung des heiligen Antonius" (1874) die Königin als dämonische Verführerin dargestellt, die dem Heiligen im Traum erscheint und ihn einlädt, ihr in ihr Reich der Pracht und orientalischer Üppigkeit zu folgen, da sie den König Salomo verlassen habe. Er widersteht jedoch, und sie verläßt ihn weinend.

Robert Browning wirft in seinem schon erwähnten Gedicht ganz andere Fragen auf. „Balchis" sieht alle ihre Fragen von Salomo beantwortet und fragt ihn schließlich, wen er von allen Sterblichen in seinen Palast als gleichberechtigt aufnehmen würde. Er antwortet: Die schöpferischen Menschen, Dichter, Maler, Bildhauer ... Dann stellt er ihr dieselbe Frage, und ihre Antwort lautet: Gute Menschen, seien sie arm oder reich, klug oder töricht. Als sie so spricht, dreht sie den Ring, den der König an seiner Hand trägt, herum, so daß der Name des Unaussprechlichen nach außen zeigt. Das zwingt Salomo, seine wahren, innersten Gedanken zu enthüllen, und er gesteht, daß er als weise nur die ansehen würde, die ihm schmeicheln und sein Lob singen würden; sie aber gibt zu,

Die Königin von Saba gab Salomo Rätsel auf. Sie hatte von seiner Klugheit gehört und wollte ihn auf die Probe stellen. König Salomo konnte alle Rätsel sogleich lösen. Ausschnitt aus einem Gemälde von Mattia Preti (1613 – 1699).

Die Königin von Saba ist mit ihrem Gefolge am Ziel ihrer Reise angelangt. Im prunkvollen Palastsaal befiehlt sie ihren Dienern, die für König Salomo als Geschenk bestimmten Schätze und Spezereien vor seinen Thron zu bringen. Gemälde von Paolo Veronese (1528 – 1588), dem Hauptmeister der venezianischen Malerei.

daß mit den guten Menschen sie eigentlich junge, kräftige Männer gemeint habe. Dies, sagt Salomo, sind die beiden Ebenen, auf denen uns die Wahrheit begegnet, die des Geistes, die nach oben strebt, und die des Körpers, die am Boden kleben muß. Ist sie wirklich gekommen, um seine Weisheit zu prüfen? Sie sagt, daß ihr in diesem Augenblick selbst ein flüchtiger Kuß wichtiger zu sein scheint.

Arthur Symons, der englische Dichter (1865 – 1945), kommt zu einem ähnlich resignativen Ergebnis, in dem die pessimistische Stimmung des Jahrhundertendes (Fin de siècle) zum Ausdruck kommt. Die Königin hatte zuvor alle Freier abgewiesen, weil ihr Weisheit das höchste Gut zu sein schien. Nachdem sie aber Salomo kennengelernt hat, versteht sie, daß auch Weisheit wie Herrschaft und Ruhm nicht zum Glück führt. Salomo selbst hat längst entschieden, daß es weit besser ist, nie geboren zu sein, und daß das einzige, das das Leben wertvoll machen kann, die Liebe ist, obwohl auch sie eine Illusion ist.

Wieder anders der englische Kritiker und Dichter John Freeman, der in seinem Epos „Solomon and Balkis" (1926) zwischen wahrer und alltäglicher Liebe unterscheidet. Salomo hatte tausend Frauen, aber seine wahre Liebe galt nur der unverheirateten Prinzessin auf dem Thron von Saba. Er reist zu ihr und gewinnt sie. Nachdem sie stirbt, verfällt er ganz der Sinnenlust und dem Götzendienst. Als er nach seinem Tode an die Himmelspforte kommt, wird er nicht eingelassen, denn ein Tyrann hat keine Freunde, die für ihn bitten – aber dann denkt er an Balkis, die zu ihm kommt und Gott bittet, sie mit Salomo von nun an zusammensein zu lassen.

BEI DEM RUSSISCHEN Schriftsteller Alexander Kuprin (Roman „Sulamith", 1908) spielt die Königin eine weniger glanzvolle Rolle. Ihr prachtvoller Einzug hat die damals achtjährige Sulamith, die Heldin der Liebeslyrik im sogenannten „Hohenlied Salomos", tief beeindruckt. Als sie heranwächst und Salomos Geliebte wird, befragt sie ihn über ihre Vorgängerin und erfährt, daß die Königin, schon vierzig Jahre alt, ihre Schönheit nur durch viele künstliche Mittel zu bewahren wußte, daß alle ihre Rätsel leicht zu lösen waren. So wurde er ihrer müde und demütigte sie schließlich vor dem gesamten Hofe, indem er, wieder durch den Kristall-Boden, ihre krummen, behaarten Beine in aller Öffentlichkeit zeigte: Das verzieh sie ihm nie.

Ebenso schlecht ergeht es der Königin im „Alptraum der Königin von Saba" des englischen Philosophen Bertrand Russell (1954). Nach ihrem Besuch bei Salomo, auf der Rückreise durch die Arabische Wüste, hat die Königin einen Traum. Sie ist tief beeindruckt von Salomos Pracht und Weisheit, aber für sie ist er auch ein idealer Dichter und Geliebter. Er hat ihr einen kostbaren Band mit seinen Liebesliedern geschenkt, den sie immer bei sich tragen will. Im Traum erscheint ihr jedoch Beelzebub, ein Freund Salomos. Er überzeugt sie, daß sie keineswegs die erste und einzige ist, mit der der König seine innersten Gefühle und Gedanken geteilt hat, sondern daß Salomo diese Gedichte in seiner Jugend schrieb, um die Liebe einer sittsamen Bauerntochter zu gewinnen. Sein Liederbuch habe er dann jeder seiner siebenhundert Frauen und dreihundert Konkubinen geschenkt. Die Königin

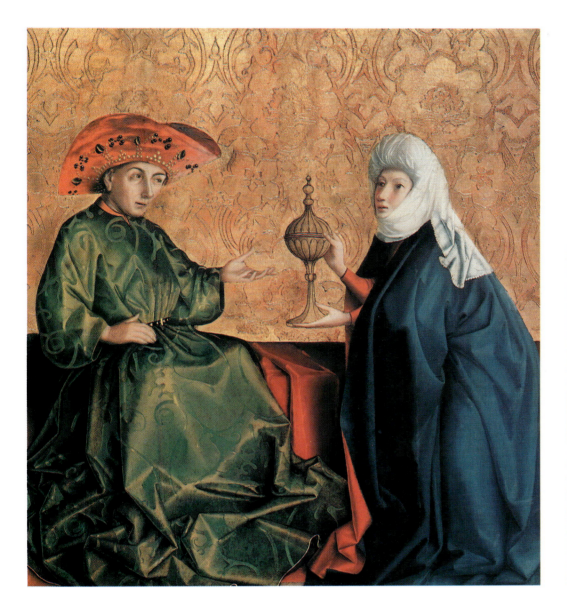

Links: Sittsam in ein weites Gewand gehüllt, reicht die Königin von Saba Salomo einen kostbaren Pokal, den dieser offensichtlich gerne entgegennimmt. Gemälde von Konrad Witz von Rottweil (1400 – um 1444).

Unten: Mit jugendlichem Schwung eilt die Königin die Stufen zum Thron Salomos hinauf, der sich erhoben hat und die Königin von Saba voll Freude begrüßt. Ausschnitt aus einem Fresko von Raffaello Santi (1483 – 1520) in den Loggien des Vatikans.

ist tief empört und schwört, sich nie wieder von Schmeicheleien täuschen zu lassen. Sie läßt sich aber von Beelzebub verführen, mit ihm in sein Reich zu reisen. Wiederum wird sie betrogen, aber diesmal kann sie nicht fliehen, denn Beelzebubs Reich ist das der Toten. „Trau keinem großen Herrn!" scheint die Moral seiner Erzählung zu sein.

SCHLIESSLICH HAT AUCH der in Litauen geborene, jüdisch-amerikanische Schriftsteller Solomon Bloomgarden (1870 – 1927), der für seine Übersetzung des gesamten Alten Testaments vom Hebräischen ins Jiddische berühmt ist, unter dem Pseudonym Yehoash eine Reihe von biblischen Epen verfaßt. Die „Königin von Saba" ist das umfangreichste. In ihrem weit entfernten Königreich hört die junge Königin Balchis von Salomo, aber es ist nicht sein Reichtum, der sie anzieht, sondern seine Weisheit. Sie möchte das Rätsel des Daseins lösen – wird Salomo es für sie lösen können? Auf ihrer wochenlangen Reise durch die Wüste, auf einem Riesenelefanten, träumt sie von dem weisen König, aber als sie vor ihm steht, steigt er vom Thron, ist überwältigt von ihrer Schönheit und beginnt, um sie zu werben. Sie hört seine leidenschaftlichen Worte und wird bleich. Seine Worte fallen wie schwere Steine auf ihr Herz, ihr Glaube an seine Weisheit ist zerstört.

* * *

Zwischen der Zeit König Salomos, der etwa im Jahre 928 v. Chr. starb, und der Zeit der nun folgenden drei Frauen liegen mehrere hundert Jahre. Nach Salomos Tod ging die Glanzzeit des jüdischen Reiches schnell zu Ende. Das Reich wurde gespalten. Salomos Sohn Rechabeam konnte nur seinen eigenen Stamm Juda und den größten Teil des Stammes Benjamin unter seiner Herrschaft halten. Der weitaus größere nördliche Teil des Reiches fiel unter die Herrschaft des Jerobeam, eines Rebellen, der nach Ägypten geflüchtet war und offenbar mit ägyptischer Billigung die zehn nördlichen Stämme unter sich vereinigte. Eine starke Dynastie begründete er aber nicht ... Einer seiner Nachfolger, Omri, der endlich die Feindseligkeiten gegen das Südreich einstellte, gründete mit Samaria eine neue nördliche Hauptstadt. Aber zwischen den Großmächten des Nahen Ostens konnte sich das geschwächte Reich nicht lange halten. Im Jahre 722 wurde Samaria von Assyrerkönig Sargon II. erobert; das war das Ende des Königreiches Israel. Das viel kleinere Juda im Süden, mit der Hauptstadt Jerusalem, blieb unter der Herrschaft Rechabeams und seiner Nachfolger und konnte somit sein Königshaus auf David zurückführen. Aber der kleine Bergstaat, der durch die Städte der Philister vom Meere abgeschnitten war, konnte nur durch vorsichtiges Taktieren mit seinen mächtigeren Nachbarn und als Vasallenstaat Ägyptens, Assyriens, Syriens oder Babyloniens existieren. So konnte es das Nordreich um 130 Jahre überdauern. Dann verließ es sich auf ägyptische Hilfe, die jedoch ausblieb. Damit war es Nebukadnezar ausgeliefert, dem tatkräftigsten Herrscher des neubabylonischen Reiches. Jerusalem wurde 597 v. Chr. besetzt und nach einem Aufstand zehn Jahre später geplündert. Die Oberschicht des Landes wurde nach Babylon ins Exil geführt. Dieses „Babylonische Exil" dauerte bis zum Jahre 538, als der Perserkönig Kyrus das Babylonierreich eroberte und den Juden gestattete, in ihre Heimat zurückzukehren.

> „ICH WERDE EINE TAT VOLLBRINGEN, DIE BIS IN DIE FERNSTEN
> GESCHLECHTER ZU DEN SÖHNEN UNSERES VOLKES DRINGEN WIRD."
> Judit 8, 32

Buch Judit

Kapitel 8, Vers 1–28
Kapitel 9, Vers 1–14
Kapitel 10, Vers 1–23
Kapitel 11, Vers 1–23
Kapitel 12, Vers 1–20
Kapitel 13, Vers 1–20

Die Geschichte Judits spielt zur Zeit des Königs Nebukadnezar, wurde aber erst zur Zeit der Makkabäerkriege, im 2. Jahrhundert v. Chr., niedergeschrieben. Dem Verfasser kam es dabei mehr auf die heroische Tat der Judit als auf die zugrundeliegenden historischen Tatsachen an, mit denen er recht frei umgeht: Nebukadnezar regierte in Babylon, nicht in Assyrien, und die Stadt Ninive, in der er regiert haben soll, war bereits von seinem Vater Nabupolassar zerstört worden. Betylua, Judits belagerte Heimatstadt, ist niemals identifiziert worden.

JUDIT RETTERIN IHRES VOLKES

In jenen Tagen hörte davon auch Judit, die Tochter Meraris, des Sohnes des Ox, des Sohnes Josephs, des Sohnes Usiels, des Sohnes Elkijas, des Sohnes des Hananjas, des Sohnes Gideons, des Sohnes Rephaims, des Sohnes Achitubs, des Sohnes Elijas, des Sohnes Hilkijas, des Sohnes Eliabs, des Sohnes Natanaels, des Sohnes Salamiels, des Sohnes Zurischaddais, des Sohnes Israels. ² Ihr Mann war Manasse aus dem gleichen Stamm und Geschlecht. Er starb in den Tagen der Weizenernte. ³ Als er nämlich bei den Garbenbindern auf dem Felde stand und der heiße Glutwind auf sein Haupt kam, legte er sich auf sein Ruhelager und starb in seiner Stadt Betylua. Man begrub ihn bei seinen Vätern auf dem Felde, das zwischen Dotain und Balamon liegt. ⁴ Judit weilte drei Jahre und vier Monate in ihrem Hause als Witwe. ⁵ Auf dem Dach ihres Hauses errichtete sie sich eine Hütte, um ihre Lenden legte sie ein Bußgewand und trug die Witwenkleider. ⁶ Alle Tage ihrer Witwenschaft fastete sie, außer den Vorsabbaten, den Sabbaten, den Vorneumonden, den Neumonden, den Festen und Freudentagen des Hauses Israel. ⁷ Sie war schön von Gestalt und von sehr blühendem Aussehen. Ihr Mann Manasse hatte ihr Gold und Silber, Sklaven und Sklavinnen, Vieh und Äcker hinterlassen, in deren Besitz sie blieb. ⁸ Es gab niemand, der ihr ein böses Wort nachsagte. Denn sie war sehr gottesfürchtig.

⁹ Da vernahm sie die schlimmen Reden des Volkes gegen den Stadtvorsteher, da sie durch den Wassermangel kleinmütig geworden waren. Auch erfuhr Judit alle Worte, die Usija zu ihnen gesprochen, wie er ihnen geschworen hatte, die Stadt nach fünf Tagen den Assyrern zu übergeben. ¹⁰ Da sandte sie ihre Magd, die all ihrem Besitz vorstand, hin und ließ Usija, Chabris und Charmis, die Ältesten ihrer Stadt, rufen. ¹¹ Nach ihrer Ankunft sprach sie zu ihnen: „Hört mich doch an, ihr Ältesten der Bewohner von Betylua! Denn eure Rede, die ihr an diesem Tage vor dem Volke hieltet, war nicht recht; auch leistetet ihr noch diesen Eid, den ihr zwischen Gott und euch spracht, indem ihr zusagtet, die Stadt unseren Feinden zu übergeben, wenn in der bestimmten Zeit der Herr euch keine Hilfe zuwende. ¹² Wer seid ihr denn eigentlich, die ihr am heutigen Tag Gott versuchtet und euch über Gott inmitten der Menschensöhne stelltet? ¹³ Nun prüft ihr den allmächtigen Herrn und werdet doch in Ewigkeit nichts erkennen! ¹⁴ Denn die Tiefe des Menschenherzens könnt ihr nicht ergründen und das Sinnen seines Verstandes nicht erfassen! Wie wollt ihr da Gott erforschen, der dies alles gemacht hat, seinen Sinn erkennen und sein Denken verstehen? Keineswegs, Brüder! Reizt den Herrn, unsern Gott, doch nicht zum Zorn! ¹⁵ Denn wenn er auch in diesen fünf Tagen uns nicht helfen will, hat er doch die Macht, an den Tagen, an denen er will, uns zu beschützen oder vor dem Antlitz unserer Fein-

de zu verderben. ¹⁶ Ihr aber, erzwingt doch nicht die Absichten Gottes! Denn Gott kann nicht wie ein Mensch bedroht, noch wie ein Menschenkind wankend gemacht werden. ¹⁷ Während wir auf seine Rettung warten, wollen wir ihn zu unserer Hilfeleistung anrufen! Dann wird er unsere Stimme erhören, wenn es ihm wohlgefällt. ¹⁸ Denn es bestand keines unter unsern Geschlechtern, noch gibt es heute einen Stamm, ein Geschlecht, eine Familie oder Stadt unter uns, die von Menschenhand angefertigte Götzen anbetet, wie es früher geschah. ¹⁹ Deshalb wurden unsere Väter dem Schwert und der Plünderung überlassen und erlitten vor unsern Feinden eine große Niederlage. ²⁰ Wir aber kennen keinen anderen Gott außer ihm. Deshalb hoffen wir, daß er uns nicht übersehen wird noch jemand aus unserem Geschlecht.

²¹ Denn durch die Einnahme unserer Stadt wird ganz Judäa erobert und unser Heiligtum geplündert werden. So wird er für seine Entweihung Sühne von unserem Blut fordern. ²² Die Ermordung unserer Brüder, die Kriegsgefangenschaft des Landes und die Verwüstung unseres Erbbesitzes wird er noch unter den Völkern auf unser Haupt legen, wo wir als Sklaven dienen. Wir werden zum Ärgernis und Spott vor jenen sein, die uns käuflich erwarben. ²³ Denn unsere Knechtschaft wird nicht zum Guten gelenkt, sondern der Herr, unser Gott, wird sie in Schmach verwandeln. ²⁴ Jetzt, Brüder, beweisen wir unseren Brüdern, daß ihr Leben von uns abhängt und Heiligtum, Tempel und Altar auf uns sich stützen!

²⁵ Für all das wollen wir dem Herrn, unserem Gott, danken, der uns ebenso prüft, wie unsere Väter! ²⁶ Bedenkt, wie er mit Abraham verfuhr, wie er Isaak prüfte, und wie es Jakob im syrischen Mesopotamien erging, da er die Schafe Labans, des Bruders seiner Mutter, weidete! ²⁷ Denn wie er jene zur Erprobung ihres Herzens im Feuer prüfte, so hat er auch uns nicht gestraft, vielmehr züchtigt der Herr zur Warnung jene, die sich ihm nahen."

²⁸ Da sprach Usija zu ihr: „Alles, was du vortrugst, sprachst du mit guter Gesinnung, und niemand kann deinen Reden widerstehen.

9 ¹ Judit aber fiel auf ihr Antlitz, streute Asche auf ihr Haupt und enthüllte das Bußgewand, das sie trug. Eben wurde in Jerusalem das Rauchopfer jenes Abends im Gotteshaus dargebracht, da rief Judit mit lauter Stimme zum Herrn und sprach:

Das nun folgende Gebet von Judit, Vers 2 bis 14, ist auf nebenstehendem Farbton wiedergegeben.

10 ¹ Als sie aufgehört hatte, zum Gott Israels zu rufen, und all diese Worte beendet hatte, ² erhob sie sich von der Erde, rief ihre Magd und stieg ins Haus hinab, in dem sie an den Sabbaten und an ihren Festen weilte. ³ Sie legte das Bußgewand ab, mit dem sie bekleidet war, zog ihre Witwenkleidung aus, badete den Körper mit Wasser und salbte sich mit kostbarer Salbe. Sie ordnete die Haare ihres Hauptes und setzte ein Diadem darauf. Dann legte sie ihre Freudenkleider an, mit denen sie sich zu Lebzeiten ihres Mannes Manasse geschmückt hatte. ⁴ Sie zog Sandalen an ihre Füße, legte ihre Schrittkettchen, Armbänder, Fingerringe, Ohrgehänge und ihren ganzen Schmuck an. Sie schmückte sich so sehr, um die Augen der Männer zu bestricken, die sie sehen würden. ⁵ Ihrer Magd gab sie einen Schlauch Wein und ein Gefäß Öl, füllte ihren Brotsack mit Gerstenbroten, Feigenkuchen und reinen Bro-

---

Seite 206: Die ursprünglich vergoldete Bronzestatue der Judit, die im Begriff ist, Holophernes zu enthaupten, hat Donatello (1386 bis 1466) als Mittelstück eines Brunnens in den Jahren 1456–1460 geschaffen. Sie befindet sich jetzt neben dem „David" des Michelangelo auf der Piazza della Signoria in Florenz. 1495 wurde am Sockel folgende Unterschrift angebracht: „Exemplum publicae salutis", was soviel heißt wie: Vorbildliche Tat im Interesse der Allgemeinheit.

Seite 207: Gefolgt von ihrer Dienerin, die das Haupt des Holophernes auf ihrem Kopf trägt, schreitet Judit sinnend des Weges. In der rechten Hand trägt sie das Schwert vor sich, mit dem sie die Tat ausgeführt hat, und in der linken Hand hält sie aufrecht einen jungen Zweig, Symbol der Friedenshoffnung für ihr Volk. Gemälde von Sandro Botticelli (1445–1510).

Rechts: Auf dem Gemälde des Johann Martin Schmidt, bekannt als Kremser-Schmidt (1718 bis 1801), hält Judit das Haupt des Feindes triumphierend in die Höhe und wird von den Bürgern der umlagerten Stadt Betylua ekstatisch als Retterin gefeiert.

JUDITS GEBET
Buch Judit, Kapitel 9, Vers 2–14

² „Herr, Gott meines Vaters Simeon, dem du ein Schwert in die Hand gabst zur Rache an den Fremden, die den Gürtel einer Jungfrau zu ihrer Befleckung lösten, die Schenkel zu ihrer Schande enthüllten und den Schoß zu ihrer Schmach entweihten! Denn du hattest befohlen: solches darf nicht sein! Sie taten es dennoch. ³ Dafür gabst du ihre Führer der Ermordung preis und ihr Lager, das sich ihres Betruges schämte, dem Blutbad. Die Knechte schlugst du samt ihren Herren, die Herrscher samt ihren Dienern. ⁴ Ihre Frauen gabst du zur Beute, ihre Töchter zur Gefangenschaft und all ihre Habe zum Anteil deinen geliebten Söhnen, die auch von deinem Eifer beseelt waren, die Befleckung des Blutes verabscheuten und dich um Hilfe anriefen. Gott, mein Gott, erhöre auch mich, die Witwe! ⁵ Du hast bewirkt, was früher war als dies, und jenes sowie das Spätere, das Jetzige und Zukünftige hast du durchdacht. Es geschah, was du beabsichtigtest. ⁶ Fest stand da, was du geplant hattest, und sprach: Siehe, da bin ich! Denn all deine Wege sind geordnet, und dein Gericht ist vorhergesehen. ⁷ Denn siehe, die Assyrer sind stark in ihrem Kriegsheer. Sie rühmen sich ihrer Pferde und Reiter, sind stolz auf die Kraft ihrer Fußtruppen, vertrauen auf Schild und Speer, Bogen und Schleuder und wissen nicht, daß du der Herr bist, der die Kriege zerschlägt.

⁸ Herr ist dein Name. Zerschmettere ihre Kraft durch deine Macht und zwinge nieder in deinem Zorn ihre Stärke! Denn sie haben beschlossen, dein Heiligtum zu entweihen, zu verunreinigen das Zelt, das ein Ruheort deines herrlichen Namens ist, und mit dem Eisen das Horn deines Altares abzuschlagen. ⁹ Blick nieder auf ihren Hochmut und sende deinen Zorn auf ihre Häupter! Verleih meiner, der Witwe, Hand die Kraft zu dem, was ich beabsichtige!

¹⁰ Schlag durch meine täuschenden Lippen den Knecht mit dem Herrn und den Herrn mit seinem Diener! Zerschmettere ihren Stolz durch die Hand einer Frau! ¹¹ Denn nicht in der Menge ruht deine Kraft noch deine Macht in den Starken. Vielmehr bist du ein Gott der Demütigen und Helfer der Geringen, ein Beistand der Schwachen und Beschützer der Verstoßenen, ein Retter der Verzweifelten.

¹² Fürwahr, fürwahr, Gott meines Vaters und Gott des Erbes Israel! Du Herrscher der Himmel und der Erde, Schöpfer der Wasser und König deiner ganzen Schöpfung, höre doch auf mein Gebet! ¹³ Mach mein betrügerisches Wort zur Wunde und Strieme für sie, die gegen deinen Bund, dein heiliges Haus, den Gipfel des Zion und das Haus deiner Söhne Grausames planten. ¹⁴ Bewirke bei jedem Volk und jedem Stamm die Erkenntnis, daß sie wissen, daß du der Herr bist, der Gott aller Macht und Kraft, und daß kein anderer besteht, der das Geschlecht Israels beschützt außer dir!"

ten, umhüllte all diese Dinge und lud sie ihr auf. ⁶ Sie gingen zum Stadttor von Betylua hinaus und fanden dort Usija und die Stadtältesten Chabris und Charmis. ⁷ Als jene sie erblickten – ihr Antlitz war verändert und ihre Kleidung verwandelt –, staunten sie sehr über ihre Schönheit und sprachen zu ihr: ⁸ „Der Gott unserer Väter verleihe dir Gnade und vollende dein Unternehmen zum Ruhm der Söhne Israels und zur Erhöhung Jerusalems!"

⁹ Sie fiel anbetend vor Gott nieder und sprach zu ihnen: „Befehlt, das Stadttor mir zu öffnen! Ich will hinausgehen, um das zu vollenden, was ihr mir gesagt habt." Da befahlen sie den Jünglingen, ihr zu öffnen, wie sie gesagt hatte. ¹⁰ Sie taten es. Da ging Judit hinaus und ihre Magd mit ihr. Die Männer der Stadt aber schauten ihr nach, bis sie den Berg hinabgestiegen war und das Tal durchschritten hatte, so daß sie sie nicht mehr sehen konnten. ¹¹ Im Tal gingen sie geradeaus, bis ihr assyrische Vorposten begegneten. ¹² Sie ergriffen sie und fragten: „Von wem stammst du, woher kommst du, und wohin gehst du?" Sie antwortete: „Ich bin eine Tochter der Hebräer und bin ihnen entlaufen, weil sie euch zum Fraß gegeben werden. ¹³ Ich gehe zu Holophernes, dem Oberbefehlshaber eures Heeres, um ihm wahrheitsgetreu zu berichten. Ich will ihm einen Weg zeigen, auf dem er hinziehen und das ganze Gebirge besetzen kann, ohne daß auch nur einer seiner Leute an Leib und Leben zugrunde geht." ¹⁴ Als nun die Männer ihre Worte vernahmen und ihr Antlitz betrachteten, da war es ihnen von einer geradezu bewundernswerten Schönheit. Sie sprachen zu ihr: ¹⁵ „Du hast dein Leben gerettet, da du so eilig heruntergekommen bist vor das Antlitz unseres Herrn. Geh nun hin zu seinem Zelt! Einige von uns sollen dich begleiten, bis sie dich seinen Händen überliefert haben. ¹⁶ Wenn du aber vor ihm stehst, fürchte dich nicht, sondern melde ihm nur, wie du gesagt hast! Er wird dich gut behandeln." ¹⁷ Nun wählten sie hundert Mann aus ihrer Mitte und gaben sie ihr und ihrer Sklavin als Begleitung mit. Diese führten sie zum Zelt des Holophernes. ¹⁸ Im ganzen Lager entstand ein Zusammenlauf. Denn ihr Erscheinen hatte sich in allen Zelten herumgesprochen. So kamen sie und umringten sie, während sie außerhalb des Zeltes des Holophernes stand, bis man ihm über sie berichtet hatte. ¹⁹ Sie staunten über ihre Schönheit und bewunderten ihretwegen die Söhne Israels. Der eine sprach zum anderen: „Wer kann dieses Volk verachten, das solche Frauen bei sich besitzt? Deshalb ist es nicht gut, auch nur einen einzigen Mann von ihnen übrigzulassen. Denn sie sind imstande, die ganze Welt zu überlisten, sobald sie freigelassen sind."

²⁰ Da traten die Wachmannschaften des Holophernes und all seine Diener heraus und führten sie in das Zelt. ²¹ Holophernes aber ruhte gerade auf seinem Lager unter dem Fliegennetz, das aus Purpur, Gold, Smaragd und eingewebten, kostbaren Steinen bestand. ²² Als man ihm über sie Bericht erstattet hatte, ging er ins Vorzelt hinaus, und silberne Lampen wurden vor ihm hergetragen. ²³ Als aber Judit in seiner und seiner Diener Gegenwart erschien, staunten alle über die Schönheit ihres Antlitzes. Sie fiel auf ihr Angesicht und huldigte ihm. Da richteten seine Diener sie auf.

11 ¹ Da sprach Holophernes zu ihr: „Habe Mut, Frau! Fürchte dich nicht in deinem Innern! Denn ich tat noch keinem Menschen ein Leid an, der bereit war, Nebukadnezar, dem König der ganzen Erde, zu dienen. ² Wenn nun dein Volk, das das Gebirge bewohnt, mich nicht geringgeachtet

hätte, hätte ich nie meinen Speer gegen es erhoben. So aber haben sie sich das selbst zugefügt. ³ Nun sage mir, warum du von ihnen entflohen und zu uns gekommen bist! Denn du kamst zu deiner Rettung. Mut! Du wirst diese Nacht und auch weiterhin am Leben bleiben. ⁴ Denn niemand wird dir ein Unrecht zufügen, vielmehr wird man dir Gutes erweisen, wie es den Dienern meines Herrn Nebukadnezar geschieht."

⁵ Da antwortete ihm Judit: „Nimm die Rede deiner Sklavin gnädig auf, und laß deine Dienerin vor deinem Antlitz sprechen! Keine Unwahrheit will ich diese Nacht meinem Herrn melden. ⁶ Wenn du die Worte deiner Sklavin befolgst, wird Gott das Werk mit dir vollenden, und mein Herr wird seine Unternehmungen nicht vergebens beginnen. ⁷ Denn so wahr Nebukadnezar, der König der ganzen Erde, lebt, und so wahr seine Macht besteht, der dich ausgesandt hat zur Ordnung aller Lebewesen, nicht nur die Menschen werden durch dich ihm dienen, sondern auch die Tiere des Feldes, das Herdenvieh und die Vögel des Himmels werden durch deine Macht für Nebukadnezar und sein ganzes Haus leben. ⁸ Denn wir hörten von deiner Weisheit und den klugen Überlegungen deines Geistes. Aller Welt wurde bekannt, daß du allein im ganzen Königreich tüchtig bist, gewaltig an Einsicht und bewundernswert in Kriegsunternehmen. ⁹ Was nun die Rede betrifft, die Achior in deiner Ratsversammlung sprach, so erfuhren wir seine Worte, weil die Leute von Betylua ihn am Leben ließen, und er ihnen alles berichtete, was er bei dir ausgesagt hatte. ¹⁰ Herr und Gebieter, laß deshalb sein Wort nicht unbeachtet, sondern erwäge es in deinem Herzen! Denn es ist wahr. Unser Geschlecht wird nämlich nicht gestraft, nicht kann das Schwert Gewalt über sie gewinnen, wenn sie nicht gegen ihren Gott gesündigt haben. ¹¹ Nun denn, damit mein Herr nicht vertrieben werde und erfolglos bleibe und der Tod sie treffe, hat die Sünde sie erfaßt, wodurch sie ihren Gott erzürnen werden, sobald sie etwas Sündhaftes vollführen. ¹² Als ihnen nämlich die Nahrungsmittel ausgingen und alles Wasser spärlich wurde, beschlossen sie, Hand an ihre Viehherden zu legen, und entschieden, alles zu genießen, was ihnen Gott durch Gesetze zu essen verboten hatte. ¹³ Auch die Erstlinge an Getreide und die Zehnten an Wein und Öl, die sie aufbewahrt hatten, um sie den Priestern zu weihen, die zu Jerusalem vor dem Angesicht unseres Gottes Dienst tun, haben sie zu verzehren beschlossen. Dabei darf keiner aus dem Volk sie auch nur mit den Händen berühren. ¹⁴ Schon sandten sie Leute nach Jerusalem, da die dortigen Einwohner dasselbe getan hatten, um ihnen von der Ratsversammlung die Nachlassung zu verschaffen. ¹⁵ Sobald es ihnen gemeldet ist und sie danach handeln, werden sie dir an jenem Tag zur Vernichtung überliefert. ¹⁶ Deshalb bin ich, deine Dienerin, die das alles wußte, vor ihnen geflohen. Gott sandte mich, mit dir Taten zu vollbringen, über die die Welt sich entsetzen wird, wenn sie davon hört. ¹⁷ Denn deine Dienerin ist gottesfürchtig und dient dem Himmelsgott Tag und Nacht. Nun will ich bei dir bleiben, mein Herr! Nur nachts will deine Dienerin in die Schlucht hinausgehen, um zu Gott zu beten. Er wird mir sagen, wann sie die Sünden begangen haben. ¹⁸ Dann will ich kommen, um es dir zu berichten. Du wirst mit deinem ganzen Heer ausziehen, und keiner ist da, der von ihnen dir widerstehen kann. ¹⁹ Ich werde dich mitten durch Judäa bis vor Jerusalem führen und deinen Thron stelle ich in seiner Mitte auf. Du wirst sie

Judit mit einer das Haupt des Holophernes tragenden Dienerin von einem der vier Eckpfeiler an der Decke der Sixtinischen Kapelle von Michelangelo (1475 – 1564). Die beiden Figuren bewegen sich in einer Art Freudentanz gegeneinander.

leiten wie Schafe, denen der Hirte fehlt, und kein Hund wird sich mit seiner Zunge gegen dich regen. Denn dies wurde mir durch mein Vorherwissen mitgeteilt. Es wurde mir verkündet, und ich ward gesandt, es dir zu melden."

20 Ihre Worte fanden Beifall bei Holophernes und all seinen Dienern. Sie staunten über ihre Weisheit und sprachen: 21 „Von einem Ende der Erde bis zum anderen gibt es keine solche Frau mehr von so schönem Antlitz und so verständiger Rede." 22 Dann sprach Holophernes zu ihr: „Gott tat gut daran, dich vor dem Volk herzusenden, damit der Sieg in unsere Hand komme, über die Verächter meines Herrn aber Verderben. 23 Nun, schön bist du in deiner Gestalt und gut in deinen Worten. Wenn du nun tust, wie du gesagt hast, wird dein Gott mein Gott sein, du aber wirst im Palast des Königs Nebukadnezar wohnen und auf der ganzen Erde berühmt sein."

12 1 Dann befahl er, sie dorthin zu führen, wo seine Silbersachen aufgestellt waren, und er gab Weisung, ihr von seinen leckeren Speisen herzurichten und von seinem Wein zu reichen. 2 Da sprach Judit: „Ich werde davon nicht essen, damit kein Ärgernis entsteht. Vielmehr soll mir von dem, was mir mitgebracht wurde, dargereicht werden!" 3 Holophernes aber antwortete ihr: „Wenn aber dein Vorrat zu Ende ist, woher sollen wir dann etwas Ähnliches nehmen und dir reichen? Denn bei uns ist niemand aus deinem Geschlecht." 4 Judit entgegnete ihm: „So wahr du lebst, mein Herr! Deine Sklavin wird den Vorrat, den sie bei sich hat, nicht aufgezehrt haben, bis der Herr durch mich das vollbringt, was er beschlossen hat." 5 Nun führten die Diener des Holophernes sie in das Zelt. Sie schlief bis Mitternacht und erhob sich zur Zeit der Morgenwache. 6 Sie schickte zu Holophernes und ließ sagen: „Mein Herr gebe nun Befehl, deine Sklavin zum Gebet hinauszulassen!" 7 Da befahl Holophernes den Leibwachen, sie nicht zu hindern. So verbrachte sie drei Tage im Lager. Nachts ging sie in die Schlucht von Betylua hinaus und badete sich an der Wasserquelle im Lager. 8 Wenn sie herausgestiegen war, betete sie zum Herrn, dem Gott Israels, ihr den Weg zur Erhöhung der Söhne ihres Volkes zu bereiten. 9 Rein kehrte sie zurück und verblieb im Zelt, bis man ihr gegen Abend die Speise brachte. 10 Am vierten Tag bereitete Holophernes ausschließlich seinen Dienern ein Mahl und lud keinen der Beamten dazu ein. 11 Da sprach er zum Eunuchen Bagoas, der all sein Eigentum verwaltete: „Geh und überrede doch die hebräische Frau, die bei dir ist, zu uns zu kommen und mit uns zu essen und zu trinken! 12 Denn siehe, es wäre eine Schande für uns, ein solches Weib vorbeizulassen, ohne mit ihm verkehrt zu haben. Ziehen wir sie nicht an uns, wird sie uns verlachen." 13 Bagoas ging von Holophernes fort und trat zu ihr ein mit den Worten: „Das schöne Mädchen sollte doch kein Bedenken tragen, zu meinem Herrn zu gehen, um vor ihm geehrt zu werden, in Fröhlichkeit mit uns Wein zu trinken und am heutigen Tag wie eine Tochter der Söhne Assurs zu werden, die im Palast Nebukadnezars weilen!" 14 Da antwortete ihm Judit: „Wer bin ich, daß ich meinem Herrn widerstehen sollte? Vielmehr alles, was ihm gefällt, will ich schnell tun, und dies wird mir eine Freude bis zum Tage meines Todes sein!" 15 Dann stand sie auf und schmückte sich mit dem Gewand und allem weiblichen Schmuck. Ihre Dienerin ging hin und breitete für sie vor Holophernes auf dem Boden Teppiche aus, die sie von Bagoas zum täglichen Gebrauch erhalten hatte, um auf ihnen liegend zu essen. 16 Dann trat Judit

Miniatur der ersten Hälfte des 10. Jahrhunderts aus der in Rom befindlichen Bibel des Patricius Leo, Codex Reg. gr. 1, fol. 383 mit Szenen zum Buch Judit. In der Mitte die Enthauptung des Holophernes.

Seite 213: Zurückgekehrt nach Betylua, zieht Judit den Kopf des Holophernes aus dem Sack und zeigt ihn allem Volk, um den Verängstigten Mut zu machen. „Das ist der Kopf des Oberbefehlshabers des assyrischen Heeres ... Der Herr hat ihn durch die Hand einer Frau erschlagen." Illustration aus dem Cod. hebr. 37, fol. 81 b r.

Das Schwert in der Hand, mit dem sie Holophernes enthauptete, blickt Judit, ebenso wie ihre Dienerin, die das Haupt des Getöteten in einem Korb auf der Hüfte trägt, noch einmal zurück zum Zelt, in dem die Tat geschah. Ihre Miene drückt eher Betroffenheit als Triumph aus. Dieses Bild mit den geradezu plastisch erscheinenden, seitwärts gedrehten Figuren stammt von der in Rom geborenen Artemisia Gentileschi (1597 – ca. 1652), die eine Zeitlang mit ihrem Vater Orazio am englischen Hof Karls I. und später vorwiegend in Neapel tätig war.

ein und legte sich nieder. Da geriet des Holophernes Herz außer sich über sie, und sein Inneres kam in Erregung. Er war sehr begierig, mit ihr zusammenzukommen. Seit dem Tage, da er sie gesehen hatte, wartete er auf den günstigsten Augenblick, sie zu verführen. 17 Holophernes sprach zu ihr: „Nun trink und sei mit uns fröhlich!" 18 Da erwiderte Judit: „Ja ich will trinken, Herr! Denn heute ist mein Leben in mir mehr erhöht worden als alle Tage seit meiner Geburt." 19 Dann nahm sie, aß und trank in seiner Gegenwart, was ihre Dienerin ihr bereitet hatte. 20 Holophernes erfreute sich an ihr und trank sehr viel Wein, mehr als er jemals an einem Tage seit seiner Geburt getrunken hatte.

13 1 Als es spät geworden war, brachen seine Diener eilig auf. Bagoas machte das Zelt von außen zu und schloß die Anwesenden vom Antlitz seines Herrn aus. Sie begaben sich zu ihren Lagerstätten. Denn alle waren müde geworden, da das Mahl lange gedauert hatte. 2 Judit wurde allein im Zelte belassen. Holophernes war vornüber auf sein Lager gesunken, da der Wein ihn beschwert hatte. 3 Judit befahl ihrer Dienerin, außerhalb ihres Schlafgemaches stehenzubleiben und ihren Ausgang wie alltäglich abzuwarten. Sie sagte nämlich, sie wolle zum Gebet hinausgehen. Dasselbe sagte sie auch Bagoas. 4 Als alle von Holophernes fortgegangen waren und keiner im Schlafgemach zurückgeblieben war, weder groß noch klein, trat Judit an sein Lager und sprach bei sich: „Herr, Gott aller Macht! Schau in dieser Stunde auf die Werke meiner Hände zur Erhöhung Jerusalems! 5 Denn nun ist es Zeit, dich deines Erbes anzunehmen und mein Werk zu vollenden zum Verderben der Feinde, die gegen uns aufgetreten sind." 6 Dann trat sie zur Säule des Bettes hin, die sich zu Häupten des Holophernes befand, und nahm sein kleines Schwert von ihr. 7 Sie näherte sich dem Bett, ergriff das Haar seines Hauptes und sprach: „Stärke mich, Herr, Gott Israels, am heutigen Tage!" 8 Dann schlug sie zweimal mit all ihrer Kraft in seinen Nacken und trennte ihm das Haupt davon ab. 9 Seinen Leichnam wälzte sie vom Lager fort und nahm das Mückennetz von der Säule. Bald darauf trat sie hinaus und übergab ihrer Dienerin das Haupt des Holophernes. 10 Diese legte es in ihren Reisesack. Dann gingen beide nach ihrer Gewohnheit zum Gebete hinaus. Sie durchschritten das Lager, gingen in einem Bogen um jene Felsenschlucht, stiegen den Berg von Betylua hinan und kamen zu seinen Toren.

11 Von ferne rief Judit den Wächtern auf den Toren zu: „Öffnet, ja öffnet das Tor! Mit uns ist Gott, unser Gott, um noch seine Stärke in Israel und seine Macht gegen die Feinde zu beweisen, wie er es auch heute getan hat." 12 Als die Männer ihrer Stadt ihre Stimme vernahmen, stiegen sie eilends zum Tor ihrer Stadt hinab und riefen die Ältesten der Stadt zusammen. 13 Alle, vom Kleinsten bis zum Größten, liefen zusammen, da es ihnen unglaublich schien, daß jene gekommen sei. Sie öffneten das Tor und empfingen sie. Sie zündeten Feuer zur Beleuchtung an und umringten sie. 14 Sie aber sprach mit lauter Stimme zu ihnen: „Preiset Gott, preiset! Preiset Gott, der sein Erbarmen vom Hause Israel nicht entfernte, sondern unsere Feinde in dieser Nacht durch meine Hand zerschmetterte!" 15 Dann nahm sie das Haupt aus dem Sack, zeigte es ihnen und sprach zu ihnen: „Seht, das Haupt des Holophernes, des Oberfeldherrn des assyrischen Heeres! Seht auch das Mückennetz, unter dem er in seiner Trunkenheit lag! Der Herr hat ihn

„KEINE FURCHT IN ISRAEL, SOLANGE JUDIT LEBT"

Es gibt in der Bibel eine Tradition der starken und furchtlosen Heldin, die allen Klischees von weiblicher Schwäche und Verzagtheit widerspricht. In der Zeit der Landnahme und Staatsgründung tauchen Prophetinnen und Richterinnen wie Debora auf. Auch die kriegerische Heldin erscheint in Jael, die einen schlafenden Feind erschlägt (Ri 5). Aber erst Ester und Judit sind Retterinnen ihres Volkes in der nachexilischen Unterdrückungssituation, in der Israel ohne Eigenstaatlichkeit lebt. Die Legende von Judit und Holophernes aus den Apokryphen ist sicher ein Ausdruck des unverhüllteren anderen Bildes der Frau. Daß „keine Furcht in Israel herrschte, solange Judit lebte", ist ein Ruhmestitel, den keine andere Frau in der Tradition erworben hat.

Die Verbindung von Krieg und Frauenschändung, Massenvergewaltigung der Frauen des unterlegenen Volkes durch die militärischen Sieger ist jahrtausendealt, die Freigabe der Vergewaltigung oft bis zum Tode der Opfer ist ein Anreiz, besser zu kämpfen. Die Umkehrung dieses alten Motivs, so daß die Frau zur Handelnden und der Mann zum Erleidenden wird, erregt meist Befremden. Krieg und Lust dürfen zwar – wie im deutschen Wort Kriegs-Lust – zusammenkommen, wenn die Gewinner in beiden Aktivitäten Männer sind, nicht aber Lust und Mord, wenn wie in der Geschichte Judits eine Frau die Lust im Interesse ihres Volkes instrumentalisiert.

Die Bibel selber teilt diese zwiespältigen Gefühle nicht. Sie hat nichts gegen Judit einzuwenden, sie gehört zu den um ihrer Tugend willen respektierten Witwen, die später zum Vorbild für die Gemeindeleiterinnen der frühen christlichen Kirche wurden. In den mittelalterlichen Armenbibeln erscheint Judit – neben Eva, der Tochter des Pharaos, Rebekka, Tamar, Batscheba und Susanna – als allegorisches Symbol Christi. Ihre Weisheit, die Vertrauen einflößt, wird gerühmt.

Die Geschichte spielt zur Zeit des Großkönigs Nebukadnezar; sein Feldhauptmann Holophernes bleibt als Gegenfigur zu Judit blaß. Holophernes wurde von dem Ammoniter Achior gewarnt, und zwar vor dem Geist und dem Gott der Hebräer. Dennoch wagt er es, die jüdische Stadt Betylua zu belagern und ihr die Wasserzufuhr abzuschneiden. Die durch Schönheit, Tugend, Intelligenz und Frömmigkeit ausgezeichnete Witwe Judit verläßt die belagerte Stadt und kommt unter dem Vorwand, dem Holophernes die Juden verraten zu wollen, ins feindliche Lager. Begleitet von einer Magd, bleibt sie drei Tage und Nächte dort, ohne die Speisen der Fremden zu berühren. Sie bestrickt den Holophernes und folgt, prächtig geschmückt, seiner Einladung zu einem Festgelage. Spät in der Nacht werden die Diener und die Magd der Judit fortgeschickt, Judit ist allein mit dem betrunkenen Hauptmann, der sich die Erfüllung seiner Wünsche verspricht. Sie tötet ihn mit seinem eigenen Schwert. Das Haupt des Holophernes wird in den mitgebrachten Lebensmittelsack gestopft, aus dem Lager herausgeschmuggelt und schließlich den entmutigten Juden vorgezeigt, die nun die Feinde leicht zerstreuen.

Ich hatte wenig Zugang zu dieser blutrünstigen Geschichte, die mit allzuviel frommen Wörtern beladen daherkam, einen fremden Heroismus ausdrückte und zudem noch literarisch geradezu unbiblisch breit erzählt wird. Mein Mißbehagen schwand aber, als ich eine Parallelgeschichte aus unserer Zeit hörte, die mir vergleichbaren Geist zu atmen schien. Im Nicaragua des Diktators Somoza in den siebziger Jahren hat eine Frau der Befreiungsbewegung eine ähnliche Tat wie Judit vollbracht. Ein Mitglied der herrschenden Clique des Tyrannen war General Vega, ein berüchtigter Folterer für den Geheimdienst. Er hatte ein Auge auf die schöne Rechtsanwältin Nora Astorga geworfen und versuchte, sie für sich zu gewinnen. Eines Tages ließ sie ihm telefonisch ausrichten, jetzt sei es soweit, er solle sich bereithalten. Der Plan war, den betrunkenen General von Widerstandskämpfern gefangennehmen zu lassen, um dann eingekerkerte Freiheitskämpfer im Austausch freizupressen. Der Verliebte stürzte sich aber ohne weitere Präliminarien wie Kognak oder Erfrischungen auf die eintretende schöne Frau und zerrte sie aufs Bett, so daß ihr nichts anderes übrigblieb, als die versteckten Guerilleros herbeizurufen. Im dann folgenden Schußwechsel wurde der Offizier getötet.

Als Nora Astorga später nach dem Sieg der sandinistischen Revolution Botschafterin Nicaraguas in Washington werden sollte, wurde diese Geschichte in den Medien bekannt: Die moderne Judit wurde als Terroristin moralisch verurteilt und nicht akkreditiert. Später arbeitete sie als Botschafterin ihres Landes bei den Vereinten Nationen bis zu ihrem frühen Tod Anfang 1988.

Auch diese Judit hat ihr persönliches Schicksal der Sache der Befreiung ihres Volkes untergeordnet. Auch sie setzte ihre sexuelle Anziehungskraft als Waffe ein. Auch ihr wurden strategischer Überblick, Entschlossenheit und Mut nachgesagt. Wenn von Judit erzählt wurde, daß „keine Furcht in Israel herrschte, solange Judit lebte", so läßt sich vielleicht auch von dieser ungewöhnlichen Frau aus Zentralamerika sagen, daß sie die Furcht der armen Leute in ihrem Land für eine kurze Zeit vermindert hat.

Die Bilder auf dieser Doppelseite zeigen Judit im Lager des assyrischen Feldherrn Holophernes, dessen Zuneigung und Vertrauen sie durch die Schönheit ihrer Erscheinung und die Würde ihres Auftretens gewinnt.

Von links nach rechts:

Judit wird ins Zelt zu Holophernes gebracht, der ihr seine Huld und Gnade zusichert. Illustration aus dem Cod. hebr. 37, fol. 80 v.

Am vierten Tag wird Judit von dem pompös gekleideten Feldherrn des Königs Nebukadnezar an seine Tafel geladen. Nur Judit sitzt mit am Tisch, während die Hofleute stehen. Die Jüdin Judit darf dem assyrischen Heerführer auch die Speisen vorlegen, da er volles Vertrauen zu ihr hat. Ausschnitt eines Gemäldes von Lukas Cranach d. Ä. (1472 – 1553).

Holophernes, erstaunt über die Redegewandtheit der hebräischen Frau, die ihm ohne Scheu entgegentritt, spricht zu ihr: „Nur Mut, Frau, fürchte dich nicht! Niemand wird dir etwas zuleide tun!" Add. Manuskript 11639, fol. 121 a r.

Nach dem üppigen Gelage zogen sich die Beamten zum Schlafen zurück, so daß Judit mit Holophernes, der, vom Wein benommen, auf sein Nachtlager sank, alleine im Zelt war und die Gelegenheit erkannte, ihren Plan auszuführen. Codex hebr. 37, fol. 81 a r.

durch die Hand einer Frau geschlagen. [16] So wahr der Herr lebt, der mich auf dem Wege beschützte, auf dem ich wandelte: Mein Antlitz betrog ihn zu seinem Verderben. Doch beging er keine Sünde mit mir zur Befleckung und Schande." [17] Da entsetzte sich das ganze Volk sehr. Sie fielen nieder und beteten Gott an. Dann sprachen sie einmütig: „Gepriesen seist du, unser Gott, der du am heutigen Tag die Feinde deines Volkes gedemütigt hast!" [18] Usija sprach zu ihr: „Gepriesen seist du, Tochter, bei Gott, dem Höchsten, vor allen Frauen auf Erden! Gepriesen sei Gott der Herr, der die Himmel und die Erde erschaffen hat, der dich geführt hat, das Haupt des Anführers unserer Feinde zu zerschmettern! [19] Denn das Andenken an dein Vertrauen wird nicht aus den Herzen der Menschen weichen, die der Macht Gottes gedenken in Ewigkeit! [20] Gott möge dir dies zur ewigen Erhöhung werden lassen, indem er dich mit Gütern segne dafür, daß du deines Lebens nicht geschont hast wegen der Erniedrigung unseres Geschlechtes, sondern unserem Fall entgegengetreten bist, da du auf dem rechten Wege vor unserem Gott wandeltest!" Alles Volk aber sprach: „Amen! Amen!"

Die folgenden zwei Kapitel erzählen, wie Judit zum Volk spricht und zum Angriff gegen die Feinde aufruft. Zuerst begegnen die Assyrer den Israeliten mit Verachtung. Als sie aber entdecken, daß ihr Feldherr tot in seinem Zelt liegt, verlieren sie allen Mut und fliehen in alle Richtungen, und die nachsetzenden Juden töten viele von ihnen. Das gesamte Volk preist Judits Tat.

WAS NICHT IN DER BIBEL STEHT

ANTIKE UND MITTELALTERLICHE QUELLEN

In den ersten sieben Kapiteln des Buches wird berichtet, wie Nebukadnezar, König von Assyrien, den mächtigen Mederkönig Arphaxad besiegte und sich danach als Herr der Welt dünkte. Er sandte Botgewesen sein, solange sie ihrem Gott gehorchten. Darüber ergrimmten Holophernes und seine Obersten. Holophernes ließ den Achior an einen Baum binden und gelobte, ihn zu strafen, sobald er die Israeliten geschlagen habe. Aber die Juden befreiten Achior und brachten ihn in ihre Stadt Betylua, wo er ihnen alles berichtete. Usija, der Oberste in Betylua, zog sich

ABER SCHON IM frühen Mittelalter wurde das Judit-Drama in der germanischen Dichtung nacherzählt. Es gibt ein altenglisches Epos aus dem frühen 10. Jahrhundert, und in der sogenannten Vorauer Handschrift, so benannt nach einer bedeutenden Schreibstube in der Steiermark, existiert eine ältere „Judit" aus dem 12. und eine jüngere aus dem 13. Jahrhun-

schafter in alle Teile der Welt, bis Samaria und Jerusalem, ins Land Gosen – also Ägypten – und „bis an die Grenzen des Mohrenlandes" und forderte Unterwerfung. Alle Völker jedoch ließen seine Botschafter in Schanden wieder abziehen. Und so beschloß Nebukadnezar einen großen Rachefeldzug und gebot seinem Feldhauptmann Holophernes, gegen alle Reiche zu ziehen, die gegen Abend liegen, und sie zu unterwerfen. Holophernes überschritt den Euphrat, kam nach Damaskus und Mesopotamien, verbrannte alles Getreide und ließ Bäume und Weinberge niederhauen. Da ergaben sich ihm viele Fürsten, wie die von Libyen, Syrien und Mesopotamien. Die Kinder Israels wurden zwar auch von Furcht ergriffen, rüsteten sich aber zum Widerstand, bekräftigt von ihrem Priester Joakim. Als Holophernes davon hörte, befragte er seine Obersten, wer diese Israeliten eigentlich seien, und Achior, der Oberste der Ammoniter, antwortete und erzählte ihm vom Auszug aus Ägypten und der Eroberung des Landes Kanaan und fügte hinzu, daß die Kinder Israels immer siegreich

in die Berge zurück, und Holophernes begann mit der Belagerung der Stadt. Auf Rat der Ammoniter und Moabiter ließ er alle Wasserzufuhr in die Stadt abschneiden. Schon nach kurzer Zeit litten die Belagerten entsetzlich unter dem Wassermangel, klagten sich an, wider Gott gesündigt zu haben, und beteten zu ihm, sie zu bestrafen, sie aber nicht in die Hände der Feinde fallen zu lassen. Usija aber sprach zu ihnen: Habt Geduld und laßt uns noch fünf Tage ausharren und auf Hilfe von Gott warten. Bleibt diese aus, dann will ich tun, was ihr verlangt.

ZU DER SEHR ausführlichen Erzählung im Buch Judit hat die jüdische Tradition nicht viel hinzuzufügen. Es wurde als apokryph nicht zur hebräischen Bibel gezählt. Sie berichtet aber, daß Holophernes Judit während des Gelages sein Schwert mit den Worten überreicht habe: „Vor dir bin ich wehrlos..." Und ferner wird erzählt, daß, solange Judit lebte, in Israel keine Furcht geherrscht habe, und noch lange nach ihrem Tode verließ sie ihr Mut nicht. Josephus erwähnt Judit überhaupt nicht.

dert. In diesen Dichtungen steht Judit im Mittelpunkt, Holophernes ist nur Objekt, der verhaßte Feind und Judits Opfer. Das ältere Lied ist im volkstümlichen Balladenstil gehalten, das jüngere, längere, offenbar von einem niederösterreichischen Geistlichen verfaßte, beschränkt sich auf eine einfache, etwas unbeholfene Nacherzählung der biblischen Geschichte. Keines der beiden deutschen Werke entwickelt tiefere Gedanken oder religiöse Ideen.

Dante erwähnt zwar im zwölften Gesang des „Läuterungsberges" den Tod des Holophernes, läßt Judit aber nicht auftreten.

NEUERE LITERATUR

Vom 16. Jahrhundert an ist die Geschichte Judits häufig von Dichtern und Komponisten behandelt worden. Schon Martin Luther bemerkte, daß das Buch Judit eine „gute, ernste, tapfere Tragödie" enthalte. Einer der ersten Judit-Dichter war der Augsburger Justus Birck mit einem lateinischen Drama (1537) – es existiert musikalischen Behandlungen des Judit-Dramas. Eine Oper „Giuditta" von A. Salvadori und M. da Gagliano (1626) zeigt Holophernes als feurigen Liebhaber. In J. Beccaus Oper „L'Amor insanguinato" (1720) ist Judit eine galante Witwe, die von mehreren Anbetern umschwärmt wird. Das berühmteste Judit-Libretto stammt von Pietro Metastasio (um 1735). Auf dieses Libretto griff eine große Anzahl von Komponisten zurück, darunter H. Kellers Drama von 1809. Erst Friedrich Hebbel hat in seinem Erstlingsdrama „Judith" (1840) dieses Problem ernsthaft in Angriff genommen. Er selbst bemerkt, daß er die Judit der Bibel, die den Holophernes hinters Licht führt und laut triumphiert, nachdem sie ihn im Schlaf ermordet hat, als Heldin nicht brauchen kann; ihre Tat ist gemein. Bei Hebbel ist Judit noch Jungfrau. Sie will für ihr Volk die rettende Tat vollbringen, verfällt dann

auch in einer deutschen Version –, und ihm folgten W. Schmeltzl (1542) und Hans Sachs, der das Thema sogar zweimal behandelte, in „Judith" (1551) und in „Die Judit mit Holoferne" (1554), ferner J. Greff, der sich an antike Muster hält, und der Elsässer Jakob Frey in seinem Drama von 1564. In allen diesen Dramen wechseln die Szenen zwischen der belagerten Stadt und dem Assyrerlager, und häufig werden die Assyrer mit den Türken gleichgesetzt, die damals das Abendland bedrohten. Greff wiederum vergleicht die Not der Stadt Betylua mit der Bedrückung der Protestanten durch den Papst, ähnlich wie C. Schonaeus in seinem lateinischen Drama „Judithae Constantia" (1592).

Das dann aufkommende Jesuitendrama betont Judits Vertrauen in Gott, das in Gegensatz zu Holophernes' Anmaßung gesetzt wird. So N. Avancini in „Fiducia in Deum sive Bethulia liberata" (1642) und F. della Valle in „Giuditta" (1627).

Um diese Zeit erscheinen auch die ersten auch Mozart. Er nennt sein „La Betulia liberata" eine „Azione sacra". Wahrscheinlich schrieb er sie auf der Heimreise aus Italien. Doch weder Holophernes noch Judits Dienerin treten in diesem Stück direkt auf. Es ist wahrscheinlich im Jahre 1771 entstanden, als Mozart 15 Jahre alt war. Auch eine große Reihe von Judit-Oratorien wurde im 17. und 18. Jahrhundert komponiert, von denen das von Giudetti (1621) wohl das früheste, das von Antonio Vivaldi, „Judita triumfans", jedenfalls das berühmteste ist.

In Martin Opitz' Drama „Judith" (1635) steht das Liebesdrama im Mittelpunkt, und dasselbe gilt von den Dramen von Ch. Rose (1648) und A. Tscherning (1646). Die eigentliche Schwierigkeit, die der Stoff bietet, nämlich der klaffende Gegensatz zwischen einer Liebesgeschichte und einem blutigen Mord, löst keine dieser Darstellungen befriedigend, denn sie halten sich noch immer eng an die biblische Erzählung. Das gilt auch noch von aber dem Holophernes und haßt sich selbst dafür. Dieser ist ein orientalischer Despot, der Nebukadnezar darum beneidet, daß er zuerst auf die Idee gekommen ist, sich als Gott verehren zu lassen. Er philosophiert aber auch über Religion und hält moralisierende Reden. Er tut Judit Gewalt an. Als sie ihm dann das Haupt abgeschlagen hat, erkennt sie, daß sie – hierin Schillers Wilhelm Tell nicht ganz unähnlich – nicht als Vertreterin ihres Volkes gehandelt hat, sondern um ihre Jungfernschaft zu rächen, daß sie also die rechte Tat aus unrechten Gründen begangen hat. Und dann befallen sie sogar Zweifel, ob ihre Landsleute ihr Opfer überhaupt verdient haben. In der letzten Szene sagt sie bitter zum Volke: „Ja, ich habe den ersten und letzten Mann der Erde getötet, damit du in Frieden deine Schafe weiden, du deinen Kohl pflanzen und du dein Handwerk treiben und Kinder, die dir gleichen, zeugen kannst."

Als Lohn für ihre Tat verlangt sie, daß man sie töte, wenn sie von Holophernes

Judit mit dem abgeschlagenen Haupt des Holophernes – diese so ganz und gar unweibliche, doch heroische Tat einer Frau, die dadurch ihr Volk vor Vernichtung rettete – ist ein vor allem bei Barock-Künstlern beliebtes Bildmotiv, denn ein solch einzigartig dramatisches Geschehen entsprach dem Geist dieser Epoche. Gemälde von links nach rechts:

Seite 216:
Michelangelo Caravaggio (1573 – 1610): Eine Dienerin hält die Arme des Holophernes fest, damit er sich nicht wehren kann, wenn Judit zuschlägt.

Jan Massys (1509 – 1575): Judit hat ihre weiblichen Reize eingesetzt, um Holophernes vertrauensselig zu machen, damit sie ihn im Schlaf enthaupten kann.

Andrea Mantegna (1431 – 1506): Judit verläßt das Zelt des assyrischen Feldherrn mit dem Haupt des Getöteten, das sie in die Tragtasche ihrer Dienerin fallen läßt.

Seite 217:
Cristofano Allori (1577 – 1621): Die Dienerin blickt besorgt auf ihre Herrin, doch diese hält ruhig das Haupt des Holophernes in der Hand und zeigt weder Erregung noch Schwäche.

Lukas Cranach d. Ä. (1472 – 1553): Judit trägt das abgeschlagene Haupt des Holophernes so gelassen vor sich, als halte sie irgendeinen belanglosen Gegenstand in Händen.

Jacopo Tintoretto (1518 – 1594): Mit abgewendetem Blick deckt Judit den verstümmelten Körper des Holophernes zu. Scheu blickt die am Boden kniende Dienerin, die das Haupt neben sich liegen hat, noch einmal auf den Toten.

Der Hauptmeister des neapolitanischen Spätbarock, Francesco Solimena (1657–1747), zeigt Judit, wie sie den verängstigten Bürgern der belagerten Stadt Betylua das abgeschlagene Haupt des feindlichen Heerführers vorweist, damit sie neuen Mut fassen. Judit steht wie eine Siegesgöttin erhöht und von Engeln umschwebt.

ein Kind hat: „Bete zu Gott, daß mein Schoß unfruchtbar sei. Vielleicht ist er mir gnädig!" Bei Hebbel spielt sich das Drama auf zwei Ebenen ab, der rein persönlichen zwischen Judit und Holophernes und der höheren, religiösen, auf der er zeigt, daß das alte Heidentum sich überlebt hat, da es nur noch zerstören, aber nichts mehr aufbauen kann. Es ist sein eigener Feind geworden; das Judentum mußte siegen, denn es bedeutet für die gesamte Menschheit einen ungeheuren Schritt vorwärts, über das Heidentum hinaus.

DIE IDEEN HEBBELS haben andere dann weiterverfolgt. In A. Schmitz' Drama von 1876 verliebt sich Judit ebenfalls in Holophernes, wird aber von ihrem Hohenpriester gezwungen, ihn zu ermorden, und stirbt dann mit dem geliebten Mann. In H. Bernsteins Drama (1922) verachtet Judit sich selbst wegen ihrer Leidenschaft, aber auch den Mann, der sie erregt hat. Wieder anders faßt der französische Romanschreiber und Dramatiker Jean Giraudoux das Thema an (1931): Judit tötet den Holophernes aus Liebe, um ihn nicht zu verlieren, läßt sich dann aber überzeugen, daß sie nur getan hat, was Gott forderte. Noch komplizierter wird Judit bei dem Expressionisten Georg Kaiser in seinem Drama „Die jüdische Witwe" (1911) interpretiert. Hier treibt die Suche nach einem Mann sie in das feindliche Lager, und sie tötet Holophernes, weil ihr Nebukadnezar besser gefällt; aber zum Schluß ist es der Hohepriester, der sie wahrhaft befriedigt. Von der ursprünglichen biblischen Geschichte ist hier nicht mehr viel übriggeblieben.

Der englische Schriftsteller Th. B. Aldrich hält sich näher an die Konvention. In seinem Epos „Judith and Holofernes" (1896) und auch in seinem Drama „Judith of Bethulia" (1904) ist Mitleid Judits leitendes Motiv. Ihr Mitleid mit dem leidenden Volk überwiegt ihr Mitleid mit Holophernes.

SELTSAMERWEISE hat das Judit-Thema auch zu einer Reihe von humoristischen Ausdeutungen Anlaß gegeben. So schon in einer anonymen Parodie von 1818 und dann durch Johann Nepomuk Nestroy, der sich in seiner Parodie „Judith und Holofernes" (1849) über Hebbels Art lustig macht, den Holophernes Reden führen zu lassen, in denen er sich selbst charakterisiert. Der junge Amerikaner David Lang hat sogar ein Marionettendrama aus dem Stoff entwickelt, das erstmalig im Jahre 1990 in München aufgeführt wurde.

DIE MUSIKALISCHEN Bearbeitungen des Judit-Dramas können hier nicht sämtlich registriert werden. Es gibt etwa dreißig Judit-Opern und etwa vierzig Judit-Oratorien. Zu den bekannteren Opern der neueren Zeit gehören Achille Peris' „Giuditta" (um 1860) und Richard Wetz' (1875 bis 1935) Oper, dessen Libretto insofern eine Variante bringt, als hier Judit Holophernes schon liebt, bevor sie ihm begegnet; sie tötet ihn dann aus verletzter Ehre. Ferner F. Dopplers Oper von 1870, in dessen Textbuch von Salomon Ritter von Mosenthal die Heldin sogar ihren Geliebten Ataniel ihrer höheren Mission opfert, und Arthur Honeggers „Judith" (1926). Auch der Dirigent Eugène Goosens (1893 bis 1962), als Komponist von Richard Strauss beeinflußt, schrieb eine Judit-Oper, und die neueste Oper dieser Art ist die des deutschen Komponisten Siegfried Matthus, die in Berlin im Jahre 1985, in Santa Fe, New Mexico, im Jahre 1990 aufgeführt wurde, deren Text in vieler Beziehung auf Hebbel zurückgeht. Zum Schluß begrüßt ein junger Jude, Ephraim, der Judit geliebt hat, sie mit den Worten „Heil dir, Hure von Juda" und tut ihr Gewalt an.

Von den neueren Oratorien endlich ist wohl das von Charles Hubert Parry (1888) das bekannteste. Er verzichtet auf alle Szenen in Holophernes' Lager. Judit verläßt ihre Stadt in der ersten Szene und kehrt in der folgenden mit dem Haupt des Holophernes zurück. Die meisten musikalischen Darstellungen vermeiden, die Mordszene auf die Bühne zu bringen. Nur in George Whitefield Chadwicks Oper „Judith" (1901) muß die Heldin auf der Bühne das Schwert dreimal schwingen. Beim dritten Schlage rollt der Kopf fort...

* * *

Ähnlich wie das Buch Rut ist auch die Geschichte Esters eine Art eingeschobene Novelle, die mit dem großen Geschehen des Volkes Israel wenig zu tun hat. Aber es atmet einen andern Geist: Während in der Geschichte um „Rut" bei den Handelnden echte Humanität und Weitherzigkeit herrschen, walten hier nationaler Fanatismus und religiöse Engherzigkeit, die gegen alles Nicht-Jüdische gerichtet sind.

219

DER KÖNIG GEWANN ESTER MEHR ALS ALLE FRAUEN LIEB,
UND SIE ERWARB SEINE HULD UND GNADE MEHR ALS ALLE JUNGFRAUEN.
Ester 2, 17

Buch Ester

Kapitel 1, Vers 1– 4
Kapitel 2, Vers 1–23
Kapitel 4, Vers 1–17
Kapitel 5, Vers 1–14
Kapitel 6, Vers 1–14
Kapitel 7, Vers 1–10

Die Geschichte Esters spielt in der Stadt Babylon zur Zeit des Exils. Dem widerspricht allerdings, daß König Achaschwerosch, der historische Xerxes, erst im Jahre 486 v. Chr., also lange nach dem Exil, zur Regierung kam. Andererseits entspricht sein hier beschriebener Charakter etwa dem, den wir von Herodot, dem griechischen Geschichtsschreiber und jüngeren Zeitgenossen des Perserkönigs, her kennen. Historisch unwahrscheinlich ist wiederum das Massen-Pogrom, das hier die als tolerant bekannte Achämeniden-Dynastie gegen die Juden angeordnet haben soll, und noch unwahrscheinlicher, daß sie später die Ausrottung von 75 000 der eigenen Untertanen befahl und daß diese ihre Vernichtung widerstandslos hinnahmen. Man weiß auch, daß die Gattin von Xerxes Amestris hieß und daß daher kein Raum für eine Waschti oder Ester gewesen sein kann. Es ist versucht worden, die im Buche erwähnten Namen symbolisch zu deuten. Eine Ableitung von der babylonischen Göttin Ischtar liegt im Falle Esters nahe, und ähnlich hat man Mordechai (Marduk) und Vashti mit der babylonischen Mythologie in Verbindung gebracht. Merkwürdig ist, daß im Buch Ester, als einzigem der Bibel, der Name Gottes nicht erwähnt wird.

ESTER
DIE BITTE EINER KÖNIGIN

Es geschah in den Tagen des Achaschwerosch – er war jener Achaschwerosch, der als König von Indien bis Ägypten über hundertsiebenundzwanzig Landschaften herrschte –, ² in jenen Tagen, da König Achaschwerosch auf seinen Königsthron sich niedergelassen hatte, der in der Burg Susa stand, ³ im dritten Jahr seiner Königsherrschaft, veranstaltete er all seinen Fürsten und Dienern ein Gastmahl. Die Heerführer der Perser und Meder, die Adligen und die Provinzstatthalter waren vor ihm erschienen. ⁴ Damals stellte er zur Schau den Reichtum und Glanz seiner Königsherrschaft und die kostbare Pracht seiner Majestät lange Zeit hindurch, volle hundertachtzig Tage.

Es wird dann von einem großen, prachtvollen Fest berichtet, das der König in seinem Schloß veranstaltet, während seine Königin, die schöne Waschti, ihr eigenes Fest für ihre Frauen feiert. Am siebenten Tage befiehlt Achaschwerosch, die Königin vor ihn zu führen, damit er ihre Schönheit seinen Fürsten und Großen zeige. Sie weigert sich zu kommen. Der König ergrimmt, vor allem weil Waschti damit ein schlechtes Beispiel für ungehorsame Ehefrauen setzt, und er verstößt sie.

Unter der Segenshand Gottes wird Ester zur Königin gekrönt. Schmuck-Initiale aus einer in Barcelona befindlichen Bibelhandschrift.

2 ¹ Als nach diesen Geschehnissen der Grimm des Königs Achaschwerosch sich gelegt hatte, dachte er an Waschti, was sie getan hatte und was über sie beschlossen worden war. ² Da sprachen die Diener des Königs, die ihn bedienten: „Man suche für den König jungfräuliche Mädchen, die von schöner Gestalt sind! ³ Der König bestimme in allen Provinzen seines Reiches Beamte, die alle jungfräulichen Mädchen von schöner Gestalt zur Burg Susa in das Frauenhaus unter die Obhut des königlichen Eunuchen Hege, des Frauenaufsehers, bringen sollen! Man sorge für ihre Schönheitspflege! ⁴ Das Mädchen aber, das dem König gefällt, soll Königin an Stelle Waschtis werden!" Diesen Vorschlag billigte der König und handelte danach. ⁵ In der Burg Susa weilte ein jüdischer Mann mit Namen Mordechai, der Sohn Jairs, des Sohnes Schimis, des Sohnes des Kisch, ein Benjaminit. ⁶ Er war von Jerusalem mit den Gefangenen weggeführt worden, die mit Jechonja, dem König von Juda, in die Gefangenschaft geschleppt waren, den der König von Babel Nebukadnezar gefangengenommen hatte. ⁷ Er war der Vormund Hadassas, das ist Ester, der Tochter seines Oheims. Denn sie hatte keinen Vater und keine Mutter mehr. Das Mädchen war aber von schöner Gestalt und anmutiger Er-

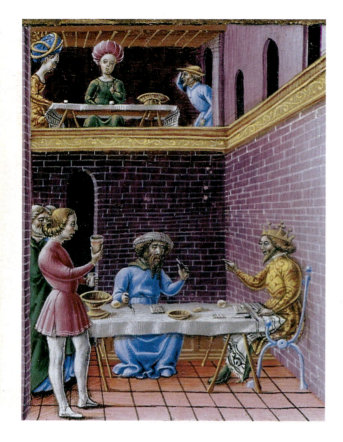

Miniatur aus der Bibel des Herzogs Borso, Ferrara I, fol. 223. Taddeo Crivelli hat im unteren Teil das Gastmahl König Achaschweroschs, im oberen Teil das Gastmahl der Königin Waschti dargestellt. Als der König seine Gemahlin auffordern läßt, zu seinen Gästen hinunter zu kommen, denen er ihre Schönheit vorführen will, weigert sie sich, seinem Befehl nachzukommen. Daraufhin wird Waschti vom König verstoßen mit der Begründung, sie habe allen Ehefrauen durch ihren Ungehorsam ein schlechtes Beispiel gegeben.

Seite 221: Andrea del Castagno (um 1420 bis 1457) hat Königin Ester als selbstbewußte, schöne Frau gemalt, gekleidet im Geschmack der Frührenaissance.

Seite 223 oben: Wie jede Jungfrau, die König Achaschwerosch vorgeführt werden sollte, mußte auch Ester vorher ein Jahr ins „Frauen-Schmücken", um sechs Monate lang mit Balsam und Myrrhe und weitere sechs Monate mit aromatischen Spezereien kosmetisch „geschönt" zu werden. Gemälde von Théodore Chassériau (1819 – 1856), einem Schüler von Ingres. Das Bild entstand 1842.

Seite 223 unten: Mit dem Zepter in der Hand schaut König Achaschwerosch zu, wie der kostbar gekleideten und mit reichem Haarschmuck versehenen Ester die Krone aufgesetzt wird. Gemälde von José Villegas y Cordero (1848 – 1921).

scheinung. Beim Tode ihres Vaters und ihrer Mutter hatte Mordechai sie als Tochter zu sich genommen.

⁸ Als der Befehl des Königs und seine Verordnung bekanntgemacht und viele Mädchen in der Burg Susa unter der Obhut des Hege versammelt waren, wurde auch Ester in den Königspalast unter die Obhut des Frauenaufsehers Hege gebracht. ⁹ Das Mädchen fand Gefallen in seinen Augen und genoß seine Huld. Er gab ihr rasch ihre Schönheitsmittel und Verpflegung und verschaffte ihr sieben auserlesene Dienerinnen aus dem Königshause. Er brachte sie und ihre Dienerinnen im besten Teil des Frauenhauses unter. ¹⁰ Ihr Volk und ihre Abstammung gab Ester nicht an, da Mordechai ihr verboten hatte, sie anzugeben. ¹¹ Täglich wandelte Mordechai vor dem Hof des Frauenhauses auf und ab, um über ihr Wohlbefinden und ihr Geschick etwas zu erfahren.

¹² Wenn nun ein jedes der Mädchen an die Reihe kam, zum König Achaschwerosch zu gehen, nachdem es entsprechend den Vorschriften für die Frauen zwölf Monate lang behandelt worden war – denn so lange dauerten die Tage ihrer Schönheitspflege, sechs Monate mit Myrrhenöl und sechs Monate mit Balsam und weiblichen Schönheitsmitteln –, ¹³ dann ging das Mädchen so zum König, und alles, was es begehrte, wurde ihm vom Frauenhause in den Königspalast mitgegeben. ¹⁴ Am Abend ging es hinein, und am Morgen kehrte es zum zweiten Frauenhaus zurück unter die Obhut des königlichen Eunuchen Schaaschgas, des Aufsehers über die Nebenfrauen. Zum König kam es nicht mehr, es sei denn, daß der König an ihm Gefallen fand und es namentlich gerufen wurde.

¹⁵ Als nun Ester, die Tochter Abichails, des Oheims des Mordechai, der sie als Tochter zu sich genommen hatte, an die Reihe kam, zum König zu gehen, begehrte sie nur das, was der königliche Eunuch Hege, der Frauenaufseher, angab. Ester fand Gefallen bei allen, die sie sahen.

¹⁶ So wurde Ester zu König Achaschwerosch in sein königliches Schloß gebracht im zehnten Monat – das ist der Monat Tebet – im siebten Jahr seiner Königsherrschaft.

¹⁷ Der König gewann Ester mehr als alle Frauen lieb, und sie erwarb seine Huld und Gnade mehr als alle Jungfrauen. Er setzte eine Königskrone auf ihr Haupt und erhob sie an Stelle Waschtis zur Königin. ¹⁸ Dann bereitete der König all seinen Fürsten und Dienern ein großes Gastmahl, das Gastmahl Esters. Den Provinzen gewährte er einen Steuererlaß und verteilte Geschenke entsprechend der königlichen Freigebigkeit.

¹⁹ Als sie wie die jungen Mädchen in das zweite Frauenhaus kam, ²⁰ hatte Ester ihre Herkunft und ihr Volk nicht offenbart, wie Mordechai ihr befohlen hatte. Die Anordnung des Mordechai befolgte Ester so wie damals, als sie noch in der Obhut bei ihm weilte. ²¹ In jenen Tagen, da Mordechai an der Königspforte saß, gerieten Bigtan und Teresch, zwei königliche Eunuchen von den Schwellenhütern, in Zorn und gedachten, sich an König Achaschwerosch zu vergreifen. ²² Mordechai erfuhr die Angelegenheit und meldete es der Königin Ester. Im Auftrag des Mordechai teilte Ester es dem König mit. ²³ Die Angelegenheit wurde untersucht und richtig befunden. Die beiden wurden am Holzpfahl aufgehängt. Es wurde im Buch der Tagesgeschehnisse für den König aufgeschrieben.

Im folgenden wird erzählt, wie der Agagiter Haman von Achaschwerosch über seine Fürsten erhoben wurde. Sie alle mußten das Knie vor ihm beugen, aber Mordechai weigerte sich. Darauf wird Haman von solchem Haß und Zorn ergriffen, daß er nicht nur Mordechai, sondern den ganzen Stamm der Juden im ganzen Reiche vernichten will. Er überredet den König, entsprechende Befehle im ganzen Reiche bekanntzugeben.

4 ¹ Als Mordechai alles erfahren hatte, was geschehen war, zerriß Mordechai seine Kleider und bedeckte sich mit Bußgewand und Asche. Dann ging er mitten in die Stadt und erhob eine laute und bittere Klage. ² Er gelangte bis vor das königliche Tor. Denn in Trauerkleidung durfte man das königliche Tor nicht betreten. ³ In einer jeden Provinz, wohin immer der königliche Befehl und sein Gesetz kamen, herrschte unter den Juden große Trauer mit Fasten, Weinen und Klagen. Für sehr viele wurden Sack und Asche als Lager zubereitet. ⁴ Da kamen die Dienerinnen Esters und ihre Eunuchen und erzählten ihr davon. Die Königin geriet in großen Schrecken und sandte Kleider hin, um damit Mordechai zu bekleiden und ihm das Bußgewand auszuziehen. Er aber nahm sie nicht an. ⁵ Da berief Ester den Hatak von den königlichen Eunuchen, der in ihrem Dienste stand, und beorderte ihn zu Mordechai, um zu erfahren, worum es sich handle und was es bedeute. ⁶ Hatak ging zu Mordechai hinaus auf den Platz der Stadt, der vor dem königlichen Tor sich befand. ⁷ Mordechai erzählte ihm alles, was ihm begegnet war, und auch die Summe des Silbers, das Haman in die königliche Schatzkammer zu zahlen versprochen hatte wegen der Juden, um sie vernichten zu können. ⁸ Auch den Wortlaut der zu ihrer Vernichtung in Susa erlassenen Verfügung gab er ihm, um sie Ester zu geben und ihr mitzuteilen und zu befehlen, sie solle zum König gehen, um ihn um Erbarmen anzuflehen und bei ihm Fürbitte für ihr Volk einzulegen. ⁸ᴬ *Er ließ ihr sagen: „Gedenke der Tage deiner Niedrigkeit, wie du durch meine Hand ernährt wurdest! Denn Haman, der Zweite nach dem König, hat gegen uns zum Tode gesprochen.* ⁸ᴮ *Du aber rufe Gott an, dann sprich zum König für uns und befreie uns vom Tode!"*

⁹ Hatak ging hin und überbrachte Ester die Mitteilungen des Mordechai. ¹⁰ Da sprach Ester zu Hatak und beorderte ihn zu Mordechai: ¹¹ „Alle Diener des Königs und das Volk in den königlichen Provinzen wissen, daß für jeden, Mann oder Frau, der ungerufen zum König in den inneren Vorhof kommt, nur ein Gesetz besteht, daß man ihn töte, es sei denn, daß der König sein goldenes Zepter nach ihm ausstreckt, damit er lebe. Nun bin ich schon seit dreißig Tagen nicht mehr gerufen worden, zum König zu kommen." ¹² Man übermittelte Mordechai die Worte Esters. ¹³ Mordechai sagte, man solle Ester zurückmelden: „Denk in deinem Herzen ja nicht daran, du würdest allein von allen Juden dank des königlichen Hauses gerettet! ¹⁴ Vielmehr, wenn du dich in dieser Zeit in Schweigen hüllst, wird den Juden Errettung und Befreiung von einem anderen Orte erstehen. Du aber und das Haus deines Vaters werden untergehen. Wer weiß, ob du nicht gerade für eine solche Zeit zur Königswürde emporgestiegen bist?" ¹⁵ Da befahl Ester, Mordechai zu erwidern: ¹⁶ „Wohlan, versammle alle in Susa sich befindenden Juden! Haltet ein Fasten meinetwegen! Eßt und trinkt drei Tage nichts, Tag und Nacht! Auch ich und meine Dienerinnen wollen ebenso fasten! So will ich dann zum König gehen, und zwar gegen das Gesetz! Komme ich dann

um, so komme ich um." ¹⁷ Da ging Mordechai fort und handelte nach allem, was Ester ihm befohlen hatte.

5 ¹ᴬ *Als sie* am dritten Tag *das Gebet beendet hatte, zog sie die Kleider ihres Dienstes aus* und legte ihre Prachtgewänder an. *Als sie herrlich geschmückt war und den alles sehenden Gott und Retter angerufen hatte, nahm sie die beiden Dienerinnen mit sich. Auf die eine stützte sie sich, wie wenn sie überzart wäre; die andere aber folgte ihr und trug die Schleppe ihres Gewandes.* ¹ᴮ *Sie selbst erstrahlte in ihrer blühenden Schönheit. Ihr Antlitz war heiter wie voller Liebreiz. Ihr Herz aber war von Furcht beklommen.* ¹ᶜ Als sie alle Türen durchschritten hatte, trat sie vor den König. Er selbst saß auf seinem Königsthrone *und hatte sein volles Prachtgewand angelegt, ganz in Gold und Edelsteinen. Er war furchtbar anzusehen.* ¹ᴰ Er erhob sein Antlitz, *das in Herrlichkeit erstrahlte,* und blickte in grimmigem Zorne auf. Da fiel die Königin um und wechselte in der Ohnmacht die Farbe. Sie neigte sich nieder auf das Haupt der Dienerin, die voraufging. ¹ᴱ Da wandelte Gott den Geist des Königs und neigte ihn zur Milde. *Voller Unruhe sprang er von seinem Throne auf und nahm sie in seine Arme, bis sie sich erhob. Dann mahnte er sie mit freundlichen Worten und sprach zu ihr:* ¹ᶠ „Was ist dir, Ester? Ich bin dein Bruder. Sei getrost! Du wirst nicht sterben. Denn unser Befehl gilt nur im allgemeinen. Tritt herzu!" ² Dann erhob er den goldenen Stab und legte ihn auf ihren Hals, *küßte sie und sprach: „Sprich zu mir!"* ²ᴬ Da sprach sie zu ihm: „Ich schaute dich, Herr, wie einen Engel Gottes. Da wurde mein Herz aus Furcht vor deiner Herrlichkeit verwirrt. Denn du bist wunderbar, Herr, und dein Antlitz ist voller Anmut." ²ᴮ Als sie so redete, fiel sie ohnmächtig zusammen. Da geriet der König in Schrecken, und seine ganze Dienerschaft redete ihr zu. ³ Dann sprach der König zu ihr: „Was ist dir, Königin Ester? Was ist dein Begehren? Bis zur Hälfte des Königreiches sei es erfüllt." ⁴ Da antwortete Ester: „Wenn es dem König zusagt, komme der König heute mit Haman zum Gelage, das ich ihm bereitet habe!" ⁵ Da befahl der König: „Ruft eilends Haman herbei, um der Bitte Esters zu entsprechen!"

So kamen der König und Haman zum Gelage, das Ester bereitet hatte. ⁶ Beim Weingelage sprach der König zu Ester: „Was ist deine Bitte? Sie sei dir gewährt! Was ist dein Begehren? Bis zur Hälfte des Königreiches sei es erfüllt!" ⁷ Da antwortete Ester und sprach: „Meine Bitte und mein Begehren sind: ⁸ Wenn ich in den Augen des Königs Gefallen gefunden habe und es dem König zusagt, meine Bitte zu gewähren und mein Begehren zu erfüllen, dann komme der König mit Haman zu dem Gelage, das ich ihnen bereiten werde! Morgen will ich dann dem Wunsch des Königs nachkommen!"

⁹ An diesem Tage ging Haman in froher und guter Stimmung hinaus. Als aber Haman Mordechai im Königstor sah, wie er nicht aufstand und keine Furcht vor ihm zeigte, wurde Haman mit Zorn gegen Mordechai erfüllt. ¹⁰ Doch er bezwang sich und ging in sein Haus. Dann ließ er seine Freunde und seine Frau Seresch kommen. ¹¹ Haman erzählte ihnen vom Glanz seines Reichtums, der Menge seiner Söhne und von allem, womit der König ihn ausgezeichnet hatte und daß er ihn über die Fürsten und Diener des Königs erhöht hatte. ¹² Dann sprach Haman: „Selbst die Königin Ester lud niemand als nur mich ein, mit dem König zum Gelage zu kommen, das sie bereitet hatte. Auch für morgen bin ich mit dem König zu ihr eingeladen. ¹³ Doch all

Ester auf dem Wege zu König Achaschwerosch. Ihr Verwandter Mordechai, der sie nach dem Tode ihrer Eltern adoptiert hatte, ließ Ester zweimal Botschaften zukommen, in denen er sie beschwor, sich bei Achaschwerosch dafür einzusetzen, daß die Juden nicht der Vernichtung durch den Judenhasser Haman ausgeliefert würden. Gemälde von Filippino Lippi (1457 bis 1504), einem Schüler Botticellis.

IM ANGESICHT VON HAMANS GALGEN

Zwei Frauengestalten tauchen im Buch Ester auf, Waschti und Ester, beide haben Anteil an der verborgenen Geschichte der Kraft gegen Übermacht und alltägliche Gewalt, aber nur eine ist ins helle Licht des biblischen Buches getaucht, die andere, Waschti, verschwindet gleich am Anfang nach einer mutigen Tat der Verweigerung.

Der kleine historische Roman, als den man das Buch Ester ansehen muß, spielt in der Zeit des Xerxes (486–465 v.Chr.). Das persische Weltreich ist noch auf dem Höhepunkt seiner Macht. Glanz, Reichtum und Prunk werden in den phantastischen Festen am Anfang des Buches dargestellt. Der König und seine erlesenen Gäste geraten in einen Wettstreit, wer die schönste Frau besitzt, ein Gezänk unter Betrunkenen, ein vulgäres Kneipengespräch unter Männern. König Achaschwerosch ist seiner Sache ganz sicher und befiehlt sieben persönlichen Kämmerern, seine Frau zu holen, „um ihre Schönheit den Völkern und Fürsten zu zeigen" (Est 1, 11). Die Königin Waschti weigert sich zu gehorchen. Warum sie das Ansinnen ablehnt, wird nicht erwähnt, vermutlich soll sie, wie in der berühmten Geschichte des Herodot über Gyges und Kandaules, unbekleidet vor den Gästen posieren. Das Ausstellungsstück soll hüllenlos begutachtet werden. Als Waschti das, adliger Sitte gemäß, verweigert, ergrimmt der König. Eine Staatsaktion ist am Platz, ist nicht die gesamte gesellschaftliche Ordnung bedroht?! Es könnten ja mehr Frauen auf den Gedanken kommen, das Besitzer-Verhältnis in Frage zu stellen! Die Königin verliert den Thron und alle Rechte, vor allem aber wird der kleine Vorfall von den führenden Juristen zum Anlaß genommen, einen Erlaß herauszubringen, der die Herrschaft jedes Mannes in seinem Haus sichern soll. Der unscheinbare Akt der Nichtkooperation und des Widerstands gegen die alleinherrschende Gewalt des Patriarchats hat tiefe Ängste und legalistische Aktivitäten ausgelöst.

Zugleich gibt die Episode der Waschti den Anlaß für die Geschichte der Jüdin Ester. Die unbotmäßige Königin muß ersetzt werden, und vielleicht hat der Erzähler eine gewisse Sympathie für die mutige Waschti, die dann aus der Erzählung verschwindet, auf Ester übertragen. Zumindest das Grundthema, der Kontrast von patriarchaler Macht und weiblicher Fragilität, ist in beiden Frauengeschichten gestaltet.

Ester ist ein armes Waisenkind, das bei seinem Oheim und Pflegevater Mordechai aufwächst. Nicht ohne Humor wird berichtet, wie die schönsten Jungfrauen aus allen Provinzen in den Harem des Königs gesandt

Inmitten einer reich verzierten Initiale aus einer im Dommuseum in Florenz befindlichen Handschrift, sitzt Königin Ester, ein Spruchband in Händen, auf einem thronartigen Sessel.

werden und dort eine einjährige kosmetische Vorbereitung absolvieren, mit Myrrhenöl, Balsam und Eselinnenmilch. Das jüdische Mädchen Ester, deren Name wohl „sich verbergen" bedeutet, was auf ihre persönliche Lage wie auf das Schicksal ihres Volkes hindeutet, wird die erwählte Königin. Die Zugehörigkeit zu ihrem Volk muß sie auf den Rat des erfahrenen Mordechai, der eine Stellung bei Hof einnimmt, verbergen. Wohl aber offenbart sie dem König eine gegen ihn angezettelte Verschwörung und erwähnt dabei ihren Vormund Mordechai.

Eine Gegenhandlung zu dieser märchenhaften Geschichte entsteht durch einen anderen Höfling, Haman, der Karriere gemacht hat und über die anderen Staatsdiener gesetzt wird. Nach persischem Brauch verlangt er eine kniefällige Huldigung, die Proskynese, die aber der Jude Mordechai verweigert. Der Minister Haman wird darüber zum Verfolger aller Juden. Diese Begründung für den Haß auf die jüdische Tradition zu dünn, so sucht sie nach anderen Gründen für Hamans Judenhaß und beginnt eine der unbeantwortbaren Fragen zu stellen, die in unserm Jahrhundert Nelly Sachs so formuliert hat: „Warum die schwarze Antwort des Hasses auf dein Dasein, Israel?" Haman in der Bibel steht als Symbolfigur für diese schwarze Antwort, den blinden und totalitären Vernichtungswillen gegen das jüdische Volk. Geldgier und Neid mögen in diesen Haß hineinspielen (Est 3, 9), aber das tiefste Moment dessen, was in der Moderne dann „Antisemitismus" heißen wird, liegt in der Andersheit der Juden; sie folgen anderen Gesetzen und Lebensregeln als „die Völker". Ohne daß das Wort „Gott" im Esterbuch ausgesprochen würde, ist es doch das Festhalten an dem anderen Gott, das dieses Volk anders macht, absondert und zum Objekt des irrationalen Hasses gemacht hat.

Der Minister Haman also plant gründlich und genau einen Völkermord an den Juden. Sein Symbol ist der im Palastgelände aufgerichtete riesige Galgen. König Xerxes, der im ganzen Buch wie eine mit Krone und Zepter bekleidete Marionette erscheint, stimmt Hamans Vorschlägen zu. In dieser Situation verschlingen sich die beiden Erzählfäden vom blutlüsternen Haman und der schönen jüdischen Königin. Mordechai, der Vormund, bringt die widerstrebende Ester dazu, beim König zu intervenieren. Sie muß sich zwischen ihren beiden Rollen, Königin eines Weltreiches und Angehörige einer bedrohten Minderheit zu sein, entscheiden. Ein Schweigen in einer solchen Situation, um das eigene Leben nicht zu gefährden, kann nur Unglück bringen (Est 4, 14). Ester riskiert ihr Leben mit der Intervention beim König.

Dieser erinnert sich plötzlich an die Aufdeckung der früheren Verschwörung durch den Juden Mordechai; die reichlich künstliche Verknüpfung stellt einen der künstlerischen Schwächen dar, an denen der kleine Roman, der die Stimmung, nicht aber reale Fakten der Geschichte wiedergibt, reich ist. Haman, der Judenfeind, verliert alle Macht und fleht die jüdische Königin um Hilfe an; sein Kniefall, ein weiterer ironischer Zug, wird von Achaschwerosch-Xerxes als Vergewaltigungsversuch gedeutet.

So ist die Gefahr der Vernichtung der Juden innerhalb der Ebene höfischer Intrigen abgewandt, aber damit nicht genug: eine Racheszene, in der 75 000 Perser aus allen Provinzen des riesigen Reiches hingemetzelt werden, folgt. Haman endet am Galgen, den er für Mordechai aufgebaut hatte, und seine zehn Söhne werden auf besonderen Wunsch der Königin getötet. Das Purimfest feiert diesen Tag als Siegesfest mit Musik, Tanz, Verkleidung und Theaterspiel. Ester ist im Verlauf der Erzählung immer selbständiger geworden, am Ende handelt sie ohne Anweisung. Aber ganz froh kann man dieser Verselbständigung nicht werden, wiederholt sie doch nur die bekannten männlichen Muster der Vergeltung und der Rache, als könne es wirkliche Freiheit und ein Heraustreten aus dem Zirkel der Gewalt nicht geben.

225

Ester riskiert ihr Leben, als sie unaufgefordert zu Achaschwerosch kommt, um ihn zu bitten, Hamans finstere Pläne, an einem bestimmten Tage alle Juden umzubringen, zu durchkreuzen. Der König berührt Ester mit seinem Zepter als Zeichen seiner Huld und Gnade. Gemälde von Jacopo del Sellaio (1442 – 1493).

das genügt mir nicht, solange ich den Juden Mordechai an der Königspforte sitzen sehe." ¹⁴ Da sprachen seine Frau Seresch und all seine Freunde zu ihm: „Man errichte einen Pfahl von fünfzig Ellen Höhe! Sprich dann morgen früh mit dem König, daß man Mordechai an ihm aufhängen soll! So kannst du fröhlich mit dem König zum Gelage gehen!" Haman gefiel der Plan, und er ließ den Pfahl aufrichten.

6 ¹ In dieser Nacht blieb der Schlaf vom König fern. Da befahl er, das Buch der denkwürdigen Tagesgeschehnisse zu bringen. Sie wurden dem König vorgelesen. ² Es fand sich aufgezeichnet, daß Mordechai die beiden königlichen Eunuchen Bigtan und Teresch von den Schwellenwächtern angezeigt hatte, die danach getrachtet hatten, Hand an König Achaschwerosch zu legen. ³ Da sprach der König: „Was hat Mordechai als Ehre und Anerkennung dafür erhalten?" Da antworteten die Diener, die seinen Dienst versahen: „Ihm ist gar nichts geschehen." ⁴ Da sprach der König: „Wer ist im Vorhof?" Haman war eben in den äußeren Vorhof eingetreten, um dem König zu unterbreiten, man solle Mordechai am Pfahle aufhängen, den er für ihn errichtet hatte. ⁵ Da sagten die Diener des Königs zu ihm: „Siehe, Haman steht im Hofe!" Nun befahl der König: „Er soll kommen!" ⁶ Als Haman eingetreten war, sprach der König zu ihm: „Was soll man dem Mann tun, an dessen Ehrung der König Gefallen findet?" Da dachte Haman bei sich: „Wem kann der König mehr Ehre erweisen wollen als mir?" ⁷ So antwortete Haman dem König: „Dem Mann, den der König ehren will, ⁸ soll man ein königliches Gewand bringen, das der König selbst getragen hat, und ein Pferd, auf dem der König geritten ist und auf dessen Haupt eine Königskrone gesetzt ist. ⁹ Gewand und Pferd übergebe man einem von den vornehmen Fürsten des Königs. Man bekleide den Mann, den der König ehren will, und lasse ihn auf dem Pferde auf dem Platz der Stadt reiten und vor ihm ausrufen: ‚So geschieht dem Mann, an dessen Ehrung der König Gefallen findet!'" ¹⁰ Da sprach der König zu Haman: „Nimm eilends das Gewand und das Pferd, wie du gesagt hast, und verfahre so mit dem Juden Mordechai, der im Königstor weilt! Nichts bleibe unberücksichtigt von all dem, was du gesagt hast!"

¹¹ Da nahm Haman das Gewand und das Pferd, bekleidete Mordechai, ließ ihn auf dem Platz der Stadt reiten und rief vor ihm aus: „So geschieht dem Mann, an dessen Ehrung der König Gefallen findet!" ¹² Danach ging Mordechai zur Königspforte zurück. Haman aber eilte traurig und verhüllten Hauptes in sein Haus. ¹³ Dann erzählte Haman seiner Frau Seresch und all seinen Freunden alles, was ihm zugestoßen war. Da antworteten ihm seine Freunde und seine Frau Seresch: „Wenn Mordechai, vor dem du zu fallen beginnst, aus dem Stamm der Juden ist, kannst du ihm nichts anhaben. Vielmehr wirst du vor ihm sicher zu Fall kommen." ¹⁴ Noch sprachen sie mit ihm, da kamen die königlichen Eunuchen, um Haman eilends zum Gelage zu holen, das Ester bereitet hatte.

7 ¹ So kamen der König und Haman, um mit der Königin Ester ein Gelage zu halten. ² Auch an diesem zweiten Tage sprach der König beim Weingelage zu Ester: „Was ist deine Bitte, Königin Ester? Sie sei dir erfüllt! Was ist dein Begehren? Bis zur Hälfte des Reiches sei es gewährt!" ³ Da antwortete Königin Ester und sprach: „Wenn ich Gnade vor dir gefunden habe, o König, und wenn es dem König gut scheint, werde mir auf meine Bitte hin mein

Leben geschenkt und mein Volk nach meinem Begehren! ⁴ Denn wir wurden verkauft, ich und mein Volk, zur Vernichtung, Ermordung und Ausrottung. Wenn wir nur als Sklaven und Sklavinnen verkauft würden, hätte ich geschwiegen. Denn die Bedrängnis wäre nicht wert zur Belästigung des Königs." ⁵ Da sprach König Achaschwerosch voll Ungestüm zur Königin Ester: „Wer ist der Mensch und wo ist er, der seinen Sinn mit solcher Tat erfüllte?" ⁶ Da sprach Ester: „Der Widersacher und Feind ist dieser Übeltäter Haman!" Haman wurde vor dem König und der Königin von einem plötzlichen Schrecken erfaßt. ⁷ In seinem Zorn erhob sich der König vom Weingelage und ging in den Garten des Palastes. Haman aber blieb stehen, die Königin Ester um sein Leben anzuflehen. Denn er erkannte, daß das Unheil über ihn beim König beschlossene Sache war.

⁸ Als der König aus dem Palastgarten zum Haus des Gelages zurückkehrte, war Haman gerade auf das Ruhebett niedergefallen, auf dem Ester lag. Da sprach der König: „Will man auch noch die Königin bei mir im Hause vergewaltigen?" Kaum war das Wort dem Munde des Königs entschlüpft, da verhüllte man das Haupt Hamans. ⁹ Harbona, einer der Eunuchen, sagte vor dem König: „Siehe, schon steht im Hause Hamans der fünfzig Ellen hohe Pfahl, den Haman für Mordechai aufstellen ließ, der ein gutes Werk für den König vollbracht hatte!" Da befahl der König: „Hängt ihn daran auf!" ¹⁰ Da hängte man Haman an den Pfahl, den er für Mordechai errichtet hatte. Dann ließ der Zorn des Königs nach.

Auf einem dreiteiligen Tafelbild hat der Niederländer Herri met de Bles (ca. 1500 – 1559/60) in der Mitte die Szene dargestellt, wie Ester sich vor dem König niederwirft, um für ihre jüdischen Glaubensbrüder Gnade zu erflehen. Auf den Seitenflügeln sind die Gelage zu sehen, die der König für Ester und Ester für den König und Haman gibt.

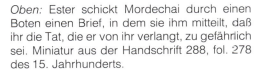

Oben: Ester schickt Mordechai durch einen Boten einen Brief, in dem sie ihm mitteilt, daß ihr die Tat, die er von ihr verlangt, zu gefährlich sei. Miniatur aus der Handschrift 288, fol. 278 des 15. Jahrhunderts.

Aert de Gelder (1645–1727) zeigt Mordechai mit Ester, der Tochter seines verstorbenen Oheims, die er adoptiert hat, in ernstem Gespräch. Mordechai hat Kenntnis davon bekommen, daß Haman, der Günstling des Königs, alle Juden töten lassen will.

Seite 229: Entschlossen, ihren Glaubensbrüdern zu helfen, war Ester bis zum König vorgedrungen. Doch dann verließ sie ihre Kraft, und sie brach ohnmächtig vor dem König zusammen, der sich ihrer gerührt annahm. Gemälde von Antoine Coypel (1661–1722).

Oben: Unter Todesstrafe war es verboten, ohne gerufen zu sein, vor dem König zu erscheinen. Doch Ester wagt es, um für die Juden um Gnade zu flehen. Der König berührt sie mit der Spitze seines Zepters als Zeichen, daß sie nichts zu befürchten habe. Tafel vom Heilspiegelaltar des Konrad Witz (1400 – um 1444).

Rechts: Auf dem Bild nebenan hat Paolo Veronese (1528–1588) das gleiche Sujet gemalt. Hier ist Ester jedoch von Dienerinnen begleitet, und die Szene spielt sich in einem mehrstöckigen Raum ab, von dessen Galerie Zuschauer hinunterblicken.

WAS NICHT IN DER BIBEL STEHT

ANTIKE UND MITTELALTERLICHE QUELLEN

Das Buch Ester spielt im 5. Jahrhundert v. Chr., ist aber wahrscheinlich erst in der zweiten Hälfte des 2. Jahrhunderts v. Chr. geschrieben worden, denn es scheint die Stimmung der Juden zur Zeit der Makkabäerkämpfe widerzuspiegeln. Offenbar soll es auch die Entstehung des Purimfestes legitimieren, das erst spät offiziell anerkannt wurde. Das Purimfest geht vielleicht auf ein ursprünglich heidnisches Frühlingsfest zurück, denn es wird im sechsten Monat des jüdischen Kalenders, Adar, also im Februar–März, gefeiert. Andrerseits hat man vermutet, daß die Sage von Ester und Mordechai auf einen babylonischen Mythus von Ischtar und Marduk zurückgeht und daß das Purimfest eigentlich das babylonische Neujahrsfest ist. In jedem Fall scheint das Buch von einem persischen Juden verfaßt zu sein.

Der jüdischen Legende nach war Salomo der weiseste und Achaschwerosch der reichste aller Könige, doch er wird als unbeständiger, törichter Herrscher beschrieben, der seine Lieblinge im Zorn von sich weist und es dann bereut. Zu seinem großen Fest soll er dreitausenddreihundertdreiunddreißig Botschafter ausgesandt haben, die die siebzig Sprachen der Welt beherrschten. Sein Palast war so groß, daß die Zehntausende von Gästen mit ihren Dienern und Dienerinnen reichlich Platz hatten. Kein Gast trank zweimal aus demselben Pokal, und der Wein, der serviert wurde, war stets ein Jahr älter als der Gast selbst und kam aus seinem Heimatland. In jedem Monat des sechsmonatigen Festes stellte der König neue Schätze und heilige Schriftrollen wie auch Geschenke seiner Gäste zur Schau.

Der Grund, warum Achaschwerosch die Königin Waschti vor sich zitierte, war eine Diskussion unter seinen Gästen. Die Perser behaupteten, ihre Frauen seien die schönsten, und die Meder sagten dasselbe von den ihrigen. Da sprach Achaschwerosch: „Mein Weib ist weder persisch noch medisch, sondern chaldäisch. Und doch ist sie die schönste Frau in allen meinen Reichen." Und um es zu beweisen, befahl er, sie den Gästen vorzuführen.

Waschti wurde verbannt. Die jüdische Tradition sagt sogar, daß Achaschwerosch sie hat hinrichten lassen. Waschti hätte diese Strafe verdient, weil sie ihn einst daran gehindert hatte, den Tempel in Jerusalem wiederaufbauen zu lassen. Nach dieser Tat hatten sich alle schönen Jungfrauen in seinem Palast einzufinden: Tausende kamen auf Kamelen oder Elefanten, zu Pferde oder in einer Karosse. Jeder wurden sieben Dienerinnen zugeteilt. Aber eines Tages vernahm der König, daß ein Mann in Susa mit Namen Mordechai seine schöne junge Nichte nicht zum Palast gebracht hatte. Darauf erließ er ein Gesetz, wonach jeder, der eine schöne Jungfrau verborgen hielt, gehängt werden

Links: Nachdem König Achaschwerosch Ester als Nachfolgerin der von ihm verstoßenen Waschti erwählt hatte, veranstaltete er für die neue Königin Ester ein großes Freudenfest, zu dem alle seine Fürsten und auch die Diener eingeladen waren. Gemälde von Johann Heiss (1640–1704).

Rechts: An zwei aufeinanderfolgenden Abenden hatte die kluge Ester den König und Haman zu sich eingeladen. Jedesmal fragte Achaschwerosch, was Ester sich von ihm wünsche. Erst ganz zum Schluß offenbarte Ester dem König, daß sie Jüdin sei und Haman alle Juden vernichten wolle, für die sie um Gnade bitte. Gemälde von Rembrandt van Rijn (1606 bis 1669).

sollte. So mußte Mordechai seine Nichte in den Palast bringen.

Mordechai war nach Susa von Babylon gekommen, wohin seine Eltern als Gefangene von Jerusalem gebracht worden waren. Der Name seiner Nichte war ursprünglich Hadassah, das bedeutet „Myrte"; aber als er sie in Susa verborgen hielt, nannte er sie „Ester", das heißt „die Verborgene" oder aber auch: „Die, die verbirgt" – denn sie hielt ihre Religion vor ihrem Gatten lange Zeit geheim. Als nun Ester in den Palast kam, brachte sie Hege, den Kämmerer, in Bedrängnis, denn sie verlangte nach keinem Schmuck, keinen Kleidern und keinem Parfüm und rührte auch kein Fleisch an. Der Kämmerer fürchtete, der König würde ihn als Oberaufseher des Frauenhauses dafür verantwortlich machen und hängen lassen. Aber Ester beruhigte ihn: „Unter so vielen Jungfrauen wird der König mich gar nicht bemerken."

Nach vierjähriger Vorbereitung – so will es die Legende – wurden alle Mädchen vorgeführt, und Ester stand unter den Reichgeschmückten gänzlich schmucklos in ihrer natürlichen Anmut. Der König aber stieg vom Thron herab, schritt geradewegs auf sie zu und setzte ihr die Krone aufs Haupt.

Ester war glücklich als Königin, nur eins machte ihr zu schaffen: Jeder Tag war ein Festtag, und einer verlief wie der andere, so daß es schwierig für sie war, sich des Sabbats zu erinnern, den sie als fromme Jüdin einhalten wollte. Dann fiel ihr ein Mittel ein: Sie gab sieben ihrer Mägde neue Namen, die den Tagen der Woche entsprachen, und befahl ihnen, sie stets in derselben Reihenfolge zu bedienen. Da wußte sie: Wenn „Firmament" ihr aufwartete, war es Sonntag, „Werktag" kam montags, „Garten" dienstags, „Strahlend" mittwochs, „Geschwind" donnerstags, „Lamm" freitags. Und wenn „Ruhe" zu ihr kam, wußte sie, daß Sabbat war. Durch solche und ähnliche Maßnahmen gelang es ihr, ihre Frömmigkeit im Palast von Götzenanbetern zu bewahren.

Hamans Hass auf die Juden wird von der Tradition folgendermaßen erklärt: Während seiner Jugend hatte er im Heere gedient, und eines Tages waren er und einige seiner Kameraden vom Rest des Heeres abgeschnitten. Haman hatte keine Eß- und Trinkvorräte mehr und war so verzweifelt, daß er zu allen seinen Kameraden ging und sie um Wasser und Brot bat; dafür gelobte er, sich seinem Retter auf Lebenszeit als Sklaven zu verdingen. Alle seine Kameraden lehnten das ab, denn die benötigten ihre eigenen Vorräte mehr als einen Sklaven. Nur einer seiner Kameraden sagte: „Wenn wir nicht bald gerettet werden, müssen wir ohnehin Hungers sterben. Komm also und teile Wasser und Brot mit mir!" Am selben Tag wurden Haman und seine Kameraden befreit, und man vergaß den Zwischenfall. Er wurde reich, gründete eine zahlreiche Familie und verlangte nach Macht. So zog er nach Susa an den Hof des Königs und wurde schließlich der Erste an dessen Hof. Alle mußten sich vor ihm beugen, aber eines Tages bemerkte er einen Mann, der das nicht tat. Als er ihn zur Rede stellte, sagte dieser: „Ich beuge mich nicht vor einem, der gelobte, mein Sklave zu sein." Da erkannte Haman den Mordechai wieder und erbleichte. Er besprach sich mit seiner Frau Seresch (Zerish), die ihm riet, Mordechai töten zu lassen und damit die Erinnerung an seinen schmachvollen Eid zu tilgen. „Das wird schwierig sein", erwiderte Haman, „denn ich habe entdeckt, daß Mordechai unter dem Schutz der Königin steht." – „Dann mußt du einen Weg finden, nicht nur Mordechai, sondern alle Juden in den hundertsiebenundzwanzig Königreichen umzubringen."

Danach verbrachte Haman viele schlaf-

Auch an diesem zweiten Tage sprach der König beim Weingelage zu Ester:
„Was ist deine Bitte, Königin Ester? Sie sei dir erfüllt!
Was ist dein Begehren? Bis zur Hälfte des Reiches sei es gewährt!"

Buch Ester 7,2

lose Nächte und erdachte einen Plan, alle Juden töten zu lassen. Er beschwerte sich beim König über sie, sagte ihm unter anderm, daß sie so viele Feiertage und Gebetsstunden hätten und daher wenig Arbeit leisteten, daß sie Pharaos Tod im Roten Meer verursacht und seinen Vorfahren Amalek durch Lug und Trug umgebracht hätten, indem Josua die Sonne stillstehen ließ; auch daß sie den großen General Sisera hinterlistig durch eine Frau (Jael) getötet hätten.

Als Mordechai von dem Edikt gegen die Juden hörte, begegnete er drei Judenkindern, die von der Schule kamen. Auf seine Frage, was sie heute gelernt hätten, sagte der erste: „Fürchte dich nicht vor plötzlicher Gefahr!", der zweite: „Laßt sie nur reden, es wird zu nichts führen!", und der dritte: „... tragen will ich und aushändigen!" Diese Sätze sah Mordechai als gutes Zeichen an, er dankte den Kindern und sagte zu Haman, der ihm begegnete: „Ich freue mich ob der guten Nachricht, die mir heute durch den Mund von Schulkindern zugekommen ist."

Als dann Ester erreicht hatte, daß der König mit ihr und Haman ein Mahl einnehmen würde, fragte Seresch ihren Mann: „Bin ich auch eingeladen?" – „Nein, nur die Königin und ich." Darauf wurde Seresch zornig. Sie hatte Waschti gehaßt, die sie niemals eingeladen hatte, und sie haßte Ester, denn sie hatte gehofft, ihre eigene Tochter würde Königin werden. Nun haßte sie Ester noch mehr. Um Seresch zu besänftigen, bemerkte Haman: „Ich begegnete Mordechai heute morgen und bin froh, daß ich ihn nicht mehr lange zu sehen brauche." Da seufzte Seresch und sagte: „Du kannst ihn nicht verbrennen – bedenke, wie Abraham in Nimrods Ofen gerettet wurde. Kannst ihm nicht die Kehle abschneiden – bedenke, wie Isaak von Abrahams Messer gerettet wurde. Kannst ihn auch nicht ertränken, denn du weißt, wie Mose aus dem Nil gezogen wurde, und nicht vor die Löwen werfen – denke an Daniel – und auch nicht steinigen – erinnere dich an Goljat. Du mußt ihn also erhängen!"

Ester gilt als eine der sieben Prophetinnen der Juden. Die andern waren: Sara, Mirjam, Debora, Hanna, Abigail und Hulda.

JOSEPHUS ERZÄHLT die Geschichte der Bibel sehr ausführlich und mit einigen Varianten. Der persische König ist hier nicht Xerxes, sondern dessen Sohn Artaxerxes, und Haman ist vor allem deshalb ein Feind der Juden, weil er ein Amalekiter ist, also Angehöriger eines Stammes, mit dem die Juden schon seit ihrem Auszug aus Ägypten immer wieder feindlich zusammengetroffen waren. Nachdem der König Waschti verstoßen hatte, läßt Mordechai nicht weniger als vierhundert Jungfrauen sechs Monate lang für den König vorbereiten. Darunter ist auch Ester. Jede Nacht muß eine von ihnen mit dem König schlafen, der aber alle verschmäht und zurückschickt – bis auf Ester. Als Ester schließlich vor den König tritt, erscheint er ihr so furchtbar und grimmig, daß sie besinnungslos in die Arme ihrer Dienerinnen fällt. Da verändert sich durch Gottes Fügung des Königs Gesinnung, er umarmt sie und spricht zärtlich mit ihr. Als dann Haman sein eigenes Leben bedroht sieht und Ester um Gnade fleht, wirft er sich auf ihr Lager. In diesem Augenblick tritt der König ein und ruft: „Oh, du verruchtester aller Menschen, willst du meiner Gattin Gewalt antun?" Damit ist Hamans Schicksal besiegelt: Er wird an das Kreuz geschlagen, das er Mordechai zugedacht hatte.

Seite 233: In drei Szenen hat Michelangelo (1475–1564) in einem der Eckfelder an der Decke der Sixtinischen Kapelle die Errettung der Juden durch Ester dargestellt. Links: der König und Haman zu Gast bei Ester. Mitte: Kreuzigung Hamans. Rechts: Achaschwerosch läßt sich die Chronik des Tages bringen.

NEUERE LITERATUR

Die Geschichte Esters war ursprünglich eine nationaljüdische Volkserzählung, kein religiöses Thema: Der Name Gottes kommt im ganzen Buch Ester nicht vor. Im späten Mittelalter gab es zahlreiche Purim-Spiele, besonders im nach Osteuropa abgedrängten Judentum. Sie waren meist in jiddischer Sprache verfaßt. Auch Dante kannte Esters Geschichte, wenn sie auch nur flüchtig erwähnt wird. Da heißt es im 17. Gesang des „Läuterungsberges" (übersetzt von Wilhelm G. Hertz):
„Ahasverus, der Große, stand daneben,
Esther, sein Weib, der gute Mardochai;
In Wort und Tat war redlich stets sein Streben."

Das Ester-Thema bot Schwierigkeiten für eine dramatische Behandlung, denn der Charakter der Ester ist etwas zweideutig. Zwar rettet sie ihr Volk, aber ihrem Gemahl gegenüber ist sie lange Zeit unaufrichtig, indem sie ihre jüdische Stammeszugehörigkeit verschweigt und dann zunächst nur sich selbst zu retten sucht. Martin Luther haßte das Buch und bedauerte, daß es in die heilige Bibel aufgenommen war. In der volkstümlichen Tradition des Mittelalters wird die wunderbare Errettung des Volkes Israel durch die von Gott erwählten Ester und Mordechai in den Mittelpunkt gestellt, und so verfahren auch noch die frühen Dramatiker des 16. Jahrhunderts, wie Hans Sachs in seinem Drama „Gantze Histori der Hester (1530), V. Voith im „Spiel von der Heiligen Schrift und dem Buch Esther" (1537) und der Verfasser des Berner Spiels „Hester" (1567). Schon anders aber führt der Reformationsdramatiker Thomas Naogeorgus (eigentlich Kirchmayer) in seiner lateinischen Tragödie „Hamanus" (1543) nur die Haman-Handlung als Hofintrige vor. Er hatte starken Einfluß auf andere neulateinische Dramatiker, wie C. Laurimannus (1563), G. Mauricius (1607) und auch auf das deutsche Drama des J. Murer (1567), in denen die Verfolgungen der Juden mit denen der Protestanten verglichen werden. Das Jesuitendrama dagegen, das in der Münchner „Hester" (1577) und einigen späteren Dramen den Stoff verarbeitete, zieht keine Parallele zur Gegenwart, sondern zeigt nur Gottes Allmacht und Gerechtigkeit. Die französischen Dramatiker der Zeit haben eher eine klassizistische Tragödie aus dem Thema entwickelt: Haman, als der einzige, der ein tragisches Ende findet, wird zur Hauptfigur und als Opfer seines eigenen Ehrgeizes dargestellt. So in C. Roullets „Aman" (1556), A. de Montchrestien in „Aman ou la vanité" (1578) und P. du Ryer (1644). Andere Franzosen brachten aber auch den zeitgenössischen Religionsstreit mit ins Spiel und gestalteten den Stoff als religiös-politisches Volksstück; so A. de Rivaudeau in „Aman" (1561) und J. Mafrière in „La belle Hester" (1620) und ähnlich ein anonymes englisches Stück „A new interlude drawen oute of the holy scripture of godly queene Hester" (1561). Ähnlich haben Spiele von Wandertheatern und selbst Puppentheatern das Thema aufgefaßt, wie das anonyme „Von der Königin Ester und hoffertigen Haman" (1620). In Spanien erscheint Ester als eine Heilige, Mordechai als Prophet und Achaschwerosch nur als Liebhaber, besonders in den sogenannten Autos, einaktigen religiösen Dramen der Zeit. Auch Lope de Vegas' „La Hermosa Ester" weist ähnliche Züge auf, doch ist bei ihm ähnlich wie bei Racine (in dessen „Esther", 1689) das Hauptthema Ehrgeiz und Fall Hamans.

In den frühen Opern des 17. Jahrhunderts, wie „Der ungetreue Getreue oder der feindselige Staatsdiener Haman" (1677) und „Die liebreich durch Tugend und Schönheit erhöhete Ester" (1680) wie auch in D. Kühnes „Die erhöhete Demut und gestürzeter Hochmut" (1697), ist Ester immer die fromme Retterin ihres Volkes ohne alle Schattenseiten. Georg Friedrich Händels Oratorium „Esther" – sein erstes – lehnt sich an die klassische Tragödie Racines an. Obwohl es in Eile zusammengestellt werden mußte und seine italienischen Sänger die englische Sprache nur schlecht beherrschten und obwohl Händel viel aus seinen früheren italienischen Opern borgte, wurde das Werk ein großer Erfolg und ermutigte ihn zur Komposition weiterer Oratorien.

Goethe hat das Ester-Thema in seinem frühen „Schönbartspiel" „Das Jahrmarkts-Fest von Plundersweilern" (1774) in volkstümlich-humoristischer Weise behandelt. Die Hauptfiguren treten zweimal auf; in der ersten Szene hetzt Haman den Ahasverus gegen die Juden auf:
„Der Jude liebt das Geld, und fürchtet die Gefahr. / Er weiß mit leichter Müh', und ohne viel zu wagen, / Durch Handel und durch Zins, Geld aus dem Land zu tragen."
Ahasverus: „Ich weiß das nur zu gut. Mein Freund, ich bin nicht blind; / Doch das tun andre mehr, die unbeschnitten sind."

Entrüstet ist König Achaschwerosch aufgesprungen, als er durch Ester vernahm, daß Haman ihr wie allen Juden nach dem Leben trachte. Er befahl, Haman abzuführen und sogleich zu kreuzigen. Wandteppich nach einem Entwurf von Jean-François de Troy (1679 bis 1752).

In der zweiten Szene fleht Mardochai in seiner Angst („U hu hu, ich soll heut abend hängen!") Esther an, zum König zu gehen. Sie hat große Bedenken:
„Mich warnt der Vasthi Sturz, ich mag es nicht probieren."
Mardochai: „So ist dir denn der Tod des Freundes einerlei?"
Esther: „Allein was hälf' es dir? Wir stürben alle zwei!"
Mardochai: „Erhalt mein graues Haupt, Geld, Kinder, Weib und Ehre!"
Esther: „Von Herzen gern, wenn's nur nicht so gefährlich wäre."

Zum Schluß der Szene sagt Esther: „Ach ich wollt', daß alles anders wäre!" Und Mardochai, allein: „Ich lass' ihr keine Ruh, sie muß sich doch entschließen!"

Ester wird hier nicht mit Samthandschuhen angefaßt. Sicher hat Goethe Jahrmarkts- und Puppenspiele gekannt, die das Thema ähnlich parodierten.

Auch Goethes alter Freund aus seiner Wetzlarer Zeit, Friedrich Wilhelm Gotter, der ein Gegner des Sturm und Drang blieb, hat den Stoff in zwei Dramen, „Esther" (1795) und „Die stolze Vasthi" (1797), satirisch behandelt. Dann wurde er erst wieder durch Franz Grillparzer aufgegriffen, der in einem Dramenfragment von 1848 der biblischen Geschichte auf den Grund geht: Esters Geschichte wird zur Liebestragödie, denn sie ist ihrem geliebten Gatten gegenüber nie offen gewesen, und das Geständnis ihrer jüdischen Abstammung kommt zu spät, als äußere Umstände es erzwungen haben. Auf Grillparzers Drama gehen eine Reihe von neueren Dramen zurück, doch haben B. Hause und K. Kuhn in ihren Dramen (1885 und 1891) die Ester-Gestalt wieder veredelt. In Georg Engels Drama „Hadasa" (1896) kann Ester den König, den sie liebt, von seinem Mißtrauen befreien, und in W. Hartliebs expressionistischem Drama von 1918 entwickelt Ester die Kraft, zwischen Mordechai und Haman zu vermitteln. Konsequent im Sinne Grillparzers verfährt der Österreicher Felix Braun, bei dem Ester von dem hintergangenen König zum Schluß verstoßen wird (1925). In den Dramen von Max Brod („Eine Königin Esther", 1918) und Fritz Hochwälder („Esther", 1940) wird weniger der Charakter der Hauptperson als das Schicksal des Judentums diskutiert. Brod sieht im Ester-Drama vor allem die großen Verdienste des Judentums um die Menschheit, während Hochwälder die Tragödie des Judentums beschreibt: im Recht zu sein, aber nicht die Macht zu haben, es in die Wirklichkeit umzusetzen.

Wie die Geschichte Esters, so spielt auch die von Susanna und Daniel zur Zeit des Exils und in der Stadt Babylon, und wie diese ist sie erst um die Zeit der Makkabäerkriege niedergeschrieben worden. Die biblische Schilderung wirft ein interessantes Licht auf die Verhältnisse, unter denen die verbannten Juden in Feindesland lebten. Offenbar war ihre rechtliche Stellung nicht ungünstig, denn im großen babylonischen Reich lebte ein buntes Gemisch der verschiedensten Völker, denen ein großes Maß von Selbstverwaltung zugebilligt war. Die Juden lebten in organisierten Gemeinden. Die lokale Obrigkeit wurde von den Häuptern der jüdischen Geschlechter gestellt. Die babylonischen Herrscher griffen in diese Selbstverwaltung kaum ein.

Die wirtschaftlichen Verhältnisse der Exilierten müssen durchaus erträglich gewesen sein. Babylonien war fruchtbarer als das alte Heimatland, und offenbar war eine Reihe aktiver Juden in der Lage, durch Handel Häuser und Grundbesitz zu erwerben. Jojakim, der Mann von Susanna, muß einer von diesen gewesen sein.

„EWIGER GOTT: ... DU WEISST,
DASS SIE FALSCHES ZEUGNIS WIDER MICH ABGELEGT HABEN."
Daniel 13, 42–43

Das Buch Daniel
Kapitel 13, Vers 1–64

Das Buch von Susanna und Daniel wurde in die hebräische Bibel nicht aufgenommen, und die jüdische Tradition hat sich mit ihrer Person kaum befaßt. Ihr Name kommt auch sonst im Alten Testament nicht vor. Man hat versucht, ihn von dem ägyptischen Wort für „Lotosblume" abzuleiten.

SUSANNA UND DIE BEIDEN ÄLTEREN

In Babel lebte ein Mann mit Namen Jojakim. ² Er hatte eine Frau genommen, die Susanna hieß, die Tochter Hilkijas; sie war überaus schön und gottesfürchtig, denn ³ ihre Eltern waren gerecht und hatten ihre Tochter nach dem Gesetz des Mose erzogen. ⁴ Jojakim war sehr reich und besaß einen Garten, der seinem Haus benachbart war. Die Juden pflegten sich bei ihm in großer Zahl zu treffen, weil er der Angesehenste von allen war. ⁵ Als Richter waren in jenem Jahre zwei Älteste aus dem Volke bestellt, von denen galt das Wort des Herrn: „Die Ungerechtigkeit ging von Babel, von Ältesten und Richtern aus, die sich als Leiter des Volkes ausgaben." ⁶ Diese amteten im Hause Jojakim, und alle, die einen Rechtsfall hatten, gingen zu ihnen. ⁷ Wenn sich nun gegen Mittag das Volk verlaufen hatte, dann betrat Susanna den Garten ihres Mannes und ging darin umher. ⁸ Die beiden Ältesten schauten aber jeden Tag nach ihr, wenn sie eintrat und umherging; da gerieten sie in Begierde nach ihr. ⁹ Sie verkehrten ihren Sinn und richteten ihre Augen falsch, so daß sie nicht zum Himmel schauten und seiner gerechten Gerichte nicht gedachten. ¹⁰ Alle beide waren ihretwegen liebeswund, doch keiner verriet dem andern seinen Schmerz; ¹¹ denn sie schämten sich doch, ihr Verlangen zu verraten, daß sie mit ihr zusammenkommen möchten. ¹² So lauerten sie täglich um die Wette, sie zu sehen. ¹³ Eines Tages sagte der eine zum anderen: „Wir wollen nach Hause gehen; denn es ist Essenszeit!" Sie gingen also weg und entfernten sich voneinander; ¹⁴ doch drehte jeder um, und so trafen sie wieder zusammen; nun mußten sie sich erklären, da gestanden sie einander ihr Verlangen. Daraufhin verabredeten sie Zeit und Gelegenheit, wo sie jene (Susanna) wohl alleine treffen könnten. ¹⁵ Als sie nun auf einen günstigen Tag warteten, geschah es, daß jene wieder einmal, wie gewöhnlich nur von zwei Mädchen begleitet, hereinkam und im Garten ein Bad zu nehmen verlangte, weil es heiß war. ¹⁶ Es war aber sonst niemand dort als nur die beiden Ältesten, die versteckt waren und ihr auflauerten. ¹⁷ Da trug sie den Mädchen auf: „Holt mir nun Öl und Salbe und verschließt das Tor des Gartens, daß ich mich baden kann." ¹⁸ Sie taten, wie jene aufgetragen: sie verschlossen das Tor des Gartens und gingen selbst zur Seitenpforte hinaus, um das Verlangte zu holen; sie wußten nicht um die Ältesten, weil sie ja versteckt waren.

¹⁹ Sobald nun die Mädchen hinausgegangen waren, erhoben sich die beiden Alten, eilten zu ihr hin ²⁰ und sagten: „Siehe, das Tor des Gartens ist geschlossen, und niemand sieht uns. Wir brennen von Verlangen nach dir: drum sei uns zu Willen und gib dich uns hin! ²¹ Sonst sagen wir als Zeugen gegen dich aus, ein Jüngling sei bei dir gewesen und darum habest du die Mädchen von dir weggeschickt." ²² Da seufzte Susanna auf und klagte: „Von allen Seiten werde ich bedrängt; denn wenn ich dieses tue, ist mir der Tod gewiß; tue ich es aber nicht, so kann ich euren Händen nicht entrinnen!

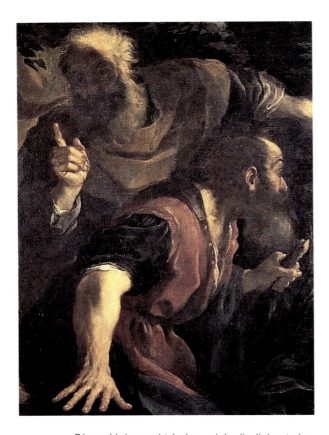

Oben: Unbemerkt haben sich die liebestollen alten Männer aus dem Gebüsch, wo sie sich versteckt hatten, bis zum Bad Susannas herangeschlichen. Der eine lauscht noch, ob sich auch niemand nähere, der andere schaut wie gebannt auf Susanna. Die Gier ist ihm bis in die Spitzen der gespreizten Finger anzusehen. Ausschnitt eines Gemäldes von Francesco Barbieri (1591 – 1666).

Seite 234: „Die keusche Susanna", Gemälde von Jacques Henner (1829 – 1905). Die Nacktheit des schönen Körpers schimmert sanft vor dem Baumbestand des Gartens.

Seite 235: Das Bild von Albrecht Altdorfer (1480 – 1538) wird auf der rechten Seite beherrscht von der Phantasie-Architektur eines riesigen, mit vielen Säulengängen und Terrassen versehenen Schlosses und auf der linken Seite von einer Landschaft, in deren Vordergrund klein die Figurengruppe von Susanna mit ihren Dienerinnen zu sehen ist, die ihr die Füße waschen und das Haar kämmen. Die beiden lüsternen Alten beobachten diese Szene vom Gebüsch aus.

²³ Doch ist es immer noch besser für mich, es nicht zu tun und in eure Hände zu fallen, als vor dem Herrn zu sündigen." ²⁴ Nun schrie Susanna mit lauter Stimme, aber auch die beiden Alten schrien ihr entgegen. ²⁵ Der eine lief gar hin und öffnete das Tor des Gartens. ²⁶ Wie nun die Leute aus dem Hause das Schreien im Garten vernahmen, eilten sie durch die Seitentür herbei, um zu schauen, was ihr zugestoßen sei. ²⁷ Als aber die Alten ihre Erklärungen gaben, da fühlten sich die Diener sehr beschämt; denn nie zuvor war über Susanna etwas Derartiges geredet worden.

²⁸ Als sich dann am folgenden Tage das Volk bei ihrem Gatten Jojakim versammelte, kamen auch die beiden Alten, erfüllt von der frevelhaften Absicht, gegen Susanna die Todesstrafe zu erwirken. ²⁹ Sie beantragten vor dem Volke: „Schickt nach Susanna, der Tochter Hilkijas, welche die Frau des Jojakim ist!" Man schickte nach ihr. ³⁰ Da kam sie selbst mit ihren Eltern, ihren Kindern und all ihren Verwandten. ³¹ Susanna war aber eine ungewöhnlich blühende und hübsche Erscheinung. ³² Um sich an ihrer Schönheit zu ergötzen, befahlen nun die Gesetzesfrevler, sie zu entschleiern; sie war nämlich verschleiert. ³³ Ihre Angehörigen aber und alle, die sie sahen, weinten. ³⁴ Nun erhoben sich die beiden Alten inmitten des Volkes und legten ihr die Hände auf das Haupt. ³⁵ Sie aber schaute weinend zum Himmel auf, denn sie vertraute von Herzen auf den Herrn. ³⁶ Die Alten sagten nun aus: „Während wir allein im Garten umhergingen, kam diese mit zwei Mägden herein, verschloß das Tor des Gartens und schickte die Mägde weg. ³⁷ Dann kam zu ihr ein junger Mann, der versteckt gewesen war, und legte sich mit ihr nieder. ³⁸ Wir waren gerade in einer entfernten Ecke des Gartens; als wir den Frevel sahen, liefen wir zu ihnen hin. ³⁹ Wir ertappten sie beim Verkehr, konnten aber jenen (Mann) nicht festnehmen, weil er stärker war als wir, das Tor öffnete und entwich. ⁴⁰ Diese jedoch faßten wir und fragten sie: ‚Wer war der junge Mann?' ⁴¹ Sie wollte es uns aber nicht verraten. Das bezeugen wir."

Die Versammlung schenkte ihnen Glauben als Ältesten des Volkes und Richtern. So verurteilte man Susanna zum Tode. ⁴² Sie aber rief mit lauter Stimme und betete: „Ewiger Gott, der das Verborgene kennt und alles weiß, bevor es noch geschieht: ⁴³ Du weißt, daß sie falsches Zeugnis wider mich abgelegt haben. Siehe, ich muß sterben, obwohl ich nichts von dem getan, was diese Böses wider mich erdichtet haben."

⁴⁴ Der Herr erhörte ihr Rufen. ⁴⁵ Als man sie zum Tode führte, erweckte Gott den heiligen Geist eines noch recht jungen Mannes mit Namen Daniel; ⁴⁶ dieser rief mit lauter Stimme: „Ich bin unschuldig am Blute dieser Frau!" ⁴⁷ Da wandte alles Volk sich zu ihm und fragte: „Was sollen die Worte bedeuten, die du gesprochen hast?" ⁴⁸ Nun trat er mitten unter sie und sprach: „So töricht seid ihr, Israeliten? Ohne Untersuchung und ohne genauere Kenntnis des Sachverhaltes habt ihr eine Israelitin verurteilt? ⁴⁹ Kehrt zum Gericht zurück! Denn diese haben falsches Zeugnis wider sie abgelegt!" ⁵⁰ Da kehrte das ganze Volk eilends wieder um. Die Ältesten sagten nun zu ihm: „Setze dich hierher in unsere Mitte und gib uns Weisung; denn dir hat Gott die Würde des Alters verliehen!" ⁵¹ Da sprach Daniel zu ihnen: „Sondert sie weit voneinander, ich will sie verhören!" ⁵² Als nun einer vom anderen gesondert war, rief er den einen von ihnen heran und sprach zu ihm: „Du in langer Bosheit Altgewordener! Nun kommen deine früher begangenen Sün-

den an den Tag, ⁵³ da du ungerechte Urteile fälltest und die Unschuldigen verurteiltest, die Schuldigen aber freisprachst, wo doch der Herr sagt: Einen Unschuldigen und Gerechten sollst du nicht töten. ⁵⁴ Nun also, wenn du diese wirklich gesehen, sag an: Unter was für einem Baume sahst du sie miteinander buhlen?" Er sagte: „Unter einem Mastixbaum." ⁵⁵ Daniel aber sprach: „Recht gelogen hast du auf dein eigenes Haupt. Dich wird der Engel Gottes mitten durchspalten; schon hat er von Gott Befehl dazu erhalten!" ⁵⁶ Nun ließ er ihn gehen und befahl, den anderen herbeizuführen; zu ihm sagte er: „Du Sproß Kanaans, nicht Judas! Dich hat die Schönheit verführt, und böses Verlangen hat dein Herz verkehrt. ⁵⁷ So habt ihr es mit Töchtern Israels machen können, und jene haben aus Angst mit euch gebuhlt; doch eine Tochter Judas nahm eure Bosheit nicht duldend hin. ⁵⁸ Sage mir also: Unter was für einem Baume ertapptest du sie, miteinander buhlend?" Jener sagte: „Unter einer Eiche." ⁵⁹ Daniel aber sprach zu ihm: „Recht hast auch du auf dein eigenes Haupt gelogen; denn der Engel Gottes steht mit dem Schwert bereit, dich mitten durchzuschneiden, um so euch beide zu vertilgen."

⁶⁰ Da brach die ganze Versammlung in laute Zurufe aus und pries Gott, der jene rettet, die sich auf ihn verlassen. ⁶¹ Nun schritt man gegen die zwei Alten ein, weil Daniel sie aus ihrem eigenen Munde als falsche Zeugen überführt hatte. ⁶² Man ließ sie, dem Gesetze des Mose gemäß, die Strafe erleiden, die sie ihrem Nächsten zugedacht hatten. Man tötete sie. So wurde an jenem Tage unschuldiges Blut gerettet. ⁶³ Hilkija aber und seine Frau lobten Gott wegen ihrer Tochter Susanna – ebenso wie ihr Mann Jojakim und alle ihre Verwandten –, weil kein unsittliches Tun bei ihr gefunden worden war. ⁶⁴ An jenem Tag und auch weiterhin stieg Daniel hoch in der Achtung des Volkes.

Oben: Die beiden Alten horchen, was zwischen Susanna und ihren Dienerinnen gesprochen wird, und warten darauf, daß die Mägde sich entfernen, damit sie sich Susanna nähern können. Bildausschnitt eines Gemäldes von Jan Massys (1509 – 1575).

Oben links: Jacob Jordaens (1593 – 1678) hat die Gier und Lüsternheit der beiden Alten, wie sie die nackte Susanna im Bade betrachten, großartig charakterisiert, was auf diesem Bildausschnitt deutlich zum Ausdruck kommt.

DER MUT ZUM NEIN

Die Geschichte der schönen Susanna aus den apokryphen Kapiteln im Buch Daniel spielt in Babylon unter den exilierten Juden. Aber die alte Fragestellung, die zur Zeit der Propheten mit dem Babylonischen Exil verbunden war, ob die Juden in Babylon, der Hauptstadt des Weltreichs mit verfeinerter Kultur, bleiben und sich in der Fremde einwurzeln sollten oder sich in Erinnerung an und Heimweh nach Jerusalem verzehren sollten, spielt hier keine Rolle mehr. Wir finden eine etablierte jüdische Welt dargestellt: Die jüdische Gemeinde lebt im Exil ein selbständiges, in Religion, Lebensstil und Recht unangefochtenes Leben. Die idyllisch ausgebreitete Legende erzählt von Reichtümern und Gärten, vom Gemeindeleben und der Gerichtsbarkeit, die den Juden allein zugehörte, die Konflikte sind innerjüdisch und zeitlos. Märchenmotive, die in manchen anderen Kulturen auftauchen, mischen sich mit erbaulichen Zügen jüdischen Gottvertrauens.

Susanna ist eine wohlerzogene, behütete junge Frau, vermählt mit dem reichen Bürger Jojakim. Zwei Älteste der jüdischen Gemeinde werden ihr gegenübergestellt. Sie gelten als Vertrauenspersonen, sie haben Zutritt zum Anwesen Jojakims, da sie dort Streitigkeiten schlichten und Recht sprechen. Diese beiden Ehrenmänner werfen ein Auge auf die schöne junge Frau und wollen sie sexuell benutzen. Nicht ohne Ironie wird erzählt, wie beide ihre Gier nach dem Mädchen voreinander zu verheimlichen suchen. Jeder sieht allein zu, wie er an sie herankommt. Dabei treffen sie sich, gestehen sich ein, was sie umtreibt – und beschließen sofort, gemeinsame Sache zu machen. Von Eifersucht oder Alleinanspruch ist keine Rede, es handelt sich um die reine primitive Gier. „Ergib dich uns! Verkehr mit uns! (Dan 13, 20). Daß sie zu zweit sind, macht sie stärker und brutaler, freilich auch in ihrer Verdoppelung zu komischen Figuren, Karikaturen des Alters und der Bosheit.

Für eine Vergewaltigung sind sie vermutlich zu alt, aber zu einer Nötigung reicht es immer noch. Sie versuchen, Susanna zu erpressen, indem sie ihr Schlimmeres androhen als den erzwungenen Beischlaf, nämlich den Tod. Sie bezichtigen sie des Ehebruchs mit einem Jüngling, um sie so mit dem Tod für ihre Verweigerung zu bestrafen. Das sexuelle Begehren ist wie in den meisten Vergewaltigungen verbunden mit der Lust an der Macht und dem Willen, das Opfer zu demütigen, ja zu vernichten. Der Erpressungsversuch schlägt um in blanke Rachsucht. Ihnen ist ja ein Unrecht zugefügt worden, als eine Frau es wagte, ihnen nicht zu Willen zu sein! Daß sie bis zum Justizmord gehen wollen, zeigt noch einmal die Verbindung von Sexualität mit brutaler Gewalt, die sich physisch oder juristisch äußern kann.

Frauen können in diesem System nur verlieren. Wie viele Frauen bis auf den heutigen Tag steht Susanna vor der Wahl, entweder sich selber als Person mit ihrer Selbstachtung aufzugeben oder auf andere Weise in die Hände derer, die sie vernichten wollen, zu fallen. Fragt man sich, was es heißt, „vor dem Herrn zu sündigen" (Dan 13, 23), so ist zunächst hier ganz materiell an den Ehebruch gedacht.

Eine moderne feministische Deutung des theologischen Begriffs „Sünde" geht aber sehr viel tiefer. Sie besagt, daß für Frauen die größte Sünde die Selbstaufgabe ist, das Sicherniedrigen zum willenlosen Objekt, die Preisgabe der menschlichen Würde. Viele Frauen verstehen sich selber immer als Opfer schrecklicher Umstände, in die sie „geraten sind", nie als handelnde Subjekte, die in der Tat „vor dem Herrn" stehen und wenigstens die Freiheit der Susanna haben, nein zu sagen. Indem Susanna sich dem Willen

der gesellschaftlich respektierten, zur herrschenden Elite gehörenden Männer verweigert, bricht sie die stumme Unterwerfung unter die männliche Gewalt, wie sie von der Tätschelei und Belästigung im Büro bis zum als Gewohnheitsrecht angesehenen Inzest lebt. Sie verhält sich als Mensch, obwohl sie doch dazu da ist, als Sache benutzt zu werden.

Das Motiv von der unschuldig verleumdeten Frau, das in manchen Märchen und Sagen erscheint, setzt die patriarchale Rechtsstruktur voraus, in der die Stimme der Frau vor Gericht nichts gilt. Sie wird auch hier weder befragt noch gehört. Die alten Männer haben das Sagen. „Die Menge schenkte ihnen Glauben als Ältesten des Volkes und Richtern" (Dan 13, 41). Susanna wird zum Tode verurteilt, in ähnlichen Geschichten werden Frauen oft verbannt, in die Wildnis geschickt und so auf den Zustand reduziert, den das patriarchale Denken für sie vorsieht: stimmlose, rechtlose und besitzlose Wesen. Susanna macht keinerlei Versuch, Recht für sich einzuklagen, wohl aber klagt sie Gott ihr Leid. An vielen Stellen der Bibel erscheint Gott als der, der das Verborgene kennt, der die Wahrheit weiß und die Unschuldigen vor der Willkür der Macht beschützt.

So geschieht es auch hier, und damit tritt ein zweites Märchenmotiv hervor, das im Orient sehr beliebt war: die Gestalt des weisen, Recht sprechenden Knaben. Das Auftreten Daniels kann im Sinne einer rechtsgeschichtlichen Deutung als Fortschritt in der Wahrheitsfindung verstanden werden: indem er die Zeugen einzeln ins Kreuzverhör nimmt, werden ihre Widersprüche offenbar und die Unschuld der Frau bewiesen. Gott hat den Hilferuf der Susanna gehört und seinen Geist in Daniel erweckt. Gott ist die Instanz, die Recht gegen Macht durchsetzt, Wahrheit gegen Lüge sichtbar macht, die Unschuldigen rettet und die Schuldigen richtet. Susanna selber bleibt zwar – innerhalb der Rechtssituation des Patriarchats – noch immer stumm und auf den Vormund des Knaben Daniel angewiesen, aber die Parteinahme Gottes für die Entrechteten ist ein Grundmotiv, das sich auch mit dem ältesten Unrecht, der Herrschaft eines Geschlechts über das andere, nicht arrangieren kann. Erlösung und Befreiung sind nicht teilbar.

WAS NICHT IN DER BIBEL STEHT

ANTIKE UND MITTELALTERLICHE QUELLEN

Einige der christlichen Kirchenväter sagen, daß sie die Schwester des Propheten Jeremia war, dessen Vater ebenfalls Hilkija hieß. Auch sagt eine jüdische Legende, daß die beiden Alten zum Schluß gebunden und in eine Schlucht gestürzt wurden, wo Feuer vom Himmel herabfuhr und sie tötete – während sie nach der Bibel, gemäß dem Gesetz Moses, hätten gesteinigt werden müssen.

Ganz anders steht es mit dem Knaben Daniel, der erst in den letzten zwanzig Versen des Kapitels auftritt, dann aber die entscheidende Wendung herbeiführt. Denn seine Geschichte wird im Buch des Propheten Daniel erzählt, die einen Teil des anerkannten Alten Testaments bildet. Es ist die Geschichte eines frommen, schönen und klugen Knaben, der zusammen mit drei andern an den Hof des Königs Nebukadnezar gezogen wird und dort einen Traum des Königs auslegt.

Propheten des Buches Daniel sein und wohl zu einer Zeit spielen, ehe der Knabe an des Königs Hof berufen wurde. Allerdings beruht die jetzige Version der Susanna-Erzählung auf einer Überarbeitung des Buches durch Theodotion, einen Gelehrten des 2. Jahrhunderts n. Chr., der von der Gnostik herkam – einer Bewegung, die versuchte, die christliche Religion mit andern zu vermischen –, sich aber dann zum Judentum bekehren ließ. Seine Überarbeitung ist bemüht, die Geschichte historisch zu fundieren und an das Buch Daniel anzuknüpfen. Ursprünglich war die Erzählung wohl eine Vereinigung zweier alter Märchenmotive, dem von der verleumdeten Gattin und dem vom weisen Knaben, der die unfähigen Richter in den Schatten stellt. In die neue Version spielt wohl auch ein späterer Disput zwischen den zwei jüdischen Parteien der Sadduzäer und Pharisäer hinein über die Frage, ob falsche Zeugen auch dann zu bestrafen seien, wenn der Verleumdete der Strafe noch rechtzeitig entgangen ist. Denn die Moral der Geschichte ist ja, daß man Zeu-

Dann werden seine drei Gefährten, die sich weigern, das goldene Bild anzubeten, das der König hat anfertigen lassen, in einen glühenden Ofen geworfen, aber wunderbar aus ihm gerettet. Wiederum muß Daniel – am Hofe Beltsazar genannt – einen Traum des Königs deuten, und diesmal sagt er dessen kommenden Fall und Wahnsinn voraus. Darauf folgt die bekannte Szene am Hof von Belsazar, dem Nachfolger Nebukadnezars. Belsazar schmäht bei einem wüsten Fest den Gott Israels. Daraufhin erscheint eine Hand an der Wand und schreibt geheimnisvolle Zeichen, die von Daniel gedeutet werden müssen. Wie die Zeichen ansagten, wird Belsazar getötet. Unter seinem Nachfolger Darius wird Daniel von seinen Neidern verklagt, weil er gegen des Königs Befehl seine Bitten nicht an diesen richtet, sondern zu seinem Gott gebetet hat. Ungern folgt der König seinen Ratgebern und läßt Daniel in eine Grube unter die Löwen werfen, aber Daniel wird von einem Engel beschützt und bleibt dann an Darius' Hof als geehrter und mächtiger Ratgeber. Der Rest des Buches Daniel besteht aus dessen Visionen.

Der Daniel in Susannas Geschichte soll offensichtlich identisch mit dem späteren

Auf den zwei schmalen Elfenbein-Reliefs (um 310–320) sieht man links Susanna zwischen den hinter Bäumen hervorkommenden Ältesten, und rechts Susanna mit ihren Anklägern vor Daniel, der ihre Unschuld nachweist.

Ganz oben: Die lüsternen beiden Ältesten bedrängen die aus dem Bade gestiegene Susanna. Gemälde von Laurits Tuxen (1853–1927).

239

Rechts: Da die beiden angesehenen Ältesten behaupten, Susanna im Garten mit einem jungen Mann beim Ehebruch ertappt zu haben, spricht der Richter das Todesurteil über die von ihren weinenden Angehörigen begleitete Susanna aus. Gobelin nach einem Entwurf von Antoine Coypel (1661–1722).

Unten: Auf diesen drei Bildern sieht man Susanna im Garten von Dienerinnen betreut. Die Bilder links und rechts sind Werke von Jacopo Tintoretto (1518–1594). Das Bild in der Mitte mit der züchtig bekleideten Susanna ist ein Gemälde von Jacopo da Empoli (1554–1640).

genaussagen nicht ohne weiteres Glauben schenken darf, sondern sie durch Kreuzverhör überprüfen muß. Es ist möglich, daß Susannas Geschichte auch das römische Rechtsdenken beeinflußt hat. Hierbei spielt Josephus die vermittelnde Rolle. Die Notwendigkeit des Kreuzverhörs von Zeugen wurde von römischen Kaisern des 2. Jahrhunderts n. Chr., wie Hadrian und Antoninus Pius, mehrfach betont.

UM DIESELBE ZEIT deuten christliche Schriftsteller die Geschichte Susannas rein allegorisch: Nach Hippolytus, Bischof von Rom um 230 n. Chr., ist Susanna das Vorbild der christlichen Kirche, Jojakim eine Vorwegnahme Christi und sein Garten die Gemeinschaft der Heiligen, die, Bäumen gleich, die Früchte tragen, die die Kirche gepflanzt hat. Babylon gleicht bei ihm der Welt, und die beiden Alten sind typisch für die beiden Nationen, die gegen die Kirche intrigieren – die Beschnittenen und die Heiden.

NUR GANZ WENIGE jüdische Schriftsteller des Mittelalters erwähnen Susanna, aber die arabische Welt hat sich ihrer angenommen: Ihre Geschichte findet sich fast unverändert in der Märchensammlung „Tausendundeine Nacht" und auch unter den Liebesgeschichten des Ibn as Sarradsch. Eine frühmittelalterliche christliche Darstellung hat Hildebrand, Erzbischof von Tours, den man einen „egregius versificator" (ausgezeichneten Verskünstler) nannte, in einem lateinischen Gedicht um das Jahr 1100 geliefert, und es gibt auch ein mittelalterliches Susanna-Drama aus dem Ober-Engadin, ferner ein holländisches „Spel van Suzannen" (um 1427) und ein Wiener Drama vom Ende des 15. Jahrhunderts, das aus drei Szenen besteht: der Gartenszene, der Gerichtssitzung und dem Auftritt Daniels, und recht fröhlich endet.

Links: Nach der Verurteilung Susannas erhob ein junger Mann Einspruch. Man erlaubte ihm, die Zeugen nochmals zu vernehmen. Er befragte sie einzeln, wobei sie sich in Widersprüche verstrickten und Susannas Unschuld erwiesen wurde. Aus Dankbarkeit wirft sich Susanna vor ihrem Erretter zu Füßen. Gemälde von Sebastiano Ricci (1659 – 1753).

Unten: Auf den beiden Bildern, links von Jacob Jordaens (1593 – 1678) und in der Mitte von einem Schüler des Jan Massys, 16. Jahrhundert, wird Susanna von den beiden Alten belästigt. Auf dem Bild rechts mit dem Rückenakt Susannas handelt es sich um ein Werk von Salvador Dalí (1904 – 1989).

NEUERE LITERATUR

Im 16. Jahrhundert tauchen dann eine ganze Reihe von Susanna-Dramen auf. Der erste Bearbeiter ist wohl der Augsburger Pädagoge und Kirchenlieddichter Sixtus Birck mit seinem deutschen Drama von 1532, dem eine lateinische Version fünf Jahre später folgte. Bei ihm sind die Gerichtsszenen das Kernstück, in denen nicht nur Susannas Ehemann, sondern auch ihre Verwandten und Dienerschaft zu ihrer Gunsten aussagen. Er verbindet den mittelalterlich-volkstümlichen Stil mit dem des neuen humanistischen, pädagogischen Schuldramas. Im Drama des Niederösterreichers Paul Rebhun, der mit Melanchthon befreundet war, spielt sich das Drama (1535) in fünf Akten ab. Susannas Mann, der auf eine Reise geht, vertraut sie selbst der Obhut der beiden Alten an und kommt zurück, als sie schon zur Hinrichtung geführt wird. Die beiden Alten zeigen ihren schlechten Charakter auch noch in ihrem Verhalten gegenüber zwei armen Witwen. Bircks lateinische Fassung ist noch theatralischer: Bei ihm treten sogar der König Nebukadnezar mit seinem Gefolge auf, um zu richten. Weniger dramatisch ist ein anonymes Susanna-Drama aus Nürnberg (1534), in dem die biblische Handlung erst im dritten Akt ins Rollen kommt. Das Drama von L. Stoeckel (1559) ist dem lateinischen Bircks nachgebildet, doch wird die Gartenszene taktvoll hinter die Bühne verlegt.

Der bedeutendste Dramatiker der Zeit, der Schwabe Philipp Nikodemus Frischlin, benutzt in seinem lateinischen Drama von 1577 sowohl Birck wie Rebhun und schildert die verschiedenen Charaktere der beiden Alten sehr lebendig, während im lateinischen Drama des C. Schonaeus, der auf Frischlin basiert, die beiden völlig schematisiert erscheinen. Auch Hans Sachs' Nacherzählung der Susanna-Geschichte (1562) bleibt am Stofflichen hän-

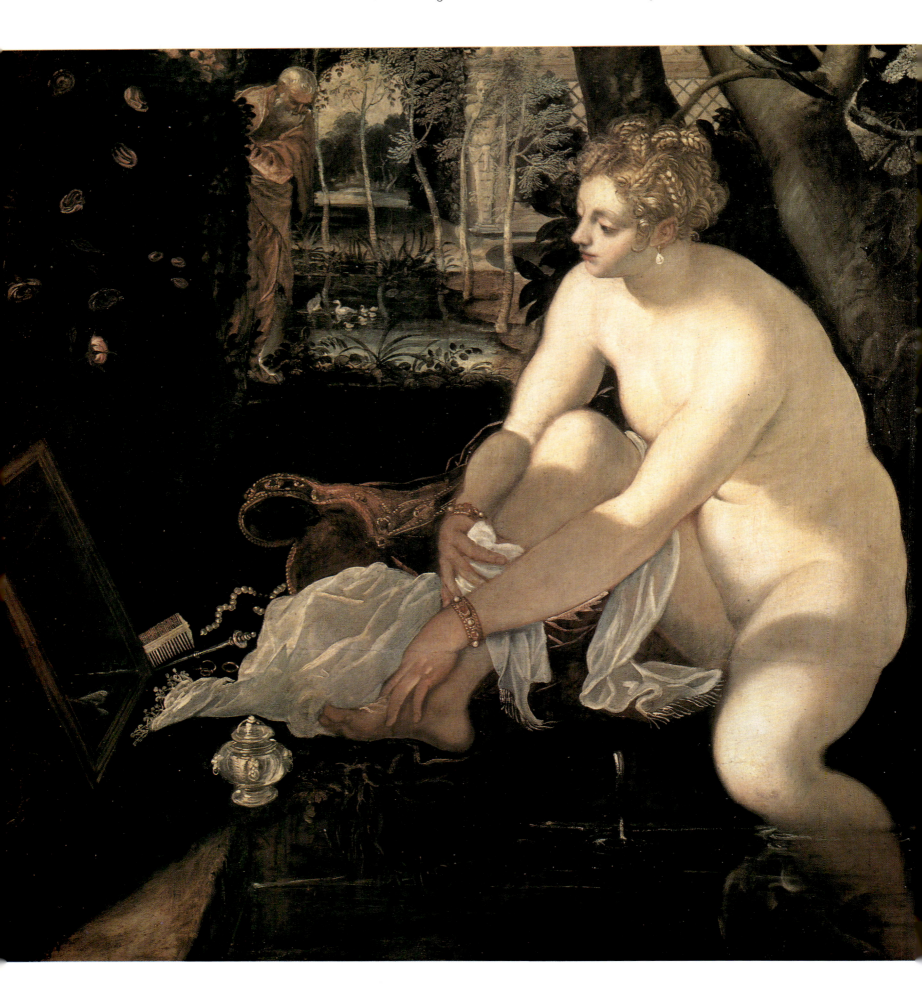

Susanna, noch mit einem Bein im Wasser, beginnt sich abzutrocknen. Sinnend betrachtet sie sich im Spiegel, nicht ahnend, daß die beiden Ältesten ganz in der Nähe auf die Gelegenheit warten, sie zu überfallen. Ausschnitt des Gemäldes von Jacopo Tintoretto (1518 bis 1594), auf dem hier nur einer der alten Lüstlinge im Hintergrund links zu sehen ist.

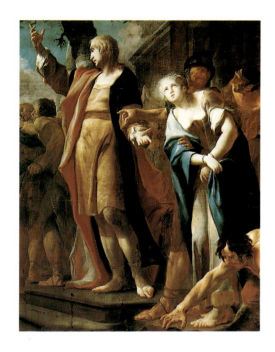

Daniel gelingt es, die des Ehebruchs beschuldigte Susanna vor der Steinigung zu retten, indem er ihren Beschuldigern verleumderische, falsche Aussagen nachweist. Gemälde von Paul Troger (1698 – 1762).

und seine Beute haben will. Händel hatte das Stück ursprünglich als Oper geplant und auch eine Rolle für Susannas Vater Hilkija vorgesehen, die jedoch rein formal blieb und dann von Händel gestrichen wurde. Sowohl Susanna wie auch Daniel gibt Händel die Gelegenheit, schöne pastorale Arien zu singen. Doch bei Daniel ist kaum ein Mitgefühl für Susanna zu spüren.

Händels schönes Oratorium erlebte vier Aufführungen im Jahre 1749 und eine weitere kurz vor seinem Tode, geriet dann in Vergessenheit. Es wurde erst zu

im großen Rahmen der Babylonischen Gefangenschaft, und der Böhme Hugo Salus verzichtet in seinem Schauspiel „Susanna im Bade" (1901) auf Dramatik zugunsten von lyrischen Stimmungen. Susanna ist bei ihm eine Witwe, und Daniel überführt die Alten weniger durch Klugheit als durch Drohungen. Völlig anders verfährt H. L. Wagner in seiner Tragödie von 1918, in der kein Daniel auftritt, um Susanna zu retten: Sie wird von ihrem Gatten Jojakim erstochen, um sie vor der Steinigung zu bewahren.

gen, ohne tiefere psychologische oder religiöse Einsichten. Die Darstellung des Franzosen A. de Montchrestien (1562) bringt ebenfalls nichts wesentlich Neues.

Bei Dante wird Susanna nicht erwähnt, wohl aber kennt Shakespeare ihre Geschichte: In der großen Gerichtsszene im vierten Akt seines „Kaufmanns von Venedig" (1598) wird die kluge Porzia zweimal als weiser oder zweiter Daniel bezeichnet, erst von Shylock, der seinen Prozeß zu gewinnen glaubt, dann von Graziano, dem Freund des Kaufmanns, den Porzia durch ihr Urteil rettet. Interessant ist auch der Beitrag von Heinrich Julius, dem Herzog von Braunschweig-Wolfenbüttel (1564 bis 1613), an dessen Hof der englische Poet Thomas Sackville eine Zeitlang lebte. Der Herzog verfaßte gleich zwei Susanna-Dramen unter dem Einfluß der englischen Komödien-Schreiber, denen es weniger auf straffen, dramatischen Aufbau als auf die Einführung von komischen Personen und allerlei Zwischenspielen ankam.

IM 17. UND 18. JAHRHUNDERT ist das Susanna-und-Daniel-Thema auch mehrfach musikalisch behandelt worden, so schon von S. Israel (1607), dann in einer Reihe von Oratorien, von denen das von Georg Friedrich Händel (1749) das bedeutendste ist. Sein Textdichter ist unbekannt. Seine Gestaltung läßt keinen Platz für einen sonst bei Oratorien üblichen Chor, bringt aber eine leichte Komik ins Spiel. Susanna wird als unschuldige junge Frau dargestellt, die sich nach ihrem abwesenden Gatten sehnt, ohne dabei ins Sentimentale zu verfallen. Der Gatte selbst ist als recht schwächlich gezeichnet, und die Figur des Daniel bleibt blaß, aber die beiden Alten treten um so deutlicher hervor. Der erste ist selbst über seine Leidenschaft, für die er viel zu alt ist, entsetzt, während der zweite, primitivere, nur ungeduldig ist

Händels hundertstem Todestag im Jahre 1859 von der Händelgesellschaft in Köln in gekürzter Form wieder aufgeführt. – Ein weiteres Susanna-Oratorium, das kurz vor dem Händels im Jahre 1744 aufgeführt wurde, verfaßt von C. H. Lange und P. Kuntzen, ist verschollen.

DAS DRAMA DES 19. und 20. Jahrhunderts hat das Susanna-Motiv nur selten benutzt. K. L. Werther zeigt in seinem Drama „Susanne und Daniel" (1855) die Geschichte

Oben: Die hier fast kindlich wirkende Susanna hält ihr Badetuch fest, das einer der Alten bereits gefaßt hat, um es ihr wegzuziehen. Die junge Frau ist von dem ihr Schweigen gebietenden Gehabe der beiden angesehenen Richter zwar beunruhigt, scheint sich aber noch nicht ganz im klaren zu sein, was sie eigentlich von ihr wollen. Gemälde von Guido Reni (1575 – 1642).

„WOHER KOMMT MIR DIES,
DASS DIE MUTTER MEINES HERRN ZU MIR KOMMT?"

Lukasevangelium 1, 43

Lukasevangelium

Kapitel 1, Vers 5 – 25.39 – 45.57 – 66

In Elisabet, der Mutter von Johannes dem Täufer, begegnen wir der ersten Frauengestalt des Neuen Testaments, der Heiligen Schrift der Christen, in der Gott durch Jesus Christus einen neuen Bund mit den Menschen schließt. Es beginnt mit den vier Evangelien des Matthäus, Markus, Lukas und Johannes, die die Lebensgeschichte Jesu und seine Lehren berichten. Nur das Evangelium des Lukas, der sich eingehend mit der Jugend Jesu und seines Vorläufers Johannes befaßt, erzählt die Geschichte der Elisabet.

ELISABET
MUTTER VON JOHANNES DEM TÄUFER

In den Tagen des Herodes, des Königs von Judäa, lebte ein Priester namens Zacharias aus der Priesterklasse des Abija, und seine Frau war von den Töchtern Aarons und ihr Name Elisabet. ⁶ Beide aber waren gerecht vor Gott, wandelten untadelig in allen Geboten und Satzungen des Herrn. ⁷ Sie hatten kein Kind, weil Elisabet unfruchtbar war, und beide waren schon in vorgerücktem Alter.

⁸ Und es begab sich, als er nach der Ordnung seiner Klasse Priesterdienst vor Gott tat, ⁹ traf ihn nach dem Brauch der Priesterschaft das Los, in den Tempel des Herrn einzutreten und das Rauchopfer darzubringen. ¹⁰ Das ganze Volk aber stand zur Stunde des Rauchopfers draußen und betete.

¹¹ Da erschien ihm ein Engel des Herrn, der zur Rechten des Rauchopferaltars stand. ¹² Zacharias erschrak, als er ihn sah, und Furcht überfiel ihn. ¹³ Doch der Engel sprach zu ihm: „Fürchte dich nicht, Zacharias; denn dein Gebet ist erhört worden. Elisabet, deine Frau, wird dir einen Sohn gebären, und du sollst ihm den Namen Johannes geben. ¹⁴ Er wird dir Freude und Jubel sein, und viele werden sich freuen über seine Geburt, ¹⁵ denn er wird groß sein vor dem Herrn. Wein und Berauschendes wird er nicht trinken, schon vom Mutterschoß an wird er mit heiligem Geist erfüllt werden, ¹⁶ und viele Söhne Israels wird er bekehren zu dem Herrn, ihrem Gott. ¹⁷ Und er wird vor ihm hergehen in Geist und Kraft des Elija, daß er der Väter Herzen zu den Kindern wende und Ungehorsame zur Einsicht der Gerechten, um dem Herrn ein bereitetes Volk zu schaffen."

¹⁸ Zacharias sprach zu dem Engel: „Woran soll ich dies erkennen? Denn ich bin alt, und mein Weib ist vorgerückt in ihren Tagen."

¹⁹ Der Engel antwortete ihm: „Ich bin Gabriel, der vor Gott steht, und bin gesandt, zu dir zu reden und dir diese frohe Botschaft zu bringen. ²⁰ Siehe, du wirst stumm sein und nicht sprechen können bis zu dem Tage, da dies geschehen wird, weil du meinen Worten nicht geglaubt hast, die sich erfüllen werden zu ihrer Zeit."

²¹ Das Volk wartete auf Zacharias; sie verwunderten sich, daß er so lange im Heiligtum verweilte. ²² Als er aber heraustrat, konnte er nicht zu ihnen reden. Da erkannten sie, daß er im Heiligtum eine Erscheinung gehabt habe; er gab ihnen Zeichen und blieb stumm.

²³ Und es begab sich, als die Tage seines Dienstes erfüllt waren, kehrte er nach Hause zurück. ²⁴ Nach diesen Tagen aber empfing Elisabet, seine Frau. Fünf Monate verbarg sie sich und sprach: ²⁵ „So hat der Herr an mir getan zu der Zeit, da er herniedersah, meine Schmach vor den Menschen wegzunehmen."

Seite 244: Ausschnitt aus der Miniatur „Die Heimsuchung", einer Illustration aus dem Codex Egberti (um 980 – 984) fol. 10 v.

Seite 245: Nachdem Maria vom Engel Gabriel verkündet worden war, daß sie als Jungfrau einen Sohn gebären würde, eilte sie ins Gebirge zu ihrer Verwandten Elisabet, von der der Engel gesagt hatte, daß sie trotz ihres hohen Alters noch schwanger geworden sei, „denn", so sprach der Engel, „bei Gott ist kein Ding unmöglich". Die Begegnung der beiden schwangeren Frauen ist ein beliebtes Thema auf Tafelbildern und Miniaturen und wird als „Heimsuchung" oder als „Visitation" bezeichnet. Hier handelt es sich um eine Miniatur aus dem Stundenbuch des Jean Duc de Berry, entstanden in der zweiten Hälfte des 15. Jahrhunderts.

Rechts: Vom Geist Gottes erfüllt, ist Elisabet vor Maria in die Knie gesunken und sagt: „Wer bin ich, daß die Mutter meines Herrn mich besucht?" Gerührt beugt sich Maria zu ihrer älteren Verwandten, die ihren Leib umfangen hält. Gemälde von R. Anning Bell (1863 – 1933).

Oben: Als der Engel Gabriel dem Priester Zacharias die Botschaft bringt, seine Frau Elisabet würde einen Sohn zur Welt bringen, hält Zacharias das für unmöglich, da Elisabet schon hoch in Jahren ist. Er wird für seinen Unglauben mit Stummheit bestraft, bis das Kind geboren ist und man ihn fragt, wie es heißen soll. Da schrieb Zacharias auf ein Wachstäfelchen „Johannes", so wie der Engel es ihm befohlen hatte. Und seither konnte er wieder sprechen. Illustration von Julius Schnorr von Carolsfeld (1795 – 1872).

Im folgenden erzählt Lukas, wie der Engel Gabriel nach Nazaret zu der Jungfrau Maria kommt, sie mit „Gebenedeite unter den Weibern" anredet und ihr die Geburt eines Sohnes ankündigt, der der Sohn des Höchsten genannt werden wird und dem Gott der Herr den Stuhl seines Vaters David geben wird. Er sagt ihr auch, daß ihre Freundin Elisabet trotz ihres hohen Alters schwanger und nun im sechsten Monat sei, weil bei Gott kein Ding unmöglich ist.

[39] Maria aber machte sich in diesen Tagen auf und ging eilends in das Gebirge in eine Stadt Judas. [40] Sie trat in das Haus des Zacharias und begrüßte Elisabet. [41] Und es geschah, als Elisabet den Gruß Marias hörte, hüpfte das Kind in ihrem Schoße, und Elisabet ward erfüllt mit heiligem Geiste [42] und rief mit lauter Stimme: „Du bist gebenedeit unter den Frauen, und gebenedeit ist die Frucht deines Leibes! [43] Woher kommt mir dies, daß die Mutter meines Herrn zu mir kommt? [44] Denn siehe, als der Klang deines Grußes in mein Ohr drang, hüpfte das Kind vor Freude in meinem Schoße. [45] Selig, die geglaubt hat, daß Erfüllung finden wird, was ihr vom Herrn gesagt wurde."

[57] Für Elisabet aber erfüllte sich die Zeit, da sie gebären sollte, und sie gebar einen Sohn. [58] Ihre Nachbarn und Verwandten hörten, daß der Herr seine Barmherzigkeit an ihr so groß erwies, und freuten sich mit ihr. [59] Und es begab sich, am achten Tag kamen sie, das Kind zu beschneiden, und wollten ihm den Namen seines Vaters Zacharias geben. [60] Da nahm seine Mutter das Wort und sprach: „Nein, er soll Johannes heißen." [61] Man entgegnete ihr: „Niemand ist in deiner Verwandtschaft, der diesen Namen trägt." [62] Sie winkten nun seinem Vater, wie er ihn wolle nennen lassen. [63] Er verlangte ein Täfelchen und schrieb die Worte: „Johannes ist sein Name." Und alle wunderten sich. [64] Sogleich aber wurde sein Mund aufgetan und seine Zunge (gelöst), und er sprach und pries Gott. [65] Alle Nachbarn ringsum wurden von Furcht ergriffen, und im ganzen Bergland von Judäa sprach man von allen diesen Dingen. [66] Und alle, die davon hörten, nahmen es sich zu Herzen und sagten: „Was wird wohl aus diesem Kinde werden?" Denn die Hand des Herrn war mit ihm.

SCHWESTER UND MUTTER

Elisabet ist eine der Frauengestalten, die die Verbindung zwischen Judentum und Christentum, zwischen hebräischer und griechischer Bibel, die so oft verdreht, zur Herabsetzung benutzt oder schlicht geleugnet worden ist, ganz deutlich macht. Elisabet stammt aus dem Geschlecht des Aaron, des Bruders des Mose, ihr Name bedeutet „Gottes Eid", ihre Geschichte beginnt nach der Erzählung des Lukas im Tempel zu Jerusalem und wiederholt, was schon zuvor – nach Gottes eidlichem Versprechen – geschehen war, wenn himmlische Boten einem schon betagten Paar einen Sohn versprechen. So steht Elisabet in der Tradition der kinderlosen Frauen wie Sara und Hanna, wie die Mutter des Simson und viele andere. Diesen Frauen kündigt ein Engel nach langen Jahren des Wartens ein Kind an, in dem nicht nur ihr persönlicher Lebenswunsch sich erfüllt und die Zurücksetzung, die in der Kinderlosigkeit lag, aufgehoben wird, sondern in dem sie auch in die Geschichte des Volkes Gottes eingebunden werden. Die Gründung des zahlreichen Volkes steht im Hintergrund von Saras Geschichte, die Rettung vor den das Land zertretenden Philistern beginnt mit Simsons Geburt, und die Geburt Samuels durch Hanna leitet eine Epoche der Erneuerung der korrupt gewordenen Priesterschaft ein. Wie diesen Frauen, so wird auch der Elisabet, übermittelt durch ihren Mann, den Priester Zacharias, ein Sohn verheißen, der das Volk zur Umkehr führen wird, Johannes der Täufer.

Diese Geschichte von Ankündigung, Schwangerschaft und Geburt wird in Lukas 1 in Beziehung gesetzt zu Maria, der Mutter Jesu. Beidemal kündigt der Engel Gabriel an, was geschehen soll. Für beide, die sehr alte und die sehr junge Frau, kommt die Nachricht überraschend, nicht im Einklang mit der eigenen Lebenszeit. Beide sind überwältigt vom Glück und loben Gott (Lk 1, 25 und 46ff.).

Was dann folgt, ist eine Geschichte der Begegnung zweier Frauen, für die das Wort „Schwesterlichkeit" nicht zu groß ist. Maria macht sich auf, gleich, nachdem sie die Verkündigung des Engels gehört hat, um die im Bergland bei Jerusalem lebende Elisabet zu besuchen. Warum sie diese Fußwanderung unternimmt, wird nicht erzählt, ist aber leicht zu erraten. An wen sollte sie sich wenden in ihrer Situation der unverhofften Schwangerschaft? Die ältere Frau in der gleichen Situation, nicht so nah wie eine Mutter und doch in einer inneren Nähe lebend, ist die Freundin, die Maria jetzt braucht. Sie wandert übers Gebirge, etwa eine Tagesreise lang, um Elisabet zu sehen. Sie ist im An-

Domenico Ghirlandaio (1449 – 1494) läßt ebenfalls Elisabet sich vor Maria niederwerfen und sie lobpreisen: „Gott hat dich unter allen Frauen ausgezeichnet, dich und dein Kind."

fang ihrer Schwangerschaft, und Elisabet ist im sechsten Monat.

Maria bleibt die ersten drei Monate ihrer Schwangerschaft bei Elisabet, also genau die Zeit der hormonellen Umstellung, des Würgens und Erbrechens am frühen Morgen, der Beschwerden und des möglichen Aborts. Gerade in dieser Zeit braucht sie den Rat, die Fürsorge und die Beschwichtigung von Ängsten, die in Freundschaften zwischen Frauen wichtig sind. Mütterlichkeit und Schwesterlichkeit wachsen zusammen. Beide Frauen haben Anteil am Geheimnis der Entstehung neuen Lebens und genug Grund, sich aneinander festzuhalten und miteinander zu freuen. Ohne Worte geschieht die tiefste Verständigung. Als Maria unerwartet eintritt und die Elisabet begrüßt, bewegt sich das Kind im Leib der Elisabet, und sie spürt Gottes Geist. Sie ist „erfüllt" vom Geist, nicht leer und vereinsamt wie in den bitteren Jahrzehnten des Wartens. Elisabet sieht unmittelbar, daß Maria schwanger ist, ihr eigenes Kind teilt ihr sein Wissen mit. Es ist eine Begegnung voller Jubel und Freude, alles Schüchterne und Ängstliche, das beide Frauen gehabt haben mögen, ist verschwunden. Beide Frauen haben Gott erfahren, nicht durch Priester oder Kult vermittelt, nicht im Rahmen der institutionellen Gebräuche, sondern in ihrem beseelten Leib, ihren „bodyselves". Beide tun das, was uns oft so entfernt scheint und doch notwendig ist: Sie glauben mit allen ihren Sinnen. Elisabet hört den Klang der Stimme Marias, spürt das sich bewegende Kind in ihrem Leib, ruft laut und segnet das Kind des Lebens.

Ich erinnere mich, wie ich diese Geschichte von den beiden schwangeren Frauen meinen beiden ersten Kindern erzählt habe. Ich war schwanger, und sie warteten, ihre Händchen an meinen Leib legend, auf die Bewegungen des Neuen. Sie brachen in laute Jubelrufe aus und wunderten sich, wie das kleine kickende Füßchen wohl aussäh. Die Geschichte der beiden Frauen und ihrer „noch versteckten Kinder", wie meine eine nannte, hat eine Lebensnähe und Wärme, die mich wundern macht, ob sie wirklich, wie alle biblischen Geschichten, von männlichen Erzählern stammt oder ob nicht, zumindest in der vorangehenden mündlichen Überlieferung der ersten christlichen Gemeinden, Frauen am Weitergeben dieser Geschichte beteiligt waren.

Ihren theologischen Ausdruck findet diese gemeinsame Freude zweier Frauen dann in einem in der Liturgie christlicher Kirchen immer wieder auftauchenden Text, dem Magnificat: „Hochpreist meine Seele den Herrn …" (Lk 1, 46). Das Glück und der Segen der Elisabet hat der Maria die Zunge gelöst, erst in der schwesterlichen Begegnung wird sie sprachfähig und singt das Befreiungslied, das eines der schönsten Stücke des Neuen Testaments ist. Es besteht aus Versen der hebräischen Tradition und ist ein Grundtext aller befreienden Theologie geworden. Es ist ein revolutionäres Lied wie das ursprüngliche der Hanna, es handelt von der Umkehrung der ungerechten Verhältnisse, vom Ende des Hungers der Mehrheit der Menschen, von der Gerechtigkeit für alle. Es setzt ganz im Geist der Bergpredigt Barmherzigkeit gegen Ausbeutung und Freiheit gegen Gewaltherrschaft. Maria singt dieses Lied, aber ohne Elisabet hätte sie keinen Ort und keine Stimme zum Singen.

WAS NICHT IN DER BIBEL STEHT

ANTIKE UND MITTELALTERLICHE QUELLEN

Elisabets Name ist von dem der Elischeba, der Frau von Aaron, dem Bruder Moses, abgeleitet. Er bedeutet „Gott ist mein Eid".

Lukas' Erzählung von der Geburt Johannes' des Täufers und wie sie den betagten Eltern angekündigt wird, ist offenbar den alttestamentarischen Berichten von Simsons und Samuels Geburt nachgebildet. Nur das Motiv des Verstummens ist neu. Der christlichen Legende, wie sie in den sogenannten apokryphen, nicht offiziell anerkannten Evangelien und anderen Sagen des frühen und späteren Mittelalters zum Ausdruck kommt, hat Lukas' Darstellung nicht viel hinzufügen. Wohl aber bringt sie Johannes und seine Mutter mit Herodes' Kindermord in Verbindung, der ja – nach Matthäus – alle neugeborenen Kinder aus Angst vor dem kommenden Messias töten ließ. Johannes, der nur sechs Monate älter als Jesus war, muß also in der gleichen Gefahr gewesen sein. Das – apokryphe – Protevangelium des Jakobus berichtet, daß Elisabet mit dem kleinen Johannes vor der Verfolgung des Herodes ins Gebirge flüchtete und, da sie kein Versteck fand, gebetet habe: „Berg Gottes, nimm mich auf!" Darauf habe sich der Berg gespalten und sie geborgen. Dort wurde sie dann wunderbar von Engeln gespeist. Die bekannte Siebenschläfer-Legende von den Brüdern, die während einer Christenverfolgung sich in einer Höhle verbargen, dort einschliefen und eingemauert wurden und erst nach Jahrhunderten wieder erwachten, hängt offenbar mit der Elisabet-Sage zusammen.

Über Johannes' Vater Zacharias weiß die Legende mehr zu berichten. Als Herodes' Leute zu seinem Hause kamen, um nach seinem Kind zu forschen, fanden sie dort niemanden, da Zacharias seinen Sohn in den Tempel von Jerusalem genommen und ihn dort mit der Priesterweihe versehen hatte – ehe Elisabet mit ihm in die Berge eilte. Als dann die Verfolger in den Tempel kamen und nach Johannes fragten, antwortete Zacharias: „Ich bin ein Diener Gottes und verbringe alle meine Tage am Altar des Herrn. Daher weiß ich nicht, wo mein Sohn ist, der mit seiner Mutter in den Bergen lebt." Herodes geriet in Wut, als er diese Antwort vernahm, und rief: „Zacharias erwartet wohl, daß sein Sohn über Israel herrschen wird? Sagt ihm, daß, wenn er uns das Versteck nicht zeigt, sein Blut über ihn kommen wird!" Dann befahl er, ihn zu töten. Als Zacharias' Gemeinde am nächsten Morgen vergebens auf ihn wartete und man schließlich seine Leiche nahe dem Altar fand, ertönte eine Stimme, die rief: „Zacharias ist ermordet worden, und sein unschuldiges Blut wird nicht verschwinden, bis sein Rächer erscheint." Dann verschwand Zacharias' Leiche, aber sein Blut auf den Stufen des Altars war hart wie Stein geworden und konnte nicht entfernt werden.

Das Dankgebet des Zacharias, von Lukas am Ende seines ersten Kapitels berichtet, wurde später die Grundlage des „Benedictus", das einen festen Bestandteil des christlichen Rituals bildete und noch bildet.

Elisabet soll dann den Knaben Johannes zu dem Eremiten und Weisen Matheno geführt haben, der in derselben Berggegend lebte. Dieser behielt Johannes bei sich und zog ihn in seiner Höhle auf. Er lehrte ihn, aber nicht durch Bücher, sondern durch Frage und Antwort. Johannes

Oben links und Mitte: Auf den beiden Miniaturen ist der Besuch Marias bei Elisabet dargestellt. Sie treffen sich außerhalb des Städtchens, in dem Elisabet wohnt. Die Miniatur links mit dem Landschaftshintergrund stammt aus dem Codex Vindobonensis, fol. 75r, die rechts aus dem Stundenbuch der Katharina von Kleve, fol. 32.

Rechts: Obwohl ihr der Engel Gabriel verkündet hatte, daß sie einen Sohn gebären würde, war Elisabet ihres hohen Alters wegen doch mißtrauisch, ob das noch möglich sei. Nach Darstellung des Künstlers bringt sie ihren Urin zu einem weisen Mann, um einen Schwangerschaftstest machen zu lassen. Illustration aus der Bible de Jean XXII., fol. 164r, 15. Jahrhundert.

fer lebte dreißig Jahre lang in der Wüste mit den wilden Tieren ... Von dem Tage an, an dem sein Vater ihn in die Wüste fliehen ließ, als er noch ein Kind war, bis zur Zeit, da er zurückkehrte, bedeckte er sich mit denselben Kleidern durch Sommer und Winter hindurch und änderte niemals sein asketisches Leben. Und er predigte in der Wildnis von Judäa: „Geht in euch, das Reich Gottes naht!"

JOSEPHUS BERICHTET nichts von Johannes' Kindheit, beschreibt ihn aber als einen edlen Mann, der die Juden anhielt, nach Vollkommenheit zu streben, Gerechtigkeit gegeneinander und Frömmigkeit gegen Gott zu üben und so zur Taufe zu kommen. Dann werde die Taufe Gott angenehm sein, denn sie würde nur zur Heiligung des Leibes, nicht zur Sühne für ihre Sünden angewendet; ihre Seele wäre ja schon durch ihr gerechtes Leben entsündigt worden. Er erzählt auch, daß seine Reden eine wunderbare Anziehungskraft auf die Juden ausübten, so daß eine gewaltige Menschenmenge zu ihm strömte. Deshalb begann Herodes ihn zu fürchten.

befragte ihn über die Sünde und wie sie vergeben werden kann, und Matheno belehrte ihn über den Wert der Reue und nannte ihm die „goldene Regel": Tue andern nicht, was du nicht wünschst, daß andere es dir antun.

Elisabet besuchte ihren Sohn von Zeit zu Zeit und staunte, wieviel größer und weiser er ihr jedesmal erschien.

Als Johannes fünf Jahre mit Matheno gelebt hatte und zwölf Jahre alt war, starb seine Mutter Elisabet, und er weinte um sie. Matheno aber belehrte ihn, daß der Tod nicht der Feind, sondern der Freund des Menschen sei, der das Band durchschneidet, das das Menschenschiff an die Erde bindet, so daß es von nun an in ruhigeren Gewässern segeln kann. Das Werk Elisabets sei getan, und es sei nur Selbstsucht zu wünschen, daß sie uns wieder erschiene.

DIE ARABISCHE LEGENDE erwähnt Elisabet nicht mit Namen, wohl aber den Zacharias. Als die schwangere Maria ihn und seine Frau besuchte, wollte er das Kind Marias zu sich nach Hause nehmen. Aber die andern Priester sprachen dagegen, da sie es für sich selbst wünschten, weil ihr Vater Amram in hohem Ruf gestanden hatte. Da sie sich nicht einigen konnten, gingen sie alle, neunundzwanzig an der Zahl, zum Fluß Jordan und schossen ihre Pfeile ins Wasser. Allah ließ den des Zacharias emporsteigen, der dann Maria in einem Raum des Tempels aufzog. Dort wurde sie von Allah göttlich gespeist, und erst als Zacharias dieses Wunder sah, bat er Allah um ein eigenes Kind. Doch hatte er allen Grund, an Gabriels Versprechen zu zweifeln, denn zu dieser Zeit war er hundertzwanzig und sein Weib (Elisabet) achtundneunzig Jahre alt.

ÜBER DAS LEBEN des Johannes, ehe er seiner Sendung im Volk Israel folgte, gibt es eine altsyrische Beschreibung, die von der biblischen abweicht. Sie steht im „Buch der Biene" des Shelomon. Shelomon war ein armenischer Bischof, der der nestorianischen Sekte angehörte. Diese wurde im 5. Jahrhundert von der römischen Reichskirche ausgeschlossen, weil sie die menschliche Natur Jesu überbetonte. Shelomon lebte im 13. Jahrhundert; er vergleicht sein Werk, eine reiche Sammlung christlicher Legenden, mit dem einer Biene, die von Blüte zu Blüte eilt und den Stoff sammelt, aus dem sie sich allmählich ihr Haus baut. Er sagt: „Johannes der Täu-

Elisabet berührt den Leib der Maria und preist sie selig: „Denn du hast geglaubt, daß die Botschaft, die der Herr dir sagen ließ, in Erfüllung geht." Miniatur „La Visitation" aus der Handschrift „Les petites heures du Duc de Berry", fol. 32.

Oben links: Auf dem Rundbild von Andrea del Sarto (1486–1530) handelt es sich wiederum um einen Besuch Marias bei Elisabet. Inzwischen sind beide Frauen Mutter geworden. Maria hält den Jesusknaben und Elisabet den um sechs Monate älteren Johannes auf dem Schoß.

NEUERE LITERATUR

Der Figur der Elisabet hat sich die Literatur seit dem 16. Jahrhundert kaum angenommen, und auch die ihres berühmten Sohnes, Johannes' des Täufers, spielt in der neueren Literatur kaum eine Rolle mit Ausnahme der Episode seines Todes, die im nächsten Kapitel behandelt wird. Wohl aber leben Elisabet und Johannes in christlichen Festtagen und Bräuchen weiter.

An den Besuch Marias bei Elisabet erinnert das Fest der Visitation, das am 2. Juli mit weißen Lilien gefeiert wird. Da der Geburtstag Johannes' des Täufers sechs Monate vor der Geburt Christi, also am 24. Juni, gefeiert wird und somit mit der Sommersonnenwende zusammenfällt, finden in seinem Namen vielerorts Sonnenwendfeiern statt, besonders am Vorabend des 24. Juni. Hier haben sich manche alten heidnischen Bräuche, wie die des Feuerspringens und der Feuerräder, noch erhalten.

Der Name Johannes ist, besonders in abgekürzter Form, der verbreitetste männliche Vorname in wohl allen westlichen Kulturländern geblieben: im Deutschen Hans, im Französischen Jean, im Englischen John, im Spanischen Juan, im Italienischen Giovanni, im Russischen Iwan usw. Auf die Ableitung von „Hans" macht Richard Wagner in seinen „Meistersingern" aufmerksam, deren Handlung sich ja um den Johannistag herum abspielt. Dort singt der Lehrling David seinem Meister, Hans Sachs, sein Johannistag-Sprüchlein: „Am Jordan Sankt Johannes stand, / all Volk der Welt zu taufen: / kam auch ein Weib aus fernem Land / aus Nürnberg gar gelaufen: / sein Söhnlein trug's zum Uferrand, / empfing da Tauf' und Namen; / doch da sie dann sich heimgewandt, / nach Nürnberg wieder kamen, / in deutschem Land gar bald sich fand's, / daß wer am Ufer des Jordans / Johannes war genannt, / an der Pegnitz hieß der Hans."

* * *

Oben: Um dem von Herodes angeordneten bethlehemitischen Kindermord zu entgehen, floh Joseph mit Maria und dem Jesuskind nach Ägypten, wie uns die Bibel berichtet. Auch Elisabet sei mit dem kleinen Johannes vor den Soldaten des Herodes ins Gebirge geflohen, will die Legende wissen. Da sie kein Versteck fand, habe sich auf ihr Gebet hin ein Berg gespalten und ihr in seinem Innern eine sichere Zuflucht geboten. Gemälde von Alessandro Magnasco (1667 – 1749).

Oben rechts: Ein ungewöhnliches Bild der Visitation! Maria ist zu Besuch bei ihrer Base Elisabet. Die beiden Frauen sitzen in häuslichem Frieden nebeneinander auf einer Bank. Elisabet ist in ein Buch vertieft, während Maria, einen Korb mit Nähutensilien neben sich, mit einer Handarbeit beschäftigt ist. Gemälde von R. Anning Bell (1863 – 1933).

Die Geschichte dieser beiden Frauen ist so eng mit der des Herodes und seiner weitverzweigten Familie verknüpft, daß eine kurze Erklärung hier am Platz zu sein scheint. Herodes der Große, dessen Vater von Julius Cäsar zum Prokurator von Judäa eingesetzt worden war, verstand es, sich bei den Machthabern in Rom beliebt zu machen, vor allem bei Marcus Antonius und Octavian, dem späteren Kaiser Augustus.

Nach dem Tod von Herodes hob Augustus das Königtum auf und verteilte es unter drei Söhne: Antipas (auch Herodes Antipas genannt) wurde Tetrach (Vierfürst) von Galiläa, Herodes Philippus Tetrach von Ituräa (im Nordosten), Archelaus Ethnarch von Judäa. Ein vierter Sohn, ebenfalls Philippus genannt, wurde enterbt. Dieser hatte eine Frau Herodias geheiratet, die die Mutter eines Mädchens wurde, das erst sehr viel später, nämlich von dem der alexandrinischen Schule angehörigen Kirchenvater Isidor von Pelusium (5. Jahrh.), den Namen Salome erhielt, offenbar ein Kind aus früherer Ehe. Antipas verliebte sich in seine Schwägerin Herodias, verführte und heiratete sie und wurde daher vom Propheten Johannes öffentlich getadelt.

Als Jesus sich von Johannes im Jordan taufen ließ, ertönte vom Himmel eine Stimme: „Du bist mein Sohn, dir gilt meine Liebe, dich habe ich erwählt." Gemälde von Johannes Patenier (um 1485 – 1524).

HERODIAS UND SALOME

Markusevangelium
Kapitel 6, Vers 14–29

„ICH WILL, DASS DU MIR ... DAS HAUPT JOHANNES' DES TÄUFERS GIBST."
Markusevangelium 6, 25

Die Herodias-Salome-Episode weist, besonders im Zusammenhang des Neuen Testaments, recht ungewöhnliche Züge auf: einmal durch das stark betonte erotische Element, die Verführung eines Mannes durch den Tanz eines jungen Mädchens, dann aber auch durch die komplexe Doppelrolle von Mutter und Tochter in der Tragödie des unschuldigen Johannes.

Und der König Herodes hörte davon; denn sein Name war bekannt geworden, und man sagte: „Johannes der Täufer ist von den Toten auferstanden, und darum wirken die (Wunder-)Kräfte in ihm." [15] Andere aber sagten: „Er ist Elija." Wieder andere sagten: „Er ist ein Prophet wie einer der Propheten." [16] Als aber Herodes das hörte, sagte er: „Johannes, den ich habe enthaupten lassen, der ist auferweckt worden."
[17] Herodes nämlich hatte selber den Johannes festnehmen und ihn im Gefängnis fesseln lassen wegen der Herodias, der Frau seines Bruders Philippus. Weil er die geheiratet hatte, [18] hatte Johannes zu Herodes gesagt: „Es ist dir nicht erlaubt, die Frau deines Bruders zu haben." [19] Das trug Herodias ihm nach und hätte ihn gern umbringen lassen, konnte es aber nicht, [20] denn Herodes fürchtete den Johannes, weil er wußte, daß er ein gerechter und heiliger Mann war, und er ließ ihn bewachen. Und wenn er ihn hörte, wurde er sehr verlegen, doch hörte er ihn gern. [21] Es kam ein gelegener Tag, als Herodes an seinem Geburtstag ein Festessen gab für seine Würdenträger und Offiziere und die Vornehmen Galiläas; [22] da trat ihre, der Herodias, Tochter herein und tanzte und gefiel dem Herodes und seinen Gästen. Der König aber sagte zu dem Mädchen: „Begehre von mir, was du willst, ich werde es dir geben." [23] Und er schwur ihr: „Was du auch von mir begehrst, werde ich dir geben, bis zur Hälfte meines Reiches." [24] Da ging sie hinaus und sagte zu ihrer Mutter: „Was soll ich begehren?" Die aber sagte: „Das Haupt Johannes' des Täufers." [25] Sofort eilte jene zum König hinein und bat: „Ich will, daß du mir sogleich auf einer Schüssel das Haupt Johannes' des Täufers gibst." [26] Da wurde der König sehr betrübt, doch wegen seiner Schwüre und wegen der Gäste wollte er sie nicht abweisen. [27] Und sofort schickte der König einen von der Leibwache ab mit dem Befehl, sein Haupt zu bringen. Der ging hin, enthauptete ihn im Gefängnis, [28] brachte sein Haupt auf einer Schüssel und gab es dem Mädchen, und das Mädchen gab es seiner Mutter. [29] Als seine Jünger das hörten, kamen sie, holten seinen Leichnam und setzten ihn in einem Grabe bei.

Links: Auf dem 1876 gemalten Aquarell „Die Erscheinung" läßt Gustave Moreau (1826 bis 1898) Salome in einem verführerischen Schleiergewand vor dem König und ihrer Mutter Herodias tanzen. Ihr ausgestreckter Arm weist auf das blutige Haupt von Johannes dem Täufer hin, das, in einem Strahlenkranz schwebend, nur ihr erscheint. Die seitwärts sitzenden Gestalten des Königs und der Herodias sind nicht fertig ausgearbeitet. Moreau vermerkte auf dem Bildrand, daß es sich hier nur um eine Skizze handele, die nicht gezeigt werden dürfe.

Rechts: Verliebt streichelt Herodes Antipas das Kinn seiner Stieftochter, die zugleich seine Nichte ist. Denn der König hatte Herodias, die geschiedene Frau seines Bruders, geheiratet. Johannes der Täufer legte gegen diese illegale Heirat immer wieder Protest ein, weswegen er von Herodias gehaßt wurde. Als Salome ihre Mutter fragte, was sie sich vom König als Geschenk für ihren Tanz wünschen solle, flüsterte Herodias ihr zu „das Haupt des Johannes", um so den Bußprediger aus der Welt zu schaffen. Mittelalterliches Relief aus Sens, Frankreich.

MÄNNERPHANTASIEN, AUFGEFÜHRT VON FRAUEN

Die Königin Herodias und ihre im Neuen Testament namenlose Tochter tauchen im Zusammenhang mit der Hinrichtung Johannes' des Täufers auf. Sie illustrieren, literarisch geschickt arrangiert, den Gegensatz zweier Lebenswelten, der auch sonst in den Zeugnissen des frühen Christentums eine wichtige Rolle spielt. Auf der einen Seite steht der Täufer, ein asketischer Wanderer aus der Tradition der Propheten Israels. Er lebt von Heuschrecken und wildem Honig, predigt Buße und tauft die zahlreich herbeiströmenden Menschen im Wasser des Jordan.

Auf der andern Seite steht die königliche Familie aus der Dynastie der Herodier, benannt nach dem König Herodes dem Großen (73 v. Chr. bis 3 v. Chr.), der kein geborener Jude war, aber dank seines außerordentlichen diplomatischen Geschicks als König die israelitischen Provinzen beherrschte. Dem Kaiser Augustus, der im Neuen Testament römische Macht und Finanzpolitik repräsentiert, war Herodes der Große treu ergeben. Daß ihm in der Bibel der Kindermord zu Betlehem zugeschrieben wird, ist historisch unkorrekt, spiegelt aber den Gegensatz beider Welten noch einmal: Politisch, ökonomisch, religiös und kulturell hatte die verhaßte Dynastie mit dem ursprünglichen Judentum nichts gemein, schon gar nichts mit den antirömischen jüdischen Reformbewegungen, zu denen wir die Gemeinden des Täufers und des Nazareners zählen müssen.

Reichtum und Armut stehen sich gegenüber, Befehlsmacht und Abhängigkeit, raffinierter Luxus und Askese, Vergnügungen wie Gelage, Tanz und Schauspiel und der einfache Lebensstil der landlosen Landarbeiter. Das wirkungsmächtige Symbol der Geschichte ist das abgeschlagene, noch blutende Haupt des asketischen Empörers – serviert auf einem prachtvollen Silbertablett, gehalten von einer aufreizenden jungen Frau, begafft von den Mitgliedern der feinen Gesellschaft. Der Justizmord an Johannes findet nicht in einem verborgenen Kellerloch statt, er wird vielmehr öffentlich zur Schau gestellt. Kein Wunder, daß die spätere künstlerische Aufnahme des Motivs in der Verbindung von Eros und Tod auf der kultivierten, Sex und Mord auf der plebejischen Ebene nur so schwelgt. Sind es nicht die Frauen, die „immer nur das eine" wollen? Und ist „das eine" nicht zugleich gefährlich, schwächend, entmannend, ja tödlich? Es sind Männerphantasien, die das Motiv schon in der römischen Vorlage bei Livius, sicher in der Erzählung bei Markus und erst recht in der Wirkungsgeschichte genährt haben.

Wie oft in Auseinandersetzungen der sozialen Klassen sind es gerade die Frauen der Oberklasse, die als Luxusgeschöpfe den Zorn und die Verachtung des Volkes auf sich ziehen. So auch in der Geschichte von der Enthauptung des Johannes. Die Macht dazu, einen Unschuldigen einzusperren und zu ermorden, liegt eindeutig bei dem herodianischen König, aber das Interesse und die Empörung der Erzählung gelten nicht ihm, sondern den beiden Frauen.

Nach dem Tod des großen Herodes, der vier Ehe- und etliche Nebenfrauen besaß, teilten sich, soweit Rom das gestattete, drei seiner Söhne die Macht. Antipas, der in unserer Geschichte die Rolle eines unentschiedenen Schwächlings spielt, herrschte in Galiläa und Peräa. Bei einem Besuch in Rom hatte er die Frau seines Halbbruders kennengelernt, die Herodias, die im Bericht des Markus die Drahtzieherin ist. Diese schöne und selbstbewußte Frau hatte sich in Antipas verliebt und brachte es fertig, daß ihr Mann sich von ihr scheiden ließ. Antipas kehrte mit ihr nach Tiberias, wie er seine Residenz zu Ehren des Kaisers Tiberius benannt hatte, zurück. Seine erste Gattin fürchtete um ihr Leben und floh bei Nacht und Nebel über die Grenze zu ihrem Vater.

Nach jüdischem Verständnis war schon die erste Ehe der Herodias blutschänderisch, da sie einen Onkel geheiratet hatte. Wäre er kinderlos gestorben, so hätte sie mit Billigung der Tradition die Ehefrau eines seiner Brüder werden können. Daß sie ihn betrog und sich scheiden ließ, war nach mosaischem Gesetz und der Auffassung der kleinen Leute, die Johannes- und Jesusnachfolger waren, unerträglich. Aber bei Hof galten solche moralische Bedenken schon längst nichts mehr. Ehescheidungen waren kein Problem, sie gehörten zur römischen Lebensart.

Herodes Antipas hatte Johannes aus Furcht vor einem Volksaufstand festnehmen lassen. Es gab genug politische Gründe, sich seiner zu entledigen. Aber in der ausführlicheren Erzählung beim Evangelisten Markus hatte er Skrupel und „fürchtete den Johannes, weil er wußte, daß er ein gerechter und heiliger Mann war, und er ließ ihn bewachen" (Mk 6, 20). Wenn er mit ihm

Mit zweiundzwanzig Jahren illustrierte der sowohl musikalisch und dichterisch wie zeichnerisch hochbegabte Aubrey Beardsley (1872 bis 1898) Oscar Wildes Tragödie „Salome". Beeinflußt von japanischer Holzschnitt-Technik und angeregt vom Ästhetizismus der Fräraeliten, schuf er einen eigenständigen, ornamental dekorativen Stil von subtiler Eleganz.

Auf den beiden Blättern „Auftritt der Herodias (links) und „Toilette der Salome" (rechts) handelt es sich offensichtlich um eine Art Maskerade. Großartig sind die von sicher geschwungenen Linien ausgesparten weißen Flächen, die das sparsam verwendete Schwarz um so kraftvoller hervortreten lassen.

Links: Vor der königlichen Tafel stehend, nimmt Salome von einem Diener das Haupt des Johannes in Empfang. Rechts im Bild sieht man im Gefängnis die Jünger des Johannes, die seinen kopflosen Körper finden. Detail aus dem 43seitigen Fragment des syrischen Codex Sinopensis aus dem 6. Jahrhundert.

spricht, wird er unruhig und ratlos, hört ihm aber immer wieder zu. Diese Unentschiedenheit zwingt die Königin Herodias, die Angst hat, ihre gesellschaftliche Stellung zu verlieren, dazu, nach andern Wegen zu suchen. Das Festmahl an der Geburtstagsfeier des Königs scheint der richtige Zeitpunkt zu sein. Nach alter Sitte sind die führenden Männer des Landes zu einem Galadiner eingeladen; Herodias und ihre Tochter nehmen nicht teil, das war im Orient unüblich, wie auch im Buch Ester berichtet.

Anders als die Königin Waschti dort in der Estererzählung tritt Salome vor der großen Männergesellschaft aus Höflingen, Offizieren und reichen Bürgern auf und tanzt. Wenn bei Gastmählern vorgetanzt wurde, so traten professionelle Tänzerinnen auf, die in der Regel zugleich Prostituierte waren. Wie die Prinzessin dazu kam, etwas so Ungewöhnliches zu tun, wissen wir nicht. Vielleicht tanzte sie einfach gern, vielleicht wurde ihre gefällige Kunst von ihrer Mutter benutzt. Jedenfalls bezirzt sie nicht nur den König, sondern die gesamte Runde und darf sich wünschen, was immer sie will. Ihre Mutter nutzt die Gelegenheit und flüstert ihr das Stichwort zu: „Den Kopf des Johannes des Täufers!"

Herodias und Salome treten als Einheit auf und erfüllen das Doppelklischee der bösen Frau, die als jüngere schön, verführerisch, launisch und unwiderstehlich ist, als ältere intrigant, machtbewußt und listig; als Kombination sind beide unschlagbar. Dieses Urbild erscheint hier auf zwei Gestalten verteilt, meint aber in den archetypischen Ängsten der Männer nur die eine bedrohliche Macht dessen, was „anders", rätselhaft, irrational, eben Frau ist.

Johannes der Täufer wird als Vorläufer Christi angesehen, und es gibt sehr viele Gemeinsamkeiten zwischen beiden. Beide werden auf wunderbare Weise von ihren Müttern empfangen, beide verkünden die Nähe des Reiches Gottes, beide werden für die bestehende Ordnung als gefährlich, als „subversiv", wie das Todeswort in Lateinamerika heißt, angesehen, beide geraten in einen tödlichen Konflikt mit der staatlichen Macht. Beide werden zum Tode verurteilt, obwohl sie als unschuldig erkannt sind. Die Rolle der Frauen allerdings ist in den Geschichten der beiden ganz verschieden: es sind zwei Frauen der Oberschicht, die erotische und politische Macht zum Mord gebrauchen, es sind einfache Frauen des Volkes, die bei dem Gekreuzigten stehenbleiben, zum Grabe gehen und dann zu den ersten Zeuginnen der Auferstehung werden.

Unten links: Auf dem Blatt von Aubrey Beardsley (1872–1898) schwebt Salome auf einer Wolke und küßt kniend das Haupt des Johannes, aus dessen herabtropfendem Blut unten eine Lilie erwächst. In Wildes Tragödie hatte Salome von Johannes, den sie im Kerker aufsuchte, einen Kuß verlangt. Der Bußprediger Johannes hatte sie wegen ihrer obszönen Sinnlichkeit voll Abscheu verflucht. Doch Salome hatte geschworen: „Ich werde dich noch küssen, Johannes!"

Auf Befehl von Herodes Antipas, der Salome zwar die Enthauptung des Propheten Johannes zugestanden hatte, von ihrer Tat aber entsetzt war, wurde Salome in Wildes Trauerspiel getötet. Beardsley (1872–1898) läßt den Leichnam der unbekleideten Salome von zwei Maskierten in einer mit Rosen verzierten Puderdose beerdigen, an der eine riesige Puderquaste lehnt.

WAS NICHT IN DER BIBEL STEHT

ANTIKE UND MITTELALTERLICHE QUELLEN

Der Bericht über den Tod des Johannes wird von Markus und Matthäus fast identisch berichtet, aber doch mit einem geringen, aber nicht unwichtigen Unterschied: Bei Markus berät sich die Tochter mit der Mutter nach dem Tanz, was sie fordern soll, bei Matthäus hat die Tochter das offenbar schon vorher mit der Mutter verabredet.

Man kann die Zentralidee der Episode, die willkürliche Enthauptung eines unschuldigen Gefangenen, auf den römischen Geschichtsschreiber Titus Livius (59 v.Chr. – 17 n.Chr.) zurückführen, nach dem der Konsul Gaius Flaminius im Jahre 192 v.Chr. beim Mahl einen Gefangenen erschlug, um seinem Lustknaben das Schauspiel einer Enthauptung vorzuführen. Bei späteren Autoren trat dann an die Stelle des Knaben eine Geliebte, die Flaminius durch Schmeichelei zu der Tat veranlaßt. Der römische Philosoph und Dichter Lucius Annaeus Seneca berichtet dann weiter, daß die Rhetoriker die Geschichte weiterhin abgewandelt hätten: Der Konsul wurde zum Statthalter, der Mord zu einem Hinrichtungsbefehl. Das Neue an der biblischen Geschichte ist, daß nun zwei Frauen, Mutter und Tochter, an der Aktion teilhaben. Schon der Kirchenvater Hieronymus, der 420 n.Chr. starb und für seine Bibelübersetzung ins Lateinische bekannt ist, hat auf die Ähnlichkeit der Flaminius- und der Johannes-Geschichte hingewiesen.

Andere Kirchenväter haben die Ereignisse etwas umgestaltet. In der Volkslegende blieb die Tochter noch ohne Namen, oder sie hieß Herodias wie ihre Mutter. Bei Aurelius Augustinus (354–430 n.Chr.) ist Herodias die eigentlich böse Kraft. Der Name Salome, den ihr Isidor etwa um die gleiche Zeit gab, kam auch sonst mehrfach in der Familie des Herodes vor, z.B. führte seine Schwester diesen Namen. Er bedeutet „friedlich". In der syrischen Legende heißt Herodias eigentlich Polia, und diese läßt Johannes in der Festung Machärus, nahe dem Toten Meer, geißeln und foltern, weil er sie öffentlich beleidigt hatte, obwohl Antipas ihn ziehen lassen wollte. Eine große Menschenmenge lagerte sich vor der Festung, aber der Tetrarch verschloß ihr sein Ohr. Die Tochter heißt hier Boziya; als sie das Haupt des Täufers auf einer Silberplatte empfängt, bringt sie es erst ihrer Mutter und läuft dann mit ihm zu einem zugefrorenen Teich, auf dem sie tanzt. Als sie die Mitte des Teiches erreicht, öffnet sich das Eis, sie versinkt bis zum Halse im Wasser, und niemand kann sie retten. Darauf läßt der Tetrarch (hier immer nur Herodes genannt) das Schwert bringen, mit dem Johannes' Haupt abgeschlagen worden war, und läßt damit Boziya enthaupten. Als man ihrer Mutter das Haupt ihrer Tochter auf der Silberplatte bringt, wird sie blind. In der Hoffnung, geheilt zu werden, berührt sie das Haupt des Täufers; aber in einer heißen Flamme verdorrt ihre Hand wie ein trockenes Blatt. Sie versucht zu schreien, aber ihre Zunge ist gespalten bis zum Schlunde. Dann ward sie vom Teufel besessen und mußte gebunden werden. So verbrachte sie den Rest ihrer Tage in Elend und Dunkelheit.

Nach andern Berichten brach Salome in das Eis ein, das ihr den Kopf abschnitt. Weitere Legenden erzählen, daß Herodias das Haupt des Täufers zu sich bringen ließ und seine Zunge mit einer Nadel durchstach. Dann ließ sie das Haupt nahe bei ihrem Palast begraben, denn sie fürchtete sein Wiedererscheinen. Das Haupt von Johannes wurde dann später von zwei Priestern gefunden. In französischen Sagen wurde Herodias bald mit einer Hexe oder auch mit einer Fee identifiziert, dagegen in Deutschland in das wilde Heer verbannt. Bei dem flämischen Magister Nivardus, der eine Sammlung von Tierlegenden zusammenstellte (um 1150), heißt die Tochter des Herodes Pharaildis; sie gelobt, keinem andern anzugehören als dem Johannes. Darauf läßt ihr erboster Vater diesen enthaupten. Als sie das abgeschlagene Haupt küssen will, bläst es sie an, und sie muß von nun an ruhelos durch die Luft treiben.

Auf diesem Ausschnitt eines Gemäldes von Benozzo Gozzoli (1420–1497) sind zwei Szenen aus der Salome-Geschichte zu sehen. Vorne rechts tanzt Salome vor der Tafel des Königs, der ihr, die Hand auf dem Herzen, hingerissen vor Entzücken über diese verführerische Darbietung, die Hälfte seines Königreiches verspricht, wenn sie es sich wünsche. Doch auf Geheiß ihrer Mutter verlangt sie das Haupt des Johannes, das sie im Bilde links hinten ihrer Mutter Herodias bringt.

Links: Mit geschlossenen Augen ist Salome dem Tanze völlig hingegeben. Der Schleier, den sie über ihrem ausgestreckten Arm hält, schwingt bei ihren Bewegungen sanft mit. Der im Hintergrund auf stufenhohem Thron sitzende König ist von dem in höchster Vollendung tanzenden nackten Frauenkörper seiner Stieftochter so berückt, daß er ihr die Hälfte seines Königreiches verspricht, wenn sie es haben wolle. Gustave Moreau (1826 – 1898) hat eine ganze Anzahl von Salome-Bildern gemalt. Dieses hier wird „Die tätowierte Salome" genannt, weil der nackte Körper der Frau von Moreau mit Chinatinte bemalt wurde und dadurch wie tätowiert aussieht. Zwischen den Brüsten erblickt man eine Lotusblüte. Darunter zwei sich öffnende apotropäische Augen und auf dem Leib allerlei Ungeheuer, unter anderen eine Gorgone, Sinnbild sexueller Perversion, hier als Kritik gedacht für Salome, die sich ein blutendes Männerhaupt als Dank für ihren Tanz wünscht. Dieses Bild entstand um 1875, als

Gustave Moreau sich als Symbolist bereits einen Namen gemacht hatte und sowohl Schüler wie Nachahmer fand.

Oben: Tamburinschwingend tanzt Salome vor Herodes Antipas und ihrer Mutter, die beim Mahle sitzen. Miniatur aus dem kleinen Stundenbuch des Duc de Berry.

„Denn sie liebte einst Johannem –
In der Bibel steht es nicht,
Doch im Volke lebt die Sage
Von Herodias' blut'ger Liebe –
Anders wär' ja unerklärlich
Das Gelüste jener Dame –
Wird ein Weib das Haupt begehren
Eines Mannes, den sie nicht liebt?
War vielleicht ein bißchen böse
Auf den Liebsten, ließ
ihn köpfen;
Aber als sie auf der Schüssel
Das geliebte Haupt erblickte,
Weinte sie und ward verrückt,
Und sie starb in
Liebeswahnsinn.

Heinrich Heine, aus *Atta Troll*

IN ALLEN AUSFÜHRLICHEREN Darstellungen des Mittelalters von Christi Leben spielt Johannes eine prominente Rolle: Er tauft Jesus, verkündigt sein Kommen, bei Christi Höllenfahrt geht er ihm voran und verkündet den Seelen ihre bevorstehende Erlösung. In den mittelalterlichen Spielen, die vom Jüngsten Gericht handeln, ist er der Fürbitter. Aber es gibt auch eine ganze Reihe von Spielen, die des Johannes Leidensgeschichte zum Gegenstand haben, besonders in Frankreich: Die „Passion de Sémur", das „Mystère" des A. Greban und andere. Hier und auch in den entsprechenden deutschen Spielen, wie dem „Alsfelder Spiel", dem „Frankfurter Spiel" von 1493, der Kreuzensteiner Passion und dem „Künzelsauer Fronleichnamspiel", ist Johannes vor allem der Vorläufer Christi, aber die Geschichte seines Todes wird unterschiedlich aufgefaßt. Manchmal ist Herodes ein schwacher, von seiner Gattin abhängiger Charakter, in andern Spielen und auch in der „Goldenen Legende" des Genueser Erzbischofs Jacobus de Voragine (um 1230–1298) ist er ein Intrigant, der sich mit Herodias und Salome vorher abgesprochen hat. Salome ist oft nur Werkzeug der Mutter, manchmal aber auch in hohem Maße mitschuldig. So etwa im schon genannten „Alsfelder Spiel", in dem beide Frauen in die Hölle kommen. Auch aus Rom sind zwei kurze Johannesspiele, etwa um 1400 entstanden, erhalten geblieben und aus Frankreich das „Mystère de la Passion et de Saint Jean-Baptiste" aus dem Jahr 1462. Besonders populär war das um 1500 entstandene „Mystère de la Passion de Saint Jean-Baptiste" von Chaumont, das bis 1664 regelmäßig aufgeführt wurde.

JOSEPHUS, DER über die Geschichte und Familie des Herodes sehr ausführlich in seinen „Jüdischen Altertümern" berichtet, erzählt auch von der Hinrichtung des Johannes, bringt ihn aber mit keiner Frauen-Intrige in Verbindung. Dagegen deutet er an, daß Antipas' kurz darauf erfolgende Niederlage gegen den Araberkönig Aretas dem Zorne Gottes für die Tötung des Johannes zuzuschreiben ist.

NEUERE LITERATUR

Weit mehr als im mittelalterlichen Passionsspiel wurde die Johannes-Tragödie vom 16. Jahrhundert an als Einzelstoff behandelt. Johannes' kühner Reformgeist fand einen Widerklang im jungen Protestantismus. Die ersten neuen Johannes-Spiele stammen von den englischen Dramatikern J. Bale, einem Kleriker, der sowohl englische wie auch lateinische Dramen schrieb, und J. Wedderburn (1538 und 1539). Größere Wirkung hatte noch das Drama „Baptistes" des schottischen Humanisten George Buchanan (1544), der wegen seiner antifranziskanischen Schriften ins Gefängnis gesteckt worden war und dann auf den Kontinent flüchtete. Sein Drama richtet sich deutlich gegen Heinrich VIII. und schließt mit der Vertreibung des Tyrannen Herodes vom Thron. Buchanan kehrte 1560 nach England zurück und richtete nun seine Angriffe gegen Maria Stuart. Schließlich wurde er der Erzieher des jungen Jakob VI. von Schottland, des späteren Jakob I. von England. Auch das Drama des Engländers

Salome trägt das abgeschlagene Haupt des Johannes in einer Schüssel auf ihrem Kopf, Detail zu dem Bild unten, einem Mosaik des 13. Jahrhunderts in italienisch-byzantinischem Stil, das sich in einer Lünette von San Marco, Venedig, befindet. Salome bewegt sich auf die frontal gestellte, reich gedeckte Tafel zu, hinter der nur der König und ihre Mutter Herodias sitzen.

Seite 258: Ausschnitt vom „Fest des Herodes Antipas", einem Gemälde des Meisters vom Leben des hl. Johannes des Täufers. Klein, wie alle Gestalten vor der Festtafel, ist auch Salome dargestellt, die das Haupt des Johannes auf einer Silberplatte zum Tische des Königs trägt. Herodias, die zur Rechten des Königs sitzt, blickt zu ihrer Tochter hin, die rechte Hand erhoben wie zum Dank für die ihr so erwünschte Tötung des Bußpredigers.

N. Grimoaldus „Archipropheta" ist stark protestantisch gefärbt und betont die Intrigen des Klerus gegen den Propheten; es endet mit dem Sturz von Herodes.

Bei den nur wenig später erscheinenden deutschen Johannes-Dramen ist Herodias das eigentlich böse Element: so bei J. Krüginger in der „Tragödie von Herode und Joanne dem Tauffer" (1545), im Herodes-Drama von Sixtus Birck, in J. Schöppers lateinischem „Johannes decollatus" (1546), J. Rassers „Comoedia vom König, der seinem Sohn Hochzeit machte" (1547), in Hans Sachs' „Tragedi die Enthauptung Johannis" (1550), in D. Walthers „Historia von der Enthauptung Johannes Baptistan" (1559) und anderen. Bei Krüginger und bei Walther schließt das Drama mit einem Totentanz-Motiv, und die Schuldigen werden bestraft. Bei Schöpper triumphiert Herodias, die um Herodes' Zuneigung besorgt ist, mit Hohn über ihren Feind. Der Schweizer Johannes Aal nimmt in seinem Drama „Tragoedia Johannis des Taeufers" (1549), das für eine zweitägige Aufführung bestimmt ist und das derbe Realistik mit psychologischen Elementen verbindet, seine Motive von den Evangelien sowie von Josephus. – Diesen Bearbeitungen schließt sich später noch C. Schoenaeus in seinem Drama „Terentius Christianus" (1652) an.

DIE FOLGENDEN Jahrhunderte zeigten weniger Interesse an dem Johannes-Stoff. Ein Drama des frühbarocken Johann Rist ist nicht erhalten, wohl aber ein Drama des Holländers C. Baldwin (1642). Die Dramatisierungen in den Jesuitendramen waren wenig bedeutend. Daß der Stoff Shakespeare bekannt war, geht aus einer Stelle im dritten Akt von „Hamlet" hervor, in dem Hamlet die Schauspieler vor zu großer Affektiertheit warnt: „It outherods Herod; pray, avoid it!" Immerhin gibt es ein erstes Johannes-Oratorium von Alessandro Stradella (1676). Erst in der Mitte des 18. Jahrhunderts wird das Thema wieder populärer. Der Aufklärer Christian Fürchtegott Gellert zeigte in seinem Gedicht „Herodes und Herodias" (1746) die schlimmen Folgen des Lasters. Und danach nehmen sich die Dramatiker wieder des Stoffes an: L. F. Hudemann in „Der Tod Johannes' des Täufers" (1771), L. Meister in „Johannes der Vorläufer" (1794) und F. A. Krummacher in „Johannes" (1813). Hudemanns Spiel ist interessant, weil es erst beginnt, nachdem Salome das Haupt des Täufers gefordert hat: damit bleibt die Johannes-Figur gänzlich passiv. Bei allen dreien ist Herodias die Haupthandelnde, gegen die Herodes vergeblich ankämpft. Ähnlich sah den Stoff auch der italienische Dramatiker Silvio Pellico, der als Anhänger der freiheitlichen Carbonari-Bewegung acht Jahre in österreichischen Kerkern zubrachte. Doch er äußert auch Sympathie für Herodias, deren Hauptmotiv ihre aus ihrer Jugend stammende echte Liebe für Herodes ist. Kurz nach Pellicos Drama (1833) erschien Eugène Sues Roman „Der ewige Jude" (Le Juif errant), der große internationale Berühmtheit erlangte. Sue läßt, ganz wie die mittelalterlichen Vorstellungen, Herodias ruhelos umhergetrieben werden. Viel prägnanter und eindrucksvoller verfährt Heinrich Heine in seinem Epos „Atta Troll" (1847), wo in einem Geisterzug Herodias mit dem Haupt des Täufers erscheint, den sie geliebt hat.

Auf Heine folgte Karl Ferdinand Gutzkow mit seiner „Ewigen Jüdin", die neben

Gänzlich ungerührt von der blutigen Mordtat an einem Unschuldigen trägt Salome, vom Kerker kommend, das Haupt des Johannes auf einer Silberschüssel in den Königspalast zu ihrer Mutter. Gemälde von Jacob Cornelisz. van Oostsanen (1470–1533).

Heine fast farblos erscheint. Gegen Ende des Jahrhunderts beginnen die erotisch betonten Johannes-Bearbeitungen. Von dem französischen Dichter Stéphane Mallarmé gibt es Fragmente zu einer Tragödie „Hérodiade" (1864) und ein Gedicht „Cantique de Saint Jean", gesprochen von dem abgeschlagenen Haupt des Täufers. In beiden werden die Nöte und Qualen des Mädchens Hérodiade geschildert, das den geliebten Mann töten ließ. Von Mallarmé, aber auch von Heine beeinflußt ist der französische Dichter Théodore de Banville, der in einem Gedicht von 1870 die Tanzende beschreibt und in einem weiteren die Frau des Herodes mit dem Haupt auf dem Teller darstellt, wild und zugleich hochmütig und kalt. Übrigens hat schon Heine in seinem „Romancero" eine junge Tänzerin beschrieben und mit Herodias' Tochter verglichen:

„Sie tanzt. Wie sie das Leibchen wiegt! / Wie jedes Glied sich zierlich biegt! / Das ist ein Flattern und ein Schwingen, / Um wahrlich aus der Haut zu springen. / … Sie tanzt. Derselbe Tanz ist das, / Den einst Tochter Herodias / Getanzt vor dem Judenkönig Herodes. / Ihr Auge sprüht wie Blitze des Todes. / Sie tanzt mich rasend – ich werde toll – / Sprich, Weib, was ich dir schenken soll? / Du lächelst! Heda! Trabanten! Läufer! / Man schlage ab das Haupt dem Täufer!"

Die französische Tradition Mallarmés und Banvilles wird durch Gustave Flaubert fortgesetzt. In seiner Novelle „Hérodias" (1877) taucht das Liebesmotiv zwischen Mörderin und Opfer nicht auf. Die Hauptwirkung wird erzielt durch den Kontrast zwischen der Prophetenstimme aus dem Kerker und dem betörenden Tanz der Salome – eine Wirkung, auf die die späteren Opernkomponisten stets zurückgegriffen haben. So zunächst Jules Massenet in seiner „Erodiade" (1881), dessen Libretto auf Flaubert zurückgeht. Aber Salome ist hier nicht die unschuldige Verführerin, die von Herodias gegen Johannes eingesetzt wird, die Liebe ist auch nicht einseitig, wie später bei Wilde, auf seiten Salomes, sondern Salome und Jokanna (Johannes) verbindet eine gegenseitige, mystische Erotik. Herodes begehrt Salome leidenschaftlich, weiß aber nicht, daß sie die Tochter seiner Gemahlin ist. Er will aber auch Johannes retten, um ihn als Instrument gegen die Römer zu benutzen. Als Herodias seinen Tod fordert, wirft sich plötzlich Salome vor Johannes' Füße. Nun erkennt Herodes den Rivalen und verurteilt beide zum Tode. Salome schleicht zu Johannes in den Kerker, um mit ihm zu sterben, aber nur dieser wird zur Hinrichtung geführt. Salome fleht bei Herodes und dann bei Herodias um Gnade für Johannes. Herodias scheint nachzugeben, aber in diesem Augenblick erscheint der Henker mit dem blutigen Schwert. Die verzweifelte Salome will nun die Mörderin ihres Geliebten umbringen – da gibt sich Herodias als Salomes Mutter zu erkennen. Salome ersticht sich daraufhin. Der Tanz fehlt hier ganz.

Auf Flaubert und Massenet folgt der Franzose J. Laforgue mit seinen „Moralités légendaires" (1887), in denen Mallarmé und Flaubert parodiert werden. Johannes, eine Art Sozialist, stört die intellektuelle Egoistin Salome und wird dadurch ihr Todfeind. Auch hier kein Tanz, statt dessen ein scharf-ironischer Dialog. Im Vergleich mit diesen Bearbeitungen wirkt der französische Schriftsteller Joris Karl Huysman in seinem katholisch gefärbten Roman „A rebours" (1884) fast schwächlich. Hier kündigt sich die „décadence" des „Fin de siècle" bereits an.

DIE DEUTSCHEN Darstellungen aus dieser Zeit sind weniger eindrucksvoll. So E. Eggert in seinem Epos „Der letzte Prophet" (1894), in dem er eine innere Beziehung zwischen Salome und Johannes aufzeigt, aber auch das Heinesche Motiv der Liebe der Herodias zu Johannes benutzt. Paul Heyse hat in seinen Merlin-Roman (1892) ebenfalls ein Johannes-Drama eingebaut, das jedoch unvollendet blieb. Auch hier liebt Herodias den Johannes, wird abgewiesen, küßt die Lippen des Toten und stirbt daran. Bei Joseph Lauff, einst beliebt als Verherrlicher der Hohenzollern, ist Salome nicht unschuldig, aber im Grunde nur das Werkzeug der Herodias, die sich von der Zinne des Palastes stürzt, nachdem sie ihre Rache vollbracht hat (Epos: „Herodias", 1896). Ganz anders verfährt R. G. Bruns in seinem Epos „Der Täufer" vom gleichen Jahr. Hier wird Johannes von Salome fast verführt, verliebt sich aber dann in die Tochter seines Kerkermeisters. In Hermann Sudermanns Drama „Johannes" (1898) werben sowohl Herodias als auch Salome um Johannes. Anders als K. Weiser („Der Täufer", 1906) stellt er die Leidenschaft der Tochter stärker in den Vordergrund. In beiden Dramen steht Johannes in einem gewissen Gegensatz zu Jesus, da er zunächst nur Buße predigt und sich erst langsam zur Lehre der Liebe bekennt.

AUCH DIE LYRIKER der Zeit haben sich des Themas angenommen. So der Österreicher Richard Schaukal, der in „Herodes und Salome" (1897) die Wirkung des Tanzes auf den König beschreibt, in einem späteren Gedicht „Herodias" (1918) aber wiederum die faszinierende Mutter schildert. Ähnlich der Pole J. Kasprowicz in seinem „Abendlied" (1905) und sehr wirkungsvoll der Franzose Guillaume Apollinaire („Salomé", 1913).

Die größte Wirkung neben Heine entfaltete aber Oscar Wildes Drama „Salomé" (1893), das er zunächst in französischer Sprache geschrieben hat. Das eigentliche Thema ist hier die Bezauberung des Herodes durch Salomes Tanz: Jokanaan (Johannes) hat Salome abgewiesen, und sie tanzt, um sich an ihm zu rächen. Herodias denkt allerdings, sie stelle die Forderung nach dem Haupt des Täufers um ihretwillen. Als Herodes dann sieht, mit welcher Leidenschaft Salome die Lippen des Toten küßt, läßt er sie von seinen Soldaten töten. Die Faszination seiner Tragödie, die wieder die Tochter in den Vordergrund stellt, wurde noch gesteigert durch die Vertonung durch Richard Strauss (1905). Seine überaus farbige und brillante Musik, die von Wagner und Liszt beeinflußt ist, sich zwar nie ganz von der Spätromantik löst, aber doch gelegentlich bis an die Grenzen der Tonalität vordringt, wirkte im Jahre 1905 provokativ und revolutionär.

AM HOF WILHELMS II. wurde die Oper sowohl ihres stark erotischen Textes als auch der „atonalen" Musik wegen entschieden abgelehnt. Die Darstellerin der Salome, Marie Wittich, weigerte sich anfangs, die Rolle zu übernehmen, denn „sie sei eine anständige Frau"! Dennoch wurde die Dresdener Uraufführung, der u. a. auch Rachmaninoff und Toscanini beiwohnten, ein ungeheurer Erfolg, und die Oper ist seitdem in allen Ländern der Welt immer wieder aufgeführt worden. Besonders berühmt wurde die Musik von Salomes Tanz sowie die letzte Szene, in der Salome das Haupt des Johannes anredet (in der Übersetzung Hedwig Lachmanns): „Ah! Du wolltest mich nicht deinen Mund küssen lassen, Jokanaan! Wohl, ich werde ihn jetzt küssen" – und dann der abrupte Schluß durch Herodes: „Man töte dieses Weib!"

„WO IMMER AUF DER GANZEN WELT DIESE HEILSBOTSCHAFT
VERKÜNDET WIRD, DA WIRD ERZÄHLT WERDEN, WAS SIE GETAN HAT."

Matthäusevangelium 26, 13

Matthäusevangelium
Kapitel 26, Vers 6–13

Lukasevangelium
Kapitel 7, Vers 36–50

Johannesevangelium
Kapitel 12, Vers 1–8

In vielen Hochkulturen, besonders der jüdischen, wurde die Salbung des Hauptes zum Rechtsakt, nämlich beim Amtsantritt von Königen, Priestern und hohen Beamten. Die Salbung sollte durch magische Wirkung Heil und Kraft an den Gesalbten vermitteln.

DIE FRAU DER SALBUNG

Als aber Jesus in Betanien war, im Hause Simons des Aussätzigen, ⁷ trat eine Frau zu ihm mit einem Alabastergefäß voll kostbaren Salböls und goß es über sein Haupt aus, während er zu Tische lag. ⁸ Als die Jünger das sahen, wurden sie ärgerlich und sagten: „Wozu diese Verschwendung? ⁹ Das hätte man doch teuer verkaufen und den Armen geben können." ¹⁰ Als aber Jesus das merkte, sprach er zu ihnen: „Was kränkt ihr diese Frau? Sie hat doch eine gute Tat an mir getan. ¹¹ Denn Arme habt ihr ja allezeit bei euch, mich aber habt ihr nicht allezeit. ¹² Denn da sie dieses Salböl über meinen Leib ausgoß, hat sie es für mein Begräbnis getan. ¹³ Wahrlich, ich sage euch: Wo immer auf der ganzen Welt diese Heilsbotschaft verkündet wird, da wird auch zu ihrem Gedächtnis erzählt werden, was sie getan hat."

7 ³⁶ Es bat ihn aber ein Pharisäer, bei ihm zu essen. Er ging in das Haus des Pharisäers und setzte sich zu Tische. ³⁷ Da erfuhr eine Frau, die in der Stadt eine Sünderin war, daß er in dem Hause des Pharisäers zu Tische liege; sie brachte ein Alabastergefäß mit Salböl, ³⁸ trat weinend von rückwärts an seine Füße heran und begann mit ihren Tränen seine Füße zu benetzen und trocknete sie mit den Haaren ihres Hauptes, küßte seine Füße und salbte sie mit dem Salböl.

³⁹ Als nun der Pharisäer, der ihn geladen hatte, das sah, sagte er bei sich selbst: „Wenn der ein Prophet wäre, so würde er doch wissen, wer und was das für eine Frau ist, die ihn berührt, sie ist ja eine Sünderin." ⁴⁰ Und Jesus nahm das Wort und sprach zu ihm: „Simon, ich habe dir etwas zu sagen." Er erwiderte: „Meister, sprich!" ⁴¹ „Ein Gläubiger hatte zwei Schuldner, der eine schuldete fünfhundert Denare, der andere fünfzig. ⁴² Da sie aber nicht bezahlen konnten, schenkte er es beiden. Welcher von ihnen wird ihn nun mehr lieben?" ⁴³ Simon antwortete: „Ich denke der, welchem er mehr geschenkt hat." Er aber sprach zu ihm: „Du hast recht geurteilt."

⁴⁴ Und sich zu der Frau hinwendend, sprach er zu Simon: „Siehst du diese Frau? Ich kam in dein Haus: Wasser für die Füße hast du mir nicht gegeben; diese aber hat mit ihren Tränen meine Füße benetzt und mit ihren Haaren getrocknet. ⁴⁵ Einen Kuß hast du mir nicht gegeben; diese aber hat, seitdem sie eingetreten ist, nicht aufgehört, meine Füße zu küssen. ⁴⁶ Mit Öl hast du mein Haupt nicht gesalbt; sie aber hat mit Salböl meine Füße gesalbt. ⁴⁷ Deshalb sage ich dir: Ihre vielen Sünden sind vergeben, weil sie viel geliebt hat; wem aber wenig vergeben wird, liebt wenig." ⁴⁸ Zu ihr aber sprach er: „Deine Sünden sind dir vergeben." ⁴⁹ Da begannen die, welche mit zu Tische lagen, bei sich zu sagen: „Wer ist dieser, der sogar Sünden vergibt?" ⁵⁰ Er aber sprach zu der Frau: „Dein Glaube hat dich gerettet, geh hin in Frieden!"

12 ¹ Sechs Tage vor dem Osterfest kam nun Jesus nach Betanien, wo Lazarus war, den er von den Toten auferweckt hatte. ² Dort bereiteten sie ihm ein Gastmahl, und Martha bediente. Lazarus aber war auch unter denen, die mit ihm zu Tische lagen. ³ Da nahm Maria ein Pfund kostbaren ech-

ten Nardenöles, salbte die Füße Jesu und trocknete seine Füße mit ihren Haaren. Das Haus aber wurde erfüllt vom Duft des Salböles. ⁴ Judas Iskariot aber, einer von seinen Jüngern, derselbe, der ihn verraten sollte, sagt: ⁵ „Warum hat man dieses Öl nicht für dreihundert Denare verkauft und (sie) den Armen gegeben?" ⁶ Das sagte er aber nicht, weil ihm etwas an den Armen lag, sondern weil er ein Dieb war und als Verwalter der Kasse deren Einlagen unterschlug. ⁷ Da sprach Jesus: „Laß sie. Sie sollte es für den Tag meines Begräbnisses aufbewahren. ⁸ Denn die Armen habt ihr allezeit unter euch, mich aber habt ihr nicht allezeit."

Oben: Während eines Gelages bei Simon salbt Maria Magdalena die Füße von Jesus. Fresko in der Basilika des 11. Jahrhunderts in Sant'-Angelo in Formis.

Seite 262: Maria Magdalena salbt Jesus die Füße. Relieffragment aus der Abteikirche von St-Gilles, 12. Jahrhundert.

DIE SALBENDE FRAU: NAMENLOS UND UNVERGESSEN

Die Geschichte von der Frau, die Jesus kurz vor seinem Tod mit kostbarstem Öl gesalbt hat, enthält ein Paradox, das in gewissem Sinn typisch ist für die Rolle der Frauen in der abendländischen religiösen Tradition. Jesus ist tief berührt von dem, was die Frau in Betanien getan hat, und spricht die großen, nachdenklichen Worte: „Wahrlich, ich sage euch: Wo immer auf der ganzen Welt die Heilsbotschaft verkündigt wird, da wird auch zu ihrem Gedächtnis erzählt werden, was sie getan hat" (Mt 26, 13). Aber dieselbe Frau, deren Gedächtnis in die Mitte des Evangeliums gehört, hat in der Überlieferung nicht einmal einen Namen. Wie soll man da ihrer gedenken? Nicht einmal der feierliche Auftrag Jesu konnte ihre Namenlosigkeit verhindern. Sie verblaßt hinter den vielen Männernamen wie so manches, was vom Stifter der christlichen Religion intendiert war, aber in der Wirkungsgeschichte des Evangeliums zurücktrat und sich anderen Prioritäten der Männerwelt unterordnen mußte.

Daran ändern auch die sehr unterschiedlichen Versionen, die die vier Evangelisten von der Salbung Jesu durch eine Frau geben, nicht viel. Lukas geht davon aus, daß die Frau eine Prostituierte ist, und legt den Akzent der Geschichte auf die Vergebung der Sünden. Davon ist in der ursprünglichen Version, der ich hier folge, nicht die Rede. Daß die Geschichte etwas Anrüchiges, Skandalträchtiges hat, ist allerdings allen Varianten gemein, sie handelt in jedem Fall von einem Verstoß gegen Herkommen, Sitte und Tabu.

Der Schauplatz ist das Haus Simons in Betanien, ein Dorf, das nur durch ein Tal von Jerusalem getrennt ist. Eine Frau tritt ein und geht zum Tisch, wo Jesus zum Essen eingeladen ist. Aus dem Kreis der zu Gastmählern Eingeladenen sind Frauen im allgemeinen ausgeschlossen, höchstens als Gastgeberin könnte sie dort erscheinen. Aber sie geht mitten hinein in die Männerrunde. Im Hause sind auch Aussätzigen sind Berührungen tabuisiert. Aber sie stellt sich mit ihrer Geste in die körperliche Nähe zu dem, der dem Tod geweiht ist. Sie spricht kein Wort, sondern handelt. Wortlos durchbricht sie mehrere Tabus. Als beträte sie einen dieser „Men only"-Klubs, als gälten die Vorsichtsmaßnahmen gegenüber Aidskranken für sie nicht. Und als gäbe es die jahrhundertealten Warnungen vor der überflüssigen Putz- und Vergnügungssucht der Frauen in ihrer Welt nicht!

Sie zerbricht eine Alabasterflasche mit Parfüm und gießt das Öl auf Jesu Haupt. Es ist ein Luxusöl, das in die Häuser der Reichen und die Paläste der Könige gehört, aber nicht in dieses einfache Haus eines jüdischen Mannes. Der Wert dieses Luxusgutes wird mit 300 Denaren angegeben, das war soviel wie der Jahreslohn eines Landarbeiters, wenn er das Glück hatte, 300mal im Jahr Arbeit zu finden. Aber das alles kümmert sie nicht, sie verschenkt alles, was sie hat. Sie erträgt auch die Empörung der anderen eingeladenen Gäste, die sie grob anfahren und zurückzuscheuchen versuchen. Sie beachtet sie gar nicht, sie ist ganz in dem, was sie tut.

Die Exegeten haben verschiedene Deutungen für dieses tatsächlich extreme Verhalten der Frau gefunden. Viele haben sich an der Kontroverse von Armenfürsorge oder Luxus für Jesus festgebissen und die Tat der Frau darüber vergessen. Sie haben sich ähnlich wie die etwas spießig wirkenden Jünger verhalten und ihr Unbehagen an dieser Frauengeschichte kaum versteckt. Andere haben in

Im Psalter von 1260 für die Zisterzienserinnenabtei der Frauen von Basel, jetzt in der Stadtbibliothek von Besançon, befindet sich diese Miniatur, auf der gleich zwei Frauen Jesus salben. Die eine gießt Öl auf sein Haupt, die andere salbt seine Füße. Der Illustrator wollte allen Evangelienberichten gerecht werden. Denn bei Markus und Matthäus heißt es, daß „ein Weib" ihm das Haupt salbte; bei Lukas salbt „eine Sünderin" Jesus die Füße, und bei Johannes ist es Maria, die Schwester von Lazarus und Martha, die Jesus beim Gastmahl die Füße mit kostbarem Öl übergießt.

dem Ausgießen des Öls auf den Kopf einen Hinweis auf die Propheten gesehen, die früher die Könige Israels gesalbt haben. Aber Jesus steht vor seiner Hinrichtung, bald wird niemand ihm den „König der Juden" mehr glauben. Trotzdem behandelt die Frau ihn wie einen König. Sie schmückt den Leib dessen, der bald als der Allerverachtetste zu Tode gefoltert werden wird. Tut sie ihm diesen Liebesdienst, weil sie ahnt, was geschehen wird? Vielleicht weiß sie es besser als die männlichen Jünger, die von Leiden und Sterben nichts hören wollen.

Es gibt eine alte Kritik am Christentum, die von der Antike über Nietzsche bis zum heutigen Tag ähnlich lautet, daß es nämlich leibfeindlich, asketisch, karg und unsinnlich sei. Ein römischer Schriftsteller, Minucius Felix, polemisiert gegen den christlichen Lebensstil und verspottet die Christen als „pallidi trepidi", schlotternde Bleichgesichter. „Ihr bekränzt nicht mit Blumen euer Haupt, gönnt dem Leib keine Wohlgerüche. Ihr spart Salben auf für die Leichname, versagt aber dafür den Gräbern die Blumenkränze, ihr schlotternden Bleichgesichter ... So ersteht ihr Armen weder nach dem Tode, noch lebt ihr vor demselben."

Die namenlose Frau aus Betanien ist eine wunderbare Widerlegung dieses tiefsitzenden Verdachts. Sie repräsentiert die andere, die verborgene Geschichte. Sie hat das Leben Jesu im Angesicht des Todes gefeiert, sie hat ihre Liebe zu ihm wortlos ausgedrückt und zugleich ein Zeichen für die Kostbarkeit des Lebens gesetzt, wie man es sich sinnlicher, freudiger, bedenkenloser kaum denken kann.

Die Mystiker haben ein solches zweckfreies gesammeltes Handeln, in dem Sein und Wirken eins sind und die Frage „Wie sieht das denn aus, was ich tue?" ganz verstummt, mit einem schönen Wort benannt. Sie nennen es den Zustand des „sunder warumbe", des Ohne-Warum-Seins. In diesem glücklichen und selbstvergessenen Zustand fragt ein Mensch all die normalen Fragen, mit denen wir unser Leben trivial machen, nicht mehr. Die Frau in Betanien hat sich nicht gefragt, was es kostet, was es einbringt, wie es wirkt und ob es ihr nicht schaden könnte. Sie muß genau diese Grenze von Vorsichtsmaßnahmen und Versicherungsdenken, von Berechnung und Selbsteinschätzung, von Instrumentalisierung des ganzen Lebens im Dienste des Zweckrationalismus hinter sich gelassen haben. Sie hat, ähnlich wie im Gleichnis vom Scherflein der armen Witwe, alles gegeben, was sie war, ein acte gratuit einer namenlosen und doch unvergessenen Frau.

WAS NICHT IN DER BIBEL STEHT

ANTIKE UND MITTELALTERLICHE QUELLEN

In ihrer Darstellung einer der schönsten und berühmtesten Szenen des Neuen Testaments gehen die Evangelisten recht weit auseinander. Matthäus und Markus stimmen fast wörtlich überein, wobei sich Matthäus offensichtlich auf den älteren Markus stützt. Bei ihnen spielt sich die Szene im Hause Simons des Aussätzigen ab, und die Frau, die hinzukommt, gießt das kostbare Öl auf Jesu Haupt. Bei Lukas findet sie im Hause eines Pharisäers statt; da ihn Jesus aber später mit „Simon" anspricht, muß es sich wohl um dieselbe Person wie bei den beiden andern Evangelisten handeln. Aber Lukas nennt die Frau cha und dem aramäischen Meschiacha, bedeutet „Gesalbter". Die Salbung wurde später auch im Abendland üblich: Deutsche Könige wurden seit 751, dem Regierungsantritt Pippins des Kleinen, des Vaters Karls des Großen, gesalbt und byzantinische Kaiser etwa seit dem Jahre 1000. Der so Geweihte wurde zum Christus Domini, dem Gesalbten des Herrn – denn auch das griechische Wort „Christos" bedeutet ja „Gesalbter".

Bei allen diesen Weihehandlungen handelte es sich um die Salbung des Hauptes. Die Fußwaschung war hingegen ein besonderer Akt der Gastfreundschaft. So wirft Lukas dem Gastgeber von Jesus vor, daß er ihm kein Wasser für seine Füße gegeben hätte. Es ist durchaus denkbar, daß bei Matthäus und Markus, bewußt oder eine besonders strenge Religionspartei, die die genaue Befolgung der mosaischen Gesetze betonten. Andere Ausleger haben wiederum vermutet, daß der Pharisäer die Sünderin einlud, um die prophetischen Gaben von Jesus zu prüfen.

Jesu berühmtes Wort „Denn Arme habt ihr ja allezeit bei euch; mich aber habt ihr nicht allezeit" hat Anlaß zu vielen Diskussionen gegeben. Manche haben darin eine Gleichgültigkeit von seiten Jesu gegenüber der Armut als einem notwendigen Übel, dem nicht abzuhelfen sei, sehen wollen. Dem stehen aber natürlich viele andere Worte und Taten Jesu entgegen; man muß auch bedenken, daß Jesus in dieser Situation seinen unmittelbar bevorstehenden Tod vor Augen hatte und ihn seinen Jüngern andeuten wollte.

eine Sünderin. Davon ist – ähnlich wie bei Matthäus und Markus – auch bei Johannes nicht die Rede. Bei Johannes spielt sich die Szene aber im Hause der Schwestern Maria und Martha ab, und Maria ist es, die Jesus salbt. Sowohl bei Lukas wie bei Johannes handelt es sich um eine Salbung der Füße, nicht des Hauptes.

In Israel ist der Gesalbte der königliche Beauftragte Jahwes. Das Wort „Messias", abgeleitet vom hebräischen Hammaschia- unbewußt, die Frau Jesus durch die Salbung des Hauptes zum König der Juden krönen wollte. Jesus aber deutete die Salbung um als Vorbereitung zu seiner bevorstehenden Grablegung.

NACH EINIGEN Interpreten ist die Darstellung von Lukas insofern unwahrscheinlich, als ein Pharisäer keine „Sünderin", also offenbar eine Hure, in sein Haus gelassen haben würde. Die Pharisäer waren

Wie es zu jener Zeit Tradition war, erscheinen vor Beginn des Gelages Diener mit Wasserbecken, um den Gästen die Füße zu waschen. Anonymer Meister.

NEUERE LITERATUR

Als selbständige Figur spielt die „Frau der Salbung" weder im Mittelalter noch in der Neuzeit eine Rolle. Das liegt zum einen daran, daß sie, wie schon im Johannes-Evangelium, mit Maria, der Schwester Marthas, gleichgesetzt wurde. Zum anderen verschmolzen schon im frühen Mittelalter die Frau der Salbung, die Schwester der Martha und Maria Magdalena zu einer Art Einheitsbild. Dieses Bild ging dann unter dem Namen Maria Magdalenas in die Literatur ein.

Nur wo der Text der Evangelien selbst benutzt wurde, lebt die salbende Frau in der neueren Kunst fort. So vor allem in den Vertonungen des Matthäus-Evangeliums; denn die Oratorien, die den Johannes-Text benutzen, setzen erst nach der Salbungs-Episode an. Von Heinrich Schütz gibt es ein Lukas-, ein Johannes- und ein Matthäus-Oratorium, von denen das letztere (1666) am bekanntesten geworden ist. Berühmt ist Johann Sebastian Bachs Matthäus-Passion und seine Darstellung der Salbungsszene mit dem Chor der Jünger (in der älteren Übersetzung): „Wozu dienet dieser Unrat?" Bachs Markus-Oratorium ist leider zum größten Teil verlorengegangen. In Goethes „Faust" wird der Spezereien und der Salbung zweimal gedacht – in der ersten Szene und in der allerletzten. Am Schluß der Anfangsszene des Ersten Teils, in der Auferstehungsvision, die Faust vom Selbstmord abhält, singt der „Chor der Weiber":

„Mit Spezereien / Hatten wir ihn gepfleget, / Wir seine Treuen / Hatten ihn hingelegt; / Tücher und Binden / Reichlich umwanden wir; / Ach! und wir finden / Christ nicht mehr hier."

Und in der letzten Szene des Zweiten Teils, als Fausts „Unsterbliches" zum Himmel getragen wird, singt die „Magna Peccatrix" (große Sünderin) – wobei Goethe ausdrücklich Lukas 7,36 zitiert:

„Bei der Liebe, die den Füßen / Deines gottverklärten Sohnes / Tränen ließ zum Balsam fließen, / Trotz des Pharisäer-Hohnes; / Beim Gefäße, das reichlich / Tropfte Wohlgeruch hernieder; / Bei den Locken, die so weichlich / Trockneten die heiligen Glieder..."

Unten: Eine Frau salbt Jesus die Füße. Als Judas murrt, die Frau hätte das kostbare Öl besser verkauft und das Geld an die Armen verteilt, sagt Jesus: „Sie hat es für den Tag meines Begräbnisses getan. Arme wird es immer bei euch geben, aber mich habt ihr nicht mehr lange bei euch." Manuskript 39/1363, fol. 15f aus dem Miroir de l'Humaine Salvation, 15. Jahrhundert.

Links: Im oberen, unbeweglichen Teil des Flügelaltars von Lukas Moser, dem sogenannten Magdalenenaltar in der Pfarrkirche von Tiefenbronn, entstanden 1431, sieht man, wie Maria Magdalena Jesus mit ihren Tränen die Füße wäscht.

Rechts: Auf einer Miniatur im Codex Egberti, fol. 65v, salbt Maria, die Schwester von Lazarus und Martha, die Füße Jesu.

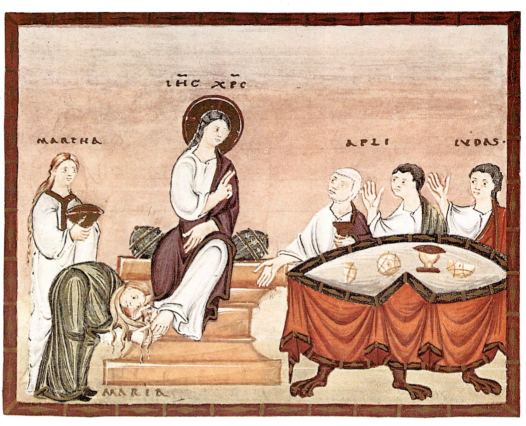

Links: Auf dem Flügel eines Altares von Nicolas Froment, gemalt 1461, salbt eine Frau bei einem in Betanien stattfindenden Gastmahl Jesus mit kostbarer Salbe die Füße.

Unten: Im Hause des Simon benetzt eine Frau mit ihren Tränen Jesu Füße, trocknet sie mit ihren Haaren und gießt dann Salböl darüber. Ausschnitt einer Miniatur von Jean Foucquet (1420–1481) aus dem Stundenbuch des Etienne Chevalier, Manuskript fr. 71, fol. 37.

Die in diesem und den folgenden beiden Kapiteln behandelten Frauen, die alle mit Jesus in enge Verbindung traten, werden, zumindest in den ersten drei Evangelien, klar voneinander getrennt. Aber schon bei Johannes (12, 1–8) wird die „Frau der Salbung" mit Maria, der Schwester Marthas, gleichgesetzt, und in der frühmittelalterlichen Legende, spätestens seit Gregor dem Großen (um 600), ist ein Einheitsbild entstanden, das sich aus Maria Magdalena, Maria aus Betanien, d. h. der Schwester der Martha und des Lazarus, und der – in der Bibel ungenannt gebliebenen – Frau der Salbung zusammensetzt.

Ein Teil der Unklarheiten ergibt sich aus der Tatsache, daß zwei der Frauen Maria heißen, zu denen natürlich noch mehrere andere Frauen gleichen Namens kommen: nicht nur die Mutter Gottes, sondern auch die in der Bibel nicht genannte Maria aus Ägypten (Maria Aegyptiaca), die wahrscheinlich historisch ist und nach einem sündigen Lebenswandel in Alexandrien 47 Jahre lang ein Büßerleben in der Syrischen Wüste, östlich des Jordans, geführt haben soll; und schließlich Maria, die Mutter des Jakobus.

„Herr, wärest du hier gewesen,
dann wäre mein Bruder nicht gestorben."

Johannesevangelium 11, 32

Lukasevangelium
Kapitel 10, Vers 38 – 42

Johannesevangelium
Kapitel 11, Vers 1 – 45

Bei Maria und Martha tritt uns, nach den Töchtern Lots und Rachel und Lea, das dritte Schwesternpaar der Bibel entgegen. Ähnlich wie Rachel und Lea sind auch Maria und Martha von sehr verschiedenem Charakter: Martha ist die nach außen Gewandte, Geschäftige, Maria die nach innen Gewandte, auf ihr Seelenheil Bedachte.

MARIA UND MARTHA

Es begab sich aber, als sie weiterwanderten, kam er in ein Dorf. Eine Frau namens Martha nahm ihn in ihr Haus auf. Sie hatte eine Schwester namens Maria. ³⁹ Diese setzte sich zu Füßen des Herrn und lauschte seinem Wort. ⁴⁰ Martha aber war durch vielerlei Dienste beansprucht; sie trat hinzu und sagte: „Herr, macht es dir nichts, daß meine Schwester die Bedienung mir allein überläßt? Sag ihr doch, daß sie mir helfen soll." ⁴¹ Doch der Herr antwortete ihr und sprach: „Martha, Martha, du sorgst und beunruhigst dich um viele Dinge. ⁴² Doch weniges ist notwendig, nur eines. Maria hat den guten Teil erwählt, der wird ihr nicht genommen werden."

11 ¹ Nun war da ein Kranker, Lazarus von Betanien, aus dem Dorfe der Maria und ihrer Schwester Martha. ² Maria aber war es, die den Herrn mit Balsam gesalbt und seine Füße mit ihren Haaren getrocknet hatte. Deren Bruder Lazarus war krank. ³ Die Schwestern schickten also zu ihm und ließen sagen: „Herr, der, den du liebhast, ist krank." ⁴ Als Jesus das hörte, sagte er: „Diese Krankheit ist nicht zum Tode, sondern um der Herrlichkeit Gottes willen, damit der Sohn Gottes durch sie verherrlicht werde."

⁵ Jesus liebte aber Martha und ihre Schwester und Lazarus. ⁶ Als er nun hörte, daß er krank sei, blieb er noch zwei Tage an dem Ort, wo er war. ⁷ Dann erst sagte er zu den Jüngern: „Wir wollen wieder nach Judäa gehen." ⁸ Die Jünger sagten zu ihm: „Rabbi, eben erst suchten dich die Juden zu steinigen, und du gehst wieder dorthin?" ⁹ Jesus antwortete: „Hat der Tag nicht zwölf Stunden? Wenn einer bei Tage umhergeht, stößt er sich nicht, weil er das Licht der Welt sieht. ¹⁰ Wenn aber einer bei Nacht umhergeht, stößt er sich, weil das Licht nicht bei ihm ist." ¹¹ So sprach er. Und darauf sagt er zu ihnen: „Unser Freund Lazarus schläft. Aber ich gehe hin, ihn aufzuwecken." ¹² Da sprachen die Jünger zu ihm: „Herr, wenn er schläft, wird er gesund werden." ¹³ Jesus hatte aber von seinem Tode gesprochen. Jene aber meinten, er rede von der Ruhe des Schlafes. ¹⁴ Da sprach nun Jesus offen zu ihnen: „Lazarus ist gestorben. ¹⁵ Und ich freue mich für euch, daß ich nicht dort war, damit ihr glaubet. Aber jetzt wollen wir zu ihm gehen." ¹⁶ Da sagte Thomas, der Didymus heißt, zu seinen Mitjüngern: „Also, gehen auch wir hin, um mit ihm zu sterben."

¹⁷ Bei seiner Ankunft fand ihn Jesus schon vier Tage begraben. ¹⁸ Betanien lag aber nahe bei Jerusalem, etwa fünfzehn Stadien. ¹⁹ Viele von den Juden aber waren zu Martha und Maria gekommen, um sie über ihren Bruder zu trösten. ²⁰ Als nun Martha hörte, daß Jesus komme, ging sie ihm entgegen. Maria aber blieb im Hause sitzen. ²¹ Da sprach Martha zu Jesus: „Wenn du hier gewesen wärest, wäre mein Bruder nicht gestorben. ²² Aber auch jetzt weiß ich, daß dir Gott alles gewähren wird, um was du ihn bittest." ²³ Jesus sagt zu ihr: „Dein Bruder wird auferstehen." ²⁴ Martha sagt zu ihm: „Ich weiß, daß er auferstehen wird bei der Auferstehung am Jüngsten Tage." ²⁵ Jesus sprach zu ihr: „Ich bin die Auferstehung. Wer an mich glaubt, wird

Oben: Auf dem linken Flügel des Lazarus-Triptychons von Nicolas Froment (um 1435 bis 1484) kniet Martha vor Jesus und sagt: „Wenn du bei uns gewesen wärst, hätte mein Bruder nicht sterben müssen." Auf dem Hauptteil rechts ist die Erweckung des Lazarus dargestellt.

Seite 268: „Die Schwestern von Betanien", Skulptur von John W. Wood (1839 – 1886). Maria blickt zu ihrer älteren Schwester Martha auf, von der sie liebevoll umfangen wird.

Seite 269: Maria ist so im Gespräch mit Jesus vertieft, daß sie ihre Schwester Martha gar nicht bemerkt, die sie wohl bittet, ihr bei den Vorbereitungen zum Gastmahl zu helfen. Gemälde von Jacopo Tintoretto (1518 – 1594).

leben, auch wenn er stirbt. 26 Und jeder, der lebt und an mich glaubt, wird in Ewigkeit nicht sterben. Glaubst du das?" 27 Sie sagt zu ihm: „Ja, Herr, ich habe den Glauben, daß du der Messias bist, der Sohn Gottes, der in die Welt kommen soll." 28 Nach diesen Worten ging sie und rief ihre Schwester Maria, indem sie leise zu ihr sagte: „Der Meister ist da und ruft dich." 29 Sobald sie das gehört hatte, stand sie geschwind auf und ging zu ihm.

30 Jesus aber war noch nicht in das Dorf gekommen, sondern befand sich noch an der Stelle, wo Martha ihn getroffen hatte. 31 Als nun die Juden, die bei ihr im Hause waren und sie trösteten, Maria so geschwind aufstehen und hinausgehen sahen, folgten sie ihr in der Meinung, sie ginge an das Grab, um dort zu weinen. 32 Sobald nun Maria dahin kam, wo Jesus weilte, und ihn sah, fiel sie ihm zu Füßen mit den Worten: „Herr, wärest du hier gewesen, dann wäre mein Bruder nicht gestorben." 33 Als Jesus nun sah, wie sie weinte und wie die mit ihr gekommenen Juden weinten, ergrimmte er im Geist und geriet in Erregung 34 und sagte: „Wo habt ihr ihn hingelegt?" Sie sagen zu ihm: „Herr, komm und sieh." 35 Da weinte Jesus. 36 Hierauf sagten die Juden: „Seht, wie lieb er ihn hatte." 37 Einige aber von ihnen sagten: „Konnte er, der

die Augen des Blinden geöffnet hat, nicht auch bewirken, daß dieser nicht starb?" ³⁸ Jesus ergrimmt nun wiederum in seinem Innern und kommt zum Grabe. Es war eine Höhle, und ein Stein lag davor. ³⁹ Jesus sagt: „Hebt den Stein weg." Martha sagt zu ihm: „Herr, er riecht schon. Er ist schon vier Tage tot." ⁴⁰ Jesus sagt zu ihr: „Habe ich dir nicht gesagt, daß du die Herrlichkeit Gottes sehen wirst, wenn du glaubst?" ⁴¹ Nun hoben sie den Stein weg, Jesus aber erhob seine Augen und sprach: „Vater, ich danke dir, daß du mich erhört hast. ⁴² Ich wußte ja, daß du mich allezeit erhörst. Aber wegen des ringsum stehenden Volkes habe ich es gesagt, damit sie glauben, daß du mich gesandt hast." ⁴³ Und nach diesen Worten rief er mit lauter Stimme: „Lazarus, komm heraus!" ⁴⁴ Da kam der Tote heraus, Füße und Hände in Binden gewickelt, und sein Gesicht war mit einem Schweißtuch umbunden. Jesus sagt zu ihnen: „Bindet ihn los und laßt ihn gehen."

⁴⁵ Viele nun von den Juden, die zu Maria gekommen waren und gesehen hatten, was er getan, glaubten an ihn.

Maria, schön gewandet, lauscht den Worten Jesu, hinter dem zwei seiner Jünger stehen. Zwischen Jesus und Maria tritt Martha ins Zimmer, den Kopf freundlich Jesus zugewendet, den sie im nächsten Augenblick bitten wird, Maria zu tadeln, weil sie ihr nicht beim Bereiten des Gastmahles hilft. Die Gewänder der beiden Frauen und die Einrichtung des Zimmers lassen erkennen, daß Lazarus und seine Schwestern gut begütert sind. Gemälde von Jacob Jordaens (1593 – 1678).

DIE EINHEIT VON HANDELN UND TRÄUMEN

Als ich die Geschichte von Maria und Martha wieder las, erinnerte ich mich an meine Kindheit. In unserer evangelischen Kirche in einem Vorort von Köln gab es ein Glasfenster mit der Inschrift: „Eins aber ist not!" Selbstversunken, schmalgliedrig und zart saß Maria zu Jesu Füßen. An den Tisch gelehnt, breitbeinig, einen Rührtopf in der Hand, stand Martha dabei, eine Hand vorwurfsvoll erhoben. „Herr, stört es dich nicht, daß meine Schwester mich da so allein arbeiten läßt?" (Lk 10, 40). Ich erinnere mich, daß ich die Geschichte nicht leiden konnte.

Die abendländische Tradition hat diese beiden Frauengestalten als Typen für das kontemplative und das aktive Leben angesehen. Beschaulichkeit und Wirksamkeit, das ruhige Hören des Wortes und die rastlose Sorge um die alltäglichen Nöte des Leibes, die vita contemplativa und die vita activa, wurden aber nicht nur einander gegenübergestellt, sondern in eine eher von Aristoteles als vom jüdischen Denken geprägte Rangordnung eingeordnet. Das kontemplative Leben gilt als höherwertig, es ist geistiger und wesentlicher, das tätig-praktische Leben ist notwendig, aber untergeordnet. Maria hat sich „den guten Teil erwählt" (Lk 10,42). Martha wird in dieser Tradition als nützlich, aber etwas beschränkt und eng angesehen. Zu den Grundlagen des abendländischen Denkens gehört es, „reine" Theorie als erhaben über die bloße Praxis anzusehen; sie verhalten sich wie Kopf- und Handarbeit. Die Reformation hat zwar die Kontemplation beschaulicher Klosterinsassen zugunsten des bürgerlichen praktischen Handelns zurückgedrängt, die Gestalt der Martha aber, der tätigen realistischen Frau, weiter herabgewürdigt. Luther sagte: „Martha, dein Werk muß bestraft und für nichts geachtet werden ... Ich will kein Werk haben denn das Werk Marias, das ist der Glaube."

Gegen die Übermacht dieser spiritualisierenden und antijüdischen Auslegungstradition für Maria und zuungunsten Marthas hat auch die Reformation, sondern eine ganz andere Seite Einspruch erhoben: die Mystiker. In einer radikalen Neu-Interpretation hat Meister Eckhart in seiner Predigt (28) die noch unfertige Maria an den Anfang des geistlichen Lebens gerückt und der reifen Martha aufgrund ihrer Erfahrung eine größere Nähe zu dem, was not tut, zugesprochen. „Martha fürchtete, daß ihre Schwester im Wohlgefühl und in der Süße steckenbliebe." Martha wünscht sich, daß Maria wird wie sie selbst. Und, führt Eckhart in einer genialen christlichen, nicht klerikalen, den Geist der aufblühenden Frauenbewegung des späten Mittelalters spiegelnden Neudeu-

Im Stundenbuch der Katharina von Kleve, erste Hälfte 15. Jahrhundert, ist im Teil der Bittgebete auf einer Miniatur die heilige Martha mit Löffel und Kochkessel als tüchtige Hausfrau dargestellt.

tung (relecture) fort: „Deshalb sprach Christus und meinte: Sei beruhigt, Martha, auch sie hat den besten Teil erwählt. Dies hier wird sich bei ihr verlieren. Das Höchste, das wird ihr zuteil werden: Sie wird selig werden wie du!"[1]

Frauen, die sich heute bewußt auf die christliche Tradition einlassen, sind dabei zu lernen, zwischen den unterdrückerischen frauenfeindlichen und den befreienden Zügen dieser Tradition zu unterscheiden. Für unsere Geschichte bedeutet das, zwei Schritte zu tun. Den ersten nenne ich: Martha wiederentdecken, den zweiten: Maria und Martha zusammenbekommen! Wir müssen Martha nicht nur „verstehen", sondern sie aufwerten, ihre Stärke wahrnehmen, ihre Kraft uns zu eigen machen, sie nicht nur von Lukas 10 her zu sehen, sondern Johannes 11, die Geschichte von der Auferweckung des Lazarus, dazuzunehmen, eine Geschichte, in der Martha die Handelnde ist, die mit Jesus rechtet wie Ijob mit Gott. Sie ist die realistisch Handelnde, die weiß, daß ihr Bruder nach vier Tagen im Grab schon stinkt, und sie ist die theologisch Denkende, die das Bekenntnis zu Christus ausspricht: „Herr, ja, ich glaube, daß du bist Christus, der Sohn Gottes, der in die Welt gekommen ist" (Joh 11, 27) – wie sonst nur Petrus. Diese Christin zu entdecken[2], hilft uns, die Hierarchie zu entmächtigen, auch die, die sich in uns selbst eingenistet hat. Hierarchie als die garantierte Herrschaft, die sich nicht

zu begründen braucht, die Überlegenheit und Privilegien verleiht, ist immer gegen die tiefsten Interessen der Frauen gerichtet, auch wenn sie, wie in diesem Maria-Martha-Modell, unter Frauen selbst auftaucht. Das hierarchische Denken unterstützt immer die Frauenverachtung, die Lächerlichmachung oder Trivialisierung der Frauen – und ich glaube, das habe ich als kleines Mädchen gespürt. Martha tat mir leid, und sie war mir peinlich. Daß Frauen so sein können wie das Martha-Klischee, das ich ererbt hatte, schmerzte und störte mich.

Martha wieder entdecken – die starke, die selbstbewußte, nüchterne, klare Frau lieben lernen –, das hilft mir. In der Lazarusgeschichte wird auch erzählt, wie verschieden die beiden Schwestern auf den Tod ihres Bruders reagieren. Maria wirft sich weinend Jesus zu Füßen; Martha rechtet mit ihm, der ganz in der Nähe war und ohne Mühe eher kommen könnte! Sie ist vorlaut, gibt nicht klein bei, und sie ist es, die, ein weiblicher Petrus, die Wahrheit sagt. Kein Zufall, daß sie später als Drachentöterin dargestellt wird.

Mit der Wiederentdeckung der häßlich gemachten Martha ist auch der andere notwendige Schritt der Auslegung verbunden, der für Frauen und Männer heute von äußerster Wichtigkeit ist: Wir müssen nicht wählen zwischen der Kontemplation und dem Handeln. Niemand hat das Recht, uns diese Wahl aufzuzwingen. Wir müssen die Welt nicht in Macher und Träumer, in die sanfte, lauschende, sich hingebende Maria auf der einen Seite und die pragmatische, handlungsstarke Martha aufteilen. Wir brauchen beide, Maria und Martha, wir sind in der Tat diese beiden Schwestern. Teresa von Ávila, die der mystischen Auslegungstradition folgt und die sich abkapselnde Kontemplation verwirft, sagt: „Glaubt mir, Martha und Maria müssen beisammen sein, um den Herrn beherbergen zu können und ihn immer bei sich behalten zu können, sonst wird er schlecht bewirtet sein und ohne Speise bleiben. Wie hätte Maria, die immer zu seinen Füßen saß, ihm etwas zu essen gegeben, wenn die Schwester ihr nicht beigesprungen wäre? Seine Speise aber ist, daß wir auf jede Weise Seelen sammeln, damit sie errettet werden und ihn loben in Ewigkeit."[3] Nur beide Schwestern zusammen können Christus „beherbergen", so daß er einen Ort auf der Welt hätte.

Es gibt heute in der reichen Welt ein großes Verlangen nach Spiritualität, nach Versenkung, nach Kontemplation und Mystik. Maria kann zum Sinnbild dieser halben, noch unreifen Spiritualität werden. Viele

WAS NICHT IN DER BIBEL STEHT

junge Menschen verzweifeln an den Handlungsmöglichkeiten in unserer Welt, sie sehen die Bäume sterben und die Kinder der Armen verhungern und ziehen sich in eine Innerlichkeit zurück, vor der die Mystiker gewarnt haben. Eckhart sagt über die Maria, daß sie damals, als sie zu Füßen Christi saß, „noch nicht Maria hieß. Denn sie saß noch im Wohlgefühl und süßer Empfindung und war in die Schule genommen und lernte erst leben. Martha aber stand ganz wesenhaft da."

An diese Unterscheidung muß ich denken, wenn ich die starken Frauen meiner Generation sehe, die unbeirrt handeln und gegen die uns beherrschenden Drachen kämpfen. Sie haben klar und unmißverständlich mit den Rassisten in Südafrika gebrochen, sie stehen vor den Großmärkten und reden mit den Leuten im kleinen Geschäft an der Ecke, sie besuchen die Bankdirektoren, sie sagen laut und unmißverständlich, was sie denken. In diesen Gruppen von Frauen, die den Boykott „Kauft keine Früchte der Apartheid" seit Jahren organisieren, sehe ich viele Marthas zusammen, genauso bei den Frauen, die den andern größten Drachen, der im Pentagon wohnt, umzingelt haben und anfangen, Widerstand zu leisten. Das ist die Martha, die Meister Eckhart gesehen hat, die das Volk in Südfrankreich als Drachentöterin dargestellt hat, die nach einer anderen Volkserzählung mit ihrer Schwester Maria übers Meer fuhr, um zu lehren und zu predigen. Wenn unsere Kirchen eines Tages Christus „beherbergen" und ihm Speise geben, dann werden solche Frauen Bischöfe und Lehrerinnen der Kirche sein. Die Martha in mir soll die Maria nicht verdrängen. Aus jeder Frau soll das junge Mädchen, das sie einmal war, hervorschauen. Aber auf das Entweder-Oder wollen sich die besten Frauen, die ich kenne, nun nicht mehr einlassen.

Es ist klar, daß Maria und Martha in der Bibel auch ein Tochter-Mutter-Problem ausdrücken. Aber die Bibel macht aus Töchtern und Müttern Schwestern, und die Legende läßt sie beide mit den Jüngern Jesu übers Meer fahren und lehren und predigen, so daß sie handeln und träumen, das Gerechte tun und beten, lutte et contemplation *zusammenbekommen in ihrem Leben – und die Welt schwesterlicher wird.*

Anmerkungen
1 *Meister Eckhart*, Deutsche Predigten und Traktate, München 1969, 286.
2 *E. Moltmann-Wendel*, Ein eigener Mensch werden, Trauer um Jesus, Gütersloh 1980.
3 *J. Sudbrack*, Erfahrung einer Liebe, Teresa von Ávilas Mystik als Begegnung mit Gott, Freiburg 1979.

ANTIKE UND MITTELALTERLICHE QUELLEN

Der Name „Martha" stammt aus dem Aramäischen, also der semitischen Verkehrssprache in Vorderasien zur Zeit Christi, und bedeutet „Herrin". Dagegen ist der Name „Maria", auf hebräisch „Miriam", der im Neuen Testament immer wieder erscheint und seitdem einer der populärsten weiblichen Vornamen geblieben ist, nicht eindeutig zu erklären. Nach dem jüdisch-hellenistischen Philosophen Philon von Alexandria bedeutet er „Hoffnung". Nach anderen bedeutet er „widerspenstig" von „mara" – widerstreben oder auch Bitterkeit oder „wohlbeleibt" (= schön). Man hat sogar versucht, ihn vom ägyptischen mr (lieben) – jam (= Jahwe?) abzuleiten.

Die Geschichte der Erweckung des Lazarus und damit die Gestalten seiner Schwestern Maria und Martha war allen Kirchenvätern der frühen christlichen Jahrhunderte bekannt. Besondere Bedeutung erhielt die sogenannte Evangelienharmonie des Tatian, die schon um 830 in Fulda auf Veranlassung des Abtes Hrabanus Maurus aus dem Lateinischen ins Althochdeutsche übertragen wurde. Tatian war ein syrischer Apologet des 2. Jahrhunderts, ein Verteidiger des Christentums gegen die Angriffe der damals vorherrschenden hellenistischen Philosophie, einer der Begründer einer wissenschaftlichen christlichen Theologie. Auch in dem etwa gleichzeitig entstandenen altsächsischen „Heliand", der das Leben Jesu zwar nach den Evangelien, aber als eine Art Volkskönig schildert, werden Lazarus und die Schwestern erwähnt wie auch in dem wenig später verfaßten Evangelienbuch des Otfried von Weißenburg (Elsaß). In diesen frühmittelalterlichen Werken wird an dem in den Evangelien vermittelten Bild Marias und Marthas nichts Wesentliches geändert. Aber schon in dem unvollständig erhaltenen „Rheinauer Paulus", das im Kloster Rheinau bei Schaffhausen am Anfang des 12. Jahrhunderts entstand, und in dem etwa gleichzeitigen sogenannten St. Trudperter Hohenlied werden ihre Charaktere weiter entwickelt: Sie erscheinen einmal als bittendes Schwesternpaar, ein andermal als Sinnbild des geistlichen (Maria) und weltlichen (Martha) Lebens.

VÖLLIG NEUE ZÜGE bringt die Legenda aurea des Jacobus a Voragine, Erzbischofs

In der 1939 entstandenen chinesischen Version von Christus und den zwei Schwestern des Lazarus ist eine Gartenszenerie dargestellt. Im Vordergrund sitzt Maria zu Füßen Jesu, während Martha oben auf der Terrasse erscheint.

von Genua. Es ist die bedeutendste Legendensammlung des Mittelalters, die um 1270 niedergeschrieben wurde. Nach ihm entstammt Martha einem syrischen Königshaus. Vor allem aber erzählt er die Geschichte der Schwestern nach der Auferstehung Christi, als seine Anhänger unter den Verfolgungen der Juden zu leiden hatten. Da wurden drei heilige Männer und drei heilige Frauen in ein Schiff ohne Segel, Steuer oder Ruder gesetzt: nämlich Maria und Martha, Marcilla, ihre Magd, ferner Lazarus, Maximinus – der die Geschwister getauft hatte – und Cedon, ein Blinder, den Jesus geheilt hatte. Alle wurden wunderbar über das Meer gebracht und landeten in Frankreich an der Stelle, wo jetzt die Stadt Marseille steht. Dort flüchteten sie sich in die Vorhalle eines heidnischen Tempels. Lazarus wurde später der erste Bischof von Marseille, während Martha ein Kloster von frommen Jungfrauen gründete und noch dreißig Jahre in strengster Buße und Betrachtung gelebt haben soll.

Nach Legenden des 14. Jahrhunderts soll Martha auch die sündige Maria Magdalena zum Christentum bekehrt haben; dieses Motiv ist in mehrere deutsche und holländische Passionsspiele eingegangen. Weitere spätmittelalterliche Legenden sehen in Martha die Frau Simons. Auch soll sie in Tarascon, Südfrankreich, einen Drachen bezwungen haben. Schließlich werden von ihrem Tode wunderbare Geschichten erzählt: Als sie im Sterben lag und die Wärterinnen schliefen, löschte ein Windstoß die Totenlichter aus, und Martha sah eine Schar böser Geister eindringen. Sie stammelte: „Mein Vater Ely, mein teurer Gast, meine Verführer wollen mich verschlingen; sie haben aufgeschrieben, was ich Böses tat. Ely (Herr), bleib bei mir und hilf!" Da sah sie ihre Schwester kommen, die die Lichter wieder anzündete, und Christus, der sie zu sich einlud. Am selben Tag schlief der Bischof Fronto in

Oben: Auf dem Tiefenbronner Magdalenenaltar des Lukas Moser, datiert 1431, sind Martha, Lazarus und Maximinus nach ihrer Landung in Marseille dargestellt. Martha läßt ihren total erschöpften Bruder, der seine Bischofsmütze abgelegt hat, in ihrem Schoß ausruhen. Der Mann neben ihr ist Maximinus, jener Priester, der die Geschwister aus Betanien getauft hat.

Links: Im Spätmittelalter wandelte sich das Bild der Martha von der sorgenden Hausfrau zur Drachentöterin. Während der hl. Georg das Böse verkörpernde Ungeheuer mit einer Lanze tötet, zähmt Martha den Drachen mit dem Kreuz und Weihwasser. Diese Darstellung von Martha als Drachenbezwingerin wurde 1517 gemalt und stammt aus der St.-Lorenz-Kirche in Nürnberg.

Périgueux (in der Dordogne) während des Gottesdienstes auf seiner Kanzel ein. Da erschien ihm der Herr und sprach: „Wenn du erfüllen willst, was du unserer Gastgeberin Martha verspracht, dann folge mir!" Alsbald waren sie in Tarascon, hielten dort das Totenoffizium und brachten Martha ins Grab. Noch aus dem Grabe heraus vollbrachte sie Wunder, so erhielt der Frankenkönig Chlodwig, der zum Christentum übergetreten war, Heilung von einem Nierenleiden.

Martha soll auch ein Bild Jesu in ihren Garten gesetzt haben, und alle Kräuter, die das Bild berührten, hatten Heilkraft. Kaiser Julian Apostata (d. h. der Abtrünnige, da er zum Heidentum zurückkehrte) ließ das Bild entfernen und andere Bilder einsetzen, aber diese hatten keine Wunderkraft.

NEUERE LITERATUR

Die Geschichte der beiden Schwestern ist seit der Renaissance immer wieder dargestellt worden, besonders im Zusammenhang mit der Auferweckung ihres Bruders Lazarus, so in den „Three saints' lives" des Nicole Bozon, um 1320, im „Libro di Lazero e Marta e Maddalena", das um 1490

in Florenz erschien, wie auch in Klopstocks „Messias", in dessen 12. Gesang der Tod der Maria geschildert wird. Auch in unserem Jahrhundert sind die Schwestern gelegentlich neu beschrieben worden, so in Henri Morienvals religiösem Drama „La Légende de Sainte Marthe" (1924). In allen diesen Darstellungen bleibt das Bild der beiden Schwestern etwa so, wie es schon aus den Evangelien hervorgeht: Maria, die nach innen Gekehrte, tief Gläubige, und Martha, die aktive, mehr nach außen Gekehrte, deren Glauben manchmal etwas schwankt, wie schon bei Johannes 11,39 angedeutet wird. Im übrigen hat sich die Figur der Maria schon im frühen Mittelalter mit der der Maria Magdalena weitgehend verschmolzen.

Von Pieter Aertsen (1508–1575) gibt es eine Anzahl Genrebilder, in deren Hintergrund klein eine biblische Szene eingeblendet ist. Hier handelt es sich im Vordergrund um die Vorbereitung zu einem üppigen Festmahl im Hause des Lazarus, während im Hintergrund eine kleine Menschengruppe Jesu Worten lauscht.

> DA ERKENNT SIE IHN UND SAGT ZU IHM AUF HEBRÄISCH:
> „RABBUNI", DAS HEISST: MEISTER.
> Johannesevangelium 20, 16

Johannesevangelium
Kapitel 19, Vers 25 – 27
Kapitel 20, Vers 1 – 18

Matthäusevangelium
Kapitel 27, Vers 54 – 56

Markusevangelium
Kapitel 16, Vers 9 – 11

Lukasevangelium
Kapitel 24, Vers 10 – 11

MARIA VON MAGDALA

Maria aus Magdala, meist Maria Magdalena, ist wohl nach der Mutter Gottes die bekannteste Frauengestalt des Neuen Testaments und ist als solche in Wort und Bild immer wieder behandelt worden.

Es standen aber bei dem Kreuze Jesu seine Mutter und die Schwester seiner Mutter, Maria (die Frau) des Klopas und Maria von Magdala. ²⁶ Als Jesus nun die Mutter und den Jünger, den er liebte, dastehen sah, sagt er zur Mutter: „Frau, da ist dein Sohn." ²⁷ Dann sagt er zu dem Jünger: „Da ist deine Mutter." Und von jener Stunde an nahm der Jünger sie zu sich.

20 ¹ Am ersten Wochentage aber kommt Maria von Magdala in aller Frühe, als es noch dunkel ist, an das Grab und sieht, daß der Stein von dem Grab weggenommen ist. ² Da läuft sie und kommt zu Simon Petrus und zu dem andern Jünger, den Jesus liebte, und sagt zu ihnen: „Sie haben den Herrn aus dem Grabe weggenommen, und wir wissen nicht, wo sie ihn hingelegt haben." ³ Da machten sich Petrus und der andere Jünger auf und gingen zum Grabe. ⁴ Die beiden aber liefen miteinander. Doch der andere Jünger lief voraus, schneller als Petrus, und kam zuerst an das Grab. ⁵ Und er beugt sich vor und sieht die Binden daliegen; hinein ging er jedoch nicht. ⁶ Nun kommt auch Petrus hinter ihm her und ging in das Grab hinein und sieht die Binden daliegen ⁷ und das Schweißtuch, das auf seinem Kopf gewesen war; aber es lag nicht bei den Binden, sondern für sich zusammengefaltet an einer besonderen Stelle. ⁸ Hierauf ging auch der andere Jünger, der zuerst zum Grabe gekommen war, hinein und sah und glaubte. ⁹ Denn noch hatten sie die Schrift nicht verstanden, daß er von den Toten auferstehen müsse. ¹⁰ Dann gingen die Jünger wieder nach Hause. ¹¹ Maria aber stand draußen am Grabe und weinte. Wie sie nun weinte, beugte sie sich vor in das Grab ¹² und sieht zwei weißgekleidete Engel dasitzen, einen zu Häupten und einen zu Füßen, wo der Leichnam Jesu gelegen hatte. ¹³ Und jene sagen zu ihr: „Frau, warum weinst du?" Sie sagt zu ihnen: „Weil sie meinen Herrn weggenommen haben, und ich weiß nicht, wo sie ihn hingelegt haben." ¹⁴ Nach diesen Worten wandte sie sich um und sieht Jesus dastehen, wußte aber nicht, daß es Jesus war. ¹⁵ Jesus sagt zu ihr: „Frau, warum weinst du? Wen suchst du?" Sie meinte, es sei der Gärtner, und sagt zu ihm: „Herr, wenn du ihn fortgetragen hast, so sag mir, wo du ihn hingelegt hast. Dann werde ich ihn holen." ¹⁶ Jesus sagte zu ihr: „Maria!" Da erkennt sie ihn und sagt zu ihm auf hebräisch: „Rabbuni", das heißt: Meister. ¹⁷ Jesus sagt zu ihr: „Halte mich nicht fest. Denn ich bin noch nicht zum Vater hinaufgestiegen. Geh aber zu den Brüdern und sage ihnen: Ich steige hinauf zu meinem Vater und eurem Vater, meinem Gott und eurem Gott." ¹⁸ Maria von Magdala geht und verkündigt den Jüngern: „Ich habe den Herrn gesehen", und dies habe er ihr gesagt.

27 ⁵⁴ Als der Hauptmann und die, die mit ihm Jesus bewachten, das Erdbeben sahen und was geschah, gerieten sie in große Furcht und sagten: „Dieser war in Wahrheit Gottes Sohn." ⁵⁵ Es sahen aber dort viele Frauen von ferne zu, solche, die Jesus von Galiläa her nachgefolgt waren, um ihm zu dienen. ⁵⁶ Unter ihnen war Maria von Magdala und Maria, die Mutter des Jakobus und Joseph, und die Mutter der Zebedäussöhne.

Maria Magdalena mit einem Salbengefäß in der Hand. Miniatur im Bittgebet-Teil des Stundenbuches der Katharina von Kleve (15. Jahrhundert).

16 ⁹ Nach seiner Auferstehung, in der Frühe des ersten Wochentages, erschien er zuerst Maria von Magdala, aus der er sieben Dämonen ausgetrieben hatte. ¹⁰ Die ging hin und verkündete es seinen trauernden und weinenden Gefährten. ¹¹ Als diese aber hörten, daß er lebe und von ihr gesehen worden sei, glaubten sie es nicht.

24 ¹⁰ Maria von Magdala und Johanna und Maria, (die Mutter) des Jakobus, und die übrigen, die mit ihnen waren, sagten dieses den Aposteln. ¹¹ Und denen kamen diese Worte vor wie leeres Gerede, und sie glaubten ihnen nicht.

Maria Magdalena hat sich als Büßerin in eine Höhle zurückgezogen, wo sie reuevoll im Gebet verharrt. José de Ribera, Lo Spagnoletto genannt (1591 – 1652), hat der Heiligen als Attribut einen Salbentopf beigegeben, der rechts unten auf der Felsstufe steht.

„FRAU, WARUM WEINST DU?"

Maria Magdalena ist als „Apostolin der Apostel", wie Augustinus sagte, eine der hervorragenden Frauengestalten der christlichen Überlieferung. Sie hat eine führende Rolle gespielt sowohl in der ursprünglichen Jesusbewegung wie in der späteren kirchen- und kunstgeschichtlichen Tradition. Aber diese beiden Rollen stimmen wenig überein. Historisch gesehen gehört Maria aus Magdala am See Gennesaret zu den wohlhabenden Frauen, die sich dem Wanderrabbi Jesus in Galiläa angeschlossen haben, nachdem sie „von bösen Geistern und Krankheiten" geheilt wurden (Lk 8, 2). Sie wandert mit ihm nach Jerusalem, erlebt die Kreuzigung auf Golgota und ist die erste Zeugin, der sich der auferstandene Christus zeigt.

Wirkungsgeschichtlich gesehen, haben wir ein ganz anderes Bild, in dem verschiedene neutestamentliche Traditionen sich mischen. Eine zunehmend männerdominierte Kirche brauchte das Bild der „großen Sünderin", anziehend gerade in ihrer Reue und Buße, um die eigene Sexualverdrängung und Frauenfeindlichkeit zu legitimieren. Maria Magdalena wurde zum Sinnbild der „gefallenen Mädchen", Sünde wurde – völlig unbiblisch – auf sexuelles Verhalten allein bezogen, und Frauen hatten in der Kirche zu schweigen. Warum, so fragen sich Frauen heute, gibt es keinen „großen Sünder" in dieser Tradition? Und wie sähe es aus, wenn man z. B. Petrus zu einem „bekehrten Zuhälter" gemacht hätte?

Petrus und Maria Magdalena sind die Führerpersönlichkeiten der Jesusbewegung gewesen. Beide waren in den Urgemeinden tätig als Leiter, die den Glauben bezeugten und die Liebe lebten, das Evangelium predigten und Mission trieben. Schon früh, in den später verfaßten Evangelien, die nicht mehr ins Neue Testament aufgenommen wurden, gab es Konkurrenzkonflikte zwischen Männern und Frauen. „Würde der Erlöser denn insgeheim – ohne es uns wissen zu lassen – mit einer Frau gesprochen haben? Sollen wir vielleicht umkehren und alle auf sie hören?" klagt ein ärgerlicher, eifersüchtiger Petrus im apokryphen „Evangelium nach Maria Magdalena". Dieser Männerangst ist dann die ursprünglich frauenfreundliche, egalitäre Kirche der Gleichen zum Opfer gefallen.

Die Evangelien bewahren das andere Verhältnis Jesu zu den Frauen auf und dies vielleicht am deutlichsten in der Gestalt, die Jesus im Leben am nächsten stand, in der Maria aus Magdala. Ihre Heilung von der Krankheit ist ganz selbstverständlich auch ihre Berufung zu dem Weg, den Jesus gegangen ist, sie folgt ihm nach, sie „dient" ihm: dies ist ein Ausdruck für die Lebenshingabe und macht vielleicht die Identifikation ihrer Gestalt mit der der großen Sünderin aus Lukas 7 verständlicher. Ehe Maria Magdalena Jesus traf, war sie von sieben bösen Dämonen besessen (Lk 8, 2), was auf eine Geisteskrankheit, vielleicht auf manisch-depressive oder epileptische Zustände hindeutet. Mit anderen Frauen zieht dann die ehemals Geisteskranke nach Jerusalem, steht dort „von ferne" am Kreuz, als alle anderen Jünger weggelaufen waren (Mt 26, 56), geht zum Grab und sieht als erste den auferstandenen Christus (Joh 20, 1 u. 14).

Was sie und die anderen Frauen damit getan haben, versteht man erst, wenn man die Politik des Römischen Reiches gegen alle als aufständisch Angesehenen begreift. Die Kreuzigung eines Menschen hatte schwere Konsequenzen für alle Verwandten und Freunde. Die Kriminaljustiz bestimmte, daß ein gekreuzigter Verbrecher zur Abschreckung am Kreuz hängen bleiben sollte, bis die Tiere seinen Leichnam gefressen hatten. Die Verweigerung der Bestattung war ein Teil der Strafe, die auch Freunde und Verwandte oder, wie in Jesu Fall, Anhänger treffen sollte. Deswegen wurden gekreuzigte Leichname von römischen Soldaten bewacht, damit niemand sie stehlen könnte. Wie die Bestattung, so war auch die Trauer verboten. Menschen, die über den Tod eines Hingerichteten öffentlich weinten, wurden selbst hingerichtet. Tacitus schreibt über die Massenhinrichtungen unter Tiberius: „Weder Verwandten noch Freunden wurde es vergönnt, heranzutreten, sie zu beweinen, ja nicht einmal sie länger zu betrachten." Jedes Verhalten, das Nähe zu dem Gekreuzigten ausdrückte, konnte dazu führen, selber gekreuzigt zu werden.

Das Verhalten der Frauen entspricht dieser Realität: sie standen „von ferne" dabei (Mk 15, 40), sie versuchten, unerkannt zu bleiben, nahmen aber ein Risiko auf sich. Daß sie Frauen waren, bedeutete keinen Schutz, auch Frauen und Kinder wurden gekreuzigt. Auch zum Grab zu gehen war gefährlich: die Römer fürchteten, daß die Gräber hingerichteter Gegner des Reiches zur Wallfahrtsstätte von Gesinnungsgenossen und Sammelpunkt konspiratorischer Elemente würden – ganz ähnlich übrigens, wie es in den langen Kämpfen schwarzer Südafrikaner gegen die Apartheid immer wieder zu Verboten von Grabfeiern und Gottesdiensten an den Gräbern der getöteten schwarzen Kinder und Jugendlichen gekommen ist.

Maria Magdalena und die anderen Frauen machten sich ganz bewußt zu Zeugen, wenn auch mit Vorsicht. Wären sie am Ostermorgen von Denunzianten gesehen worden, hätte es sie ihr Leben kosten können. Immerhin saßen die männlichen Jünger zur Zeit des Grabbesuchs und der Salbung noch in ihrem Versteck in Jerusalem. Die Angst hielt den Glauben gefangen. So konnten die Frauen dem Auftrag des Jünglings, die durch die Kreuzigung aufgelöste Schar der Jesusanhänger wieder zu sammeln, nicht nachkommen. „Und sie sagten niemandem etwas, denn sie fürchteten sich" (Mk 16, 8).

Maria Magdalena verkörpert die Angst und die Trauer der ganzen ersten Gemeinde. Sie ist mutiger als die Männer, sie sucht Jesus draußen am Grab, in der von den Männern gemiedenen Öffentlichkeit. Ihre Tränen, von Bibelauslegern oft als Sentimentalität dargestellt, sind ihr tiefster Selbstausdruck. Auch die Engel am Grab, auch der Auferstandene selber fragen sie „Frau, warum weinst du?" (Joh 20, 13 u. 15). Es ist die Verzweiflung darüber, daß alle Hoffnung und alle Heilung mit Jesu Tod zerschlagen ist. Wenn Gott ihn fallenließ und der gleichgültigen Nacht eines Universums ohne Gerechtigkeit und ohne Frieden überließ, dann ist die Hoffnung der Elenden, jemals frei, satt, unverkrümmt und ohne Dämonen zu leben, gestorben. Nach dem Johannesevangelium erkennt Maria Magdalena den Jesus erst, als er sie mit Namen anspricht. Sie antwortet „Rabbuni", das heißt Meister (Joh 20,16). Ihrem Wunsch, ihn zu berühren und durch die Berührung neue Kraft zu gewinnen, entspricht Jesus nicht. Den Auferstandenen soll man nicht anfassen – oder fotografieren – wollen. Er berührt Menschen durch den Heiligen Geist, den er den Jüngerinnen und Jüngern einhaucht (Joh 20, 22). Und er beauftragt Maria Magdalena, den verängstigten Männern zu erzählen, was sie als Zeugin gesehen hat.

Noch sitzen die Jünger voller Angst hinter verschlossenen Türen. Sie sind Knechte des Todes. Maria Magdalena geht zu ihnen, damit sie auch teilhätten. Auferstehung ist das Symbol einer Macht, die das Leben verändert, die Untertänigkeit dem Tod gegenüber und die Kooperation mit ihm zerbrechen. Zur Auferstehung des einen gehören viele Zeugen dazu, es geht nicht um die Heimholung Jesu zu seinem Vater, sondern um die Befreiung des Lebens aller Menschen aus Angst und Unterwerfung unter die Mächte des Todes. Nicht die Tränenlosen werden gefragt „Warum weinst du?"

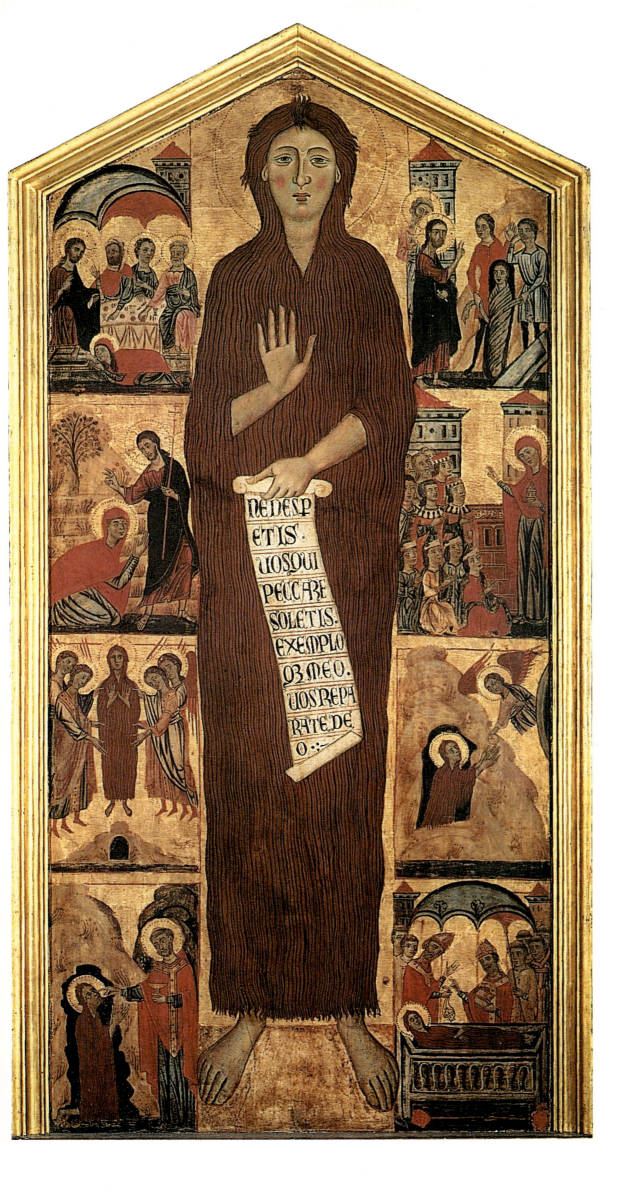

Auf diesem ikonenartigen Bild eines italienischen Malers des 13. Jahrhunderts steht Maria von Magdala frontal auf den Betrachter ausgerichtet mit einem Spruchband in der Hand. Darauf ist zu lesen: „Verzweifelt nicht, wenn ihr gesündigt habt. Folget meinem Beispiel, und versöhnt euch mit Gott!" Auf den acht kleinen Bildszenen rings um Maria Magdalena sind die wichtigsten Stationen ihres Lebens dargestellt.

Erste Reihe
Links: Maria Magdalena benetzt Jesu Füße mit ihren Tränen, trocknet sie mit ihren Haaren und gießt kostbares Parfüm darüber.
Rechts: Hier ist sie Zeugin, wie Jesus dem bereits drei Tage tot im Grab gelegenen Lazarus befiehlt, ins Leben zurückzukehren. In der Legende wird Maria von Magdala oft verwechselt mit Maria aus Betanien, der Schwester von Martha und Lazarus.

Zweite Reihe
Links: Maria Magdalena ist voll Freude, als Jesus am Ostermorgen leibhaftig vor ihr steht. Sie möchte den geliebten Herrn umfangen, doch Jesus sagt: „Noli me tangere – Berühre mich nicht!"
Rechts: Maria Magdalena predigt in der Kirche von Aix, wohin sie gelangt ist, nachdem sie und ihre Gefährten mit dem steuerlosen Schiff an den Strand von Marseille gespült worden waren.

Dritte Reihe
Links: Beim Beten wird Maria Magdalena von Engeln hochgehoben, so daß sie während der Kontemplation über dem Boden schwebt.
Rechts: Während ihres Büßerlebens in der Wüste wird Maria Magdalena von einem Engel mit Nahrung versorgt.

Vierte Reihe
Links: Maximinus reicht Maria Magdalena das heilige Sakrament.
Rechts: Maria Magdalena wird in Aix begraben. Nach der Zerstörung von Aix kommen ihre Reliquien nach Vézelay.

WAS NICHT IN DER BIBEL STEHT

Links: Maria Magdalena ist ein beliebtes Bildthema der Maler des Mittelalters und der Renaissance, die sie als Einzelfigur oder in Verbindung mit der Madonna und Christus darstellen. Bei den drei nebenstehenden Brustbildern der Maria Magdalena handelt es sich von links nach rechts um Details aus Gemälden von Giovanni Bellini (um 1430–1516); Paolo Veronese (1528–1588) und Pietro Perugino (1450–1523).

Rechts: Lukas Cranach d. Ä. (1472–1553) stellt uns Maria Magdalena vor als eine reiche, höfisch gekleidete Frau, mit kostbarem Schmuck behangen, die sich ihrer Schönheit wohl bewußt ist.

Unten: Oft wird Maria Magdalena irrtümlich mit der ägyptischen Büßerin Maria verwechselt. So auch in dieser „La belle Allemande" genannten, nur mit ihrem langen Haar bedeckten, nackten Magdalena-Holzstatuette von Gregor Erhart, entstanden um 1500.

ANTIKE UND MITTELALTERLICHE QUELLEN

Die Gestalt der Maria Magdalena, wie sie in den Evangelien beschrieben wird, hat im Laufe der Jahrhunderte eine erstaunliche Veränderung erfahren.

In drei der vier Evangelien wird erwähnt, daß sie bei der Kreuzigung zugegen war (nicht bei Lukas). Alle vier Evangelien bestätigen, daß sie Zeugin der Auferstehung war, ja daß Christus ihr zuerst erschienen sei. Ferner wird erwähnt, daß Christus sie von „sieben Dämonen" (oder Teufeln) befreit hätte. Nirgends wird gesagt, daß sie eine Sünderin gewesen sei, denn die Heilung durch Jesus kann nicht als Sündenvergebung gedeutet werden. Dennoch ist sie im Laufe der Zeit zum Symbol der reuigen Sünderin geworden. Sie verschmolz nämlich in späteren Darstellungen mit der bei Lukas beschriebenen sündigen Frau der Salbung. Auch wurde sie im Laufe der Zeiten vielfach mit Maria, der Schwester der Martha und des Lazarus, gleichgesetzt.

Der Grund für dieses zweite Phänomen mag damit zusammenhängen, daß so viele Frauen mit Namen Maria im Neuen Testament vertreten sind. Abgesehen von der Mutter Gottes und der Schwester des Lazarus, sind noch erwähnt Maria, die Mutter des Apostels Jakobus des Jüngeren und Frau des Klopas, die vielleicht mit der Mutter der Zebedäussöhne identisch ist und die Schwester oder Halbschwester der Mutter Gottes gewesen sein kann. Und schließlich ist da noch die in der Apostelgeschichte (12,12) erwähnte Maria, die Mutter des Johannes, „der mit Zunamen Markus hieß", sowie die in der Bibel nicht erwähnte Maria aus Ägypten (Aegyptiaca), eine historische Persönlichkeit, die ein sündiges Leben in Alexandria führte, dann bereute, 47 Jahre lang in der Syrischen Wüste östlich des Jordan gebüßt haben und im Jahre 421 gestorben sein soll.

MARIA HEISST Magdalena nach dem Orte Magda, wahrscheinlich identisch mit dem heutigen Majdol am Westufer des Sees von Gennesaret. Da sie eine der Hauptzeugen von Christi Auferstehung ist, berührt es seltsam, daß sie von Paulus im 1. Korintherbrief, Kap. 15, nicht als Zeugin aufgeführt ist. Von den Gegnern des Christentums wurde sie sogar als Gegenzeugin genannt, da sie als „besessen" angesehen wurde, z.B. von dem griechischen Philosophen Celsus, dessen „Logos Alethes" (Wort der Wahrheit) von dem bedeutenden griechischen Kirchenvater Origenes (186–254) ausführlich widerlegt wurde. Immerhin wird sie noch von den früheren griechischen Kirchenvätern bis Origenes eindeutig von der „Sünderin" des Lukas unterschieden. Bei Tatian (deutsch 830), im Heliand (um 830), in Otfrieds Evangelienbuch (868) wird ihre Begegnung mit dem auferstandenen Christus der Bibel gemäß wieder erzählt. Aber seit den „Magdalenen-Homilien" (Auslegungen) des Papstes Gregor des Großen (um 540 bis 604), der die Germanenmission in die Wege leitete, beginnt Magdalena nicht nur Züge der „Sünderin", sondern auch der ägyptischen Maria und der bei Johannes 4 erwähnten Samariterin anzunehmen, die sich von ihm bekehren ließ, als sie ihn am Brunnen bei Sychar traf. Im „Leben Jesu" der Frau Ava, der ersten namentlich bekannten deutschen Dichterin (um 1120), die wahrscheinlich im niederösterreichischen Kloster Melk

Oben: In einer Phantasie-Berglandschaft läßt Jan van Scorel (1495–1562) Maria Magdalena als schöne Frau unter einem Baum in ruhiger Haltung wie als Modellfigur für einen Maler sitzen. Die linke Hand hat sie bewußt elegant auf die Falten ihres Gewandes gelegt.

Unten: Maria Magdalena, dargestellt als modisch frisierte, reiche junge Dame. Unbemalte Holzskulptur aus Brabant, um 1500.

Rechts: Auf seinem Gemälde „Kalvarienberg" hat Jacob Cornelisz. van Oostsanen (vor 1470 bis 1533) Maria Magdalena, in prächtigem Gewand am Fuße des Kreuzes kniend, groß in den Vordergrund gerückt. Ihr gegenüber kniet Veronika mit dem Schweißtuch, auf dem das Antlitz Jesu eingeprägt ist.

Unten: Salvador Dalí (1904–1989) zeigt die mit klagend erhobenen Händen trauernde Maria Magdalena unter dem Kreuz.

gestorben ist, wird der gesamte biblische Stoff im Hinblick auf die Erlösung der Menschheit behandelt. Maria Magdalena trägt da noch die biblischen Züge, die sie von der Schwester der Martha wesentlich unterscheiden. Denn diese ist ein in sich gekehrtes Wesen, das schwerlich am Kreuze gestanden und sich dem Hohn der Pharisäer und Kriegsknechte ausgesetzt hätte, während Magdalena eine nach außen wirkende tapfere Frau ist. Aber schon Odo von Cluny, der 942 starb, folgt Gregors Auslegung und sieht in Magdalenas Besessenheit den Ausdruck ihres sündigen Lebens. Ähnlich der Priester Konrad (um 1170), der in der Bodenseegegend lebte und von dem 114 deutsche Predigten erhalten sind. Sein theologischer Gegenspieler ist der franziskanische Volksprediger Berthold v. Regensburg (1210–1272). Berthold war ein Anhänger des franziskanischen Propheten Joachim von Fiore, der für das Jahr 1260 ein Zeitalter des Geistes ankündigte. Berthold wurde zusammen mit Albertus Magnus von Papst Urban VI. zu Kreuzzugspredigten gegen die – als Ketzer angesehenen – Waldenser aufgerufen. Von ihm sind nicht weniger als 258 Predigten erhalten. Doch auch er folgt den Gregor-Odo-Ideen über Magdalena wie auch Vinzenz von Beauvais (um 1190–1264), ein französischer Dominikaner, in seiner Sammlung biblischer Geschichten.

Das Mittelalter sieht in Petrus, Paulus und Maria die drei großen Büßer: Petrus, weil er den Herrn verleugnete, Paulus, weil er die Christen verfolgte, ehe er bekehrt wurde, Maria Magdalena, die ein sündiges Leben führte.

EIN GANZ NEUES Motiv bringt die Legenda aurea (um 1270) und nach ihr das Gedicht „Der saelden hort" (1298) hinzu. Nach ihnen ist Magdalena die verlassene Braut des Jüngers Johannes, der sein Leben ganz dem Vermächtnis Christi weihte.

Seit dem 9. Jahrhundert ist der 22. Juli der offizielle Festtag für Maria Magdalena, und seit etwa 1100 sind Hymnen auf sie geschrieben worden. Aus Niederösterreich stammen zwei Reimgedichte auf sie, eine von dem Zisterzienser Christian von Lilienfeld (vor 1330), das andere von dem Kartäusermönch Konrad von Gaming, um 1350. Dante erwähnt sie zwar nicht in der „Göttlichen Komödie", wohl aber in seinem „Gastmahl" (Convivio), das er um 1305 im Exil geschrieben hat und in dem er seine philosophischen und literarischen Ansichten entwickelt.

Die nun aufkommenden „Klagen der Maria Magdalena" sind meist Reueklagen oder aber auch Mitleids- und Liebesklagen. Die letzteren gehen bis auf Gregor den Großen zurück. Hier wird sie als

Rechts: Rembrandt van Rijn (1606 – 1669) hatte die Szene „Christus erscheint Maria Magdalena" schon 1638 gemalt und ließ sich von diesem Thema noch einmal 1651 – unser Bild – schöpferisch anregen. Der lichterfüllte Leib des Auferstandenen, vor dem Maria Magdalena in die Knie sinkt, entsprach Rembrandts Auffassung vom Licht, das die Dunkelheit besiegt.

Oben: Maria Magdalena kniet am vorderen Bildrand vor dem Kreuz. Mit ausgestreckten Armen blickt sie zu dem Gekreuzigten auf, ihm ihre ganze Liebe darbringend. Dem Beschauer wendet sie den Rücken zu, über den sich die Fülle ihres gelockten Haares breitet. Detail eines Kreuzigungsgemäldes von Giovanni Bellini (um 1430 – 1516).

trauernde Braut, die den Geliebten sucht, gezeigt, und das biblische „Noli me tangere" (Rühre mich nicht an: Joh 20, 17) mit dem Hohenlied Salomonis des Alten Testaments verknüpft. So auch bei dem österreichischen Epiker Heinrich von Neustadt (1330). Sie galt auch als Befreierin von Gefangenen, etwa in dem mittelniederdeutschen Gedicht „Van sante Maria Magdalena", um 1450. In andern mittelalterlichen Darstellungen wird sie als samaritische Buhlerin gezeigt, die Jesus am Brunnen begegnet, oder mit Maria Aegyptiaca verwechselt. Ein besonderer Magdalenen-Kult entwickelte sich in der mittelfranzösischen Stadt Vézelay, deren große Kirche Ste-Madeleine im Jahre 1096 begonnen wurde. Hier wurde das Büßerleben der Maria Aegyptiaca auf Magdalena und ihren Begleiter Maximinus übertragen. Ganz anders weiß eine alte Talmud-Überlieferung, daß Magdalena als „Miriam" die Braut eines Rabbis, des Papos ben Jehuda, ist. Dies deutet auch schon der Priester Konrad (um 1170) an.

DIE SCHÖNSTEN LEGENDEN bildeten sich in Südfrankreich, wo sie bald mit der Schwester Marthas verschmolz. Sie begann, in Marseille zu predigen, zunächst ohne Erfolg. Das änderte sich, als sie ein Wunder vollbrachte. Sie erweckte ein Baby, dessen Mutter im Kindbett gestorben war, zum Leben. Der Vater des Kindes befand sich auf einer Reise nach Jerusalem, wo er sich von der Wahrheit der Predigten der Magdalena hatte überzeugen wollen. In Jerusalem zeigte ihm Petrus alle heiligen Stätten und lehrte ihn zwei Jahre lang. Als er dann nach Marseille zurückkehrte, war sein Kind, das er als tot an der Mutterbrust zurückgelassen hatte, am Leben und herangewachsen, lief am Strande entlang und sammelte Steine und Muscheln.

William Etty (1787–1849), Hauptvertreter der englisch romantischen Malerei, stellt auf einem breitformatigen Bild die Szene am Ostermorgen dar, wie Maria Magdalena im offenen Grab, vor dem der Wächter eingeschlafen ist, zwei Engel vorfindet und dann den Auferstandenen selber sieht, der plötzlich vor ihr steht.

Dann, als er das Tuch vom Leib seiner Frau hob, öffnete diese ihre Augen und breitete ihre Arme zu ihm aus. Nach diesem Wunder ließen sich viele taufen.

Die Legenda aurea erzählt diese Episode etwas anders: Der Statthalter der Provinz Marseille, Peregrinus, ist bereit, Christ zu werden, wenn Maria Magdalena ihm ein Kind erbittet. Das tut sie. Nun möchte er Petrus kennenlernen, und er und seine schwangere Frau treten die Reise an. Doch sie starb bei der Geburt und wurde mit dem lebenden Kind auf einer kleinen Insel zurückgelassen. Nun jammerte Peregrinus: „Warum rietest du mir zu dieser Reise? Laß das Kind nicht verderben!" Aber dann tröstete ihn Petrus: „Nimm es nicht so schwer, denn deine Frau ruht und das kleine Kind bei ihr." So brachte Peregrinus zwei Jahre im Heiligen Land zu und kam bei der Rückfahrt zu dem Inselchen. Da spielte der Knabe am Strande, der, weil er noch nie einen Mann gesehen hatte, beim Anblick von Peregrinus zu seiner toten Mutter floh. Dort fand ihn Peregrinus, wie er von der Mutterbrust trank, und er sagte: „Oh, wenn sie doch lebte und mit mir heimkehrte!" Da erwachte sie. In ihrem Geiste hatte sie an der Hand der Magdalena die ganze Reise und den Aufenthalt bei Petrus mitgemacht und wußte alles. So fuhren die drei überglücklich nach Marseille zurück, erzählten Magdalena alles und ließen sich von Maximinus taufen.

Die Legenda aurea hat noch mehr von ihr zu berichten: Sie hilft aus der Schuldhaft, und Schiffer rufen sie als Seeheilige an. Sie leuchtet Verirrten in der Dunkelheit. Ein Mann schrieb alle seine Sünden auf einen Zettel und legte ihn unter die Decke des Magdalenenaltars. Damit gewann er die Fürbitte der Heiligen und fand seine Sünden getilgt. Die Legenda weiß auch von einem Krieger, der jedes Jahr das Grab der Magdalena besuchte. Dann fiel er in einer Schlacht, und seine Eltern klagten, daß Maria Magdalena ihn ohne Beichte hatte sterben lassen. Darauf erhob sich der Tote, verlangte einen Priester, beichtete, empfing die Wegzehrung und verschied darauf in Frieden. Nach allen diesen Wundern kehrte Magdalena in die Wüste zurück und lebte dort dreißig Jahre lang als Einsiedlerin. Das englische Wort „maudlin", das weinerlich, übermäßig gefühlvoll bedeutet, ist von Magdalena abgeleitet, etwa in dem Sinn von „Reuetränen vergießend". In späteren Jahren hatte sie Visionen. Engel hoben sie jeden Tag empor, so daß sie die himmlischen Harmonien hören konnte und sehen, wie reuige Sünder geehrt werden. Eines Tages sah sie ein Eremit, wie sie von singenden Engeln getragen wurde, und verkündete dies in der Stadt Marseille.

Im Jahre 1279 wurden ihre und des Lazarus irdische Reste in der Nähe von Toulon entdeckt. Graf Eberhard von der Provence errichtete dort eine Kirche. Als er später von dem König von Aragón gefangengenommen wurde, wurde er durch Maria Magdalena befreit, und ihr Ansehen im südlichen Frankreich stieg dadurch noch mehr.

Die Rose ist ihr geweiht. Sie selbst ist in Darstellungen meist violett gekleidet, die Farbe der Reue und Buße. Sie wird meist mit langem Haar, ein Kästchen mit Salben haltend, dargestellt, manchmal auch mit flammendem Herzen.

Jesus Christus erscheint am Ostermorgen Maria Magdalena, die im ersten Augenblick vor der Erscheinung des Auferstandenen fast bestürzt zurückweicht. Gemälde des hauptsächlich in Urbino tätigen Malers Federigo Baroccio (um 1526/35–1612).

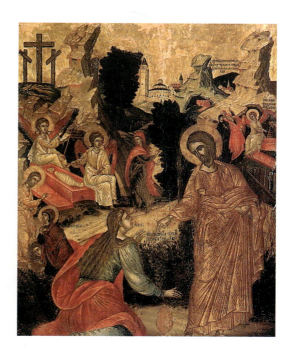

Oben: Auf dieser kretischen Ikone, entstanden um 1600, ist rechts im Vordergrund dargestellt, wie am Ostermorgen der auferstandene Christus sich Maria Magdalena zu erkennen gibt.

Zusammenfassend kann man sagen, daß sie im Mittelalter als eine der Hauptzeugen der Kreuzigung sowohl wie der Auferstehung die Erlösbarkeit des Menschen von der Sünde veranschaulichte. Sie verkörperte aber auch das bekehrte Heidentum und die „Ecclesia" (Kirche), wie etwa bei Gottschalk von Limburg in seinem „Laus tibi, Christe" (Lob dir, Christus) aus dem 11. Jahrhundert und bei Hermann von Reichenau um dieselbe Zeit. Bei den Franzosen des Hohen Mittelalters ist sie die vorbildliche Büßerin, wie bei Marbode in seinem „Peccatrix quondam femina" (Einst war ein sündiges Weib) und bei Gottfried von Vendôme. Etwas später wurde sie unter dem Einfluß der Mystik zum Bild für die Seele, die Jesus sucht. So in dem Hymnus „Lauda, mater Ecclesiae" des Alanus von Lille, in mehreren Gesängen des Petrus Venerabilis und auch in einem Hymnus auf die selige Sünderin, verfaßt von dem damals hochberühmten Lehrer der Theologie und Philosophie in Paris, Abälard (1079–1142), dessen tragische Liebe zu seiner Schülerin Heloïse in der Literatur immer wieder be-

Oben: Chinesische Darstellung der Begegnung Maria Magdalenas mit dem Auferstandenen, der, als Bezwinger des Todes, die Siegesfahne in Händen hält.

Unten: Maria Magdalena verkündet den zunächst ungläubigen Jüngern, daß ihr am Ostermorgen der auferstandene Jesus erschienen ist. Illustration aus dem Albanipsalter des 12. Jahrhunderts, Hildesheim.

handelt worden ist. Im späten Mittelalter überwiegt dann wieder die Auffassung der Magdalena als einer büßenden Sünderin, wie etwa in einem in vielen Versionen bekannten Volkslied des 16. Jahrhunderts, in dem sie lange büßt, aber nicht erlöst wird, weil sie ihre Hände „mit undemütigem Blick" betrachtet hat und nun weitere sieben Jahre büßen muß. Ein etwa ebenso altes englisches Volkslied zeigt sie als eine samaritische Buhlerin, die Jesus am Brunnen zu Sychar begegnet, und nach einer andern spätmittelalterlichen Legende begleitete sie Johannes nach Ephesus und liegt dort begraben, während frühere Berichte die Überführung ihrer Gebeine aus der Provence nach Burgund beschreiben. Die Gleichstellung mit der samaritischen Frau am Brunnen findet sich auch in einem mittelalterlichen deutschen Volkslied: „Magdalena hin zur Quelle geht".

In den Passions-, speziell Osterspielen des späten Mittelalters gibt es oft längere Magdalena-Szenen, in denen zum ersten Mal ihr weltliches Sünderleben gezeigt wird.

Rechts: Maria Magdalena mit dem Salbengefäß, neben ihr ein Porträt der unbekannten Auftraggeberin dieses Bildes. Gemälde vom Meister von Moulins, tätig um 1475–1500.

NEUERE LITERATUR

Als die Passionsspiele des Mittelalters von Oratorien abgelöst wurden, erscheint Maria Magdalena in ihrer biblischen Rolle besonders in den Passionen nach Matthäus und Johannes; so bei Heinrich Schütz (1585–1672) und Johann Sebastian Bach (1685–1750). In einem der ersten Oratorien, E. del Cavalieres „L'Anima ed il Corpo" (1600), wird sie sogar besonders hervorgehoben. Auch in Schütz' Kantate „Die Sieben Worte Jesu Christi am Kreuz" (1645) wird sie erwähnt.

Der Augustinerprediger Johann Ulrich Megerle, der sich Abraham a Santa Clara

Sie wird einmal zur Braut des Judas, der den Verrat am Herrn aus Eifersucht begeht: So in Ch. Ostrowskis Drama „Marie-Madeleine, ou Remords et Repentir" (1861), und ähnlich in A. Dulks Drama „Jesus der Christ" (1865) und in O. F. Gensichens Trilogie „Der Messias" (1869). In W. Molitors Magdalena-Drama (1863) ist sie wiederum die von der Schwester Bekehrte der Passionsspiele, in L. von Plönnies' Drama dagegen hat sie Liebesbeziehungen zu kunstliebenden Griechen (1870).

Auch auf der Opernbühne dieses Jahrzehnts tritt Magdalena auf; so in Jules Massenets wenig bekanntem Werk von 1873 (Text von J. Gallet), in dem Magda-

lena vor der Steinigung durch Christi Wort „Wer unter euch ohne Sünde ist, der werfe den ersten Stein auf sie" gerettet wird. Dann aber auch in Richard Wagners „Parsifal" (1877), dessen Kundrie, eine seiner faszinierendsten Schöpfungen, halb verzweifelte Büßerin, halb Verführerin, unverkennbar Züge der Magdalena aufweist.

In England ist die Magdalenen-Tradition stets lebendig geblieben: Sowohl in Oxford wie in Cambridge gibt es eine nach ihr benannte „College School". Die bedeutende englische Dichterin Christina Rossetti (1830–1894) schrieb ein „Lied für alle Marien", das auch von Magdalena handelt.

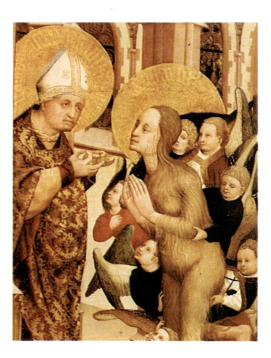

nannte (1644–1709), erklärt in einer seiner vielen Predigten, daß Magdalena das Grab Christi mit Spezereien salben wollte und daher belohnt ward, indem sie Jesus als erste wiedersieht, der sie zur Apostolin macht. Dies widerspricht allerdings einer Legende, nach der der auferstandene Christus zuerst seiner Mutter und dann erst der Magdalena erschienen sei. Im selben Jahrhundert schrieb Richard Crashaw (1612?–1649) ein Carmen über Magdalena. Crashaw gehört zu Englands „metaphysischen Poeten"; er war von puritanischer Herkunft, trat aber zum Katholizismus über, und seine religiösen Gedichte zeigen eine Mischung von Sinnlichkeit und Mystizismus. Die Literatur des 19. Jahrhunderts bringt dann ganz neue Gesichtspunkte in das Magdalenenbild.

Links: In der Kirche von Aix spricht Maria Magdalena von der Kanzel zu den Gläubigen. Darstellung eines unbekannten Schweizer Meisters, Anfang 16. Jahrhundert.

Mitte und rechts: Bilder vom Magdalenen-Altar des Lukas Moser aus der Kirche in Tiefenbronn, datiert 1431. *Mitte:* Das Schiff mit Magdalena und ihren Gefährten strandet in Marseille. *Rechts:* Die von Engeln emporgetragene Magdalena empfängt vom Bischof die heilige Kommunion.

AM ENDE DES 19. JAHRHUNDERTS und am Anfang des 20. kommen ganz neue Motive hinzu. Der noch sehr im klassizistisch-romantischen Stil befangene Paul Heyse schrieb 1899 ein Drama „Maria von Magdala", das von der Zensur beanstandet wurde; in ihm hat Magdalena wiederum Beziehungen zu Judas, aber dann verspricht ein Römer, Christus zu retten, wenn sie eine Nacht mit ihm verbringt. Sie aber, nach schwerem Kampf, verweigert sich, um Jesus geistig treu zu bleiben, und besiegelt damit sein Schicksal. Noch weiter ausgebaut wurde dieses Motiv von dem belgisch-französischen Dichter und Schriftsteller Maurice Maeterlinck, dessen „Pelléas und Mélisande" (1892) Debussys Oper inspirierte. In seinem Magdalenen-Drama von 1903 besteht eine echte Liebe

Unten: Ein beliebtes Bildthema zur Legende der Maria Magdalena ist ihre mystische Erhebung, ihr Schweben während ekstatischen Betens. Hier ein Beispiel von José Antolínez (1635–1675), eines Meisters des spanischen Hochbarocks.

Arturo Rossatos dreiaktige „Maria de Magdala" wurde von Arrigo Pedrollo in Musik gesetzt (1924). Bartholomäus Ponholzer verfaßte ein biblisches Schauspiel in fünf Akten und fünf lebenden Bildern (1928), Salvatore Favati ein Dramma Sacro, „Maria Maddalena" (1936), und Ghino Fanti sein „Maria Maddalena, La Via della Luce" im Jahre 1950. In Guadalajara, Mexiko, erschien 1961 eine neue „Vida de la V. Madre Maria Magdalena de la Encarnación" von Luis Maria Penny.

Der bekannteste Titel deutscher Sprache, der ihren Namen trägt, ist wohl Friedrich Hebbels „Maria Magdalene" (1844), das er selbst „ein bürgerliches Trauerspiel" nennt. Diese Maria Magda-

zwischen ihr und dem Römer, aber er mißversteht ihr Verhältnis zu Jesus und verweigert deshalb seine Hilfe. Liebesbeziehungen zwischen ihr und Römern tauchen auch bei dem naturalistischen Erzähler und Dramatiker Johannes Schlaf in seiner Novelle „Jesus und Mirjam" (1901), in D. Vorwerks Epos (1902) und in A. von Kranes Roman „Magna Peccatrix" (1908) sowie bei dem französischen Schriftsteller Rocheflamme („Maria Magdalena, Courtisane et amie du Nazaréen Jésus") auf. Dessen Landsmann M. de Waleffe knüpft wieder in seinem Roman „La Madeleine amoureuse" (1907) an das alte talmudische Motiv ihrer Ehe mit einem Rabbiner an; sie wird aber dann die Geliebte eines Soldaten und entgeht nur knapp der Steinigung. Auch im Roman von R. Conrath (1931) ist sie mit einem Juden verheiratet, den sie nicht liebt. Im Drama von Renée Erdoes „Johannes der Jüngere" (1911) ist sie wieder mit dem Jünger verlobt, und in E. di Rienzis Drama „La Magdaléenne" (1924) wird Jesu Schicksal davon abhängig gemacht, ob Magdalena sich den Wünschen des Herodes fügen wird.

IN EINER REIHE von Werken des 20. Jahrhunderts fällt Maria Magdalena wieder die in der Bibel geschilderte Rolle zu. In Puccinis Oper „Tosca" verleiht der Held, der Maler Cavaradossi, seiner Geliebten Tosca die Züge der Magdalena. Clara Commer schrieb ein lyrisch-dramatisches Passionsspiel „Maria Magdalena" (1916) und Robert La Villeherve ein „Poème en trois Journées" (1921).

lena hat im Grunde mit der biblischen Gestalt nichts mehr zu tun, sehr im Gegensatz zu seiner „Judith". Hier ist der Titel nur symbolisch gemeint. Die Heldin Klara nimmt ihr Leiden in Demut hin. Sie wird von ihrem Verlobten im Stich gelassen und begeht Selbstmord.

Maria Magdalena, in der so viele biblische und nachbiblische Gestalten zusammenflossen, ist somit im 19. und 20. Jahrhundert wiederum zu einer der reichhaltigsten und ungewöhnlichsten literarischen Persönlichkeiten geworden. Und sie ist schließlich auch die Patronin der Parfümeure und Salbenmacher, da sie ja zu Christi Grab ging, um an ihm die letzte Salbung vorzunehmen.

MARIA, DIE MUTTER JESU

Manche mag es wundern, daß in dieser Sammlung biblischer Frauengestalten Maria, die Mutter Jesu, nicht auftaucht. Aber es gibt gute Gründe für diese Auslassung.

Der erste ist von dem romantischen Dichter Novalis in die Worte gefaßt worden:

*„Ich sehe dich in tausend Bildern,
Maria, lieblich ausgedrückt.
Doch keins von allen kann dich schildern,
Wie meine Seele dich erblickt."*

„Tausend Bilder" dürfte hier eher eine Untertreibung sein, die Verehrung der Maria hat durch zwei Jahrtausende eine solche Fülle von Gestaltungen hervorgebracht, daß sie einen eigenen Band füllen können (und hoffentlich werden!) Das trifft für die bildenden Künste zu, ebenso wie für Poesie und Musik. Der Reichtum der Gestaltungen entspricht der unauslotbaren Gestalt selber: Mädchen und Gottesmutter, Kindfrau und Madonna auf dem Löwen reitend, Magd und Himmelskönigin.

Und damit bin ich beim zweiten Grund. Die Gestalt der Maria, zwischen dem Mädchen mit dem jüdischen Vornamen Mirjam, griechisch Mariam, woraus Maria wurde, und der auf der Mondsichel schwebenden Königin des Himmels, ist für viele Menschen im christlichen Kulturkreis zu erhaben, zu anders als die übrigen Frauengestalten. Es erschiene unpassend, sie in den bunten Reigen von Frauen, der von der Hure bis zur Königin von Saba reicht, einzuordnen.

Ein letzter Grund sei hier nur angedeutet. Die Marienverehrung befindet sich, wie viele überlieferte Formen des Christentums, in einem tiefen Umbruch. Heutige Christen achten eher auf die Heilige Schrift als auf die kirchliche Tradition. In dem, was Frauen heute glauben, ist weniger die „weibliche Dimension des Göttlichen" lebendig als die selbständig entscheidende junge Frau aus Galiläa, die das revolutionäre Lied vom Ende des Hungers und der Kriege singt, das wir unter dem Namen „Magnificat" kennen. Im folgenden Meditationstext, der aus einem Frauengottesdienst stammt, ist diese Umbruchsituation ausgedrückt.

Dorothee Sölle

Im obenstehenden Text sagt Dorothee Sölle, daß es „unpassend" sei, die Himmelskönigin in eine Reihe mit den übrigen Frauengestalten der Bibel zu stellen. Kaum etwas kann augenfälliger diese Ansicht stützen als ein Vergleich der erzählenden Bilddarstellungen in den Kapiteln dieses Buches mit den Gemälden von Madonnen, insbesondere mit Stefan Lochners (1400/1415 – 1451) Meisterwerk „Muttergottes in der Rosenlaube" (um 1450). Dort sind es Frauen, wirkend in den verwirrenden Geschehnissen, im Guten wie im Bösen. Hier ruht alles in sich selbst, in wundervoller Harmonie. Das Antlitz der Mutter des Erlösers von Hoheit kündend und dennoch von inniger Demut, jener Demut, die sie dem Engel antworten ließ: „Siehe die Magd des Herrn, mir geschehe nach deinem Wort" (Lk 1, 38). Es ist, als ob Maria noch immer lauschte auf das Echo jener Verkündung durch den Engel Gabriel, die sie in ihrem Herzen bewahrte.
Seite 291: „Das Haupt der Maria", Ausschnitt aus einem Gemälde von Taddeo di Bartolo (1362/63 – 1422/23), Siena.

Es steht geschrieben, daß Maria sagte:
meine seele erhebt den herren und mein geist freut sich gottes meines heilandes
denn er hat die niedrigkeit seiner magd angesehen
siehe von nun an werden mich seligpreisen alle kindeskinder

heute sagen wir das so:
meine seele sieht das land der freiheit und mein geist wird aus der verängstigung
herauskommen
die leeren gesichter der frauen werden mit leben erfüllt
und wir werden menschen werden
von generationen vor uns, den geopferten, erwartet

Es steht geschrieben, daß Maria sagte:
denn er hat große dinge an mir getan, der da mächtig ist und dessen name heilig ist
und seine barmherzigkeit währt von geschlecht zu geschlecht

heute sagen wir das so:
die große veränderung, die an uns und durch uns geschieht
wird mit allen geschehen – oder sie bleibt aus
barmherzigkeit wird geübt werden, wenn die abhängigen das vertane leben
aufgeben können
und lernen selber zu leben

Es steht geschrieben, daß Maria sagte:
er übt macht mit seinem arm und zerstreut die hochmütigen
er stößt die gewaltigen von ihren thronen
und die getretenen richtet er auf

heute sagen wir das so:
wir werden unsere besitzer enteignen und über die,
die das weibliche wesen kennen, werden wir zu lachen kriegen
die herrschaft der männchen über die weibchen wird ein ende nehmen
aus objekten werden subjekte werden
sie gewinnen ihr eigenes besseres recht

Es steht geschrieben, daß Maria sagte:
hungrige hat er mit gütern gefüllt und die reichen leer hinweggeschickt
er denkt der barmherzigkeit und hat sich israels seines
knechts angenommen

heute sagen wir das so:
frauen werden zum mond fahren und in den parlamenten entscheiden
ihre wünsche nach selbstbestimmung werden in erfüllung gehen
und die sucht nach herrschaft wird leer bleiben
ihre ängste werden gegenstandslos werden und die ausbeutung ein ende haben.

Dorothee Sölle
Meditation über Lukas 1, 46 – 55

BIBLIOGRAPHIE

Alfieri, Vittorio, Conte: *Saul* (Tragedy, engl. 1876), New York 1933.

Ascher, Mary: *Twelve Women of the Old Testament.* New York 1963.

Barash, Asher: *Arabic Folk Tales.* Masada 1969.

Boccaccio, Giovanni: *De claris mulieribus* (ca. 1365). Deutsche Ausg. Tübingen 1895.

Boyajian, Z. C.: *Armenian Legends and Poems.* London 1916.

Carmody, Denise Lardner: *Biblical Women.* New York 1988.

Calvocoressi, Peter: *Who's who in der Bibel.* München 1990.

Chalier, Catherine: *Les matriarches.* Paris 1985.

Deen, Ed: *All the Women of the Bible.* New York 1955.

Eger, Paul: *Adam, Eva und die Schlange.* München 1920.

Every, George: *Christian Mythology* London, New York, n. d.

Faulhaber, Michael: *Charakterbilder der biblischen Frauenwelt.* 1935 – 58.

Flavius Josephus: *Jüdische Altertümer* (dt. von H. Clementz). Wiesbaden 1990.

Frenzel, Elizabeth: *Stoffe der Weltliteratur.* Stuttgart 1983.

Freye, Northrup: *Words with Color.* New York 1990.

Gaer, Joseph: *The Lore of the Old Testament.* Boston 1951.

Gaer, Joseph: *The Lore oft the New Testament.* Boston 1952.

Gerlach, Kurt: *Der Simson-Stoff im deutschen Drama.* Berlin 1929.

Gide, André: *Saul* (Drama). 1898.

Gesta Romanorum. (Mittelalterliche Sammlung alter Legenden), 14. Jahrh. Dt. Ausgabe, Leipzig 1905.

Ginzburg, Louis: *Legends of the Jews.* 7 Bde, Philadelphia 1956.

Godspeed, Edward J.: *Strange new Gospels.*

Gravelaine, Jovelle de: *Le Retour de Lilith.* Paris 1985.

Guenter, Heinrich: *Psychologie der Legende.* Freiburg 1949.

Hackwood, Fred W.: *Christ Lore.* London 1902.

Hahn, Friedrich: *Bibel und moderne Literatur.* Stuttgart 1968.

Hatz, Mechthild: *Frauengestalten des Alten Testaments.* Heidelberg 1972.

Kahana, S. Z.: *Legends of Israel.* 1987.

Kappstein, Theodor: *Bibel und Sage.* Berlin 1913.

Karssen, Gien: *Frauen der Bibel* (Übersetzt von L. Friedemann).

Koltuv, Barbara: *The Book of Lilith.* York Beach 1986.

Koran, Der (übers. von Laz. Goldschmidt). Berlin 1956.

Lafargue, Paul: *The Myth of Adam and Eve.* Chicago 1928.

Lernet-Holenia, Alexander: *Saul* (Drama in einem Akt). Berlin 1927.

Liptzin, Sol: *Biblical Themes in World Literature.* Hoboken, N. J. 1985.

Mann, Thomas: *Joseph und seine Brüder.* 4 Bde. Berlin/Stockholm 1934 – 43.

McKenzie: *Dictionary of the Bible.*

Modersohn, Ernst: *Die Frauen des Neuen Testaments.* Stuttgart 1989.

Philo Judaeus. *Works.* Loeb Libr. 1929 – 1942.

Porwig, Johanna: *Der Jephta-Stoff.* Breslau 1932.

Rossetti, Christina: *Poems.* Boston 1866.

Sachs, Hans: *Werke.* 1870 – 1908. Hrsg. von K. Kinzel. Halle 1905.

Shaw, George Bernard: *Back to Methusalem* (Drama). London 1947.

Singer, Isaac: *The wicked City.* New York 1972.

Smitt, F. A.: *Stoff- und Motivgeschichte der deutschen Literatur.* Berlin 1976.

Soumet, Alexandre: *Saul* (Tragédie). Paris 1822.

Stadler, J. E. und Heim, T. J.: *Vollständiges Heiligen-Lexikon.* Augsburg 1855 – 57.

Talmud, Worte des, hrsg. von Rabbi Goldstein. Tübingen 1963.

Stowe, Harrier Elizabeth Beecher: *Women in sacred history.* New York 1373.

Toynbee, Paget J.: *A Dictionary of proper names of Dante.* Oxford 1914.

Urbanek, Gisela: *Die Gestalt König Davids.* Wien 1964.

Varagine, Jacobus de: *Der Hei'igen Leben und Leiden* (Die Goldene Legende). 2 Bde. Leipzig 1913.

Väterbuch, *Das (Vitae Patrum)* (Legendensammlung). Leipzig 1914. Um 1280.

Voltaire, François Marie Arouet: *Saul* (Tragédie). 1763.

Weil, G.: *Biblical Legends of the Mussulmans.* New York 1846.

Work, E. W.: *The Bible in English Literature.* New York 1917.

Zweig, Arnold: *Abigail und Nabal,* Tragödie. Leipzig 1913.

Anmerkungen zu den Texten von Dorothee Sölle:
Für die Darstellung biblischer Frauengestalten habe ich benutzt: Karin Walter, ed., Zwischen Ohnmacht und Befreiung. Biblische Frauengestalten, Herder Frauenforum, Freiburg – Basel – Wien 1988

Quellenangabe der Textauszüge

Seite 86, 87, 93, 102 und 103:
Thomas Mann: Joseph und seine Brüder.
© 1960, 1974 S. Fischer Verlag GmbH Frankfurt am Main

Seite 172:
Arnold Zweig: Ausgewählte Werke in Einzelbänden.
Dramen, Bd. 13
© Aufbau-Verlag Berlin 1963

Bibeltexte aus:
Die Bibel. Die Heilige Schrift des Alten und Neuen Bundes. Deutsche Ausgabe mit Erläuterungen der Jerusalemer Bibel, herausgegeben von Diego Arenhoevel, Alfons Deissler und Anton Vögtle
© Verlag Herder, Freiburg im Breisgau 1968

Dank:
Besonderer Dank geht an die Zentralbibliothek Luzern, die beim Recherchieren der Bilder sehr behilflich war und ihr Archiv in großzügiger Weise zur Verfügung stellte.

BILDNACHWEIS

Abkürzungen:
o oben
u unten
l links
r rechts
m Mitte
Ph Photo

Alte Pinakothek, München
    Ph: Artothek, Peissenberg: 38, 48, 53 r, 54/55, 145 o
    Ph: Scala, Florenz: 235, 269
Bayerische Staatsbibliothek, München: 122, 134, 150, 166, 184
Biblioteca Estense, Modena: 222
Biblioteca Nazionale Centrale, Florenz
    Ph: Donato Pineider, Florenz: 108 r
Bibliothèque Municipale, Besançon: 264
Bibliothèque Nationale, Paris: 51 l o, 112 u l, u r, 115, 129 r, 187 r, 255 o
Bibliothèque publique et universitaire, Genf
    Ph: François Martin, Genf: 11
Bildarchiv Preußischer Kulturbesitz, Berlin
    Ph: Gundermann, Würzburg: 12 l
    Gemäldegalerie: 95, 139 l, 205 l
    Kupferstichkabinett: 99 l u, 167
Birmingham Museum and Art Gallery, Birmingham: 268
Bodleian Library, University of Oxford: 117 r, 153
Boymans-van Beuningen Museum, Rotterdam: 274/275
British Library, London: 37, 73, 78. 96 l, 97 l, m, r, 119, 125, 156 l, 215 l
British Museum, London: 13, 254 l
Burgerbibliothek, Bern: 34 r
Campanile (Glockenturm), Florenz
    Ph: Scala, Florenz: 113 l
Chorherrenstift, Vorau
    Ph: Ferdinand Reiss: 228 l o
Cleveland Museum of Art, Cleveland, Ohio: 84
Demart pro Arte, Genfe: 96 r, 156 r, 241 r u, 282 l
Diözesan-Museum, Köln
    Ph: Rheinisches Bildarchiv, Köln: 141 l, 141 m
    Ph: Körber-Leupold, Bliesheim: 141 r
Dordrechts Museum, Dordrecht 139 r
Dulwich Picture Library: 144
EMB-Service, Luzern: 10, 17 l, r. 86 r, 104, 108 l, 112 o, 113 r, 124, 164, 170, 179, 188, 246 l
Eremitage, St. Petersburg
    Ph: Perret Luzern: 47 l, 68, 69 r, 230, 232
Europart, Abbaye St. Martin de Ligugé
    Ph: Jean-Pierre Rivaux, Buxerolles: 88, 110 r, 116, 118, 162, 176, 262

Fabrique de la Cathédrale de Strasbourg, Straßburg: 194
Faksimile Verlag, Luzern: 39 l, 94, 128, 140 o r, 192 m, 193 r, 245, 257 r
Faksimile Verlag, Luzern
    Ph: Perret, Luzern: 249 r
Fogg Art Museum Harvard University, Cambridge Massachusetts (Bequest of Grenville L. Winthrop): 225 r
The Frick Art Museum, Pittsburgh, Pennsylvania: 240 l u
Fürstlich-Fürstenbergische Sammlungen, Donaueschingen
    Ph: Georg Goerlipp: 286 l
Fürstlich Ottingen-Wallersteinsche Sammlung, Harburg: 214 m
Galerie der bildenden Kunst, Litomerice/CSFR:
    Ph: Jan Brodsky, Roudnice n. L.: 107
Galerie Luxembourg, Paris
    Ph: Réunion des Musées Nationaux, Paris: 234
Galleria dell'Accademia, Florenz
    Ph: Scala, Florenz: 279
Galleria dell'Accademia, Venedig
    Ph: Reale Fotografia, Venedig: 280 o l
    Ph: Scala, Florenz: 20 o, 62 l
Galleria Luigi Bellini, Florenz: 201
Galleria Corsini, Rom
    Ph: Arte Fotografia, Rom: 285 l o
Galleria Palatina, Florenz
    Ph: Scala, Florenz: 30, 76, 212, 216 l, o, 280 o r
Galleria di Palazzo Rosso, Genua
    Ph: La Fotocamera, Genua: 44/45
Galleria Sabauda, Turin: 204, 241 o
Galleria degli Uffizi, Florenz
    Ph: Giraudon, Paris: 270
    Ph: Scala, Florenz: 12 r, 133, 207, 221, 228 r u, 243 r, 266 u
Germanisches Nationalmuseum, Nürnberg: 126/127, 178
Graf Harrach'sche Familiensammlung, Schloß Rohrau
    Ph: Ali Meyer, Wien: 203
Herzog Anton Ulrich Museum, Braunschweig: 283 r
Herzog August Bibliothek, Wolfenbüttel: 285 m u
Hessisches Landesmuseum, Darmstadt: 140 o l
Israel Museum, Jerusalem: 47 r
A. Janssen, Amsterdam: 35
Kirche San Francesco, Arezzo
    Ph: Alinari, Florenz: 195
Kunsthistorisches Museum, Wien: 12 m, 18, 21 l, 31, 40, 52 r, 53 l, 146/147, 186, 190 l, 198/199, 218/219, 240 m, 242, 251
Mary Evans Picture Library, London: 165, 246 r, 247, 250 r, 265

MAS Ampliaciones y Reproducciones, Barcelona: 220
Metropolitan Museum of Art, New York: 27, 28, 191, 258, 291
Münsterbauverein, Freiburg i. Br.: 36
Musée Cluny, Paris
    Ph: Réunion des Musées Nationaux Paris: 281 r u
Musée Condé, Chantilly
    Ph: Giraudon, Paris: 168, 172, 266 u, 267 r u
    Musée Condé, Chantilly
    Ph: Réunion des Musées Nationaux, Paris: 132, 163
Musée des Augustins, Toulouse
    Ph: André Berthelmy, Toulouse: 253
Musée des Beaux-Arts, Lille
    Ph: Giraudon, Paris: 271
Musée des Beaux-Arts, Tours
    Ph: Patrick Boyer, Montlouis sur Loire: 45 r
Musée Fabre, Montpellier
    Ph: Giraudon, Paris: 90 r
Musée de l'Homme, Paris: 196/197
Musée du Louvre, Paris
    Ph: Giraudon, Paris: 249 l
    Ph: Réunion des Musées Nationaux, Paris: 41, 51 l u, 52 l, 114, 151, 177, 216 m, 223 r o, 229, 240 r, 280 o r, 287 l
    Ph: Perret, Luzern: 240 o
Musée Gustave Moreau, Paris
    Ph: Réunion des Musées Nationaux, Paris: 135, 252, 257 l
Musée Municipal, Remiremont: 182/183
Musée National du message biblique, Nizza
    Ph: Réunion des Musées Nationaux, Paris: 61, 89, 100 r, 105, 154 l, m, r, 158, 161 r
Musées Royaux d'Art et d'Histoires, Brüssel: 77
Musées Royaux des Beaux-Arts de Belgique, Brüssel
    Ph: C. Cussac: 237 r, 241
Musei Civici, Pesaro: 283 l
Museo Civico dell'Età Cristiana, Brescia
    Ph: Rapuzzi, Brescia: 238/239
Museo Nazionale, Neapel
    Ph: C. Carofalo, Neapel: 216 l
Museo dell'Opera del Duomo, Florenz
    Ph: Scala, Florenz: 225
Museo del Prado, Madrid: 12 l, 21 r, 57, 63 l, 65, 70, 86 l, 98, 99 r, 173, 202 o, 216 l u, 236, 277, 280 o m, 287 r
    Ph: MAS Barcelona: 120/121
Museo San Rocco, Venedig: 21 o
Museum of Fine Arts, Boston: 136
Museum of Fine Arts, Budapest: 189 r, 226, 228 r o
National Bibliothek, Palermo
    Ph: La Mendola, Palermo: 62 r

National Gallery, London: 50 l o, 80, 83 r, 200, 285 l o
National Gallery, Prag: 143
National Gallery of Art, Washington: 51 r, 216 r, 256
National Gallery of Canada, Ottawa: 224
National Gallery of Scotland, Edinburgh: 159
Nippon Television Network Corporation, Tokio: 14 l, r, 15, 24/25, 149, 210, 233
Novotny Collection, Offenbach: 16
NY Carlsberg Glyptothek, Kopenhagen: 239 o
Öffentliche Kunstsammlung, Basel
    Ph: Hans Hinz, Allschwil: 228 l u
Öffentliche Kunstsammlung Kupferstichkabinett, Basel: 185
Österreichische Galerie, Wien
    Ph: Fotostudio Otto, Wien: 130/131, 209
Österreichische Nationalbibliothek, Wien: 60 r, l, 120 l, 155
Palais des Papes, Montpellier
    Ph: Giraudon, Paris: 248 r
Palazzo Arcivescovile, Udine
    Ph: Elio Ciol, Casarsa: 85
Palazzo Pitti, Florenz: 63 u
Pfarrkirche, Tiefenbronn
    Ph: Fink Verlag, Stuttgart: 266/267 o, 274 r, 286 m, r
Piazza della Signoria, Florenz
    Ph: Scala, Florenz: 206
Pinacoteca di Brera, Mailand
    Ph: Scala, Florenz: 42 l, 59

Pinacoteca Nazionale, Bologna: 227
Princeton University Library, Princeton, New Jersey: 254 l, 255 l u
Pro Litteris, Zürich: 117 l
Puschkin Museum, Moskau
    Ph: Perret, Luzern: 231
Rijksmuseum-Stichting, Amsterdam: 69 l, 187 l, 189 l, 250 l, 261, 281 o r, 282 r
Salzburger Museum Carolino Augusteum, Salzburg: 243 o
San Marco, Venedig
    Ph: Scala, Florenz: 259
Sant'Angelo in Formis
    Ph: Giraudon, Paris: 263
Santa Maria Maggiore, Rom
    Ph: Scala, Florenz: 33, 106 l, r, 110 l
St. Lorenzkirche, Nürnberg
    Ph: Hauptamt für Hochbauwesen, Nürnberg: 274 l
Schloßmuseum, Gotha
    Ph: Constantin Beyer, Weimar: 214 r
The Schocken Institute for Jewish Research, Jerusalem: 58, 64, 66, 67 r, 92
Staatliche Kunstsammlungen, Dresden: 42 r, 56, 74, 100 l, 137, 140 u, 190 r, 192 r o, 193 l
Staatsgalerie, Stuttgart: 189 m, 216 r
Staats- und Universitätsbibliothek Hamburg: 213, 214 l, 215 r
Städelsches Kunstinstitut, Frankfurt
    Ph: Artothek, Peissenberg: 145 u
Städtische Kunstsammlungen, Augsburg: 138

Statens Museum for Kunst, Kopenhagen: 237 l
Tate Gallery, London: 22 l, r, 23, 75, 157, 284
Tiroler Landesmuseum Ferdinandeum, Innsbruck: 63 r
Topkapi-Serail-Museum, Istanbul: 26
Universitätsbibliothek, Heidelberg: 50 l u
Rafael Valls Gallery, London
    Ph: Bridgemann-Giraudon: 174/175
Vatikanische Apostolische Bibliothek, Vatikan: 32, 34 l, 79, 109, 129 l, 171, 211, 223 r u
Vatikanische Museen, Vatikan: 19, 20 r, 49, 66/67, 71, 81, 82, 83 l, 87, 99 l o, 111 r, 205 r
Victoria & Albert Museum, London: 43, 148
Wallraf Richartz Museum, Köln
    Ph: Rheinisches Bildarchiv, Köln: 281 l, 289
Württembergische Landesbibliothek, Stuttgart: 169
Zentral-Bibliothek, Luzern
    Ph: Perret, Luzern: 20 l, 39 r, 46, 90 l, 91, 93, 101 u, 111 l, 123, 152, 160 l, m, r o, 160 u, 161 l, m, r o, 181, 192 l, 202 u, 244, 248 l, 248 m, 267 r o, 272, 273, 276, 295 m o

Die Autorinnen und Autoren:

Herbert Haag, Dr. theol., emeritierter Professor für Altes Testament in Tübingen; zahlreiche bibelwissenschaftliche Veröffentlichungen; lebt in Luzern.

Dorothee Sölle, Dr. theol., Theologin und Schriftstellerin; von 1975 bis 1987 Professorin am Union Theological Seminary in New York; Mitglied des PEN; veröffentlichte viele theologische, literaturwissenschaftliche und lyrische Werke; lebt in Hamburg.

Joe H. Kirchberger emigrierte 1936 in die USA; seit 1973 freier Schriftsteller in New York; Publikationen zu geisteswissenschaftlichen und literaturwissenschaftlichen Themen.

Annemarie Schnieper-Müller, Dr. phil., Kunsthistorikerin, Verlagslektorin, freie Journalistin und Redakteurin.